여러분의 합격을 응원하는

해커스공무원의 특별 혜택

FREE 공무원 국어 특강

해커스공무원(gosi.Hackers.com) 접속 후 로그인 ▶ 상단의 [무료강좌] 클릭 ▶
[교재 무료특강] 클릭하여 이용

해커스 매일국어 어플 이용권

FXXAKTQ4ZLIHGRY9

구글 플레이스토어/애플 앱스토어에서 [해커스 매일국어] 검색 ▶
어플 다운로드 ▶ 어플 이용 시 노출되는 쿠폰 입력란 클릭 ▶
쿠폰번호 입력 후 이용

▲ 어플 다운로드

* 등록 후 30일간 사용 가능
* 해당 자료는 [해커스공무원 국어 기본서] 교재 내용으로 제공되는 자료로, 공무원 시험 대비에 도움이 되는 유용한 자료입니다.

해커스공무원 온라인 단과강의 20% 할인쿠폰

4FDA5E9E8A743KSV

해커스공무원(gosi.Hackers.com) 접속 후 로그인 ▶ 상단의 [나의 강의실] 클릭 ▶
좌측의 [쿠폰등록] 클릭 ▶ 위 쿠폰번호 입력 후 이용

* 등록 후 7일간 사용 가능(ID당 1회에 한해 등록 가능)

합격예측 온라인 모의고사 응시권 + 해설강의 수강권

7FF45FE75F29A86J

해커스공무원(gosi.Hackers.com) 접속 후 로그인 ▶ 상단의 [나의 강의실] 클릭 ▶
좌측의 [쿠폰등록] 클릭 ▶ 위 쿠폰번호 입력 후 이용

* ID당 1회에 한해 등록 가능

쿠폰 이용 관련 문의 **1588-4055**

해커스공무원

신민숙 쉬운국어

20일 완성 모의고사

해커스

<해커스공무원 신민숙 쉬운국어 20일 완성 모의고사>

200% 활용 TIP

1 20일 만에 국어 실력 완성하기

신유형을 완벽 반영한 모의고사 20회분으로 단기간에 국어 실력을 극대화해 보세요.

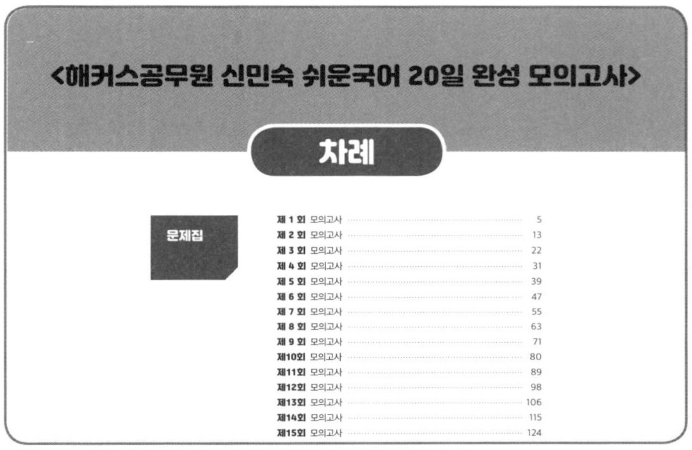
<해커스공무원 신민숙 쉬운국어 20일 완성 모의고사>

차례

문제집

2 실제 시험 보듯 문제풀기

실제 시험장에서 문제를 푸는 마음으로 시간을 정해놓고 제한 시간 내에 문제풀이와 마킹까지 해보세요.

- OMR 카드를 옆에 두고 모의고사를 풀어보면서 마킹 시간까지 계산하며 학습할 수 있습니다.

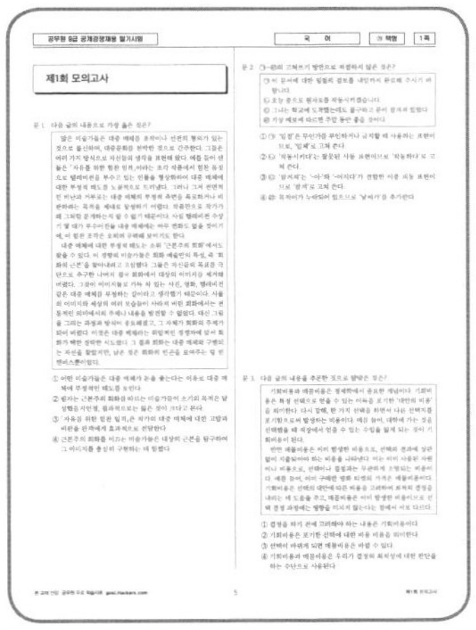

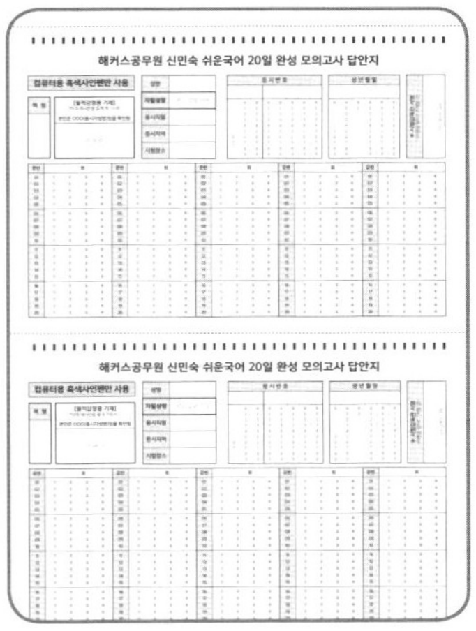

3 만능 해설로 약점 보완하기

정답의 이유뿐만 아니라 오답의 근거까지 상세하게 설명해주는 해설로, 선지 하나하나 꼼꼼히 분석하며 부족한 부분을 보완하세요.

- 내가 틀린 문제가 주로 어떤 영역인지 확인하여, 부족한 영역을 집중적으로 학습할 수 있습니다.

<해커스공무원 신민숙 쉬운국어 20일 완성 모의고사>

차례

문제집

약점 보완 해설집

<해커스공무원 신민숙 쉬운국어 20일 완성 모의고사>

합격 플랜

01 20일 학습 플랜

• 20일 동안 차근차근 실력을 향상시키고 싶은 수험생에게 추천합니다.

1일	2일	3일	4일	5일
제1회 모의고사 풀이 및 해설 확인	제2회 모의고사 풀이 및 해설 확인	제3회 모의고사 풀이 및 해설 확인	제4회 모의고사 풀이 및 해설 확인	제5회 모의고사 풀이 및 해설 확인
6일	**7일**	**8일**	**9일**	**10일**
제6회 모의고사 풀이 및 해설 확인	제7회 모의고사 풀이 및 해설 확인	제8회 모의고사 풀이 및 해설 확인	제9회 모의고사 풀이 및 해설 확인	제10회 모의고사 풀이 및 해설 확인
11일	**12일**	**13일**	**14일**	**15일**
제11회 모의고사 풀이 및 해설 확인	제12회 모의고사 풀이 및 해설 확인	제13회 모의고사 풀이 및 해설 확인	제14회 모의고사 풀이 및 해설 확인	제15회 모의고사 풀이 및 해설 확인
16일	**17일**	**18일**	**19일**	**20일**
제16회 모의고사 풀이 및 해설 확인	제17회 모의고사 풀이 및 해설 확인	제18회 모의고사 풀이 및 해설 확인	제19회 모의고사 풀이 및 해설 확인	제20회 모의고사 풀이 및 해설 확인

02 10일 학습 플랜

• 10일 동안 문제 풀이에 집중하여, 실전 감각을 극대화하고 싶은 수험생에게 추천합니다.

1일	2일	3일	4일	5일
제1~2회 모의고사 풀이 및 해설 확인	제3~4회 모의고사 풀이 및 해설 확인	제5~6회 모의고사 풀이 및 해설 확인	제7~8회 모의고사 풀이 및 해설 확인	제9~10회 모의고사 풀이 및 해설 확인
6일	**7일**	**8일**	**9일**	**10일**
제11~12회 모의고사 풀이 및 해설 확인	제13~14회 모의고사 풀이 및 해설 확인	제15~16회 모의고사 풀이 및 해설 확인	제17~18회 모의고사 풀이 및 해설 확인	제19~20회 모의고사 풀이 및 해설 확인

제1회 모의고사

문 1. 다음 글의 내용으로 가장 옳은 것은?

많은 미술가들은 대중 매체를 조작이나 선전의 혐의가 있는 것으로 불신하며, 대중문화를 천박한 것으로 간주한다. 그들은 여러 가지 방식으로 자신들의 생각을 표현해 왔다. 예를 들어 샌들은 「자유를 위한 힘찬 일격」이라는 조각 작품에서 힘찬 몸짓으로 텔레비전을 부수고 있는 인물을 형상화하여 대중 매체에 대한 부정적 태도를 노골적으로 드러냈다. 그러나 그저 전면적인 비난과 거부로는 대중 매체의 부정적 측면을 폭로하거나 비판하려는 목적을 제대로 달성하기 어렵다. 작품만으로 작가가 왜 그처럼 분개하는지 알 수 없기 때문이다. 사실 텔레비전 수상기 몇 대가 부수어진들 대중 매체에는 아무 변화도 없을 것이기에, 이 힘찬 조각은 오히려 무력해 보이기도 한다.

대중 매체에 대한 부정적 태도는 소위 '근본주의 회화'에서도 찾을 수 있다. 이 경향의 미술가들은 회화 예술만의 특성, 즉 '회화의 근본'을 찾아내려고 고심했다. 그들은 자신들의 목표를 극단으로 추구한 나머지 결국 회화에서 대상의 이미지를 제거해 버렸다. 그것이 이미지들로 가득 차 있는 사진, 영화, 텔레비전 같은 대중 매체를 부정하는 길이라고 생각했기 때문이다. 사물의 이미지와 세상의 여러 모습들이 사라져 버린 회화에서는 전통적인 의미에서의 주제나 내용을 발견할 수 없었다. 대신 그림을 그리는 과정과 방식이 중요해졌고, 그 자체가 회화의 주제가 되어 버렸다. 이것은 대중 매체라는 위압적인 경쟁자에 맞서 회화가 택한 절박한 시도였다. 그 결과 회화는 대중 매체와 구별되는 자신을 찾았지만, 남은 것은 회화의 빈곤을 보여주는 텅 빈 캔버스뿐이었다.

① 어떤 미술가들은 대중 매체가 돈을 좇는다는 이유로 대중 매체에 부정적인 태도를 보인다.
② 필자는 근본주의 회화를 따르는 미술가들이 소기의 목적은 달성했을지언정, 결과적으로는 잃은 것이 크다고 본다.
③ 「자유를 위한 힘찬 일격」은 작가의 대중 매체에 대한 고발과 비판을 관객에게 효과적으로 전달한다.
④ 근본주의 회화를 이끄는 미술가들은 대상의 근본을 탐구하여 그 이미지를 충실히 구현하는 데 힘썼다.

문 2. ㉠~㉣의 고쳐쓰기 방안으로 적절하지 않은 것은?

㉠ 이 문서에 대한 일절의 검토를 내일까지 완료해 주시기 바랍니다.
㉡ 오늘 중으로 원자로를 작동시키겠습니다.
㉢ 그녀는 학교에 도착했는데도 불구하고 문이 잠겨져 있었다.
㉣ 기상 예보에 따르면 주말 동안 좋을 것이다.

① ㉠: '일절'은 무언가를 부인하거나 금지할 때 사용하는 표현이므로, '일체'로 고쳐 쓴다.
② ㉡: '작동시키다'는 잘못된 사동 표현이므로 '작동하다'로 고쳐 쓴다.
③ ㉢: '잠겨져'는 '-이-'와 '-어지다'가 결합한 이중 피동 표현이므로 '잠겨'로 고쳐 쓴다.
④ ㉣: 목적어가 누락되어 있으므로 '날씨가'를 추가한다.

문 3. 다음 글의 내용을 추론한 것으로 알맞은 것은?

기회비용과 매몰비용은 경제학에서 중요한 개념이다. 기회비용은 특정 선택으로 얻을 수 있는 이득을 포기한 '대안의 비용'을 의미한다. 다시 말해, 한 가지 선택을 하면서 다른 선택지를 포기함으로써 발생하는 비용이다. 예를 들어, 대학에 가는 것을 선택했을 때 직장에서 얻을 수 있는 수입을 잃게 되는 것이 기회비용이 된다.

반면 매몰비용은 이미 발생한 비용으로, 선택의 결과에 상관없이 지출되어야 하는 비용을 나타낸다. 이는 이미 사용된 자원이나 비용으로, 선택이나 결정과는 무관하게 소멸되는 비용이다. 예를 들어, 이미 구매한 영화 티켓의 가격은 매몰비용이다. 기회비용은 선택의 대안에 따른 비용을 고려하여 최적의 결정을 내리는 데 도움을 주고, 매몰비용은 이미 발생한 비용이므로 선택 결정 과정에는 영향을 미치지 않는다는 점에서 서로 다르다.

① 결정을 하기 전에 고려해야 하는 내용은 기회비용이다.
② 기회비용은 포기한 선택에 대한 비용 비율을 의미한다.
③ 선택이 바뀌게 되면 매몰비용은 바뀔 수 있다.
④ 기회비용과 매몰비용은 우리가 결정의 최적성에 대한 판단을 하는 수단으로 사용된다.

문 4. 다음 글의 밑줄 친 결론을 이끌어내기 위해 추가해야 할 것은?

> ㅇ 등산을 좋아하는 어떤 사람은 콘서트 가는 것을 좋아하는 사람이다.
> ㅇ 운동을 좋아하는 사람 중 등산을 좋아하지 않는 사람은 없다.
> 따라서 콘서트 가는 것을 좋아하는 어떤 사람은 운동을 좋아하는 사람이다.

① 콘서트 가는 것을 좋아하지만 운동을 좋아하지 않는 사람은 모두 등산을 좋아하는 사람이다.
② 운동을 좋아하는 어떤 사람은 등산을 좋아하는 사람이다.
③ 콘서트 가는 것을 좋아하는 어떤 사람은 등산을 좋아하는 사람이다.
④ 등산을 좋아하는 사람은 반드시 운동을 좋아하는 사람이다.

문 5. 다음 글에서 토의 참여자의 말하기 방식에 대한 이해로 가장 적절한 것은?

> 사회자: 스마트 시티의 발전으로 인해 발생하는 문제점을 논의하고자 합니다. 각자의 의견을 말씀해 주시겠습니까?
> 이 교수: 스마트 시티의 발전은 기술적 혁신을 통해 도시의 효율성을 높이는 데 도움이 됩니다. 그러나 기술 도입에 따른 안전 문제를 확실히 논의해야 합니다. 다음 토의에서는 이에 집중했으면 합니다.
> 박 연구원: 스마트 시티에서는 데이터 관리가 중요합니다. 데이터의 안전한 관리와 처리 방안을 마련해야 합니다.
> 정 사장: 스마트 시티의 발전은 시민들의 삶의 질 향상에 기여할 수 있습니다. 그러나 기술에 대한 접근성과 배제 문제도 고려해야 합니다.
> 이 교수: 기술적 혁신과 데이터 관리, 시민의 접근성 문제를 종합적으로 고려해야 합니다. 전체적인 계획이 필요합니다.
> 박 연구원: 데이터 관리와 안전 문제를 해결하여 스마트 시티의 신뢰성을 높여야 합니다. 데이터 보호가 핵심입니다.
> 정 사장: 시민의 삶의 질을 향상시키면서도 기술적 배제 문제를 해결해야 합니다. 균형 잡힌 접근이 필요합니다.
> 사회자: 감사합니다.

① 사회자: 다양한 의견을 종합하여 스마트 시티 발전의 방향성을 모색하고 있다.
② 이 교수: 주제의 장점과 단점을 모두 언급하며, 추후 토의의 주제를 제시하였다.
③ 박 연구원: 최신 연구 결과를 바탕으로 자신의 견해를 피력하고 있다.
④ 정 사장: 상대방의 의견을 존중하며 자신의 경험을 바탕으로 보충 설명하고 있다.

문 6. 다음 글을 통해 추론한 것으로 가장 옳은 것은?

> 어휘는 문법과 함께 언어 사용을 위한 기반 지식 요소로 언어 학습의 시작이자 완성이라고 할 만큼 중요하다. 이는 일정 수준의 의사소통 능력(communicative competence)을 갖추기 위해서는 그에 맞는 어휘력(lexical competence) 또한 갖추어야 함을 의미한다. 이때 어휘력이란 학습자가 알고 있는 어휘 수, 즉 양적 측면에서의 어휘 능력을 의미하기도 하고, 어휘의 형태와 의미, 용법을 이해하고 적절히 사용할 수 있는가 하는 질적 측면에서의 어휘 능력을 의미하기도 한다. 일반적으로 언어 학습 초기에는 기초 어휘를 중심으로 각각의 어휘에 대한 질적 측면에서의 지식을 축적해 나아가면서 어휘 능력을 키워 가게 된다. 그리고 그것이 축적되면서 양적 측면에서도 일정 수준의 어휘력을 가지게 되며, 그 과정에서 이미 알고 있는 어휘들로부터 체계적으로 반복되는 규칙들을 발견할 수 있게 된다. 이러한 단계에 이르면 낱낱의 어휘를 학습하여 어휘량을 늘리는 것에서 더 나아가 질적 어휘 능력과 양적 어휘 능력을 통합함으로써 전략적으로 어휘를 배우고 사용하며 효율적으로 확장해 나아가는 것이 필요하다.
> 한국어 교수 현장에서는 중급 단계가 바로 이러한 시기라고 보며, 이 시기에 효율적으로 어휘를 확장할 수 있는 방법 중 하나로 단어 형성 원리를 보편적으로 활용하고 있다. 초급 단계에서 중점적으로 학습한 어휘를 기반 지식으로 하여 복합어, 즉 파생어와 합성어의 형성 규칙을 이해하고 활용할 수 있도록 하는 것이다. 강현화는 한국어 교재와 한국어능력시험(TOPIK)에 출현한 어휘들을 분석하여 우리나라의 어휘 중 파생어가 26%, 합성어가 20%를 차지함을 밝힌 바 있는데, 이에 따르면 약 절반에 이르는 어휘는 단어 형성 방식을 통해 보다 쉽게 가르치고 배울 수 있으며 그중 상당 부분은 이미 알고 있는 어휘들이 활용된다는 것을 알 수 있다. 이는 전략적인 어휘 교수·학습 방안으로써 단어 형성 원리의 효용성을 뒷받침하는 결과라고 할 수 있으며, Nation이 어휘 형태 지식의 하나로 강조한 '단어 구성소'(word parts) 역시 이러한 어휘 특성에 주목한 것이라고 볼 수 있다.

① 언어를 학습할 때, 양적으로 어휘를 충분히 익힌 뒤에 질적 측면에서의 어휘 능력이 향상되기 시작한다.
② 양적 어휘 능력과 질적 어휘 능력을 통합하는 단계는 고급 단계에 해당한다.
③ 우리나라는 복합어가 절반을 넘어 이를 어휘적으로 사용한다면 효율적인 어휘 확장을 이룰 수 있다.
④ 일정 수준의 의사소통은 양적 측면에서의 어휘 능력만 갖춰도 가능하다.

문 7. 다음 글을 이해한 내용으로 적절하지 않은 것은?

카슈미르는 인도와 파키스탄 간의 오랜 분쟁 지역으로, 이 지역의 갈등은 1947년 인도와 파키스탄의 분할과 함께 시작되었다. 인도와 파키스탄을 분할할 때, 국가 경계는 주로 힌두교를 따르는 인도 대륙의 종교적 인구 분포를 반영했으나, 일부 지역의 경우 여러 가지 이유로 인해 경계 설정이 복잡하게 이루어졌다. 특히 카슈미르는 무슬림 인구가 대다수를 차지하지만 당시 지배 계층은 인도의 국교를 따르고 있었기 때문에, 인도의 일부로 남아 있기로 결정되었다. 분할 이후, 카슈미르의 무슬림 주민들은 파키스탄과의 통합을 요구했고, 이에 반발한 인도와 파키스탄의 군사적 충돌이 발생했다. 이 전쟁은 국제 연합의 개입으로 휴전선을 설정하게 되었고, 카슈미르는 인도와 파키스탄으로 나뉘게 되었다.

한동안 잠잠하던 양국 간의 긴장 상태는 1965년에 재발했다. 이 전쟁 역시 국제 사회의 중재로 끝났으며, 카슈미르 문제의 근본적인 해결에는 이르지 않았다. 카르길 전쟁으로 알려진 세 번째 전쟁은 인도와 파키스탄 간의 긴장을 더욱 고조시켰다. 파키스탄 군대가 인도의 카르길 지역을 선제 침공했으나, 인도의 군사적 반격으로 인해 파키스탄 군대가 철수하게 되었다. 최근에는 인도 정부가 2019년에 카슈미르의 자치권을 제한하고 특별 지위를 없애는 조치를 취했다. 이로 인해 지역 내 긴장이 더욱 고조되었으며, 인도와 파키스탄 간의 갈등이 지속되고 있다.

① 1947년 카슈미르의 인구는 대부분 이슬람교도였으나 통치자는 힌두교도였다.
② 분할 직후 발발한 전쟁은 카슈미르를 인도령과 파키스탄령으로 분할하였다.
③ 인도는 카르길 전쟁 당시 카슈미르를 선제 침략하였으나 결국 철수하였다.
④ 2018년 이전까지 카슈미르에는 자치권과 특별 지위가 있었다.

문 8. 빈칸에 들어갈 내용으로 가장 옳은 것은?

옛이야기는 이야기 자체로도 재미가 있지만 그 안에 들어 있는 여러 가지 숨은 의미를 추출하고 그 안에서 우리 삶의 모습을 투영해 볼 때 더 큰 매력과 비밀스러운 즐거움을 느낄 수 있다. 그러한 면에서 <구복여행>은 곱씹을수록 더욱 맛있고 행복하며 의미 있는 이야기이다.

<구복여행>에서 보여주는 가장 큰 특징은 총각이 민담형 인물의 전형을 보여주고 있다는 점이다. 인물에는 보통 민담형 인물과 소설형 인물이 있는데 민담형 인물은 <구복여행>의 총각처럼 거침없이 나아가는 인물을 말한다. 총각은 의심하거나 고민하지 않고 그저 움직여 나아가는 인물이다. 그런 민담형 인물에 비해 소설형 인간은 움직이지 않고 가만히 앉아 늘 고뇌하고 계산하고 생각만 하는 인물을 말한다.

민담형 인물인 총각이 보여주는 것처럼 움직이는 것은 이미 그 자체로 중요한 의미를 가진다. 나는 가끔 고여 있는 것, 정체된 것, 흐르지 않는 것이 부패하는 것을 목격하곤 한다. 그것은 물이거나 공기이거나 마음 또는 정신이어도 마찬가지이다. 무엇이든 고여 있기보다는 흘러야 한다. 빠르거나 천천히 흐르는 것은 상관없다. 그저 고여 있지 않고 흘러야 새로운 것도 맞이하고 새롭게 변화할 수도 있는 것이다. 그런 의미에서 <구복여행>의 총각이 ______________________ 결국 복을 얻는다는 것은 당연한 결과이다.

① 주변을 살피고 움직이는 세심함을 가졌기 때문에
② 한눈팔지 않고 한 우물만 열심히 팠기 때문에
③ 움직여 나아가고 그 힘으로 변화를 맞이했기 때문에
④ 움직임을 통해 생동감 있는 삶을 살았기 때문에

문 9. 다음 글의 서술상의 특징으로 적절하지 않은 것은?

> 자산, 자본, 그리고 현금은 금융 및 경제 용어에서 중요한 개념들이다. 먼저, 자산은 개인이나 기업이 보유하고 있는 모든 경제적인 가치를 나타낸다. 주식, 부동산, 투자 포트폴리오, 자동차, 기업의 장비 등이 자산에 해당한다. 자산은 보유자에게 가치를 창출하거나 미래의 수익을 기대할 수 있는 것으로 정의되며, 경제적인 활동과 거래의 기반을 형성한다.
>
> 자본은 기업의 자산에서 부채를 제외한 나머지를 말한다. 즉, 자본은 기업이 자산을 보유하기 위해 자본을 투입한 금액이다. 자본은 기업의 영속성과 안정성을 나타내며, 기업의 재무 건강 상태를 판단하는 데 중요한 지표로 사용된다. 자본은 주주 자본과 재무 부채를 포함하며, 기업이 부채를 갚기 위해 사용할 수 있는 잔여 자산을 나타낸다.
>
> 현금은 가장 유동성이 높은 자산으로, 즉시 현금화할 수 있는 형태의 자산을 말한다. 현금은 통화, 예금 계좌 잔액, 자금 시장 펀드 등의 형태로 존재한다. 현금은 거래나 지출에 직접적으로 사용될 수 있으며, 급한 자금 필요나 예상치 못한 비용 발생 시 사용된다. 현금의 유동성은 매우 높아서 비상시에도 즉시 사용할 수 있어 금융 거래에서 중요한 역할을 한다. 그러나 현금은 다른 자산들보다 수익성이 낮기 때문에 장기적인 투자에는 적합하지 않을 수 있다. 이와 같이 자산, 자본, 그리고 현금은 금융 및 경제 활동에서 중요한 개념들이며, 각각의 특성과 역할에 따라 다르게 사용된다.

① 용어의 개념에 대해 구체적인 예시를 들어 설명한다.
② 한 가지 개념에 대한 장점과 단점을 바탕으로 주장을 전개하고 있다.
③ 여러 용어들의 상관관계에 대해서 설명하고 있다.
④ 자산, 자본, 현금의 시장에서의 각각의 역할들에 대해 설명한다.

문 10. 다음 진술들이 참일 때, 시합에 타고 가는 것은?

> ‘고속버스, 비행기, 고속열차, 크루즈’ 중에 결정해야 한다. 그러나 전부를 타고 갈 수는 없고 다음의 조건에 따라서 이용할 교통수단이 결정된다.
>
> ㅇ 고속버스를 타고 가면 비행기를 타고 간다.
> ㅇ 고속열차를 타고 가면 비행기를 타고 가지 않고 크루즈를 타고 간다.
> ㅇ 고속버스를 타고 가면 비행기를 타고 가지 않는다.
> ㅇ 고속버스를 타고 가지 않으면 고속열차를 타고 간다.

① 고속열차, 크루즈　② 고속버스, 비행기
③ 비행기, 크루즈　④ 고속버스

문 11. 다음 글의 맥락을 고려할 때 (가)와 (나)에 들어갈 내용으로 가장 적절한 것은?

> 프리드리히 니체는 그의 철학에서 초인 개념을 통해 인간의 자기 초월 가능성을 강조했다. 그는 전통적인 도덕과 가치 체계, 특히 기독교적 도덕이 인간을 억압하고 약화시킨다고 보았다. 따라서 니체는 기존의 가치를 해체하고 인간 스스로 새로운 가치를 창조해야 한다고 주장했다. 초인은 이러한 과정을 통해 자신의 본성을 초월하고, 자유롭고 창조적으로 살아가는 이상적 인간형이다.
>
> 니체는 초인의 본질로 삶을 긍정하고 고통조차 자신의 존재를 강화하는 요소로 받아들이는 운명 사랑(Amor fati)의 태도를 강조했다. 초인은 외부의 규범이나 전통에 의존하지 않고, 자신만의 기준을 창조하며 살아간다. 이를 통해 인간은 무의미와 허무를 극복하고 진정한 자유와 창조성을 발견할 수 있다고 보았다.
>
> 그러나 초인 개념은 현대 사회에서 다양한 해석과 논란을 불러일으켰다. 초인을 자기 계발과 창조적 잠재력 실현의 상징으로 해석하며 긍정적으로 평가하는 경우가 있는 반면, 극단적인 엘리트주의나 독재적 이념으로 왜곡되기도 했다. 특히 초인의 개념이 [　(가)　]에 사용되면서 니체 철학은 큰 비판을 받았다.
>
> 그럼에도 불구하고 니체의 초인 사상은 [　(나)　]을 통해 인간의 한계를 넘어서려는 시도라는 점에서 현대 철학과 예술, 심리학에 중요한 영감을 제공하고 있다.

① (가): 권위주의적 이데올로기
　(나): 자기 초월과 창조적 가치 창출
② (가): 민주주의적 평등주의
　(나): 인간의 약점을 인정하고 보완
③ (가): 권위주의적 이데올로기
　(나): 인간의 약점을 인정하고 보완
④ (가): 민주주의적 평등주의
　(나): 자기 초월과 창조적 가치 창출

문 12. 다음 글의 맥락을 고려할 때 ㉠~㉣에 들어갈 예로 가장 적절하지 않은 것은?

> 중화 이론(neutralization theory)은 범죄자의 행동이 단순히 법이나 사회적 규범을 무시하는 것이 아니라, 그가 스스로의 범죄를 정당화하고 합리화하는 방식을 탐구하는 이론이다. 이 이론은 1957년, 사회학자 시어도어 새커(George C. Sykes)와 데이비드 마츠(David Matza)에 의해 처음 제안되었다. 중화 이론은 범죄자가 자신의 위법 행위를 어떻게 도덕적으로 정당화하고 사회적 규범에 맞지 않는 행동을 수행하는지를 설명하는 데 중점을 둔다.
>
> 범죄자는 자신의 행동이 사회적 규범이나 법에 위배된다는 사실을 인식하면서도, 다음과 같은 정당화 기술을 사용하여 자신의 행동을 합리화한다.
>
> 첫째, 책임 회피(Denial of Responsibility)이다. 범죄자는 자신의 범죄 행위에 대해 책임이 없다고 주장하거나, 자신의 행동이 외부 요인이나 다른 사람의 영향에 의해 일어난 것이라고 주장한다. 예를 들어, 범죄자가 "(㉠)"거나 "(㉡)"고 말하는 경우가 이에 해당한다.
>
> 둘째, 부상 거부(Denial of Injury)이다. 범죄자는 자신의 행위로 인해 피해자가 실제로 해를 입지 않았다고 주장한다. 즉, 피해자가 별로 다치지 않았거나 그 피해가 자신에게 중요하지 않다고 주장함으로써 자신의 행동을 정당화한다. 예를 들어, "(㉢)"라고 말할 수 있다.
>
> 셋째, 상위 의무의 주장 (Appeal to Higher Loyalties)이다. 범죄자는 자신의 행동이 더 높은 도덕적 또는 윤리적 의무에 의해 이루어진 것이라고 주장한다. 즉, 개인이나 가족, 집단의 충성심 등 더 중요한 가치를 우선시했다고 주장함으로써 범죄를 정당화한다. 예를 들어, "(㉣)"라고 말할 수 있다.

① ㉠: 가문의 명예를 위해 어쩔 수 없는 선택이었다.
② ㉡: 내가 아닌 다른 사람의 행동이 문제를 일으켰다.
③ ㉢: 그 사람은 충분히 부유하니까, 내가 훔친 돈은 별로 큰 문제 아닐 거야.
④ ㉣: 이것은 내 친구를 돕기 위해 불가피한 선택이었다.

문 13. 다음 글에 대한 설명으로 적절한 것은?

> 사랑의 본질에 대한 토마스 아퀴나스의 설명은 인간의 사랑인 아모르에 대한 분석에 기초한다. 그는 인간이 선을 추구하려는 욕구를 지닌 존재인데, 욕구를 추구하는 인간 행위의 원천이 바로 사랑이라 말한다. 이때 선이란 자신에게 좋은 것으로 자신의 본성에 적합하거나 자신에게 기쁨을 주는 것을 뜻한다.
>
> 아퀴나스에 따르면 인간의 욕구는 감각적 욕구와 지적 욕구로 구별되는데, 이는 선을 추구한다는 점에서는 동일하지만 크게 두 가지 차이점이 있다. 첫째, 감각적 욕구에 의한 추구 행위는 대상에 의해 촉발되어 이에 수동적으로 반응하는 것이다. 반면 지적 욕구에 의한 추구 행위는 지성의 능동적인 활동과 주체의 선택에 의해 일어나는 보다 적극적인 것이다. 둘째, 감각적 욕구는 감각적 인식능력에 의해 선으로 인식된 것을 추구하는 반면, 지적 욕구는 지성에 의해 선으로 이해된 것을 추구한다. 왜냐하면 감각적 인식능력은 대상의 선악 판단에 개입할 수 없지만, 지성은 대상이 무엇이든 이해한 바에 따라 선악 판단을 다르게 할 수 있기 때문이다. 예를 들어 단맛이 나에게 기쁨을 준다면 감각적 욕구는 사탕을 추구하겠지만, 지적 욕구는 사탕이 충치를 유발할 수도 있으므로 선이 아니라고 판단한다면 추구하지 않을 수도 있다.
>
> 아퀴나스는 감각적 욕구와 지적 욕구가 있는 곳에는 항상 사랑이 있다고 말하며, 사랑이 선을 향한 감각적 욕구와 지적 욕구에 의한 추구 행위를 일으키는 힘이라고 설명한다. 특히, 아퀴나스는 감각적 욕구에 의한 추구 행위를 '정념'이라고 칭하며, 사랑을 전제하지 않는 정념은 없으며 선을 향한 사랑에서부터 여러 정념이 비롯된다고 하였다. 만약 여러 대상에 대한 감각적 욕구들이 동시에 일어난다면 어떻게 될까? 인간은 가장 먼저 추구할 감각적 욕구를 지성에 의해 판단하고 선택한다. 다른 것보다 더 선이라고 이해된 것을 우선 추구하기 때문이다. 결국 아퀴나스가 말하는 인간의 사랑은 선에 대한 자신의 이해에 입각하기 때문에 자신에게 선인 것에 대한 사랑을 근본으로 한다.

① 게임을 하고 싶은 마음과 학업에서 좋은 성적을 받고 싶은 마음이 동시에 생긴다면, 인간 본능에 의해 게임의 행위를 먼저 하게 될 것이다.
② 클래식 음악이 개인에게 기쁨을 줬다면 '클래식 음악'은 '선'의 의미를 지닌다.
③ 자기 아이의 성공을 바라며 부모가 자식을 위해 빚까지 지면서 지원을 하는 것은 진정한 사랑이 빠진 부모의 욕구에 속한다.
④ 몸에 좋지 않다는 것을 알면서도 라면을 자꾸 먹는 것은 '정념'이라고 한다.

문 14. 다음 글의 내용 흐름상 가장 적절한 문단 배열의 순서는?

(가) 1519년에 시작된 이 전쟁은 코르테스가 600명의 스페인 병사를 이끌고 인구 수천만의 아스텍 제국의 수도 테노치티블란을 공격하는 것에서 시작되었다. 다소 무모하게 보였던 코르테스의 침략의 결과는 병력의 3분의 2를 잃고 퇴각하는 것이었는데, 이는 냉정히 보자면 상당히 괜찮은 성과였다. 여기에는 스페인의 군사적 강점과 아스텍족의 어리숙함이 함께 작용했다. 그러나 코르테스가 다시 쳐들어왔을 때 아스텍인들은 더 이상 어리숙하지 않았고 몹시 격렬한 싸움을 벌였다.

(나) 그런데 원주민 인구 감소에서 놀라운 점은, 유럽인들이 휘두른 총칼에 의해 목숨을 잃은 아메리카 원주민보다 유럽인들을 타고 건너온 전염병에 의해 목숨을 잃은 원주민 수가 훨씬 더 많다는 사실이다.

(다) 과거 일부 학자들은 북아메리카에 100만 명가량의 원주민만이 살았다고 주장했다. 이들의 말이 사실이라면 이는 거의 빈 대륙이라 볼 수 있을 만큼 적은 수이기 때문에 백인들의 아메리카 침략은 꽤 정당해 보인다. 그러나 고고학 발굴과 미국의 해안 지방을 처음 밟은 유럽 탐험가들의 기록을 통해 원주민들이 처음에는 수천만 명에 달했다는 사실이 밝혀졌으며, 아메리카 전체를 놓고 보았을 때 콜럼버스가 도착한 이후 한두 세기에 걸쳐 원주민 인구는 최대 95%가 감소한 것으로 추정된다.

(라) 그런데도 스페인이 우위를 점할 수 있었던 것은 바로 천연두 때문이었다. 이 병은 스페인령 쿠바에서 감염된 한 노예를 숙주로 삼아 멕시코 땅에 도착했으며 쿠이틀라우악 아스텍 황제를 포함해 거의 절반에 가까운 아스텍족을 몰살시킬 만큼 크게 유행하였다. 이 수수께끼의 질병은 마치 스페인인들이 무적임을 알리려는 듯 스페인인은 내버려두고 원주민만 골라 죽였다. 그리하여 처음에는 약 2,000만에 달했던 멕시코 원주민 인구가 1618년에는 약 160만으로 곤두박질치고 말았다.

① (가) - (나) - (라) - (다)
② (가) - (라) - (다) - (나)
③ (다) - (가) - (나) - (라)
④ (다) - (나) - (가) - (라)

문 15. 다음 글을 읽고 추론한 내용으로 적절하지 않은 것은?

나침반은 자석의 성질을 이용해 지구의 자북(磁北)을 가리키도록 만든 장치로, 방향을 알 수 없는 상황에서 위치를 찾는 데 매우 유용하다. 그러나 나침반이 항상 정확한 방향을 가리키는 것은 아니다. 나침반은 주변 환경의 영향을 받을 수 있기 때문에, 특정 상황에서는 오차가 발생할 가능성이 있다. 특히 금속이나 전자기파가 강한 곳에서는 나침반이 오작동할 수 있으며, 이로 인해 잘못된 방향을 가리키는 경우가 많다. 예를 들어, 자동차나 비행기 내부, 전자 기기가 많은 도심에서는 나침반의 정확성이 떨어질 수 있다.

또한, 지구 자장은 시간에 따라 약간씩 변하기 때문에, 동일한 위치에서도 자북의 방향이 달라질 수 있다. 지구의 자북은 북극과 정확히 일치하지 않으며, 지리적 북극과 자북 사이에는 차이가 있다. 이를 자북 편차라고 하며, 지역에 따라 다르게 나타난다. 일부 지역에서는 이 편차가 미미하지만, 다른 지역에서는 큰 차이를 보이기도 한다. 특히 고위도 지방에서는 자북과 진북의 차이가 더 커지며, 나침반 사용 시 이러한 편차를 고려해야 한다.

이와 같은 이유로 나침반의 정확성을 높이기 위해서는 몇 가지 주의 사항을 지켜야 한다. 먼저, 금속 물체나 전자 기기에서 떨어진 장소에서 나침반을 사용하고, 주변에 자성을 띠는 물체가 있는지 확인해야 한다. 또한, 고위도 지방이나 자북 편차가 큰 지역에서는 지도를 참고하여 자북 편차를 보정하는 것이 중요하다. 일부 나침반에는 이 자북 편차를 조정할 수 있는 기능이 있어, 사용자가 자북 편차 정보를 입력하면 더 정확한 방향을 알 수 있게 된다. 결과적으로, 나침반은 정확성을 보장하는 도구라기보다는 정확한 사용법을 숙지했을 때 유용한 도구라 할 수 있다.

① 자북과 진북의 차이는 항상 일정하기 때문에, 같은 위치에서 나침반이 가리키는 방향은 변하지 않는다.
② 자북 편차가 큰 고위도 지방에서는 나침반으로 방향을 확인할 때 지리적 북쪽과 자북의 차이를 보정해야 한다.
③ 나침반을 사용할 때 전자 기기나 금속이 많은 곳을 피하는 것이 정확한 방향을 찾는 데 도움이 될 수 있다.
④ 자북 편차 조정 기능이 있는 나침반은 고위도 지방에서도 상대적으로 정확한 방향을 제공할 가능성이 있다.

문 16. <보기>를 바탕으로 단어 형성법에 대해 탐구한 것으로 적절하지 않은 것은?

〈보기〉

단어에서 실질적 의미를 나타내는 중심 부분을 어근이라 하고, 어근에 붙어 그 뜻을 더하거나 제한하는 부분을 접사라고 한다. 단어는 형성 방법에 따라 단일어와 파생어, 합성어로 나누어진다. 단일어는 '땅', '입다'와 같이 하나의 어근으로 이루어진 말이고, 파생어는 '풋사과'나 '달님'처럼 어근과 접사의 결합으로 이루어진 말이다. 합성어는 어근과 어근이 결합한 말로 '봄비'나 '오르내리다'와 같은 말이 이에 해당한다.

① '짓밟다'는 접사가 어근에 붙어 뜻을 더하고 있으므로 파생어이군.
② '날개'는 어근에 접사가 결합한 파생어이고, '고추장'은 어근끼리 결합한 합성어이군.
③ '장사꾼'과 '굶주리다'는 모두 실질적인 뜻을 가진 어근끼리 결합하였으므로 합성어이군.
④ '개살구'와 '가위질'은 모두 어근에 접사가 결합하여 이루어진 단어이므로 파생어에 해당하는군.

문 17. 빈칸에 들어갈 결론으로 가장 적절한 것은?

○ 가구에 관심이 있는 사람 중 일부는 조명에 관심이 있는 사람이 아니다.
○ 인테리어에 관심이 있는 사람은 모두 조명에 관심이 있는 사람이다.
따라서 [   ]

① 인테리어에 관심이 있는 사람은 모두 가구에 관심이 있는 사람이 아니다.
② 인테리어에 관심이 있는 사람 중 일부는 가구에 관심이 있는 사람이 아니다.
③ 가구에 관심이 있는 사람 중 일부는 인테리어에 관심이 있는 사람이 아니다.
④ 조명에 관심이 있지만 가구에 관심이 없는 사람은 모두 인테리어에 관심이 있는 사람이 아니다.

문 18. 다음 글을 이해한 내용으로 가장 적절하지 않은 것은?

박남수 시인의 '종소리'는 억압된 상태에서 벗어나 진정한 자유를 추구하려는 의지, 그리고 희망과 저항의 정신을 노래한다. 1연의 첫 행에서 '나는 떠난다'는 단정적인 어조로 시상을 시작하고 있다. 이러한 단정적이고 의지적인 어조는 3연의 '나'는 '푸름', '웃음', '악기'가 된다는 표현으로 이어진다. 이는 자유에 대한 갈망을 드러낸 것이다.

2연의 '청동의 벽에 / 역사를 가두어 놓은 / 칠흑의 벽에서'의 '청동의 벽'은 종의 울림을 억압하는 존재를 의미한다. 종소리는 그러한 억압에서 벗어나 자유를 갈망하는 존재로 형상화된다. 갇혀 있던 종소리는 진폭의 새, 울음, 소리 등 다양한 모습으로 변화하며 세상으로 퍼져나간다. 종소리는 푸름, 웃음, 악기 등 긍정적인 이미지와 함께 뇌성*처럼 강렬한 저항의 의미를 담고 있다.

그렇다면 마지막 연의 '먹구름'은 어떤 의미를 지닐까? '먹구름이 깔리면 / 하늘의 꼭지에서 터지는 / 뇌성이 되어 / 가루 가루 가루의 음향이 된다.'고 하였다. 즉, 억압에서 벗어나는 모습을 표현한 것이다. '가루 가루 가루의 음향'은 종소리가 가루 가루의 음향이 된다는 것으로 감각적 표현이 두드러진 표현이다.

* 뇌성: 천둥이 날 때 나는 소리

① 종과 종소리 모두 자유를 갈망하는 화자의 마음을 대변한다.
② 2연을 통해 인간 자신을 가두는 것은 결국 인간이라는 점을 추측할 수 있다.
③ '먹구름'은 '종'과 달리 의지와 자유를 상징하는 긍정적 시어이다.
④ 마지막 연의 '가루 가루 가루의 음향이 된다'는 공감각적 표현이 사용된 구절이다.

문 19. 다음 글에서 알 수 없는 것은?

현존하는 한국 범종 중에서 신라 범종이 으뜸이다. 신라 범종으로는 상원사 동종, 성덕대왕 신종, 용주사 범종이 있으며 모두 국보로 지정되어 있다. 이 가운데 에밀레종이라 알려진 성덕 대왕 신종은 세계의 보배라 여겨진다. 그러나 이러한 평가는 미술이나 종교의 차원에 국한될 뿐, 에밀레종이 갖는 음향공학 차원의 가치는 간과되고 있다.

에밀레종을 포함한 한국 범종은 종신(鐘身)이 작고 종구(鐘口)가 벌어져 있는 서양 종보다 종신이 훨씬 크다는 점에서는 중국 범종과 유사하다. 또한 한국 범종은 높은 종탑에 매다는 서양 종과 달리 높지 않은 종각에 매단다는 점에서도 중국 범종과 비슷하다. 하지만 중국 범종은 종신의 중앙 부분에 비해 종구가 나팔처럼 벌어져 있는 반면, 한국 범종은 종구가 항아리처럼 오므라져 있다. 또한 한국 범종은 중국 범종에 비해 지상에 더 가까이 땅에 닿을 듯이 매단다.

나아가 한국 범종은 종신과 대칭 형태로 바닥에 커다란 반구형의 구덩이를 파두는데, 바로 여기에 에밀레종이나 여타 한국 범종의 숨은 진가가 있다. 한국 범종의 이러한 구조는 종소리의 조음에 영향을 미쳐 독특한 음향을 내게 한다. 이 구덩이는 100헤르츠 미만의 저주파 성분이 땅속으로 스며들게 하고, 커다란 울림통으로 작용하여 소리의 여운을 길게 한다.

땅속으로 음파를 밀어 넣어 주려면 뒤에서 받쳐 주는 지지대가 있어야 하는데, 한국 범종에서는 땅에 닿을 듯이 매달려 있는 거대한 종신이 바로 이 역할을 한다. 이를 음향공학에서는 뒤판이라 한다. 땅을 거쳐 나온 저주파 성분은 종신 꼭대기에 있는 음통관을 거쳐 나온 고주파 성분과 조화를 이루면서 인간이 듣기에 가장 적합한 소리, 곧 장중하고 그윽하며 은은히 울려 퍼지는 여음이 발생하는 것이다.

① 현존하는 한국 범종 중 세 개 이상이 국보로 지정되어 있다.
② 한국 범종과 중국 범종은 종신 중앙 부분의 지름이 종구의 지름보다 크다.
③ 한국 범종의 종신은 저주파 성분을 땅속으로 밀어 넣어주는 뒤판 역할을 한다.
④ 한국 범종의 독특한 소리는 종신과 대칭 형태로 파놓은 반구형의 구덩이와 관련이 있다.

문 20. A와 B의 주장에 대한 평가로 적절한 것만을 <보기>에서 모두 고르면?

A는 그의 세계체제 이론으로 유명하다. A는 자본주의 세계 경제를 단일한 사회체제로 보았으며, 이 체제는 중심부, 주변부, 반주변부로 나뉜다고 주장했다. 중심부는 경제적 부와 정치적 권력을 집중적으로 보유한 국가들로 구성되어 있으며, 주로 기술집약적이고 부가가치가 높은 산업에 종사한다. 반면, 주변부는 원자재 공급과 같은 저부가가치 활동에 종사하며, 경제적 착취와 종속의 대상이 된다. A는 주변부 국가의 발전을 저해하는 요소로 경제적 착취와 불균등 교역 조건을 꼽았다. 반주변부는 중심부와 주변부의 중간적 위치에 있으며, 상호작용의 완충지대 역할을 한다.

A는 이러한 세계체제가 16세기부터 형성되기 시작했으며, 유럽의 팽창과 식민주의의 역사적 맥락에서 발전했다고 본다. 이 과정에서 중심부 국가들은 군사적, 경제적, 정치적 수단을 통해 주변부를 착취하고 불평등한 교환 관계를 유지해 왔다. A는 이러한 구조적 불평등이 자본주의 세계 경제의 필연적 결과라고 보았다.

B는 주로 라틴 아메리카의 '경제적 종속'을 연구했다. B는 자본주의가 발전하기 위해 주변부 국가들의 자원을 중심부로 이전하는 과정이 필수적이라고 주장했다. 그는 중심부와 주변부 간의 경제적 격차가 자본주의의 내재적 속성이라고 보았으며, 이러한 격차는 주변부 국가들이 독립적인 경제 발전을 이루지 못하게 만드는 주요 요인이라고 분석했다.

B의 사상에서 중요한 개념은 '발전의 발전과 발전의 저발전'이다. 그는 중심부 국가들의 발전이 주변부 국가들의 저발전을 강화한다고 주장했다. 즉, 중심부 국가들은 주변부 국가들의 자원을 착취하여 스스로의 경제를 성장시키는 반면, 주변부 국가들은 이로 인해 경제적 자립을 이루지 못하고 지속적인 빈곤과 저발전 상태에 머물게 된다는 것이다. B는 중심부와 주변부의 관계뿐만 아니라 주변부 국가 내부의 사회적, 정치적 구조도 발전을 저해한다고 보는 한편, 주변부 국가들은 독자적인 발전 경로를 모색해야 한다고 생각했다.

〈보기〉

ㄱ. A와 B 모두 자본주의 경제 체제에서의 국가 사이에는 착취와 피착취의 관계가 존재함을 인정하였다.
ㄴ. A는 B와 달리 주변부 국가 내부의 정치 및 사회적 구조도 발전을 저해하므로, 빈곤의 타파는 요원하다고 보았다.
ㄷ. A는 불균등한 교환 관계가 자본주의 세계 경제라면 반드시 일어나는 결과라고 보았다.

① ㄱ　② ㄱ, ㄷ
③ ㄴ, ㄷ　④ ㄱ, ㄴ, ㄷ

약점 보완 해설집 p.2

제2회 모의고사

문 1. ㉠~㉣을 고쳐 쓰기 위한 의견으로 알맞지 않은 것은?

> 안녕하세요. 무역 분야에 대한 깊은 열정을 가진 ○○○입니다. 글로벌 시장에서의 경험과 다양한 문화에 대한 이해를 바탕으로 귀사의 무역팀에서 새로운 도전에 임하고자 합니다.
>
> 저는 □□대학교에서 국제무역학을 전공하며, 해외 무역과 관련된 이론과 실무를 익혔습니다. 학업 외에도, △△상사에서 ㉠ 인턴으로써 근무하며 무역 계약서 작성, 해외 바이어와의 커뮤니케이션, 물류 관리 등 다양한 실무 경험을 ㉡ 지도했습니다. 이 과정에서 저는 꼼꼼한 분석력과 원활한 의사소통 능력을 발휘해 무역 프로세스를 원활하게 진행하는 데 기여했습니다.
>
> 또한, 다양한 국가의 문화와 비즈니스 관행을 이해하기 위해 어학연수를 통해 국제적인 감각을 기르며, 외국어 능력을 배양했습니다. 이러한 경험은 글로벌 파트너와의 협상 및 관계 구축에 ㉢ 아무리 강조해도 지나치지 않다는 말씀입니다.
>
> 귀사의 비전과 목표에 깊이 공감하며, 저의 역량을 통해 무역 부문에서의 성과를 극대화하고 싶습니다. 무역업계의 변화와 도전에 ㉣ 신속하고 빠르게 대응하며, 창의적이고 효과적인 해결책을 제시하는 인재가 되겠습니다. 감사합니다.

① ㉠은 '자격'을 나타내야 하므로 '인턴으로서'로 고쳐야겠어.
② ㉡은 문맥에 맞지 않으므로 '쌓았습니다'로 고쳐야겠어.
③ ㉢은 우리말답지 않은 표현이므로 '매우 중요하다고 생각합니다'로 고쳐야겠어
④ ㉣은 어미를 적절하게 사용하기 위해 '신속하지만 빠르게'로 고쳐야겠어.

문 2. 다음 글을 읽고 추론한 것으로 가장 옳은 것은?

> 오늘날 단일어로 여겨지는 '두더지'는 본래 두 단어가 결합한 말이다. '두더'는 무엇인가를 찾으려고 샅샅이 들추거나 헤친다는 뜻을 지닌 동사 '두디다'(>뒤지다)에서 왔으며, '지'는 '쥐'가 변화된 것이다. 따라서 두더지는 '뒤지는 쥐'라는 뜻을 갖는 합성어였다.
>
> '뒤지는 쥐'라고 하면 이해하기 쉽지만 '뒤지쥐'라고 하면 어색하게 느껴진다. 그것은 '뒤지쥐'가 마치 '달리는 차'를 '달리차'라고 하는 것과 같기 때문이다. '뒤지는 쥐'나 '달리는 차'는 국어에서 단어가 둘 이상 결합된 단위인 구(句)를 만드는 방법을 따르고 있으므로 우리에게 자연스럽게 받아들여진다.
>
> 구를 만드는 이러한 방법은 합성어를 만드는 데에도 적용된다. 체언과 체언이 결합한 '호두과자', 관형사와 체언이 결합한 '한번', 부사와 용언이 결합한 '잘생기다', 용언의 관형사형과 체언이 결합한 '된장', 체언과 용언이 결합한 '낯설다', 용언의 연결형과 용언이 결합한 '접어들다' 등은 구를 만드는 것과 같은 방법을 따라 만들어진 합성어들로 이를 통사적 합성어라고 한다.
>
> 반면에 이런 방법을 따르지 않고 만들어진 합성어들도 있다. 두 개의 용언 어간끼리 결합한 '오르내리다'와 용언 어간에 체언이 직접 결합한 '밉상'이 그 예이다. 또한 '깨끗하다'의 '깨끗'과 같이 독립적인 쓰임을 보이지 않는 어근인 '어둑'에 체언이 결합한 '어둑새벽', 그리고 '귀엣말'과 같이 부사격 조사 '에'와 관형격 조사였던 'ㅅ'의 결합형이 포함된 단어 등도 구를 만드는 방법을 따르지 않는 경우이다. 이러한 합성어를 비통사적 합성어라고 한다.
>
> '두더지'는 본래 용언 어간에 체언이 직접 결합했으므로 비통사적 합성어였다. 그러나 '두디쥐>두더지'의 어형 변화로 이제는 이것이 합성어였음을 알아차리기 쉽지 않다. '숫돌' 또한 본래 용언 '뽗다(비비다)'의 어간에 체언 '돌'이 직접 결합해 만들어진 비통사적 합성어였다. 그러나 '뽗>숫'의 형태 변화와 더불어 동사 '뽗다'의 소멸로 이 단어의 원래 짜임새를 알기 어렵게 되었다.

① 일반적으로 '두더지'를 단일어로 알지만, 실제로는 통사적 합성어이다.
② '숫돌'과 '밉상'은 용언의 어간에 체언이 직접 결합한 통사적 합성어이다.
③ 시간이 흐름에 따라 비통사적 합성어는 통사적 합성어보다 본 모습을 잃기 쉽다.
④ 합성어를 만들 때 반드시 구(句)를 만드는 방식만을 따르는 것은 아니다.

문 3. 다음 글의 내용으로 적절한 것은?

동양 예술, 특히 한국과 중국의 전통 예술에서는 '중용의 미학'이라는 독특한 가치관이 중요한 위치를 차지한다. 중용은 극단을 피하고 조화와 균형을 추구하는 사상으로, 예술 작품에서 과장되거나 지나치게 화려한 표현을 지양하고 절제된 아름다움, 은은한 깊이, 그리고 자연과의 조화를 중시하는 경향으로 나타난다.

회화에서는 여백의 미가 대표적인 예이다. 꽉 채워진 서양의 그림들과 달리, 동양화에서는 넓은 여백을 활용하여 그림의 주제를 더욱 부각시키고 보는 이로 하여금 상상력과 사유의 공간을 제공한다. 이러한 여백은 단순한 빈 공간이 아닌, 그림의 일부로서 작용하며, 그림 전체의 균형과 조화를 이루는 중요한 요소이다. 이는 마치 음악에서 침묵이 음악의 흐름을 조절하는 것처럼, 여백은 그림의 의미를 더욱 풍부하게 만들어준다.

건축에서도 중용의 미학을 찾아볼 수 있다. 한국의 전통 건축인 한옥은 자연과의 조화를 중요시하여 주변 환경과 어우러지도록 설계되었다. 높고 화려한 서양의 건축물과는 달리, 한옥은 낮은 지붕과 자연스러운 곡선을 사용하여 자연에 순응하는 모습을 보여준다. 또한, 과도한 장식을 피하고 단순하고 소박한 아름다움을 추구하여 보는 이에게 편안함과 안정감을 준다.

도자기에서도 마찬가지이다. 고려청자의 은은한 비색은 화려한 색채를 배제하고 절제된 아름다움을 보여준다. 과도한 장식보다는 자연스러운 곡선과 형태, 그리고 은은한 색감으로 깊이 있는 아름다움을 표현한다. 이는 마치 군더더기 없이 핵심만 담아낸 간결한 시와 같이, 절제된 아름다움이 더욱 큰 감동을 선사할 수 있음을 보여준다.

이처럼 동양 예술에서의 중용의 미학은 과장과 극단을 피하고 조화와 균형을 통해 자연스럽고 편안한 아름다움을 추구한다. 이는 단순히 예술의 표현 방식을 넘어, 자연과 인간, 그리고 예술이 하나로 어우러지는 조화로운 세계관을 반영하는 것이라 할 수 있다.

① 동양 예술에서 추구하는 미적 가치 중 '중용'은, 대상의 본질을 왜곡하지 않는 선에서 최대한의 화려함과 장식성을 통해 감상자의 시각적 유희를 극대화하는 데 그 목적을 둔다.

② 음악에서의 침묵이 전체적인 흐름을 조율하는 역할과 유사하게, 동양 회화에서의 여백은 시각적 요소 간의 균형을 형성하고 감상자의 상상력을 자극하는 중요한 매개체로서 기능한다.

③ 서양 회화의 특징인 캔버스의 꽉 채워진 구성은, 동양 회화의 여백이 단순히 비어 있는 공간으로 기능하는 것과는 대조적으로, 주제의 명료성을 확보하기 위한 불가피한 선택으로 해석될 수 있다.

④ 한옥 건축에서 나타나는 인위적인 곡선과 과도한 장식의 활용은, 주변 자연환경과의 대비를 통해 건축물의 존재감을 부각시키려는 의도가 반영된 중용의 미학의 변형된 형태로 간주될 수 있다.

문 4. 다음 글의 내용으로 적절한 것은?

고대 그리스의 아폴로 신전은 그리스 신화 속 빛과 음악, 예언의 신 아폴로에게 봉헌된 건축물로, 그리스 종교와 예술의 중요한 유산 중 하나이다. 대표적인 아폴로 신전 중 하나는 델포이에 위치해 있으며, 이곳은 아폴로가 인간과 신들의 메시지를 전하는 예언 장소로 여겨졌다. 델포이의 아폴로 신전은 기원전 4세기경에 재건되었으며, 그리스 문화에서 중요한 종교적 중심지로 기능했다.

아폴로 신전의 건축 양식은 도리아식으로, 단순하고도 웅장한 기둥 구조가 특징이다. 신전은 대리석으로 지어졌으며, 높은 기단 위에 여러 개의 기둥이 줄지어 서 있는 형태로, 신의 장엄함을 상징적으로 표현하고자 했다. 기둥은 직선적이고 힘찬 형태로, 아폴로 신의 강인함과 고결함을 상징하기도 한다. 이러한 도리아 양식은 고전 그리스 건축의 핵심적 요소로 자리 잡았으며, 다른 그리스 신전에도 큰 영향을 미쳤다.

델포이의 아폴로 신전에는 신탁의 기능이 있어 고대 그리스인들은 중요한 결정을 내리기 전 이곳을 찾아가 신탁을 받았다. 신탁을 전하는 역할을 한 이는 '피티아'라는 여사제였으며, 피티아는 신의 뜻을 전하는 신성한 인물로 여겨졌다. 피티아가 신탁을 내릴 때마다 신전은 수많은 사람들로 붐볐고, 이곳에서 내려진 예언들은 그리스 사회와 정치에 중요한 영향을 끼쳤다.

아폴로 신전은 정교한 예술 작품과 조각상들로 꾸며져 있었다. 신전을 장식하는 프리즈와 메토프에는 다양한 신화적 이야기가 새겨져 있었으며, 이는 신전 방문객들에게 아폴로의 이야기와 신화 속 장면들을 시각적으로 전달하는 역할을 했다. 신전 내부의 조각들은 아폴로의 영광과 위엄을 표현하기 위해 정교하게 제작되었으며, 고대 그리스의 예술적 감각과 기술 수준을 보여준다.

오늘날 아폴로 신전의 유적은 그리스 문화유산으로 보존되고 있으며, 그리스 문명과 건축, 종교의 상징적인 의미를 지니고 있다. 신전의 기둥과 구조물들은 파괴되었지만, 델포이 유적지는 여전히 방문객들로 붐비며 그리스 신화와 역사에 대한 흥미를 불러일으킨다.

① 아폴로 신전의 건축은 단순하고도 소박한 구조가 그 바탕을 이루었다.

② 아폴로 신전에는 역대 왕들의 업적이 정교하게 새겨져 있다.

③ 델포이의 아폴로 신전은 그리스 외부 지역에서 건립된 최초의 신전이다.

④ 아폴로 신전은 기원전 4세기 이전에 건축된 건물이다.

문 5. 다음 글의 밑줄 친 결론을 이끌어내기 위해 추가해야 할 것은?

> ㅇ 반지를 가지지 않은 어떤 사람은 목걸이를 한다.
> ㅇ 매일 팔찌를 하는 어떤 사람이 반지를 가지지 않은 것은 아니다.
> 따라서 목걸이를 하는 어떤 사람은 매일 팔찌를 한다.

① 반지를 가진 모든 사람은 목걸이를 한다.
② 반지를 가진 모든 사람은 매일 팔찌를 한다.
③ 매일 팔찌를 하는 어떤 사람은 반지를 가지지 않는다.
④ 목걸이를 하지 않지만 매일 팔찌를 하지 않는 모든 사람은 반지를 가지지 않는다.

문 6. <보기 1>을 바탕으로 <보기 2>를 탐구한 결과로 적절하지 않은 것은?

〈보기 1〉

> ㅇ 이어진 문장
> 둘 이상의 홑문장이 이어져 있는 문장으로, 주어가 같은 홑문장이 이어질 때는 주어를 하나만 사용할 수도 있음.
> ㅇ 대등하게 이어진 문장
> 둘 이상의 홑문장이 동등한 자격으로 이어진 문장으로, 앞 절과 뒤 절이 '나열, 대조, 선택' 등의 의미 관계를 가짐.
> ㅇ 종속적으로 이어진 문장
> 앞 홑문장과 뒤 홑문장의 의미가 독립적이지 못하고 종속적으로 이어진 문장으로, 앞 절과 뒤 절이 '원인, 조건, 의도' 등의 의미 관계를 가짐.

〈보기 2〉

> ㄱ. 암벽 등반은 힘들고 재미있다.
> ㄴ. 암벽 등반은 힘들어서 재미있다.
> ㄷ. 암벽 등반은 힘들지만 재미있다.

① ㄱ, ㄴ, ㄷ은 앞 절과 뒤 절의 순서를 바꾸어도 의미에 변화가 생기지 않는 이어진 문장이군.
② ㄱ, ㄴ, ㄷ에서 뒤 절의 주어가 없는 것은 앞 절과 주어가 같기 때문이군.
③ ㄱ, ㄷ은 두 홑문장이 각각 나열, 대조의 의미를 갖는 어미 '-고'와 '-지만'으로 연결된 대등하게 이어진 문장이군.
④ ㄴ은 두 홑문장이 원인의 의미를 갖는 어미 '-어서'로 연결된 종속적으로 이어진 문장이군.

문 7. ㉠과 ㉡에 대한 이해로 적절하지 않은 것은?

> 범죄란 사회 질서를 파괴하고 타인의 육체나 정신에 고통을 주거나 재산 또는 명예에 손상을 입히는 행위로, 사회의 안녕과 개인의 안전에 해를 끼친다. 그래서 사람들은 여러 논의를 통해 범죄 발생률을 낮추려고 노력해 왔고, 그 결과 탄생한 것이 바로 '범죄학'이다.
> ㉠ '고전주의 범죄학'은 법적 규정 없이 시행됐던 지배 세력의 불합리한 형벌 제도를 비판하며 18세기 중반에 등장했다. 고전주의 범죄학에서는 범죄를 포함한 인간의 모든 행위는 자유 의지에 입각한 합리적 판단에 따라 이루어지므로, 범죄에 비례해 형벌을 부과할 경우 개인의 합리적 선택에 의해 범죄가 억제될 수 있다고 보았다. 고전주의 범죄학의 대표자인 베카리아는 형벌은 법으로 규정해야 하고, 그 법은 누구나 이해할 수 있도록 문서로 만들어야 한다고 강조했다. 또한 형벌의 목적은 사회 구성원에 대한 범죄 행위의 예방이며, 따라서 범죄를 저지를 경우 누구나 법에 의해 확실히 처벌받을 것이라는 두려움이 범죄를 억제할 것이라고 확신했다. 이러한 고전주의 범죄학의 주장은 각 국가의 범죄 및 범죄자에 대한 입법과 정책에 많은 영향을 끼쳤다.
> 19세기 중반 이후 사회 혼란으로 범죄율과 재범률이 증가하자, 범죄의 원인을 과학적으로 증명하려 한 ㉡ '실증주의 범죄학'이 등장했다. 실증주의 범죄학은 고전주의 범죄학의 비과학성을 비판하며, 범죄의 원인을 개인의 자유 의지로는 통제할 수 없는 생물학적·심리학적·사회학적 요소에서 찾으려 했다. 이 분야의 창시자인 롬브로소는 범죄 억제를 위해서는 범죄자들의 개별적 범죄 기질을 도출하고 그 기질에 따른 교정이나 교화, 또는 치료를 실시해야 한다고 생각했다. 이를 위해 그는 범죄자만의 특성과 행위 원인을 연구하여 범죄자들의 유형을 구분하고 그 유형에 따라 형벌을 달리할 것을 주장했다. 그는 출생부터 범죄자의 기질을 타고나 범죄를 저지를 수밖에 없는 범죄자의 경우 초범일지라도 무기한 구금을 해야 하지만, 우발적으로 범죄를 저지른 범죄자의 수감에는 반대했고, 이러한 생각은 이후 집행유예 제도의 이론적 기초가 되었다. 비록 차별과 편견이 개입됐다는 비판을 받기는 했지만, 롬브로소의 연구는 이후 범죄 생물학, 범죄 심리학, 범죄 사회학의 탄생과 발전에 큰 영향을 끼쳤다.

① ㉠은 법적 근거 없이 부과된 형벌은 정당하지 않다고 지적하고 있군.
② ㉡은 범죄자들의 특성과 행위 원인을 바탕으로 범죄자의 유형을 구분해야 한다고 말하고 있군.
③ ㉠은 ㉡과 달리 연구의 초점을 범죄의 처벌보다는 범죄의 원인에 두고 있군.
④ ㉡은 ㉠과 달리 인간의 자유 의지를 통해서는 범죄 욕구를 제어할 수 없다고 판단하고 있군.

문 8. 다음 글을 이해한 내용으로 적절한 것은?

1980년대 초, 인도의 펀자브 지역에서 시크교의 독립을 요구하는 '칼리스탄' 운동이 활발해졌다. '칼리스탄'은 시크교도들의 독립 국가를 의미하며, 이 운동은 시크교의 종교적 및 문화적 자율성을 보장하려는 노력을 포함했다. 시크교 분리주의자들은 폭탄 공격을 통해 주목을 끌고 정치적 압박을 가하려 했다. 이들은 국가 기관이나 항공기 폭파와 같은 상징적인 목표를 선택하여 대규모 피해를 입히려 했다.

1980년대 초, 캐나다에 위치한 '스리 다르바르 사원' 등 시크교 사원에서 테러리스트들과 연계된 무기 등 칼리스탄 운동과 관련된 중요한 조직적 네트워크가 발견되어 전 세계가 테러의 위협에 긴장하게 되었다.

실제로 1985년 6월 23일, 인도 항공 182편은 몬트리올에서 출발하여 런던으로 향하는 도중, 대서양 상공에서 화물칸의 폭발로 인해 비행기가 두 동강 나면서 추락했다. 폭발로 인한 충격으로 비행기는 즉시 파괴되었으며, 탑승객 329명 전원이 사망했다. 사고 후, 국제적인 조사가 진행되었고, 시크교 분리주의 테러리스트들이 인도 항공 182편의 화물칸에 폭발물을 설치한 사실이 드러났다. 이전에도 항공기를 이용한 테러 시도가 있었으므로, 승객에 대한 형식상의 검색 절차가 있긴 했지만 수하물로 위장한 위험물 가능성에 대해서는 전례가 없었다. 이 사건 이후 비행기에 타지 못한 승객의 수하물을 다시 빼는 절차가 항공 안정 규정집에 신설되었다.

① 시크교 분리주의자들은 정치적 상징물 테러만을 통해 정치적 목적을 달성하고자 했다.
② '스리 다르바르 사원'에서 시크교 분리주의자에 의한 테러가 일어났다.
③ 캐나다에 위치한 '스리 다르바르 사원' 테러 사건으로 여행 항공 규정이 강화되었다.
④ 인도 항공 182편 폭파 사건 이전에는 승객이 비행기에 탑승하지 않더라도 수하물을 부칠 수 있었다.

문 9. 다음 글에서 추론할 수 없는 것은?

도플러 효과는 파동의 파동원과 관찰자 사이의 상대적 운동에 의해 파장의 진동수가 변하는 현상이다. 이 현상은 소리, 빛 등 모든 종류의 파동에서 발생할 수 있다.

파동원과 관찰자가 서로 접근할 때는 파장이 짧아져 진동수가 높아지고, 반대로 서로 멀어질 때는 파장이 길어져 진동수가 낮아진다. 예를 들어, 구급차가 사이렌을 울리며 관찰자에게 다가올 때 소리가 더 높게 들리고, 멀어질 때는 소리가 더 낮게 들리는 것을 경험할 수 있다. 이는 구급차가 관찰자에게 다가올 때 음파가 압축되고, 멀어질 때 음파가 늘어나기 때문이다.

도플러 효과는 천문학에서 중요한 역할을 한다. 은하가 우리로부터 멀어질 때 그 빛은 적색편이 현상을 보인다. 이는 빛의 파장이 길어져 적색 영역으로 이동하는 것을 의미한다. 이는 허블의 법칙을 통해 우주의 팽창을 설명하는 근거가 되기도 한다. 반대로, 은하가 우리에게 가까워질 때는 청색편이 현상을 보이며 빛의 파장이 짧아져 청색 영역으로 이동한다.

도플러 초음파는 도플러 효과의 원리를 활용하여 혈류를 측정하는 의료 진단 기법이다. 초음파는 고주파 음파로, 인체 내부를 투과할 수 있다. 도플러 초음파는 초음파를 인체에 발사하고, 반사되어 돌아오는 파동의 진동수 변화를 측정하여 혈류의 속도와 방향을 파악한다.

도플러 초음파는 특히 심장 및 혈관 질환의 진단에 유용하다. 예를 들어, 혈관을 따라 흐르는 혈액의 속도와 흐름 방향을 측정하여 혈전, 협착, 또는 기타 혈관 문제를 진단할 수 있다. 또한, 태아의 심박수와 혈류를 모니터링하는 데도 사용된다. 이는 비침습적이며 실시간으로 결과를 제공하기 때문에 환자에게 큰 부담을 주지 않는다.

① 파장이 길어지면 파장이 짧을 때보다 소리가 더 낮게 들린다.
② 은하가 우리로부터 멀어지면 그 은하에서 나오는 빛의 진동수는 높아진다.
③ 파동원과 관찰자 사이의 상대적 운동에 의해 파장의 진동수가 변하는 원리를 이용하여 혈전을 진단할 수 있다.
④ 도플러 효과를 이용하여 혈액의 속도와 흐름 방향뿐만 아니라 심박수를 측정할 수도 있다.

문 10. 다음 글의 맥락을 고려할 때 (가)와 (나)에 들어갈 내용으로 가장 적절한 것은?

> 로자 룩셈부르크는 민족주의를 국제 노동 계급의 단결을 저해하는 이데올로기로 간주하였으며, 민족주의가 (가) 점을 문제 삼았다. 그녀는 민족주의가 특정 민족의 자율성을 강조하면서, 자본주의의 구조적 모순을 덮어두거나 심화시키는 역할을 한다고 비판했다. 특히 민족주의가 각 민족의 "해방"을 외치며 자본가 계급의 독점적 이익과 국가적 이익을 결합시키는 과정에서 노동자 계급이 자신들의 진정한 계급적 이익을 식별하고 실현하는 데 방해를 받는다고 보았다.
>
> 룩셈부르크는 민족주의가 국가주의적 경계를 고착화시켜, 노동자들이 국제적 계급투쟁의 보편적 목표에 집중하는 대신, 좁은 민족적 공동체에 얽매이게 만든다고 주장했다. 이는 근본적으로 노동자 계급의 보편적 해방을 위한 투쟁을 분열시키며, 민족 자결권의 요구를 수용하게 하여 결과적으로 노동자 계급의 국제적 단결을 방해한다고 여겼다. 그녀는 이를 "국가주의적 의식"의 허구성이라 칭했는데, 이는 민족주의를 국제 노동자 계급의 단결을 억제하는 장애물로 본 것이며, 국제 노동자 계급의 연대 없이는 자본주의 구조의 혁파가 불가능하다는 그녀의 사상에 기원을 둔다.
>
> 더 나아가, 룩셈부르크는 민족주의가 자본주의의 구조적 속성에 대한 오해에서 비롯된다고 보았다. 즉, 민족주의적 사고는 계급투쟁의 핵심적인 문제인 자본주의의 착취 구조와 그 내적 모순을 은폐하고, 민족 간의 경쟁과 갈등을 자극함으로써 노동자 계급의 이익을 자본가 계급과 국가의 이익 속에 묻어버리게 만든다고 지적했다. 결국 그녀는 민족주의를 "이데올로기적 덫"으로 규정하며, (나) 자본주의적 지배구조를 근본적으로 해체할 수 있다고 주장했다.
>
> 따라서 로자 룩셈부르크의 이론에서 민족주의는 단지 역사적, 정치적 현상이 아니라, 자본주의 체제의 보호막 역할을 하며, 이로 인해 노동자 계급의 공동 투쟁과 사회적 혁명의 가능성을 차단하는 중요한 장애물로 인식되었다.

① (가): 기존의 국가주의 틀을 혁파하고 민족이라는 새로운 이데올로기를 통해 타자를 배척한다는
(나): 국제적 노동 계급의 혁명적 연대가 이루어져야만

② (가): 기존의 국가주의 틀을 혁파하고 민족이라는 새로운 이데올로기를 통해 타자를 배척한다는
(나): 민족 자결권의 보장을 통해 국가에 내재한 구조적 모순을 일소해야만

③ (가): 노동자 계급 내에서 계급적 연대와 국제적 연대의 파괴에 기여한다는
(나): 국제적 노동 계급의 혁명적 연대가 이루어져야만

④ (가): 노동자 계급 내에서 계급적 연대와 국제적 연대의 파괴에 기여한다는
(나): 민족 자결권의 보장을 통해 국가에 내재한 구조적 모순을 일소해야만

문 11. 다음 명제들이 모두 참일 때 반드시 참이라고 할 수 있는 것은?

> ○ 트윈스가 진출하면, 베어스는 진출하지 않는다.
> ○ 이글스가 진출하면, 랜더스가 진출하지 않는다.
> ○ 이글스와 트윈스가 진출한다.

① 트윈스, 베어스, 이글스, 랜더스 모두 진출한다.
② 베어스는 반드시 진출하지 않는다.
③ 베어스와 랜더스 모두 진출한다.
④ 랜더스만 진출하지 않는 것은 아니다.

문 12. 다음 글에 대한 이해로 적절하지 않은 것은?

> 피터 싱어(Peter Singer)는 오스트레일리아 출신의 철학자로, 윤리학과 동물 보호 운동의 발전에 깊은 영향을 끼친 인물이다. 실용적 윤리학과 동물 권리 사상을 선도한 그는, 현대 철학 및 환경 운동에도 큰 영향을 미쳤다.
>
> 싱어의 대표작인 '동물 해방'은 1975년에 출간된 저서로, 동물 윤리를 현대적으로 재조명하는 데 중요한 전환점이 되었다. 이 책에서 그는 인간이 동물의 고통을 가볍게 여기거나 무시하는 태도를 강하게 비판하며, '종차별주의'라는 개념을 제시했다. 이는 인간이 다른 동물들보다 스스로를 우위에 두고 그들의 권리를 간과하는 행위를 가리킨다.
>
> 싱어의 철학은 공리주의 윤리학을 기반으로 한다. 공리주의는 고통을 줄이고 행복을 늘리는 것을 모든 행위의 기준으로 삼는 윤리 체계이다. 그는 이를 인간에게만 한정하지 않고, 고통을 느낄 수 있는 모든 생명체로 확장해야 한다고 주장한다. 특히, 그는 동물이 인간과 동일하게 고통을 느끼는 존재라는 점을 강조하며, 인간의 이익을 다른 생명체의 희생을 통해 충족시키는 것이 부당하다고 보았다.
>
> 싱어는 개인의 행동이 동물 복지에 미치는 영향을 깊이 인식하고, 변화를 촉구해야 한다고 믿는다. 예를 들어, 비건 식단을 채택하거나 동물 실험을 배제한 제품을 선택하는 등의 윤리적 소비를 통해 동물의 고통을 줄일 수 있다고 주장한다.

① 피터 싱어는 종차별주의를 통해 인간 중심적 사고가 동물의 권리를 간과하게 만든다고 비판한다.
② 피터 싱어는 개인의 선택을 통해서 공리주의를 실현할 수 있다고 주장한다.
③ 피터 싱어는 동물 실험이 인간의 편익을 위해 다른 생명을 희생시키는 일이라고 보았다.
④ 공리주의와 실용적 윤리학은 피터 싱어의 '종차별주의'보다 먼저 등장하였다.

문 13. 다음 글을 이해한 내용으로 가장 적절하지 않은 것은?

> 이용악 시인의 <풀벌레 소리 가득 차 있었다>는 감정을 직접적으로 표출하기보다는 절제적인 어조를 사용하여 일제강점기에 돌아가진 아버지에 대한 슬픔과 비통함을 담아내고 있다.
> 1연 '우리집도 아니고 / 일가집도 아닌 집 / 고향은 더욱 아닌 곳에서 / 아버지 침상없는 최후의 밤은 / 풀벌레 소리 가득 차 있었다'를 통해 아버지가 타향에서 죽음을 맞이한 슬픔의 상황을 청각적 심상을 이용하여 더욱 강조한다.
> 3연 '다시 뜨시잖는 두 눈에 / 피지 못한 꿈의 꽃봉오리가 갈앉고 / 얼음장에 누우신 듯 손발은 식어갈 뿐 / 입술은 심장의 영원한 정지를 가르쳤다'는 아버지의 죽음에 대해 감정을 절제하며 화자의 슬픔을 더욱 강조하고 있다. 이후 '때늦은 의원이 아모 말없이 돌아간 뒤 / 이웃 늙은이 손으로 / 눈빛 미명은 고요히 낯을 덮었다'와 같은 표현을 통해 자식들조차 없이 돌아가신 아버지의 모습을 묘사하였다. 이를 통해 아버지가 비참한 죽음을 맞이하였음을 알 수 있으며 이는 아버지의 죽음을 더욱 비극적으로 만들어주는 역할을 한다.
> 마지막 연에서는 '우리는 머리맡에 엎디어 / 있는 대로의 울음을 다아 울었고 / 아버지의 침상 없는 최후의 밤은 / 풀벌레 소리 가득 차 있었다'의 표현으로 화자의 슬픔과 일제 강점기 속의 서글픔을 절정으로 표현한다.

① <풀벌레 소리 가득 차 있었다>는 형태적 안정감을 주는 구조를 지니고 있다.
② '얼음장에 누우신 듯 손발은 식어갈 뿐 / 입술은 심장의 영원한 정지를 가르쳤다'는 감정의 절제화를 통해 슬픔을 더욱 강조하고 있다.
③ <풀벌레 소리 가득 차 있었다>에서는 감각적인 표현을 통해 화자의 감정을 더욱 강조하고 있다.
④ <풀벌레 소리 가득 차 있었다>에서는 화자의 모습을 상세하게 묘사하여 시적 상황을 나타낸다.

문 14. 다음 글의 맥락을 고려할 때 빈칸에 들어갈 말로 가장 적절한 것은?

> 소련 서기장 흐루쇼프의 스탈린 격하 운동은 1956년 제20차 소비에트 공산당 대회에서 시작된 중요한 정치적 사건이다. 이 운동은 흐루쇼프가 스탈린의 개인숭배와 그로 인한 폭압적인 독재 방식을 비판하며 시작되었다. 스탈린의 사망 이후, 소련 사회는 그가 남긴 유산에 대한 재평가를 요구하는 목소리가 커졌고, 흐루쇼프는 이러한 요구를 정치적 기회로 삼았다.
> 스탈린 격하 운동의 배경에는 여러 가지 사회적 변화가 존재했다. 첫째, 스탈린의 통치 아래에서 수많은 사람들이 정치적 탄압과 대숙청의 희생양이 되었고, 이로 인해 사회의 불안정성이 증가했다. 이러한 배경 속에서 사람들은 스탈린의 통치에 대한 비판과 변화의 필요성을 느끼게 되었다. 둘째, 제2차 세계대전 이후 소련은 경제적 재건과 사회적 발전을 위한 새로운 방향을 모색해야 하는 상황에 처해 있었다. 이를 위해 흐루쇼프는 [　　　　　　　　] 주장하며, 사회의 개혁을 강조했다.
> 흐루쇼프의 연설은 대중에게 큰 충격을 주었고, 다양한 운동과 사회적 변화를 촉발했다. 이 과정에서 많은 이들은 자신들의 의견을 표명할 수 있는 기회를 가지게 되었고, 이는 소련 사회의 정치적 환경에 새로운 가능성을 열어주었다. 또한, 이러한 격하 운동은 소련 내에서의 정치적 권력의 재편성으로 이어졌고, 여러 사회적 세력 간의 갈등을 부각시켰다.
> 결과적으로 흐루쇼프의 스탈린 격하 운동은 단순한 역사적 사건을 넘어, 소련 사회의 정치적, 사회적 변화를 이끄는 중요한 계기가 되었다. 이는 개인의 자유와 권리를 중시하는 새로운 정치적 흐름을 형성하며, 소련의 공산당 체제 내에서의 민주적 참여와 정치적 변화를 향한 길을 여는 데 기여했다. 이 운동은 또한 후속 세대의 정치인들에게도 영향을 미쳤으며, 사회주의 체제의 재구성을 위한 논의와 실험을 촉발하는 계기가 되었다.

① 제2차 세계대전을 승리로 이끈 것은 스탈린이라고
② 스탈린식 독재로는 재건을 이룰 수 없다고
③ 경제 발전을 위해서는 독재가 불가피하다고
④ 스탈린식 독재를 다시 부흥해야 재건을 이룰 수 있다고

문 15. <보기>의 사실이 ㉠을 강화할 때, 빈칸에 들어갈 물음으로 가장 적절한 것은?

갑: 자율주행 자동차가 상용화되면, 운전 실수로 수많은 사람이 목숨을 잃는 일은 이제 없을 것 같아.
을: 그런데 자율주행 기술은 사용이 가능하고, 현재 존재하지만 그 기술이 상용화되는 것은 아마 힘들지 않을까. 너 말대로라면, 자율주행 자동차가 사고를 낸다고 할 때 그 책임을 누구에게 물어야 될지 모르겠네.
갑: 만약 오작동으로 인해서 사고가 났는데 그 사고가 제조사의 잘못된 설계 때문이라면 제조사가 그 사고에 대한 책임을 지는 것처럼, 자율주행 자동차도 오작동으로 인해서 사고가 났다면 자동차 회사에서 책임을 져야 하지 않을까?
을: 자율주행 자동차를 설계하는 과정에서 어떤 것을 잘못이라고 봐야 하지 않을까? 예를 들어 달리는 자율주행 자동차 앞에 갑자기 아이 두 명이 뛰어들었어. 자동차가 직진을 하면 교통 법규는 준수하겠지만 아이들은 목숨을 잃게 되지. 만약에 자동차가 왼쪽으로 가면, 아이들 목숨을 구할 수는 있겠지만 교통 법규를 무시하게 되고, 마침 마주 오는 오토바이와 충돌하여 오토바이에 탄 사람 한 명을 죽게 만든다고 가정해 볼게. 또 다른 상황을 가정해서 자동차가 오른쪽으로 가면 정차 중인 트럭과 충돌하여 자율주행 자동차 안에 타고 있는 탑승자 모두 죽게 된다고 해봐. 자동차가 취할 수 있는 다른 선택은 없고 각 경우에서 언급된 인명 피해 말고 다른 인명 피해는 없다고 할 때, 어떤 결정을 하도록 설계하는 것이 옳다고 할 수 있겠니. 이런 상황을 생각해 봐.
갑: 그럼 다음 규칙을 어떤 우선순위로 적용할 것인지 합의를 통해서 규칙에 우선순위를 정하면 될 것 같아. 예를 들어 <규칙 1, 자율주행 자동차에 탄 탑승자를 보호하라. 규칙 2, 인명 피해를 최소화하라. 규칙 3, 교통 법규를 준수하라.>라고 설정했다면, 이를 순서대로 지키게 하는 거야. 이때 순위는 무엇이 더 윤리적으로 옳은지에 대해 사회적으로 합의가 되어야 하겠지.
병: 내가 하고 싶은 말은 이거야. 모든 자동차가 자율주행을 한다면 교통사고가 훨씬 사고가 줄어들겠지. 하지만 완전히 상용화가 되기 전까지는 자율주행차와 사람이 직접 운전하는 차가 섞여 있는 상황이 발생하지. 여기서 발생할 수 있는 여러 경우의 수를 가진 문제들을 해결하도록 자율주행 자동차를 설계하는 일은 어려울 거야. 이런걸 '문지방' 문제라고도 하는데, 쉬운 문제를 만나기 전에 어려운 문제를 만나게 된다는 뜻이지. 완전 자율주행 상태를 실현하기는 매우 어려워. ㉠ <u>자율주행 자동차를 대하는 사람들의 이율배반적 태도는 이 문지방 문제를 해결하는 데 더 많은 시간이 걸리게 만들기 때문이지.</u>

〈보기〉

설문 조사 결과 사람들은 인명 피해를 최소화하도록 설계된 자율주행 자동차가 상용화되기를 바란다. 하지만 "[　　　　　]"라는 질문을 받으면, 대다수의 사람들은 "아니다"라고 대답했다.

① 탑승자의 인명을 최우선으로 지키도록 설계된 자율주행 자동차보다 교통법규를 최우선으로 준수하도록 설계된 자율주행 자동차를 선호하는가?
② 인명 피해를 최소화하도록 설계된 자율주행 자동차보다 탑승자의 인명을 최우선으로 지키도록 설계된 자율주행 자동차를 선호하는가?
③ 자동차 탑승자의 인명을 희생하더라도 보다 많은 사람의 목숨을 구하도록 설계된 자동차를 살 의향이 있는가?
④ 자동차 대부분이 자율주행을 한다고 해도 여전히 직접 운전하길 선호하는가?

문 16. 다음 글을 문맥에 맞게 배열한 것으로 가장 적절한 것은?

(가) 0과 1의 두 가지 수준으로만 나타나는 디지털 신호는 컴퓨터 데이터, 텍스트, 이미지 등이 있다. AND, OR, NOT 등 기본적인 논리 연산을 수행하는 논리 게이트가 디지털 IC의 예시이다.
(나) 작은 칩에 여러 전자 부품을 집적함으로써 종래의 방식보다 더 빠른 신호 처리가 가능해졌다. 이러한 신호에는 두 종류가 있는데, 아날로그와 디지털이 그것이다.
(다) IC 회로는 집적회로(Integrated Circuit)의 약자로, 반도체 웨이퍼 위에 트랜지스터, 저항, 콘덴서, 다이오드 등 여러 전자 소자를 미세하게 연결하여 만든 회로이다. 마치 여러 전자 부품들을 하나의 작은 칩에 집적시킨 것과 같다.
(라) 시간에 따라 연속적으로 변화하는 아날로그 IC는 증폭, 필터링, 변환, 비교 등 다양한 기능을 수행한다. 이것에는 음성, 라디오 신호, 온도 등이 아날로그 신호에 속한다.

① (나) - (라) - (가) - (다)
② (나) - (가) - (라) - (다)
③ (다) - (나) - (라) - (가)
④ (다) - (나) - (가) - (라)

문 17. 다음 글을 읽고 추론한 내용으로 적절하지 않은 것은?

의학 연구에서 환자의 심리적 기대가 치료 결과에 미치는 영향을 연구할 때, 플라시보 효과와 노시보 효과가 자주 언급된다. 플라시보 효과는 약효가 없는 가짜 약이나 치료에도 환자가 좋아질 것이라는 긍정적인 기대를 가질 때 실제로 병세가 호전되는 현상이다. 반면, 노시보 효과는 반대의 현상으로, 치료의 결과에 대해 부정적인 기대를 가진 환자가 약물 또는 치료의 부작용을 느끼게 되는 심리적 현상을 말한다. 예를 들어, 약물의 부작용을 크게 걱정하는 환자가 부작용 설명을 듣고 나서 실제로 두통이나 불쾌감을 느끼는 경우가 이에 해당한다.

노시보 효과는 주로 환자의 불안과 스트레스 수준에 영향을 받는다. 부정적인 기대가 심리적 요인에 의해 강화되면, 환자는 약물이나 치료의 효능과 관계없이 부작용을 경험할 가능성이 높아진다. 이러한 이유로 의사들은 환자가 불필요한 부작용을 경험하지 않도록 주의해서 정보를 전달하려고 노력한다. 예를 들어, 한 연구에 따르면, 의사가 부작용에 대해 구체적으로 설명하지 않은 환자들이 부작용을 덜 경험하는 경향이 있었다. 반대로 부작용 설명이 지나치게 강조되면 부작용이 없는 약을 복용한 환자들마저도 신체적 불편을 느끼는 경우가 있었다.

노시보 효과를 줄이기 위해 최근 의학계에서는 환자에게 적절한 정보를 제공하는 방안이 논의되고 있다. 환자가 치료에 대한 긍정적인 기대를 갖도록 유도하면서도 치료의 안전성과 효과성을 강조하는 방식이 이에 해당한다. 또한 환자들이 치료 과정에서 느끼는 불안감을 줄이기 위해 심리 상담이나 스트레스 관리 기법을 함께 제공하는 것이 도움이 될 수 있다는 연구 결과도 있다. 결국, 노시보 효과를 줄이기 위해서는 의사와 환자 간의 신뢰가 중요하며, 환자에게 긍정적인 기대를 심어주는 것이 효과적인 방법으로 여겨진다.

① 환자가 의사로부터 불안감을 유발하는 방식으로 설명을 들으면 노시보 효과가 나타날 가능성이 높아진다.
② 환자가 긍정적인 기대를 가지면 노시보 효과보다는 플라시보 효과가 나타날 확률이 높아진다.
③ 특정 치료법에 대한 환자의 기대가 결과에 영향을 줄 수 있으므로 의사는 환자에게 모든 부작용을 과장 없이 자세히 설명해야 한다.
④ 노시보 효과는 의사와 환자 간 신뢰가 부족하거나 환자의 스트레스 수준이 높을 때 더 자주 나타날 가능성이 있다.

문 18. 다음 글에 대한 분석으로 적절한 것을 <보기>에서 모두 고른 것은?

갑: 연소에 대해 알아보기에 앞서, 모든 물질은 불, 물, 공기, 흙이라는 네 가지 기본 요소로 이루어져 있음을 기억하라. 연소 가능한 물질은 불의 요소를 많이 포함하고 있다. 불의 요소는 뜨겁고 건조하며 움직임이 빠르다는 특징을 가지고 있다. 연소가 일어나기 위해서는 공기의 요소가 필요하다. 공기의 요소는 불의 요소를 활성화시키고 연소를 지속시키는 역할을 한다. 연소 과정에서 불의 요소는 연소 가능한 물질로부터 분리되어 나온다. 이때 발생하는 열과 빛은 불의 요소가 다른 요소들과 분리되는 과정에서 방출되는 에너지이다. 연소가 끝난 후에는 흙, 물, 공기의 요소로 구성된 재가 남으며, 불의 요소는 모두 소모된다.

을: 모든 가연성 물질에는 '플로지스톤'이라는 가상의 물질이 포함되어 있으며 연소 과정에서 플로지스톤이 빠져나가면 물질이 재로 변한다. 연소는 플로지스톤이 손실되는 과정으로, 연소 과정에서 플로지스톤이 공기 중의 다른 물질과 결합하거나 대기 중으로 방출되어 연기나 불꽃을 형성한다. 연소가 끝나면 플로지스톤이 모두 소모되어 재가 남게 된다. 플로지스톤이 없는 재는 다시 연소될 수 없으며, 연소가 일어나기 전의 무게에 비해 가볍다. 금속의 녹 역시 플로지스톤이 빠져나간 상태로 가연성 물질과 그 특징이 유사하다.

병: 연소는 물질이 공기 중의 산소와 결합하는 화학 반응이다. 산소는 연소를 비롯한 모든 화학 반응에 필수적인 물질이며, 연소 후에는 물질과 산소가 결합하여 새로운 화합물을 형성한다. 연소 반응 전후의 총질량은 항상 동일하며, 산소가 반응에 가담하더라도 전체 질량에는 변화가 없다.

<보기>

ㄱ. 공기 중에 존재하는 질소를 모아 가득 채운 밀폐 용기에 마그네슘 리본을 넣고 불을 붙이더라도 질소에 의해 리본이 연소하지 않는다면 갑의 주장은 약화된다.
ㄴ. 녹이 슨 금속이 녹이 슬기 전의 금속보다 더 무겁다는 사실은 을의 주장을 약화한다.
ㄷ. 산소가 참여하지 않고 일어나는 할로젠 화합물의 형성 반응은 병의 주장을 약화한다.

① ㄱ
② ㄱ, ㄷ
③ ㄴ, ㄷ
④ ㄱ, ㄴ, ㄷ

문 19. 다음 글의 내용으로 적절한 것은?

> 아르카익 시대(기원전 8세기~5세기 초)는 고대 그리스 문명의 기틀을 다진 격동의 시기였다. 이 시기, 폴리스(polis)라 불리는 도시국가 체제가 확립되면서 정치, 경제, 사회, 문화 전반에 걸쳐 괄목할 만한 변화가 일어났다. 특히, 지중해 무역의 활성화와 더불어 폴리스 간 경쟁은 심화되었지만, 동시에 문화 교류 또한 증진되는 양상을 보였다. 이는 각 폴리스가 독자적인 문화적 특성을 발전시키는 동시에, 다른 문화의 영향을 수용하며 더욱 풍부한 문명을 꽃피우는 결과를 낳았다.
>
> 정치적으로는 귀족 중심의 정치에서 점차 시민의 참여가 확대되는 방향으로 나아갔지만, 여성, 노예, 외국인 등은 여전히 정치적 권리에서 배제되어 있었다. 경제적으로는 농업 중심의 경제에서 상업과 수공업이 중요한 역할을 담당하게 되었으며, 이는 사회 계층의 분화와 이동을 촉진하였다. 예술 분야에서는 이집트의 영향을 받은 경직된 형태의 조각에서 벗어나 점차 인체의 자연스러운 아름다움을 표현하려는 시도가 두드러졌다. 대표적인 예로 코로스(kouros)와 코레(kore) 조각상을 들 수 있는데, 이들은 이상화된 인간의 모습을 보여주면서도 점차 생동감 넘치는 표현으로 변화하는 양상을 보인다.
>
> 문화적으로는 호메로스의 서사시 '일리아스'와 '오디세이아'가 구전되던 시기로, 이는 그리스 신화와 영웅 서사의 중요한 원천이 되었다. 또한, 이오니아 지방을 중심으로 자연 철학이 발달하기 시작하여, 탈레스와 같은 철학자들은 세계의 근본 원리를 탐구하며 서구 철학의 중요한 기반을 마련하였다. 이러한 아르카익 시대의 다채로운 변화는 이후 고대 그리스 문명의 황금기인 고전 시대로 이어지는 중요한 토대가 되었다.

① 아르카익 시대에는 폴리스 간의 경쟁에도 불구하고 문화 교류는 거의 이루어지지 않았으며, 각 폴리스는 완전히 독립적인 문화 발전을 이루었다.
② 아르카익 시대의 정치 체제는 모든 계층의 사람들에게 평등한 정치 참여의 기회를 보장하는 완전한 형태의 민주주의를 확립하였다.
③ 아르카익 시대의 경제는 농업 중심에서 상업과 수공업의 비중이 확대되는 변화를 겪었으며, 이는 사회 계층의 다변화에 영향을 미쳤다.
④ 코로스와 코레 조각상은 아르카익 시대의 이상적인 인체 표현을 보여주지만, 이집트 조각의 영향에서 완전히 벗어나 독자적인 양식만을 추구하였다.

문 20. (가)와 (나)를 전제로 할 때 빈칸에 들어갈 결론으로 가장 적절한 것은?

> (가) 가방에 관심이 있는 사람 중 일부는 넥타이에 관심이 있는 사람이 아니다.
> (나) 지갑에 관심이 있는 사람은 모두 넥타이에 관심이 있는 사람이다.
> 따라서 [　　　　　　　　]

① 가방에 관심이 있는 사람 중 일부는 지갑에 관심이 있는 사람이 아니다.
② 지갑에 관심이 있는 사람 중 일부는 가방에 관심이 있는 사람이 아니다.
③ 지갑에 관심이 있는 사람은 모두 가방에 관심이 있는 사람이 아니다.
④ 넥타이에 관심이 있지만 가방에 관심이 없는 사람은 모두 지갑에 관심이 있는 사람이 아니다.

약점 보완 해설집 p.6

제3회 모의고사

문 1. 다음 글의 내용으로 적절한 것은?

뱅크시는 현대 거리 예술계에서 가장 유명한 인물 중 하나로, 그의 정체는 여전히 미스터리로 남아있다. 영국 출신인 그는 주로 그래피티와 스텐실 기법을 사용하여 사회적, 정치적 메시지를 담은 작품을 주로 제작한다. 뱅크시의 예술은 강렬한 시각적 요소와 날카로운 사회 비판으로 유명하며, 그의 작품은 전 세계적으로 높은 평가를 받고 있다.

뱅크시의 예술은 주로 공공장소에 나타나며, 이는 그의 메시지가 보다 넓은 대중에게 전달될 수 있도록 한다. 그의 작품들은 종종 권위, 소비주의, 전쟁, 환경 문제 등 다양한 주제를 다루며, 이를 통해 관객들에게 깊은 생각과 감정을 불러일으킨다. 예를 들어, 벽에 그려진 어린아이가 풍선을 쫓는 이미지는 희망과 순수함을 상징하는 동시에, 현대 사회의 물질주의적 경향을 비판하는 메시지를 담고 있다.

또한, 뱅크시는 예술의 상업화에 대한 비판적인 시각을 가지고 있다. 예술의 본질적 가치와 대중과의 소통을 중시한다. 이러한 태도는 그가 익명성을 유지하면서도 글로벌한 영향력을 행사할 수 있는 이유 중 하나로 꼽힌다. 그의 작품은 종종 경매에 출품되지만, 그는 이를 통해 예술이 단순한 상품이 되는 것을 반대하며, 진정한 예술의 의미를 되새기게 한다.

뱅크시의 영향력은 예술계뿐만 아니라 대중문화 전반에 걸쳐 미치고 있다. 그의 작품은 종종 미디어에서 다뤄지며, 다양한 인터뷰와 다큐멘터리를 통해 그의 예술 철학과 메시지가 소개되고 있다. 또한, 뱅크시는 종종 예술적 실험을 통해 새로운 형태의 표현 방식을 탐구하며, 이는 다른 예술가들에게도 영감을 주고 있다. 예를 들어, 그의 'Dismaland' 프로젝트는 디스토피아적 테마의 테마파크로, 기존의 엔터테인먼트 공간에 대한 비판을 담아내며 큰 화제를 모았다.

그러나 뱅크시의 예술에는 논란도 존재한다. 그의 작품이 불법적으로 설치되는 경우가 많아 법적 문제를 야기하기도 하며, 일부는 그의 예술이 특정 정치적 입장을 지나치게 반영한다고 비판하기도 한다. 그럼에도 불구하고, 뱅크시는 현대 사회의 복잡한 문제들을 예술을 통해 효과적으로 전달하며, 대중의 의식을 고취시키는 중요한 역할을 하고 있다.

결론적으로, 뱅크시의 예술은 익명성과 강력한 메시지를 결합하여 현대 사회에 깊은 영향을 미치고 있다. 그의 작품은 단순한 시각적 표현을 넘어, 사회적 변화와 대중의 인식을 촉구하는 도구로서의 역할을 하고 있으며, 이는 앞으로도 그의 예술이 지속적으로 주목받는 이유가 될 것이다.

① 뱅크시는 자신의 작품이 높은 금액에 거래되는 것을 지지한다.
② 뱅크시의 예술은 주로 개인적인 감정을 표현하는 데 중점을 둔다.
③ 뱅크시의 작품은 예술적 영역을 벗어난 측면에서 비판의 대상이 되기도 한다.
④ 뱅크시의 작품은 주로 갤러리에서 전시되며, 공공장소에서 잘 나타나지 않는다.

문 2. <보기>에서 잘못된 문장을 고쳐 쓴 것 중, 적절하지 않은 것은?

〈보기〉

ㅇ 중의적 문장을 사용한 경우
　㉮ 민수는 영섭과 영희가 추천한 영화를 보았다.
　→ 민수는 영섭과 영희가 추천한 영화를 집에서 보았다. ……… ㉠
ㅇ 의미를 중복하여 사용한 경우
　㉮ 일의 결과를 미리 예상할 수가 없다.
　→ 일의 결과를 예상할 수가 없다. ……… ㉡
ㅇ 사동 표현이 잘못된 경우
　㉮ 내가 친구 한 명을 소개시켜 줄게.
　→ 내가 친구 한 명을 소개해 줄게. ……… ㉢
ㅇ 호응 관계가 잘못된 경우
　㉮ 내일은 구름과 비가 내리겠습니다.
　→ 내일은 구름이 끼고 비가 내리겠습니다. ……… ㉣

① ㉠　② ㉡
③ ㉢　④ ㉣

문 3. 다음 글을 통해서 답을 찾을 수 없는 질문은?

도덕 상대주의는 모든 도덕적 판단과 가치가 특정 문화나 사회의 관습과 신념에 의존한다고 주장하는 철학적 입장이다. 이는 절대적이고 보편적인 도덕적 진리가 존재하지 않으며, 각 사회나 문화마다 고유한 도덕적 기준이 있다는 생각에 기반한다. 도덕 상대주의자들은 문화적 다양성을 존중하고, 다른 사회의 도덕적 관습을 판단할 때 자신의 문화적 기준을 적용하지 말아야 한다고 주장한다.

도덕 상대주의는 문화적 이해와 관용을 촉진하지만, 몇 가지 도전에 직면해 있다. 첫째, 도덕 상대주의는 모든 도덕적 관습을 동등하게 존중해야 한다는 어려운 문제를 안고 있다. 이는 예를 들어, 인권을 침해하는 관습을 가진 문화도 존중해야 한다는 결론에 이를 수 있다. 둘째, 도덕 상대주의는 도덕적 비판의 가능성을 제한한다. 만약 모든 도덕적 판단이 문화적 맥락에 따라 다르다면, 어떤 문화적 관습도 도덕적으로 비난받을 수 없게 된다.

그럼에도 불구하고, 도덕 상대주의는 다문화 사회에서 다양한 가치관이 공존하는 현실을 반영하며, 서로 다른 도덕적 관점을 이해하고 존중하는 데 중요한 역할을 할 수 있다. 이를 통해 우리는 문화적 차이를 인정하고, 갈등을 줄이며, 보다 평화로운 사회를 구축할 수 있는 방법을 모색할 수 있다.

① 도덕 상대주의는 무엇을 주장하는 철학적 입장인가?
② 도덕 상대주의가 문화적 이해와 관용을 촉진하는 이유는 무엇인가?
③ 도덕 상대주의의 주요한 도전 과제는 무엇인가?
④ 도덕 상대주의가 절대적 도덕적 진리를 지지하는 방법은 무엇인가?

문 4. 다음은 '전자조달의 장단점'이라는 주제로 글을 쓰기 위한 개요이다. 수정·보완하기 위한 방안으로 적절하지 않은 것은?

Ⅰ. 서론: 전자조달을 통한 구매의 급격한 상승과 그 종류 …… ㉠

Ⅱ. 본론
　1. 전자조달의 장점
　　가. 새로운 공급자에 대한 접근이 쉬움
　　나. 주문과 배달과정의 단축
　　다. 비용의 절감
　　라. 전통적인 문서 업무의 절감 …… ㉡
　2. 전자조달의 단점
　　가. 보안이 취약한 온라인상 거래의 문제
　　나. (　　　　　　　　　　) …… ㉢
　　다. 새로운 공급자를 찾는 구매자들로 인한 오랜 기간 유지된 고객 관계의 감소 …… ㉣

Ⅲ. 결론: 전자조달 활성화 관련 기업의 대비책 마련 촉구

① ㉠은 그동안 전자조달을 통한 구매가 상승했음을 보여주는 통계나 전자조달 유형과 관련된 자료를 통해 구체화할 수 있다.
② ㉡은 'Ⅱ-1-나'의 일부와 관련된 내용으로 'Ⅱ-1-나'의 하위항목으로 넣을 수 있다.
③ ㉢에는 '공급자 간 경쟁의 심화'와 같은 내용을 넣을 수 있다.
④ ㉣은 'Ⅱ-1-다'와 연관된 단점으로, 'Ⅱ-1-다'의 장점으로 인해 발생하는 단점에 해당한다.

문 5. 다음 글을 읽고 추론한 내용으로 적절하지 않은 것은?

메타인지란 자신의 인지 과정에 대해 스스로 이해하고 통제하는 능력을 의미하며, 흔히 '생각에 대한 생각'으로 정의된다. 메타인지는 학습에서 매우 중요한 역할을 하며, 성공적인 학습자일수록 자신의 학습 과정에서 메타인지를 효과적으로 사용한다. 메타인지를 통해 학습자는 자신이 알고 있는 것과 모르는 것을 명확히 파악할 수 있다. 예를 들어, 시험을 준비하는 학생이 자신의 약한 부분을 자각하고 이에 맞춰 학습 전략을 조정한다면, 이는 메타인지를 잘 활용한 사례로 볼 수 있다.

메타인지의 핵심 요소는 자기 점검, 자기 평가, 그리고 자기 조절이다. 자기 점검은 현재 학습 상태를 확인하는 과정으로, 학습자가 지금 알고 있는 지식의 수준을 확인하고 부족한 부분을 찾아내는 것이다. 자기 평가는 스스로의 학습 결과를 평가하는 과정으로, 학습 목표에 얼마나 근접했는지를 판단하는 데 유용하다. 마지막으로 자기 조절은 점검과 평가의 결과를 바탕으로 학습 전략을 조정하는 것을 의미한다. 예를 들어, 한 학생이 어려운 문제를 풀 때마다 자신이 특정 개념을 잘못 이해하고 있음을 인식하고, 그 개념을 복습하는 방식으로 학습 전략을 수정하는 것 역시 메타인지적 자기 조절에 해당한다.

흥미로운 점은 사람마다 메타인지 능력에 차이가 있다는 것이다. 메타인지 능력이 높은 사람들은 학습 중 실수를 했을 때 이를 더 잘 인식하고 효과적인 대안을 찾는 반면, 메타인지 능력이 낮은 사람들은 자신의 실수를 알아차리지 못하거나, 아는 것과 모르는 것을 혼동하는 경향이 있다. 이 때문에 메타인지가 부족한 학습자는 종종 자신이 충분히 공부했다고 느끼지만, 실제 시험에서 낮은 점수를 받기도 한다. 따라서 효과적인 학습을 위해 메타인지 훈련이 중요하다는 연구 결과도 많다.

① 메타인지를 잘 활용하는 학생은 학습 중 자신의 부족한 부분을 찾아내고 보완할 가능성이 높다.
② 메타인지 능력이 부족한 학습자는 시험을 준비하면서 자신의 학습 상태를 과대평가할 수 있다.
③ 자기 점검과 자기 평가가 잘 이루어지면 학습자는 자신의 학습 전략을 계속 수정하며 효율적인 학습을 할 수 있을 것이다.
④ 메타인지 훈련을 통해 모든 학습자는 항상 자신의 지식수준을 정확히 평가할 수 있게 된다.

문 6. 다음 글을 이해한 내용으로 적절한 것은?

황색 언론은 19세기 말 미국에서 시작된 개념으로, 자극적이고 과장된 보도를 통해 독자의 관심을 끌고 상업적 이익을 추구하는 보도 방식이다. 이 용어의 어원은 뉴욕 월드와 뉴욕 제럴드라는 두 신문이 서로 경쟁하며 자극적이고 선정적인 보도를 했던 시기에 유래한다. 특히 황색 만화 캐릭터가 등장한 뒤 이 용어가 만들어졌다. 황색 만화 캐릭터는 당시 신문 판매에 크게 기여했으며, 이로 인해 '황색 언론'이라는 표현이 생겨났다.

황색 언론은 독자의 시선을 끌기 위해 자극적이고 과장된 제목을 사용한다. 또한 황색 언론은 사실을 왜곡하거나 중요한 세부 사항을 생략하여 독자에게 왜곡된 정보를 제공한다. 1898년, 미국-스페인 전쟁을 보도하던 시기, 뉴욕 월드와 뉴욕 제럴드는 스페인 군함이 미국 군함에 폭탄을 던졌다는 허위 보도를 하였다. 이 사건은 전쟁을 정당화하는 데 중요한 역할을 했으며, 나중에 사실이 아닌 것으로 밝혀졌다.

황색 언론은 단기적인 광고 수익을 극대화하기 위해 자극적이고 감정적인 콘텐츠를 제작한다. 특히 소셜 미디어 플랫폼에서는 과장된 건강 관련 기사나 음모론을 퍼뜨려 클릭 수와 광고 수익을 올리려고 했다. 황색 언론의 영향력은 오늘날 디지털 미디어와 소셜 미디어의 발전으로 더욱 확대되었다. 다시 말해 클릭과 조회수를 중심으로 한 비즈니스 모델이 자리 잡으면서, 자극적이고 논란이 되는 보도가 강화되고 있는 것이다. 독자들은 이러한 언론의 보도를 접할 때 비판적인 시각을 가지는 것이 중요하다.

① 황색 언론은 큰 글자와 색채가 강한 제목을 사용하여 독자의 시선을 붙잡는다.
② 황색 언론은 장기적인 광고 수익을 중시하기 때문에 클릭 수와 조회수를 중시하는 보도를 한다.
③ 소셜 미디어의 비즈니스 모델의 발전은 선정적인 보도를 빈발하게 한다.
④ 황색 언론이란 표현이 등장한 뒤, 신문에 수록된 황색 만화 캐릭터의 판매가 증가하였다.

문 7. 다음 글의 맥락을 고려할 때 빈칸에 들어갈 말로 가장 적절한 것은?

켈빈파와 로스비파는 대기 과학에서 중요한 역할을 하는 파동이다. 이들은 각각 대기의 물리적 성질과 운동을 설명하는 데 중요한 역할을 하며, 날씨와 기후의 이해에 기여하고 있다.

켈빈파는 윌리엄 톰슨(윌리엄 켈빈 경)의 이름을 따서 명명된 파동이다. 이 파동은 대기와 해양에서 발생할 수 있는 특수한 형태의 파동으로, 보통 저위도의 열대 지역(적도)에서 잘 관찰된다.

켈빈파는 적도에서 이동할 때, 코리올리 효과의 영향을 받지 않는다. 코리올리 효과는 지구의 회전으로 인해 물체의 이동 경로가 휘어지는 현상인데, 적도에서는 이 효과가 0이기 때문에 켈빈파는 [   ]. 이는 지구의 자전과 대기의 구조적인 특성에 의해 결정되며, 서쪽으로는 이동하지 않는다.

로스비파는 스웨덴의 기상학자 카를-프리드리히 로스비의 이름을 따서 명명되었다. 이 파동은 대기 중에서 서서히 이동하며, 지구의 자전과 대기 대순환에 의해 생성된다. 로스비파는 대기 흐름의 주요한 특징으로, 북반구와 남반구의 중위도 지역에서 잘 나타난다. 로스비파는 대기의 큰 스케일에서 흐름의 패턴을 형성하고, 기후의 변동성이나 기상 시스템의 형성에 영향을 미친다. 이러한 파동은 북대서양의 기단 변동, 북극의 고기압 시스템, 그리고 한랭전선과 온난전선의 형성 등에 중요한 역할을 한다.

① 적도 부근에서 코리올리 힘에 의해 굴절된다.
② 휘지 않고 동쪽으로 이동한다.
③ 남반구의 중위도 지역에서 잘 나타난다.
④ 북극의 고기압 시스템에 영향을 미친다.

문 8. 다음 글의 내용으로 적절하지 않은 것은?

존 밀턴(John Milton)의 "실낙원(Paradise Lost)"은 17세기 영국 문학의 최고 작품 중 하나로 꼽히며, 그의 대표작 중 하나이다. 이 작품은 총 12권으로 이루어져 있으며, 천지 창조, 루시퍼의 반란, 아담과 이브의 추락, 마지막으로 구원의 희망까지의 이야기를 다룬다.

이야기는 천사 루시퍼(Lucifer)의 반란과 그에 이어 천국에서의 추락, 그리고 인류의 추락인 아담과 이브를 중심으로 펼쳐진다. 루시퍼는 천사 중 가장 빛나는 별이었으나, 하나님의 권위에 반항하고 천국에서 내쫓기게 된다. 그리고 아담과 이브는 사탄(Satan)의 유혹에 넘어가고, 에덴동산에서 추방당하게 된다.

작품은 이들의 추락과 죄의 개념을 다루면서 인간의 자유 의지와 선택에 대한 고찰을 제시한다. 또한, 그 과정에서 하나님의 인자한 계획과 구원의 희망 또한 묘사된다. 마지막 권에서는 아담과 이브가 실낙원을 떠나지만, 그들에게 구원의 가능성이 남이 있음을 보여준다.

이 작품은 인간의 무한한 열망과 자유의지, 신의 인자함, 선악의 권위에 대한 고찰을 통해 역사적으로 깊은 영향을 미치고 있으며, 오늘날까지도 널리 읽히고 연구되고 있다. 특히, 기독교에서는 이야기에 담긴 밀턴의 종교적, 철학적 고찰에 주목하여 걸작으로 평가한다.

문학적으로는 밀턴은 "실낙원"에서 고귀하고 서정적인 언어를 보여준다. 그의 시의 언어는 매우 풍부하고 아름다우며, 작품은 유성처럼 빛나는 비유와 서사적인 묘사로 가득하다. 이 작품은 또한 라틴어와 그리스어의 문학적 전통을 혼합하여 새로운 어휘와 어구를 창조하며, 그 결과 문학사적으로 중요한 영향을 미쳤다.

① 밀턴의 실낙원은 17세기 영국 문학 작품으로 천지창조 이야기를 포함하고 있다.
② 천사 루시퍼는 반항을 일으키고 천국에서 추락하였으며 아담과 이브는 에덴동산에서 추방당했다.
③ 인간의 인자함과 권위에 대한 고찰은 작품의 주요 주제 중 하나이다.
④ 실낙원은 종교적 주목뿐만 아니라 문학적 주목도 받았다.

문 9. 다음 글의 ㉠을 약화하는 증거로 가장 적절한 것은?

1966년 석가탑을 해체·보수하는 과정에서 뜻밖에 발견된 다라니경은 한국뿐만 아니라 전 세계의 이목을 끈 엄청난 보물이었다. 이 놀라운 발견 이전에는 770년에 목판 인쇄된 일본의 불경이 세계사에서 최고(最古)의 현존 인쇄본으로 여겨졌으나, 조사 결과 다라니경은 일본의 것보다도 앞서 만들어진 것으로 밝혀졌다. 불국사가 751년에 완공된 것으로 알려져 있으므로 석가탑의 축조 시기는 그와 같거나 그 이전일 것임에 틀림없다. 이 경전의 연대 확정에 도움을 준 것은 그 문서가 측천무후가 최초로 사용한 12개의 특이한 한자를 포함하고 있다는 사실이었다. 측천무후는 690년에 제위에 올라 705년 11월에 죽었으며, 측천무후의 사후에는 그녀가 만든 한자들이 중국에서 사용된 사례가 발견되지 않았다. 그러므로 신라에서도 그녀가 죽은 뒤에는 이 한자들을 사용하지 않았을 것이라는 추정이 가능하다. 이러한 증거를 통해 다라니경이 늦어도 705년경에 인쇄되었다고 판단할 수 있다. 그러나 오히려 ㉠ <u>몇몇 중국의 학자들은 이 특이한 한자의 사용을 이유로 '다라니경이 신라에서 인쇄된 것이 아니라 중국 인쇄물이다.'라고 주장하였다</u>. 그들은 당시 신라와 중국은 독립적인 관계였기 때문에 신라인들이 측천무후 치세 동안 사용된 특이한 한자들을 사용하지는 않았을 것이라고 주장한다. 그러나 이와 같은 견해는 삼국사기에 나타나 있는 명확한 증거를 통해 반박된다. 삼국사기는 신라가 695년에 측천무후의 역법을 도입하는 등 당나라의 새로운 정책을 자발적으로 수용했음을 보여주고 있으며, 따라서 마찬가지로 측천무후에 의해 도입된 특이한 한자들 역시 채용했을 것이라고 추정하는 것이 합리적이다.

① 서역에서 온 다라니경 원전을 처음으로 한역(漢譯)한 사람은 측천무후 시대의 중국의 국사(國師)였던 법장임이 밝혀졌다.
② 측천무후 사후에 작성된 신라의 문서들에 측천무후가 발명한 한자가 쓰이지 않았음이 밝혀졌다.
③ 측천무후 즉위 이후 중국의 문서에서 사용할 수 없던 몇몇 글자가 다라니경에서 쓰인 것이 발견되었다.
④ 705년경부터 751년까지 당나라에서 유행한 서체가 다라니경에도 쓰인 것으로 밝혀졌다.

문 10. 다음 글에서 알 수 있는 것은?

나선정벌은 청나라와 조선의 연합군이 러시아군과 1654년(효종 5)과 1658년(효종 9)에 만주의 영고탑(寧古塔)과 흑룡강(黑龍江)에서 벌였던 전투를 말한다. 나선(羅禪)은 러시아인을 한자어로 음역한 것이다. 서구 국가들이 해양 진출을 통해 식민지를 개척했던 16세기 중반 이후, 러시아는 해양으로 진출하기가 어려워지자 우랄산맥을 넘어 동아시아로 진출하기 시작했다. 러시아는 50여 년 만에 유라시아 동쪽 오호츠크·캄차카 등지에 도착했는데, 이러한 경이적인 정복 속도는 당시에 러시아의 침략을 저지할 토착 세력이 거의 없었기 때문에 가능했다.

러시아령 시베리아는 척박한 땅이었고, 러시아인들은 부족한 식량과 물자를 흑룡강 유역에서 공급받을 수 있으리라는 기대를 안고 1651년(효종 2) 흑룡강 우안(右岸) 알바진을 점령하였고, 이듬해에 우수리강 하구에 성을 쌓아 송화강(松花江) 방면으로 진출하였다. 이에 따라 러시아는 청나라와 직접적인 충돌을 피할 수 없게 되었다. 1652년 청군은 러시아인을 공격했으나 실패했고, 이후 러시아인이 군사 활동을 재개하자 2차례에 걸쳐 조선에 조총 부대 파병을 요청했다.

조선은 이를 받아들여 1654년 3월 효종은 장수 변급이 이끄는 조총군 100명과 초관, 기고수 50여 명을 파병하였다. 조선과 청의 연합군이 탑승한 배는 크고 견고한 러시아 배의 적수가 되지 못했다. 이에 연합군은 청군이 러시아 함대를 유인하고, 조선군이 강변의 산 위에서 숨어 있다가 적이 나타나면 사격을 가하는 전법을 택했다. 조선군은 작전대로 흑룡강으로 거슬러 올라오는 러시아군과 전투를 벌여 승리하였다.

그러나 그 뒤에도 러시아군의 흑룡강 지역 활동은 계속되었고, 청나라는 이를 제대로 통제하지 못하여 1658년 3월 재차 조선 조총군의 파병을 요청하였다. 효종은 이에 신류(申瀏) 장군이 이끄는 조총군 200명과 초관, 기고수 60여 명을 파견하였다. 조청 연합군은 6월 초 송화강과 흑룡강이 합류하는 곳에서 러시아 군사와 전투를 벌였으며, 이 전투로 러시아군은 거의 섬멸되었다. 청나라를 정벌하자는 효종의 북벌 정책으로 강한 군사력을 지니게 된 조선은 청나라를 도와 러시아군을 공격하는 데 큰 전과를 올렸다.

패배한 러시아군은 알바진으로 후퇴하였다. 러시아와 청은 몇 차례 회담을 거쳐 네르친스크 조약을 맺었다. 이 조약에 따라 러시아는 알바진과 우수리강의 하구 지점을 잇는 수로를 포기하고 그 북쪽의 외흥안령 산맥까지 물러났다. 또 그 산맥 남쪽 지역을 청의 영토로 인정하였다.

① 배를 타고 두만강 하구로 나갔다가 그 배로 송화강과 흑룡강의 합류 지점으로 들어가 러시아군과 싸운 부대는 신류(申瀏)의 부대였다.
② 변급의 부대가 러시아군과 만나 싸운 장소는 네르친스크 조약의 체결에 따라 러시아 영토에 편입되었다.
③ 러시아군과 교전할 때 산 위에 대기하다가 러시아 함대를 향해 사격하는 방법으로 승리했던 부대는 변급의 부대이다.
④ 청나라를 정벌하려던 조선의 군대는 타국가를 도와 청나라를 공격하는 역할을 하게 된다.

문 11. 다음 글에서 추론할 수 없는 것은?

태양풍은 태양의 대기층인 코로나에서 방출되는 고에너지 플라즈마 입자들의 흐름이다. 태양풍은 주로 전자와 양성자로 구성되어 있으며, 알파 입자와 무거운 이온들도 포함된다. 태양풍은 초당 약 400~800km의 속도로 우주 공간을 이동하며, 태양의 자기 활동 주기에 따라 그 세기와 밀도가 변한다.

지구로 도달한 태양풍은 지구 자기장과 상호작용한다. 지구 자기장은 고에너지 입자들이 지구 대기로 직접 진입하는 것을 막아주는 보호막 역할을 한다. 태양풍 입자들이 지구 자기장에 부딪히면, 지구 자기장은 변형되고, 이러한 변화를 통해 태양풍 입자들이 지구 극지방으로 집중되며 전리층에 영향을 미친다. 전리층은 대략 고도 60km에서 1,000km 사이에 존재하는 지구 대기권의 한 부분으로, 자외선과 X선에 의해 공기 분자가 이온화되어 자유 전자가 다량 존재하는 영역이다. 이 전리층은 전파를 반사하거나 굴절시키는 역할을 한다. 이는 전파가 지구 곡률을 따라 장거리 통신을 하는 것을 가능하게 한다. 태양풍의 강도가 증가하면 전리층의 전자 밀도가 급격히 변한다. 전자 밀도가 변하면 전리층의 반사 및 굴절 특성이 변화한다. 전리층은 크게 D층, E층, F층으로 나뉘는데, 태양풍의 영향으로 이들 층의 두께와 전자 밀도가 변화하면서 라디오파의 전파 경로에 영향을 미친다.

예를 들어, 태양풍의 영향으로 D층의 전자 밀도가 증가하면 고주파 라디오파가 흡수되어 신호가 약해진다. F층은 D층에 비해 고주파 라디오파를 더 잘 반사하며, D층은 일반적인 상황에서 주로 저주파 라디오파를 흡수하는 경향이 있다.

태양풍이 강해지면 지구 자기장에 급격한 변화를 일으켜 자기폭풍을 유발한다. 자기폭풍은 전리층뿐만 아니라 지상과 우주에 있는 전자기기에도 영향을 미친다. 자기폭풍은 지자기 유도 전류(Geomagnetically Induced Currents, GICs)를 발생시켜 전력망과 통신 케이블에 과전류를 흐르게 하여 손상을 일으킬 수 있다.

① 고에너지 플라즈마 입자들의 흐름에는 전자와 양성자가 포함된다.
② 라디오파가 반사 또는 굴절되면 장거리 통신이 가능하다.
③ D층의 전자 밀도가 증가하면 흡수하는 라디오파의 주파수가 내려간다.
④ GICs로 인해 지상 전력망에 과전류가 흐를 수 있다.

문 12. 다음 글을 이해한 내용으로 가장 적절한 것은?

김소진의 소설 '목마른 뿌리'는 남북 분단의 상흔을 개인의 삶 속에 깊숙이 녹여내면서, 가족, 특히 형제 관계를 통해 화해와 소통의 가능성을 탐구한다. 이 소설에서 가장 핵심적인 관계는 김태섭과 김호영, 그리고 이들의 아버지 사이에 형성되는 복잡한 역동성이다.

'나'에게 아버지의 존재는 경제적 무능력과 병으로 가족을 고생시키는 존재였다. 아버지는 죽어가면서까지 북에 두고 온 아내의 이름을 불렀다. 이러한 아버지의 모습은 '나'에게 서자 의식을 느끼게 하였고 아버지에 대한 '나'의 원망은 커져만 갔다.

아버지에 대한 '나'의 원망은 이복형 '태섭'과의 만남을 통해 아버지를 이해하는 계기가 된다. '나'의 이복형제인 태섭은 북한에서 성장하며 체제를 맹신하고 남한 민주주의 가치관에 대한 비판적 시각을 뼈 속까지 가지고 있는 인물이다. 남한에서 자라며 자유민주주의 가치를 소중하게 생각하는 '나'는 북한에서 내려온 형에 대한 막연한 불안과 호기심을 동시에 느낀다. '나'와 태섭은 혈연의 끈으로 연결되어 있지만, 이데올로기의 벽으로 인해 서로를 이해하고 소통하는 데 어려움을 겪는다. '목마른 뿌리'는 이러한 분단의 역사가 남긴 상처를 확인한 형제들이 서로 상처를 치유하고 이해하는 과정을 통해 남북통일의 당위성을 상징적으로 보여준다.

① 김태섭과 '나'는 같은 핏줄을 이어받아 유사한 가치관을 가진다.
② '나'는 자신이 서자라는 생각으로 인해 태섭에게 적대감을 느낀다.
③ 태섭은 북한과 남한에 대한 적대감을 내면화하였다.
④ '목마른 뿌리'는 시대적 상황 속에서 개인의 무력함과 가족의 해체가 갈등의 원인이다.

문 13. <보기>를 참조하여 '서술어의 자릿수'를 판단한 것 중 옳지 않은 것은?

〈보기〉

서술어의 자릿수란, 문장에서 서술어가 필요로 하는 문장 성분의 개수를 말한다. 주어 하나만을 요구하는 서술어를 '한 자리 서술어'라고 하고, 주어 이외에 목적어나 부사어, 보어를 요구하는 서술어는 '두 자리 서술어'라고 하며, 주어, 목적어, 부사어의 세 가지 성분을 필수적으로 요구하는 서술어를 '세 자리 서술어'라고 한다. 단, 서술어가 문장에서 부사어를 반드시 요구하는 경우도 있는데 이때의 부사어는 서술어 자릿수에 포함해야 한다.

○ 그녀는 예쁘다. → 한 자리 서술어
(주어)(서술어)
○ 새가 빨리 날아간다. → 한 자리 서술어
(주어)(부사어)(서술어)
○ 그는 연극을 보았다. → 두 자리 서술어
(주어)(목적어)(서술어)
○ 물이 얼음이 되었다. → 두 자리 서술어
(주어)(보어)(서술어)
○ 철수는 부모님께 선물을 드렸다. → 세 자리 서술어
(주어)(필수적 부사어)(목적어)(서술어)

① 아지랑이가 모락모락 피어올랐다. → 한 자리 서술어
② 그 소년이 무지개를 바라보았다. → 두 자리 서술어
③ 내 동생은 거짓말쟁이가 아니다. → 두 자리 서술어
④ 영국의 날씨는 한국과 다르다. → 세 자리 서술어

문 14. 다음 글을 읽고 답할 수 없는 질문은?

> 맨해튼 프로젝트는 제2차 세계대전 기간 중인 1942년부터 1946년까지 미국 정부와 과학자들이 협력하여 개발한 원자폭탄인 '원자력 폭탄'을 만드는 프로젝트였다.
>
> 맨해튼 프로젝트는 1930년대 후반과 1940년대 초반의 역동적인 국제 정세와 원자핵 연구의 발전으로 인해 시작되었다. 1938년 독일의 핵분열 발견 이후 원자력 연구에 대한 관심이 증가하였으며, 미국은 나치 독일이 원자폭탄을 개발하지 못하도록 조치를 취하고자 했다. 이로써 맨해튼 프로젝트는 핵무기 개발을 목표로 하여 시작되었다.
>
> 시크리트 시티라 불리는 로스앨라모스 연구소에서 주도되었으며, 이 연구소에서는 주요 과학자들과 엔지니어들이 모여 원자핵 연구를 수행하였다. 이 기간 동안 핵분열 연쇄반응의 원리를 이해하고 원자폭탄을 만드는 기술적인 도전을 극복하기 위해 많은 연구와 실험이 이루어졌다. 1945년 7월, 맨해튼 프로젝트의 노력의 결실로 원자폭탄이 최초로 폭발되었다. 이 폭탄이 일본의 히로시마와 나가사키에 투하되면서 연합군은 일본의 무조건적 항복을 얻어냈다.
>
> 이는 인류에게 큰 충격을 주었으며, 핵무기의 위력과 파괴력을 극명하게 보여주었다. 이로써 냉전 시대와 원자력 대결의 시대가 시작되었으며, 국제 정세와 국제 안보 구조가 크게 변화하게 되었다. 미국의 원자폭탄 사용은 인류에게 핵전쟁의 위험성과 잔혹함을 경고하며, 핵무기의 통제와 국제적 협력의 중요성을 강조하였다.
>
> 맨해튼 프로젝트는 과학, 기술, 정치의 결합으로 이루어진 역사적인 사건으로, 인류에게 핵무기의 위험성과 동시에 원자력의 평화적 활용의 중요성을 깨닫게 한 사건이다. 이를 계기로 국제 사회는 핵무기의 통제와 비확산을 위한 다양한 노력을 기울이게 되었으며, 맨해튼 프로젝트의 영향은 현대 세계정세와 국제 안보에 여전히 큰 영향을 미치고 있다.

① 맨해튼 프로젝트를 진행한 이유와 목표는?
② 원자핵 연구를 통해 어떤 원리를 이해하고자 했는가?
③ 맨해튼 프로젝트의 결과물이 가져온 역사적 변화는 무엇인가?
④ 핵무기 비확산을 위한 국제 사회의 구체적 노력으로 무엇이 있는가?

문 15. 다음 글을 문맥에 맞게 배열한 것으로 가장 적절한 것은?

> (가) 그는 인도의 고통을 경감시키기 위한 외부의 지원을 거부하였으며, 전쟁이 끝날 때까지 식민지의 식량 문제를 뒷전으로 미루는 선택을 하였다. 영국은 전쟁 중 인도를 경제적 자원으로만 여겼으며, 따라서 수백만 명의 인도인들이 죽음에 이르렀다.
>
> (나) 영국 정부는 대일 항전이라는 군사적 목적을 위해 쌀과 다른 주요 식량을 다른 지역으로 이전하고, 대규모 선박을 동원하여 벵골 지역의 농업 자원을 축소하는 정책을 시행했다. 이에 더해, 영국은 인도에서 생산된 식량을 영국 본토와 다른 전쟁 관련 지역에 우선 공급하는 '브라운 플랜'을 시행하며 인도 내부의 식량 위기에 대한 대응을 소홀히 하였다. 당시 영국의 총리였던 윈스턴 처칠을 비롯한 영국 고위 관리들은 벵골 대기근의 심각성을 충분히 인지하고 있었다.
>
> (다) 영국 정부는 대기근에 적극적으로 대처하지 않았다. 처칠은 벵골 대기근에 대해 무관심하거나 심지어 조롱하는 듯한 발언을 하며 인도의 식량 문제에 대해 무책임한 태도를 보였다.
>
> (라) 벵골 대기근은 1943년에 당시 영국의 식민지였던 인도의 벵골 지역에서 발생한 대규모 기근이었다. 이 기근은 주로 식량 부족, 전쟁으로 인한 공급망 파괴, 정부의 부적절한 정책으로 인해 심화되었고, 약 200만 명에서 300만 명이 굶주림과 질병으로 목숨을 잃었다. 벵골 대기근은 인도에서 발생한 가장 큰 인도적 재앙 중 하나로 기록된다. 이 시기의 벵골은 제2차 세계대전 중이었으며, 일본의 침공 우려로 인해 영국은 벵골의 자원을 전쟁 대비에 집중하였다.

① (나) - (라) - (가) - (다)
② (나) - (가) - (라) - (다)
③ (라) - (다) - (가) - (나)
④ (라) - (나) - (다) - (가)

문 16. 다음 ㉠을 지지하는 관찰 결과로 가장 적절한 것은?

송과샘은 솔방울샘 또는 송과선이라고도 부르며 이는 척추동물의 뇌 속에 위치하고 있는 작은 내분비기관이다. 이 기관은 세로토닌에 의해 분비 신호를 받아 멜라토닌을 만들어내는데, 이렇게 만들어진 멜라토닌 호르몬은 계절과 일주기 리듬에 대해 수면 패턴의 조절에 영향을 미친다. 송과샘은 그 이름에 걸맞게 작은 솔방울과 모양이 매우 흡사하고, 시상 상부에 위치하고 있다. 멜라토닌은 밤에 많이 생성되고 낮에는 덜 생성된다. 이러한 특성을 이용하여 포유동물은 멜라토닌에 의해 광주기의 변화를 인지하고, 들어오는 빛의 양을 감지하여 멜라토닌의 생성을 조절하는 방식으로 생체 리듬을 조절한다. 예를 들어 일몰과 함께 멜라토닌의 생성이 증가하면서 졸음이 오게 된다. 동이 트면 멜라토닌의 생성이 감소하면서 잠이 깨고 정신을 차리게 된다. 청소년기에는 멜라토닌이 많이 생성되기 때문에 청소년은 성인보다 더 오래 잠을 자려는 경향이 있다. 또한 ㉠ 멜라토닌은 생식 기관의 발달과 성장을 억제한다. 설치류에서의 연구는 송과샘이 뇌하수체에서 난포자극호르몬, 황체형성호르몬과 같은 성호르몬 분비에 영향을 미친다는 것을 암시하고 있다. 한 실험에서 멜라토닌을 투여하자 시상하부에 작용하여 생식선자극 호르몬 방출호르몬(LHRH)의 분비를 억제하였다. 즉 멜라토닌은 난자와 정자의 생성이나 생식 기관의 성숙을 일으키는 테스토스테론과 에스트로겐의 분비를 억제시켜 생식 기관의 성숙 또한 억제시킨다.

① 성숙한 포유동물을 지속적으로 어둠 속에서 키웠더니 혈액 속 멜라토닌의 평균 농도가 낮아졌다.
② 생식 기관의 발달이 비정상적으로 저조한 포유동물 개체들이 생식 기관의 발달이 정상적인 같은 종의 개체들보다 혈액 속 멜라토닌의 평균 농도가 낮았다.
③ 봄이 되면 포유동물의 혈액 속 멜라토닌의 평균 농도가 높아지고 번식과 짝짓기가 많아진다.
④ 어린 포유동물을 밤마다 긴 시간 동안 빛에 노출하였더니 생식 기관이 비정상적으로 조기에 발달하였다.

문 17. 다음을 읽고 추론한 것으로 가장 옳은 것은?

1970년대 이후 미국의 소득 불균형이 심화된 요인으로 사회 규범과 제도를 들 수 있다. 노동조합이 그 대표적 예라 할 것이다. 노동조합의 역할 중 하나는 소득 불균형을 제한하는 것인데, 노동조합이 몰락하자 불균형을 억제하던 힘도 사라져 버렸다.

제조업이 미국경제를 이끌 때 노동조합도 제조업 분야에서 가장 활발했다. 그러나 현재 미국경제를 주도하는 산업은 서비스업이다. 이러한 산업구조의 변화는 기술의 발전에 따른 결과이지만, 많은 제조업 제품을 주로 수입에 의존하게 된 것도 또 다른 주요 원인이다. 한동안 이러한 산업구조의 변화 때문에 노동조합이 몰락했다는 견해가 지배적이었지만, 이러한 견해는 잘못된 것이었다.

1973년 전체 제조업 종사자 중 노동조합원이 차지하는 비율은 39%였으나 2005년에는 13%로 줄어들었고, 노동조합은 서비스업 분야에서도 조합원들을 충분히 확보하지 못했다. 예를 들어 대표적인 서비스 기업인 월마트를 보자. 월마트는 제조업에 비해 노동조합이 생기기에 더 좋은 조건을 갖추고 있었다. 월마트 직원들이 노동조합에 가입되어 있었더라면 더 높은 임금과 더 나은 복리후생 제도를 요구하였을 것이고, 미국의 중산층은 지금보다 수십만 명 더 늘어났을 수도 있다. 그런데도 왜 월마트에는 노동조합이 없을까?

1960년대에는 노동조합을 인정하던 기업과 이해 집단들이 1970년대부터는 노동조합을 공격하기 시작했다. 1980년대 초에는 노동조합을 지지하는 노동자 20명 중 적어도 한 명 이상이 불법적으로 해고되기에 이른다. 이는 1970년대 중반 이후 기업들이 보수 성향의 정치적 영향력에 힘입어 노동조합을 압도할 수 있게 되었기 때문이다. 노동조합의 몰락은 정치와 기업이 결속한 결과로 보아야 한다.

① 노동조합이 몰락한 원인 중 하나는 소득 불균형의 심화를 견제하는 기능을 제대로 수행하지 못한 것이다.
② 1980년대 초에는 노동조합을 지지하는 노동자 중 5% 이상이 부당해고를 당하기도 하였다.
③ 산업구조가 제조업 중심에서 서비스업 중심으로 재편되었기 때문에 노동조합은 몰락할 수밖에 없었다.
④ 월마트의 노동자들은 제조업에 비해 환경적으로 불리함에도 불구하고 노동조합을 창설했다.

문 18. 다음 글의 내용으로 적절한 것은?

> 가야금은 한국 전통 현악기로, 아름다운 소리와 섬세한 음색으로 널리 알려져 있다. 가야금의 구조는 음향을 잘 전달하기 위해 세밀하게 설계되어 있으며, 주로 나무로 제작된다. 가야금은 소리를 울려주는 몸통과 현을 고정하는 기둥, 그리고 소리를 조절하는 줄로 구성된다. 몸통은 울림통이라고도 불리며, 울림을 극대화하기 위해 앞판과 뒤판이 빈 공간을 형성하는 구조로 되어 있다. 이 울림통은 주로 오동나무로 제작되는데, 이는 오동나무가 가벼우면서도 울림이 좋아 소리를 효과적으로 전달하기 때문이다.
>
> 가야금의 줄은 보통 12개로 구성되어 있으며, 각각의 줄은 고유의 음을 내기 위해 정해진 장력을 유지해야 한다. 줄은 명주실로 만든 전통적인 줄과 최근에는 나일론이나 금속을 사용한 줄도 있다. 줄은 한쪽 끝에 고정되어 있고, 다른 쪽은 이동 가능한 안족에 걸쳐 있다. 이 안족을 이동함으로써 각 줄의 음정을 미세하게 조절할 수 있다. 안족의 위치에 따라 음정이 달라지므로 연주자는 악기의 음정을 조절하여 다양한 소리를 표현할 수 있다.
>
> 가야금의 연주는 오른손과 왼손의 협력으로 이루어진다. 오른손은 주로 줄을 뜯거나 퉁겨 소리를 내며, 왼손은 줄을 눌러 음정을 변화시키거나 바이브레이션을 준다. 이러한 기술을 통해 연주자는 다양한 음색과 감정을 표현할 수 있다. 특히, 가야금은 손가락 끝으로 줄을 직접 만지며 소리를 내기 때문에 연주자의 감정이 생생하게 전달된다.
>
> 가야금은 구조적 특징을 바탕으로 한국 전통 음악에서 중요한 역할을 한다. 민속 음악뿐만 아니라 궁중 음악에서도 사용되며, 현대 음악과의 접목을 통해 다양한 장르에서도 사랑받고 있다. 또한, 전통적인 12현 가야금 외에도 17현, 25현 등 다양한 개량형 가야금이 제작되어 현대 음악과 전통 음악을 아우르는 폭넓은 연주가 가능해졌다.

① 가야금의 줄은 연주 도중 위치를 바꾸지 않도록 고정되어 있다.
② 가야금의 안족은 음정을 고정하기 위한 부품으로 사용된다.
③ 가야금의 줄은 금속과 나일론 재질만 사용된다.
④ 가야금의 몸통은 나무로 만들어져 있어 울림을 전달하는 역할을 한다.

문 19. 다음 진술이 모두 참일 때 반드시 참이라고 할 수 없는 것은?

> ㅇ 갑이 인사 교류를 신청한다면, 갑은 서울시에 발령되지 않는다.
> ㅇ 갑이 대전시에 발령받는다면, 성과급이 지급될 것이다.
> ㅇ 갑은 서울시나 대전시에 발령될 것이다.

① 갑이 인사 교류를 신청한다면, 갑은 대전시에 발령될 것이다.
② 갑이 서울시에 발령된다면, 갑은 대전시에 발령되지 않을 것이다.
③ 갑이 서울시에 발령된다면, 갑은 인사 교류를 신청하지 않았을 것이다.
④ 갑이 성과급을 지급받지 못한다면, 갑은 인사 교류를 신청했을 것이다.

문 20. (가)와 (나)를 전제로 할 때 빈칸에 들어갈 결론으로 가장 적절한 것은?

> (가) 드라마를 즐겨 보는 사람은 모두 영화를 즐겨 보지 않는다.
> (나) 소설을 즐겨 보지 않는 사람은 모두 드라마를 즐겨 본다.
> 따라서 ______________________________

① 영화를 즐겨 보는 사람은 모두 소설을 즐겨 본다.
② 소설을 즐겨 보는 사람은 모두 영화를 즐겨 본다.
③ 소설을 즐겨 보는 사람 중 드라마를 즐겨 보는 사람이 있다.
④ 영화를 즐겨 보지 않는 사람은 모두 소설을 즐겨 보지 않는다.

약점 보완 해설집 p.10

제4회 모의고사

문 1. 다음 글에서 알 수 있는 것은?

오스만 제국은 오스만 가문을 왕가로 하여, 현재 터키의 최대 도시인 이스탄불을 수도로 하고, 서쪽의 모로코부터 동쪽의 아제르바이잔, 북쪽의 우크라이나에서 남쪽의 예멘에 이르는 광대한 영역을 지배했던 다민족 제국이다. 이들은 정복 지역민의 개종을 통한 통치보다 정복되기 이전의 사회, 경제적 지배 체제를 이용한 통치를 선호하였고, 이는 정복 지역에 대한 제국의 안정적 지배에 크게 기여하였다.

'와크프'는 모스크와 기타 자선을 목적으로 하는 공공시설을 재정적으로 유지하기 위하여 기증된 토지·가옥 등의 재산으로서 한 번 '와크프'에 기증된 재산은 다시 양도할 수 없도록 되어 있다. '와크프'를 제외한 제국의 경작지와 목축용 토지, 사원에 대한 기부 토지는 모두 술탄의 개인 재산이었다. 그러나 정복에 의해 영토가 확장되면서 변화가 이루어졌다. 술탄이 정복지 토착 귀족이나 토후에게 '티마르'라는 토지를 하사한 것이다. 오스만 제국에서 조직되어 중세 유럽에 있어서는 봉건 제도에서의 기사에 해당하는 집단을 '스파이'라고 하는데, 이들을 소집할 때는 급료로 '티마르'라는 땅을 주어 군량과 군비를 자급하도록 했다. 이는 중세 유럽의 봉건 영지와 유사한 것으로 잘못 비교되기도 한다. 티마르 영지를 분배받은 이들은 그로부터 세금을 거둘 권리를 갖기는 했지만 유럽의 중세 영주와는 달리 사법권을 갖지는 못했다.

'밀레트'는 오스만 제국 고유의 행정제도로 제국 내에 거주하는 서로 다른 문화, 종교 정체성을 가진 신민들을 각자의 종교 공동체가 맡아 자치하게 하는 제도를 말한다. 해당 자치구 내에서는 전통적인 공동체의 유지와 그에 입각한 교육도 허용되었다. '밀레트'의 예로 콘스탄티노플의 대주교를 총대주교로 하는 정교회 교구가 있다. 오스만 제국은 타종교의 행정적 자치구를 인정했지만, 개별 민족을 위한 자치구까지 허용하지는 않았다.

'데브쉬르메'는 오스만 제국에서 술탄들이 왕권 강화를 위해 사용하기 시작했던 인재 등용 제도로, 점령지의 기독교 가정에서 왕권 강화를 징집하는 시스템이다. 출세할 수 있는 얼마 안 되는 방법이라 자기 자식을 보내기 위해 뇌물을 바치는 경우도 있었지만, '인간 세금'이라 부르며 혐오하거나 자식을 숨기는 등 반발도 적지 않았다. '데브쉬르메' 출신자는 명목상 '술탄의 노예'였으며, 데브쉬르메 제도에서 교육받은 이들은 자신이 제국의 엘리트라는 의식이 강했고 종교적으로는 이슬람으로 무장되어 있었다. 이들은 오스만 제국이 강성해지는 과정에서 튀르크멘 부족장, 귀족들을 대체하는 새로운 지배계급으로 육성되었다.

① 오스만 제국의 통치 정책은 정복지에 형성되었던 기존의 종교적, 사회적, 경제적 질서를 더욱 견고하게 유지하기 위한 것이었다.
② '티마르' 영지를 분배받은 이들의 영지에 대한 권리는 중세 봉건 영지에 대한 영주의 권리와 동일하였다.
③ 콘스탄티노플의 대주교는 종교 자치구의 행정 관리로서 역할을 하였다.
④ 데브쉬르메 제도는 징용된 어린이를 볼모로 삼아 정복 지역의 반란을 예방하기 위한 수단이 되었다.

문 2. ㉠~㉣을 고쳐 쓰기 위해 제시한 의견으로 적절하지 않은 것은?

〈보기〉

16세기 말 영국 탐사대의 일원인 과학자 해리엇은 인디언 부락을 지나다가 많은 인디언들이 영문도 모르고 죽어가는 모습을 목격하였다. ㉠ <u>인디언들은 죽은 자의 영혼은 자신의 마을을 떠나지 않는다고 생각하였다</u>. 인디언들은 영국인의 몸에 있던 바이러스에 감염되어 죽어갔던 것이다. ㉡ <u>그래서</u> 이런 사실을 몰랐던 인디언들은 누군가 보이지 않는 총알을 쏘아대고 있다고 생각하였다. ㉢ <u>이후 미생물의 존재를 밝혀낸 유럽의 과학자들은 1890년대에 이르러 바이러스의 존재도 확인되었다</u>. 웰스의 소설 『우주전쟁』은 바로 이러한 시대적 배경 속에서 ㉣ <u>제작되었다</u>. 이 소설은 지구를 초토화시키던 외계인들이 눈에 보이지 않는 바이러스로 인해 자멸하는 내용의 결말로 끝을 맺고 있다.

① ㉠은 글의 통일성을 해치므로 삭제해야겠어.
② ㉡은 앞뒤 문장을 자연스럽게 연결하지 못하고 있으므로 '그런데'로 바꿔야겠어.
③ ㉢은 주어와 서술어의 호응이 자연스럽지 않으니 '확인되었다'를 '확인된 것이다'로 고쳐야겠어.
④ ㉣은 '제작'이라는 말이 어색하므로 '창작되었다'로 바꿔야겠어.

문 3. <자료>의 밑줄 친 발음 표시 부분을 맞춤법에 맞게 표기할 때에 적용되는 원칙을 <보기>에서 찾아 바르게 짝지은 것은?

〈자료〉

㉠ 이것은 유명한 책이 [<u>아니요</u>].
㉡ 영화 구경 [<u>가지요</u>].
㉢ 이것은 [<u>설탕이요</u>], 저것은 소금이다.

〈보기〉

○ 용언의 어간과 어미는 구별하여 적는다.
- 종결형에서 사용되는 어미 '-오'는 '-요'로 소리 나는 경우가 있더라도 그 원형을 밝혀 '오'로 적는다. ······ ⓐ
예 이리로 오시오.(○), 이리로 오시요.(×)
- 연결형에서 사용되는 '이요'는 '이요'로 적는다. ······ ⓑ
예 이것은 책이요, 저것은 붓이다.(○), 이것은 책이오, 저것은 붓이다.(×)
○ 어미 뒤에 덧붙는 조사 '요'는 '요'로 적는다. ······ ⓒ
예 읽어 - 읽어요, 먹을게 - 먹을게요

① ㉠ - ⓐ　② ㉡ - ⓑ
③ ㉢ - ⓐ　④ ㉢ - ⓒ

[4~5] 다음 글을 읽고 물음에 답하시오.

사회적 비용론은 경제 활동에서 발생하는 외부 효과를 분석하는 경제학 이론으로, 경제 활동이 개인에게는 이익을 가져오더라도 사회 전체에는 비용을 초래할 수 있음을 강조한다. 사회적 비용이란 개인이나 기업의 경제 활동으로 인해 다른 사람이나 사회가 ㉠ 짊어져야 하는 비용을 의미하며, 대표적인 예로는 공해, 소음, 환경 오염 등이 있다. 이러한 사회적 비용은 경제적 비용에 포함되지 않는 경우가 많아, 사회 전체의 효율성을 ㉡ 낮추고 부정적 영향을 초래한다.

예를 들어, 한 공장이 생산 과정에서 유해 물질을 ㉢ 내보내 공기나 수질을 오염시킨다면, 이로 인한 피해는 공장 운영자가 아닌 지역 주민들이나 사회 전체가 부담하게 된다. 이처럼 특정 주체가 자신의 이익을 위해 자원을 활용할 때 발생하는 부정적인 외부 효과는 사회적 비용을 증가시키며, 사회적 후생을 저하시키는 원인이 된다. 이 때문에 사회적 비용은 종종 시장 실패의 원인으로 지적되며, 이를 줄이기 위해 정부의 개입이 필요할 수 있다.

영국 경제학자 로널드 코즈(Ronald Coase)는 이를 해결하기 위해 제시한 코즈의 정리에서, 적절한 법적 권리 배분과 협상이 이루어진다면 당사자들이 자발적으로 문제를 해결할 수 있을 것이라고 주장했다. 예를 들어, 오염 물질을 배출하는 공장과 피해를 입는 주민이 서로 협상하여 공장이 배출을 줄이기로 합의하는 식이다. 그러나 현실에서는 거래 비용과 정보의 비대칭성 등으로 인해 이러한 협상이 어려운 경우가 많다.

이와 같은 상황에서 정부는 기업에 환경세를 부과하거나 각종 규제 정책을 펼치는 한편, 주민들에게는 공공재 공급을 통한 복지 확대 등을 시행한다. 이러한 정부 개입을 통해 사회적 비용을 줄이고자 하는 접근은 정책적 개입을 통한 사회적 효율성을 ㉣ 높이는 것을 목표로 한다.

문 4. 윗글의 내용으로 적절한 것은?

① 사회적 비용은 외부 효과를 통해 사회 전체에 영향을 미치며, 이는 시장 실패의 원인이 될 수 있다.
② 사회적 비용은 개인의 이익을 위해 발생하므로, 시장 경제에서는 이를 막을 필요가 없다.
③ 코즈의 정리는 거래 비용이 없을 때만 적용되므로, 현실에서 거의 적용되지 않는다.
④ 정부는 공해 문제에 대한 해결을 위해 공장에 직접 보조금을 제공한다.

문 5. ㉠~㉣을 바꾸어 쓸 때 적절하지 않은 것은?

① ㉠: 부역 ② ㉡: 저해
③ ㉢: 누출 ④ ㉣: 제고

문 6. 다음 글의 모든 문장이 참일 때, 밑줄 친 결론을 이끌어내기 위해 추가해야 할 것은?

발레를 즐겨 보는 모든 사람은 공연장 가는 것을 좋아한다.
따라서 교향곡을 듣지 않는 어떤 사람은 발레를 즐겨 보지 않는다.

① 공연장 가는 것을 좋아하지 않는 어떤 사람은 교향곡을 듣지 않는다.
② 공연장 가는 것을 좋아하는 어떤 사람은 발레를 즐겨 보지 않는다.
③ 공연장 가는 것을 좋아하지 않는 모든 사람은 교향곡을 듣는다.
④ 발레를 즐겨 보지 않는 모든 사람은 교향곡을 듣지 않는다.

문 7. 다음 글의 중심 내용으로 가장 적절한 것은?

제네바 협약 제4조는 전쟁 포로의 대우에 관한 규정을 세세하게 설명하고 있다. 이 조항은 특히 무력 충돌 중 전투원이 아닌 상태에서 체포된 군인들과 그 외의 전쟁 포로들이 인도적 대우를 받을 수 있도록 보장하는 것에서 중요성을 지닌다. 이 조항에서는 어떤 사람들이 전쟁 포로로 간주될 수 있는지 명확히 규정한다. 여기에는 군인, 군대의 구성원, 그리고 무장 단체의 구성원 등이 포함된다. 이들은 적의 지배하에 있을 때 전투 행위와는 별개로 보호받아야 한다.

또한 전쟁 포로는 인도적 대우를 받을 권리가 있으며, 신체적 및 정신적 고통을 유발하는 행위(고문, 폭행 등)는 금지된다. 포로는 인간으로서의 존엄성을 존중받아야 하며, 불필요한 고통이나 불법적인 처우를 받아서는 안 된다.

전쟁 포로는 적절한 의료 지원과 복지를 받을 권리가 있다. 이 협약은 포로의 건강을 유지하고, 필요한 의료 서비스를 제공하도록 규정하고 있다. 또한, 포로의 식량, 주거 및 생활 조건은 인간의 존엄성을 유지할 수 있는 수준이어야 한다.

① 제네바 협약 제4조의 한계
② 제네바 협약 제4조의 내용과 의의
③ 전투 행위와 민간인 보호의 연관성
④ 군인들에게 식량을 제공해야 하는 이유

문 8. 다음 글을 읽고 추론한 것으로 적절하지 않은 것은?

양자 제도란 아들이 없는 집에서 자신의 대를 잇기 위한 목적으로 동성동본(同姓同本) 구성원 중에 항렬이 맞는 남자를 자식으로 맞아들이는 것을 말한다. 조선 후기에는 양자 입양 제도가 활성화되었는데, 조선은 유교 사회였기 때문에 아들이 있어야 대를 이을 수 있다는 생각에서 비롯된 현상이었다. 양자는 생부와 양부의 생존 여부에 상관없이 결정되었고, 형식에 상관없이 가계 계승을 최우선 목적으로 삼았다. 특히 조선 후기에 아들을 두지 못한 양반이 양자를 필수적으로 선택한 사실은 가계 계승 목적이었음을 보여준다.

양반가에서는 입양 후에는 양부모와 양자의 부자 관계는 지속되었으며 대부분 그 관계는 변하지 않았지만, 평민과 노비의 양자들은 양상을 달리하기도 했다. 하층민들의 입양자는 그 집안과 성씨가 다르기도 했는데, 이는 가계 계승이 아닌 다른 이유, 즉 노동력 확보나 노후 봉양 등을 목적으로 한 입양이라는 것을 유추할 수 있다.

반면 양반가에서는 가문과 동성동본이며 부계 혈통을 나누어 가진 자여야만 했다. 또한 세대 간 순차적 연결을 위해, 입양하려는 사람은 입양 대상자를 자신의 아들 항렬에서 찾았어야 했다. 그러나 아들 항렬에 적합한 대상을 찾지 못하고 어쩔 수 없이 손자 항렬에서 입양하는 경우도 있었다. 이 경우 아들 항렬에서 이미 죽은 사람의 이름으로 입양하는 것을 백골양자라고 불렀다. 그러나 대부분 적당한 입양 대상자를 찾기 위하여 심지어 20·30촌이 넘는 부계친족의 협조를 받아 입양하기도 했다. 입양된 양자는 양부모의 재산을 물려받고, 그들을 위해 매년 제사를 지냈으며, 호적에도 생부가 아닌 양부가 친부로 기록되며 이는 결코 변경되지 않았다.

조선 후기 입양 사실을 보여주는 여러 기록 중 하나인 경상도 단성현 법물야면 호적에는 1750년에 변담이 큰아버지 변해석의 양자로 들어갔음이 기록되어 있는데, 1757년에 변해석이 사망한 후 1759년 호적에는 변담의 생부인 변해달이 변담의 친부로 기록되어 있다.

① 양반의 양자는 자신의 아들 항렬에서 맞이하는 것이 원칙이었다.
② 양반가의 양자 입양에는 반드시 지켜야 할 원칙이 있다.
③ 변담은 변해석 집안의 가계를 계승하기 위해 양자로 들어갔다.
④ 경상도 단성현 법물야면의 호적에는 평민 등 하층민에 대해서도 기록되어 있다.

문 9. 다음 글의 내용으로 적절하지 않은 것은?

박재삼의 시 「추억에서」를 살펴보자. 시의 1연 "진주 장터 생어물전에는 / 바닷밀이 깔리는 해다진 어스름을"과 2연 "울엄매의 장사 끝에 남은 고기 몇 마리의 / 빛 발(發)하는 눈깔들이 속절없이 은전만큼 손 안 닿는 한이던가"를 통해 어머니는 어스름한 해 질 녘, 고된 장사 끝에 남은 고기 몇 마리를 바라보며 느끼는 슬픔과 한(恨)을 담고 있다. 어머니의 힘겨운 삶을 표현해 주는 '남은 고기 몇 마리'는 '빛 발(發)하는 눈깔'로 연결되고, 이는 다시 은전처럼 속절없는 한으로 연결되어 어머니의 한을 묘사하고 있다. 또한 2연의 마지막 행에서는 화자는 어린 시절 어머니의 장사와 그 고된 삶을 떠올리며, "울엄매야 울엄매"라고 어머니를 부른다. 이는 어머니에 대한 안타까움과 애틋함을 강조하는 표현으로, 어머니가 겪은 삶의 고난에 대한 화자의 애절한 감정을 드러낸다.

3연에서는 어머니를 기다리는 오누이의 모습이 나타나는데 "별밭은 또 그리 멀리"라는 구절은 가난한 삶 속에서 오누이의 꿈과 희망은 매우 멀게 느껴진다는 것을 상징한다. 또한 3연의 마지막 행에서 "손 시리게 떨던가 손 시리게 떨던가"라는 구절은 추운 골방에서 어머니를 기다리는 오누이의 모습을 감각적으로 표현하고 있다.

4연에서 시는 "진주 남강 맑다 해도 / 오명 가명 / 신새벽이나 밤빛에 보는 것을 / 울엄매의 마음은 어떠했을꼬"라는 표현을 통해 어머니의 삶 속에서 아름다움이나 희망을 찾아보려 하지만, 그것은 현실적으로 접근하기 어려운 것임을 암시한다. "달빛 받은 옹기전의 옹기들같이 말없이 글썽이고 반짝이던 것인가"라는 구절은 고단한 삶 속에서도 말없이 눈물을 감추고 묵묵히 살아가는 어머니의 모습을 상징적으로 그려낸다. 이는 어머니의 헌신과 희생을 담담하게 전달하며, 독자에게 깊은 감동을 준다.

① '남은 고기 몇 마리' → '빛 발하는 눈깔' → '은전'으로 연상되는 시어들은 어머니의 한스러움을 표현하고 있다.
② 구체적 지명과 토속적인 시어들이 사용되었다.
③ 1연을 제외한 시의 시적 대상은 '어머니→ 오누이→ 어머니'이다.
④ 시 속 '별밭'은 화자의 꿈과 희망이 가까이 있음을 상징하며, 이를 통해 어머니의 삶도 밝게 그려진다.

문 10. 다음 글을 이해한 내용으로 적절하지 않은 것은?

섬에서의 자원 제한은 생물들의 생존과 번식에 중요한 영향을 미친다. 섬은 대륙과 같은 넓은 지역에 비해 자원이 상대적으로 부족할 수 있다. 그런데 포식자가 적거나 없는 섬에서는 생물들이 큰 몸집을 가지는 것이 유리하게 작용할 수 있다. 큰 몸집을 가지면 자원에 대한 경쟁에서 우위를 점할 수 있으며, 체온 조절이나 대처 능력이 향상된다. 예를 들어, 큰 몸집은 체온 유지를 용이하게 하여 온도 변화에 더 잘 적응할 수 있게 해주며, 자원을 더 효율적으로 저장하고 사용할 수 있게 해준다.

또한, 포식자의 부재는 섬 거대화에 중요한 역할을 한다. 대륙에서는 포식자와의 경쟁이 생물의 크기에 많은 영향을 미치지만, 섬에서는 포식자가 없는 경우가 많다. 이로 인해 생물들은 자연스럽게 더 큰 몸집으로 진화하게 된다. 포식자가 없으면 큰 몸집을 가진 생물들이 더욱 생존 가능성이 높아지고, 결과적으로 큰 몸집이 생존에 유리한 특성으로 작용한다. 이를 '섬 거대화'라고 한다.

섬 거대화는 다양한 생물군에서 관찰되며, 그 대표적인 예로는 섬에서 발견되는 거대한 거북이와 쥐, 큰 새들이 있다. 이러한 생물들은 대륙의 유사한 종들보다 훨씬 큰 몸집을 가지며, 이는 섬에서의 생존 전략의 일환으로 볼 수 있다. 반대로, 작은 섬에서는 큰 섬과 달리 자원 부족과 공간의 제약으로 인해 생물들이 작은 몸집을 가지는 경향이 있다. 이 현상은 '섬의 미니어처화'라고도 불리며, 자원이 부족한 환경에서는 작은 몸집이 생존에 유리하다.

① 체온 조절은 몸집과 상관관계를 지닌다.
② 대륙과 달리 포식자와의 경쟁이 없는 환경에서는 생물의 몸집이 더 커진다.
③ '미니어처화'는 생물의 생존 본능에서 기인한 것이다.
④ 대륙과 달리 큰 섬에는 자원이 풍족하기 때문에 '섬 거대화' 현상이 일어난다.

문 11. 다음 글에 대한 독자의 이해로 가장 적절하지 않은 것은?

상표는 소비자들에게 상품이나 서비스를 제공하는 곳을 알 수 있게 하는 중요한 도구이다. 상표는 소비자들에게 신뢰를 주고, 기업에게는 경쟁력을 제공하는 역할을 한다. 상표의 탄생은 고대부터 시작되었으며, 초기 상표는 주로 상품의 품질을 보증하기 위해 사용되었다. 예를 들어, 고대 이집트에서는 벽돌에 제조자의 이름을 새기는 방식으로 상표를 사용했다. 로마 시대에는 도기나 금속 제품에 제조자의 마크를 새겨 넣는 일이 일반적이었다. 이는 소비자들이 제품의 출처를 확인하고, 품질을 신뢰할 수 있도록 돕는 역할을 했다.

산업 혁명 이후 대량 생산과 함께 다양한 제품이 시장에 나오면서, 소비자들은 신뢰할 수 있는 브랜드를 찾게 되었다. 이에 따라 상표는 법 테두리 안에 들어가게 되었고, 상표 등록 제도가 도입되었다. 상표 등록은 기업에게 독점적인 권리를 부여하며, 다른 기업이 동일하거나 유사한 상표를 사용하는 것을 방지한다. 이는 기업의 브랜드 가치를 보호하고, 소비자들이 혼동하지 않도록 돕는 중요한 역할을 한다.

오늘날 상표는 단순한 식별 수단을 넘어, 기업의 아이덴티티를 나타내는 중요한 요소로 자리 잡고 있다. 상표는 기업의 철학과 가치를 반영하며, 소비자와의 감정적 연결을 형성하는 데 기여한다. 또한, 글로벌화된 시장에서 상표는 국제적인 경쟁력을 강화하는 도구로서 중요한 역할을 한다. 상표의 가치는 기업의 자산으로 평가되며, 이는 기업의 재무 상태와 미래 성장 가능성에 큰 영향을 미친다.

① 상표는 상품과 서비스의 출처를 식별하기 위해 사용된다.
② 상표는 소비자들에게 신뢰를 주고 기업에게는 경쟁력을 제공한다.
③ 상표는 산업 혁명 이후 법적 보호를 받기 시작했다.
④ 상표는 20세기 들어 그 중요성이 인식되기 시작했다.

문 12. 다음 글의 맥락을 고려할 때 (가)와 (나)에 들어갈 내용으로 가장 적절한 것은?

> 당이 체내에 들어가면 소화관에서 분해되어 혈당이 증가한다. 혈당의 상승은 체내에서 인슐린 분비를 촉진하는 중요한 신호가 된다. 인슐린은 췌장의 β세포에서 분비되는 호르몬으로, 주로 ____(가)____ 역할을 한다. 인슐린은 세포막에 있는 인슐린 수용체와 결합하여 세포 내부로 신호를 전달한다. 인슐린이 수용체에 결합하면, 인슐린 수용체의 하위단백질과 결합하여 PI3K-Akt 경로와 MAPK 경로 등의 세포 신호전달 경로가 활성화된다. PI3K-Akt 경로는 GLUT4를 비롯한 포도당 운반체를 세포막으로 이동시켜 포도당의 흡수를 촉진하고, MAPK 경로는 세포 성장과 생존에 관련된 신호를 전달한다.
>
> 인슐린 수용체의 이동성은 세포 내와 세포막 사이에서 변화할 수 있다. 정상적인 상태에서는 인슐린의 자극에 의해 세포막에 있는 인슐린 수용체가 활성화되어 세포 내부로 신호를 전달하고, 그 결과 혈중의 포도당은 세포 내로 흡수된다. 하지만 과도한 당 섭취와 지속적인 고혈당 상태는 인슐린 수용체의 활성화를 저하시킬 수 있다.
>
> 인슐린 저항성은 ____(나)____ 상태를 말한다. 지속적인 고혈당 상태나 과도한 인슐린 농도는 세포막의 인슐린 수용체 수를 감소시키거나, 수용체의 민감도를 떨어뜨릴 수 있다. 이는 인슐린의 결합 효율을 낮추고, 결과적으로 포도당 흡수 능력이 감소하게 된다. 즉, 인슐린이 수용체와 결합하더라도 그 이후의 신호전달 과정에 문제가 생길 수 있다는 것이다. 예를 들어, JNK, IKK 등의 활성화가 증가하면, 이들이 인슐린 신호전달 경로의 핵심 단백질인 IRS를 인산화하여 그 기능을 방해하고, 결과적으로 인슐린의 효과가 약화된다. 이러한 변화는 염증 반응과 관련이 깊으며, 염증이 지속되면 인슐린 저항성이 악화된다.
>
> 과도한 당 섭취는 인슐린 저항성을 촉진하는 주요 원인 중 하나이다. 고혈당 상태가 지속되면 인슐린 분비가 증가하여, 결국 췌장의 β세포가 과도하게 자극을 받게 된다. 이로 인해 췌장의 β세포가 탈진하거나 β세포 기능이 저하될 수 있다.

① (가): 혈중 포도당을 세포로 이동시켜 혈당을 떨어뜨리는
　(나): 세포가 인슐린의 자극에도 불구하고 세포 내로 포도당을 가져오지 못하는
② (가): 세포 신호전달 경로를 활성화하여 β세포를 자극하는
　(나): 인슐린이 수용체와 결합하지 못해 포도당이 세포 내에 과도하게 존재하는
③ (가): 혈중 포도당을 세포로 이동시켜 혈당을 떨어뜨리는
　(나): 인슐린이 수용체와 결합하지 못해 포도당이 세포 내에 과도하게 존재하는
④ (가): 세포 신호전달 경로를 활성화하여 β세포를 자극하는
　(나): 세포가 인슐린의 자극에도 불구하고 세포 내로 포도당을 가져오지 못하는

문 13. 다음 글의 내용이 모두 참일 때 반드시 참인 것은?

> 구지가, 공무도하가, 훈민가, 관동별곡 중에서 최소 한 작품이라도 공부해야 하며, 조건은 다음과 같다.
> ㅇ 관동별곡을 공부하지 않는다.
> ㅇ 관동별곡을 공부할 때에만 훈민가도 공부한다.
> ㅇ 훈민가를 공부하지 않으면, 구지가를 공부하지 않거나 공무도하가를 공부하지 않는다.

① 구지가를 공부한다.
② 훈민가를 공부한다.
③ 구지가를 공부하지 않으면, 공무도하가를 공부하게 된다.
④ 관동별곡과 공무도하가 어느 것도 공부하지 않는다.

문 14. 다음 논증에 대한 평가로 적절하지 않은 것은?

> 공공 물품을 사적으로 이용하는 정도를 활용하여 집단이나 국가의 청렴도를 평가하는 방법이 있다. 이와 관련하여 M시의 경우 회사의 공공 물품을 개인적인 용도로 사용하는 사원의 비율이 꽤 높은 것으로 밝혀졌다. 이는 M시에 위치한 가장 규모가 큰 회사 A에서 직원 300명을 대상으로 설문조사를 실시한 결과에 따른 것으로, 회사 물품을 사적 용도로 사용한 적이 있는지 묻는 조사에 '늘 그랬다'라고 응답한 직원은 5%, '종종 그랬다'는 직원은 15%, '가끔 그랬다'는 직원은 35%, '어쩌다 한두 번 그랬다'는 직원은 25%, '전혀 그런 적이 없다'는 직원은 10%, 응답을 거부한 직원은 10%였다. 설문조사에 응답한 전체 직원 중 가끔이라도 사용한 적이 있다고 답한 직원의 비율이 절반이 넘었기 때문에 M시의 회사원들은 청렴도가 낮다고 평가할 수 있다.

① 설문조사에 응한 회사 A의 직원들 중 회사 물품에 대한 사적 사용 정도를 실제보다 축소하여 답한 직원들이 많다면 논증의 결론은 강화된다.
② M시에 있는 또 다른 대표적 회사 B에서 동일한 설문 조사를 실시한 결과, 회사 A와 유사한 통계치가 나왔다는 사실은 논증의 결론을 강화한다.
③ M시에 있는 대부분의 회사들은 회사 A의 직원들에 비해 회사 물품을 사적으로 사용하는 정도가 적었던 것으로 조사된다면, 논증의 결론은 약화된다.
④ M시가 소속되어있는 J국가의 모든 시에 설문 조사를 실시한 결과, 대부분이 회사 A와 유사한 통계치가 나왔다는 사실은 논증의 결론을 약화한다.

문 15. 다음 글에서 알 수 있는 것은?

지금까지 우리가 교육받아 왔던, 지구에 살고 있던 인류는 한 종밖에 없었으며, 모든 오래된 종들은 우리의 오래된 선조들이라는 배움은 사실이 아니다. '인간'이란 말의 진정한 의미는 '호모 속에 속하는 동물'이고 호모 속에는 사피엔스 외에도 여타의 종이 많이 존재했다. 더구나 그리 멀지 않은 미래에 우리는 사피엔스가 아닌 인류와 다시 한 번 경쟁해야 할지도 모른다. 인류는 오스트랄로피테쿠스에서 진화했고 인류는 지역에 따라 각기 다른 방향으로 진화했다. 2백만 년 전부터 약 1만 년 전까지 지구에는 다양한 인간종이 동시에 살았고 사피엔스만이 살아남았다.

사피엔스가 세상을 정복한 것은 다른 무엇보다도 우리에게만 있는 고유한 언어 덕분이다. 사피엔스는 약 7만 년 전부터 3만 년 전 사이에 새로운 사고 방식과 의사소통을 사용하게 되었고 이를 인지 혁명이라 부르며 이것은 순전히 우연의 산물이다. 사피엔스의 언어는 다른 동물들보다 좀 더 특별한데 그중 한 가지는 단순히 다양한 소리를 내는 것을 넘어서서 제한된 개수의 소리와 기호를 연결해 각기 다른 의미를 지닌 무한한 개수의 문장을 만들 수 있다는 점에 있다. 즉 그들의 언어는 유연성을 지녔다. 이로써 그들은 자기 주변 환경에 대한 막대한 양의 정보를 공유할 수 있었다. 사피엔스가 다른 종의 인간들을 내몰 수 있었던 까닭이 공유된 정보의 양 때문이었다는 이론이 널리 알려져 있기는 하다.

또한 허구를 말할 수 있다는 것, 또 허구를 믿게 할 수 있다는 점도 특이한 점이다. 예를 들어 홍익인간과 같은 단군신화를 만들어 우리들만의 유대관계를 형성하고 사회활동을 가능하게 할 수 있었던 이러한 특화가 사피엔스가 세상을 정복할 수 있었던 가능성이다. 즉 그들의 언어가 사회적 협력을 다른 언어보다 더 원활하게 해주었다는 것이다. 이것이 담화 이론이다.

이 이론들은 사피엔스의 정복을 부분적으로는 설명해 줄 수 있을 것이다. 하지만 그 직접적 원인은 그들이 사용한 언어만이 존재하지도 않는 것에 대한 정보를 공유할 수 있게끔 해주었다는 데 있다. 직접 보거나 만지거나 냄새 맡지 못한 것에 대해 이야기할 수 있었던 존재는 사피엔스뿐이었다. 그들이 지닌 언어의 이와 같은 특성 때문에 사피엔스는 개인적인 상상을 집단적으로 공유할 수 있게 되었으며 공통의 신화들을 짜낼 수 있었다. 그 덕분에 그들의 사회는 서로 모르는 구성원들 사이에서도 협력 관계를 유지하고 복잡한 거대 사회로 발전될 수 있었다.

① 사피엔스가 다른 인간종을 몰아내기 시작한 것은 그들이 이주를 시도한 때부터 약 4만 년 후였다.

② 담화 이론에 따르면, 사회 구성원들에 대한 정보보다 자기 주변 환경에 대한 정보가 사피엔스에게는 더 중요하였다.

③ 사피엔스의 뇌 크기는 인지 혁명 이후에야 현재 인류의 그것과 비슷해졌다.

④ 사피엔스가 다른 인간종을 정복할 수 있었던 원인은 상상이나 신화와 같은 허구를 사회적으로 공유할 수 있는 능력에 있었기 때문이다.

문 16. 다음 글을 이해한 내용으로 가장 적절하지 않은 것은?

윤후명의 「원숭이는 없다」는 무기력한 일상을 사는 두 인물, '나'와 배우 김 형이 원숭이를 찾으러 떠나는 여정을 그린 작품이다. 두 사람은 서울에서 벗어나 장터와 개펄을 거치며 원숭이를 보려고 노력하지만 결국 실패하며 서로를 원숭이로 보게 된다. 이는 자아를 돌아보는 과정에서 자신 안의 소외감과 무기력함을 깨닫게 되는 것을 상징한다. 마지막에 그들은 다시 일상으로 돌아가며, 벗어나고자 했던 현실 속에서도 나름의 가치를 발견하게 된다.

윤후명의 작품은 현실 비판적이고 상징적이며, 현대 도시인의 고립감과 무력감을 섬세하게 다룬다. 이 작품에서 '원숭이'는 비현실적이고 이국적인 대상으로, 주인공들이 답답한 현실에서 벗어나려는 욕망을 상징한다. 그러나 이러한 탈출 시도는 실패하고, 결국 원숭이를 찾지 못한 채 자신들 안에서 원숭이를 발견하게 되는 점은, 인간의 무력감과 소외감을 드러내며 자기 성찰을 촉구한다.

특히, 이 작품은 "도시 속 무기력한 삶"과 "탈출에 대한 환상"이라는 현대인의 딜레마를 깊이 탐구한다. 작중 인물들이 서로를 원숭이라고 느끼는 장면은 현실의 억압에서 벗어나려 하지만 오히려 현실로 회귀하게 되는 삶의 역설을 강렬하게 묘사한다.

작품의 마지막에서 인물들이 다시 일상으로 돌아가는 모습은 삶의 부조리 속에서도 일상 속 가치와 행복을 재발견하게 되는 아이러니를 보여준다. 이는 현대 도시 생활 속에서 많은 이들이 느끼는 허무와 좌절을 담아내며, 독자들에게 깊은 공감을 불러일으킨다.

「원숭이는 없다」는 일상적 공간에서의 탈출을 시도하면서도 결국 일상으로 회귀하는 인물들을 통해, 현대 사회의 소외와 인간 존재의 본질을 탐구하는 작품으로 평가받는다.

① 두 사람은 서울에서 벗어나 원숭이를 보려고 노력하지만 결국 실패하고 서로를 원숭이로 인식한다.

② '원숭이'는 비현실적인 대상으로, 답답한 현실에서 탈출하려는 주인공들의 욕망을 상징한다.

③ 인물들이 서울에서 벗어나며 자신들을 원숭이라고 느끼는 장면은 현실에서 벗어나려 하지만 오히려 현실로 돌아오게 되는 모습을 강조한다.

④ 현대인은 도시 속에서 무기력한 삶을 사나, 그 속에서도 탈출에 대한 열망을 지닌다.

문 17. 다음 글이 들어갈 곳으로 가장 적절한 것은?

> 이 체계는 예수 그리스도의 탄생을 기준으로 하여, 탄생 이후를 서기, 탄생 이전을 기원전으로 나눈다.

> 연도를 표기하는 방법에는 주로 두 가지가 있다. (가) 첫 번째 방법은 서기(CE, Common Era)와 기원전(BCE, Before Common Era) 체계를 사용하는 것이다. 이는 전 세계적으로 가장 많이 사용되는 방식이다. (나) 예를 들어, 2023년은 서기 2023년으로, 기원전 500년은 BCE 500년으로 표기한다. (다) 두 번째 방법은 특정 문화나 종교에서 사용하는 고유한 연도 표기법이다. 예를 들어, 이슬람력(히즈라력)은 무함마드의 메디나 이주를 기준으로 연도를 세며, 불교력은 부처의 열반을 기준으로 한다. (라) 연도 표기 방식은 각 문화와 역사의 맥락을 이해하는 데 중요하다. 서기와 기원전 체계는 국제적으로 통용되며, 다양한 역사적 사건을 연대기적으로 파악하는 데 유용하다. 반면, 특정 문화나 종교의 고유한 연도 표기법은 해당 문화의 역사적 사건과 그 의미를 깊이 이해하는 데 도움을 준다.

① (가)　② (나)
③ (다)　④ (라)

문 18. 다음 글을 문맥에 맞게 배열한 것으로 가장 적절한 것은?

> (가) 비소는 쉽게 산화되며 구리와 결합할 때 산화 구리의 역할을 도와주는 역할을 한다. 이 과정에서 구리가 가진 파란색 계열의 성질이 비소와의 결합을 통해 밝은 초록빛으로 변한다.
>
> (나) 비소는 고대부터 금속 물질로 사용되었지만, 그중에서도 특히 초록색을 만드는 데 유용했다. 비소를 이용한 초록색의 탄생은 보통 구리와 결합했을 때 나타난다. 구리와 비소를 결합하면 비소 구리 화합물이 형성되는데, 이는 선명한 초록색을 띠게 된다.
>
> (다) 이는 광학적으로 볼 때 특정 파장의 빛을 흡수하고 나머지 색을 반사하는 특성에서 기인하는데, 비소와 구리가 결합된 물질이 노란색과 파란색을 동시에 반사해 인간의 눈에는 선명한 초록으로 인식된다.
>
> (라) 18세기와 19세기 초반에 널리 사용된 파리스 그린(Paris Green)이라는 안료가 그 대표적인 예다. 파리스 그린은 구리와 비소의 산화물에서 비롯된 합성 색소로, 당시 인테리어와 예술 작품에 주로 사용되었다. 이와 같은 초록색은 비소의 독특한 화학적 특성에서 기인한다.

① (나) - (가) - (라) - (다)
② (나) - (라) - (가) - (다)
③ (다) - (나) - (라) - (가)
④ (다) - (나) - (가) - (라)

문 19. '음운 부호'와 '의미 부호'에 대한 설명으로 적절한 것은?

> 인간을 흔히 망각의 동물이라고 한다. 망각이란 기억과 반대되는 개념으로 일종의 기억 실패에 해당한다. 기억은 외부의 정보를 기억 체계에 맞게 부호로 바꾸어 저장 및 인출하는 것으로 부호화 단계, 저장 단계, 인출 단계로 나뉜다. 심리학에서는 기억 실패가 기억의 세 단계 중 어느 단계에서 일어난다고 보느냐에 따라 망각 현상을 각기 다르게 설명한다.
>
> 부호화 단계와 관련하여 망각을 설명하는 입장에서는 외부 정보가 부호화되는 과정에서 정보의 일부가 생략되거나 왜곡되어 망각이 일어난다고 본다. 부호화란 외부 정보를 기억의 체계에 맞게 변환하는 과정으로, 부호에는 음운 부호와 의미 부호 등이 있다. 음운 부호는 외부 정보가 발음될 때 나는 소리에 초점을 둔 부호이고, 의미 부호는 외부 정보의 의미에 초점을 둔 부호이다. 가령 '8255'라는 숫자를 부호화할 때, [팔이오오]라는 소리로 부호화하는 것은 전자에 해당하고, '빨리 오오.'와 같이 의미로 부호화하는 것은 후자에 해당한다. 의미 부호는 외부 정보가 갖는 의미에 집중하여 부호화하는 것이므로, 음운 부호에 비해 정교화가 잘 일어난다. 정교화는 외부 정보를 배경지식이나 상황 맥락 등의 부가 정보와 밀접하게 관련시키는 것이다. 부호화 단계에서 망각을 설명하는 학자들은 정교화가 잘된 정보가 그렇지 않은 정보보다 기억에 유리하여 망각이 잘 일어나지 않는다고 주장한다.
>
> 저장 단계에서 망각이 일어난다고 보는 입장에서는 망각을 부호화 단계에서의 문제가 아니라, 저장 단계에서 정보가 사라지는 현상으로 설명한다. 즉 망각은 부호화가 되어 저장된 정보 중 사용하지 않는 정보가 시간의 경과에 따라 상실된다는 것이다. 독일의 심리학자 에빙하우스는 학습을 통해 저장된 단어가 시간의 경과에 따라 망각되는 양상을 알아보는 실험을 하였다. 그 결과 학습이 끝난 직후부터 망각이 일어나기 시작해서 1시간이 지나자 학습한 단어의 약 44% 정도가 망각되었다. 이를 근거로 저장 단계에서 망각을 설명하는 학자들은 망각은 저장 단계에서 일어나는 현상이며 시간의 흐름에 비례하여 나타난다고 주장하였다. 그리고 학습 직후 복습을 해야 학습 효과가 높다는 것을 강조하였다.
>
> 인출 단계에서 망각이 일어난다고 보는 입장에서는 망각을 저장된 정보가 제대로 인출되지 못하여 나타나는 현상으로 설명한다. 즉 망각은 저장된 정보가 사라지는 것이 아니라, 이를 밖으로 끄집어내지 못해서 나타난다는 것이다. 저장된 정보를 인출해 내기 위해서는 적절한 인출 단서가 필요하다. 일반적으로 저장된 정보와 인출 단서가 밀접할 경우 인출이 잘 되지만, 그렇지 않으면 인출 실패로 망각이 일어날 가능성이 크다. 가령 '사랑'이라는 단어를 인출할 때 이와 의미상 연관이 큰 '애인'이라는 단어를 인출 단서로 사용하면 인출이 잘 되지만, 이와 관련이 먼 '책상'이라는 단어를 인출 단서로 사용하면 인출이 잘 되지 않는다. 인출 단계에서의 망각은 저장된 정보를 인출할 만한 단서가 부족하거나 부적절해서 나타나는 현상이므로, 시간이 흐르더라도 적절한 인출 단서만 제시되면 저장된 정보가 떠오를 수 있다.

① '음운 부호'는 외부 정보를 배경지식이나 맥락에 따라 수정한 것이다.
② '음운 부호'는 외부 정보를 그것에서 연상되는 의미로 처리하는 부호이다.
③ '의미 부호'는 외부 정보를 기억의 체계에 맞게 전환하는 데 필요한 부가 정보이다.
④ '의미 부호'는 '음운 부호'에 비해 부호화 과정에서 정교화가 잘 이루어진다.

문 20. 다음 전제가 모두 참일 때, 반드시 참인 결론인 것은?

> ㅇ 모든 척추 디스크 환자는 다리 꼬는 것을 좋아하지 않는 것은 아니다.
> ㅇ 척추 디스크 환자 중 목 디스크 환자인 사람이 적어도 한 명 이상 존재한다.
> 따라서 [　　　　　]

① 목 디스크와 척추 디스크 중 한 질환에만 걸린 환자는 존재하지 않는다.
② 다리 꼬는 것을 좋아하는 사람들 중 일부는 목 디스크 환자이다.
③ 다리 꼬는 것을 좋아하지 않는 사람 중 적어도 한 명 이상이 목 디스크이다.
④ 목 디스크인 사람은 척추 디스크도 가지고 있다.

약점 보완 해설집 p.14

제5회 모의고사

문 1. ㉠~㉣을 고쳐 쓰기 위한 방안으로 적절하지 않은 것은?

> [작문 과제]
> 중학교 2학년 학생들에게 우리 학교 축구동아리를 소개하는 글을 작성해 보자.
>
> [학생의 글]
> 안녕하세요. 저는 ○○고등학교 축구동아리 주장 ○○○입니다. 여러분, 축구를 좋아하시나요? 그렇다면 우리 학교 축구동아리를 ㉠ <u>소개시켜 드리죠</u>.
> 우선, 우리 축구동아리는 열정과 팀워크를 자랑합니다. 모든 회원이 함께 목표를 세우고 이를 이루기 위해 노력하는 과정에서, 단순한 동아리 활동을 넘어 진정한 팀으로 거듭납니다.
> 또한, 우리는 실력을 쌓을 수 있는 체계적인 ㉡ <u>훈련 프로그램입니다</u>. 매주 정기적으로 전문 코치님의 지도 아래 기본기를 연습하고, 전술 훈련과 팀 경기를 통해 실력을 키워 갑니다. 이런 과정을 통해 회원들은 점점 더 실력 있는 축구 선수로 성장하고 있습니다.
> 우리 동아리는 경기에도 자주 참여합니다! 매년 열리는 지역 중·고교 간 친선 경기도 활발히 진행하고 있습니다. 이 과정에서 값진 경험과 추억을 쌓을 수 있습니다. ㉢ <u>우리 학교에는 축구동아리뿐 아니라 야구, 농구 동아리도 있습니다</u>.
> 마지막으로, 우리 축구동아리는 운동을 넘어 진정한 우정을 나눌 수 있는 공간입니다. 훈련이 끝난 뒤의 뒤풀이, 응원의 순간, 함께 땀 흘리며 웃고 울었던 순간들이 동아리 활동을 더 특별하게 만들어 줍니다.
> 열정과 팀워크, 실력 향상, 그리고 우정을 찾고 싶다면 ○○고 축구동아리에서 그 꿈을 이루어 보세요! 우리 동아리를 ㉣ <u>선별</u>하면 여러분의 소중한 학창 시절을 더욱 멋진 시간으로 만들 수 있을 것입니다.

① ㉠은 어법에 어긋난 표현이므로 '소개해 드리죠'로 고친다.
② ㉡은 주어와의 호응을 위해 '훈련 프로그램을 운영하고 있습니다'로 수정한다.
③ ㉢은 글의 주제에서 벗어난 내용이므로 삭제한다.
④ ㉣은 문맥에 맞지 않는 단어이므로 '채택'으로 바꾼다.

문 2. (가)와 (나)에 대한 평가로 적절한 것은?

> (가) 어린 시절 빨갛고 노란 가을 단풍을 주워 들고 과학 선생님에게 이유를 물어본 적이 있는가? 나의 선생님은 "단풍은 나무가 추운 겨울을 잘 지내려고 잎을 떨어뜨리다 보니 생기는 부수적인 현상이야."라고 말씀하셨다. 평상시엔 초록색의 엽록소가 카로딘, 크산토필 등의 색소를 가리기에 초록색의 잎만을 보게 된다. 하지만 가을이 다가오면, 나무가 잎을 떨어뜨리기 위해 잎자루 끝에 '떨켜'를 만들어 가지와 잎의 물질 이동을 중단시킨다. 이에 따라 충분한 물질을 받지 못한 엽록소가 파괴되면서 감춰졌던 다른 색소들이 자연스럽게 드러나서 잎이 노랗거나 주홍빛을 띠게 된다. 요컨대 단풍은 나무가 월동 준비 과정에서 우연히 생기는 부산물이다.
>
> (나) 생물의 내부를 들여다보면 화려한 색은 거의 눈에 띄지 않는다. 물론 척추동물의 몸속에 흐르는 피는 예외이다. 상처가 난 당사자에게 피의 강렬한 색이 사태의 시급성을 알려 준다면, 피의 붉은 색깔은 특정한 목적을 가지고 진화적으로 출현했다고 볼 수 있다. 마찬가지로 타는 듯한 가을 단풍은 나무가 해충에 보내는 경계 신호라고 볼 수 있다. 진딧물처럼 겨울을 나기 위해 가을에 적당한 나무를 골라서 알을 낳는 곤충들을 향해 나무가 자신의 경계 태세가 얼마나 철저한지 알려 주는 신호가 가을 단풍이라는 것이다. 단풍의 색소를 만드는 데는 적지 않은 비용이 따르므로, 오직 건강한 나무만이 진하고 뚜렷한 가을 빛깔을 낼 수 있다. 진딧물은 이러한 신호들에 반응해서 가장 형편없이 단풍이 든 나무에 내려앉는다. 휘황찬란한 단풍은 나무와 곤충이 진화하면서 만들어 낸 적응의 결과물이다.

① 단풍이 드는 나무 중에서 떨켜를 만들지 않는 종이 있다는 연구 결과는 (가)의 주장을 강화한다.
② 가을에 인위적으로 어떤 나무의 단풍색을 더 진하게 만들었더니 그 나무에 알을 낳는 진딧물의 수가 줄었다는 연구 결과는 (나)의 주장을 강화한다.
③ 식물의 잎에서 주홍빛을 내는 색소가 가을에 새롭게 만들어진다는 연구 결과는 (가)의 주장을 강화한다.
④ 수액의 농도가 더 진한 나무에 장수풍뎅이가 더 많다는 연구 결과는 (나)의 주장을 강화한다.

문 3. <보기>를 바탕으로 '사동(使動)'에 대해 학습하였다. ㉠~㉣에 해당하는 예로 적절하지 않은 것은?

〈보기〉

사동문은 용언에 사동 접미사 '-이-', '-히-', '-리-', '-기-', '-우-', '-구-', '-추-' 등을 붙인 사동사를 사용하여 만들 수 있는데, ㉠ '남으로 하여금 어떤 동작을 하도록 한다.'의 의미를 지닌다. 이때 ㉡ 용언에 사동 접미사가 두 개 붙는 경우도 있으며, ㉢ 용언에 '-게 하다'를 붙여 사동문을 만들 수도 있다. 사동문은 ㉣ 의미가 중의적으로 나타나기도 한다.

① ㉠: 선생님께서 윤호에게 책을 읽히셨다.
② ㉡: 어머니께서 아기를 재우고 계신다.
③ ㉢: 영희가 태호에게 사과를 깎게 했다.
④ ㉣: 할머니께서 손자에게 색동옷을 스스로 입게 하셨다.

문 4. 다음 글에 대한 분석으로 적절한 것을 <보기>에서 모두 고른 것은?

갑: 사회적, 경제적 불평등이 존재하더라도 그것이 가장 불리한 위치에 있는 사람들의 처지를 개선하려는 목적을 지닌다면 정당화될 수 있다. 자원의 분배에서는 사회의 가장 약자들이 누리는 혜택을 최우선으로 고려해야 한다. 모든 개인이 특정한 분배의 원칙에 동의할 수 있는 상황에서 정의가 이루어진다고 보는 것이다.
을: 분배의 정의는 재산권의 관점에서 접근해야 한다. 자발적인 교환이나 자원의 자유로운 이동이 보장되고, 분배의 불평등이 개인의 권리를 침해하지 않는다면 부의 형성은 정당하다. 이때의 과도한 재분배는 개인의 자유를 침해한다.
병: 분배의 정의는 단순히 재산의 배분이 아니라, 기회를 평등하게 부여하는 것으로 보아야 한다. 개인의 태어날 때의 우연적 요소들—예를 들어, 재능이나 사회적 배경—이 결과에 미치는 영향을 최소화해야 한다. 따라서 사회가 개인의 불평등을 줄이기 위해 어떤 형태로든 개입해야 한다.

〈보기〉

ㄱ. 가장 불리한 위치에 있는 사람들의 처지를 개선하기 위해 정부가 모든 자원을 통제한 결과 그 사람들의 처지가 더욱 나빠져 정의가 실현되지 못한 사례는 갑의 견해를 약화한다.
ㄴ. 독점적 기업이 시장을 지배하고, 담합을 통해 재화의 자유로운 이동을 억압하여 소수의 부자만이 혜택을 얻는다면 을의 견해는 약화된다.
ㄷ. 정부가 계층의 불평등을 줄이기 위해 소득세를 누진적으로 부과하고, 이를 통해 교육 서비스를 강화해 빈곤하지만 유능한 자를 도운 사례는 병의 견해를 강화한다.

① ㄱ　　② ㄱ, ㄷ
③ ㄴ, ㄷ　　④ ㄱ, ㄴ, ㄷ

문 5. 다음 글의 내용과 일치하지 않는 것은?

서울의 청계광장에는 '스프링(Spring)'이라는 다슬기 형상의 대형 조형물이 설치돼 있다. 이것을 기획한 올덴버그는 공공장소에 작품을 설치하여 대중과 미술의 소통을 이끌어 내려 했다. 이와 같이 대중과 미술의 소통을 위해 공공장소에 설치된 미술 작품 또는 공공 영역에서 이루어지는 예술 행위 및 활동을 공공미술이라 한다.

1960년대 후반부터 1980년대까지의 공공미술은 대중과 미술의 소통을 위해 작품이 설치되는 장소를 점차 확장하는 쪽으로 전개되었기 때문에 '장소' 중심의 공공미술이라 할 수 있다. 이전까지는 미술관에만 전시되던 작품을 사람들이 자주 드나드는 공공건물에 설치하기 시작했다. 하지만 이렇게 공공건물에 설치된 작품들은 한낱 건물의 장식으로 인식되어 미술을 통한 대중과 미술의 소통은 사실상 단절되었다. 이후 작품이 설치되는 공간이 공원이나 광장 같은 공공장소로 확장되었지만, 공공장소에 놓이게 된 작품 중에는 주변 공간과 어울리지 않거나, 미술가의 미학적 입장이 대중에게 수용되지 못하는 일들이 벌어졌다. 이는 소통에 대한 미술가의 반성으로 이어졌고 시간이 지남에 따라 공공미술은 점차 주변의 삶과 조화를 이루는 방향으로 발전하였다.

1990년대 이후의 공공미술은 참된 소통이 무엇인가에 대해 진지하게 성찰하며 대중을 작품 창작 과정에 참여시키는 쪽으로 전개되었기 때문에 '참여' 중심의 공공미술이라 할 수 있다. 이때의 공공미술은 대중들이 작품 제작에 직접 참여하게 하거나, 작품을 보고 만지며 체험하는 활동 속에서 작품의 의미를 완성할 수 있도록 하여 미술가와 대중, 작품과 대중 사이의 소통을 강화하였다. 장소 중심의 공공미술이 이미 완성된 작품을 어디에 놓느냐에 주목하던 '결과 중심'의 수동적 미술이라면, 참여 중심의 공공미술은 작품의 창작 과정에 대중이 참여하여 작품과 직접 소통하는 '과정 중심'의 능동적 미술이라고 볼 수 있다.

그런데 공공미술에서는 대중과의 소통을 위해 누구나 쉽게 다가가 감상할 수 있는 작품을 만들어야 하므로, 미술가는 자신의 미학적 입장을 어느 정도 포기해야 한다고 우려할 수 있다. 그러나 이러한 우려는 대중의 미적 감상 능력을 무시하는 편협한 시각이다. 왜냐하면 추상적이고 난해한 작품이라도 대중과의 소통의 가능성은 늘 존재하기 때문이다. 따라서 공공미술에서 예술의 자율성은 소통의 가능성과 대립하지 않는다. 공공미술가는 예술의 자율성과 소통의 가능성을 높이기 위해 대중의 예술적 감성이 어떠한지, 대중이 어떠한 작품을 기대하는지 면밀히 분석하며 작품을 창작해야 한다.

① 장소 중심의 공공미술은 결과 중심의 미술이다.
② 공공 영역에서 이루어지는 예술 행위 및 활동은 공공미술이라 할 수 있다.
③ 장소 중심의 공공미술은 대중과의 소통에 한계가 있었다.
④ 장소 중심의 공공미술은 작품 창작에서 대중의 참여를 중요시하였다.

문 6. 다음 글의 중심 내용으로 가장 적절한 것은?

드레퓌스 사건은 1894년 프랑스 육군 대위 알프레드 드레퓌스가 독일을 위해 스파이 활동을 했다는 혐의로 기소된 사건이다. 그는 군사 재판에서 유죄 판결을 받고 감옥에 갇혔으나, 이후 그의 유죄 판결이 잘못된 것임이 밝혀졌다. 이 사건은 유럽의 반유대주의를 여실히 드러내었다.

에밀 졸라는 이 사건에 깊이 관여하여 1898년 1월 13일 프랑스 신문 로로르 (L'Aurore)에 "나는 고발한다!(J'accuse…!)"라는 제목의 공개서한을 게재하였다. 이 서한은 당시 프랑스 대통령 펠릭스 포르에게 보내졌으며, 드레퓌스 사건의 불공정함을 고발하는 내용이 담겨 있었다. 졸라는 드레퓌스가 증거도 부족한 상황에서 유죄 판결을 받았다고 주장하였다. 그는 군사 재판이 비밀리에 이루어졌고, 드레퓌스에게 불리한 조작된 증거가 사용되었다고 비판하였다.

또한 졸라는 드레퓌스가 유대인이라는 이유만으로 차별받았다고 주장하였다. 이는 프랑스 사회에 깊이 뿌리박힌 반유대주의가 드레퓌스 사건에 영향을 미쳤음을 지적한 것이다. 게다가 졸라는 군부 고위층이 자신의 실수를 감추기 위해 무고한 사람을 희생시켰다고 비판하였다. 그는 이 사건이 군부의 부패와 무능함을 드러낸다고 주장하였다. 글의 끝에서 그는 언론과 지식인들이 이 사건에 대해 침묵하거나 적극적으로 개입하지 않은 점을 비판하며, 사회 전체가 정의를 위해 싸워야 한다고 촉구하였다. 이 사건으로 유럽에서는 반유대주의에 대한 심각성을 각성하고 이를 계기로 인종을 이유로 차별적 법리 적용을 하는 것을 강력하게 금지하고 있다.

① 드레퓌스 사건의 판결 내용
② 유럽 반유대주의의 역사적 사례와 의의
③ 군사 재판에 3심제가 도입된 이유
④ 비공개적으로 이루어진 드레퓌스 사건의 재판 절차

문 7. '핵확산 금지조약'을 이해한 내용으로 적절하지 않은 것은?

핵확산 금지조약은 국제사회가 핵무기의 확산을 방지하고 핵군축을 추진하며, 평화적인 핵에너지의 발전을 장려하기 위해 제정된 중요한 국제 조약이다. 1968년에 채택되었고, 1970년에 발효된 이 조약은 현재 190여 개 국가가 가입하여 세계의 핵무기 비확산 체제를 강화하고 있다.

조약에서는 핵무기를 보유한 국가와 보유하지 않은 국가를 구분한다. 핵무기를 보유한 국가는 미국, 러시아, 중국, 프랑스, 영국 등 소수이며, 이들은 조약 체결 시 핵무기를 보유하고 있었고, 이를 유지하며 핵 군축을 추진해야 한다. 핵무기 미보유국은 핵무기를 개발하거나 획득하지 않을 것을 조약을 통해 약속한다. 모든 국가가 핵무기의 확산을 방지하기 위해 협력해야 하며, 특히 핵무기 비보유국이 핵무기를 획득하는 것을 방지하기 위해 감시와 검증 시스템이 운영된다.

조약에 서명한 핵무기 보유국은 궁극적으로 핵무기의 완전한 폐기를 목표로 하는 군축을 의무적으로 추진해야 한다. 이는 핵무기 감축과 관련된 여러 협약과 이니셔티브와 함께 진행되며, 핵무기 보유국은 군축 협상에 적극적으로 참여해야 한다.

핵무기 미보유국은 평화적인 목적을 위한 핵에너지의 개발과 사용을 권장받으며, 이는 에너지 공급의 다변화와 경제 발전에 기여할 수 있다. 조약에 가입한 국가들은 핵에너지의 평화적인 이용에 대한 기술적 지원과 협력을 받을 수 있으며, 국제 원자력기구(IAEA)의 감시하에 안전하고 책임감 있는 핵에너지 개발이 이루어진다. IAEA의 핵확산 방지 체제는 정기적인 검증 및 감시를 통해 회원국의 핵 프로그램이 군사적 목적이 아닌 평화적 목적에만 사용되도록 감시한다.

① 가입국에는 핵을 보유한 나라와 그렇지 않은 국가가 모두 존재한다.
② 핵무기 보유국의 궁극적인 의무는 최소한의 핵무기를 제외한 모든 핵무기의 폐기이다.
③ 핵무기 미보유국은 핵무기를 개발 또는 획득하지 않을 것을 조약을 통해 약속한다.
④ IAEA는 회원국의 핵 프로그램이 평화적 목적에 국한되도록 감시한다.

문 8. 다음 글의 내용으로 적절한 것은?

니코마코스 윤리학은 고대 그리스 철학자 아리스토텔레스가 쓴 윤리학 저서로, 인간의 삶에서 행복과 덕의 중요성을 논의한 철학적 작품이다. 이 책은 아리스토텔레스의 아들인 니코마코스를 위해 쓰여졌거나, 니코마코스에 의해 편집되었을 가능성이 높아 그의 이름을 따서 니코마코스 윤리학이라 불린다.

아리스토텔레스는 인간의 최종 목적이 '행복'에 있다고 보았다. 그러나 이 행복은 단순한 감정적 즐거움이 아니라, 인간의 이성적 활동을 잘 수행하는 삶에서 얻어지는 만족감이다. 그는 행복을 단순한 순간적 쾌락이나 물질적 풍요와 같은 외적 조건이 아닌, '덕'을 통한 완전한 삶의 결과로 정의했다. 덕이란 인간의 고유한 능력, 즉 이성을 잘 활용하여 올바른 행동을 지속적으로 실천하는 것을 말한다.

아리스토텔레스는 덕을 지적 덕과 도덕적 덕으로 나누었다. 지적 덕은 교육과 학문을 통해 개발되는 덕으로, 지혜와 직관 같은 이성적 능력을 포함한다. 반면, 도덕적 덕은 반복적인 행동을 통해 습득되며, 용기, 절제, 정의와 같은 덕목들이 이에 속한다. 그는 도덕적 덕이 습관에 의해 형성된다고 보았다. 즉, 사람은 올바른 행동을 반복함으로써 덕을 형성할 수 있으며, 이러한 덕을 가진 사람은 지속적으로 올바른 선택을 할 수 있다고 보았다. 아리스토텔레스의 중용(中庸) 개념은 그의 윤리학에서 중요한 요소이다. 그는 덕이 과도하거나 부족하지 않은 중간 상태에 있다고 설명했다. 예를 들어, 용기는 무모함과 비겁함 사이의 중간에 있는 덕목이다. 따라서 덕 있는 사람은 항상 극단을 피하고, 중간의 올바른 행동을 선택하는 사람이다. 중용은 단순히 평균적인 행동을 뜻하는 것이 아니라, 상황에 맞는 가장 적절한 선택을 의미한다.

또한, 아리스토텔레스는 인간의 행복이 사회적 존재로서의 삶과 밀접하게 연관되어 있다고 주장했다. 그는 인간이 공동체 안에서 서로 상호작용하며 도덕적 덕을 실천할 때 진정한 행복을 얻을 수 있다고 보았다. 특히, 정의와 우정은 이러한 공동체 생활에서 중요한 덕목으로 여겨졌으며, 타인과의 관계 속에서 덕을 실천할 때 개인과 공동체 모두가 번영할 수 있다고 보았다.

아리스토텔레스의 윤리학은 개인의 도덕적 성숙뿐만 아니라, 공동체 안에서의 조화로운 삶을 강조하며, 이러한 삶을 통해 인간이 진정한 행복을 성취할 수 있다고 주장한다.

① 아리스토텔레스는 행복을 즐거움, 쾌락과 연관시켜 생각하였다.
② 지적 덕은 반복적인 행동을 통해 습득되는 지혜를 말한다.
③ 아리스토텔레스는 도덕적 덕을 반복된 행동을 통해 형성된다고 보았다.
④ 중용은 극한 상황에서도 평균적인 행동을 취하는 것을 의미한다.

문 9. 주어진 조건을 이용해 작성한 글 중, 가장 적절한 것은?

조건 1. 속담이나 사자성어를 이용할 것
조건 2. 비유법을 사용할 것
조건 3. 항상 부모님을 공경해야 한다는 교훈을 담을 것

① 예로부터 어른을 공경하는 젊은이가 올바른 이라고 하였다. 스승의 그림자도 밟지 말라는 말을 새겨, 항상 너의 스승을 존경하는 마음으로 대하도록 하여라.
② 어른 말을 잘 들으면 자다가도 떡이 생긴다고 하였다. 어른은 오랜 지혜를 지닌 책과도 같으니, 항상 이를 믿고 따르면 좋은 일도 자연스레 따라올 것이다.
③ 부모님은 자식을 위한 끝없는 샘과도 같다. 항상 경로효친을 다하여 그들을 기쁘게 하고, 올바른 자세로 그들을 대해야 비로소 가정이 행복해질 것이다.
④ 반포보은이라는 말이 있듯이, 효를 다하지 않는다면 어찌 훌륭한 사람이라 할 수 있겠는가. 온 마음을 다하여 부모님을 공경하고 사랑해야 훌륭한 사람이라 할 수 있을 것이다.

문 10. 다음 글을 이해한 내용으로 가장 적절한 것은?

자크 라캉(Jacques Lacan)은 20세기 프랑스의 정신분석학자로, 그의 이론은 프로이트의 정신분석학을 재해석하며 발전시켰다. 라캉의 개념 중 '대타자'(Grand Autre)는 중요한 역할을 한다. 대타자는 개인의 무의식과 상호작용하는 상징적 질서로, 사회적 규범과 언어를 포함한다.

라캉에 따르면, 대타자는 개인의 욕망을 형성하는 데 중요한 역할을 한다. 우리는 대타자의 시선을 통해 자신을 인식하고, 자신의 욕망을 이해한다. 대타자는 부모, 사회적 규범, 언어 등으로 구성되며, 이는 개인의 정체성과 무의식을 형성하는 데 결정적이다.

라캉의 대타자 개념은 개인의 심리적 발달과 사회적 상호작용을 이해하는 데 중요한 통찰을 제공한다. 이는 개인이 단순히 독립된 존재가 아니라, 사회적 구조와 상징적 질서 속에서 자신을 인식하고 형성해 나가는 과정을 설명한다. 라캉의 이론은 정신분석학, 철학, 문학 이론 등에 큰 영향을 미쳤으며, 인간의 심리와 사회적 관계를 이해하는 데 중요한 도구가 되었다.

① 라캉의 대타자는 개인의 욕망을 억제하는 역할을 한다.
② 라캉의 대타자 개념은 개인의 지적 의식과 상호 작용을 하는 상징적 질서를 말한다.
③ 라캉의 이론은 개인이 독립된 존재로서 자신을 인식하는 과정을 설명한다.
④ 라캉의 대타자는 사회적 구조와 상징적 질서 속에서 개인의 정체성을 형성한다.

문 11. 다음 글의 맥락을 고려할 때 빈칸에 들어갈 말로 가장 적절한 것은?

아네트 라루는 중산층과 노동자 계층 및 빈곤층의 양육 방식을 세밀하게 분석하고 구분하였다. 그녀의 연구에 따르면, 중산층 부모는 자녀 양육에 있어 '집중적 양육' 방식을 채택한다. 이러한 방식은 자녀의 교육과 발달에 많은 시간과 노력을 투자하는 것을 특징으로 한다. 중산층 부모는 자녀에게 다양한 교육적 자극과 기회를 제공하며, 자녀의 흥미와 재능을 발굴하고 이를 발전시키기 위해 체계적이고 계획적인 접근을 한다. 이들은 자녀의 학습과 발달을 위해 외부 강사나 학원, 다양한 교육 프로그램에 참여시키고, 자녀의 성취를 극대화하기 위해 직접적인 개입과 지도를 아끼지 않는다. 중산층의 부모는 자녀가 사회적 성공을 거둘 수 있도록, '성공적인 미래'를 염두에 두고 다양한 자원을 적극적으로 활용한다.

반면, 노동자 계층과 빈곤층의 부모는 자녀 양육에서 '자연적 성장' 방식을 채택한다. 이들은 자녀의 발달을 주로 일상적인 경험과 자발적인 활동을 통해 이루어지도록 한다. 노동자 계층과 빈곤층의 부모는 경제적 자원이 부족하거나 제한적인 상황에서 자녀를 양육하므로, 자녀의 교육이나 발달을 위한 다양한 교육 프로그램에 대한 접근이 제한적이다. 대신, 자녀의 자연스러운 성장과 자율성을 중시하며, 자녀가 스스로 경험을 통해 배우고 성장할 수 있도록 하는 경향이 있다. 이들은 자녀에게 실질적인 생존 기술이나 일상생활에서의 경험을 통해 중요한 가치를 전달하며, 자녀가 자생력을 기를 수 있도록 도와준다.

이와 같은 차이는 각 계층의 경제적 자원과 사회적 환경, 그리고 양육에 대한 가치관의 차이에 기인한다. 중산층 부모는 경제적 여유와 교육적 자원을 바탕으로 자녀의 성공적인 미래를 위한 체계적 지원을 제공하는 반면, 노동자 계층과 빈곤층 부모는 [　　　　　　　]하며, 자녀가 스스로의 경험을 통해 성장할 수 있는 환경을 조성한다. 이러한 양육 방식의 차이는 자녀의 발달 과정과 사회적 성공에 있어 중요한 영향을 미친다.

① 직접적인 개입과 지도를 통해 자녀의 성취를 극대화
② 제한된 자원 속에서 자녀의 자립성과 자율성을 강조
③ 교육과 발달에 많은 시간과 노력을 투자한 생존 기술의 습득을 중시
④ 부족한 자원을 적극적으로 활용해 자생력을 확보하는 교육을 중시

문 12. 다음 글을 문맥에 맞게 배열한 것으로 가장 적절한 것은?

(가) 전통적인 방법으로는 두 식물의 꽃가루를 인공적으로 수정시켜 새로운 종자를 얻는다. 이렇게 얻은 종자는 여러 세대에 걸쳐 재배하고, 그중에서 토마토와 감자 두 가지 특성을 모두 지닌 개체를 선별한다.
(나) 포마토는 품종 개량을 통해 만들어진 신기한 식물로, 토마토와 감자의 특성을 동시에 지닌다. 이 식물은 줄기 부분에서 감자가 자라고, 줄기 위쪽에서는 토마토가 열리는 독특한 구조를 가지고 있다. 품종 개발 과정의 첫 단계는 부모 식물을 선정하는 것이다.
(다) 현대의 유전자 변형 기술은 특정 유전자를 직접 조작하여 원하는 특성을 더 빠르고 정확하게 발현시킬 수 있다. 이 기술을 통해 감자의 뿌리 부분에 토마토의 유전자를 삽입하거나, 토마토의 줄기 부분에 감자의 유전자를 삽입하는 등의 방식으로 새로운 품종을 개발한다.
(라) 부모 식물 중 하나는 우수한 품질의 토마토 품종이고, 다른 하나는 강한 내병성을 지닌 감자 품종이다. 이 두 품종의 유전적 특성을 분석하여, 교배를 통해 원하는 형질이 발현될 가능성이 높은 개체를 선발한다. 교배 과정에서는 전통적인 방법과 현대의 유전자 변형 기술이 모두 사용된다.

① (나) - (가) - (라) - (다)
② (나) - (라) - (가) - (다)
③ (다) - (나) - (가) - (라)
④ (다) - (나) - (라) - (가)

[13~14] 다음 글을 읽고 물음에 답하시오.

로마 황제 콘스탄티누스는 기독교가 공식 종교로 인정받는 데 중요한 역할을 한 인물로, 기독교 건축의 발전에 큰 영향을 미쳤다. 313년 밀라노 ㉠ <u>칙령</u>을 발표하여 기독교에 대한 박해를 중단하고, 신앙의 자유를 공식적으로 인정하면서 기독교는 로마 제국 내에서 빠르게 확산되기 시작했다. 이로 인해 기독교인들이 자유롭게 예배를 드릴 수 있는 장소가 필요해졌고, 기독교 건축이 본격적으로 발달하게 되었다.

콘스탄티누스는 대규모 기독교 건축 프로젝트를 ㉡ <u>후원</u>했다. 그중 대표적인 예로는 성 베드로 대성당과 성 소피아 성당이 있다. 그는 로마와 그 주변 지역에 많은 교회를 세웠으며, 기독교의 영향력이 미치지 않았던 지역에도 교회를 건설하여 기독교를 더욱 확산시키고자 했다. 이와 같은 대규모 건축은 단순히 예배 공간을 제공하는 목적뿐 아니라, 기독교 신앙을 시각적으로 ㉢ <u>과시</u>하고 제국의 통합을 도모하는 정치적 목적도 ㉣ <u>포함</u>하고 있었다.

기독교 건축은 기존의 로마 건축 양식과 결합되면서 독특한 형태로 발전했다. 예를 들어, 바실리카 양식이 교회 건축에 사용되었는데, 이 양식은 당시 공공 회합장이나 시장으로 쓰이던 대형 건물을 모델로 한 것이다. 바실리카 구조는 기독교 집회와 예배를 위한 공간으로 적합했기 때문에 교회 건축의 기본 형태로 자리 잡았다. 이 외에도 성당 내부의 모자이크와 벽화는 성경의 이야기를 전달하고 신앙심을 고취시키는 역할을 하였다.

콘스탄티누스의 후원으로 인해 기독교 건축은 규모와 화려함에서 로마의 전통적 건축물과 견줄 수 있을 만큼 성장했다. 특히, 성당 건축은 종교적 상징과 건축미를 결합한 형태로 발전하여 당시 사람들에게 기독교의 위대함과 신성함을 전달하는 수단이 되었다. 이후 콘스탄티누스의 기독교 건축 양식은 비잔티움 제국을 비롯한 유럽의 건축에 지속적인 영향을 미쳤으며, 중세 교회 건축 양식의 중요한 기초가 되었다.

문 13. 윗글의 내용으로 적절한 것은?

① 콘스탄티누스는 기독교 건축물을 처음으로 세운 황제였다.
② 콘스탄티누스 시대의 기독교 건축물은 단순히 종교적 목적을 위한 공간이 아니었다.
③ 바실리카 양식은 기독교 건축에 맞게 로마 건축 양식에서 독립적으로 발전하였다.
④ 콘스탄티누스의 비잔티움 건축 양식은 유럽의 건축에 큰 영향을 미쳤다.

문 14. ㉠~㉣을 바꾸어 쓸 때 적절하지 않은 것은?

① ㉠: 왕명(王命)　② ㉡: 원호(援護)
③ ㉢: 괄시(恝視)　④ ㉣: 내포(內包)

문 15. 밑줄 친 부분이 의미하는 바를 가장 잘 풀이한 것은?

우리 조선 사람은 매양 이해(利害) 이외에서 진리를 찾으려 하므로, 석가가 들어오면 조선의 석가가 되지 않고 석가의 조선이 되며, 공자가 들어오면 조선의 공자가 되지 않고 공자의 조선이 되며, 무슨 주의가 들어와도 조선의 주의가 되지 않고 주의의 조선이 되려 한다. 그리하여 <u>도덕과 주의를 위하는 조선은 있고 조선을 위하는 도덕과 주의는 없다.</u>

- 신채호, 낭객의 신년 만필 -

① 조선은 주체성 없이 외래 사상을 받아들인다.
② 조선은 스스로를 극히 저평가하는 경향이 있다.
③ 조선은 예의와 이념에 지나치게 얽매여 발전하기 어렵다.
④ 조선의 실정에 적합한 사상과 체계를 찾는 것은 불가능하다.

문 16. 다음 결론을 도출하기 위해 빈칸에 추가해야 할 전제는?

○ 어떤 옷은 수영복이 아니다.
○ [　　　　　　　　]
따라서 어떤 옷은 검은색이 아니다.

① 어떤 수영복은 검은색이다.
② 모든 수영복은 검은색이다.
③ 수영복이 아닌 옷은 모두 검은색이 아니다.
④ 수영복이 아닌 옷 중 일부는 검은색이 아닌 것도 있다.

문 17. 다음 글에서 추론할 수 없는 것은?

태풍의 발생 원리는 복잡하고 다양한 요인들이 상호작용하는 결과이다. 이 과정은 주로 열대 해상에서 따뜻한 해수면 온도, 공기의 수직 이동, 대기 불안정성 및 지구 자전으로 인한 코리올리 효과 등에 의해 좌우된다.

먼저, 태풍이 발생하려면 해수면 온도가 최소한 섭씨 26도 이상이어야 한다. 따뜻한 해수면은 공기를 가열하여 상승 기류를 형성하는 데 중요한 역할을 한다. 태양 복사 에너지는 해수면을 가열하고, 이로 인해 수증기가 대기 중으로 증발하게 된다. 수증기가 상승하면서 공기는 차가운 상층 대기로 이동하게 되는데, 이 과정에서 수증기가 응결하면서 구름이 형성된다. 수증기의 응결 과정에서 방출되는 잠열은 공기를 더욱 가열하게 된다. 이러한 잠열 방출은 태풍 형성에 필요한 에너지를 공급하는 중요한 요인이다.

상승 기류가 강해지면, 더 많은 공기가 저기압 중심으로 끌려 들어가게 된다. 이때 코리올리 효과가 작용하여 공기는 회전하게 된다. 코리올리 효과는 지구의 자전에 의해 발생하는 힘으로, 북반구에서는 공기를 반시계 방향으로, 남반구에서는 시계 방향으로 회전시키는 역할을 한다. 이러한 회전이 태풍의 소용돌이 구조를 형성하게 된다. 한편 특정 고도에서의 바람의 속도나 방향이 달라지면 태풍에 큰 영향을 미친다.

태풍의 형성 초기에는 대기 중의 습도와 불안정성이 중요한 역할을 한다. 습도가 높을수록, 그리고 대기 불안정성이 클수록 강력한 상승 기류가 형성되기 쉽다. 상승 기류는 대기의 상층부로 이동하며, 이 과정에서 주변의 공기를 저기압 중심으로 끌어들인다. 이렇게 형성된 저기압 중심은 점점 더 강한 회전력을 얻게 되고, 이를 통해 태풍의 강도가 점점 증가하게 된다.

또한, 태풍의 발생과 발전에는 대기 중의 바람 변화, 즉 윈드시어가 중요한 영향을 미친다. 윈드시어는 특정 고도에서의 바람의 속도나 방향이 달라지는 현상이다. 뚜렷한 윈드시어는 태풍의 형성을 방해하거나 약화시킬 수 있다. 반대로 윈드시어가 약하면 태풍이 더욱 강력하게 발달할 수 있다.

① 구름 형성 과정에서 잠열이 방출되며, 잠열은 태풍 형성에 필요한 에너지를 공급한다.
② 상승 기류에 의해 저기압 중심으로 유입된 공기는 북반구에서 반시계 방향으로 회전한다.
③ 특정 고도에서 바람의 방향이 달라지는 현상이 뚜렷하게 일어나면 태풍의 규모를 키운다.
④ 습도가 높고 대기 불안정성이 클수록 주변의 공기는 저기압 중심으로 더 유입된다.

문 18. 다음 글에 대한 이해로 적절하지 않은 것은?

지자기 연구는 자연 현상 중 하나로, 물질이 가지고 있는 자기적 특성을 이해하고 이를 연구하는 학문 분야이다. 이 연구는 물질의 내부 구조와 그들이 주변 환경과 상호작용하는 방식을 밝혀내는 데 중요한 역할을 한다. 퍼텐셜 이론은 이러한 지자기 현상을 설명하는 이론 중 하나로, 물질 내부의 전하와 입자의 움직임을 고려하여 자기적 특성을 설명한다. 이 이론은 물질의 전기적 특성과 관련이 깊으며, 물리학 및 재료과학 분야에서 널리 사용되고 있다.

지자기 연구와 퍼텐셜 이론은 자연 현상을 이해하고 새로운 기술 및 응용프로그램을 개발하는 데 기여하고 있다. 특히 전자기 재료 및 디바이스의 설계와 개발에 있어서는 이론과 연구가 중요한 역할을 하고 있고, 더 나아가 자동차, 전자제품, 통신 시스템 등 다양한 분야에 적용되고 있다. 자기 기록 장치, 자기 공명 이미징, 자기 센서 등의 기술은 이러한 연구의 성과를 직접적으로 활용하고 있다.

① 자연 속의 물질은 자기적인 특성을 가지고 있기도 한다.
② 물질 외부의 전하의 움직임은 자기적인 특징을 야기한다.
③ 지자기 연구는 일상생활 속의 다양한 분야에 적용되고 있다.
④ 물질 내부와 외부의 상호작용은 자기 공명 이미징에 사용된다.

문 19. 다음 글을 이해한 내용으로 가장 적절하지 않은 것은?

> 절정(絶頂)은 사물의 진행이나 발전이 최고의 경지에 달한 상태를 말한다. 일제 강점기 시대의 시인인 이육사의 시 '절정'을 통해 그 의미를 심층적으로 이해해 보자.
> 1연은 '매운 계절의 채찍에 갈겨 / 마침내 북방으로 휩쓸려 오다'를 통해 '북방'이라는 수평적 공간에서의 극한 상황이 드러난다. 여기서 '매운 계절'과 '채찍'은 일제 강점기의 탄압이 절정에 달했음을 상징한다.
> 2연은 '하늘도 그만 지쳐 끝난 고원 / 서릿발 칼날진 그 위'로 표현되는데, 여기서의 '고원', '서릿발 칼날진 그 위' 역시 생존이 어려운 극한 상황이 절정에 달했음을 나타낸다. 고원은 북방과 달리 수직적인 극한을 드러낸다.
> 3연의 '어디다 무릎을 꿇어야 하나 / 한 발 재겨 디딜 곳조차 없다'는 신을 비롯한 절대자에게 구원을 바라지만 상황이 달라지지는 않음을 알 수 있다.
> 4연의 '이러매 눈 감아 생각해 볼밖에 / 겨울은 강철로 된 무지갠가 보다'를 통해 이전까지는 극한 상황이 절정에 달했음을 강조했다면 '무지개'를 통해 상징되는 희망을 언급하고 있다. 그는 '겨울은 강철로 된 무지갠가 보다'라는 표현을 통해 표면적으로는 고난은 희망이 된다는 모순된 표현을 사용하고 있는데, 내포된 의미를 생각하자면 '겨울'이라는 고난의 상황 속에서도 '무지개'와 같은 미래에 대한 희망이 강철처럼 단단하게 존재한다는 것을 강조하고자 했던 것으로 이해할 수 있다.

① <절정>에는 역설적인 표현이 사용되었다.
② '고원'과 '북방' 모두 극한 상황을 나타내지만, 북방은 고원과 달리 수평적 극한 상황을 나타낸다.
③ '어디다 무릎을 꿇어야 하나'는 현실에 굴복할 수밖에 없는 상황을 표현한 것이다.
④ '강철'로 이루어진 '무지개'는 미래에 대한 소망이 강철처럼 단단함을 의미한다.

문 20. 대학생 춘식이가 유학할 나라를 모두 고른 것은?

> 춘식이는 이집트, 체코, 프랑스, 영국 중에서 다음 전제에 따라 유학을 갈 예정이다.
> ○ 춘식이는 이집트에 간다.
> ○ 춘식이가 체코에 가지 않으면 이집트와 영국도 가지 않는다.
> ○ 춘식이가 프랑스에 가면 이집트는 가지 않는다.
> ○ 춘식이가 영국에 가면 프랑스도 간다.

① 이집트, 체코
② 이집트, 영국, 체코
③ 이집트, 프랑스, 체코
④ 이집트, 영국

약점 보완 해설집 p.18

제6회 모의고사

문 1. <보기>의 자료에 대한 반응으로 적절한 것은?

〈보기〉

- 얼굴이 큰 친구의 동생을 만났다.
  → 얼굴이 큰, 친구의 동생을 만났다. ··························· ㉠
- 이모가 배추와 무 두 개를 주셨다.
  → 이모가 배추 하나와 무 두 개를 주셨다. ··················· ㉡
- 누나와 동생은 선생님을 찾아갔다.
  → 누나와 동생은 함께 선생님을 찾아갔다. ·················· ㉢
- 중간고사 시험에서 주관식 답을 몇 개 쓰지 못했다.
  → 중간고사 시험에서 주관식 답을 몇 개밖에 쓰지 못했다. ··· ㉣

① ㉠은 쉼표를 추가하여 꾸미는 대상이 분명히 드러나도록 고친 것이군.
② ㉡은 다의어를 다른 단어로 대체함으로써 과일의 수를 분명히 드러냈군.
③ ㉢은 조사를 첨가하여 의미가 두 가지로 해석되는 것을 방지하였군.
④ ㉣은 어순을 변경하여 부정의 대상이 분명히 드러나도록 고친 것이군.

문 2. 아파트 재건축 투표에서 갑, 을, 병, 정, 무 총 5명은 찬성이나 반대의 의견을 제시하였다. 이들 찬반 의견의 <조건>이 다음과 같다고 할 때, 찬성 의견을 제시한 사람들의 최소 인원수는?

〈조건〉

- 갑이 찬성하는 경우, 정이 반대한다면 을도 찬성한다.
- 을이 찬성하거나 병이 반대하는 경우, 갑은 찬성한다.
- 갑이 찬성하는 경우, 을은 반대한다.
- 갑은 찬성한다.

① 1명 ② 2명
③ 3명 ④ 4명

문 3. 다음 글의 논지로 가장 적절한 것은?

'명품'은 늘 잘 팔린다. 불황이더라도 소비자 씀씀이는 줄어들지 않는다. 남들이 지갑 닫을 때 호기롭게 돈을 쏟아붓는 경우도 보인다. 가격을 낮추면 팔리지 않는 일도 심심치 않게 벌어진다. '가격이 내려가면 수요가 늘어나고, 가격이 오르면 수요가 떨어진다'는 마셜의 수요법칙이 무색하다. 경제학사에서 과시소비를 처음 수면 위로 올린 사람은 소스타인 베블런이다. 그는 '유한계급론'을 통해 특권층이 성공과 지위를 드러내고자 경기를 불문하고 과시소비와 여가에 몰두하는 모습을 도마 위에 올린다. "좀 더 훌륭한 재화를 소비하는 것은 부의 증거이기 때문에 명예로운 일이 된다. 반면에 양적으로나 질적으로 기준에 미달하는 소비는 열등함과 결함의 징표가 된다"고 역설한다.

그러나 현대 사회는 모든 사람들이 명품을 살 수 있는 돈을 갖고 있기 때문에 명품은 더 이상 상류층을 표시하는 기호가 아니다. 베블런의 과시소비이론으로 설명하기 어려운 새로운 소비 행태가 등장한 것이다. 그렇다면 상류층은 본인들을 다른 계층과 어떻게 차별화할까?

그들은 차이가 중요한 것이지 사물 그 자체가 중요한 것이 아니기 때문에 오히려 아래로 내려간다. 이와 같이 현대의 상류층은 고급, 화려함, 낭비를 과시하기보다 서민들처럼 소박한 생활을 한다는 것을 과시한다. 이로써 사치품을 소비하는 서민들과 본인들을 구별한다. 또한, 서민들에게 소박하고 겸손한 이미지와 친근감을 준다.

그러나 이는 남의 눈에 띄지 않는 겸손한 태도와 검소함으로 자신을 한층 더 드러내는 것이다. 소비하기를 거부하는 것이 소비 중에서도 최고의 소비가 된다. 다만 그들은 차별화해야 할 아래 계층이 없거나 경쟁 상대인 다른 상류층 사이에 있을 때 마음 놓고 경쟁적으로 고가품을 소비하며 자신을 마음껏 과시한다. 현대사회에서 소비하지 않기는 고도의 교묘한 소비이며, 그것은 상류층의 표시가 되었다.

① 현대의 상류층은 사치품을 소비하는 것뿐만 아니라 소비하지 않기를 통해서도 일반 서민들과 자신을 구분한다.
② 현대에 들어와 위계질서를 드러내는 명품을 소비하면서 과시적으로 소비하는 새로운 행태가 나타났다.
③ 현대의 서민들은 상류층을 따라 겸손한 태도로 자신을 한층 더 드러내는 소비 행태를 보인다.
④ 현대의 상류층은 낭비를 지양하고 소박한 생활을 지향함으로써 서민들에게 친근감을 준다.

[4~5] 다음 글을 읽고 물음에 답하시오.

고대 중국에서 '대학'은 교육 기관을 가리키는 말이었다. 이 '대학'에서 ㉠ 가르쳐야 할 내용을 전하고 있는 책이 『대학』이다. 유학자들은 대학의 '명명덕(明明德)'과 '친민(親民)'을 공자의 말로 여기지만, 그 해석에 있어서는 차이가 있다. 경문 해석의 차이는 글자와 문장의 정확성을 따지는 훈고(訓詁)가 다르기 때문이기도 하지만 해석자의 사상적 관심이 다르기 때문이기도 하다.

주희와 정약용은 '명명덕'과 '친민'에 대해 서로 다르게 해석한다. 주희는 '명덕(明德)'을 인간이 본래 지니고 있는 마음의 밝은 능력으로 해석한다. 인간이 올바른 행동을 할 수 있는 것은 명덕을 지니고 있어서인데 기질에 가려 명덕이 발휘되지 못하게 되면 잘못된 행동을 하게 된다. 따라서 도덕 실천을 위해서는 명덕이 발휘되도록 기질을 교정하는 공부가 필요하다. '명명덕'은 바로 명덕이 발휘되도록 공부한다는 뜻이다. 반면, 정약용은 명덕을 '효(孝)', '제(弟)', '자(慈)'의 덕목으로 해석한다. 명덕은 마음이 지닌 능력이 아니라 행위를 통해 실천해야 하는 구체적 덕목이다. 어떤 사람을 효자라고 부르는 것은 그가 효를 실천할 수 있는 마음의 능력을 가지고 있어서가 아니라 실제로 효를 실천했기 때문이다. '명명덕'은 구체적으로 효, 제, 자를 실천하도록 한다는 뜻이다.

유학자들은 자신이 먼저 인격자가 될 것을 강조하지만 궁극적으로는 자신뿐 아니라 백성 또한 올바른 행동을 할 수 있도록 이끌어야 한다는 생각을 원칙으로 삼는다. 주희도 자신이 명덕을 밝힌 후에는 백성들도 그들이 지닌 명덕을 밝혀 새로운 사람이 될 수 있도록 가르쳐야 한다고 본다. 백성을 가르쳐 그들을 새롭게 만드는 것이 바로 '신민(新民)'이다. 주희는 대학을 새로 편찬하면서 고본(古本)『대학』의 '친민'을 '신민'으로 ㉡ 고쳤다. '친(親)'보다는 '신(新)'이 '백성을 새로운 사람으로 만든다.'는 취지를 더 잘 표현한다고 보았던 것이다. 반면, 정약용은 친민을 신민으로 고치는 것은 옳지 않다고 본다. 정약용은 '친민'을 백성들이 효, 제, 자의 덕목을 실천하도록 이끄는 것이라 해석한다. 즉 백성들로 하여금 자식이 어버이를 사랑하여 효도하고 어버이가 자식을 사랑하여 자애의 덕행을 실천하도록 이끄는 것이 친민이다. 백성들이 이전과 달리 효, 제, 자를 실천하게 되었다는 점에서 새롭다는 뜻은 있지만 본래 글자를 고쳐서는 안 된다고 보았다.

주희와 정약용 모두 개인의 인격 완성과 인류 공동체의 실현을 이상으로 하였다. 하지만 그 이상의 실현 방법에 있어서는 생각이 달랐다. 주희는 개인이 마음을 어떻게 수양하여 도덕적 완성에 ㉢ 이를 것인가에 관심을 둔 반면, 정약용은 당대의 학자들이 마음 수양에 치우쳐 개인과 사회를 위한 구체적인 덕행의 실천에는 한 걸음도 나아가지 못하는 문제를 ㉣ 바로잡고자 하는 데 관심이 있었다.

문 4. 윗글을 읽고 추론한 내용으로 가장 적절한 것은?

① '대학'은 백성을 가르치기 위해 공자가 건립한 교육 기관이다.
② 주희는 사람들이 명덕을 교정하지 못하여 잘못된 행위를 한다고 보았다.
③ 주희와 정약용의 경전 해석에서 글자의 훈고에 대해서는 언급되지 않았다.
④ 정약용의 『대학』 해석에는 마음 수양의 중요성에 대한 그의 관심이 반영되었다.

문 5. 문맥상 ㉠~㉣을 바꿔 쓰기에 가장 적절한 것은?

① ㉠: 인도(引導)해야
② ㉡: 개편(改編)했다
③ ㉢: 도착(到着)할
④ ㉣: 쇄신(刷新)하고자

문 6. 다음 글을 문맥에 맞게 배열한 것으로 가장 적절한 것은?

(가) 근로자의 법적 지위는 주로 근로 계약의 성격과 실제 근로 조건에 따라 판단된다. 법적 분쟁이 일어날 시 보수의 지급 방식과 근로 제공의 지속성을 판단하여 고용 관계에서 개인의 법적 지위를 확인하는 과정은 계약의 해석에서 매우 중요한 고려 대상이 된다.
(나) 이를 판단하기 위해서는 보수의 지급 방식은 중요한 기준이다. 근로자가 일정한 급여를 받고, 정기적으로 임금을 지급받는 경우, 근로자로 간주될 수 있다. 반면, 성과나 결과에 따라 보수를 받는 경우, 독립 계약자로 판단될 가능성이 있다.
(다) 노무 제공자의 근로자 여부 판단은 노동법과 고용 관계에서 중요한 문제이다. 이는 개인이 근로자로서의 법적 지위를 가지는지 여부를 결정하는 과정으로, 다양한 법적 권리와 의무에 영향을 미친다.
(라) 보수의 지급 방식이 불분명한 경우 근로 제공의 지속성과 독점성 또한 고려해야 할 부분이다. 근로자가 한 고용주에게 지속적이고 독점적으로 근로를 제공하는 경우, 근로자로 인정될 가능성이 높다.

① (가) - (나) - (다) - (라)
② (가) - (다) - (나) - (라)
③ (다) - (가) - (나) - (라)
④ (다) - (나) - (라) - (가)

문 7. 다음 글을 이해한 내용으로 적절한 것은?

> 1980년대 중반, 이란은 이슬람 혁명 이후 반미 국가로 돌아서 미국과의 관계가 악화되었다. 그러나 당시 미국 정부는 이란이 중동의 불안정성을 줄이고, 소련의 영향력을 견제할 수 있는 중요한 국가라고 여겼다. 이란에 대한 무기 판매를 금지하는 법률이 있었음에도 불구하고, 미국의 레이건 행정부는 이란의 무기 구매를 통해 미국의 호의적인 태도를 유지하려는 비밀 계획이 있었다.
>
> 니카라과의 반군인 콘트라는 1980년대 중반에 이란 정부와 싸우고 있었다. 당시 미국 의회는 콘트라에 대한 자금 지원을 금지하는 법안을 통과시켰지만, 레이건 행정부는 이란에서의 무기 밀거래로 얻은 자금을 콘트라에 비밀리에 지원했다. 콘트라는 그 대가로 미국 정보기관에 자신들이 판매하는 마약을 넘겼으며, 미국 정보기관은 이 마약을 미국에 밀수하여 막대한 비자금을 조성하였다.
>
> 1986년, 이란-콘트라 사건이 언론에 의해 폭로되면서 큰 논란이 일었다. 사건의 폭로로 인해 여러 고위 정부 관리들이 조사와 재판을 받았으며, 레이건 행정부의 불법 활동에 대한 비판이 일었다. 가장 유명한 인물 중 하나는 올리버 노스(Oliver North) 대령으로, 그는 사건의 중심인물로 지목되었고, 의회에서 증언을 하며 사건의 구체적인 내용이 드러났다.
>
> 이란-콘트라 사건은 미국 정치 역사에서 권력의 남용과 법적, 윤리적 문제를 드러낸 사건으로 평가되며, 미국 정부의 비밀 작전과 정치적 복잡성을 상징하는 사례로 남아 있다.

① 미국 정부는 친미 국가인 이란이 소련의 영향력을 견제할 수 있다고 보았다.
② 1980년대 미국 의회는 특정 단체에 자금을 지원하지 못하도록 했다.
③ 미국 정보기관은 니카라과 반군에게서 얻은 현금으로 비자금을 조성하였다.
④ 레이건 행정부와 콘트라의 무기 밀거래로 생긴 자금은 이란으로 흘러 들어갔다.

문 8. <보기 1>을 참고하여 <보기 2>에 대해 탐구한 내용으로 적절한 것은?

〈보기 1〉

ㅇ 단어를 형성할 때, 실질적인 의미를 나타내는 중심 부분을 어근이라 하고, 그 뜻을 제한하는 주변 부분을 접사라고 한다.
ㅇ 하나의 어근으로 된 단어를 단일어라 한다. 둘 이상의 어근으로 이루어진 단어는 합성어라 하고, 어근과 접사가 결합하여 이루어진 단어를 파생어라고 한다.

〈보기 2〉

군살, 논밭, 맨손, 바다, 소리, 소금쟁이, 큰집

↓(하나의 어근만으로 이루어졌는가?)

예(㉠) / 아니요

↓(접사가 결합되어 있는가?)

예(㉡) / 아니요(㉢)

① '바다'와 '소금쟁이'는 ㉠에 해당해.
② '군살'과 '맨손'은 ㉡에 해당해.
③ '논밭'과 '소금쟁이'는 ㉡에 해당해.
④ '군살'과 '논밭'은 ㉢에 해당해.

문 9. 다음 글에서 추론할 수 없는 것은?

> 에밀 뒤르켐은 그의 저서 《자살론》(Le Suicide, 1897)에서 자살을 사회적 요인에 따라 네 가지 주요 유형으로 분류하였다. 각 유형은 사회적 통합과 규제의 수준에 따라 구분된다. 다음은 그 네 가지 자살 유형에 대한 설명이다.
>
> '이기적 자살'은 개인이 사회적 연결이 부족할 때 발생한다. 사회적 연대감이나 소속감을 느끼지 못하는 사람들이 자주 이 유형의 자살을 선택한다. 이기적 자살은 개인이 자신이 사회의 일원으로서의 역할이나 의미를 잃었을 때 나타나며, 주로 사회적 고립이나 단절된 상태에서 발생한다.
>
> '이타적 자살'은 개인이 자신을 사회적 집단이나 집단의 이익을 위해 희생할 때 발생한다. 이 경우, 개인은 자신의 존재나 생명보다 집단의 가치나 목표를 더 중요시한다. 이들은 집단의 가치가 최고의 선으로 생각하며 이때 개인의 생명은 집단의 가치를 위해서 언제든지 희생할 수 있는 도구로 생각한다.
>
> '아노미 자살'은 사회적 규범이나 가치가 약화되어 혼란스러울 때 발생한다. 경제적 위기나 급격한 사회적 변화로 인해 개인이 삶의 목적이나 방향을 잃고 자살을 선택하는 경우가 이에 해당한다.
>
> '법적 자살'은 지나치게 엄격하거나 억압적인 법과 규범에 의해 개인이 자신의 삶에 대한 희망을 잃고 자살을 선택할 때 발생한다. 이러한 자살은 주로 지나치게 제한된 환경에서 자주 발생하며, 개인의 자유가 심각하게 제한될 때 나타난다. 이렇게 뒤르켐의 자살론은 사회적 요인과 개인의 행동 사이의 관계를 설명하며, 자살의 사회적 맥락을 이해하는 데 중요한 기초를 제공한다.

① 빈번한 집단 내 따돌림으로 인해 사회적 역할을 잃고 고립감을 느껴 자살한 사례는 이기적 자살에 속한다.
② 군국주의적 이념에 경도되어 조국의 승리에 기여하기 위해 자살 공격을 감행한 군인들의 사례는 이타적 자살에 속한다.
③ 오랜 기간 직장 생활을 해온 사람이 퇴직 후 삶의 의미를 잃고 자살한 사례는 아노미 자살에 속한다.
④ 극단주의 정치 세력에 의해 정치적 탄압을 받으며 자신의 의견을 표현할 수 없고 절망감에 빠진 정치가가 자살한 사례는 법적 자살에 속한다.

문 10. 다음 글의 내용을 추론할 때 적절하지 않은 것은?

> 지멜의 예술론은 현대 미술계에 혁명적인 영향을 끼쳤다. 그는 예술을 제약과 규칙에서 벗어나 자유롭게 표현되어야 할 것으로 보았다. 그의 주장은 예술가가 자신의 창의성을 제한 없이 펼칠 수 있어야 한다는 것이었다. 이러한 관점에서, 지멜은 예술을 통해 개인의 내면을 탐구하고, 사회적, 정신적인 경험을 탐구할 수 있는 수단으로 간주했다. 그는 예술의 가치를 문화적인 경험과 개인적인 감정의 표현에 둔다는 점에서 현대 미술계에 큰 영향을 끼쳤다.
>
> 또한, 지멜은 예술이 단순히 현실을 반영하여 그대로 표현하는 것이 아니라 창의적인 형태와 아이디어를 탐구하는 과정이라고 생각했다. 그는 창의적이지 않은 사실적 표현에서 벗어나 새로운 시각과 접근법을 통해 세상을 바라보고 표현해야 진정한 예술적 세계가 실현된다고 강조했다. 이러한 접근은 후대 예술가들에게 큰 영감을 주었으며, 현대 미술의 다양성과 창의성을 촉진시켰다.
>
> 지멜의 예술론은 또한 예술이 그 어떤 가치보다 현실 참여적 기능해야 한다는 점을 강조한다. 그의 이론은 예술이 인간의 내면을 탐구하고 현실 사회를 파악하고, 갈등을 드러내며, 해결 방법을 찾는 중요한 도구임을 제시한다.

① 현대 미술에서 중요시하는 가치는 예술의 규칙이다.
② 지멜은 현실에 대한 모방은 예술가의 창의성을 제한한다고 생각했다.
③ 지멜은 예술의 미적 가치를 가장 중시하지는 않는다.
④ 지멜은 예술가의 사회적 역할에 대해 강조한다.

문 11. 다음 글의 모든 문장이 참일 때, 밑줄 친 결론을 이끌어내기 위해 추가해야 할 것은?

> ○ 드라이브를 자주 하는 모든 사람은 신문 읽는 것을 좋아한다.
> ○ 드라이브를 자주 하지 않는 사람들만 신문을 보지 않는다.
> 따라서 <u>신문 읽는 것을 좋아하는 어떤 사람은 외향적이지 않다</u>.

① 외향적이지 않은 모든 사람은 드라이브를 자주 하지 않는다.
② 드라이브를 자주 하는 어떤 사람은 신문 읽는 것을 좋아하지 않는다.
③ 드라이브를 자주 하는 모든 사람은 외향적이다.
④ 외향적이지 않은 어떤 사람은 드라이브를 자주 한다.

문 12. 다음 글을 읽고 이해한 것으로 가장 옳은 것은?

서양 음악에서 기악은 르네상스 말기에 탄생하였지만 바로크 시대에 이르면서 악기의 발달과 함께 다양한 장르를 형성하며 비약적인 발전을 이루게 된다. 하지만 가사가 있는 성악에 익숙해져 있던 사람들에게 기악은 내용 없는 공허한 울림에 지나지 않았다. 이러한 비난을 면하기 위해 기악은 일정한 의미를 가져야 하는 과제를 안게 되었다.

바로크 시대의 음악가들은 이러한 과제에 대한 해결의 실마리를 '정서론'과 '음형론'에서 찾으려 했다. 이 두 이론은 본래 성악 음악을 배경으로 태동하였으나 점차 기악 음악에도 적용되었다. 정서론에서는 웅변가가 청중의 마음을 움직이듯 음악가도 청자들의 정서를 움직여야 한다고 본다. 그렇게 하기 위해서는 한 곡에 하나의 정서만이 지배적이어야 한다. 그것은 연설에서 한 가지 논지가 일관되게 견지되어야 설득력이 있는 것과 같은 이유에서였다.

한편 음형론에서는 가사의 의미에 따라 그에 적합한 음형을 표현 수단으로 삼는데, 르네상스 후기 마드리갈이나 바로크 초기 오페라 등에서 그 예를 찾을 수 있다. 바로크 초반의 음악 이론가 부어마이스터는 마치 웅변에서 말의 고저나 완급, 장단 등이 호소력을 이끌어 내듯 음악에서 이에 상응하는 효과를 낳는 장치들에 주목하였다. 예를 들어, 가사의 뜻에 맞춰 가락이 올라가거나, 한동안 쉬거나, 음들이 딱딱 끊어지게 연주하는 방식 등이 이에 해당한다.

바로크 후반의 음악 이론가 마테존 역시 수사학 이론을 끌어들여 어느 정도 객관적으로 소통될 수 있는 음 언어에 대해 설명하였다. 또한 기존의 정서론을 음악 구조에까지 확장하며 당시의 음조(音調)를 특정 정서와 연결하였다. 마테존에 따르면 다장조는 기쁨을, 라단조는 경건하고 웅장함을 유발한다.

그러나 마테존의 진정한 업적은 음악을 구성적 측면에서 논의한 데 있다. 그는 성악곡인 마르첼로의 아리아를 논의하면서 그것이 마치 기악곡인 양 가사는 전혀 언급하지 않은 채, 주제 가락의 착상과 치밀한 전개 방식 등에 집중하였다. 이는 가락, 리듬, 화성과 같은 형식적 요소가 중시되는 순수 기악 음악의 도래가 멀지 않았음을 의미하는 것이었다. 실제로 한 세기 후 음악 미학자 한슬리크는 음악이 사람의 감정을 묘사하거나 표현하는 것이 아니라, 음들의 순수한 결합 그 자체로 깊은 정신세계를 보여 주는 것이라 주장하기에 이른다.

① 시기적으로 바로크 시대는 르네상스 시기보다 먼저 나타났다.
② 마테존은 특정 정서를 표현하는 데 적합한 음조가 있다고 주장했다.
③ 부어마이스터는 한 곡에는 하나의 정서만 담겨야 한다고 강조했다.
④ 한슬리크는 정서론과 음형론을 통합하였다.

문 13. 다음 글의 맥락을 고려할 때 빈칸에 들어갈 말로 가장 적절한 것은?

사회적 경제조직은 시장과 국가의 기능을 보완하며, 사회문제 해결과 사회적 가치 실현에 기여하는 제3섹터로 자리 잡고 있다. 시장은 이윤 추구와 효율성 제고를 중시하는 반면, 국가는 법과 정책을 통해 공공의 이익을 보호하고 안전망을 제공한다. 그러나 이러한 시장과 국가의 역할만으로는 사회적 요구와 문제를 완전히 해결하기 어렵다. 이로 인해 사회적 경제조직의 필요성이 대두된다.

사회적 경제조직은 전통적인 시장 경제의 접근 방식과는 다른 시각을 가진다. 이들은 이윤 추구를 최우선으로 하지 않고, 사회적, 환경적 목표를 우선적으로 고려한다. 예를 들어, 사회적 기업은 수익을 창출하면서도 사회적 목적을 실현하는 데 집중하며, 협동조합은 조합원들의 공동의 이익을 증진시키고, 자원봉사 조직은 자원봉사자들의 참여를 통해 사회적 연대와 협력을 증진시킨다.

또한 시장과 국가가 간과하거나 충분히 해결하지 못한 사회적 문제를 직접적으로 다룬다. 예를 들어, 취약계층의 일자리 제공, 지역 사회의 환경 보호, 소외된 계층의 사회적 지원 등이 이에 해당한다.

사회적 경제조직은 지역사회와의 연계를 강화하고, 다양한 사회적 주체의 참여를 촉진한다. 이는 사회적 소외를 방지하고, 공동체의 연대감을 증진시키는 데 기여한다. 이러한 조직들은 경제적, 사회적, 환경적 지속 가능성을 고려하여 운영된다. 이는 단기적인 이윤 추구가 아니라, 장기적인 사회적 가치를 창출하는 데 초점을 맞춘다.

사회적 경제조직은 자체적인 자원을 활용하여 운영되며, 이는 공공 지원에 의존하지 않고도 자립적인 경영을 가능하게 한다. 이로 인해 [　　　　　　　　] 효과가 있다.

① 시장과 국가가 완전히 사회적 요구를 수용할 수 있도록 하는
② 사회적 가치를 실현하면서도 타 부문에 공공 지원이 돌아가는
③ 공동체의 조직을 통한 단기적이고 가시적인 사회적 가치 창출
④ 전통적인 시장 경제의 접근 방식을 적극적으로 수용하는

문 14. 다음 글에 대한 이해로 적절한 것은?

통화 가설과 지출 가설은 경제학에서 경기 변동의 원인을 설명하는 두 가지 주요 이론으로, 각각 통화 정책과 재정 정책의 역할에 주목한다.

통화 가설(monetary hypothesis)은 경기 변동의 근본적 원인이 통화 공급의 변화에 있다고 보며, 중앙은행의 통화 정책이 경제 활동에 미치는 영향을 강조한다. 통화 공급이 증가할 경우, 이자율은 하락하게 되고 이는 소비와 투자 확대를 통해 경제 성장을 유도하지만, 지나친 통화 공급은 인플레이션의 위험성을 동반할 수 있다. 반면, 통화 공급이 감소하면 이자율이 상승하며 소비와 투자가 위축되어 경기 침체를 초래할 가능성이 커진다.

한편 지출 가설(expenditure hypothesis)은 정부의 재정 정책이 경제에 미치는 영향을 강조하며, 경기 변동의 주요 요인을 정부 지출 및 민간 소비의 변화에서 찾는다. 정부 지출 증가는 생산과 고용 확대를 통해 경제 성장을 촉진하지만, 장기적으로 과도한 재정 투입은 재정 적자와 채무 부담을 가중시킬 수 있다. 반대로 정부 지출 감소는 경제 활동을 위축시키며, 경기 침체를 심화시킬 위험이 있다. 지출 가설에 따르면, 정부가 적극적인 재정 정책을 통해 수요를 조절함으로써 경제 안정화를 도모해야 한다.

현대 경제학은 통화 가설과 지출 가설이 상호 배타적이지 않으며, 상호 보완적으로 작용할 수 있음을 인정한다. 이러한 통합적 접근은 정책 입안자들이 경제 성장을 도모함과 동시에 안정적인 경제 환경을 구축하는 데 필요한 복합적 도구를 제공한다.

① 통화 가설은 정부 재정 정책보다는 중앙은행의 통화 정책의 역할을 강조한다.
② 통화 공급이 증가할수록 근본적으로 소비와 투자가 장려되어 경제에 긍정적인 영향을 미친다.
③ 부동산 시장의 과열로 인해 이자율이 상승되는 현상은 통화 공급에 따른 것이다.
④ 일자리 창출과 소득 증가는 정부의 통화 공급을 늘려 경제 성장을 촉진한다.

문 15. '근로계약서 작성 의무화'에 관한 홍보 캠페인 문구를 만들어 보았다. <보기>의 조건을 가장 잘 반영한 것은?

〈보기〉
- 자연에 비유하여 표현할 것
- 대조와 대구의 표현을 사용할 것
- 근로계약서의 중요성을 드러낼 것

① 강한 나무는 뿌리가 깊지만, 바람에 흔들리는 나무는 그렇지 못하다.
② 계약서 작성은 노동 안정의 뿌리. 계약서 없는 노동은 바람에 흔들리는 풀.
③ 근로계약서, 노동을 든든히 지킵니다.
④ 근로계약서, 산의 기초처럼 튼튼히 세우자.

문 16. 다음 글을 이해한 내용으로 가장 적절하지 않은 것은?

기형도의 시 '홀린 사람'을 통해 지배층이 대중을 기만하는 과정을 알아보자. 이 시에는 네 부류의 등장인물이 등장한다. 권력이 없는 일반 시민을 상징하는 '군중들', 지배층인 '그 분', '그 분'과 결탁한 사회자, 그리고 그 분에게 질문을 던지는 '누군가'이다. 이 시에서 사회자는 대중을 기만하기 위해 맹세하고 흐느낀다. 이를 본 '군중들'은 울먹이거나 실신한다. 시인은 이러한 군중들이 합리적인 비판 없이 대상을 무비판적으로 수용하는 면모를 꼬집는다. '그 분'은 타인을 제지할 수 있는 권력을 가지고 있다. 누군가가 자신을 찬양하자 이를 제지하나, 이는 의도적인 이미지를 만들기 위한 기만적 행위이지 실제로 겸손한 것은 아니다.

'누군가'는 '그 분'에게 질문을 던진다. 군중 기만의 최일선에 있는 사회자가 아닌 '그 분'에게 직접 질문을 던지는 것은 기존 질서를 혁파하려는 시도이다. '누군가'를 끌어내라고 한 대상은 중요한 사실을 말해주는데, 이는 대중들에게 권력을 행사하는 사람이 '그 분'에 한정되지 않는다는 것이었다.

① 시인은 '군중들'에 대한 따뜻한 태도로, 연대하여 억압으로부터 탈출해야 함을 드러낸다.
② '누군가'를 끌어내라고 한 것은 '사회자'이다.
③ '그 분'은 타인을 제지할 수 있는 권력을 가지고 있다.
④ '그 분'이 자신에 대한 찬양을 제지한 것은 겸손한 이미지를 만들기 위해서이다.

문 17. 다음 글이 들어갈 곳으로 가장 적절한 것은?

> 데넷은 이 지향계들이 촘촘하게 연결되어 있고, 서로 영향을 주고받으며 동적으로 변화하는 구조를 지닌다고 주장한다.

> 데넷의 지향계 이론은 사회학자 제프리 알랜 데넷에 의해 발전된 이론으로, 사회 구조의 복잡성을 이해하는 데 중점을 둔다. (㉠) 이 이론에 따르면, 사회는 다양한 '지향계' 또는 '네트워크'로 구성되어 있으며, 이들은 서로 상호 연결되어 있다. 지향계란 각각의 개인이나 단체가 상호작용하며 정보, 자원, 영향력을 교환하는 패턴을 의미한다. (㉡) 또한 데넷은 개인이 소속된 지향계에 따라 그들의 행동과 생각이 형성된다고 설명한다. (㉢) 이러한 관점에서, 사회적 관계와 상호작용은 개인의 행동과 사회 구조의 발전에 영향을 미치는 중요한 요소이다. (㉣) 데넷의 지향계 이론은 복잡한 사회 현상을 이해하는 데 도움을 주며, 사회 구조의 다양성과 유동성을 강조하여 정적인 사회학적 이론을 보완하는 역할을 한다.

① ㉠　　② ㉡
③ ㉢　　④ ㉣

문 18. 다음 글을 읽고 추론할 수 있는 내용으로 적절하지 않은 것은?

> 암호화폐의 생성 원리는 블록체인 기술을 기반으로 한다. 블록체인은 거래 정보를 연속적으로 연결된 '블록'에 저장하고, 이를 암호화하여 보호한다. 암호화폐의 생성은 주로 채굴 과정을 통해 이루어진다. 채굴은 컴퓨터의 계산 능력을 이용하여 거래를 검증하고 새로운 블록을 생성하는 과정이다. 이때 컴퓨터는 암호 해시 함수를 사용하여 블록을 생성하고, 네트워크에서 제공하는 특정 조건을 충족시켜야 한다. 이러한 과정을 통해 새로운 암호화폐가 생성되고, 채굴자에게는 새로운 암호화폐가 보상으로 지급된다. 이러한 보상은 블록체인 네트워크에서 발행되는 새로운 암호화폐와 거래 수수료로 구성된다. 암호화폐의 생성 과정은 분산된 네트워크에서 진행되므로 중앙 관리기관 없이 안전하게 이루어진다. 이것이 암호화폐의 생성 원리이며, 이를 통해 새로운 암호화폐가 발행되고 유통되는 것이다.

① 암호화폐는 물질적인 화폐에 해당하지 않는다.
② 암호 해시 함수만 있으면 암호화폐를 생성할 수 있다.
③ 암호화폐의 생성은 각각의 네트워크에서 진행된다.
④ 채굴 과정을 통해 생성된 새로운 암호 화폐는 연속적인 블록에 저장된다.

문 19. 다음 글에 대한 분석으로 적절한 것을 <보기>에서 모두 고른 것은?

> 갑: 범죄에 대한 처벌은 범죄자가 자발적으로 법을 위반한 결과로서 응당한 대가를 치르는 것이다. 모든 처벌은 도덕적 정당성을 지니며, 범죄자의 도덕적 책임을 강조해야 한다. 범죄자를 포함한 모든 인간은 도덕적 자율성을 가지고 있으며, 모든 범죄자는 어떠한 상황에서도 여전히 도덕적 선택을 할 수 있는 능력을 가지고 있으므로 범죄자에 대한 처벌은 필연적이다.
> 을: 범죄는 법의 침해를 의미하며, 처벌을 통해 법의 권위를 회복할 수 있다. 처벌은 단순히 개인의 죄에 대한 응징이 아니라, 법의 전체적 권위와 도덕적 질서를 재확립하는 기능을 한다. 따라서 법의 집행은 범죄자에 한정하여 이루어져야 법의 권위와 도덕적 균형이 확립된다.
> 병: 범죄 발생 후 신속하게 처벌이 이루어지는 경우, 범죄자는 범죄의 결과를 즉각적으로 인식하게 되어 범죄를 억제할 수 있다. 예를 들어, 경범죄에 대한 즉각적인 처벌은 범죄자의 재범을 줄일 수 있다. 뿐만 아니라 범죄자에게 처벌의 결과를 명확하게 인식시키고, 처벌이 공정하고 일관되게 적용되어야 한다.

〈보기〉

> ㄱ. 협박에 의해 범죄를 저지른 사람에게 법원이 도덕적 선택 능력과 그에 따른 도덕적 책임을 엄격히 물어 재판 결과 형이 확정되었다면, 갑의 견해는 강화된다.
> ㄴ. 무고한 소수자에 대한 차별적 형법 집행이 사회의 도덕적 균형을 바로 세우고 법의 권위를 강화한 사례는 을의 견해를 약화한다.
> ㄷ. 범죄자의 심리적 문제나 사회적 배경이 범죄에 영향을 미치는 경우, 신속한 처벌만으로는 범죄를 완전히 예방하기 어려울 수 있다는 이론은 병의 견해를 약화한다.

① ㄱ　　② ㄱ, ㄷ
③ ㄴ, ㄷ　　④ ㄱ, ㄴ, ㄷ

문 20. 다음 글의 맥락을 고려할 때 (가)와 (나)에 들어갈 내용으로 가장 적절한 것은?

> 19세기 중반, 찰스 다윈은 '종의 기원'에서 자연 선택 이론을 제시하며 생물 진화에 대한 혁신적인 관점을 제시했다. 다윈은 생물이 시간이 지남에 따라 환경에 적응하기 위해 변화를 겪는다고 주장했다. 그는 모든 생명체가 공통 조상으로부터 시작해 점진적으로 분화되었다고 보았다.
>
> 다윈의 이론에서 핵심은 '자연 선택' 개념이었다. 이는 생존에 유리한 형질을 가진 개체가 환경에 적응해 번식에 더 성공적이라는 것이다. 이러한 과정이 반복되면서, 개체군은 점점 더 환경에 적합한 특성을 가지게 된다. 다윈은 이를 뒷받침하기 위해 갈라파고스 제도의 핀치새를 예로 들었다. 이 새들은 각 섬의 환경에 따라 부리 모양이 달랐는데, 이는 ((가))을 보여주는 대표적 사례로 언급되었다.
>
> 다윈의 자연 선택 이론은 단순히 생물학에 국한되지 않고 사회적, 철학적 논의에도 큰 영향을 미쳤다. 19세기 말, 일부 학자들은 다윈의 이론을 확대 해석해 사회 진화론으로 발전시켰다. 이들은 '적자생존'이라는 개념을 사회의 발전에 적용해 특정 집단이 성공하는 것을 ((나))(으)로 정당화하려 했다. 하지만 이러한 적용은 다윈의 원래 이론과는 거리가 멀었다.

① (가): 환경의 영향에 따라 개체군의 형질이 변화한다는 점
　(나): 생물학적 원리와 별개로 사회적 불평등을 강화하려는 시도

② (가): 환경의 영향에 따라 개체군의 형질이 변화한다는 점
　(나): 사회 구성원이 상호 협력하여 평등을 추구할 수 있음을 설명

③ (가): 유전자가 돌연변이를 통해 새로운 종을 형성한다는 점
　(나): 생물학적 원리와 별개로 사회적 불평등을 강화하려는 시도

④ (가): 유전자가 돌연변이를 통해 새로운 종을 형성한다는 점
　(나): 사회 구성원이 상호 협력하여 평등을 추구할 수 있음을 설명

약점 보완 해설집 p.21

제7회 모의고사

문 1. 다음 글의 빈칸에 들어갈 진술로 가장 적절한 것은?

정원은 일반적으로 실외에 식물 등 자연을 이용해 조성되는 공간이다. 자연적으로 형성될 수도 있으며, 인공적으로 조성될 수도 있다. 가장 흔한 것은 주택 바깥의 뜰이다. 서양의 정원은 대개 식물을 중심으로 구성되나, 공원이나 동물원도 일종의 정원이라고 볼 수 있다. 동양에는 고산수라는 형식의 정원이 있어 식물과 물 없이 돌 위주로 꾸며지기도 한다. 장식용 건물과 연못, 폭포, 개울 등을 포함할 수 있다. 순수 관상용 정원과 소규모 농장을 포함한 정원이 있다. 정원은 집약적인 토지 이용이라는 전통의 시발점이다.

좁은 공간에서 집약적인 농사를 짓는 지역에서는 농부가 곧 정원사였다. 또한, 독일 농부들은 정원이 곡물 경작에 사용될 퇴비를 앗아가므로 정원을 악으로 여기기도 했다. 이렇게 정원이 갖는 의미는 시대와 지역에 따라 매우 달랐다. 하지만 여성들의 입장은 지역적인 편차가 없었다. 여성들에게 정원이란 자존심이었다. 정원에는 여성들이 경험을 통해 쌓은 지식 전통이 살아 있었다. 실제로 환경사에서 여성이 갖는 특별한 역할의 물질적 근간은 대부분 정원에서 발견된다. 특히 이는 여성 제후들과 관련되어 있으며 자료가 풍부하다.

여성들은 정원을 가꾸며 땅을 면밀히 살피고 손으로 흙을 부스러뜨리는 습관이 생겼을 것으로 추측된다. 또한, 삽을 통해 다양한 토질의 층을 자세히 살펴볼 수 있었다. 또한, 정원이라는 매우 제한된 공간에는 옛날에도 충분한 퇴비를 줄 수 있었다. 경작지보다도 다양한 종류의 퇴비로 실험할 수 있었고 새로운 작물을 키우며 경험을 수집할 수 있었다. 정원에서는 좁은 공간에서 다양한 식물이 자라기 때문에 모든 종류의 식물들이 서로 잘 지내지는 않는다는 사실에도 주의를 기울였다. 이는 식물 생태학의 근간을 이루는 통찰이었다.

결론적으로 정원은 [   ]

① 여성 제후들이 경작 경험을 집대성하여 환경사의 근간을 이루는 식물 생태학의 기초를 다지는 공간이었다.
② 경작용 식물들이 서로 잘 지낼 수 있도록 농경지를 구획하는 울타리를 헐어버림으로써 구축한 인위적 공간이었다.
③ 자연을 즐기고 자연과 교감할 수 있는 공간으로서 집안에 들여놓은 자연의 축소판이었다.
④ 여성들이 주도가 되어 토양과 식물을 이해하고 농경지 경작에 유용한 지식과 경험을 배양할 수 있는 좋은 장소였다.

문 2. <보기>를 고쳐 쓰기 위한 방안으로 옳지 않은 것은?

〈보기〉

우리나라 가구당 사치품 구입에 지출한 돈이 월평균 ㉠ 이십만사천오백 원에 달한다고 한다. 월평균 사치품을 구매하는 인구 비율은 우리가 22.3%인 데 비해 일본은 26.5%에 달한다. 여력이 된다면 사치품을 구매하고 싶다는 인구 비율은 ㉡ 과반수를 넘는다. 이처럼 높은 사치 지출 비율로는 경제적 불균형을 해소할 수 없다. 사치품에 대한 과도한 지출은 경제적 안정과 사회적 평등을 저해할 수 있기 때문이다. 그러므로 사치품 소비를 줄이지 않는 국민과, 그 국민들이 이끄는 국가에게는 미래가 없다. 이에 정부는 사치풍조를 줄이기 위한 방안을 적극 마련해야 한다. ㉢ 개인에 경제 관련 교육을 실시하고 상담 지원도 확대해야 한다. 학교에서도 ㉣ 합리적 소비와 경제 교육을 더욱 강화해야 한다.

① ㉠: 수(數)의 띄어쓰기를 적용하여 '이십만사천 오백 원'으로 고친다.
② ㉡: 단어의 중복을 고려하여 '절반이 넘는다'로 고친다.
③ ㉢: 조사의 적절성을 고려하여 '개인에게'로 고친다.
④ ㉣: 서술어와 호응이 되지 않으므로 '합리적 소비를 장려하고 경제관념에 대한 교육을'로 고친다.

문 3. 다음 글의 내용과 가장 일치하는 것은?

새뮤얼슨은 시장의 자율성과 정부의 개입이 조화를 이루는 혼합 경제를 지지했다. 그는 완전한 자유 시장이나 과도한 정부 통제 모두가 문제를 일으킬 수 있다고 보았다. 따라서 시장의 수요와 공급을 통한 효율적인 자원 분배는 존중하면서도, 시장 실패가 발생할 경우 정부가 개입하는 것이 필요하다고 주장했다.

새뮤얼슨은 시장 실패 시 경제 안정성을 위해 재정 정책과 통화 정책의 조화를 강조했다. 그는 정부의 지출과 세금 정책을 통해 경기 변동을 조절하고, 정부 은행의 금리 조정과 통화 공급을 통해 물가 안정과 경제 성장을 도모해야 한다고 주장했다. 이를 통해 경기 과열이나 경기 침체를 완화할 수 있다고 보았다. 새뮤얼슨은 또한 공공재에 대한 정부의 역할을 강조했다. 공공재는 시장에서 적절히 제공되지 않기 때문에 정부가 직접 제공하거나 지원해야 한다고 보았다.

① 중앙은행이 아닌 시중 은행이 금리 조절과 통화 공급을 통해 물가 안정을 도모해야 한다.
② 완전한 자유 시장과 달리 정부 통제는 최소한으로 한정되어야 한다.
③ 시장에서 공공재와 국가 재화를 적절히 제공해야 시장의 실패가 일어나지 않는다.
④ 국가는 시장 실패가 일어나지 않는 한 '완전 자유 시장'을 존중해야 한다.

문 4. 다음 글의 빈칸에 들어갈 진술로 가장 적절한 것은?

기분은 정서에 포함되는 개념으로 감정과는 구분된다. 감정은 사람이나 사건에 대한 지향성을 갖는 반응으로 지속 기간이 짧고 돌발적인 반면 기분은 대상에 대한 지향성은 없으나 장기간 지속적으로 지배하는 속성을 지닌다. Shaver는 인간의 보편적 정서를 기쁨, 애정, 슬픔, 놀람, 분노, 공포로 구분하였는데, 정서 사건 이론에서는 이러한 정서를 긍정 정서와 부정 정서로 구분하여 적용하였다.

사람들은 현재의 기분을 최적 상태로 유지하려고 한다. 이를 연구한 이론이 바로 기분 관리 이론이다. 이 이론은 사람들의 흥분 수준이 최적 상태보다 높을 때 흥분을 가라앉힐 수단을 선택하고, 반대로 흥분 수준이 낮을 때는 이를 회복시킬 수 있는 수단을 선택한다고 예측한다.

그러나 기분 관리 이론은 기분의 현재 시점에만 초점을 맞추고 있다는 한계를 갖는다. 이를 지적하고 보완하고자 등장한 이론이 바로 기분 조정 이론이다. 기분 관리 이론에 따르면, 사람들은 기분이 저기압일 때, 기분을 끌어올릴 수 있는 흥겨운 음악을 선택하고, 반대의 경우 차분한 음악을 선택한다. 동일한 상황을 기분 조정 이론에 따라 적용해보면, [　　　　　　　　　　]고 예측할 수 있다.

한 실험에서 음악 선택 상황을 통해 기분 조정 이론을 검증하였다. 실험 참가자들은 두 집단으로 나뉘고, 집단 1에게는 한 시간 후 댄스파티가 열릴 것이라고 말했고, 집단 2에게는 한 시간 후 강제로 독서를 해야한다고 말했다. 그리고 나서 참가자들에게 기다리는 동안 음악을 선택하게 했다. 그랬더니 집단 1은 다소 즐거운 음악을 선택한 반면, 집단 2는 과도하게 흥겨운 음악을 선택했다. 그런데 집단이 기대하는 일을 하게 될 시간이 다가오자 두 집단 사이에는 뚜렷한 차이가 나타났다. 집단 1의 선택에는 큰 변화가 없었으나, 집단 2는 기분을 가라앉히는 차분한 음악을 선택하는 쪽으로 변하는 경향을 보인 것이다. 이러한 선택의 변화는 기분 조정 이론을 뒷받침하는 것으로 간주되었다.

① 사람들은 현재의 기분이 즐거운 경우에는 그것을 조정하기 위해 그와 반대되는 기분을 자아내는 음악을 선택한다.
② 사람들은 다음에 올 상황에 맞추어 현재의 기분을 조정하는 음악을 선택한다.
③ 사람들은 현재의 기분을 지속하는 데 도움이 되는 음악을 선택한다.
④ 사람들은 현재의 기분과는 상관없이 자신이 평소 선호하는 음악을 선택한다.

문 5. 다음 ㉠의 사례로 가장 적절한 것은?

관용이라는 단어는 종교 전쟁이 한창이던 16세기 중반에 처음 사용됐다. 이때의 뜻은 '용인하다'는 의미 그 이상도 이하도 아니었다. 가톨릭교와 다른 종교를 믿는 사람들을 군주가 용인한다는 의미였기 때문이다.

사전적 의미의 관용은 특정 믿음이나 행동, 관습 등을 잘못된 것이라고 여김에도 불구하고 용인하거나 불간섭하는 태도를 의미한다. 여기서 핵심적인 내용을 파악할 수 있는데, 관용을 실천하는 사람이 관용의 대상이 되는 믿음이나 관습을 거짓이거나 잘못된 것으로 여긴다는 점과, 관용을 실천하는 사람이 관용의 대상을 용인하거나 최소한 불간섭해야 한다는 점이다. 하지만 이러한 해석으로 역설이 발생한다.

예컨대 자국 문화를 제외한 다른 문화는 모두 미개하다고 생각하는 사람을 고려해 보자. 그는 모든 문화가 우열 없이 동등하다는 생각이 틀렸다고 확신하고 있다. 하지만 그는 동료들의 비난을 피하기 위해 겉으로는 자신의 생각을 말하지 않는다. 그가 다른 문화를 폄하하고 싶은 욕구가 크면 크고, 이를 자제할수록, 우리는 그가 더 관용적이라고 말해야 한다. 하지만 이는 받아들이기 어렵다.

이번에는 자신이 잘못이라고 믿는 수많은 믿음을 모두 용인하는 사람을 생각해 보자. 이 경우 우리는 일반적으로 잘못인 것으로 판단하는 믿음까지 용인하는 경우에도 그 사람이 관용적이라고 판단할 수밖에 없다. 하지만 도덕적으로 잘못된 것을 용인하는 것은 그 자체가 도덕적으로 잘못이라고 보는 것이 마땅하다.

이상의 논의를 고려하면 종교에 대한 관용처럼 비교적 단순해 보이는 사안에 대해서조차 ㉠ 역설이 발생한다. 이로부터 우리는 관용의 맥락에서, 용인하는 믿음이나 관습의 내용에 일정한 한계가 있어야 함을 알 수 있다.

① 자신이 유일하게 참으로 믿는 종교 이외의 다른 종교적 믿음에 대해서도 용인하는 사람일수록 더 관용적이라고 평가하게 된다.
② 자신의 종교가 주는 가르침만이 유일한 진리라고 믿는 사람일수록 덜 관용적이라고 평가하게 된다.
③ 모든 종교적 믿음이 거짓이라고 생각하고 배척하는 사람을 관용적이라고 평가하게 된다.
④ 보편적 도덕 원칙에 어긋나는 가르침을 주장하는 종교까지 용인하는 사람을 더 관용적이라고 평가하게 된다.

문 6. 다음 글을 통해 <보기>의 '부사어'에 대해 탐구한 내용으로 적절하지 않은 것은?

부사어는 일반적으로 서술어를 수식하지만, 부사어, 관형어를 수식하는 경우도 있다. 부사어는 내용을 꾸며주거나 강조하는 말이다. 예를 들어 '영희는 매우 아름답다'라는 문장에서 '매우'는 형용사 '아름답다'를 강조하는 부사어가 된다.

또한 부사어는 체언 뒤에 '(으)로, (으)로서, (으)로써, 에, 에게, 에서, 와/과, 랑, 하고'와 같은 부사격 조사를 사용하여 형성될 수도 있다. 예를 들어 '강으로 물이 흘러 들어왔다.'라는 문장에서 '강으로'는 명사 '강'과 부사격 조사 '(으)로'가 결합한 형태이며, '물이 강으로 흘러 들어왔다.'처럼 부사어의 위치를 바꿔 쓸 수도 있다. 한편 부사어는 보조사와 결합하기도 하는데, 예를 들어 '다희는 몹시 초조했다.'라는 문장은 '다희는 몹시도 초조했다.'로 보조사 '도'가 결합한 형태로 사용이 가능하다.

부사어는 부속 성분이므로 대부분의 경우 문장에서 필수적이지 않지만, 부사어 중에 문장에서 반드시 필요한 것이 있다. 이를 필수적 부사어라고 부른다. 예를 들어, '선생님은 영희를 제자로 삼았다.'라는 문장에서 '제자로'는 필수적 부사어이다. '삼다'가 주어, 목적어, 필수적 부사어라는 세 가지 문장 성분을 요구하기 때문이다. 그러므로 '제자로'가 빠지면 자연스럽지 못한 문장이 된다. 반대로 '나는 그가 친구로 좋다.'라는 문장에서 '친구로'는 필수적 부사어가 아니다. '좋다'가 주어라는 한 가지 성분만 요구하고, '친구로'가 빠져도 문장이 자연스럽기 때문이다.

〈보기〉

내 단짝 친구는 <u>바로</u> 은수인데, 은수는 춤을 <u>매우</u> 잘 춘다. <u>쉬는 시간에</u> 은수가 (㉠) 교실 앞에 나와서 춤을 췄다. 은수는 요즘 인기가 많은 <u>가수와</u> 정말 비슷했다. 친구들이 박수를 치면서 호응을 해 주자 은수는 <u>무척</u> 즐거워했다.

① '바로'와 '매우'가 꾸미는 문장 성분을 살핀다. → 부사어는 다양한 문장 성분을 꾸민다.
② '쉬는 시간에'를 ㉠에 옮겨 본다. → 부사어의 위치를 바꾸면 부사어의 의미가 달라진다.
③ '매우'와 '가수와'를 생략해 본다. → 부사어는 문장에서 반드시 필요한 경우가 있다.
④ '무척' 뒤에 '이나'를 붙여 본다. → 부사어는 보조사와 결합하여 쓰일 수 있다.

문 7. 다음 글을 이해한 내용으로 적절한 것은?

프레온 가스가 오존층을 파괴하는 과정에 대해 알아보자. 프레온 가스는 일단 대기 중으로 방출되면, 지표면을 지나 성층권으로 상승한다. 성층권은 대기 중 약 10~50킬로미터 상공에 위치하며, 자외선 차단 기능을 담당하는 중요한 지역이다. 프레온 가스는 성층권에 도달한 후, 그곳의 강한 자외선에 의해 분해된다. 이 과정에서 프레온 가스는 염소 원자와 같은 활성화된 화학 물질로 분해된다. 염소 원자는 오존 분자와 반응하여 일산화 염소(ClO)와 산소(O_2)로 변환된다. 이때, 염소 원자는 오존 분자의 산소 원자 하나를 제거하고, 오존 분자를 일산화 염소와 산소로 변형시킨다. 일산화 염소(ClO)는 다시 자외선에 의해 분해되면서 염소 원자를 방출하고, 이 염소 원자는 다시 오존 분자와 반응할 수 있다. 이 과정이 반복되면서, 하나의 염소 원자는 수천 개의 오존 분자를 파괴할 수 있다.

결국, 이 과정은 오존층의 오존 농도를 감소시키고, 자외선의 지구 표면에 도달하는 양을 증가시킨다. 자외선의 증가는 인간의 피부암, 식물의 생장 저해, 해양 생태계의 변화 등 다양한 환경적 문제를 야기할 수 있다. 따라서 프레온 가스는 오존층 파괴의 주요 원인으로 지적되며, 국제 사회는 이를 규제하기 위해 몬트리올 의정서를 비롯한 다양한 조치를 취해 왔다.

① 불활성 염소 원자는 프레온 가스가 되어 오존 분자를 파괴할 수 있다.
② 몬트리올 의정서의 목적은 자외선이 지구 표면에 도달하는 양을 줄이는 것이다.
③ ClO는 자외선에 의해 재분해되면서 염소 원자를 파괴한다.
④ 프레온 가스는 자외선 차단 기능을 하는 성층권에 의해 분해된다.

문 8. 다음 진술이 모두 참일 때 반드시 참이라고 할 수 없는 것은?

○ 양배추를 사면, 오이도 산다.
○ 양배추나 대파 중 적어도 하나를 산다.
○ 대파를 사면, 버섯도 산다.

① 대파를 사지 않으면, 양배추를 산다.
② 오이를 사지 않으면, 대파를 산다.
③ 양배추를 사지 않으면, 오이를 사지 않는다.
④ 버섯을 사지 않으면, 오이를 산다.

문 9. <보기>의 개요를 수정 · 보완하는 방안으로 적절하지 않은 것은?

〈보기〉

Ⅰ. 서론: 태풍 대비의 필요성과 실천 방안

Ⅱ. 본론
  1. 태풍의 문제점
    가. 홍수 문제
    나. 전력 공급 문제
    다. 일상생활 문제 ··· ㉠
  2. 태풍을 대비하기 위한 방안
    가. 개인적 대비
      1) 침수에 대비하여 고지대로 대피
      2) 비상 식수를 가정에 비축
      3) 기상 예보 시스템 확충 ··· ㉡
    나. 지역 사회
      1) 침수에 대비한 모래주머니 제작
      2) 필요시 임시 대피소 운영
    다. 정부
      1) 대비 체계 마련 ··· ㉢
      2) 자가용 스노우 체인 준비 ··· ㉣
      3) 전력 복구 시스템 정비

Ⅲ. 결론: 실효성 있는 태풍 대비책 마련의 촉구

① ㉠은 '침수 문제'로 구체화한다.
② ㉡은 상위 항목에 어울리지 않으므로 'Ⅱ-2-다'의 하위 항목으로 옮긴다.
③ ㉢은 '긴급 인명구조 체계 마련'으로 구체화한다.
④ ㉣은 글의 주제에서 벗어나므로 하위 항목에서 삭제한다.

문 10. '개념의 폭력'에 대한 이해로 적절하지 않은 것은?

인간은 지식 체계의 형성을 위해 개념을 필요로 하는데, 개념이란 여러 관념 속에서 공통 요소를 뽑아내어 종합해 얻어 낸 보편적인 관념을 말한다. 이러한 개념을 통해 체계와 기준을 머릿속에 먼저 정해 놓고 그것을 현실에 적용하는 개념주의적 태도를 지닌 근대 사상가들이 있었다. 하지만 들뢰즈는 이 세상에 동일한 것은 없다는 전제하에 세상을 개념으로만 파악하려는 태도를 비판하고 개별 대상의 다양성에 주목하는 '차이'의 철학을 제시했다.

일반적으로 차이란 서로 같지 않고 다르다는 의미로 쓰이지만 들뢰즈는 차이를 '개념적 차이'와 '차이 자체'로 구분하여 자신이 말하고자 하는 차이의 의미를 명확히 했다. 이때 개념적 차이란 개념적 종차*를 통해 파악될 수 있는, 어떤 대상과 다른 대상의 상대적 다름을 의미하며, 차이 자체란 개념으로 드러낼 수 없는 대상 자체의 절대적 다름을 의미한다. 예를 들어 소금의 보편적 특성은 짠맛이나 흰색 등으로 볼 수 있는데 이러한 특성은 소금과 설탕의 맛을 비교하거나, 소금과 숯의 색깔을 비교함으로써 파악될 수 있다. 즉 소금과 다른 대상들과의 상대적인 비교를 통해 소금의 개념적 차이가 형성되는 것이다. 그런데 소금이라는 개념으로 동일하게 분류되는 각각의 입자들은 그 입자마다의 염도와 빛깔 등이 다를 수밖에 없다. 어떤 소금 입자들은 다른 소금 입자보다 조금 더 짤 수도 있고, 흰색이 조금 더 밝을 수도 있다. 이때 각 소금 입자가 가지는 염도, 빛깔의 고유한 정도 차이에 해당하는 특성이 바로 개별 소금 입자의 차이 자체인 것이다.

들뢰즈는 개념적 차이로는 대상만의 고유한 가치나 절대적 다름이 파악될 수 없다고 하였다. 왜냐하면 개념적 차이는 다른 대상과의 비교를 통해 파악된 결과로 다른 대상에 의존하는 방식이어서, 그 과정에서 개별 대상의 고유한 특성이 무시되기 때문이다. 또한 들뢰즈는 개념이 개별 대상들을 규정함으로써 개별 대상을 개념에 포섭시키는 상황이나, 개념에 맞추어 세상을 파악함으로써 세상을 오로지 개념의 틀에 가두는 상황을 우려했다. 왜냐하면 이와 같은 상황에서는 미리 정해 둔 개념에 부합하는 개별 대상은 좋은 것으로, 그렇지 못한 개별 대상은 나쁜 것으로 규정되는 "개념의 폭력"이 발생할 수 있기 때문이다.

* 종차: 상위 개념에 속한 동일한 층위의 하위 개념들 중 어떤 하위 개념이 다른 하위 개념과 구별되는 요소

① 개념에 맞추어 세상을 보았을 때 생기는 문제이다.
② 개별 대상이 지닌 고유한 특성만을 중요시할 때 나타난다.
③ 대상에 대한 보편적 관념만을 강조했을 때 발생할 수 있다.
④ 개별 대상이 개념과 일치하는지 여부에 따라 개별 대상의 가치가 결정되는 것이다.

문 11. 다음 글의 맥락을 고려할 때 빈칸에 들어갈 말로 가장 적절한 것은?

갓프레드슨과 허쉬의 자기통제 이론(Self-Control Theory)은 개인의 범죄와 비행 행동을 설명하는 심리적·사회적 이론으로, [　　　　　　] 범죄의 핵심 원인이라고 생각한다. 이들은 범죄를 '단기적인 쾌락을 위한 장기적인 손실의 무시'로 정의하며, 자기통제는 이러한 행동을 예방하는 주요 요인이라고 주장한다. 갓프레드슨과 허쉬는 낮은 자기통제를 가진 개인이 충동적이며, 위험에 대한 민감도가 낮고, 좌절에 대한 인내심이 부족하며, 단기적 보상을 선호한다고 보았다. 이러한 특성은 범죄뿐 아니라, 비도덕적 혹은 자기 파괴적인 행동과도 깊이 연결된다. 만인의 자기통제는 10세 이전에 형성된다. 이 과정에서 부모의 일관된 양육과 감독, 그리고 부적절한 행동에 대한 적절한 통제가 이 시기에 결정적이다. 부모가 방임하거나, 규칙을 명확히 설정하지 못할 경우, 고도의 자기통제로의 발전에 실패할 가능성이 높아진다. 이 시점의 실패는 이후 개인의 행동 패턴에 장기적인 영향을 미친다. 자기통제가 낮은 개인은 즉각적인 쾌락을 추구하며, 장기적인 결과를 고려하지 않는다. 이는 그들이 비합리적이고 불법적인 수단을 동원하여 목표를 달성하려는 경향으로 이어진다. 또한 갓프레드슨과 허쉬는 잘못 형성된 자기통제가 단순히 범죄뿐 아니라, 중독, 재정적 문제, 건강 문제와 같은 다양한 부정적 결과를 야기한다고 설명하며, 자기통제를 행동의 일반적인 조절 능력으로 보았다.

그러나 이 이론은 범죄를 개인의 심리적 특성으로 환원하여 설명하기 때문에, 사회적·경제적 불평등, 문화적 영향, 기회구조와 같은 맥락적 요인을 충분히 반영하지 못한다. 게다가 갓프레드슨과 허쉬는 자기통제가 유년기에 고정된다고 보았으나, 현대 연구에서는 환경적 요인, 경험, 학습을 통해 자기통제가 개선될 수 있음을 보여준다.

① 행동의 일반적 조절 능력을 높은 수준으로 발전시키지 못한 상태가
② 고착화된 자기통제가 사회에 의해 흔들리며 겪는 혼란이
③ 자기통제가 존재하지 않는 부재 상태가
④ 즉각적인 만족과 먼 미래의 만족을 모두 챙기려는 욕구가

문 12. 다음 글의 맥락을 고려할 때 (가)와 (나)에 들어갈 내용으로 가장 적절한 것은?

진리대응설은 진리 이론 중 하나로, 진리가 세계와의 대응 관계에 의해 결정된다고 주장한다. 이 이론은 고대 그리스 철학자 아리스토텔레스의 사상에서 그 기원을 찾을 수 있으며, "어떤 것이 존재하는 방식으로 진술될 때 참이며, 그렇지 않을 때 거짓이다."라는 그의 명제가 이를 대표한다. 진리대응설은 진술과 외부 현실 간의 일치 여부를 통해 진리성을 판단하며, 현실 세계가 진리의 기준점이 된다.

진리대응설의 주요 특징은 객관적 사실에 대한 의존성이다. 이는 개인의 주관적 경험이나 믿음이 아니라, 외부 세계의 실제 상태에 따라 진리 여부가 결정된다는 것을 의미한다. 예를 들어, "태양이 동쪽에서 뜬다."는 진술은 실제 태양의 운동 방향과 일치하기 때문에 참이다. 반대로, 현실과 일치하지 않는 진술은 거짓으로 간주된다.

그러나 진리대응설에는 몇 가지 비판점도 존재한다. 우선, 현실과의 대응 여부를 확인하기 어려운 경우가 많다. 특히 추상적 개념이나 도덕적 판단과 같은 영역에서는 진리대응설을 적용하기 어려운 한계가 있다. 또한, 어떤 진술이 현실과 정확히 대응한다고 보장할 기준이 모호할 수 있다. 이런 점에서 진리대응설은 [　　(가)　　](을)를 필요로 한다.

진리대응설은 현대 철학에서도 여전히 중요한 논의 주제이다. 특히 과학적 진리와 연관하여, 실험 결과와 이론 간의 일치 여부를 판단하는 데 활용된다. 이는 [　　(나)　　](을)를 통해 객관적 진리 탐구의 기본 틀로 작용한다.

① (가): 주관적 경험과의 조화
(나): 실험과 이론의 일치를 통해 과학적 진리를 확인하려는 접근
② (가): 주관적 경험과의 조화
(나): 진리대응설의 한계를 극복하려는 시도
③ (가): 구체적이고 명료한 검증 방법의 개발
(나): 진리대응설의 한계를 극복하려는 시도
④ (가): 구체적이고 명료한 검증 방법의 개발
(나): 실험과 이론의 일치를 통해 과학적 진리를 확인하려는 접근

문 13. 다음 글의 밑줄 친 결론을 이끌어내기 위해 추가해야 할 것은?

> ㅇ 하늘을 좋아하는 사람은 모두 달을 좋아하는 사람이다.
> ㅇ 달을 좋아하는 어떤 사람은 책을 좋아하는 사람이다.
> 따라서 <u>책을 좋아하는 어떤 사람은 하늘을 좋아하는 사람이다.</u>

① 하늘을 좋아하는 사람은 모두 책을 좋아하는 사람이다.
② 달을 좋아하는 어떤 사람은 책을 좋아하는 사람이다.
③ 달을 좋아하는 사람은 모두 하늘을 좋아하는 사람이다.
④ 책을 좋아하지만 하늘를 좋아하지 않는 사람은 모두 책을 좋아하는 사람이다.

문 14. 다음 글을 이해한 내용으로 가장 적절한 것은?

> 이육사의 '꽃'에는 저항적 모티브가 드러나 있다. 이 시에서는 극한적인 상황을 상정하여 화자의 태도를 부각하고 있다. 현실의 극단적인 상황에서도 화자는 미래에 대한 희망을 잃지 않으며, 이는 화자의 의지를 더더욱 부각하는 효과가 있다.
> 1연 '하늘도 다 끝나고 / 비 한 방울 나리잖는 그 땅에도 / 오히려 꽃은 발갛게 피지 않는가'에서는 일제의 침략으로 삶의 기반을 잃은 현실(극한의 상황)에서도, 희망찬 미래에 대한 기대감을 표현하고 있다. 2연에서는 '북쪽 툰드라에도 찬 새벽은 / 눈 속 깊이 꽃 맹아리가 옴작거려 / 제비 떼 까맣게 날아오길 기다리나니 / (후략)'이라고 표현하며, 혹한의 툰드라에서도 '꽃'과 '제비'라는 미래에 대한 희망을 잃지 않았음이 드러난다. 마지막 3연 역시 '너'를 부르며 희망적인 태도를 잃지 않음을 '꽃성'이라는 시어로 드러내 암울한 현실 세계에 대한 극복 의지를 표현하고 있다.

① '꽃'은 움직이지 않으므로, 날아가는 '제비'와 달리 희망을 상징한다.
② '꽃은 발갛게 피지 않는가'는 화자가 극단적인 상황에 처해 있음을 알 수 있다.
③ '비 한 방울 나리잖는 그 땅', '북쪽 툰드라', '찬 새벽', '눈'은 모두 '꽃성'과 대조적인 의미를 담고 있다.
④ 항일 투쟁의 정신이 표면적으로 드러나 현실에 대한 적극적인 극복 의지의 모습이 나타난다.

문 15. 다음 글을 이해한 내용으로 적절하지 않은 것은?

> 식민지는 강력한 국가(종주국)가 약한 국가(식민지)를 지배하고 착취하는 관계이다. 식민지는 정치적, 경제적, 사회적 자유가 제한되고, 종종 본국의 법률과 관습을 따르도록 강요받는다. 식민지 개념은 고대부터 존재했지만, 15세기부터 유럽 국가들의 대항해시대를 시작으로 본격화되었다. 20세기에 들어서면서 민족주의 운동의 발달과 국제 사회의 변화로 인해 대부분의 식민지가 독립을 쟁취하였다.
> 속령은 종주국에 정치적으로 종속된 영토를 의미한다. 속령은 자체 정부를 가질 수 있지만, 외교, 국방, 경제 등 중요한 정책은 종주국에 의해 결정된다.
> 보호국은 종주국의 보호를 받는 국가를 의미한다. 보호국은 외교와 국방은 종주국에 의해 결정되지만, 내정은 자체적으로 처리할 수 있다. 신탁통치는 제1차 세계대전 이후 국제연맹이 독일과 오스만 제국의 식민지였던 지역을 통치하기 위해 만든 위임통치제도를 개선한 형태이다. 유엔이 신탁통치를 감독하며, 유엔으로부터 신탁통치령을 통치하도록 위임받은 신탁통치국이 신탁통치령을 통치한다. 신탁통치국은 신탁통치령의 사법 체계 설계 및 운영과 신탁통치령 주민들의 법적 분쟁 해결을 맡는다.

① A국이 독립적 의회를 가질 수 없고 P국의 법률을 따르지 않을 수 없는 상황에 놓였다면, A국은 P국의 식민지이다.
② B국이 자신만의 행정부를 가지는 한편 B국 군대가 Q국에 의해 해산되어 Q국의 보호를 받는 경우, B국은 Q국의 보호국이다.
③ C국이 독자적 행정부를 가짐에도 R국에 정치적으로 종속되어 있어 독자적 통화 정책을 펼칠 수 없는 경우, C국은 R국의 속령이다.
④ D국이 독자적 재판소를 운영하지 아니하고 유엔으로부터 D국을 통치하도록 위임받은 S국에 의해 D국의 사법 체계가 설계된 경우, D국은 신탁 통치국이다.

문 16. 다음 글의 전개 방식으로 옳은 것은?

통정거래란 금융 시장에서 특정 투자자들이 협력하여 주식이나 채권 등의 가격을 의도적으로 조작하는 거래 방식을 뜻한다. 이러한 거래는 일반 투자자에게 잘못된 정보를 제공하여 가격을 왜곡하고, 거래의 공정성을 훼손하기 때문에 법적으로 금지되어 있다. 예를 들어, 두 명 이상의 투자자가 미리 짜고 특정 주식을 동시에 매수하거나 매도하는 방식으로 가격을 인위적으로 상승시키거나 하락시키는 행위를 통정거래라고 할 수 있다.

통정거래는 다양한 방식으로 이루어지며, 그 영향력 또한 크다. 대표적인 통정거래 방식으로는 유동성을 가장해 가격을 높이는 방식이 있다. 일부 투자자는 반복적으로 대량 주문을 내는 방식을 통해 주식의 거래량을 일시적으로 높여 다른 투자자들에게 수요가 높은 것처럼 보이게 만든다. 이로 인해 가격이 상승하면 이들은 기존에 보유한 주식을 높은 가격에 매도하여 이익을 취한다. 이러한 방법은 실제 가치와는 무관하게 인위적으로 가격을 조정하는 행위로, 시장의 공정성을 해친다.

통정거래가 발생할 경우, 일반 투자자들이 피해를 입게 된다. 통정거래로 인해 가격이 왜곡되면 실제 가치와 관계없이 특정 종목에 대해 긍정적 혹은 부정적 신호를 잘못 해석할 가능성이 커진다. 예를 들어, 통정거래로 인해 특정 주식이 비정상적으로 상승하게 되면, 이를 실제 가치 상승으로 오해한 투자자들이 주식을 매수하게 되고, 결국 통정거래에 가담한 투자자들은 이득을 얻는 반면, 나머지 투자자들은 손실을 입게 된다.

정부와 금융 당국은 통정거래를 방지하기 위해 다양한 규제를 시행하고 있다. 예를 들어, 대량 거래를 실시간으로 감시하여 의심스러운 거래가 발생할 경우 경고 조치를 취하거나, 불공정 거래에 대해 조사와 처벌을 강화하고 있다. 또한, 인공지능과 빅데이터를 활용하여 시장 내 비정상적인 거래 패턴을 실시간으로 감지하고 있다. 이러한 노력이 시장의 투명성을 유지하고, 일반 투자자를 보호하기 위해 필수적이다.

통정거래는 단순한 가격 조작이 아닌, 시장의 공정성과 신뢰성을 심각하게 해치는 행위로, 이를 방지하기 위한 제도적 노력은 계속되고 있다. 투명하고 공정한 금융 시장을 유지하기 위해서는 정부와 금융 당국의 적극적인 개입과 함께 투자자들의 경각심 또한 필요하다.

① 통정거래의 정의와 사례를 설명하고, 그 사회적 문제점을 분석한다.
② 통정거래의 방식과 영향을 설명하고, 이를 방지하기 위한 대응책을 제시한다.
③ 통정거래의 정의를 설명하고, 그 발생 원인과 경제적 파급 효과를 논의한다.
④ 통정거래의 문제점을 제시한 후, 금융 당국의 규제 필요성을 강조한다.

문 17. 다음 전제가 모두 참일 때, 반드시 참인 결론인 것은?

ㅇ 난시 환자만이 어두운 곳에서 화면 보는 것을 좋아하는 사람들이다.
ㅇ 백내장인 사람들 중 일부는 난시 환자가 아니다.
따라서 [   ]

① 백내장인 사람은 어두운 곳에서 화면 보는 것을 좋아하지 않는다.
② 어두운 곳에서 화면을 보면 반드시 난시가 생긴다.
③ 어두운 곳에서 화면 보는 것을 좋아하는 사람들 중 일부는 백내장이다.
④ 어두운 곳에서 화면 보는 것을 좋아하지 않는 사람 중 적어도 한 명 이상은 백내장이다.

문 18. 다음 글에 대한 분석으로 적절한 것을 <보기>에서 모두 고른 것은?

갑: 인간의 본성은 타락한 상태이다. 인간은 본질적으로 악하다고 보았으며, 이는 인간의 자유 의지가 신과의 관계에서 왜곡되었음을 의미한다. 그는 인간이 스스로의 힘으로는 구원에 이를 수 없으며, 오직 신의 은혜만이 구원에 필수적이다. 자유 의지만으로는 신의 뜻을 따르는 데 한계가 있다

을: 자유 의지는 인간의 본성에 속하는 중요한 특성이며, 인간은 이성을 통해 도덕적 선택을 할 수 있는 능력이 있다. 우리는 자유 의지가 올바른 판단을 내릴 수 있도록 훈련될 수 있다. 이는 신과의 관계에서 인간이 도덕적으로 책임을 져야 함을 의미한다.

병: 인간은 본질적으로 이기적이며, 자기 보존을 위한 행동을 한다. 자연 상태에서 인간의 자유가 갈등과 전쟁을 초래한다고 보았고, 따라서 인간은 안전을 보장하기 위해 절대 권력(주권자)을 수용해야 한다. 즉, 인간의 자유 의지가 결국 사회 질서와 안정성을 위해 제한되어야 한다는 것이다.

〈보기〉

ㄱ. 평생을 자신의 도덕적 신념을 세우고 이에 따라 바르게 살아왔으나 종교에 대한 믿음이 부족하여 종교에 귀의하지 않은 사례는 갑의 견해를 약화한다.
ㄴ. 타인을 속여 자신의 이익을 취하는 것이 합리적이지만 철학과 신에 대한 교육으로 타인을 속이지 않은 사례는 을의 견해를 약화한다.
ㄷ. 작은 부족 사회에서 추장이 존재하지만 모든 사람들이 자유롭고 평화롭게 공존하는 사례는 병의 견해를 약화한다.

① ㄱ　② ㄱ, ㄷ
③ ㄴ, ㄷ　④ ㄱ, ㄴ, ㄷ

[19~20] 다음 글을 읽고 물음에 답하시오.

침묵하는 다수는 특정 사회나 집단 내에서 목소리를 내지 않지만, 실제로는 상당한 수의 사람들이 ㉠ 지지하거나 동의하는 의견이나 입장을 의미한다. 이 용어는 주로 정치적, 사회적 맥락에서 사용되며, 다수가 의견을 표출하지 않음으로써 그들의 의지가 외부에 잘 드러나지 않는 현상을 설명하는 데 활용된다. 침묵하는 다수는 종종 소수 의견이나 여론에 의해 그들의 존재가 ㉡ 간과되거나 무시되기도 하지만, 실제로는 중요한 사회적 영향력을 행사할 수 있다.

침묵하는 다수의 개념은 특히 선거 기간 동안 두드러지게 나타난다. 후보자들은 종종 자신들의 지지 기반을 강화하기 위해 공개적으로 목소리를 내는 반면, 침묵하는 다수는 조용히 지지를 ㉢ 표명하거나 투표에 참여함으로써 결과에 영향을 미친다. 이러한 다수는 공개적으로 의견을 표현하지 않더라도, 실제로는 중요한 결정 과정에서 결정적인 역할을 할 수 있다. 예를 들어, 소수의 열렬한 지지자들이 미디어에서 큰 비중을 차지할 때, 침묵하는 다수의 투표는 선거 결과를 좌우할 수 있다.

또한, 침묵하는 다수는 사회적 이슈나 정책 결정 과정에서도 중요한 역할을 한다. 대중이 특정 이슈에 대해 적극적으로 의견을 표명하지 않을 때, 침묵하는 다수의 관점은 정책 입안자들에게 간접적인 영향을 미칠 수 있다. 이는 다수가 조용히 지지하거나 반대함으로써, 정책 결정 과정에서 균형을 맞추는 데 기여할 수 있음을 의미한다. 그러나 침묵하는 다수가 그들의 의사를 명확히 표현하지 않으면, 정책 입안자들은 실제 다수의 의견을 정확히 파악하기 어려워질 수 있다.

침묵하는 다수의 존재는 또한 사회적 변화와 혁신에도 영향을 미친다. 변화에 대한 저항이나 새로운 아이디어에 대한 회의가 있을 때, 침묵하는 다수는 그 변화를 ㉣ 수용하거나 거부하는 데 중요한 역할을 할 수 있다. 그들이 조용히 지지하거나 반대하는 태도는 사회적 분위기와 문화적 흐름을 형성하는 데 기여할 수 있으며, 이는 장기적인 사회 변화를 촉진하거나 저해할 수 있다.

그러나 침묵하는 다수에는 몇 가지 한계점도 존재한다. 그들의 의견이 공개적으로 표출되지 않기 때문에, 정책 결정 과정에서 충분히 고려되지 않을 위험이 있다. 또한, 미디어와 정치인의 집중된 관심이 소수 의견에 치우칠 경우, 침묵하는 다수의 실제 의지는 왜곡되거나 간과될 수 있다. 따라서 침묵하는 다수의 목소리를 효과적으로 반영하기 위해서는 다양한 소통 채널과 참여 기회가 제공되어야 하며, 대중의 의견을 적극적으로 수렴하려는 노력이 필요하다.

결론적으로, 침묵하는 다수는 사회와 정치적 맥락에서 중요한 역할을 하며, 그들의 조용한 지지는 실제로 큰 영향력을 발휘할 수 있다. 그러나 그들의 의견이 충분히 반영되지 않으면, 사회적 불균형과 정책 결정의 왜곡이 발생할 수 있으므로, 침묵하는 다수의 목소리를 효과적으로 듣고 반영하는 것이 중요하다. 이를 통해 보다 균형 잡힌 사회와 공정한 정치 구조를 구축할 수 있을 것이다.

문 19. 윗글의 내용으로 적절한 것은?

① 침묵하는 다수는 주로 소수 의견에 의해 그들의 존재가 간과된다.

② 침묵하는 다수는 적극적으로 의견을 표명함으로써 사회적 변화를 촉진한다.

③ 침묵하는 다수의 의견은 정책 결정 과정에서 항상 정확히 반영된다.

④ 미디어의 집중된 관심은 침묵하는 다수의 실제 의지를 강화시킨다.

문 20. ㉠~㉣을 바꾸어 쓸 때 적절하지 않은 것은?

① ㉠: 지원　　② ㉡: 홀시

③ ㉢: 자복　　④ ㉣: 승복

약점 보완 해설집 p.25

제8회 모의고사

문 1. ㉠~㉣을 고쳐 쓰기 위한 방안으로 적절하지 않은 것은?

> 인터넷에 어떤 글이 올라왔을 때, 그 내용과 관련 있는 대상을 비방하는 댓글이 달리기 시작하면, 분별력 없는 네티즌은 그 내용의 진실 여부에는 아랑곳하지 않고 그런 분위기에 ㉠ 주목하여 또 다른 악성 댓글을 마구 만들어낸다. 이렇게 해서 생성된 무책임한 여론은 대개 ㉡ 순식간으로 확산되기 쉽고, 심한 경우에는 그로 인해 희생자가 발생하는 안타까운 결과를 가져오기도 한다.
>
> 그렇다면 악성 댓글 문제점 해결 방법에는 어떤 것이 있을까? 우선 인터넷 공간에서 양산되는 악성 댓글들이 맹목적인 여론으로 ㉢ 증폭되어지는 길목을 차단해야 한다. 이를 위해서 포털 사이트들은 모니터 요원을 두어 게시판을 관리하고 있지만 시시각각으로 올라오는 수많은 댓글에 신속하게 대응하기는 어렵다. 결국 게시판을 정화하기 위해서는 포털 사이트에만 문제 해결을 맡겨서는 안 되고, 네티즌의 자발적이고 적극적인 노력이 ㉣ 더해져야 한다는 것이다.

① ㉠은 문맥에 어울리지 않으므로 '편승하여'로 바꾼다.
② ㉡은 조사가 잘못 쓰였으므로 '순식간에'로 고친다.
③ ㉢은 어법에 맞지 않는 이중 피동 표현이므로 '증폭되는'으로 고친다.
④ ㉣은 주어와 호응하지 않으므로 '더해지는 것이다'로 고친다.

문 2. 다음 글을 이해한 내용으로 적절하지 않은 것은?

> 자연계에서 종들이 시간이 흐르면서 변화하고 새로운 종이 생겨나는 과정을 진화라고 한다. 이 개념을 사회 발전에 적용하면 흥미로운 관점을 얻을 수 있다. 자연계에서 더 잘 적응한 종들은 더 오랫동안 살아남고 번식할 가능성이 높다. 마찬가지로 사회에서도 변화하는 환경에 더 잘 적응하는 사회 시스템은 더 오래 지속될 가능성이 높다.
>
> 한편, 돌연변이는 진화의 중요한 원동력이다. 새로운 유전적 특성은 종에게 새로운 기회를 제공하고 환경에 더 잘 적응하도록 도울 수 있다. 마찬가지로 사회에서 기술 발전은 돌연변이와 같은 역할을 한다. 새로운 기술은 사회 시스템에 변화를 가져오고 새로운 가능성을 열어 준다.
>
> 또한, 자연계에서 종들은 서로 경쟁하기도 하고 협력하기도 한다. 협력은 서로에게 이익을 제공하고 생존 가능성을 높여 주는데, 사회에서도 협력은 중요한 역할을 한다. 사람들은 서로 협력하여 공동의 목표를 달성하고 더 나은 사회를 만들 수 있다.
>
> 마지막으로 다양성에 대해 논해 보자. 자연계에서 다양성은 생태계의 안정성을 유지하는 데 중요한 역할을 수행한다. 다양한 종들이 서로 다른 역할을 수행하고 환경 변화에 대한 회복력을 높여준다. 사회에서도 다양성은 중요한 가치이다. 다양한 문화, 가치관, 생각들이 사회를 더 풍요롭고 역동적으로 만들기 때문이다.
>
> 진화의 관점에서 사회 발전을 살펴보면 사회는 끊임없이 변화하고 발전하는 역동적인 시스템임을 알 수 있다. 자연 선택, 기술 발전, 협력, 다양성과 같은 요소들은 사회 발전의 중요한 원동력이다.

① 새로운 기술은 사회의 돌연변이로서 작동하여 사회에 새로운 기회를 제공한다.
② 변화하는 환경에 잘 적응하지 못하는 사회 시스템은 존속의 가능성이 낮다.
③ 자연계의 종들끼리는 경쟁하기보다는 협력한다.
④ 자연계에서 다양성은 생태계의 안정성을 유지하는 역할을 수행한다.

문 3. 다음 글에서 추론할 수 있는 것은?

상식적 실재론과 표상적 실재론은 철학에서 중요한 논의의 주제이다. 이 두 개념은 우리가 세계를 어떻게 인식하고 이해하는지에 대한 서로 다른 관점을 제시한다.

상식적 실재론은 우리가 경험하는 세상이 실제로 존재하며, 우리의 감각을 통해 그 실재를 직접적으로 인식할 수 있다는 믿음에 기초한다. 상식적 실재론에 따르면, 우리가 보는 나무는 실제로 존재하며, 그 나무의 색깔, 형태, 질감 등은 우리의 감각에 의해 정확하게 전달된다. 이는 일상생활에서 우리가 갖는 직관적인 믿음과 부합한다. 즉, 우리가 경험하는 세계는 그 자체로 존재하고, 우리의 인식은 그 세계를 있는 그대로 반영한다고 본다.

반면, 표상적 실재론은 우리가 경험하는 세계가 우리의 감각과 인식 능력에 의해 구성된다는 관점을 제시한다. 이 이론에 따르면, 우리는 외부 세계의 실재를 직접적으로 인식하지 못하고, 대신 우리의 감각 기관과 뇌가 만들어낸 표상을 통해서만 세계를 인식한다. 예를 들어, 나무를 볼 때 우리의 눈과 뇌는 빛의 자극을 받아 나무의 이미지를 형성하고, 우리는 그 이미지를 통해 나무를 인식한다. 따라서 표상적 실재론은 우리가 경험하는 세계가 실제 세계의 반영이라기보다는, 우리의 인식 체계가 만들어낸 구성물이라고 주장한다.

① 상식적 실재론에서 우리의 믿음은 표상으로 존재하여 실재에 반영될 수 있다.
② 표상적 실재론에서는 빛의 자극을 통해 눈에서 인식하는 이미지를 통해 현실의 세계를 직접적으로 볼 수 있다.
③ 상식적 실재론과 표상적 실재론은 모두 우리가 경험하게 되는 세계는 우리가 인식한 세계라고 주장한다.
④ 표상적 실재론에서는 우리가 경험하는 세계와 표상은 서로 다를 수 있다.

문 4. ㉠을 평가한 내용으로 가장 적절하지 않은 것은?

베켄바흐의 역설은 복잡한 언어적 현상을 보여주며 우리가 주관적으로 가진 언어의 정의를 생각해 보게 하는 흥미로운 사고 실험이다. 이를 이해하기 위해 우리는 한 가지 예시를 통해 그 구조와 동작 원리를 살펴보자.

먼저, 우리는 어떤 주제를 흥미로워하는 사람과 흥미롭지 않은 사람으로 구분할 수 있다. 또 '흥미롭지 않은 사람' 중에서 가장 흥미로워하지 않은 사람을 찾을 수 있을 것이다. 그는 누구보다 흥미가 없다는 점에서 우리를 흥미롭게 만든다. 이 특별한 사실 때문에 그는 우리의 주목을 끄는 특이한 존재가 된다. 따라서 우리는 그를 '흥미로운 사람'의 범주로 옮긴다. 그 결과, '흥미로운 사람'의 범주에 둘째로 흥미롭지 않던 사람이 이제 가장 흥미롭지 않은 사람이 된다. 마찬가지로 이 사람이 가장 흥미롭지 않다는 사실이 그를 흥미로운 대상으로 만든다. 따라서 그 또한 '흥미로운 사람'의 범주로 이동한다.

이 과정을 반복하면 어느 순간 '흥미롭지 않은 사람'의 범주에는 마지막의 한 명이 남게 된다. 이 사람은 유일하게 흥미롭지 않다는 사실 때문에 흥미로운 대상이 되고, '흥미로운 사람'의 범주로 이동한다. 이러한 반복 작업을 통해 우리는 ㉠ <u>베켄바흐의 역설</u>에서 나타나는 언어철학적 특성을 이해할 수 있다. 과연 흥미롭다는 것은 무엇인가? 흥미롭다는 것을 정확히 정의할 수 있을까? 이러한 물음은 언어철학의 핵심 주제로 다양한 논쟁을 불러오고 있다.

① 흥미로움의 기준을 명확하게 정할 수 있다면 ㉠을 약화시킬 것이다.
② 세 번째로 '흥미롭지 않은 사람'도 역설에 의해 '흥미로운 사람'이 될 수 있다.
③ 단어의 의미는 사람에 따라 조금씩 차이를 보인다는 점에서 언어철학에 같은 의문을 던질 수 있다는 사실은 ㉠을 강화한다.
④ 이를 '찬성하는 사람들'과 '반대하는 사람들'의 구분에도 적용할 수 있다는 점은 ㉠을 강화한다.

문 5. 다음 글을 이해한 내용으로 적절하지 않은 것은?

콜링우드는 역사 연구의 접근 방식을 과학적 역사와 철학적 역사로 나누어 설명하였다. 콜링우드가 말하는 과학적 역사는 경험적 방법론에 기초하여 역사적 사실을 발견하고 재구성하는 접근 방식을 말한다. 과학적 역사는 역사적 사실을 발견하기 위해 고고학적 발굴, 문서 분석, 기록 검토 등의 경험적 방법을 사용한다. 역사가들은 물리적 증거와 문서에서 얻은 데이터를 바탕으로 과거의 사건들을 재구성하려 한다. 과학적 역사 연구는 가능한 한 객관적인 시각에서 과거의 사건들을 이해하려고 하며, 주관적인 해석을 최소화하려고 한다. 이는 역사적 사실이 개인의 해석이나 편견에 영향을 받지 않도록 하기 위함이다. 이 접근법은 사건의 발생 순서와 구체적인 사실을 명확하게 나열하고 정리하는 데 중점을 둔다. 이를 통해 역사가들은 사건의 정확한 경과를 추적하고, 그 사실을 바탕으로 신뢰성 있는 역사 서술을 작성하려 한다.

철학적 역사는 과거 사건의 의미와 인간의 정신적, 사회적 맥락을 탐구하는 접근 방식을 말한다. 철학적 역사는 단순히 과거의 사실을 나열하는 것이 아니라, 당시 사람들의 사유와 동기를 이해하고 재구성하려고 한다. 역사가들은 과거 사람들의 생각과 감정을 현재의 관점에서 재현함으로써 사건의 내면적인 의미를 파악하려고 한다. 철학적 역사 연구는 사건이 발생한 사회적, 정치적, 문화적 맥락을 고려하며, 사건의 의미를 깊이 분석하려고 한다. 이는 사건의 단순한 사실적 기록을 넘어, 그 사건이 당대 사람들에게 어떤 의미였는지를 이해하려는 노력이다. 이 접근법은 역사가가 자신의 상상력을 통해 과거의 세계를 '재현'하는 과정을 중요시한다. 이를 통해 역사가들은 당시의 사고 방식과 감정을 이해하고, 이를 현대의 독자에게 전달하려 한다.

① 과학적 역사는 주로 경험적 증거와 사실의 정리를 중심으로 하는 반면, 철학적 역사는 사건의 의미와 사유의 재구성에 중점을 둔다.
② 과학적 역사와 철학적 역사 모두 사건의 객관적인 기록을 넘어서, 당시 사람들의 생각과 감정을 이해하고 재구성하려고 한다.
③ 철학적 역사와 달리 과학적 역사는 역사적 사실의 정확성을 보장하기 위해 경험적 증거와 자료 분석에 중점을 둔다.
④ 과학적 역사는 역사가가 객관적인 증거를 기반으로 사건을 재구성하는 것에 중점을 두는 반면, 철학적 역사는 역사가가 사유를 재현하는 것에 중점을 둔다.

문 6. 밑줄 친 부분에 주목하여 <보기>의 ㄱ~ㄹ을 탐구한 내용으로 적절하지 않은 것은?

〈보기〉

ㄱ. 그는 어제 고향을 떠났다.
ㄴ. 지난겨울에는 정말 춥더라.
ㄷ. 친구와 함께 본 영화는 재미있었다.
ㄹ. 작년만 해도 이곳에는 나무가 적었었다.

① ㄱ을 보니, 시간 부사어를 사용하여 과거를 나타내고 있군.
② ㄴ을 보니, 선어말 어미 '-더'를 사용하여 과거의 경험을 회상하고 있군.
③ ㄷ을 보니, 동사는 관형사형 어미 '-(으)ㄴ'을 사용하여 과거에 일어난 일을 나타내는군.
④ ㄹ을 보니, 선어말 어미 '-었었-'을 사용하여 현재까지 지속되는 과거의 상황을 나타내는군.

문 7. 다음 글에 대한 독자의 반응으로 적절하지 않은 것은?

전자레인지는 마이크로파를 이용해 음식을 가열하는 가전제품으로, 기본 원리는 전자기파와 분자운동의 상호작용에 기초한다. 전자레인지 내부에는 마그네트론이라는 핵심 부품이 있으며, 이는 고주파의 전자기파(대략 2.45GHz 대역)를 생성한다.

마그네트론은 전기 에너지를 마이크로파로 변환하는 장치이다. 이 장치의 구조는 진공 상태의 챔버와 양극, 음극, 그리고 자기장으로 구성되어 있다. 전자가 음극에서 방출되어 양극으로 이동하는 과정에서 자기장에 의해 나선형 궤도를 따라 움직인다. 이러한 전자의 운동은 고주파 전자기파를 발생시킨다.

생성된 마이크로파는 도파관을 통해 조리 공간으로 전달된다. 마이크로파는 도파관 안에서 이리저리 충돌하며 여러 번 반사되어 방향을 바꾸고 조리실 전체에 골고루 분포된다. 이 과정에서 마이크로파는 금속 챔버 내부에서 반사와 간섭을 일으키며, 특정 위치에서 정재파 패턴을 형성한다. 마이크로파가 만들어낸 정재파는 음식 내부의 물, 지방, 탄수화물 등의 극성 분자를 진동시킨다.

모든 음식물이 정재파로 똑같이 데워지는 것은 아니다. 물 분자 등 극성 분자는 정재파 에너지를 잘 흡수하여 빠르게 데워지는 반면, 고기나 기름과 같이 비극성 분자는 정재파를 흡수하지 못하기 때문에 직접적으로는 데워지지 않는다. 이는 전자레인지에서 고기를 데울 때 표면만 익고 내부는 덜 익는 이유이다.

① 자기장은 전자를 음극에서 방출시켜 양극으로 이동하게 하겠군.
② 마이크로파는 도파관에 부딪히더라도 도파관에 흡수되지 않겠군.
③ 비극성 분자에 마이크로파를 조사하면 표면만 데워지겠군.
④ 전자는 조리실 내부에서 물과 탄수화물로 이루어진 찬밥을 데우기 전 나선형으로 움직였겠군.

문 8. 다음 글의 맥락을 고려할 때 (가)와 (나)에 들어갈 내용으로 가장 적절한 것은?

반전 문학은 전쟁의 참혹함과 비극을 다루며, 전쟁의 불합리성을 폭로하고 인간의 존엄성을 되새기게 하는 문학 장르이다. 대표적인 예로 에리히 마리아 레마르크의 「서부 전선 이상 없다」는 전쟁의 고통과 소모적 본질을 군인의 관점에서 생생하게 묘사하며, 전쟁을 영웅적으로 미화하려는 시도를 비판한다. 헤밍웨이의 「무기여 잘 있거라」는 전쟁과 사랑이라는 대조적 주제를 통해 전쟁의 부조리를 보여준다. 이들 작품은 전쟁의 개인적, 사회적 파괴를 드러내면서도 이를 묘사하는 방식에서 차이를 보인다.

레마르크는 전쟁 속에서 소멸되어 가는 젊은 군인의 삶을 통해 전쟁의 비인간성과 무의미함을 강조한다. 특히 그는 전쟁이 젊은 세대의 꿈과 희망을 산산이 부수며, 이를 통해 전체 사회가 입는 손실을 부각한다. 반면, 헤밍웨이는 인간의 내적 고뇌와 상실감에 초점을 맞추어, 전쟁이 개인의 정체성과 삶의 방향에 미치는 영향을 탐구한다. 이러한 차이는 작가들이 선택한 문학적 기법과 철학적 관점의 차이에서 비롯된다.

특히, 반전 문학은 당시 사회적, 정치적 맥락과도 깊이 연결되어 있다. 레마르크는 1차 세계대전의 참상을 배경으로, 전쟁의 충격이 (가) 에 미친 영향을 묘사한 반면, 헤밍웨이는 전쟁이 (나) 을 형성하는 데 기여했다고 본다. 이들의 작품은 전쟁 경험에 대한 기록일 뿐만 아니라, 독자들에게 전쟁의 의미를 성찰하도록 유도한다.

① (가): 개인의 심리적 트라우마
(나): 인간의 내적 성찰과 존재의 불확실성
② (가): 전체 사회의 구조적 변화
(나): 개인적 고통과 연대의 필요성
③ (가): 전체 사회의 구조적 변화
(나): 인간의 내적 성찰과 존재의 불확실성
④ (가): 개인의 심리적 트라우마
(나): 개인적 고통과 연대의 필요성

문 9. 다음 진술이 모두 참일 때 반드시 참이라고 할 수 없는 것은?

- 이번 대회의 우승자는 정호이거나 유정이일 것이다.
- 우리가 어떤 칭찬도 듣지 못한다면, 정호가 우승하지 못할 것이다.
- 유정이가 우승한다면, 유정이는 최다 우승자일 것이다.

① 정호가 우승한다면, 유정이는 최다 우승자가 아니다.
② 유정이가 우승하지 않는다면, 우리는 칭찬을 들을 것이다.
③ 유정이가 최다 우승자가 아니라면 우리는 칭찬을 들을 것이다.
④ 우리가 칭찬을 듣지 못한다면, 유정이는 최다 우승자일 것이다.

문 10. 다음 글의 맥락을 고려할 때 빈칸에 들어갈 말로 가장 적절한 것은?

래리 서머스는 미국의 경제 상황과 관련하여 연방준비제도(Fed)의 기준금리 동결에 대해 우려를 표명하고 있다. 그의 주장은 미국의 재정적 환경과 금리 정책의 상호작용에 대한 깊은 분석에 바탕을 두고 있다. 서머스는 미국의 장기물 국채 금리상승 현상이 정부의 부채 확대와 밀접하게 연관되어 있다고 주장한다. 장기물 국채 금리의 상승은 시장이 정부의 재정적 지속 가능성에 대해 우려하고 있음을 나타내며, 이는 정부가 새로운 부채를 발행할 때 더 높은 금리를 지불해야 한다는 기대를 반영한다. 이러한 금리 상승은 정부의 재정적 부담을 가중시키고, 이는 결국 경제 전반에 부정적인 영향을 미칠 가능성이 크다.

서머스는 이러한 상황에서 연준이 기준금리를 낮추는 것이 적절한 대응이 아니라고 본다. 기준금리를 낮추는 것은 단기적으로 경제를 자극할 수 있을지 모르지만, 장기적으로는 정부의 부채가 더 커지고, 더 높은 시장금리(특히 국채 금리)가 발생하게 될 위험이 있다. 정부가 더 많은 자금을 차입하려 할 때, 그 자금 조달에 대한 비용이 증가하기 때문이다. 즉, 정부가 계속해서 국채를 발행하여 자금을 조달하는 상황에서는 시장에서 국채가 더 많이 공급되므로, 국채 금리가 상승한다. 금리를 낮추는 것은 단기적인 경제 성장을 자극할 수 있지만, 장기적으로는 정부의 부채가 증가하고, 더 높은 이자 비용이 발생하며, 이는 경제 전반의 불안정을 초래할 수 있다. 또한, 정부의 부채가 증가할수록 국가의 신용도가 악화될 수 있고, 이에 따라 국채 금리가 더 오를 위험이 커진다.

서머스는 또한 현재 시장에서 연준의 금리 인상이 종료되었다는 주장이 지나치게 낙관적이라고 평가한다. 그는 미국의 재정 상황이 더욱 심각해질 수 있다는 점을 강조하며, 이러한 상황은 시간이 지남에 따라 기준금리와 시장금리(국채 금리) 모두 더 상승할 동력을 제공할 수 있다고 경고한다. 즉, 미국의 재정적 긴장이 높아지면 기준금리와 국채 금리 모두 상승할 가능성이 크며, 이는 금융시장의 안정성에 부정적인 영향을 미칠 수 있다. 그는 또한, 현재 연준의 금리 정책이 너무 지나치게 신속한 반응으로 해석되고 있으며, 정부의 재정적 현실을 충분히 반영하지 못했다고 지적한다. 결과적으로 서머스는 기준금리가 이미 충분히 높았고, 금리 인상 사이클의 종료가 확정적이라고 보기에는 시기상조라고 평가한다.

따라서 서머스는 현재의 경제적 상황과 금리 정책에 대한 보다 신중한 접근이 필요하다고 주장한다. 그는 (   ) 점을 고려할 때, 기준금리를 낮추는 것이 아니라 기준금리를 적절히 유지하는 것이 장기적인 경제 안정성을 확보하는 데 중요하다고 본다. 이는 단기적인 경제 성장을 추구하는 것보다, 지속 가능한 재정 정책과 안정적인 금융 환경을 유지하는 것이 더 중요하다는 그의 핵심적인 경제적 관점을 반영한다.

① 국채 발행을 멈추면 국채 금리가 상승한다는
② 단기적인 경제 성장을 추동할 수 있다는
③ 정부가 기존 부채에 대해 더 높은 금리를 지불해야 한다는
④ 정부가 자금을 사들일 때, 자금 조달에 대한 비용이 증가한다는

문 11. 다음 글의 내용 흐름상 가장 적절한 문단 배열 순서는?

(가) 기술의 고도화가 낳은 현대 정보 사회를 장밋빛 유토피아로 보아야 할까? 아니면 조지 오웰의 소설 속에 등장하는 디스토피아* 사회로 보아야 할 것인가. 현재 그 성격에 대한 논의에서는 크게 두 가지 입장이 대립한다.

(나) 단절과 연속을 두고 벌이는 논쟁에서 어떤 것이 더 타당한가를 판단하는 것은 쉽지 않다. 사회는 복합적인 구성체로 어느 한 부분만 주목해서는 전체 흐름을 파악하는 데 한계가 발생하기 때문이다. 변화를 꾀할 필요도 없지만 그렇다고 해서 그 변화를 애써 무시하는 것도 바람직한 태도가 아니다. 따라서 정보사회를 적절히 받아들이기 위해서는 연속과 단절을 객관적으로 파악하는 균형 잡힌 분석 틀이 개발되어야 할 것이다.

(다) 한편으로 정보 사회를 자본주의와 산업 사회의 연속선상에서 바라보는 입장이 존재한다. 이들은 정보 기술 개발과 확산이 자본의 논리에 따라 진행되며, 그로 인해 시장 경쟁이 치열해지고 자본의 힘이 강화되어 자본주의가 고도화한다는 점을 부각한다. 허버트 실러를 비롯해 미셸 아글리에타, 케빈 로빈스, 프랭크 웹스터, 데이비드 라이언 등이 이런 시각을 대표한다.

(라) 제3의 물결론을 제시한 앨빈 토플러와 같은 몇몇 학자들은 정보사회를 기존의 산업 사회, 자본주의와는 구별되는 또 다른 사회라고 보는 견해를 취하고 있다. 탈산업사회론(대니얼 벨)이나, 정보 사회가 노동의 유연성을 높이고 다기능 노동자를 가능하게 한다는 주장을 펼치고 있는 유연 전문화론(마이클 피오레), 그리고 정보의 발전 양식론(마누엘 카스텔스) 등이 여기에 포함된다. 이들은 연속적 측면보다는 변화에 초점을 맞추고, 변화의 결과로서 나타나는 산업 사회와 정보사회의 단절을 강조한다.

* 디스토피아: 현대 사회의 부정적인 측면이 극단화한 암울한 미래상

① (가) - (나) - (다) - (라)
② (가) - (나) - (라) - (다)
③ (가) - (라) - (나) - (다)
④ (가) - (라) - (다) - (나)

문 12. 다음 결론을 도출하기 위해 빈칸에 추가해야 할 전제는?

ㅇ 날벌레들이 몰려다니면, 하늘이 우중충하다.
ㅇ [   ]
따라서, 날벌레들이 몰려다니면, 태풍이 온다.

① 날벌레들이 몰려다닌다.
② 하늘이 우중충하다.
③ 하늘이 우중충하면, 태풍이 온다.
④ 태풍이 오면, 하늘이 우중충하다.

문 13. 다음 글의 내용으로 적절한 것은?

신석정의 시 「꽃덤불」은 잃어버린 이상과 좌절한 현실을 배경으로, 참된 태양, 즉 진정한 희망과 미래를 갈망하는 모습을 담고 있다. 시에서 태양은 단순한 자연적 대상이 아니라, 진정한 이상과 정의, 희망의 상징으로 사용된다. 첫 연에서 '태양을 의논하는 거룩한 이야기는 항상 태양을 등진 곳에서만 비롯하였다'라는 표현은, 태양이라는 이상적 목표를 이야기하면서도 현실에서는 그 목표와 정면으로 마주하지 못하는 모순된 상황을 나타낸다.

2연 '달빛이 흡사 비오듯 쏟아지는 밤에도'라는 구절을 통해, 차가운 달빛 아래에서 헐어진 성터를 방황하는 상황을 묘사한다. 성터는 과거의 영광이나 이상이 무너진 현실, 즉 일제 강점기를 상징하며, 시인은 그런 상황 속에서도 참된 태양, 즉 잃어버린 희망과 정의가 언제 다시 우리 앞에 나타날 것인가를 고민한다. 이 과정에서 시인은 '가슴을 쥐어뜯으며'라는 표현을 반복하며, 답답함과 고통을 절절히 드러내고 있다.

3연은 '그러는 동안에'라는 구절을 반복하며, 이상을 향한 고통스러운 기다림의 세월을 강조한다. 그동안 많은 벗들이 떠나거나, 자신을 배신하며 상처받는 과정을 시인은 담담하게 서술하고 있다. '영영 잃어버린 벗', '멀리 떠나버린 벗', '몸을 팔아버린 벗', '맘을 팔아버린 벗'이라는 구절을 통해, 세월이 지나면서 인간관계와 이상이 변질되고 무너져가는 모습을 그려낸다.

마지막 연에서 시인은 '드디어 서른여섯 해가 지나갔다'라고 말하며, 일제 강점기 시대가 끝났음을 표현하고 있다. 그러나 '다시 우러러보는 이 하늘에 / 겨울 밤 달이 아직도 차거니'의 표현을 통해 겨울 밤처럼 여전히 차가운 현실을 체감한다. 이어서 '오는 봄엔 분수처럼 쏟아지는 태양을 안고 그 어느 언덕 꽃덤불에 아늑히 안겨보리라'라는 구절로 마무리되는 시는, 차가운 현실 속에서도 참된 태양이 나타나는 날, 즉 이상이 실현되는 날을 기다리며 꽃덤불 속에서 평화를 꿈꾸는 모습을 그린다.

① '달빛', '밤', '겨울 밤'은 모두 동일한 시대를 표현하고 있다.
② <꽃덤불>은 시간의 흐름에 따라 시상을 전개하고 있다.
③ '가슴을 쥐어뜯으며'라는 표현은 화자의 외적 갈등을 표현하고 있다.
④ 마지막 연의 '꽃덤불'은 조국이 광복되는 꿈이 실현되는 날을 상징한다.

문 14. 다음 글의 전개 방식으로 옳은 것은?

국민연금은 단순히 노후 소득 보장의 장치로 이해되기 쉽지만, 그 실질적 운영과 관련된 문제는 국가적 차원에서 복합적이다. 이는 재정적 안정성, 세대 간 형평성, 그리고 사회적 신뢰라는 세 가지 축에서 모두 균형을 맞춰야 하는 과제를 안고 있다.

우선, 국민연금의 재정 문제는 급격한 인구 구조의 변화 속에서 심화되고 있다. 보험료율 인상은 가장 직관적인 해결책으로 보이지만, 소득 불평등이 심화된 상황에서 이는 특정 계층의 경제적 부담을 지나치게 증가시킬 가능성이 있다. 따라서 단순한 보험료율 조정보다는, 연금 수급 자격을 강화하거나, 기금 운용 방식을 개편하여 재정적 문제를 해소해야 한다는 목소리가 높아지고 있다.

그러나 이러한 조치들 또한 각기 다른 문제를 내포한다. 연금 수급 연령을 상향 조정하는 방식은, 노동 가능 연령과 기대 수명 간의 격차를 간과할 수 있다는 비판을 받는다. 기대 수명이 길어졌다고 해서 모든 사람들이 노동 가능 상태를 유지할 수 있는 것은 아니기 때문이다. 반면, 기금 운용 수익률 제고를 통한 재정 안정화는 투자 위험을 높일 가능성을 동반하며, 단기적 수익 극대화가 오히려 장기적 안정성을 훼손할 수 있다는 우려가 제기된다.

또한, 국민연금은 세대 간 형평성을 둘러싼 갈등도 안고 있다. 현재의 고령 세대가 연금 혜택을 받는 동안, 젊은 세대는 보험료 납부의 부담만을 지게 될 가능성이 크다. 이러한 구조적 불균형은 단순히 재정적 문제를 넘어 사회적 신뢰를 약화시키는 결과를 초래할 수 있다. 따라서 국민연금의 개선 방안은 단기적 수익이나 비용의 문제를 넘어, 각 세대 간의 공정성과 신뢰를 회복하는 데 초점이 맞춰져야 한다.

마지막으로, 국민연금제도는 사회적 합의를 통해 지속적으로 개선되어야 한다. 연금제도가 단순히 현세대의 노후를 보장하기 위한 것이 아니라, 세대 간 연대를 통해 사회 전체의 안정성을 확보하는 기반으로 자리 잡기 위해서는, 제도의 설계와 운영에서 경제적 효율성과 사회적 공정성을 모두 만족시키는 방향으로 나아가야 할 것이다.

① 국민연금의 기능적 한계를 중심으로, 재정 문제의 구체적 대안을 논의하고, 세대 간 형평성 회복의 중요성을 제시한다.
② 국민연금의 사회적 역할을 설명하며, 그 재정적 문제를 단기적 해결책을 통해 극복할 필요성을 강조한다.
③ 국민연금의 문제를 재정, 형평성, 신뢰라는 세 축으로 나누어 분석하고, 각 대안의 한계와 개선 방향을 논의한다.
④ 국민연금의 개념과 구조를 설명하며, 주요 문제와 해결책을 중심으로 사회적 합의를 촉구한다.

문 15. 다음 글의 진술 방식에 대한 설명으로 적절하지 않은 것은?

아들러의 개인심리학은 인간의 행동을 이해하는 데 있어 중요한 심리학적 접근 중 하나이다. 아들러는 인간이 본질적으로 사회적 존재이며, 자신의 열등감을 극복하기 위해 노력한다고 보았다. 그는 이를 '열등 콤플렉스'라고 명명하고, 이 콤플렉스가 인간의 동기와 행동을 형성하는 중요한 요소라고 주장하였다.

예를 들어, 키가 작아 놀림을 받았던 아이는 커서 권력을 추구하는 경향을 보일 수 있으며, 이는 그 아이가 느꼈던 열등감을 극복하려는 노력의 일환이다. 아들러는 이러한 과정을 통해 인간 행동의 배경에 있는 심리적 동기를 이해하고자 했다.

아들러의 이론은 또한 '사회적 관심'이라는 개념을 중심으로 한다. 그는 개인이 사회적 관계 속에서 자신의 가치를 찾고, 타인과의 협력을 통해 자아를 실현할 때 진정한 행복을 느낀다고 보았다. 그러나, 일부 학자들은 아들러의 이론이 지나치게 사회적 요소에만 치우쳐 있으며, 개인의 생물학적 또는 유전적 요인을 충분히 고려하지 않는다고 지적한다.

① 구체적인 사례를 통해 이론의 주요 개념을 설명하고 있다.
② 대조적인 시각을 제시하여 이론의 한계를 보완하고 있다.
③ 인간 행동의 심리적 동기를 중심으로 이론을 전개하고 있다.
④ 사회적 관계와 개인적 가치 실현을 강조하는 논지로 이론을 설명하고 있다.

문 16. 다음 빈칸에 들어갈 말로 가장 적절한 것은?

A, B, C, D 네 과자 회사의 제작과 관련하여 다음과 같은 사실들이 알려졌다.

○ A와 B 적어도 한 곳은 '감자칩'을 만들지 않는 것은 아니다.
○ C가 '새우칩'과 '두부칩'을 만들면 D는 '야채칩'을 만든다.
○ B가 '감자칩'을 만들면 C는 '새우칩'과 '두부칩'을 만든다.
○ D가 '야채칩'을 만들지 않는다.

이를 통해 A가 '(   )'을 만든다는 것을 알 수 있게 되었다.

① 새우칩　② 두부칩
③ 야채칩　④ 감자칩

[17~18] 다음 글을 읽고 물음에 답하시오.

조선 시대의 유학자들은 왕권의 기반이 민심에 있으며 민심을 천심으로 받아들여야 한다고 보는 민본(民本) 사상을 통치 기조로 삼을 것을 주장했다. 이러한 관점에서 군주는 백성의 뜻을 하늘의 뜻으로 받들며 섬기고 덕성을 갖춘 성군으로서 백성의 모범이 되어야 하며, 백성을 사랑하는 애민의 태도로 백성의 삶을 안정시키고 백성을 교화해야 하는 존재라고 강조했다. 또한 백성은 보살핌과 가르침을 받는 존재로서 통치에 ⓐ 순응해야 한다고 보았다.

군주와 백성에 대한 이러한 관점은 조선 개국을 주도하고 통치 체제를 설계한 정도전의 주장에도 드러난다. 정도전은 군주나 관료가 백성에 대한 통치권을 지닌 것은 백성을 지배하기 위한 것이 아니라 백성을 보살피고 안정시키기 위한 것이라고 보았다. 군주나 관료가 지배자가 아니라 백성을 위해 일하는 봉사자일 때 이들의 지위나 녹봉은 그 정당성이 확보된다고 여긴 것이다. 또한 왕권이 정상적으로 작동하기 위해서는 왕을 정점으로 하여 관료 조직을 위계적으로 ⓑ 정비하는 것과 더불어, 민심을 받들어 백성을 보살피는 자로서 군주가 덕성을 갖추는 것이 중요하다고 보았다.

조선 중기의 학자 이이 역시 군주의 바람직한 덕성을 강조한 한편 군주와 백성의 관계를 부모와 자식의 관계에 빗대어 백성을 보살펴야 하는 대상이라 논했다. 이이는 특히 애민은 부모가 자녀를 가르치듯 군주가 백성들을 도덕적으로 교화함으로써 실현되며, 교화를 ⓒ 순조롭게 이루기 위해서는 우선 백성들을 경제적으로 안정시켜야 한다는 점을 강조했다. 또한 백성은 군주에 대한 신망을 지닐 수도 버릴 수도 있는 존재이므로, 군주는 백성을 두려워하는 외민(畏民)의 태도를 지녀야 함을 역설했다.

조선 후기의 학자 정약용은 환자나 극빈자, 노인과 어린이 등 사회적 약자에 속하는 백성을 적극적으로 보호하는 것이 애민의 내용이라고 주장했다. 이는 백성을 보살핌의 대상으로 바라보는 시각을 구체화한 것이라 할 수 있다. 한편 정약용은 백성을 통치 체제 유지에 기여해야 하는 존재라 보고, 백성이 각자의 경제적 형편에 ⓓ 부합하는 역할을 수행해야 한다고 주장하여 백성에 대한 기존의 관점과 차이를 드러냈다. 그는 가난한 백성인 '소민'은 교화를 따름으로써, 부유한 백성인 '대민'은 생산 수단을 제공하고 납세의 부담을 맡음으로써 통치 질서의 안정에 기여해야 한다고 논했다. 이는 조선 후기 농업 기술과 상·공업의 발달로 인해 재산을 축적한 백성들이 등장한 현실을 고려한 것으로, 백성이 국가를 유지하는 근간이라고 보는 관점에 기반한 주장이었다.

문 17. 윗글을 바탕으로 <보기>를 이해한 내용으로 적절하지 않은 것은?

<보기>

ㄱ. 옛날에 바야흐로 온 세상을 제압하고 나서 천자가 벼슬을 내리고 녹봉을 나누어 준 것은 신하들을 위해서가 아니라 백성들을 위한 것이었다. (중략) 임금이 관리에게 책임을 지우는 것도 한결같이 백성에 근본을 두고, 관리가 임금에게 보고하는 것도 한결같이 백성에 근본을 두면, 백성은 중요한 존재가 된다.

- 정도전, 삼봉집 -

ㄴ. 청컨대 전하의 식사와 옷에서부터, 바치는 물건들과 대궐 안에서 일상적으로 쓰는 물건들 일체를 삼 분의 일 줄이십시오. 이런 방식으로 헤아려서 모든 팔도의 진상·공물들도 삼 분의 일 줄이십시오. 이렇게만 하신다면 은택이 아래로 미치어 백성들이 실질적인 혜택을 받게 될 것입니다.

- 이이, 율곡전서 -

ㄷ. 만일 목화 농사가 흉작이 되어 면포의 가격이 뛰어 오르는데 수백 리 밖의 고장은 풍년이 들어 면포의 값이 매우 쌀 경우 수령은 일단 백성에게 군포를 납부하지 말도록 해야 한다. 그리고 아전 중 청렴한 자를 골라 풍년이 든 곳에 가서 면포를 구입해 오도록 하여 군포를 바친다. 그리고 면포를 구입하는 데 쓴 돈은 백성들이 균등하게 부담케 하면 백성에게 큰 혜택이 돌아갈 것이다.

- 정약용, 목민심서 -

① ㄱ은 관료의 녹봉이 백성을 위해 일하는 봉사자로서 얻는 것이라는 주장과 관련된다.
② ㄴ은 군주가 백성을 보살피는 존재라는 시각을 바탕으로 한다.
③ ㄷ은 대민과 소민에 따라 납세 부담에 차이가 있어야 한다는 주장을 구현하는 방법이다.
④ ㄴ과 ㄷ은 백성의 경제적 안정을 중시하는 관점에서 제안된 방안에 해당한다.

문 18. 문맥상 ⓐ~ⓓ와 바꿔 쓰기에 적절하지 않은 것은?

① ⓐ: 따라야
② ⓑ: 가다듬는
③ ⓒ: 끊임없이
④ ⓓ: 걸맞은

문 19. 다음 글의 내용으로 적절한 것은?

만델라 효과는 다수의 사람들이 동일한 사건이나 사실에 대해 잘못된 기억을 공유하는 현상을 일컫는다. 이 용어는 남아프리카 공화국의 반아파르트헤이트 운동 지도자 넬슨 만델라가 1980년에 사망했다는 잘못된 기억에서 유래되었다. 실제로 만델라는 2013년에 사망했지만, 많은 사람들이 이전에 그의 사망을 잘못 기억하고 있었다.

만델라 효과는 다양한 사례에서 나타나는데, 유명한 예로는 '베네딕트 커버비의 'The Berenstain Bears'의 철자가 'Berenstein'으로 기억되는 경우가 있다. 실제로는 'Berenstain'으로 철자가 되어 있으나, 많은 사람들이 'Berenstein'으로 잘못 기억하고 있다. 또 다른 예로는 영화 '스타워즈'에서 다스 베이더가 'Luke, I am your father'라고 말한 것으로 기억되지만, 실제 대사는 'No, I am your father'이다.

심리학자들은 만델라 효과를 다양한 요인으로 설명하려 한다. 그중 하나는 집단 기억의 영향으로, 사람들이 서로의 기억을 공유하면서 잘못된 정보가 확산될 수 있다는 것이다. 또한, 확증 편향과 잘못된 정보의 재생산도 만델라 효과의 발생에 기여할 수 있다. 이 외에도, 대안 현실이나 다중 우주 이론과 같은 비과학적 설명도 제시되기도 하지만, 과학적 증거는 부족하다.

만델라 효과는 현대 사회에서 정보의 빠른 확산과 소셜 미디어의 영향으로 더욱 두드러지게 나타나고 있다. 잘못된 정보가 빠르게 퍼지고, 사람들이 이를 자신의 기억으로 받아들이면서 집단적으로 동일한 잘못된 기억을 형성하게 된다. 이는 개인의 기억뿐만 아니라 사회 전체의 기억 형성에도 영향을 미칠 수 있음을 시사한다.

결론적으로, 만델라 효과는 기억의 신뢰성과 정보의 정확성에 대한 중요한 질문을 던진다. 이는 개인의 인지 과정과 사회적 상호작용이 어떻게 기억의 왜곡을 초래할 수 있는지를 이해하는 데 중요한 연구 주제로 자리매김하고 있다. 또한, 정보 시대에 올바른 정보의 전달과 비판적 사고의 중요성을 강조하는 계기가 되고 있다.

① 만델라 효과는 주로 개인의 고유한 기억 오류에서 비롯된다.
② 소셜 미디어의 발달은 만델라 효과의 발생 빈도를 줄이는 데 기여한다.
③ 집단 기억과 확증 편향은 만델라 효과를 설명하는 데 중요한 요소로 작용한다.
④ 대안 현실과 다중 우주 이론은 만델라 효과를 과학적으로 입증하는 주요 이론들이다.

문 20. 다음 글을 읽고 추론한 것으로 가장 옳은 것은?

지난 2000년 7월 의약분업 시행 초기, 의료인이 인터넷이나 전자우편을 통해 약국에 보내는 '전자처방전'의 법적 효력 여부에 대해 논란이 있었다. 당시 주무부처였던 보건복지부는 인터넷 처방전은 약사를 위한 참고용에 불과하고 문서로 출력된 의사의 처방전이 있어야만 약사의 처방이 가능하다면서 전자처방전의 효력을 부정하였다. 이에 대해 의료업계에서는 환자와 의료기관의 불편을 초래하는 시대착오적 발상이라고 비판하였다.

정부와 업계 사이의 이견은 2002년 3월 30일 개정된 의료법에 의해 조정되었다. 개정된 의료법은 전자의료기록의 문서성과 전자처방전의 발송을 인정하고, 의료기관 간 혹은 의사 간 원격진료를 허용하는 규정을 두었다. 이에 따라 전자의료기록에 전자서명법에 의한 전자인증서명을 하면 공식 의무기록으로 인정받게 되었고, 병원과 약국 간 전자처방전 발송도 가능하게 되었다.

한편, 보건복지부는 약사법 제○○조를 근거로 약국 개설자가 약국 이외의 장소에서 의약품을 판매할 수 없도록 하여 온라인 약국 개설 자체를 부정하고 있다. 또한 약사법 제□□조에 근거하여 약사 또는 한의사가 약국 또는 의료기관의 조제실에서만 약을 조제하도록 제한하고 있다. 더욱이 환자에 대한 복약지도 의무가 약사에게 부과됨에 따라 '복약지도를 위해 조제약은 가급적 환자 본인이 수령하는 것이 바람직하다.'는 입장에서 의약품 택배 서비스는 인정되지 않고 있다. 의료기관과 약국 간의 담합우려, 사고 발생 시 책임소재의 문제 역시 의약품 택배 서비스를 인정하기 어렵게 만든다. 다만, 환자의 요구가 있거나 조제 중 약국에서 대기하기 어려운 환자 등 부득이한 경우, 반드시 약사가 직접 조제약을 배달하고 복약 지도를 실시하고 있다.

① 의사협회는 문서로 출력된 의사의 처방전이 있어야만 약사의 처방이 가능하다면서 전자처방전의 효력을 부인하였다.
② 2002년 3월 30일 개정된 의료법에 따라 전자인증서명이 생략된 전자의료기록도 공식 의무기록으로 인정된다.
③ 약사법은 약사가 약을 조제할 수 있는 장소를 제한하는 규정을 두고 있다.
④ 환자의 요구가 있으면 약사의 대리인이 조제약을 배달할 수 있다.

약점 보완 해설집 p.29

제9회 모의고사

문 1. 다음 글을 고쳐 쓰기 위한 구상으로 적절하지 않은 것은?

프로그램명	판자촌 벽화 그리기
개인 단체	△△대학교 사회봉사단

제안 이유

○○동 판자촌은 좁고 낡은 주거 환경으로 인해 주민들이 기본적인 생활조차 어려움을 겪는 곳입니다. 특히 비가 새는 천장과 찬 바람이 스며드는 벽은 쾌적한 생활을 방해하여 주민들은 각종 질병의 위협에 ㉠ 놓여지게 됩니다. 이러한 환경은 주민들에게 심리적, 육체적 부담이 됩니다. 더 나아가, 아이들에게는 건강과 안전에 위협이 되는 환경을 제공하며, 가족들이 함께 시간을 보내기 어려운 상황을 초래합니다. ㉡ 빈곤은 단순히 지방 정부의 차원이 아닌, 전세계적 지원이 필요한 국제적 문제입니다.

사랑의 집짓기 사업은 이와 같은 주거 환경 문제를 해결하고, 주민들에게 안정적이고 따뜻한 보금자리를 제공하기 위해 제안되었습니다. 이는 단순히 건물의 외관과 내부를 개선하는 것을 넘어, 주민들의 삶의 질을 높이고, 희망을 품을 수 있는 공간을 만들어가는 데 중점을 두고자 합니다.

제안 내용

사랑의 집짓기 사업은 단순한 주거 공간 개선을 초월합니다. 이것의 요점은 주민들의 자부심과 소속감을 ㉢ 높입니다. 먼저, 주민들을 대상으로 설문 조사를 진행해 원하는 공간의 디자인과 테마를 선정할 예정입니다. 이를 통해 주민의 의견이 반영된 맞춤형 설계가 가능해질 것입니다.

건축 작업은 지역 축제 기간 동안 진행되며, 주민들도 자원봉사 형태로 참여하여 함께 색을 입히고 공간을 만들어가는 과정을 경험하게 됩니다. 완성 후에는 새로운 공간의 ㉣ 발호를 축하하는 기념 행사를 열어 모두가 함께 그 성과를 나누는 시간을 가질 계획입니다.

① ㉠은 이중 피동이므로 '놓여진다'로 고쳐야겠어.
② ㉡은 글의 자연스러운 연결을 위해 삭제하는 것이 좋겠어.
③ ㉢은 문장의 호응 관계를 고려하여 '높이는 것입니다'로 고쳐야겠어.
④ ㉣은 문맥에 어울리지 않으므로 '등장'으로 바꿔야겠어.

문 2. 다음 글의 주장으로 가장 적절한 것은?

> 경제적 효율성을 높이기 위해 가장 중요한 것은 자유 시장 경제를 지지하는 것입니다. 자유 시장은 개인의 선택과 자율성을 존중하며, 자원이 가장 필요한 곳에 효율적으로 배분될 수 있도록 합니다. 이는 경쟁을 통해 달성되며, 혁신과 발전을 촉진합니다.
>
> 가격은 자유 시장에서 중요한 역할을 합니다. 가격은 수요와 공급의 상호작용을 반영하며, 자원의 희소성과 소비자의 선호도를 나타냅니다. 정부가 가격을 인위적으로 조정하는 것은 시장의 자연스러운 조정 메커니즘을 방해합니다. 따라서, 가격 체계가 자유롭게 작동할 수 있도록 해야 합니다.
>
> 정부의 과도한 개입은 시장의 자율성을 저해하고 경제적 효율성을 떨어뜨립니다. 정부의 역할은 법적 틀을 제공하고, 공정한 경쟁을 보장하며, 사유재산권을 보호하는 것에 국한되어야 합니다. 특히, 중앙 계획 경제나 지나친 규제는 피해야 합니다. 이는 자원의 비효율적인 배분을 초래하고, 개인의 창의성과 혁신을 억제합니다.
>
> 경쟁은 효율성을 높이는 핵심 요소입니다. 기업 간의 경쟁은 더 나은 제품과 서비스를 제공하도록 자극하고, 비용을 절감하며, 소비자에게 더 많은 선택권을 제공합니다. 독점이나 과점은 이를 방해하므로, 반독점법을 통해 공정한 경쟁을 촉진해야 합니다.

① 사기업들은 정부가 수립한 경제 계획을 충실히 이행해야 한다.
② 경제적 효율성을 높이기 위해서는 정부의 지나친 개입이 있어서는 안 된다.
③ 정부는 기업에 대한 규제를 강화하여 사회 전반에 부가가치가 환원되도록 해야 한다.
④ 비효율적인 국유 자산을 매각하여 효율적 자원 분배를 도모해야 한다.

문 3. 토론자들의 말하기 방식에 대한 설명으로 적절한 것은?

사회자: 오늘 토론의 주제는 '선택적 복지와 보편적 복지 중 우리 사회에 어떤 복지 시스템이 필요한가?'입니다. 먼저, 선택적 복지 측 의견부터 들어볼까요?

선택적 복지 측: 선택적 복지는 제한된 재원을 가장 필요한 사람들에게 집중하여 사용할 수 있다는 효율성이 있습니다. 통계청에서 발표한 2024년 자료를 통해 볼 때, 제한된 재원을 특정 계층에게 집중하여 복지 서비스를 제공한 경우 취약 계층들의 경제적 자립도는 30% 이상 향상되었음을 확인할 수 있습니다. 이는 사회적 취약 계층의 삶을 효과적으로 지원하고 낭비를 최소화하는 데 도움이 된다는 것을 방증하고 있습니다. 또한 복지 혜택을 받는 사람들은 자신들의 삶에 책임을 지도록 유도하여 개인의 자립을 촉진하고 사회 안전망의 지속가능성을 높이는 데 기여합니다.

사회자: 감사합니다. 이제 보편적 복지 측 의견을 들어볼까요?

보편적 복지 측: 보편적 복지는 모든 국민에게 동등한 기회를 제공하여 사회적 불평등을 완화하는 데 도움이 됩니다. 이는 사회 구성원 간의 연대감을 강화하고 사회적 통합을 촉진합니다. 또한 보편적 복지는 복잡한 자격 심사 절차 없이 모든 국민에게 혜택을 제공하므로 복지 혜택 제공 비용을 줄일 수 있습니다.

사회자: 양측의 의견을 들어보았습니다. 이제 선택적 복지 측은 보편적 복지 측의 주장에 대한 반론을 해주세요.

선택적 복지 측: 보편적 복지는 재정적 부담이 커 지속가능성이 낮다는 우려가 있습니다.

사회자: 보편적 복지 측은 선택적 복지 측에 반론을 제기해 주세요.

보편적 복지 측: 책임감 강화는 개인의 상황에 따라 다를 수 있으며, 모든 사람들에게 동일하게 적용하기 어렵습니다.

① 선택적 복지 측은 친숙한 예시를 사용하여 자신의 견해를 펼치고 있다.
② 선택적 복지 측은 논문을 인용하며 논지를 보충하고 있다.
③ 보편적 복지 측은 행정 비용 측면을 강조한 의견을 제시하였다.
④ 보편적 복지 측은 선택적 복지 측이 제시한 연대의 논리에 반박하였다.

문 4. 다음 글에서 제시한 문제의 예시로 가장 옳지 않은 것은?

워킹맘은 사회 활동과 가정을 병행하는 여성을 일컫는 말이다. 여성의 사회 참여는 늘어나고 있으나 가정 내의 육아 및 가사에 있어서는 여성 부담이 전적으로 큰 한국의 현실에서 30대 초반 여성의 경력 단절 현상이 심화되고 있다. 겨울방학이 다가오면서 워킹맘들의 가슴은 하루하루 타들어 가고 있다. 방학 동안 아이를 맡길 곳이 마땅히 없기 때문이다. 각 지방자치 단체의 보육 상담 센터마다 '불안해서 일이 손에 잡히지 않는다, 방학 동안 아이를 어디에 보내야 하느냐'는 내용의 상담이 줄을 잇는다. 회사와 집이 가까우면 점심시간에 아이 밥이라도 챙겨 주겠지만 거리가 멀다면 그것도 여의치가 않다. 그나마 초등학교 고학년 아이라면 상황이 좋은 편이다. 저학년 아이를 혼자 둬야 하는 워킹맘은 지푸라기라도 잡고 싶은 심정이다. 또한 워킹맘에 대한 가사와 육아 및 사회 활동마저 완벽해야 한다는 주변의 바람과 사회적 시선은 부담을 가중시키게 된다. 상황이 이렇다 보니 엄마들이 모이는 커뮤니티에는 아이를 돌봐줄 사람을 구한다는 글이 수없이 올라온다. 그러나 그 비용 역시 만만치 않아 쉬운 일이 아니다. 우리나라에서도 일, 가정 양립 지원 정책으로 직장 내 보육 시설의 확충, 적절한 기간과 급여를 지급하는 산전·후 휴가 및 육아 휴직 등을 시행하고 있지만 여전히 제도의 정착이 미흡하며 사업장 내에서의 적용이 실질적으로 어려워 워킹맘들이 겪는 부담감과 아이들이 겪는 고통은 여전히 클 수밖에 없다.

① 아이를 맡길 곳이 없어 결국 일을 그만두고 경력이 단절된 아이 둘의 어머니
② 맞벌이를 하시는 부모님 때문에 하루 종일 집에 혼자 있어야 하는 초등학교 2학년 아이
③ 낮 시간에 아이의 외할머니가 방문해 아이를 챙겨 주는 가정
④ 근무시간에 아이를 돌봐 줄 사람을 찾아보았지만 만만찮은 비용 때문에 퇴사를 고민하고 있는 워킹맘

문 5. '롤랑 바르트의 기호학적 이론'을 이해한 내용으로 적절하지 않은 것은?

롤랑 바르트의 기호학적 이론은 기호와 의미 생성의 복잡한 과정을 분석하는 데 중점을 둔다. 바르트의 기호학적 이론은 크게 기표(signifier)와 기의(signified)에 기반을 둔다. 기표는 기호의 물리적 형태나 표상, 즉 소리, 이미지, 문자 등을 의미하며, 기의는 그 기표가 나타내는 개념이나 의미를 뜻한다. 바르트는 기표와 기의의 관계를 '기호(sign)'로 묘사하며, 기호는 기표와 기의의 결합으로 형성된다고 설명하였다.

바르트는 기호가 단순히 고정된 의미를 갖는 것이 아니라, 다양한 사회적, 문화적 맥락 속에서 의미가 변화할 수 있다고 보았다. 이는 '기호의 유동성'을 의미하며, 바르트는 기호가 특정한 맥락에서 형성되는 의미와 해석의 차이에 주목하였다.

그의 기호학적 이론에서 중요한 개념 중 하나는 '신화적 기호학'이다. 바르트는 현대 사회에서 기호가 단순한 의미 전달을 넘어서 '신화'를 형성한다고 보았다. 신화는 특정한 사회적, 문화적 가치나 이데올로기를 내포하며, 기호를 통해 이러한 가치가 자연스럽고 당연한 것으로 인식되도록 한다. 바르트는 신화를 문화적 코드와 이데올로기의 재현으로 보며, 신화가 어떻게 기호를 통해 사회적 규범과 가치를 강화하고 재생산하는지를 설명하였다.

또한, 바르트는 기호가 특정한 이데올로기적 힘을 가지며, 이데올로기는 기호를 통해 사회적 권력 구조를 재생산한다고 주장하였다. 그는 기호가 단순히 정보를 전달하는 것이 아니라, 사회적 권력과 이데올로기를 반영하고 강화한다고 보았다. 따라서 기호의 분석은 단순히 의미를 해석하는 것을 넘어서 사회적 권력과 이데올로기의 구조를 이해하는 데 중요한 도구가 된다.

① 기표의 이미지와 기의가 가리키는 개념이 합쳐져 기호를 형성한다.
② 기호는 단순한 정보 전달뿐만 아니라 사회적 권력과 이데올로기를 강화하는 역할도 있다.
③ 신화는 문화적 코드와 이데올로기의 재현이다.
④ 기호는 다양한 사회적, 문화적 맥락 속에서 의미가 변화할 수 있다.

문 6. 다음 글에서 추론할 수 없는 것은?

COX-1/2 억제제는 염증과 통증을 완화하는 약물로, COX는 사이클로옥시제네이스(Cyclooxygenase)의 약자이다. 이 효소는 체내에서 프로스타글란딘이라는 물질을 생성하는데, 프로스타글란딘은 염증과 통증을 유발하며, 염증은 부종을 유발한다.

아스피린은 비스테로이드성 소염진통제(NSAID)로, COX-1과 COX-2를 모두 억제하는 약물이다. 아스피린은 주로 통증과 염증을 완화하고, 혈소판 응집을 억제하여 심혈관 질환 예방에 사용된다. 하지만 COX-1 억제로 인해 위장관 출혈과 같은 부작용이 발생할 수 있으므로, 위장의 출혈, 궤양, 종양이 있는 환자에게는 사용할 수 없다.

이부프로펜은 또 다른 NSAID로, COX-1과 COX-2를 모두 억제하지만, 아스피린보다는 위장관 부작용이 덜하다. 이부프로펜은 주로 두통, 치통, 생리통, 근육통 등의 일상적인 통증 완화 및 부종에 사용된다. 그러나 장기 복용 시 위장관 문제, 신장 손상 등의 부작용이 있을 수 있다.

아세트아미노펜은 진통제 및 해열제로 널리 사용되며, COX-1과 COX-2를 억제하지만, 주로 뇌와 척수에서 작용하여 통증을 억제한다. 이 때문에 아세트아미노펜은 소염 효과는 거의 없고, 주로 통증과 열을 낮추는 데 사용된다. 이 약물은 간 손상의 위험이 있으므로 간 기능이 저하된 환자에게는 투약할 수 없다.

셀레콕시브는 선택적 COX-2 억제제로, 주로 염증과 통증을 완화하는 데 사용된다. COX-2만을 선택적으로 억제하기 때문에, 위장관 부작용이 적다. 셀레콕시브는 관절염과 같은 만성 염증성 질환의 치료에 효과적이다. 그러나 심장 질환의 이력이 있는 사람에게는 투약할 수 없다.

① 만성적인 두통을 겪고 있는 환자가 위궤양 병력이 있다면 아스피린을 투약하기 어려울 것이다.
② 축구를 하다가 발목을 삔 환자가 통증과 부종을 보이는 경우, 다른 건강 문제가 없다면 이부프로펜을 투약할 수 있다.
③ 감기로 인해 발열과 두통을 겪고 있는 환자가 만성적인 음주로 인해 간 기능이 저하되어 있다면 아세트아미노펜을 투약하기 어려울 것이다.
④ 류마티스 관절염으로 인한 만성적인 통증과 염증을 겪고 있으며, 류마티스성 심장 근육염 병력이 있는 환자에게는 셀레콕시브를 투약할 수 있다.

문 7. 다음 글의 맥락을 고려할 때 빈칸에 들어갈 말로 가장 적절한 것은?

앨리슨의 조직과정모델(Organization Process Model)은 국가의 외교 정책 결정이 단순히 이성적인 선택이 아니라, 복잡한 내부 과정과 조직의 표준 운영 절차에 의해 영향을 받는다고 설명한다. 이 관점에서 '핵확산 낙관론'에 대한 반론을 제기할 수 있다. 핵확산 낙관론은 핵무기의 확산이 국제 안보에 대한 위협을 줄이고, 오히려 안정성을 높일 수 있다고 주장한다.

조직과정모델에 따르면, 국가의 외교 정책 결정은 복잡한 내부 프로세스와 조직의 표준 절차에 의해 영향을 받는다. 핵무기의 확산은 이러한 내부 프로세스의 복잡성을 증가시키며, 각국의 전략적 목표와 의사결정 과정에 혼란을 초래할 수 있다. 핵무기를 보유한 국가들이 군사적 충돌을 피하려는 경향이 있더라도, 내부의 정치적 및 군사적 압력으로 인해 실수나 오판이 발생할 수 있다.

조직과정모델은 (   )(이)가 정책 결정에 영향을 미친다고 설명한다. 핵확산이 일어나면 국가 사이의 군사적, 정치적 이해관계뿐만 아니라 국가 내부에서의 이해관계 역시 복잡하게 얽히게 되며, 이러한 내부 갈등이 의사결정 과정에 부정적인 영향을 미칠 수 있다. 결과적으로 핵무기의 확산은 안정성을 높이기보다는 불확실성과 갈등을 초래할 가능성이 있다.

조직과정모델은 공식적 절차뿐만 아니라 비공식적 절차와 변수들이 정책 결정에 영향을 미친다고 지적한다. 핵무기의 확산으로 인해 비공식적인 외교적 접근이나 비정상적인 의사결정 경로가 발생할 수 있으며, 이는 핵무기의 사용과 관련된 리스크를 증가시킬 수 있다.

① 공식적 경로를 통한 정보의 전달 실패나 불완전한 의사결정
② 국가 내외의 다양한 이해관계를 둘러싼 갈등과 협상
③ 국제적 규범 위반과 신뢰 저하
④ 상호 억제 효과를 통해 줄어든 전쟁의 가능성

문 8. 다음 명제가 모두 참일 때, 항상 옳은 것은?

- 뇌물을 받는 사람은 회사를 다니지 못한다.
- 독서를 하지 않는 사람은 뇌물을 받는다.
- 독서를 하는 사람은 수동적이다.

① 회사를 다니는 사람은 수동적이다.
② 뇌물을 받았지만 회사를 다니는 사람이 있다.
③ 뇌물을 받았지만 수동적이지 않은 사람이 있다.
④ 수동적인 사람은 독서를 한다.

문 9. 다음 글에 제시된 논리적 오류의 사례로 적절하지 않은 것은?

대부분의 사람들은 암의 징후가 없다는 판정을 받았지만 이후 암이 발견되면 소스라치게 놀라며 검진이 엉터리라고 비난할 것이다. 하지만 조금만 생각해 보면 이러한 상황이 당연한 것임을 알 수 있다. 건강 검진을 할 때 몸의 온 부분을 다 살펴보지 않으며 아주 일부분만을 검사한다. 따라서 검진에서의 '암의 징후가 없음'은 검사한 일부분에 한하여 암의 징후가 없다는 것을 뜻하는 것이다. 하지만 암은 검사를 한 곳에만 생기는 것이 아니기에, 우리 몸의 세포들을 모두 살펴보지 않은 이상 암세포가 없다고 결론지을 수 없다는 것은 논리적으로 명확하다.

우리는 1,000마리의 까마귀를 관찰하여 모두 까맣다고 해서 까맣지 않은 까마귀가 없다고 단정할 수는 없다고 학교에서 배웠다. 하지만 교실에서 범하지 않는 논리적 오류를 실생활에서는 흔히 범하곤 한다. 예를 들어, 1960년대에 의사들은 모유가 분유에 비해 이점이 있다는 증거를 찾지 못하였다. 그러자 당시 의사들은 모유가 특별한 이점이 없다고 결론지었다. 그 결과, 많은 사람들이 대가를 치러야만 했다. 수십 년이 지난 후에, 유아기에 모유를 먹지 않은 사람들은 특정 암을 비롯하여 여러 가지 질병에 걸릴 위험성이 높다는 사실이 밝혀진 것이다. 이와 같이 우리는 '증거의 없음'을 '없음의 증거'로 오인하곤 한다.

① 다양한 물질의 전기 저항을 조사한 결과 전기 저항이 0인 경우는 없었다. 따라서 전기 저항이 0인 물질은 없다.
② 어떤 사람이 술과 담배를 즐겼지만 몸에 어떤 이상도 발견되지 않았다. 따라서 그 사람에게는 술과 담배가 무해하다.
③ 경찰은 어떤 피의자가 확실한 알리바이가 있다는 것을 확인했다. 따라서 그 피의자는 해당 범죄 현장에 있지 않았다.
④ 주변에서 빛을 내는 것을 조사해 보니 열 발생이 동반되지 않는 것이 없었다. 그러므로 열을 내지 않는 발광체는 없다.

문 10. 다음 글에 대한 독자의 이해로 가장 적절한 것은?

> 마이코박테리움은 토양에서 발견되는 주요한 미생물 중 하나로, 식물의 뿌리와 근관에서 주로 서식한다. 이 미생물은 생물학적 질소고정을 촉진하는 중요한 역할을 한다. 생물학적 질소고정은 공기 중의 질소를 식물이 사용 가능한 질소로 변환하는 과정으로, 식물의 영양 공급에 필수적이다. 마이코박테리움이 질소고정에 기여함으로써 토양의 비료 효율성을 향상시키고, 농작물의 생산성을 증진시킨다. 뿐만 아니라, 마이코박테리움은 식물의 생장과 발육에도 긍정적인 영향을 미친다. 그들은 식물의 뿌리 주변에서 미세한 섬유망을 형성하여 토양에서 물과 영양소를 더 효율적으로 흡수하도록 돕는다. 이러한 상호작용은 농작물의 건강과 생산성을 향상시키는 데 중요하다.
>
> 게다가, 마이코박테리움은 식물의 저항력을 향상시키는 데도 기여한다. 그들의 삽귀기는 식물을 병원성 세균이나 해충으로부터 보호하고, 환경 스트레스에 대한 저항력을 높여준다. 특히 건조한 환경에서 마이코박테리움은 식물의 수분 흡수를 촉진하여 생존 기회를 높여준다. 이러한 기능은 농업 분야에서 특히 중요하며, 건조한 지역에서의 농작물 생산성을 향상시키는 데 도움이 된다.
>
> 또한, 마이코박테리움은 토양 생태계의 핵심 구성원 중 하나로 인정받고 있다. 그들의 활동은 토양의 생물 다양성을 유지하고, 토양의 건강을 유지하는 데 중요하다. 특히 지속 가능한 농업 시스템을 구축하기 위해 토양의 생태학적 기능을 강화하는 데 기여한다. 따라서 마이코박테리움은 농업 생산성과 지속 가능성을 향상시키는 데 핵심적인 역할을 한다.
>
> 이러한 이유로, 마이코박테리움은 농업 및 생태학 분야에서 중요한 역할을 하고 있으며, 토양 생태계의 핵심 구성원 중 하나로 인정받고 있다. 함께하는 식물들과의 상호작용을 통해 토양의 건강을 유지하고 생물다양성을 증진하는 데에도 기여하며, 농업 생산성과 지속 가능성에 긍정적인 영향을 미치고 있다.

① 뿌리 주변의 섬유망은 식물의 생장을 방해하겠군.

② 토양의 비료가 제거되는 데에 질소 공급이 필수적이군.

③ 마이코박테리움과 식물은 서로에게 좋은 영향을 미치며 공생하고 있겠군.

④ 마이코박테리움으로 인해 농업 기술이 발달했겠군.

문 11. 다음 글을 이해한 내용으로 가장 적절하지 않은 것은?

> 한용운의 '수의 비밀'에서는 '수놓기'를 통한 사랑의 모습이 드러난다. 화자에게 옷에 수를 놓는 행위는 당신, 즉 임을 기다리는 과정이며, 이와 동시에 임에 대한 정성을 표현한다.
>
> 1연에서는 '나는 당신의 옷을 다 지어 놓았습니다. / (중략) / 짓지 아니한 것은 작은 주머니에 수놓는 것뿐입니다'라고 말하며, 화자의 현재 상태를 드러낸다. 2연에서는 본격적으로 수놓는 과정에 대한 의미와 그 행위를 하지 않는 이유가 나타난다. '마음이 아프고 쓰린 때에 주머니에 수를 놓으려면 (중략) 주머니에서 맑은 노래가 나와서 나의 마음이 됩니다'의 구절은 수놓기가 화자 자신의 심경을 위안하고 깨끗하게 정화하기 위한 행위임을 드러낸다. 한편 '주머니에 넣을 만한 무슨 보물이 없'기 때문에 수를 놓지 않는다고도 하는데, 이는 임과 재회했을 때, 주머니를 만들겠다는 의미로 임을 기다리는 행위를 일컫는다.
>
> 그 결과 마지막 행에서는 '짓기 싫어서 짓지 못하는 것이 아니라 짓고 싶어서 다 짓지 않는 것'이라는 역설적 표현이 등장한다. 이 시의 화자에게 수놓기는 임을 기다리는 한 방법인 동시에, 그에 대한 정성을 드러내는 일이다. 그러므로 수놓기의 완성은 당신을 기다리는 행위가 끝남을 의미한다고 보아 화자는 수놓기를 계속하려 드는 것이다.

① 화자에게 옷에 수를 놓는 행위는 임을 기다리는 과정이다.

② 마지막 행은 자신의 뜻을 강조하기 위해서 실제 표현하고자 하는 뜻과는 반대되는 말을 쓰는 표현 기법을 사용하고 있다.

③ 2연의 주머니를 만들지 않는 행위는 현실 상황에 대한 부정적 인식으로 해석할 수 있다.

④ 경어체를 사용하여 화자의 심리를 효과적으로 드러내고 있다.

문 12. 다음 글을 문맥에 맞게 배열한 것으로 가장 적절한 것은?

(가) 하행각의 벽은 물에 대한 투과성이 매우 높다. 이로 인해, 하행각을 지나는 요는 주변 조직액의 높은 삼투압 때문에 물이 빠져나가게 된다. 이 과정에서 요는 점점 더 농축된다. 다음으로, 상승각의 얇은 부분은 물에 대한 투과성이 낮지만, 나트륨과 염소 이온이 재흡수되는 구간이다.

(나) 헨레 고리는 신장의 네프론 내에 위치한 구조로, 주된 역할은 소변을 농축하는 것이다. 헨레 고리는 하행각, 상승각의 얇은 부분, 상승각의 두꺼운 부분으로 나뉜다. 이 세 부분은 각각의 특성과 기능을 통해 신체의 수분 및 전해질 균형을 유지하는 데 중요한 역할을 한다. 먼저, 하행각은 물의 재흡수가 활발하게 일어나는 구간이다.

(다) 상승각의 두꺼운 부분은 능동적인 나트륨 이온의 재흡수가 이루어지는 구간이다. 이 과정은 에너지를 필요로 하며, 나트륨-칼륨 펌프에 의해 수행된다. 요는 더욱 희석되고, 주변 조직액의 삼투압은 증가하게 된다. 이 부분은 헨레 고리의 전체 길이에 걸쳐 삼투 농도 구배를 유지하는 데 중요한 역할을 한다.

(라) 이 부분에서는 주로 수동적 확산에 의해 나트륨과 염소 이온이 주변 조직으로 재흡수되어 이동한다. 물은 거의 재흡수되지 않기 때문에 요의 농도가 감소한다. 이 구간을 통해 요는 점차적으로 희석되며, 이온의 이동은 주로 농도 차이에 의해 이루어진다.

① (나) - (라) - (가) - (다)
② (나) - (가) - (라) - (다)
③ (다) - (나) - (라) - (가)
④ (다) - (나) - (가) - (라)

문 13. 다음 글의 내용으로 적절하지 않은 것은?

국어의 합성 명사는 '꽃잎, 색연필, 밤낮' 등과 같이 명사 어근끼리 결합한 유형이 가장 많다. 그리고 '지난주, 젊은이'와 같이 용언이 명사와 결합한 유형도 있다. 이 두 유형은 합성 명사의 구성 방식과 통사 구성과의 일치 여부, 어근 간의 의미 관계, 어근 간의 문법적 관계에 따라 분류하고 비교할 수 있다.

구성 방식이 통사 구성과 일치하면 통사적 합성어, 그렇지 않으면 비통사적 합성어라 한다. 명사끼리는 나열될 수 있으므로 명사끼리의 결합은 모두 통사적 합성어이다. 용언에서 파생된 명사도 명사이므로 '갈림길'과 같은 유형도 명사끼리 결합한 합성 명사와 마찬가지로 통사적 합성어이다. '지난주, 젊은이'는 용언의 관형사형이 명사를 수식하는 자연스러운 구성이므로 통사적 합성어이다. 반면 명사에 용언 어간이 어미 없이 명사와 직접 결합한 '덮밥'이나 용언의 연결형이 결합한 '살아생전'처럼 명사형, 관형사형 이외의 용언 형태가 명사와 결합하면 비통사적 합성어이다.

어근 간의 의미 관계에 따라서는 종속, 대등, 융합 합성어로 나눈다. '책가방'과 같이 앞의 요소가 뒤의 요소를 수식하면 종속 합성어라 하고, '위아래'와 같이 두 요소가 대등하면 대등 합성어라 한다. '지난주, 젊은이'와 같은 유형은 모두 종속 합성어이다. 그런데 '춘추'가 '봄과 가을'이 아니라 '나이, 연세'를 비유적으로 가리키는 경우가 있다. 이처럼 어근 본래의 뜻에서 멀어진 합성어를 융합 합성어라 한다.

① 명사끼리 결합한 합성 명사의 예로 '김치찌개'를 들 수 있다.
② '디딤돌'은 용언에서 파생된 명사가 명사와 결합한 예이다.
③ '먹을거리'는 용언의 관형사형이 명사와 결합했으므로 통사적 합성어이다.
④ '곶감'은 용언의 관형사형이 명사와 결합했으므로 통사적 합성어이다.

문 14. 다음 글을 읽고 추론한 것으로 가장 옳은 것은?

라틴어는 서양 문명에 광범위하게 영향을 미쳤다. 고대 로마의 위대한 철학가들은 자신들의 사상을 라틴어로 쓴 책에 남겼다. 오늘날 공화주의를 연구하는 이들은 키케로(Marcus Tullius Cicero)가 남긴 저술을 재해석하고, 세네카(Lucius Annaeus Seneca)가 남긴 '12편의 에세이'는 서양 고전의 표준으로 여겨진다.

라틴어는 특히 중세 시기에 역할이 두드러졌다. 이 시기에 라틴어는 종교계와 학계에서 주요 언어로 사용되었다. 가톨릭교회의 미사는 라틴어로 진행되었으며, 마찬가지로 라틴어로 된 그레고리오 성가는 중세 교회 음악의 중심이었다. 그뿐만 아니라 교회의 교리서, 교회법과 규정, 성당의 건축과 유지, 신자들에 대한 기록에 이르기까지 대부분의 교회 행정 문서가 라틴어로 작성되었다.

중세 유럽의 대학에서 라틴어는 '학문의 언어'로 불렸다. 오늘날 연구 결과를 영어로 공유하듯이, 당대 최신의 의학, 천문학, 수학 등의 연구 결과를 라틴어로 쓴 학술 논문이나 서적으로 전달했기 때문이다. 특히 법학에서 이런 경향이 나타났는데, 중세 법은 라틴어로 작성된 로마법 체계를 이어받았고 당시 법률 문서도 대부분 라틴어로 작성했기 때문이다. 심지어 대학에서의 법학 교육 역시 라틴어로 이뤄졌다. 그 흔적은 오늘날 법학에서도 찾아볼 수 있다. 법의 기본 원칙 중에는 라틴어로 표현되는 것이 적지 않은데, 무죄추정의 원칙(in dubio pro reo), 신의성실의 원칙(bona fides), 묵비권 또는 진술거부권(accusare nemo se debet nisi coram Deo) 등이 그러한 예이다.

비록 라틴어는 오늘날 일상생활에서는 사용하지 않는 사어(死語)이지만, 학계에서는 여전히 유용하게 사용한다. 사어는 새로운 뜻이 덧붙여지지 않으며 기존의 의미가 변하지 않는다. 따라서 라틴어로 이름을 붙이면 그 의미가 변함없이 유지될 것이고, 먼 훗날에도 그 명칭만으로도 대상의 종류나 특징을 짐작할 수 있다. 이러한 이유로 생물을 분류할 때 종에 붙이는 학명은 라틴어로 명명된다. 예컨대 호모 사피엔스, 호모 에렉투스 등에서의 호모(homo)는 사람을 뜻하는 라틴어이다. 마찬가지로 해부학에서 사용하는 명칭도 라틴어에 기반을 두고 있다.

① 세네카는 공화주의를 주제로 한 책을 저술했다.
② 중세의 국가 행정 기록은 라틴어로 작성되었다.
③ 오늘날 이탈리아 국민들은 모국어로서 라틴어를 일상에서 널리 사용한다.
④ 중세의 법학도는 일정 수준 이상의 라틴어를 해석할 줄 알았을 것이다.

문 15. 다음 글에 대한 분석으로 적절한 것을 <보기>에서 모두 고른 것은?

갑: 농업에나 필요한 노예제를 우리나라에서 유지해야 할 이유는 없다. 우리 연방국(X국) 전반에 걸쳐 고도의 산업화가 달성되었고, 농장보다는 공장과 상업에 의존하는 경제 구조가 자리 잡았다. 따라서 노예 노동에 대한 경제적 의존도가 낮거니와, 노예제는 인간의 기본권을 부정하고 자유와 평등의 원칙을 훼손하는 제도이다.

을: 여전히 농업에 의존하고 있는 우리 주에는 노예제가 필요하다. 노예 노동을 통해 생산 비용을 최소화하고 농장 수익을 최대화할 수 있으므로, 노예제가 필수적이다.

병: 헌법이 기본적으로 연방 정부의 권한을 제한하고, 주들에게 자치권을 보장하는 것을 근본 원칙으로 하므로 노예제의 존속 여부는 각 주의 손으로 결정하게 해야 한다. X국은 각 주들이 자발적으로 모여 만들어진 연합체이므로, 각 주가 독립적인 권한을 행사하는 것이 헌법의 본래 정신이다.

<보기>

ㄱ. X국에서 수출된 면화는 세계 면화 공급량의 약 90%에 이를 정도였다는 연구 결과는 갑의 입장을 약화한다.
ㄴ. 노예들에게는 숙식을 제공해야 하지만 자유민인 노동자들에겐 어떠한 복지도 제공할 필요가 없어서, 노예 사용 비용이 노동자를 부리는 비용보다 비싸다는 연구 결과는 을의 입장을 약화한다.
ㄷ. 헌법이 연방 정부에 부여하지 않거나 주 정부에 금지되지 않은 권한은 각 주와 국민에게 남아 있다고 명시한 X국 헌법은 병의 입장을 강화한다.

① ㄱ　　② ㄱ, ㄷ
③ ㄴ, ㄷ　　④ ㄱ, ㄴ, ㄷ

문 16. 다음 글에 따라 <보기>를 탐구한 내용으로 적절하지 않은 것은?

중의성은 한 단어나 문장이 두 가지 이상의 뜻으로 해석될 수 있는 현상이나 특성을 말한다. 이렇게 중의성을 지닌 표현, 즉 하나의 단어나 문장이 두 가지 이상의 의미로 해석될 수 있는 표현으로 중의적 표현이라고 한다. 중의적 표현을 일으키는 원인은 다양하다.

먼저, 다의어나 동음이의어에 의한 중의성이 있다, 예를 들어 '다희의 배가 크다.'의 경우 다희가 가지고 있는 배라는 과일이 큰 것인지, 다희가 소유한 선박이 큰 것인지 모호하기 때문에 중의성을 지니게 된다. 다음으로 수식 범위의 불분명에 의한 중의성이 있다. '착한 동생의 친구를 만났습니다.'의 경우 동생이 착한 것인지 동생의 친구가 착한 것인지 불명확하기 때문에 중의성을 지닌다. 또한 문장의 연결 관계에 의한 중의성도 있다. '나는 배와 참외를 두 개 받았다.'는 '배 한 개와 귤 두 개를 받은 것'인지 '배와 참외를 합쳐서 두 개 받은 것'인지 모호하다.

비유적 표현에 의한 중의성 또한 존재한다. '내 친구는 토끼입니다.'의 경우 '내 친구는 토끼처럼 귀엽습니다.'인지 '내 친구는 토끼처럼 빠릅니다.'인지 알 수 없기 때문에 중의성을 지닌다.

〈보기〉

㉠ 철수는 손이 크다.
㉡ 영희는 아름다운 그녀의 어머니를 만났다.
㉢ 어머니께서 나에게 사과와 귤을 두 개씩 주셨다.
㉣ 교장 선생님은 호랑이이십니다.

① ㉠은 '손이 크다'의 의미가 신체의 손이 큰지 씀씀이가 큰지 모호하기 때문에 명확하게 해석하기 어렵군.
② ㉡은 '아름다운'이 수식하는 대상이 '어머니'인지 '그녀'인지 모호하기 때문에 명확하게 해석하기 어렵군.
③ ㉢은 '사과'와 '귤'의 결합에 따라 '사과'와 '귤'이 각각 몇 개인지가 모호하기 때문에 명확하게 해석하기 어렵군.
④ ㉣은 '교장 선생님'이 '호랑이 같은 모습'을 지녔는지 '호랑이처럼 무서운 분'인지가 모호하기 때문에 명확하게 해석하기 어렵군.

문 17. 다음 빈칸에 들어갈 말로 가장 적절한 것은?

네 학생의 스포츠 선택과 관련하여 다음과 같은 사실들이 알려졌다.
○ A는 '검도'를 하지 않는다.
○ B와 C 중에서 적어도 한 명은 '합기도'를 한다.
○ C가 '합기도'를 하면 D는 '유도'과 '태권도'를 한다.
○ D가 '유도'와 '태권도'를 하면 A는 '검도'를 한다.
이를 통해 B가 '[　　　　　]'를 한다는 것을 알 수 있게 되었다.

① 유도　　② 태권도
③ 검도　　④ 합기도

문 18. 다음 글의 맥락을 고려할 때 (가)와 (나)에 들어갈 내용으로 가장 적절한 것은?

냉전은 제2차 세계대전 이후 미국과 소련을 중심으로 한 이념적 대립과 군비 경쟁이 초래한 국제적 긴장 상태를 의미한다. 이 시기는 자본주의와 공산주의라는 대조적인 이념이 대립하면서, 전 세계가 두 진영으로 나뉘어 각종 대리전쟁과 정치적 갈등이 발생한 시기로 특징지어진다.

군비 경쟁은 냉전의 핵심 요소 중 하나로, 특히 핵무기 개발 경쟁은 두 초강대국 간의 긴장을 극대화했다. 미국은 1945년 세계 최초로 원자폭탄을 개발하여 히로시마와 나가사키에 투하했고, 소련은 1949년 첫 핵실험에 성공하며 미국의 독점을 끝냈다. 이후 두 국가는 대륙간탄도미사일(ICBM), 수소폭탄 등 대규모 파괴력을 가진 무기 체계를 개발하며 군사력을 증강했다. 이는 전 세계적으로 무기 확산과 군사적 긴장을 초래했으며, [　(가)　]을 낳았다.

그러나 군비 경쟁은 단순히 군사적 문제에 국한되지 않았다. 미국과 소련은 자국의 이념적 우월성을 선전하기 위해 우주 개발, 과학 기술, 스포츠 등 다양한 분야에서 경쟁했다. 특히, 1957년 소련의 스푸트니크 1호 발사는 미국 사회에 충격을 주었고, 미국은 이에 대응하기 위해 나사(NASA)를 설립하고 우주 개발에 막대한 자금을 투입했다. 이처럼 군비 경쟁은 [　(나)　]에도 큰 영향을 미쳤다.

냉전은 1991년 소련의 붕괴로 공식적으로 종료되었으나, 이 시기의 유산은 여전히 국제 질서와 정치적 갈등에 영향을 미치고 있다.

① (가): 양국 간의 무력 충돌 방지를 위한 균형
(나): 과학 기술 발전과 사회적 변화
② (가): 양국 간의 무력 충돌 방지를 위한 균형
(나): 군사적 긴장 해소와 국제 협력 증대
③ (가): 핵무기의 확산과 전 세계적 위기감
(나): 과학 기술 발전과 사회적 변화
④ (가): 핵무기의 확산과 전 세계적 위기감
(나): 군사적 긴장 해소와 국제 협력 증대

문 19. 다음 글의 내용과 일치하지 않는 것은?

> 기원전 5세기, 헤로도토스는 페르시아 전쟁에 대한 책을 쓰면서 <역사(Historial)>라는 제목을 붙였다. 이 제목의 어원이 되는 'histor'는 원래 '목격자', '증인'이라는 뜻의 법정 용어였다. 이처럼 어원상 '역사'는 본래 '목격자의 증언'을 뜻했지만, 헤로도토스의 <역사>가 나타난 이후 '진실의 탐구' 혹은 '탐구한 결과의 이야기'로 의미가 바뀌었다.
>
> 헤로도토스 이전에는 사실과 허구가 뒤섞인 신화와 전설, 혹은 종교를 통해 과거에 대한 지식이 전수되었다. 특히 고대 그리스인들이 주로 과거에 대한 지식의 원천으로 삼은 것은 <일리아스>였다. <일리아스>는 기원전 9세기의 시인 호메로스가 오래 전부터 구전되어 온 트로이 전쟁에 대해 읊은 서사시이다. 이 서사시에서는 전쟁을 통해 신들, 특히 제우스 신의 뜻이 이루어진다고 보았다. 헤로도토스는 바로 이런 신화적 세계관에 입각한 서사시와 구별되는 새로운 이야기 양식을 만들어 내고자 했다. 즉, 헤로도토스는 가까운 과거에 일어난 사건의 중요성을 인식하고, 이를 직접 확인 탐구하여 인과적 형식으로 서술함으로써 역사라는 새로운 분야를 개척한 것이다.
>
> <역사>가 등장한 이후, 사람들은 역사 서술의 효용성이 과거를 통해 미래를 예측하게 하여 후세인에게 교훈을 주는 데 있다고 인식하게 되었다. 이러한 인식에는 한 번 일어났던 일이 마치 계절처럼 되풀이하여 다시 나타난다는 순환 사관이 바탕에 깔려 있다. 그리하여 오랫동안 역사는 사람을 올바르고 지혜롭게 가르치는 '삶의 학교'로 인식되었다. 이렇게 교훈을 주기 위해서는 과거에 대한 서술이 정확하고 객관적이어야 했다.
>
> 물론 모든 역사가들이 정확성과 객관성을 역사 서술의 우선적 원칙으로 앞세운 것은 아니다. 오히려 헬레니즘과 로마 시대의 역사가들 중 상당수는 수사학적인 표현으로 독자의 마음을 움직이는 것을 목표로 하는 역사 서술에 몰두하였고, 이런 경향은 중세 시대에도 어느 정도 지속되었다. 이들은 이야기를 감동적이고 설득력 있게 쓰는 것이 사실을 객관적으로 기록하는 것보다 더 중요하다고 보았다. 이런 점에서 그들은 역사를 수사학의 테두리 안에 집어넣은 셈이 된다.
>
> 하지만 이 시기에도 역사의 본령은 과거의 중요한 사건을 가감 없이 전달하는 데 있다고 보는 역사가들이 여전히 존재하여, 그들에 대해 날카로운 비판을 가하기도 했다. 더욱이 15세기 이후부터는 수사학적 역사 서술이 역사 서술의 장에서 퇴출되고, 과거를 정확히 탐구하려는 의식과 과거 사실에 대한 객관적 서술 태도가 역사의 척도로 다시금 중시되었다.

① 오늘날에 이르기까지 역사는 수사학의 범위 안에서 점차 발전되어 왔다.
② 헤로도토스는 <역사>에서 페르시아 전쟁의 원인과 결과를 서술하였다.
③ 역사의 어원이 되는 'histor'라는 단어는 재판 과정에서 증인을 지칭할 때 쓰였다.
④ 사람들이 역사를 '삶의 학교'라고 인식한 것은 역사에서 교훈을 얻고자 기대했기 때문이다.

문 20. 다음 결론을 도출하기 위해 추가해야 할 전제는?

> ㅇ 치킨 1마리를 주문하면, 외식비용을 절감하거나 포만감이 적어진다.
> ㅇ 포만감이 적어지면, 추가 주문을 하게 되는 악순환을 초래한다.
> ㅇ [　　　　　　　　]
>
> 따라서, 치킨 1마리를 주문하면, 추가 주문을 하게 되는 악순환을 초래한다.

① 외식비용을 절감하지 않는다.
② 추가 주문을 하게 되는 악순환을 초래한다,
③ 포만감이 적어진다.
④ 치킨 1마리를 주문한다.

약점 보완 해설집 p.33

제10회 모의고사

문 1. 다음 중 수정 이유에 따라 고쳐 쓴 문장으로 가장 적절한 것은?

<정확한 문장 표현 익히기>

ㅇ 사례 1: 사람들은 쾌적한 환경을 위한 조치에 찬성하는 경향이다.
이유: 주어와 서술어의 호응이 맞지 않다.
→ 사람들은 쾌적한 환경을 위한 조치에 찬성하는 경향인 것이다. ········· ㉠

ㅇ 사례 2: 동생은 평소에 건강을 위해 야구나 공을 찬다.
이유: 목적어와 서술어의 호응이 맞지 않다.
→ 동생은 평소에 건강을 위해 공이나 야구를 한다. ········· ㉡

ㅇ 사례 3: 동물은 사람을 경계하기도 하고 기대기도 한다.
이유: 서술어가 필요로 하는 부사어가 없다.
→ 동물은 사람을 경계하기도 하고 사람에게 기대기도 한다. ········· ㉢

ㅇ 사례 4: 사람을 좋아하는 친구의 고양이가 새끼를 낳았다.
이유: 문장의 의미가 중의적이다.
→ 사람을 좋아하는 친구의 고양이가, 새끼를 낳았다. ······ ㉣

① ㉠ ② ㉡
③ ㉢ ④ ㉣

문 2. 빈칸에 들어갈 것으로 가장 옳은 것은?

한나 아렌트의 '악의 평범성'은 나치 독일에서 벌어진 대량 학살의 배후에 숨겨진 인간 본성과 개인의 도덕적 책임을 다룬다. 악의 평범성은 개인이 평범한 상황에서도 악행을 저지르거나 악행에 가담할 수 있는 능력을 의미한다. 아렌트는 이러한 개념을 통해 나치 독일의 평범한 시민들이 어떻게 대량 학살에 가담할 수 있었는지 탐구한다. 그녀는 이들이 독일 사회의 정상적인 구성원으로서 자신들의 역할을 충실히 수행하면서도 동시에 인간성을 완전히 포기하고 악행을 저질렀다는 점에 주목한다.

그녀는 일상적인 상황에서의 개인의 존재와 도덕적 책임에 대한 내적 갈등의 변화 과정에 주목했다. 개인의 도덕적 판단력과 책임감이 사회적, 정치적 맥락에서 어떻게 형성되고 변화하는지를 이해하는 데 중점을 두었다. 즉, 개인이 사회 구성원으로서 자신의 역할을 충실히 수행하면서 도덕적 책임을 완전히 잊어버리는 과정을 설명하고자 한 것이다.

'악의 평범성'은 독자들에게 강력한 도덕적 메시지를 전달한다. 우리가 평범한 상황에서도 도덕적으로 올바른 선택을 하는 것, 이를 위해 자신의 도덕적 책임을 상기하면서 자신의 행동이 다른 사람들에게 미치는 영향을 항상 염두에 두어야 할 것을 강조한다.

정리하자면, 악의 평범성은 ( )

① 나치 독일의 만행과 그에 동조한 이들을 고발하는 데 의미가 있다.
② 개인의 사회적 상황에 따라 개인의 도덕적 책임이 변화하는 과정을 이해하는 것에 의미가 있다.
③ 대량 학살에 가담한 자들을 대상으로 책임의 경중을 가릴 기준을 제시한 점에 의미가 있다.
④ 역사적 사건의 기록을 넘어 인간의 도덕적 책임에 대한 이해를 확장하는 데 의미가 있다.

문 3. 다음 글의 중심 내용으로 가장 적절한 것은?

모든 인간에게 가장 공통적인 것은 먹고 마셔야 한다는 사실이다. 그리고 이것이야말로 독특하게도 가장 이기적인 것이며, 매우 직접적으로 개인에게 한정된 것이다. 그리고 원초적이고 생리학적인 사실이기도 하다. 하지만 이런 행위 자체가 인간의 보편적 특성이기 때문에 동시에 공통된 행위로 발전해 간다. 식사의 사회학적 구조가 여기서 나타나게 되는데, 이 구조는 먹는 행위가 보여주는 배타적이고 이기적인 탐욕이 여럿이 자주 함께 모여 식사하는 습관과 결부됨으로써 생겨난다.

사람들은 사전에 어떤 특별한 관심사나 이해관계를 공유하지 않더라도 공동 식사에 함께 모일 수 있다. 고대 셈족에게 이것은 신의 식탁에 공동으로 참석해서 형제의 관계를 맺음을 의미했다. 아랍인에게는 공동으로 먹고 마시는 것이 심지어 철천지원수를 친구로 바꾸기도 하는, 엄청나게 커다란 사회화의 효력을 발생시키는 일이다. 이것은 사람들로 하여금 철저히 배타적으로 자기 자신의 몫만을 먹고 마신다는 사실을 간과하도록 만들며, 결과적으로 같은 것을 먹고 마심으로써 공동의 피와 살이 된다는 원시적인 표상을 만들어낸다.

빵을 예수의 몸과 동일시한 기독교의 성찬식에 이르러서 비로소 공동 식사라는 신화의 토대 위에서 먹는 것의 진정한 정체성이 창출되고, 또한 이를 통해서 참가자들 사이에 유일한 연결 방식이 창출되었다. 여기에서는 모든 사람들이 전체 가운데에서 다른 사람에게 허용되지 않은 자기만의 부분을 차지하는 것이 아니라, 누구나 분할되지 않은 전체를 차지한다는 생각 속에 모든 식사의 이기주의적 배타성이 철저하게 극복된다. 그리하여 공동 식사는 생리학적으로 원초적이고 불가피하게 보편적인 사건을 사회적 상호 작용의 영역과 초개인적 의미의 영역으로 고양시킨다는 바로 그 이유 때문에, 여러 역사적 시기에 막대한 사회적 가치를 획득했다.

① 공동 식사는 음식이 공동의 피와 살이 된다는 원시적인 표상을 만든다.
② 기독교의 성찬식은 먹는 것의 진정한 정체성을 만들었다.
③ 공동 식사는 과거부터 지금까지 막대한 사회적 가치를 내포한다.
④ 먹는 행위는 배타적이고 이기적인 탐욕을 보여준다.

문 4. 다음 글의 내용으로 적절한 것은?

니체의 영원회귀설은 세계와 인생이 영원히 반복된다는 사상으로, 일종의 존재론적 순환 개념을 제시한다. 그는 이 개념을 통해 인간이 자신의 삶과 선택에 대해 어떠한 자세를 가져야 하는지 묻는다. 영원회귀설에 따르면, 우리가 하는 모든 행동과 경험은 무한히 반복된다. 즉, 우리가 선택한 모든 것은 한 번뿐만 아니라 영원히 반복되는 것이다. 이 개념은 단순히 시간의 반복을 의미하는 것이 아니라, 우리 삶에 대한 책임과 태도를 성찰하는 철학적 도구로 작용한다.

니체는 이 사상을 통해 인간에게 진정한 자기 긍정을 요구한다. 만약 자신의 인생이 영원히 반복된다고 할 때, 우리는 스스로가 선택한 모든 것에 대해 만족하고 긍정할 수 있는가? 니체는 이 질문을 던지며, 영원회귀설을 존재의 최종적 의미와 가치를 평가하는 기준으로 삼는다. 그는 인간이 스스로 삶을 긍정하지 못하고 후회나 불만으로 가득 차 있다면, 이는 삶을 온전히 살아가는 것이 아님을 강조한다. 영원히 반복되는 삶 속에서 자신의 선택에 긍정할 수 있는 사람만이 진정한 삶의 의미를 깨닫는다는 것이다.

니체는 이러한 자기 긍정을 통해 운명애(amor fati), 즉 자신의 운명을 사랑하라는 사상을 발전시켰다. 운명애는 주어진 상황을 있는 그대로 수용하고, 그 모든 것에 긍정적 의미를 부여하는 것을 의미한다. 이는 영원히 반복될 자신의 삶에 대해 온전히 수용하고, 그 자체를 사랑하는 태도를 지향한다. 니체는 이 운명애를 통해 인간이 자신의 운명과 현실을 주체적으로 받아들일 때, 삶의 진정한 자유와 주체성을 획득할 수 있다고 보았다.

영원회귀설은 니체의 초인 사상과도 연결된다. 그는 인간이 끊임없이 자신을 초월하고 자기 자신을 재창조하는 존재가 되어야 한다고 주장하며, 이러한 초월적 자기 긍정이야말로 초인의 중요한 덕목이라고 여겼다. 즉, 영원히 반복되는 자신의 삶을 감내하고 이를 긍정할 수 있는 사람만이 초인에 가까운 경지에 이를 수 있다. 니체에게 초인이란, 자신의 모든 경험을 두려움 없이 받아들이고, 이를 바탕으로 자신의 존재를 끊임없이 새롭게 창조하는 자이다.

① 영원회귀설에 의하면 인간은 매 순간 선택에 대한 책임감을 느껴야 한다.
② 니체는 영원회귀설을 통해 인간이 후회로 인해 성장할 수 있다고 보았다.
③ 초인은 자신의 경험을 반성하는 존재라고 니체는 주장한다.
④ 영원회귀설은 현실을 부정하고 이상적인 삶을 추구하게 하는 철학적 도구이다.

문 5. 다음 글을 이해한 내용으로 가장 적절하지 않은 것은?

김정한의 '모래톱 이야기'는 조마이섬이라는 작은 섬을 배경으로, 일제강점기부터 1960년대까지 이어지는 역사 속에서 소외된 민중들의 삶과 부조리한 현실을 생생하게 그려낸 작품이다.

'나'는 선생님으로 학생 중에 나룻배를 타고 등교하는 건우라는 학생에게 관심을 가지게 된다. 건우네 집에 가정방문을 하게 된 '나'는 건우 할아버지인 갈밭새 영감으로부터 조마이섬 사람들의 억울한 사건을 듣게 된다. 갈밭새 영감은 자신들의 처지에 분노하며 끊임없이 저항하는 인물로 부당한 현실에 맞서 싸우는 소외된 민중의 의지를 보여준다. 유력자는 대대로 조상들에게 물려받은 조마이섬을 부당하게 소유하고, 섬사람들을 핍박한다. 오직 자신의 이익만을 추구하며, 권력을 이용하여 부당한 이득을 취하는 것이다. 소설의 마지막은 홍수로 물난리가 난 조마이섬에 유력자들이 무너질 듯한 댐을 건들지 못하게 마을 사람들과 대치하는 장면으로 치닫는다. 조마이섬 사람들의 생존과 유력자들의 욕심 사이에서 고통받던 건우 할아버지는 유력자들이 채용한 사람들에게 저항하고 교도소로 끌려가는 것으로 이야기가 마무리가 된다. 이는 당시 사회의 기득권층을 비판하는 작가의 의도를 드러낸다. '나'는 부당하게 핍박받는 조마이섬 사람들을 바라보면서 아무것도 하지 못하는 자신을 한탄한다.

조마이섬은 단순한 배경을 넘어, 역사의 상처와 소외된 민중들의 삶을 상징하는 공간이다. 일제강점기 토지 수탈과 해방 후에도 계속되는 불의 속에서 조마이섬 사람들은 끊임없이 고통받고 억압된 삶을 살아간다. 섬이 점차 모래톱으로 변해가는 모습은 조마이섬 사람들로 상징되는 이들이 황폐해져 가는 모습을 간접적으로 보여준다. '모래톱 이야기'는 역사의 소용돌이 속에서 잊혀진 민중들의 울분과 저항을 주제로 삼고 있다. 작가는 조마이섬 사람들의 삶을 통해 일제강점기부터 1960년대까지 이어지는 한국 사회의 부조리한 현실을 고발하고, 소외된 민중들의 고통에 대한 연대를 호소한다.

① '조마이섬'은 부조리한 현실 세계를 상징한다.
② <모래톱 이야기>는 서술자가 작품 밖에서 다른 인물들의 사건을 관찰한다.
③ <모래톱 이야기>의 갈등 원인은 자연과 인간이다.
④ 섬이 점차 모래톱으로 변해가는 모습은 민중들의 삶이 황폐해져 가는 모습을 상징한다.

문 6. 다음을 읽고 <보기>의 밑줄 친 단어와 문장성분이 다른 것은?

독립어는 문장의 다른 성분과 직접적인 관계를 맺지 않고 홀로 독립하여 쓰이는 문장성분을 말한다.

독립어에는 첫째 감탄사가 있다. 문장에서 부르는 말, 대답하는 말, 느낌의 말에 해당하는 말이다. 예를 들어, '민호야, 대문을 닫아라.'에서 '민호야'는 명사와 호격 조사의 형태로 독립어로 사용되었다. '네, 가겠어요.'라는 문장에서 '네'는 대답하는 말, '어머나, 꽃이 정말 예쁘네.'에서 '어머나'는 느낌의 말이 독립어가 된 경우이다. 둘째 체언이나 체언에 호격 조사가 붙은 말이 호칭어로 쓰일 때는 독립어가 된다. '아버지, 그가 왔어요.'에서 '아버지'는 체언이 단독으로 쓰인 호칭어의 예시이다.

문장과 문장을 연결하는 접속어도 독립어가 된다. '비가 온다, 그리고 바람이 분다.'에서 '그리고'도 독립어로 다룬다. 마지막으로 '열정, 이것은 청년들이 반드시 갖추어야 할 조건이다.'의 '열정'과 같이 문장의 앞에서 제시하는 말 역시 독립어에 속한다.

〈보기〉

<u>여보게</u>, 정신 좀 차리게나.

① <u>민섭아</u>, 나랑 집에 가자.
② <u>모두</u> 조용히 해라.
③ <u>청춘</u>, 가슴 뛰는 말.
④ <u>이크</u>, 큰일 날 뻔했네.

문 7. '닭의 소화 과정'을 이해한 내용으로 적절한 것은?

> 닭의 소화 과정을 알아보자. 닭은 부리로 음식을 쪼아 먹으며, 부리에서 음식물은 입과 식도로 이동한다. 부리와 입안에서 음식물은 물리적으로 부서지게 된다. 음식물은 식도를 통해 위로 전달된다. 식도는 음식물이 위로 원활하게 이동할 수 있도록 하는 중요한 경로 역할을 한다. 음식물은 식도를 통해 소낭으로 이동한다.
>
> 소낭은 먹이를 임시 저장하기 때문에 모이주머니라 하며, 소낭액에 의해 딱딱한 사료를 불려서 연하게 발효시키는 역할을 한다. 소낭에서는 소화효소에 의한 소화작용은 일어나지 않는다. 소낭의 사료는 선위로 이동한다. 선위에서는 위산과 소화 효소가 분비되어 음식물을 화학적으로 소화한다. 이 과정에서 음식물은 액체 상태로 변하고, 영양소가 분해된다. 음식물이 선위에서 효소의 작용을 받은 뒤, 모래주머니로 이동한다. 모래주머니는 강한 근육 벽으로 이루어져 있으며, 음식물이 이곳에서 강한 근육 수축에 의해 물리적으로 갈리고 분쇄된다. 이 과정에서 모래주머니 내부에 있는 작은 돌이나 모래 같은 물질이 음식물과 함께 갈리며, 이는 음식물을 세밀하게 부수는 데 도움을 준다.
>
> 세밀하게 부서진 음식물은 소장으로 이동한다. 소장에서는 췌장액과 담즙이 분비되어 영양소가 더욱 세분화되어 흡수된다. 소장 내의 융모는 영양소를 혈류로 흡수하는 역할을 하며, 이 과정에서 영양소의 대부분이 체내로 흡수된다. 소장에서 흡수되지 않은 잔여물은 대장으로 이동한다. 여기서 음식물의 남은 수분이 흡수되고, 미생물에 의해 발효가 일어나며, 일부 비타민이 합성된다. 최종적으로 대장에서 형성된 배설물은 총배설강으로 이동하여 배출된다. 닭은 인간과 달리 총배설강이라는 하나의 구멍을 통해 배설, 생식을 수행한다. 배설물은 체외로 배출되어 소화 과정이 마무리된다.

① 음식물이 물리적으로 부서지는 과정은 부리와 입안에서만 일어난다.
② 모래주머니 내부의 이물질은 음식물 소화를 방해한다.
③ 모래주머니 내부의 소화 과정은 물리적 소화에 속한다.
④ 대장에서는 잔여 수분이 흡수되고, 항문에서는 배설물을 체외로 배출한다.

문 8. 다음 글에 대한 독자의 반응으로 적절하지 않은 것은?

> 진공관은 전자기학의 기본 원리를 활용하여 전류를 제어하거나 증폭하는 전자기기이다. 이 장치는 일반적으로 유리로 된 진공 상태의 관 안에 여러 개의 전극이 배치되어 있는 구조를 가지고 있다. 진공관의 음극은 전자를 방출하는 역할을 한다. 일반적으로 음극은 열을 가할 수 있는 전열선으로 구성되어 있으며, 이를 통해 음극의 온도가 상승하게 된다. 그 결과 방출된 전자는 음극에서 진공관 내부로 방출되어 자유롭게 움직일 수 있다.
>
> 진공관 내부는 진공 상태로 유지된다. 진공 상태는 전자가 이동하는 동안 공기 중의 분자와 충돌하지 않도록 하여 전자의 이동 경로를 방해받지 않게 한다. 따라서 전자는 음극에서 양극으로 거의 방해받지 않고 이동할 수 있다.
>
> 양극은 전자를 받아들이는 역할을 한다. 양극에는 양전압이 걸려 있으며, 이는 음극에서 방출된 전자를 양극 쪽으로 끌어당기게 된다. 양극은 전자가 통과하면서 전류가 흐를 수 있게 하는 역할을 한다. 제어 격자는 음극과 양극 사이에 위치하며, 전압을 조절함으로써 전자의 흐름을 제어한다. 제어 격자에 걸리는 전압이 높아지면 전자가 제어 격자에 의해 차단되거나 감소하게 되고, 반대로 전압이 낮아지면 전자의 흐름이 자유로워진다.

① 음극의 높은 온도는 전자가 방출되도록 만들겠군.
② 공기 분자는 전자의 이동 경로를 방해할 수 있겠군.
③ 양전압은 전자를 끌어당기겠군.
④ 제어 격자의 전류를 낮춰 전자의 흐름을 자유롭게 만들 수 있겠군.

문 9. 다음 명제가 모두 참일 때, 항상 옳은 것은?

> ㅇ 선물을 하는 사람은 이사를 많이 다니지 못한다.
> ㅇ 사치를 하지 않는 사람은 선물을 한다.
> ㅇ 사치를 하는 사람은 내성적이다.

① 이사를 많이 다니는 사람은 내성적이다.
② 선물을 하지만 이사를 많이 다니는 사람이 있다.
③ 선물을 하지만 내성적이지 않은 사람이 있다.
④ 내성적인 사람은 사치를 한다.

문 10. 다음 글의 맥락을 고려할 때 빈칸에 들어갈 말로 가장 적절한 것은?

근본적 귀인 오류(fundamental attribution error)란, 타인의 행동을 설명할 때 그들의 성격이나 내적 특성에 지나치게 초점을 맞추고, 외적 상황이나 환경적 요인을 간과하는 경향을 의미한다.

구체적으로, 근본적 귀인 오류는 두 가지 주요 요소로 구성된다. 첫째, 타인의 행동에 대해 내적 귀인(internal attribution)을 하여 그 사람의 성격, 능력, 태도 등 개인적 특성에 책임을 돌리는 경향이 있다. 둘째, 행동에 영향을 미치는 외적 상황이나 환경적 요인, 즉 외적 귀인(external attribution)을 간과하거나 무시하는 경향이 있다. 예를 들어, 누군가가 회의 중에 말을 중단하거나 의견을 제시하지 않는다고 해서 그 사람이 무관심하거나 게으르다고 평가할 수 있지만, 실제로는 회의의 분위기나 환경적 제약 때문에 그렇지 않았을 수도 있다.

이러한 오류는 다양한 연구를 통해 입증되었다. 예를 들어, '기본적인 귀인 연구'에서는 실험 참가자들에게 무작위로 배정된 역할(토론의 찬성자나 반대자 등)에 따라 그들의 의견을 평가하게 하고, 그들이 자신의 의견에 진심이 아니라는 것을 알고 있음에도 불구하고, 다른 사람들은 [　　　　　　] 경향을 보였다. 다시 말해 내적 귀인을 범한 것이다.

근본적 귀인 오류는 인간의 인지적 효율성을 높이는 데 도움을 줄 수 있지만, 때때로 부정적인 결과를 초래할 수 있다. 예를 들어, 타인의 행동을 성격적 결함으로 돌리는 경향은 불필요한 갈등이나 오해를 유발할 수 있으며, 공정한 판단을 어렵게 만들 수 있다. 따라서, 근본적 귀인 오류를 인식하고 이를 극복하기 위해 상황적 요인도 고려하는 노력이 필요하다. 이를 통해 사회적 상호작용에서 더 나은 이해와 협력을 도모할 수 있다.

① 내적 귀인과 외적 귀인을 모두 간과하는
② 그들의 의견을 그들의 성격에 기반하여 평가하는
③ 인지적 비효율성을 감수하고 그들의 성격을 보지 않는
④ 실험의 분위기나 환경적 제약을 무시하는

문 11. 다음 글에 대한 분석으로 적절한 것을 <보기>에서 모두 고른 것은?

갑: 미는 보편적으로 정의될 수 있는 기준이 있다. 즉, 미는 특정한 객관적 특성인 이상적인 형태와 조화가 미를 결정짓는다. 따라서 아름다움은 개인의 주관적인 감정이나 관점에 의존하지 않으며, 언제나, 그리고 누구에게나 동일하게 인식될 수 있는 객관적 기준에 의해 정의될 수 있다.

을: 아름다움은 객관적 특성보다 개인의 주관적인 경험에 의해 결정된다. 즉, 사람들이 느끼는 감정과 개인의 취향이 미를 결정짓는다. 따라서 아름다움은 각 개인의 감정과 관점에 따라 다르게 인식되며, 공간과 시대를 초월하는 보편적 미는 존재하지 않는다.

병: 아름다움은 객관적인 요소와 주관적인 경험이 결합하여 형성된다. 예술 작품의 가치는 객관적인 요소와 이를 해석하는 주관적인 경험이 상호작용하면서 결정된다. 따라서 미는 단순히 객관적 기준이나 주관적 경험 중 하나에 의해서만 정의될 수 없는 복합적인 개념이다.

〈보기〉

ㄱ. 중세 유럽에서는 풍만한 몸매가 아름다움의 기준이었지만, 현대 사회에서는 마른 몸매가 아름다움의 기준이 된 사례는 갑의 입장을 약화한다.
ㄴ. 1517년 완성된 레오나르도 다빈치의 '모나리자'가 현대에 이르기까지 지속적으로 아름답다고 평가받은 사례는 을의 입장을 약화한다.
ㄷ. 예술가의 주관적 표현과 이를 해석하는 관객의 경험이 결합되어 작품의 가치가 결정된 마르셀 뒤샹의 '샘'은 병의 입장을 약화하지 않는다.

① ㄱ　② ㄱ, ㄷ
③ ㄴ, ㄷ　④ ㄱ, ㄴ, ㄷ

문 12. <보기>는 자음 동화와 관련한 국어 수업의 한 장면이다. ㉠, ㉡에 들어갈 예를 바르게 짝지은 것은?

〈보기〉

선생님: 두 개의 자음이 이어서 소리가 날 때, 소리 내기 쉽도록 어느 한 쪽이 다른 쪽의 소리를 닮거나, 서로 닮는 방향으로 변동하는 것을 '자음 동화'라 합니다. 다음 현상이 일어나는 예를 찾아볼까요?

ㅇ 'ㄱ, ㄷ, ㅂ'이 비음 'ㄴ, ㅁ'의 앞에서 비음 'ㅇ, ㄴ, ㅁ'으로 바뀌는 현상 ································ ㉠
ㅇ 비음 'ㄴ'이 유음 'ㄹ' 앞뒤에서 'ㄹ'로 바뀌는 현상 ········· ㉡

	㉠	㉡
①	먹물[멍물]	중력[중녁]
②	입는[임는]	막내[망내]
③	솜이불[솜니불]	물난리[물랄리]
④	닫는[단는]	권리[궐리]

문 13. 다음 결론을 도출하기 위해 추가해야 할 전제는?

ㅇ 지방 인력이 부족해지면, 지방 인구 재감소를 가져오는 악순환을 초래한다.
ㅇ 수도권으로 사람이 몰리게 되면, 수도권이 포화하거나 지방 인력이 부족해진다.
ㅇ [　　　　　　　　　　]

따라서, 수도권으로 사람이 몰리게 되면, 지방 인구 재감소를 가져오는 악순환을 초래한다.

① 수도권으로 사람이 몰리게 된다.
② 지방 인구 재감소를 가져오는 악순환을 초래한다,
③ 지방 인력이 부족해진다.
④ 수도권이 포화되지 않는다.

문 14. 다음 글에 대한 분석으로 적절한 것을 <보기>에서 모두 고른 것은?

갑: 예술가는 예술을 통해 개인의 감정, 주관적인 경험, 내면의 세계를 표현하는 데 초점을 맞추어야 한다. 이는 관객에게 감정적 영향을 미치고, 공감할 수 있는 경험을 제공한다. 예술가 개인의 경험과 감정이 중심이 되며, 객관적 현실보다 현실에 대한 예술가의 주관적 해석이 중요하다.
을: 예술 작품의 미적 가치와 형식적 요소에 중점을 두어야 한다. 예술은 형식, 색, 선, 질감 등 물리적 요소의 조합으로 이루어져 있으며, 이러한 요소들이 어떻게 결합되느냐가 예술의 본질에 다다를 수 있는지의 여부를 결정한다. 즉, 작품의 주제나 내용을 중시하지 않고 색, 형태, 구조와 같은 시각적 요소가 중심이 된다.
병: 예술의 본질은 미와 아름다움에 있으며, 예술은 특정한 메시지를 전달하거나 사회적 기능을 수행하지 않고 순수한 미적 경험을 제공한다. 예술의 궁극적인 목표는 미적 경험과 아름다움을 창출하는 것이며, 이러한 경험은 감정이나 지적인 이해와 분리될 수 있다.

〈보기〉

ㄱ. 뭉크는 '절규'를 통해 자기의 혼란한 감정을 그려냈다. 그러나 뭉크의 미술 세계를 당시 관객들은 이해하지 못했으며 오히려 무관심한 삼류 작가 취급을 하게 되자 뭉크가 좌절하게 되었다는 사례는 갑의 입장을 약화한다.
ㄴ. 몬드리안의 '콰드로'가 인간 삶의 단순함을 드러내기 위해 색과 형태의 기본 요소로만 구성된 그림이라는 입장은 을의 입장은 강화된다.
ㄷ. 피카소의 '게르니카'가 전쟁의 비극과 반전 메시지를 전달하여 예술의 본질에 도달하였다면 병의 입장은 약화된다.

① ㄱ　　② ㄱ, ㄷ
③ ㄴ, ㄷ　　④ ㄱ, ㄴ, ㄷ

문 15. 다음 글의 내용으로 적절한 것은?

> 하워드 가드너의 다중 지능 이론은 인간의 지능이 단일한 지능 척도로 정의될 수 없으며, 여러 독립적인 지능 유형들로 구성된다는 관점을 제시한다. 가드너는 지능이 단순히 학업 성취나 언어, 수리 능력에 한정되지 않고, 다양한 상황에서 발휘되는 능력들이 각각 독립적인 지능으로 작용한다고 보았다. 그는 각 개인이 서로 다른 지능 유형을 통해 다양한 방식으로 세계를 이해하고 경험한다고 설명한다.
>
> 가드너가 제시한 대표적인 다중 지능 유형에는 언어 지능, 논리-수학 지능, 공간 지능, 음악 지능, 신체 운동 지능, 대인관계 지능, 개인 내 지능, 그리고 자연 지능 등이 있다. 언어 지능은 언어를 사용하여 생각을 표현하고 소통할 수 있는 능력으로 작가나 언어학자에게서 두드러지며, 논리-수학 지능은 논리적 사고와 문제 해결을 중심으로 하는 능력으로, 수학자나 과학자에게 중요한 요소로 작용한다. 이처럼 각각의 지능은 특정 분야나 상황에서 필요한 능력을 반영한다.
>
> 가드너의 이론은 교육 현장에서 개인화된 학습의 필요성을 강조한다. 전통적인 교육이 주로 언어와 논리-수학 지능을 중심으로 이루어졌다면, 다중 지능 이론은 학생 개개인의 지능적 특성을 고려한 맞춤형 교육의 필요성을 역설한다. 예를 들어, 신체 운동 지능이 뛰어난 학생은 체육 활동이나 실습 위주의 학습에서, 음악 지능이 뛰어난 학생은 음악이나 리듬을 활용한 학습에서 더 큰 성취를 이룰 수 있다는 것이다.
>
> 이 이론은 학습자들에게 자신만의 강점을 발휘할 수 있는 기회를 제공할 뿐만 아니라, 다양한 지능을 균형 있게 발달시키는 것을 목표로 한다. 따라서 다중 지능 이론에 기반한 교육은 학생들이 다양한 활동을 통해 각자의 잠재력을 발휘하고, 전통적인 학습 평가 방식에서 놓칠 수 있는 능력들을 발견하도록 돕는다.
>
> 한편, 가드너의 다중 지능 이론은 모든 지능이 똑같이 발달할 필요는 없다고 주장하며, 한 사람의 다양한 지능이 조화롭게 발달하는 것이 중요하다고 본다. 이 이론은 개인의 지능적 강점과 약점을 분석하여 종합적인 성장과 성취를 목표로 하며, 다방면에서 유연하고 창의적인 인재를 양성하는 데 도움을 줄 수 있다.

① 언어 지능은 논리적 사고와 문제 해결을 중심으로 하는 능력이다.
② 다중 지능 이론에 따르면, 음악 지능이 발달한 사람은 논리-수학 지능이 낮을 가능성이 높다.
③ 다중 지능 이론은 각 개인의 특성을 반영한 교육적 접근을 지지한다.
④ 다중 지능 이론은 개인의 우월한 지능을 중점적으로 발달시키는 교육의 필요성을 강조한다.

문 16 다음 글의 맥락을 고려할 때 (가)와 (나)에 들어갈 내용으로 가장 적절한 것은?

> 묵자는 유가(儒家)에 대한 비판을 통해 자신의 사상을 정립한 중국 고대 사상가이다. 유가는 천명(天命)과 혈연 중심의 예(禮)를 강조하며 귀족적이고 폐쇄적인 사회 질서를 옹호하는 인물이라고 본 묵자는, 이를 사회적 불평등과 낭비의 원인으로 간주했다. 묵자는 모든 사람이 평등하게 사랑하고 이익을 나눠야 한다는 겸애(兼愛)를 주창하며, 유가의 혈연 중심주의와 대조되는 보편적 윤리를 강조했다.
>
> 묵자는 유가의 장례와 제사 의식을 특히 강하게 비판했다. 유가는 장례를 통해 조상의 유덕을 기리고, 제사를 통해 혈연 공동체를 강화한다고 주장했으나, 묵자는 이러한 행위가 비생산적일 뿐 아니라 사회적 자원의 낭비를 초래한다고 보았다. 그는 (가) 를 통해 사회적 자원을 더 유용하게 활용해야 한다고 주장하며, 이러한 관습을 대체하려 했다.
>
> 또한 묵자는 유가의 비현실적인 음악과 예술에 대한 집착도 비판했다. 그는 음악과 예술이 인간의 감정을 풍요롭게 할 수 있지만, 그것이 실질적인 이익을 가져오지 않는다면 무익하다고 보았다. 이에 따라 묵자는 유가가 강조하는 예술적 전통 대신, (나) (을)를 통해 사회적 평등과 효율성을 증진하고자 했다.
>
> 묵자의 유가 비판은 단순한 반대가 아니라, 사회적 실용성과 효율성을 중심으로 한 새로운 윤리적 질서를 제안한다는 점에서 중요한 의의를 가진다.

① (가): 실용적이고 검소한 의례
(나): 겸애와 실질적 윤리
② (가): 화려하고 웅장한 의례
(나): 음악과 예술의 발전
③ (가): 실용적이고 검소한 의례
(나): 음악과 예술의 발전
④ (가): 화려하고 웅장한 의례
(나): 겸애와 실질적 윤리

문 17. 다음 글의 내용으로 적절한 것은?

붕당 정치는 조선 시대 사림파들이 조정을 장악한 이후 형성된 정치 형태로, 주로 학문적 성향과 정책 노선에 따라 정치적 집단이 형성되고 그들이 정치를 주도했던 시기를 의미한다. 조선 초기부터 학파와 지역을 중심으로 정치적 성향에 따라 사상적 차이가 존재했으나, 중종 때의 기묘사화 이후 사림파가 본격적으로 조정에 진출하면서 본격화되었다. 이후 붕당은 사상의 차이뿐만 아니라 정책과 외교 노선에서의 입장 차이를 통해 서로 다른 정치 집단으로 발전하게 되었다.

조선 초기에는 상대방을 배제하기보다는 서로의 의견을 조율하고 견제하면서 국정을 운영하는 형태를 보였다. 이러한 형태를 일종의 균형 있는 정치 체제로 평가하는 시각도 있으며, 대표적으로 서인과 동인 간의 협력과 견제가 이를 보여준다. 그러나 시간이 지남에 따라 붕당 정치가 형성되어 갈등은 심화되었고, 서로 다른 붕당들은 상대방을 배척하며 권력을 독점하려는 양상을 띠게 되었다. 특히 동인에서 갈라져 나온 남인과 북인은 정치적 충돌을 겪었고, 이후 서인에서 나온 노론과 소론 역시 끊임없이 대립하며 정국을 불안정하게 만들었다.

붕당 정치가 심화되면서 각 붕당은 자신들이 추구하는 정책적 가치와 이념을 기반으로 하여 권력을 장악하려는 경향을 보였고, 이는 왕권을 약화시키는 결과로 이어졌다. 특히 붕당 간의 대립이 격화될 때마다 정치적 혼란이 발생했고, 당쟁으로 인한 피해는 국가 전반에 걸쳐 영향을 미쳤다. 이러한 붕당 간의 경쟁은 학문적 견해와 이념뿐만 아니라 경제적 이익과 정치적 영향력에 따라 결정되었으며, 국가 운영에 심각한 악영향을 끼쳤다.

특히 환국(換局)이라는 급격한 정권 교체 과정에서 붕당 간 권력 다툼은 극에 달했는데, 이는 특정 붕당이 정권을 장악한 상태에서 상대 붕당을 완전히 배제하려는 정치적 사건으로, 이 시기의 조선은 정치적 불안정과 혼란이 심화되었다. 또한, 붕당 정치의 극단적 폐해로 인해 군주가 실질적으로 권력을 행사하는 데 큰 제약이 생겼다.

조선 후기에 이르러 붕당 정치의 문제점이 두드러지자 영조와 정조는 탕평책(蕩平策)을 통해 붕당 간의 분열을 조정하고자 노력했다. 탕평책은 붕당의 폐해를 해결하려는 시도로, 어느 한쪽 붕당에 치우치지 않고 균형 있게 정국을 운영하고자 한 정책이었다. 하지만 붕당 정치의 구조적 문제를 근본적으로 해결하기는 어려웠고, 이후에도 붕당 간의 갈등과 당쟁은 조선 사회에 깊은 영향을 미쳤다.

① 조선 시대 초기와 후기의 당파 간 관계는 차이를 보인다.
② 붕당 정치는 조선 초기부터 형성되어 조선 말기까지 정치권력을 독점했다.
③ 탕평책은 붕당 정치의 폐해를 해결하는 데 어느 정도 일조했다.
④ 붕당은 이념 차이보다는 사회적 경제적 이익을 중심으로 형성된 정치 집단이다.

문 18. 다음 글의 순서로 옳은 것은?

(가) 인격 장애를 가진 사람들은 충분한 근거 없이 타인들이 자신을 착취, 상해 또는 속인다고 의심한다. 또한 친구나 동료의 성실성이나 신용에 대한 부당한 의심에 집착하고, 정보가 자신에게 악의적으로 사용될 것이라는 확인되지 않은 두려움으로 터놓고 얘기하기를 꺼린다. 그리고 온정적인 말이나 사건을 자신을 폄하하려거나 위협적 의미가 감추어져 있는 것으로 해석한다. 또한, 제삼자에게는 그렇게 보이지 않는 행동이나 상황도 자신의 성격이나 평판에 대한 공격으로 여기고 즉각적으로 화를 내며 대응하거나 반격하기도 한다.

(나) 강박성 인격 장애는 지나치게 완벽을 추구하고 세부적인 사항에 집착하며 과도한 성취 의욕과 인색함을 보이는 성격 장애이기도 하다. 이런 사람은 상황을 자기 뜻대로 조절할 수 없게 되었을 때 불안해하거나 분노를 느낀다. 또한 씀씀이가 매우 인색하여 상당한 경제적 여유가 있음에도 만일의 상황에 대비해야 한다는 생각으로 가족들과 자주 갈등을 빚는다.

(다) 인격 장애(人格 障碍) 또는 성격 장애(性格 障碍)는 습관, 성격, 사고방식 등이 사회적 기준에서 지속적이고 극단적으로 벗어나서 사회생활에 문제를 일으키는 장애를 가리킨다. 이러한 성격장애의 유형에는 여러 가지가 있다. 우선 편집성 인격 장애는 타인에 대한 강한 불신과 의심으로 적대적인 태도를 나타내는 성격 장애이다. 이런 사람은 과도한 의심과 적대감으로 인해 반복적인 불평, 격렬한 논쟁, 공격적인 행동을 보인다. 자신에 대한 타인의 위협 가능성을 지나치게 경계하기 때문에 행동이 조심스럽고 비밀이 많으며 미래를 치밀하게 계획하는 경향이 있다.

(라) 이 성격 장애를 가진 사람들의 특징은 사소한 세부 사항, 규칙, 목록, 순서, 시간 계획이나 형식에 집착하여 일의 큰 흐름을 잃고 만다. 또한, 완벽주의로 인하여 일을 완수하는 데 방해를 받기도 한다. 한편 여가 활동과 우정을 나눌 시간을 배제하면서까지 지나치게 일과 생산성에 몰두하기도 하며, 도덕, 윤리, 또는 가치의 문제에서 문화적 또는 종교적 배경으로 설명되지 않을 정도로 지나치게 양심적이고 고지식하며 융통성이 없다. 자신과 타인 모두에게 돈을 쓰는 데 인색하며 돈은 미래의 재난에 대비하여 축적해야 하는 것으로 생각한다. 그리고 주로 경직성과 완고함을 보인다.

① (가) - (나) - (다) - (라)
② (가) - (다) - (나) - (라)
③ (다) - (라) - (가) - (나)
④ (다) - (가) - (나) - (라)

문 19. 다음 글의 결론으로 가장 적절한 것은?

정치 갈등의 중심에는 불평등과 재분배의 문제가 자리하고 있다. 이 문제로 좌파와 우파는 오랫동안 대립해 왔다. 두 진영이 협력하여 공동의 목표를 이루려면 두 진영이 불일치하는 지점을 찾아 이 지점을 올바르고 정확하게 분석해야 한다. 바로 이것이 우리가 논증하고자 하는 바다.

우파는 시장 원리, 개인 주도성, 효율성이 장기 관점에서 소득 수준과 생활환경을 실제로 개선할 수 있다고 주장한다. 반면 정부 개입을 통한 재분배는 그 규모가 크지 않아야 한다. 이 점에서 이들은 선순환 메커니즘을 되도록 방해하지 않는 원천징수나 근로장려세 같은 조세 제도만을 사용해야 한다고 주장한다.

반면 19세기 사회주의 이론과 노동조합 운동을 이어받은 좌파는 사회 및 정치 투쟁이 극빈자의 불행을 덜어주는 더 좋은 방법이라고 주장한다. 이들은 불평등을 누그러뜨리고 재분배를 이루려면 우파가 주장하는 조세 제도만으로는 부족하고, 생산수단을 공유화하거나 노동자의 급여 수준을 강제하는 등 보다 강력한 정부 개입이 있어야 한다고 주장한다. 정부의 개입이 생산 과정의 중심에까지 영향을 미쳐야 시장 원리의 실패와 이 때문에 생긴 불평등을 해소할 수 있다는 것이다.

좌파와 우파의 대립은 두 진영이 사회정의를 바라보는 시각이 다른 데서 비롯된 것이 아니다. 오히려 불평등이 왜 생겨났으며 그것을 어떻게 해소할 것인가를 다루는 사회경제 이론이 다른 데서 비롯되었다. 사실 좌우 진영은 사회정의의 몇 가지 기본 원칙에 합의했다.

행운으로 얻었거나 가족에게 물려받은 재산의 불평등은 개인이 통제할 수 없다. 개인이 통제할 수 없는 요인 때문에 생겨난 불평등을 그런 재산의 수혜자에게 책임지우는 것은 옳지 않다. 이 점에서 행운과 상속의 혜택을 받은 이들에게 이런 불평등 문제를 해결하라고 요구하는 것은 바람직하지 않다. 혜택받지 못한 이들, 곧 매우 불리한 형편에 부닥친 이들의 처지를 개선하려고 애써야 할 당사자는 당연히 국가다. 정의로운 국가라면 국가가 사회 구성원 모두 평등권을 되도록 폭넓게 누리도록 보장해야 한다는 정의의 원칙은 좌파와 우파 모두에게 널리 받아들여진 생각이다.

불리한 형편에 놓인 이들의 삶을 덜 나쁘게 하고 불평등을 누그러뜨려야 하는 국가의 목표를 이루는 데 두 진영이 협력하는 첫걸음이 무엇인지는 이제 거의 분명해졌다.

① 좌파와 우파는 정치 갈등을 해결하려는 의지가 있어야 한다.
② 좌파와 우파는 사회정의를 위한 기본 원칙에 먼저 합의해야 한다.
③ 좌파와 우파는 분배 문제 해결에 국가가 앞장서야 한다는 데 동의해야 한다.
④ 좌파와 우파는 불평등을 일으키고 이를 완화하는 사회경제 메커니즘을 보다 정확히 분석해야 한다.

문 20. 다음 글의 밑줄 친 결론을 이끌어내기 위해 추가해야 할 것은?

○ 자율학습을 하지 않는 어떤 사람은 야채를 먹는다.
○ 야채를 먹지 않는 모든 사람은 매일 헬스를 한다.
따라서 매일 헬스를 하는 어떤 사람은 자율학습을 하지 않는다.

① 야채를 먹는 모든 사람은 매일 헬스를 한다.
② 야채를 먹지 않는 어떤 사람은 자율학습을 한다.
③ 매일 헬스를 하는 모든 사람은 야채를 먹지 않는다.
④ 자율학습을 하지 않는 어떤 사람은 야채를 먹는다.

약점 보완 해설집 p.36

제11회 모의고사

문 1. 다음 글을 이해한 내용으로 적절하지 않은 것은?

바이마르 공화국(1919-1933)에서 채택된 비례대표제는 민주주의 가치를 실현하고 다양한 목소리를 의회에 반영하기 위한 중요한 제도였지만, 여러 가지 문제점으로 인해 오히려 공화국의 몰락에 기여하는 요인이 되었다. 비례대표제는 작은 정당들도 의회 진출 기회를 얻도록 했지만, 이는 50개 이상의 정당이 난립하는 결과를 초래했다. 다수의 정당 참여로 인해 연립 정부 구성이 어려워졌고, 정책 결정 과정이 지연되고 무력화되었다.

게다가 비례대표제는 극단주의 정당들도 의회 진출을 용이하게 했다. 특히 경제적 어려움 속에서 국민들의 불만과 절망을 흡수한 나치당은 빠르게 세력을 키웠다.

다양한 정당이 난립하고 연립 정부가 불안정하게 운영되면서 어느 정당이 정책 실패에 대한 책임을 져야 하는지 불분명해졌다. 이는 국민들의 정치에 대한 불만을 더욱 키웠고, 정치권에 대한 신뢰를 떨어뜨렸다. 게다가 극단주의 정당들의 공격적인 태도와 의회 운영 방해로 인해 의회가 정상적인 기능을 수행하기 어려워졌다.

비례대표제로 인한 정치적 불안정을 빌미로 힌덴부르크 대통령은 비상 권한을 행사하며 의회를 제압했으나, 이는 민주주의 체제를 더욱 약화시키고 헌법 질서를 무너뜨리는 결과를 초래했다.

① 나치당은 경제난을 기회로 삼아 비례대표제의 시행에도 불구하고 의회에 진출하였다.
② 바이마르 공화국의 비례대표제를 통해 영세 정당들도 의회 진출 기회를 얻을 수 있었다.
③ 연립 정부의 불안정한 운영은 정책 실패의 책임 소재 지목을 어렵게 했다.
④ 정치적 불안정을 이유로 삼아 힌덴부르크 대통령은 비상 권한을 발동하였다.

문 2. 다음 글을 통해 추론한 것으로 적절하지 않은 것은?

국정감사와 국정조사는 국회가 정부의 활동을 감시하고 평가하는 데 중요한 역할을 한다. 권력분립의 원칙에 따라 국회가 정부를 견제하는 기능적인 측면에서는 같지만, 세부적으로는 여러 차이점도 있다. 국정감사는 전문위원회가 정부 기관, 정부의 예산 및 재정, 정책, 활동을 검토하고 평가하는 절차로서 국민 앞에 공개적으로 진행된다. 정부의 활동에 대한 정기적이고 체계적인 검토를 포함하며, 주로 예산안과 보고서와 같은 공식 문서를 기반으로 이루어진다. 즉, 예산을 적절하게 사용하고 예산안에 따라 업무를 수행하는지 확인한다. 정부가 정책을 효율적으로 수행하고 있는지, 효과는 얼마나 거뒀는지 등도 검토한다. 감사 결과와 권고 사항은 국회에 보고하며, 정부와 관련 기관에도 권고 사항을 제공한다. 이를 통해 정부는 문제점을 확인하고 정책 개선 방안을 강구한다. 국정감사는 1948년 제헌국회부터 규정되었으며 4.19 혁명으로 혼란한 시기에도 변함없이 진행되었다. 군사정권 시기에 잠시 배제되기는 하였으나, 6공화국 시기에 다시 제자리를 찾았다. 현재 국정감사는 연례적으로 진행한다.

국정조사는 국회가 특정 사안이나 사건에 대한 조사를 수행하는 절차를 가리킨다. 특정 이슈나 사안에 대한 국회의 관심이 높아진 경우에 이뤄지므로 국정조사는 정해진 시기 없이 필요한 경우에는 언제든지 행할 수 있다. 국정조사는 주로 조사 대상과 관련 있는 국회의원들로 구성된 특별위원회를 구성하여 진행한다. 특별위원회는 대상이 된 특정 이슈나 사안에 대한 근본적인 조사와 평가를 할 권한을 가지며, 조사 대상은 정부 기관, 관련 인물 또는 사안에 따라 달라진다. 국정조사에서는 공식 문서를 통한 조사 외에도 필요한 경우 참고인과 증인을 소환하여 진술을 받거나 질문을 할 수 있다. 일반적으로 국정조사는 국정감사보다 상대적으로 더 전문적이며 정확한 정보 수집과 해당 사안에 대한 조사를 목적으로 한다. 국정조사는 공개적으로 실시되며, 국민들은 국회의 활동과 조사 과정을 관찰할 수 있다.

① 국정감사의 주요 목적은 정부의 예산 집행과 정책 수행을 검토하는 것이고, 국정조사의 목적은 특정 사안이나 이슈에 대한 조사와 평가이다.
② 국정감사는 국회의 전문위원회가 수행하지만 국정조사는 특별위원회가 진행한다.
③ 국정감사는 특별히 정해진 시기가 없으며 국정조사는 매해 정해진 시기에 진행된다.
④ 국정감사는 주로 공식 문서를 기반으로 진행하지만 국정조사는 참고인과 증인을 소환하는 등 조사 방식이 보다 다양한 편이다.

문 3. <보기>의 내용을 토대로 어색한 표현을 고쳐 쓴 것 중 바르게 고치지 못한 것은?

〈보기〉

- ㅇ 문장에 알맞은 단어 사용
- ㅇ 잘못된 높임 표현 사용 여부
- ㅇ 용언의 올바른 활용 표현
- ㅇ 올바른 문법 표기 사용 여부

① 그는 일을 벌려 놓고서 아무 말 없이 떠났다.
→ 그는 일을 벌여 놓고서 아무 말 없이 떠났다.

② 과장님, 부장님께서 과장님을 오시라십니다.
→ 과장님, 부장님께서 과장님을 오시랍니다.

③ 애들아, 우리 조용하자.
→ 애들아, 우리 조용히 하자.

④ 하늘을 날으는 우리의 공군!
→ 하늘을 나는 우리의 공군!

문 4. 다음 전제가 모두 참일 때, 반드시 참인 결론인 것은?

- ㅇ 도자기를 좋아하는 어떤 사람은 박물관을 가지 않는 것은 아니다.
- ㅇ 휴가를 내지 못한 모든 사람은 박물관을 가지 않는다.

따라서 [   ].

① 도자기를 좋아하는 사람은 휴가를 낸다
② 박물관을 가지 않은 사람은 반드시 휴가를 내지 못한다
③ 도자기를 좋아하는 어떤 사람은 휴가를 낸다
④ 박물관을 가는 사람은 반드시 도자기를 좋아한다

문 5. 다음 글에 대한 분석으로 적절한 것을 <보기>에서 모두 고른 것은?

갑: 인간은 단순히 사물처럼 존재하는 것이 아니라, 존재 자체를 이해하고 의미를 부여하는 실존적 존재이다. 이는 인간이 항상 환경과 상황 속에서 관계를 맺으며 존재한다는 의미이다. 인간이 자신의 유한성, 즉 죽음을 자각할 때 자신의 삶을 '진정성' 있게 살 수 있다. 진정한 존재란 자신의 실존을 자각하고, 이를 통해 자발적으로 존재 의미를 형성하는 것이다. 타자와의 관계는 인간이 세계와 존재를 이해할 수 있는 여러 방식 중 하나일 뿐, 타자가 철학의 중심 주제가 되지는 않는다. 철학적 초점은 궁극적으로 '존재' 자체에 있다.

을: 타자는 단순한 행위의 대상이 아니라 무한한 윤리적 책임을 요구하는 존재로 나타난다. 타자에 대한 책임이 철학의 출발점이 되어야 한다. 인간 존재는 타자와의 관계에서 사명감을 지닌 윤리적 주체가 되며, 이러한 관계가 존재 의미의 근본이 된다. 존재에 대한 이해보다는 타자와의 관계에서 발생하는 윤리적 책임이 중요하며, 이를 통해 철학적 논의가 타자에 대한 존중과 책임을 중심으로 전개되어야 한다.

병: 인간이 세계를 이해하는 과정은 항상 해석을 통해 이루어진다. 인간은 완전히 객관적인 상태에서 타자나 세계를 이해할 수 없으며, 모든 이해에는 선입견이 작용한다. 하지만 대화 속에서 이 선입견이 수정되고 확장되면서 다름에 대한 새로운 이해가 형성된다.

〈보기〉

ㄱ. 타인과의 소통이 전무하여 타자와의 관계에서 오는 성찰 기회를 놓쳐 안타까워하는 사례는 갑의 입장을 강화한다.
ㄴ. 환자들을 의료 행위의 객체로 삼고 책임 의식을 가지고 치료하는 의사의 사례는 을의 입장을 약화한다.
ㄷ. 미국인과 영국인이 서로의 어휘 차이로 인해 오해와 갈등을 빚었지만 대화를 지속하며 서로에 대한 새로운 이해가 형성된 사례는 병의 입장을 강화한다.

① ㄴ　　② ㄷ
③ ㄱ, ㄷ　　④ ㄴ, ㄷ

문 6. 다음 글을 이해한 내용으로 적절하지 않은 것은?

소련 문학 초기에는 다양한 예술적 사조들이 공존했지만, 1930년대 이후에는 사회주의 리얼리즘이 유일한 공식적인 문학 방식으로 채택되었다. 사회주의 리얼리즘은 소련 문학의 주요 사조로서 1932년 소비에트 작가 협회에서 공식적으로 채택되었다. 이 사조는 소비에트 정권의 이념을 반영하고 노동자 계급의 투쟁과 승리를 찬양하는 작품을 요구했다. 사회주의 리얼리즘 작품은 반드시 소비에트 연방의 공식적인 이데올로기와 일치해야 했기 때문이다. 현실은 정확히 묘사되어야 했으나, 이 현실은 공산주의적 관점에서 왜곡되어 제시되었다. 뿐만 아니라 작품에는 이상적인 공산주의자가 등장해야 했다.

사회주의 리얼리즘 외에도 소련 문학에는 다양한 다른 사조들이 존재했다. 그중 1920년대 소련에는 아방가르드 운동이 일어났다. 아방가르드 작가들은 기존의 문학적 형식과 관습을 거부하고 새로운 실험적인 형식을 모색했다. 또한 1950년대 이후에는 사회주의 리얼리즘의 엄격한 통제가 다소 완화되었다. 이에 따라 소련 문학에는 다양한 새로운 목소리가 등장하기 시작했다. 당시의 현실에 대한 긍정적 묘사에 집중한 사회주의 리얼리즘과 달리 새로운 목소리는 과거의 역사적 사건과 트라우마를 다루기도 했다. 러시아 혁명과 내전을 배경으로 한 서사시 '닥터 지바고'가 그 예시이다.

① 사회주의 리얼리즘의 현실은 공산주의적 이데올로기를 반영하도록 왜곡되었다.
② 아방가르드 작가들은 종래의 문학적 형식에 기반하여 실험적 문학을 도모하였다.
③ 1930년대부터 1950년대에 이르기까지는 사회주의 리얼리즘이 엄격히 문학계를 통제하였다.
④ '닥터 지바고'는 사회주의 리얼리즘과 달리 당시 현실을 다루지 않는다.

문 7. 다음 글에 대한 독자의 반응으로 적절하지 않은 것은?

스트레스가 발생하면 간이 손상되며, 우리는 이것을 흔히 '화병'이라고 부른다. 이에 이르는 경로를 알아보자. 첫째 경로는 쿠퍼 세포*와 무관하다. 스트레스를 받으면, 뇌의 시상하부에서 CRH가 분비되고, 이것은 뇌하수체전엽에서 ACTH를 분비하게 만든다. ACTH에 반응하여 부신의 겉질은 코르티솔 호르몬을, 부신의 속질은 노르에피네프린 호르몬을 분비하여 면역세포 집결을 유발한다. 그 결과 염증이 유발되고, 결국 간 손상이 일어난다.

둘째 경로 역시 쿠퍼 세포와는 무관하다. 스트레스가 주어지면 교감신경 항진으로 인한 간 자극이 발생하고, 간 염증을 유발하는 사이토카인들이 분비되어 간 손상이 일어난다.

셋째 경로와 넷째 경로는 쿠퍼 세포가 관여한다. 스트레스를 받으면 교감신경이 항진되고 이는 간 혈류 감소를 일으킨다. 그 결과 저산소증이 발생하고, 이는 다시 활성 산소를 만들어 세포 괴사를 유발한다. 괴사된 세포에서 나온 부산물을 쿠퍼 세포가 탐식하는데, 이 과정에서 산화적 스트레스가 발생한다.

넷째 경로에서는 스트레스가 주어지면 장투과성이 증가한다는 점에 주목한다. 그 결과 LPS가 유입되어 인체 면역 반응이 일어나고, 이로 인해 간의 손상이 유발된다. 장 역시 노르에피네프린을 분비할 수 있기 때문이다.

* 쿠퍼 세포: 간세포의 일종으로, 면역을 담당한다. 스트레스 시 우리 몸을 공격할 수 있다.

① 뇌의 시상하부는 CRH를 통해 뇌하수체전엽에 신호를 보내고, 이는 부신의 겉질과 속질에서 모두 호르몬을 분비하도록 유도하겠군.
② 교감신경 항진에 의한 간 자극은 쿠퍼 세포가 없더라도 화병을 유발할 수 있겠군.
③ 쿠퍼 세포의 활성 산소 탐식과 세포 괴사 모두 산화적 스트레스를 유발할 수 있겠군.
④ 부신과 장에서 분비하는 노르에피네프린은 간 손상을 유발할 수 있겠군.

문 8. 다음 글에서 추론할 수 없는 것은?

대표적인 마천루 건설 방법들을 살펴보자. 첫째, 기초 공사이다. 파이어 앤 센터 방식은 가장 일반적인 기초 공법으로, 강철봉이나 콘크리트 파일을 땅속 깊이 박아 지지력을 확보한다. 래프트 기초 방식은 넓은 판상의 기초를 땅 전체에 걸쳐 시공하는 방식으로, 얕은 깊이의 지반에도 적합하다. 매트 기초 방식은 건물 전체 아래에 강화 콘크리트 슬래브를 깔아 만드는 방식으로, 넓은 면적에 걸쳐 지지력을 확보한다.

둘째, 골조 공법에 대해 알아보자. 강도가 높고 가벼우며, 저렴하고 공사 기간 단축이 용이한 철골은 고층 건축에 가장 많이 사용되는 골조 재료이다. 높은 내화성과 내구성을 가진 콘크리트는 중층 건축에 많이 사용된다. 강철의 인장력과 콘크리트의 압축력을 동시에 활용하는 철근 콘크리트는 강도와 내구성이 뛰어난 골조 공법이다.

셋째, 적층 방법에 대해 알아보자. 전통적인 건설 방식은 층마다 콘크리트를 타설하고 벽체를 쌓아 올렸다. 그러나 최근에는 미리 제작된 모듈을 현장에 반입하여 조립하는 방식 역시 사용되고 있다. 리프트 슬래브 방식 역시 사용되는데, 이는 건물 전체를 하나의 거대한 리프트 구조로 만들고, 층마다 슬래브(바닥판)를 들어 올려 층을 추가하는 방식이다. 이 방법은 공사 기간을 줄이고 내진 설계를 강화하는 데에 용이하다.

① 기반암까지의 깊이가 평균 30m 정도로 얕은 두바이에 세워진 부르즈 칼리파는 넓은 판상의 기초가 땅 전체에 걸쳐 시공되었을 것이다.
② 뉴욕의 원 월드 트레이드 센터의 지하 전체에 강화 콘크리트 슬래브가 깔려 있는데, 이는 매트 기초 방식을 사용된 것이다.
③ 대공황으로 인해 공사 기간을 단축하고 공사비를 절감해야 했던 엠파이어 스테이트 빌딩은 철골 구조로 지어졌을 것이다.
④ 공사 기간을 줄이고 지진에 대비해야 했던 중국 심천의 평안 국제 금융 센터는 건물 층마다 거대한 리프트 구조를 사용했을 것이다.

문 9. 다음 글의 맥락을 고려할 때 빈칸에 들어갈 말로 가장 적절한 것은?

헤겔은 칸트 이후 시대의 대표적인 철학자이며, 그의 철학은 칸트 철학에 대한 비판과 발전으로 이루어졌다. 둘의 차이점을 살펴보자. 첫째, 인식론에서의 차이점이다. 칸트는 인간의 인식 능력을 제한적으로 보았다. 그는 인간은 '사물 자체'를 알 수 없고, 오직 '현상'만을 알 수 있다고 주장했다. 그러나 헤겔은 칸트의 인식론을 비판했다. 그는 인간의 인식은 변증법적 과정을 통해 발전한다고 주장했다. 변증법적 과정은 크게 세 단계로 이루어져 있는데, 첫째는 대상에 대해 선험적인 지식을 가지는 '정립'이다. 둘째는 인간이 대상과 직접적으로 상호작용하며 처음 가지고 있던 지식이 부족하거나 잘못되었음을 알게 되는 '반정립'이다. 셋째는 정립과 반립을 통해 얻은 경험을 바탕으로 새로운 지식을 형성하는 '종합'이다. 즉, 헤겔은 인간의 지식 발전 과정에서 [   ]을 중시한 것이다.

둘째, 정신에 대한 인식에서도 차이를 보인다. 칸트는 정신을 '물 자체'와 '현상'으로 나누었다. 그는 '물 자체'는 인간의 인식 능력을 넘어서는 것이고, '현상'은 '물 자체'의 영향을 받는 것이라고 주장했다. 그러나 헤겔은 정신은 '절대자'로서, 물질세계와 인간 정신을 모두 포괄한다고 주장했다.

① 대상에 대한 적극적인 상호작용
② 사물 자체가 아닌 현상에 대한 인식
③ 물 자체의 영향을 받는 현상
④ 선험적 관념만

문 10. 다음 글을 통해 볼 때, <보기>의 ㉠과 ㉡에 해당하는 예로만 묶은 것은?

> 한국어 동사의 활용은 규칙 활용과 불규칙 활용으로 구분된다. 규칙 활용이란 용언이 활용될 때, 어간이나 어미의 기본 형태가 바뀌지 않거나 형태가 변하더라도 일반적인 음운 규칙으로 설명할 수 있는 경우를 말한다. 용언 '잡다'가 '잡고, 잡아서, 잡으니'로 활용되는 경우는 어간이나 어미의 기본 형태가 바뀌지 않았으므로 규칙 활용이다. 또한 형태가 변하더라도 일반적인 음운 규칙으로 설명할 수 있는 경우가 있는데 'ㄹ' 탈락과 'ㅡ' 탈락이 그러하다. 'ㄹ' 탈락은 기본형의 어간 끝이 'ㄹ'로 끝나고 'ㄴ, ㄹ, ㅂ, ㅅ, 오'로 시작하는 어미가 오는 경우 어간의 'ㄹ'이 탈락하는 경우를 말하며, 'ㅡ' 탈락은 어간의 끝이 'ㅡ'로 끝나고 뒤에 '아/어'로 시작하는 어미가 오는 경우 'ㅡ'가 탈락하는 경우를 말한다.
>
> 반면, 불규칙 활용은 동사의 어간이나 어미가 일정한 규칙에 따라 결합되지 않고, 각각의 동사가 고유한 어간이나 어미를 가지며 활용되는 경우를 의미한다. 불규칙 활용 동사는 일반적인 활용 규칙을 따르지 않아 예외적으로 기억해야 하는 경우이며, 이러한 동사들은 개별적인 형태를 가지고 있다.
>
> 불규칙 활용의 종류에는 '어간이 바뀌는 경우', '어미가 바뀌는 경우', '어간과 어미가 모두 바뀌는 경우' 3가지가 있다. 먼저 어간이 바뀌는 활용에는 어간 받침 'ㄷ'이 모음으로 시작하는 어미 앞에서 'ㄹ'로 바뀌는 경우, 어간 끝소리가 'ㅂ'으로 끝날 때 'ㅗ/ㅜ'로 바뀌는 경우, 어간의 끝소리 'ㅅ'이 모음으로 시작하는 어미 앞에서 사라지는 경우, 어간의 끝이 '르'로 끝날 때 '르'가 모음으로 시작하는 어미 앞에서 'ㄹㄹ'로 바뀌는 경우, 어간이 'ㅜ'로 끝날 때 모음으로 시작하는 어미와 결합하며 'ㅜ'는 생략되는 경우가 있다.
>
> 다음으로는 어미가 바뀌는 활용이 있다. '푸르다'와 같은 단어들이 '아/어'와 결합할 때 '러'로 변하는 활용을 말한다. 또한 '하다'의 경우에는 '아/어'로 결합할 때 '아/어'가 '여'로 바뀌는 불규칙 활용의 단어이고, 명령형어미 '아라'가 '-오'로 바뀌는 '오' 불규칙 활용도 있다.
>
> 마지막으로 어간과 어미가 모두 바뀌는 경우도 있는데, ㅎ 불규칙 활용이 바로 그러하다.

〈보기〉

> 불규칙 용언은 활용형에 따라서 ㉠ <u>어미만이 불규칙적으로 바뀌는 것</u>, 어간만이 불규칙적으로 바뀌는 것, ㉡ <u>어간과 어미 모두가 불규칙적으로 바뀌는 것</u>으로 분류할 수 있다.

	㉠	㉡
①	(우물에서 물을) 긷다	(얼굴빛이) 시퍼렇다
②	(컵에 물을) 붓다	(강물이) 붇다
③	(나뭇잎이) 노르다	(물을) 따르다
④	(나뭇잎이) 누르다	(은행잎이) 노랗다

문 11. 다음 글의 주된 설명 방식이 적용된 것으로 가장 적절한 것은?

> 코르트코프 혈압계는 코르트코프음이라는 특정한 소리를 이용하여 혈압을 측정한다. 코르트코프음은 상완에 커프를 감아 압력을 가했을 때 혈액이 흐르지 않다가, 압력을 서서히 줄이면 혈액이 다시 흐르기 시작하면서 발생하는 소리이다. 측정 과정을 알아보자. 먼저, 상완에 적절한 크기의 커프를 감는다. 그 뒤 커프에 압력을 가한 뒤, 서서히 압력을 줄인다. 이에 따라 감소하는 혈압을 코르트코프음을 마이크로 감지한다.

① ELISA는 항원-항체 반응을 이용하여 특정 물질의 농도를 측정하는 실험 기법이다. 마이크로플레이트에 포획 항체를 고정시킨 뒤, 표적 물질이 포함된 시료를 첨가한다. 그러면 포획 항체와 표적 물질이 특이적으로 결합하고, 검출 항체를 첨가하여 마이크로플레이트 리더가 각 웰의 흡광도를 측정하도록 만든다.

② 수니파와 시아파는 모두 이슬람교를 믿지만, 무함마드 후계자에 대한 의견 차이로 인해 약 1400년 전부터 분파되었다. 시아파는 이맘이라는 지도자가 필요하다고 주장하며, 이맘은 무함마드의 후계자로서 신과 인간을 연결하는 역할을 한다고 믿는다. 수니파는 이맘 개념을 인정하지만, 이맘의 역할을 영적 지도자보다는 행정적 지도자 수준으로 축소한다.

③ 자율신경계는 의식적인 조절 없이 내장 기관, 혈관, 분비샘의 활동을 조절하는 신경계이다. 크게 교감신경계와 부교감신경계로 나눌 수 있다. 교감신경계는 척수의 흉추 1~3절과 요추 1~2절에 위치한 교감신경절에서 시작하여 몸 전체에 분포하며, 부교감신경계는 뇌줄기의 연수에 위치한 미주신경핵에서 시작하여 몸 전체에 분포한다.

④ 귀족과 농민, 그리고 그들의 상호 의무로 구성된 봉건 사회는 봉건 계약이라는 상호 의무 관계를 기반으로 유지되었다. 귀족은 농민에게 토지를 제공하고, 그들을 보호할 의무가 있었다. 농민은 귀족에게 소작료를 지불하고, 군사적 지원을 제공할 의무가 있었다.

문 12. 다음 글의 내용이 참일 때 반드시 참이라고 할 수 있는 것은?

> ○ 소영이와 영준이는 아메리카노를 마신다.
> ○ 소영, 찬수, 영준은 한 가지의 커피만 마신다.
> ○ 소영, 찬수, 영준 중 적어도 한 명은 카페라떼를 마신다.

① 찬수만 카페라떼를 마신다.
② 소영이와 찬수와 영준이는 카페라떼를 마신다.
③ 소영이와 찬수만 카페라떼를 마신다.
④ 찬수와 영준이만 카페라떼를 마신다.

문 13. 다음 글을 이해한 내용으로 가장 적절하지 않은 것은?

> 심훈의 소설 <상록수>는 1935년에 발표된 작품으로, 일제 강점기라는 어두운 시대 속에서 희망과 계몽 정신을 드높인 작품으로 평가받고 있다. 1930년대 농촌 사회를 배경으로, 젊은 지식인 박동혁과 채영신이 농촌 운동을 벌이며 마을 사람들의 삶을 개선하는 과정을 생생하게 그려낸다.
>
> <상록수>는 일제의 억압과 착취 속에서도 희망을 잃지 않고 일어서는 농민들의 모습을 그린다. 또한, 농촌 사회의 현실을 사실적으로 묘사함으로써 당시 사회의 문제점을 날카롭게 지적하고 있다. <상록수>에 등장하는 한곡리는 일제의 착취와 지주들의 억압으로 인해 극심한 빈곤에 시달리는 마을이다. 농민들은 땅을 빼앗기고 지주에게 높은 소작료를 납부해야 했으며, 이는 농민들의 삶을 더욱 가난하게 만들었다. 특히, 소작료나 세금을 납부하지 못하면 구타를 당하는 등 농민들은 끊임없는 착취에 시달렸다. 게다가 한곡리의 농민들은 교육을 받을 기회가 거의 없었다. 이는 농민들이 착취에 맞서 싸우는 능력을 약화시키는 요인이 되었다. 또한, 교육 부족으로 인해 미신이 만연했다.
>
> <상록수>의 주요 등장인물에 대해 알아보자. 박동혁은 젊고 진취적인 성격의 농촌 청년으로, 농촌 운동을 통해 마을 사람들의 삶을 개선하고자 노력한다. 채영신은 서울에서 온 교사로, 농촌 학생들에게 교육을 제공하고 농촌 여성들의 삶을 개선하기 위해 노력한다. 이영춘은 마을의 지도자로, 처음에는 박동혁과 채영신의 농촌 운동에 반대하지만, 결국 그들의 열정에 감동하여 지지하게 된다.

① 박동혁과 채영신은 모두 한곡리 사람들의 삶을 개선하고자 한다.
② 한곡리 농민들은 자신의 땅이 아닌 남의 땅에서 농사를 짓게 되었으며, 일제에게 착취당했다.
③ 이영춘은 처음에는 농촌 여성들의 삶을 개선하는 운동에 반대했으나 결국 이를 지지하게 된다.
④ 한곡리의 농민들은 교육을 받았음에도 억압으로 인해 이를 활용하지 못했다.

문 14. 다음 글의 내용을 모두 포함하고 있는 전개 방식으로 옳은 것은?

> 디지털 문맹(Digital Illiteracy)이란 현대 사회에서 디지털 기기를 효과적으로 사용하지 못하거나, 디지털 환경에서 필요한 정보나 기술을 이해하지 못하는 상태를 말한다. 디지털 기술이 빠르게 발전하면서 정보 접근과 소통의 방식이 변화하고 있는데, 이러한 변화에 적응하지 못한 사람들은 경제적, 사회적 불평등에 직면할 위험이 크다. 과거에는 문해력이 문자 이해 능력에 국한되었으나, 디지털 기술이 필수 요소로 자리 잡으면서 디지털 문맹 문제는 중요한 사회적 이슈로 대두되었다.
>
> 디지털 문맹은 개인의 경제적 기회에도 큰 영향을 미친다. 오늘날 대부분의 직장에서 기본적인 컴퓨터 사용 능력과 인터넷 활용 능력이 요구되며, 이를 습득하지 못한 사람들은 고용 시장에서 불리한 위치에 놓이게 된다. 특히, 자동화와 인공지능 기술의 발전으로 단순노동 직종이 감소하면서 디지털 역량을 갖춘 인력의 수요는 더욱 증가하고 있다.
>
> 디지털 문맹 문제는 또한 사회적 불평등을 심화시킨다. 소득 수준이 낮은 계층이나 고령층은 디지털 기기나 인터넷에 대한 접근성이 떨어지기 때문에 디지털 기술을 학습할 기회가 적다. 이로 인해 정보 격차가 발생하며, 사회적 참여나 교육의 기회를 놓치는 경우가 많다. 이는 결국 사회적 소외감으로 이어질 수 있으며, 디지털 환경에서의 비대칭적 정보 접근은 새로운 형태의 불평등을 야기할 수 있다.
>
> 이를 해결하기 위해서는 교육적 접근과 사회적 지원이 결합된 노력이 필요하다. 공교육 체제는 학생들에게 기본적인 디지털 역량을 길러주고, 기술 변화를 지속적으로 학습할 수 있는 능력을 배양해야 한다. 또한 성인 교육 프로그램이나 디지털 격차 해소를 위한 사회적 지원이 필수적이다.

① 디지털 문맹의 정의를 설명한 뒤, 그로 인한 경제적 불평등과 사회적 소외 문제를 제시한다.
② 디지털 문맹의 개념을 설명하고, 이를 해결하기 위한 교육적 접근의 중요성을 강조한다.
③ 디지털 문맹이 경제적 · 사회적 문제를 야기한다는 점을 제시하고, 그 해결 방안을 논의한다.
④ 디지털 문맹의 원인을 분석하고, 그 대책을 제안한다.

문 15. 다음 글의 내용으로 적절한 것은?

철학적 논쟁에서 결정론(Determinism)은 모든 사건과 현상이 이전의 원인에 의해 필연적으로 결정된다는 관점을 제시한다. 결정론은 주로 물리적 세계의 법칙과 인과 관계에 근거를 두고 있으며, 이러한 관점에서는 인간의 행동조차도 자연법칙에 의해 완전히 규정된다고 본다. 특히, 더 강한 결정론(Hard Determinism)은 모든 인간의 선택과 행동이 외부 요인에 의해 결정되며, 진정한 자유 의지는 존재하지 않는다고 주장한다.

더 강한 결정론은 심리학적, 생물학적, 사회적 요인들이 개인의 의사 결정 과정에 결정적인 영향을 미친다고 본다. 예를 들어, 유전적 요인, 뇌의 신경 구조, 과거의 경험, 사회적 환경 등은 모두 개인의 선택을 형성하는 데 중요한 역할을 한다. 이러한 관점에서는 개인이 자신의 행동을 자유롭게 선택할 수 있는 능력이 환상에 불과하며, 모든 행동은 사전에 정해진 경로를 따라 발생한다고 본다.

이론적으로, 더 강한 결정론은 형이상학적 자유 의지의 개념과 충돌한다. 자유 의지는 개인이 자신의 의지에 따라 행동할 수 있는 능력으로, 도덕적 책임의 기초가 된다. 그러나 더 강한 결정론이 옳다면, 개인은 자신의 행동에 대해 도덕적 책임을 질 수 없게 된다. 이는 법적, 윤리적 체계에 근본적인 재고를 요구하는 문제로 이어진다. 예를 들어, 범죄자가 자신의 행동을 선택할 자유가 없다고 본다면, 처벌의 정당성에 대한 의문이 제기될 수 있다.

더 강한 결정론은 또한 인간의 자기 인식과 자아 개념에도 영향을 미친다. 만약 모든 행동이 외부 요인에 의해 결정된다면, 개인의 자아는 단순한 관찰자에 불과하게 된다. 이는 인간 존재의 의미와 목적에 대한 심오한 철학적 질문을 불러일으킨다. 일부 철학자들은 이러한 관점이 인간의 주체성과 창의성을 부정한다고 비판하며, 자유 의지의 필요성을 강조한다. 반면, 결정론자들은 자유 의지가 실제로는 존재하지 않으며, 이를 받아들이는 것이 현실을 보다 명확히 이해하는 길이라고 주장한다.

결론적으로, 더 강한 결정론은 인간의 자유 의지와 도덕적 책임에 대한 전통적인 개념에 도전하는 중요한 철학적 이론이다. 이 이론은 인간 행동의 본질과 우리의 자아 개념에 대한 깊은 통찰을 제공하지만, 동시에 도덕적, 법적, 존재론적 문제들을 야기한다. 이러한 논쟁은 여전히 현대 철학과 심리학에서 활발히 논의되고 있으며, 인간 존재의 본질에 대한 이해를 넓히는 데 중요한 역할을 하고 있다.

① 더 강한 결정론은 인간의 자유 의지가 도덕적 책임의 기초임을 인정하지 않는다.
② 더 강한 결정론에 따르면, 개인의 자아는 자유롭게 행동할 수 있는 주체로 간주된다.
③ 더 강한 결정론은 유전적 요인과 사회적 환경이 인간 행동에 미치는 영향을 무시한다.
④ 더 강한 결정론은 법적 체계가 개인의 행동에 대한 책임을 물을 때 정당성을 제공한다.

문 16. (가)~(라)를 맥락에 맞추어 가장 적절하게 나열한 것은?

건축에서 모듈러 공법이 각광받고 있다. 이 공법은 건설 현장에서의 효율성을 극대화하기 위해 사용되는 혁신적인 건축 방식으로, 주거 및 상업 시설에 널리 적용되고 있다.

(가) 모듈러 공법은 전통적인 건축 공법보다 비용 효율적이며, 자재 낭비를 줄이고 품질을 일관되게 유지할 수 있다. 특히 공장에서의 표준화된 제작 과정은 오차를 최소화하고, 건물의 내구성을 높여주기 때문에 대형 건물을 건설하는 데 많이 사용된다.

(나) 건물의 주요 구조물을 공장에서 미리 제작한 후, 이를 현장에서 조립하는 방식으로 진행되는 공법은 현장 작업 시간을 줄이고, 생산성을 높이는 데 크게 기여한다.

(다) 따라서 모듈러 공법은 빠른 시공 속도와 더불어 비용 절감 효과를 제공하며, 제작 과정에서 불량 시공 없이 튼튼한 건물을 짓는 방식으로 각광받고 있다. 또한 재건축이나 확장 시에도 용이하다는 점에서도 미래의 건축 방식으로 주목받고 있다.

(라) 예를 들어, 주거용 아파트나 학교 건물 같은 프로젝트에 모듈러 공법이 많이 활용된다. 이러한 건축물은 조립 후 내외부 마감 작업을 진행해 완성된다.

① (가) - (나) - (다) - (라)
② (가) - (라) - (나) - (다)
③ (나) - (가) - (라) - (다)
④ (나) - (라) - (가) - (다)

문 17. A와 B의 주장에 대한 평가로 적절한 것만을 <보기>에서 모두 고르면?

인클로저 운동은 16세기부터 19세기까지 영국에서 일어난 사회 경제적 변화 과정으로, 농촌 지역의 공유지와 개별 소유지를 울타리로 둘러싸고 사유지화하는 것을 의미한다. 인클로저 운동에 대한 다양한 관점을 살펴보자.

A는 인클로저 운동을 긍정적으로 평가한다. 첫째 이유는 농업 생산성의 향상이다. 울타리를 통해 토지 소유권을 명확히 하고, 대규모 농업 방식을 도입함으로써 곡물 생산량을 증대시켰다고 본다. 이는 식량 공급량 증가와 가격 안정에 기여했다는 주장으로 이어진다. 이들은 이러한 농업 생산성 향상과 가격 안정이 도시 인구 증가를 주동하였다고 주장한다. 또한 토지 소유권 확보는 농민들의 투자 유도와 새로운 농업 기술 도입을 촉진하여 근대 농업 발전의 토대를 마련했다고 생각한다. 뿐만 아니라 농촌에서 쫓겨난 잉여 노동력은 도시 공장 노동력으로 유입되어 산업 혁명을 위한 노동력 공급원이 되었다고 본다.

B는 인클로저 운동을 부정적으로 바라본다. 인클로저 운동에 의해 빈곤한 농민들은 땅을 잃게 되고, 이들이 도시로 유입되면서 빈곤과 실업의 문제가 일어나게 된다, 결국 이로 인해 사회적 전체의 불평등이 심화되었음을 지적한다. 뿐만 아니라 공동체 기반의 농촌 사회는 붕괴되고, 농민들은 개인주의적이고 경쟁적인 사회 속에서 어려움을 겪었다고 주장한다. 게다가 인클로저 운동으로 도입된 대규모 농업 방식은 토양 황폐화와 같은 환경 문제를 야기했음을 역설한다.

〈보기〉

ㄱ. A와 달리 B는 인클로저 운동으로 농민들이 농촌에서 쫓겨났다고 본다.

ㄴ. A는 탈공동체화된 농촌 사회가 도시 인구의 증가를 촉진했다고 본다.

ㄷ. A와 B 모두 인클로저 운동으로 대규모 농업 방식이 도입되었다고 본다.

① ㄱ ② ㄱ, ㄷ

③ ㄴ, ㄷ ④ ㄱ, ㄴ, ㄷ

문 18. ㉠의 성격을 가장 잘 드러낸 말은?

사이버 언론의 등장으로 기존 거대 언론의 위상이 갈수록 약화되고 있다. 거대 언론은 일방적이고 권력 집중적이었다. 이에 반해 사이버 언론은 수용자의 참여를 기반으로 한 양방향적인 성격을 갖는다. 그렇기에 사이버 언론에서는 여러 사람이 자기 목소리를 마음껏 낼 수 있다. 또한 사이버 언론은 거대 언론이 외면하는, 작지만 알찬 주제를 본격적으로 논의하는가 하면 공론화할 수 있다는 장점도 갖고 있다.

기존의 거대 언론들은 인터넷이 열어 준 이러한 지각 변동에 당황하여 앞다투어 홈페이지를 마련했다. 그 홈페이지에는 종이 신문에 실린 정보들로 가득 차 있다. 하지만 이러한 방식은 거대 언론이 지녔던 이전의 위상을 유지해 주는 버팀목이 되지는 못하고 있다. 사이버 언론의 변화 과정을 살펴보면 이를 알 수 있다.

그 변화 과정에서 주목할 만한 대상은 '사이드워크'에 의해 시작된 '맞춤 신문'과 ㉠ '포인트캐스트'에 의해 시작된 '신문의 신문'이다. 마이크로소프트사(社)가 만들었던 '사이드워크'는 지역 생활 정보를 집중적으로 제공했다. 특정 지역의 일상생활과 관련된 정보를 맞춤 정보 서비스로 제공하면서 독자의 정보 요구에 실시간으로 대응하겠다는 전략이었다. 해당 도시의 문화 행사와 식당·공연·교통 상황 등 각종 생활 정보를 제공하는 이런 서비스는 데이터베이스의 검색 능력과 양방향 통신의 장점을 한데 묶어 수요를 창출해낸 사례이다. 또 '포인트캐스트'는 기존의 여러 거대 언론 매체를 하나의 웹 사이트에 모은 후 독자가 자신의 취향과 관심에 맞는 부문만 선택하여 읽을 수 있도록 구성되어 있다. 이는 단순히 종이 신문을 인터넷에 올려놓은 데 그치지 않고 방송과 신문 등의 매체를 통합하면서 새롭고 다양한 서비스를 제공한다는 측면에서 새로운 언론 양식을 개척한 것이다.

① 신문들 중에서 가장 많이 팔리는 신문

② 신문들 중에 최고의 권위를 인정받는 신문

③ 지역의 생활 정보를 집중적으로 제공하는 신문

④ 각종 언론의 기사를 통합하여 분류해 놓은 신문

문 19. 다음을 읽고 추론한 내용으로 가장 옳은 것은?

미스티 코플랜드(Misty Copeland)는 2015년에 아메리칸 발레 시어터(American Ballet Theatre)의 수석 발레리나로 임명되었는데 흑인으로서는 최초였다. 발레는 흔히 백인 중심의 예술로 인식되어 왔다. 예를 들어, 대중적으로도 유명한 '지젤'과 '백조의 호수'는 발레 블랑(ballet Blanc)에 속하는데 그 뜻 자체가 '하얀 발레'다. 이런 작품일수록 백인 발레리나만이 역할을 맡는다는 관념은 오래도록 깨지지 않았다. 오래도록 백인 여성의 가냘프고 긴 팔다리가 발레리나의 이상적인 아름다움에 부합한다고 여겨졌던 탓도 있다. 미스티 코플랜드는 피부색이나 체형 면에서 전통적인 발레리나의 기준과 거리가 멀었지만 그녀만의 기교와 독창적인 표현력으로 이러한 편견을 뛰어넘었다. 발레계가 전통적인 백인 중심의 미적 기준에서 벗어나 다양한 체형과 피부색을 수용하면서 발레에서의 예술적 표현은 보다 풍부해지게 되었다. 작품에 대한 새로운 해석과 스타일을 통해 관객도 더 다양한 경험을 즐길 수 있게 되었다.

흑인 발레리나의 등장은 예술계의 변화에 그치지 않고 사회 전체의 인식에도 영향을 미쳤다. 젊은 흑인 세대는 인종적 장벽을 무너뜨린 새로운 롤 모델을 통해 도전 정신을 자극받았고 자신들의 미래를 적극적으로 개척할 동기를 부여받았다. 인종적 다양성을 수용하고 존중하는 문화가 제고되고 사회적 통합과 화합도 도모할 수 있었다. 또한, 다양한 인종적 배경을 가진 학생들이 발레를 배우고 경험할 수 있는 기회가 늘어나 예술 교육 분야에서 기회의 평등도 보다 확대되었다.

그러나 모든 문제가 해결된 것은 아니다. 여전히 많은 발레단에서 흑인 발레리나들은 종종 주요 배역을 맡는 데 어려움을 겪는다. 그들의 피부색이 발레의 전통적 이미지와 맞지 않는다는 편견에 직면하기도 한다.

① 발레 블랑은 특정 인종과 미적 기준을 강조하며 공식 규정에 따라 백인 발레리나만이 출연해 왔다.
② 코플랜드의 성공은 발레단에서 인종 차별을 완전히 해소하는 한편 사회에 긍정적인 영향을 미쳤다.
③ 2014년까지 아메리칸 발레 시어터의 수석 발레리나가 흑인인 경우는 단 한 번도 없었다.
④ 발레에서 다양한 체형과 피부색을 수용하면서 전통적 작품을 대체할 새로운 작품이 부상하였다.

문 20. 다음 글의 밑줄 친 결론을 이끌어내기 위해 추가해야 할 것은?

○ 텔레비전을 갖고 있지 않은 어떤 사람은 게임을 한다.
○ 매일 요리를 하는 어떤 사람이 텔레비전을 갖고 있지 않은 것은 아니다.
따라서 <u>게임을 하는 어떤 사람은 매일 요리를 한다</u>.

① 텔레비전을 가진 모든 사람은 게임을 한다.
② 텔레비전을 가진 모든 사람은 매일 요리를 한다.
③ 매일 요리를 하는 어떤 사람은 텔레비전을 갖고 있지 않는다.
④ 게임을 하지 않지만 매일 요리를 하지 않는 모든 사람은 텔레비전을 갖고 있지 않는다.

약점 보완 해설집 p.40

제12회 모의고사

문 1. 다음 <탐구 학습지>의 활동의 결과로 적절하지 않은 것은?

<탐구 학습지>

1. 문장의 중의성
  ㅇ 하나의 문장이 둘 이상의 의미로 해석되는 것

2. 중의성 해소 방법
  ㅇ 어순 변경, 쉼표나 조사 추가, 상황 설명 추가 등

3. 중의성 해소하기
  ㅇ 조사 추가 ······ ⓐ
    - 중의적 문장: 관객들이 다 도착하지 않았다.
    - 전달 의도: 관객 중 일부가 도착하지 않음. ······ ⓑ
    - 수정 문장: 관객들이 다는 도착하지 않았다.
  ㅇ 어순 변경
    - 중의적 문장: 우리는 어제 전학 온 친구와 만났다.
    - 전달 의도: 전학 온 친구와 만난 때가 어제임. ······ ⓒ
    - 수정 문장: 우리는 전학 온 친구와 어제 만났다.
  ㅇ 상황 설명 추가
    - 중의적 문장: 민우는 나와 윤서를 불렀다.
    - 전달 의도: '나와 윤서'를 부른 사람이 '민우'임.
    - 수정 문장: 민우는 나와 둘이서 윤서를 불렀다. ······ ⓓ

① ⓐ　　② ⓑ
③ ⓒ　　④ ⓓ

문 2. 다음 글의 독자가 확인할 수 없는 내용은?

오페라는 이른바 수준 있는 사람들이 즐기는 고상한 예술이라고 생각하는 사람들이 많다. 그런데 오페라 앞에 '거지'라든가 '서푼짜리' 같은 단어를 붙인 '거지 오페라', '서푼짜리 오페라'라는 것이 있다. 이렇게 어울리지 않는 단어들로 제목을 억지로 조합해 놓은 의도는 무엇일까?

영국 작가 존 게이는 당시 런던 오페라 무대를 점령했던 이탈리아 오페라에 반기를 들고, 1782년 이와는 완전히 대조적인 성격의 거지 오페라를 만들었다. 그는 이탈리아 오페라가 일반인의 삶과 거리가 먼 신화나 왕, 귀족들의 이야기를 소재로 한 데다가 영국 관객들이 이해하지 못하는 이탈리아어로 불린다는 점에 불만을 품었다. 그는 등장인물의 신분을 과감히 낮추고 음악 형식도 당시의 민요와 유행가를 곁들여 사회의 부패상을 통렬하게 풍자하였다. 이렇게 만들어진 거지 오페라는 이탈리아 오페라에 대항하는 서민 오페라로 런던에서 선풍적인 인기를 끌었다.

1928년에 독일의 극작가 브레히트는 작곡가 쿠르트 바일과 손잡고 거지 오페라를 번안한 서푼짜리 오페라를 만들었다. 그는 형식과 내용 면에서 훨씬 적극적이고 노골적으로 당시 사회를 비판한다. 이 극은 밑바닥 사람들의 삶을 통해 위정자들의 부패와 위선을 그려 계급적 갈등과 사회적 모순을 드러내고 있다. 브레히트는 감정 이입과 동일시에 근거를 둔 종래의 연극에 반기를 들고 낯선 기법의 서사극을 만들었다. 등장인물이 극에서 빠져나와 갑자기 해설자의 역할을 하게 함으로써 관객들이 극에 몰입하지 않고 지금 연극을 보고 있다는 사실을 자각하도록 한 것이다.

이처럼 존 게이와 브레히트는 종전의 극과는 다른 형식과 내용의 극을 지향했다. 제목을 서로 어울리지 않는 단어들로 조합하고 새로운 형식을 도입한 이유는 기존의 관점을 뒤집어 보게 하려는 의도였다. 그 이면에는 사회의 부조리를 풍자하고자 하는 의도가 깔려 있었다.

① 이탈리아 오페라의 발생 과정
② 서푼짜리 오페라에 담겨 있는 내용
③ 존 게이와 브레히트가 추구한 극의 경향
④ 거지 오페라로 제목을 붙인 작가의 의도

문 3. 다음 글의 주장으로 가장 적절한 것은?

> 법과 도덕은 구분되어야 한다. 나를 비롯한 법실증주의자들은 법을 그 자체로 독립적이고 자율적인 체계로 이해하려는 입장을 취한다. 이 관점에서 법은 사회의 주권자가 제정한 명령과 규칙의 집합으로 보아야 하며, 법의 타당성은 그것이 특정한 절차와 형식을 따랐는지 여부에 달려 있다. 법은 그 자체의 규칙성과 체계를 통해 작동하며, 도덕적 판단과는 별개의 영역에 속한다.
> 하지만, 법체계 내에서 최소한의 도덕적 내용이 필요함을 부정할 수는 없다. 법이 사회에서 효과적으로 기능하려면, 최소한의 도덕적 기준을 반영해야 한다. 이는 법이 사람들의 기본적인 도덕적 직관과 크게 어긋나지 않아야 한다는 것을 의미한다. 그렇지 않으면 법은 사람들로부터 거부당하거나 준수되지 않을 위험이 크다.
> 또한, 법이 권위와 정당성을 가지려면, 도덕적 정당성이 필요하다. 사람들은 법이 도덕적으로 정당하다고 느낄 때, 법을 더 잘 따르며 법의 권위를 인정하게 된다. 도덕적 기준에 부합하지 않는 법은 시민들의 저항을 불러일으킬 수 있다.
> 비록 법과 도덕이 별개의 체계라고 하더라도, 현실적으로 이 두 영역은 상호작용할 수밖에 없다. 법은 도덕적 원칙에서 영감을 받을 수 있으며, 도덕적 변화는 법의 발전에 영향을 미칠 수 있다. 따라서 법체계 내에서 도덕적 요소가 완전히 배제될 수는 없다.

① 법체계 내에서 도덕적 내용은 불필요하다.
② 법의 권위는 법 자체만으로 세울 수 있다.
③ 절차적 정당성을 지닌 법은 효과적으로 기능한다.
④ 법과 도덕은 별개이지만, 두 영역은 상호작용한다.

문 4. <보기 1>을 바탕으로 <보기 2>의 ㉠~㉣을 이해한 내용으로 적절하지 않은 것은?

〈보기 1〉

> '동사'는 동작이나 작용을 나타내는 단어이고, '형용사'는 성질이나 상태를 나타내는 단어이다. 동사와 형용사는 활용하는 양상이 다른데, 일반적으로 동사 어간에는 현재 시제 선어말 어미 '-ㄴ-/ -는', 현재 시제의 관형사형 어미 '-는', 명령형 어미 '-아라/-어라', 청유형 어미 '-자' 등이 붙지만, 형용사 어간에는 붙지 않는다.

〈보기 2〉

> ㉠ 지훈이가 야구공을 멀리 <u>던졌다</u>.
> ㉡ 해가 떠오르며 점차 날이 <u>밝는다</u>.
> ㉢ 날씨가 더우니 하복을 <u>입어라</u>.
> ㉣ *올해도 우리 모두 <u>건강하자</u>.
>
> *는 비문법적인 문장임을 나타냄.

① ㉠의 '던졌다'는 대상의 동작을 나타내므로 동사이다.
② ㉡의 '밝는다'는 대상의 상태를 나타내므로 형용사이다.
③ ㉢의 '입어라'는 명령형 어미 '-어라'가 결합하였으므로 동사이다.
④ ㉣의 '건강하자'의 기본형 '건강하다'는 청유형 어미 '-자'가 결합할 수 없으므로 형용사이다.

문 5. 다음 글에 대한 분석으로 적절한 것을 <보기>에서 모두 고른 것은?

> 김 교수는 학생들이 자기주도 학습을 통해 더 나은 학업 성취를 이룰 수 있다고 주장한다. 그러나 이 교수는 대부분의 학생들이 자기주도 학습을 할 수 있는 능력을 갖추지 못하고 있다고 반박한다. 박 교수는 학생들이 적절한 교육과 훈련을 받으면 자기주도 학습 능력을 기를 수 있다고 주장한다.

〈보기〉

> ㄱ. 한 연구에서 자기주도 학습을 한 학생들이 더 높은 성적을 받았다는 결과는 김 교수의 입장을 강화한다.
> ㄴ. 많은 학생들이 자기주도 학습을 효과적으로 수행하지 못했다는 데이터는 이 교수의 입장을 강화한다.
> ㄷ. 일부 학생들이 적절한 교육을 받아 자기주도 학습 능력을 향상시켰다는 사례는 박 교수의 입장을 강화한다.

① ㄱ　② ㄱ, ㄷ
③ ㄴ, ㄷ　④ ㄱ, ㄴ, ㄷ

문 6. 다음 글을 이해한 내용으로 적절하지 않은 것은?

> 로힝야족은 미얀마의 라카인주에 주로 거주하는 무슬림 민족 집단으로, 대부분 벵골계 출신이다. 이들은 미얀마 정부로부터 공식적으로 국적을 인정받지 못하고 있으며, 따라서 무국적 상태로 살아가고 있다. 이러한 법적 지위는 로힝야족이 기본적인 권리를 누리는 데 큰 장벽이 되고 있다.
> 로힝야족과 미얀마 정부 간의 갈등은 오랜 역사를 가지고 있다. 미얀마의 다수 민족인 버마족과의 관계는 전통적으로 긴장 상태였으며, 소수인 로힝야족은 버마족에 의해 민족적, 종교적 차별을 지속적으로 겪어왔다. 1982년, 미얀마는 새로운 시민법을 제정하면서 로힝야족을 국가의 공식 민족 목록에서 제외시켰고, 이로 인해 로힝야족은 법적으로 무국적 상태가 되었다. 이로 인해 그들은 미얀마 내에서 교육, 건강 관리, 취업 등의 기본적인 권리에서도 차별을 받았다.
> 2017년 8월, 미얀마의 군부는 로힝야 무장 세력인 아라칸 로힝야 구국군(ARSA)을 토벌하기 위해 대규모 군사 작전을 개시했다. 미얀마 정부의 공식 발표와는 달리, 정부군은 민간인 지역에 대한 무차별적인 공격을 감행했다. 많은 로힝야 마을이 불타고 파괴되었으며, 수십만 명의 로힝야족이 미얀마를 떠나 방글라데시로 피난을 가야 했다. 방글라데시의 쿠투팔롱과 같은 난민 캠프는 밀집된 인구와 열악한 생활 환경으로 인해 심각한 인도적 위기에 처해 있다.
> 유엔과 인권 단체들은 미얀마 정부와 군부의 행동을 인종청소와 인권 침해로 간주하며, 국제 사회는 이 문제를 해결하기 위한 다양한 노력을 기울이고 있다. 2018년, 유엔 인권 이사회는 미얀마 군부의 행동을 '제노사이드(집단 학살)'로 규정했으며, 국제형사재판소(ICC)와 국제사법재판소(ICJ)는 로힝야족에 대한 탄압을 조사하고 있다.

① 미얀마의 다수 민족인 버마족은 소수인 로힝야족을 지속적으로 차별하였다.
② 미얀마의 법에 따르면, 공식 민족 목록에서 제외된 민족은 법적으로 국적이 없다.
③ 로힝야족은 ARSA의 군사 작전으로 인해 쿠투팔롱으로 이주하였다.
④ 유엔 인권 이사회는 미얀마 군부의 로힝야족 탄압을 집단 학살로 규정하였다.

문 7. 다음 글에서 추론할 수 없는 것은?

> 세포자멸사(Apoptosis)와 괴사(Necrosis)는 세포의 사멸을 유도하는 두 가지 주요 경로이다. 이들 각각은 서로 다른 기전과 결과를 가지고 있으며, 세포의 죽음 메커니즘에서 중요한 역할을 한다.
> 세포자멸사는 체내에서 프로그램된 세포 사멸을 의미하며, 세포가 자발적으로 사멸하는 과정이다. 세포자멸사가 반드시 비정상적인 것만은 아니다. 가령 면역 세포가 면역 반응 종료 이후에도 존속한다면 우리 몸의 면역 반응이 과잉되어 인체는 손상을 피할 수 없다. 내적 및 외적 신호에 의해 조절된다. 내적 신호는 세포의 스트레스나 손상에 의해 유도되며, 외적 신호는 세포 표면의 수용체에 결합한 분자들에 의해 유도된다. 주요 조절 단백질 중 하나는 Bax와 Bak이다. Bax와 Bak 단백질이 미토콘드리아 외막에 통합되면, 미토콘드리아의 투과성이 증가하여 사이토크롬 C와 같은 세포 사멸 관련 물질이 세포질로 방출된다. 이로 인해 아포토솜(apoptosome)이 형성되며, 이는 카스파제(caspase)라는 단백질 가수분해 효소를 활성화시킨다. 그 결과 세포가 수축하고, 핵이 파괴되는 등 세포자멸사의 주요 특징을 나타낸다.
> 괴사는 비정상적이고 종종 병리적인 세포 사멸을 의미하며, 주로 외부의 물리적, 화학적, 또는 생물학적 요인에 의해 유도된다. 이러한 손상은 세포막의 파괴와 에너지 대사의 중단을 초래한다. 이로 인해 세포가 팽창하고, 세포 내용물이 세포 외부로 유출된다. 또한 염증 매개물질이 방출되며, 염증 세포들이 모여들어 손상된 조직을 공격하고 치유를 시도한다. 이로 인해 주변 조직의 추가적인 손상과 염증 반응이 유발된다. 괴사는 종종 조직의 기능을 손상시키며, 장기적인 건강 문제를 초래할 수 있다.

① 면역을 담당하는 T세포는 면역 반응이 끝난 후 자발적으로 사멸하여 면역 체계의 과잉 반응을 방지한다.
② 암세포에 의해 특정 세포 X의 Bcl-2 단백질이 발현되어 Bax가 미토콘드리아 외막에서 떨어졌다면, X세포는 사멸한다.
③ 심장 근육이 괴사하는 심근경색에서는 심장 기능이 저하되며, 장기적 건강 문제가 발생한다.
④ 물리적 외상으로 손상된 조직에서 빠르게 증식하며 독소를 생성하여 괴사를 유도하는 Y균에 감염된 세포는 세포막이 파괴된다.

문 8. 다음 글의 내용과 부합하지 않는 것은?

앙리 베르그송(Henri Bergson)과 질 들뢰즈(Gilles Deleuze)는 20세기 프랑스 철학의 중요한 인물들로, 그들의 철학은 시간과 창조성에 대한 독특한 관점을 제공한다. 베르그송은 시간과 의식의 본질을 탐구하며, 직관적 경험을 중시했다. 그는 '창조적 진화'(Évolution créatrice)를 통해 생명의 창조적 본성을 설명했다.

베르그송에 따르면, 시간은 단순한 물리적 개념이 아니라, 지속(Durée)이라는 질적 경험으로 이해되어야 한다. 지속은 연속적이고 흐르는 시간으로, 이는 인간의 의식과 창조적 활동의 본질을 반영한다. 베르그송은 이러한 관점을 통해 기계적이고 결정론적인 사고를 비판했다.

질 들뢰즈는 베르그송의 사상을 발전시키며, 자신의 철학 체계에 통합했다. 들뢰즈는 '차이와 반복'(Différence et Répétition)에서 베르그송의 지속 개념을 중심으로 시간과 존재의 문제를 탐구했다. 그는 창조적이고 비선형적인 시간의 흐름을 강조하며, 전통적 철학의 이분법적 사고를 해체했다.

베르그송과 들뢰즈의 철학은 현대 철학과 예술, 문학 등에 큰 영향을 미쳤다. 그들의 시간과 창조성에 대한 독특한 관점은 인간 경험의 복잡성과 다층성을 이해하는 데 중요한 통찰을 제공하며, 현대 사상의 중요한 기초가 되었다.

① 베르그송은 기계적이고 결정론적인 사고를 비판했다.
② 들뢰즈는 베르그송의 사상을 발전시켜 자신의 철학 체계에 통합했다.
③ 베르그송과 들뢰즈는 시간의 물리적 개념을 중시했다.
④ 들뢰즈는 전통적 철학의 이분법적 사고를 해체하려고 했다.

문 9. 다음 글에서 추론할 수 없는 것은?

지그문트 프로이트의 정신분석학은 인간 심리를 이해하는 데 있어서 혁신적인 관점을 제공했다. 그의 이론에서 중요한 개념 중 하나는 이드(Id), 자아(Ego), 그리고 초자아(Superego)의 구조적 모델이다. 이 세 가지 요소는 인간의 마음속에서 서로 상호 작용하며, 개인의 행동과 성격 형성에 영향을 미친다.

이드(Id)는 원초적이고 본능적인 충동을 나타낸다. 프로이트에 따르면, 이드는 태어날 때부터 존재하며, 쾌락 원리에 따라 작동한다. 이는 즉각적인 만족을 추구하며, 욕망이나 충동을 억제하지 않는다. 예를 들어, 배가 고프면 즉시 음식을 찾고, 위험을 감수하지 않고 욕구를 충족하려는 경향이 있다. 이드는 무의식의 영역에 속해 있으며, 인간의 가장 본능적이고 원초적인 욕망을 반영한다.

자아(Ego)는 현실 원리에 따라 작동하며, 이드의 충동을 현실적으로 조절하는 역할을 한다. 자아는 외부 세계의 요구와 이드의 욕구 사이에서 균형을 맞추려 노력한다. 이를 위해 자아는 지각, 판단, 기억 등의 인지적 기능을 활용한다. 예를 들어, 배가 고플 때 자아는 단순히 음식을 찾는 것이 아니라, 사회적 규범을 고려하여 적절한 시기와 장소에서 음식을 구하는 방법을 찾는다. 자아는 의식과 무의식의 영역 모두에서 작동하며, 현실에 적응하려는 인간의 합리적 측면을 반영한다.

초자아(Superego)는 도덕적 기준과 이상을 대표한다. 이는 부모나 사회로부터 내면화된 가치관과 규범을 반영하며, 자아가 이드의 충동을 조절하는 데 있어 도덕적 판단을 제공한다. 초자아는 이상적 자아와 양심으로 구성되며, 개인이 사회적 규범에 부합하는 행동을 하도록 지향한다. 예를 들어, 배가 고플 때도 다른 사람의 음식을 훔치지 않도록 자제하는 것은 초자아의 영향 때문이다. 초자아는 주로 무의식의 영역에 존재하지만, 그 영향력은 의식적인 행동에도 강력하게 나타난다.

① 도덕적 기준, 본능적 충동과 그것의 조절자는 상호작용한다.
② 부모로부터 내면화된 가치관은 현실 원리에 따라 작동하는 자아에게 도덕적 판단을 제공한다.
③ 초자아의 영향력이 초자아가 주로 존재하는 무의식의 영역에 국한되는 것은 아니다.
④ 외부 세계의 요구와 쾌락 원리는 모두 자아의 충동을 현실적으로 조절하는 역할을 한다.

문 10. 다음 글에서 추론할 수 있는 것은?

사회 계약론은 개인과 국가 간의 관계를 설명하는 정치 철학의 한 이론이다. 이 이론은 개인들이 상호 동의하여 사회와 정부를 형성하고, 그에 따른 권리와 의무를 가지는 과정을 설명한다. 주요한 사회 계약론자로는 토머스 홉스, 존 로크, 장 자크 루소가 있다.

특수 의지(particular will)와 일반 의지(general will)는 루소의 사회 계약론에서 중요한 개념이다. 특수 의지는 개인이나 특정 집단의 사적 이익을 추구하는 의지를 의미한다. 이는 개인의 욕망과 필요에 기반한 것으로, 공동체 전체의 이익과는 다를 수 있다. 반면, 일반 의지는 공동체 전체의 공공선을 추구하는 의지로, 사회 구성원 모두의 공통된 이익을 반영한다.

루소는 개인의 특수 의지가 조화를 이루어 일반 의지를 형성할 때, 진정한 자유와 평등이 실현될 수 있다고 주장했다. 그는 사회 계약을 통해 개인이 자신의 특수 의지를 일반 의지에 양도하고, 공동체의 일원으로서 공공선을 추구해야 한다고 보았다. 이는 민주주의와 공동체주의의 기초가 되는 중요한 개념이다.

사회 계약론과 특수 의지, 일반 의지의 개념은 현대 정치 철학과 민주주의 제도에 큰 영향을 미쳤다. 이는 개인의 권리와 공동체의 이익 사이의 균형을 이해하는 데 중요한 틀을 제공하며, 사회적 합의와 협력을 강조하는 데 기여한다.

① 사회 계약론은 개인의 권리보다 국가의 권위를 더 강조한다.
② 특수 의지는 항상 공동체 전체의 이익과 일치한다.
③ 일반 의지는 공동체 전체의 공공선을 반영한다.
④ 루소는 특수 의지를 일반 의지에 양도하는 것을 반대했다.

문 11. 다음 글을 이해한 내용으로 가장 적절한 것은?

이형기의 「낙화」는 꽃이 지는 과정을 통해 이별의 아름다움을 표현한 시이다. 시의 화자는 이별을 통해 성숙해지는 과정을 자연의 순환과 연결시켜 표현한다. 1연에서 '가야 할 때가 언제인가를 분명히 알고 가는 이의 뒷모습'을 통해 이별을 받아들이는 성숙한 태도를 나타내며, 이는 4연에서 '나의 청춘은 꽃답게 죽는다'와 연결된다.

2연 '봄 한철 격정을 인내한 나의 사랑은 지고 있다'는 표현은 사랑이 끝나고 이별을 맞이하는 순간을 상징하며, 3연 '분분한 낙화 / 결별이 이룩하는 축복에 싸여 지금은 가야 할 때'는 '결별'과 '축복'이라는 모순된 표현을 사용하여 이별이 오히려 성숙과 성장의 기회임을 암시한다.

4연 '가을을 향하여 나의 청춘은 꽃답게 죽는다'는 가을을 위해 꽃잎이 떨어지듯, 화자도 성숙을 위해 자신이 청춘을 기꺼이 바친다는 의미로, 이별이나 소멸을 성숙을 위한 과정으로 생각하여 긍정적으로 받아들인다.

또한, 5연 '샘터에 물 고이듯 성숙하는 내 영혼의 슬픈 눈'을 통해 이별의 아픔과 동시에 아픔 속에서 성숙해지는 화자의 모습을 나타낸다.

① 「낙화」의 '분분한 낙화'는 이별의 고통을 의미한다.
② 「낙화」의 화자는 이별을 기쁘게 받아들인다.
③ '결별이 이룩하는 축복'은 '소리없는 아우성'과 동일한 표현 기법을 사용하는 구절이다.
④ '결별'과 '축복'이라는 모순된 표현을 사용하여 이별을 내적으로 거부함을 알 수 있다.

문 12. 다음 글의 맥락을 고려할 때 빈칸에 들어갈 말로 가장 적절한 것은?

> 왕수인의 심즉리(心卽理) 사상은 그의 철학에서 중심을 이루는 개념으로, 인간의 마음과 우주의 이치가 하나라는 통합적 관점을 제시한다. 심(心)은 인간의 주체적 마음을 의미하며, 리(理)는 세상의 근본 원리이자 만물의 이치를 뜻한다. 왕수인은 심과 리가 분리된 것이 아니라, 마음속에 이미 모든 이치가 내재되어 있다고 보았다.
>
> 그는 심즉리를 통해 인간이 외부의 규범이나 경전 탐구에 의존하기보다는 자기 자신의 내면을 성찰하고 본래 마음에 담긴 선한 본성을 깨달아야 한다고 주장했다. 왕수인에게 있어 인간의 본성은 선하며, 이 선한 본성은 양지(良知), 즉 모든 사람이 태어날 때부터 갖고 있는 도덕적 직관으로 표현된다. 따라서 올바른 도덕적 삶을 위해 필요한 것은 양지를 실현하는 것이며, 이는 마음의 수양과 실천을 통해 가능하다.
>
> 왕수인은 인간이 본래 가지고 있는 도덕적 직관과 분별력을 양지(良知)라고 불렀다. 양지는 선과 악을 즉각적으로 판단하는 능력으로, 외부의 가르침 없이도 도덕적 행동을 할 수 있게 한다. 그는 이를 개발하고 실천하는 것이 곧 수양의 본질이라 보았다.
>
> 왕수인은 마음속의 이치를 아는 것만으로는 부족하며, 이를 실천으로 옮기는 것이 중요하다고 주장했다. 이는 '지행합일(知行合一)'이라는 그의 또 다른 핵심 사상으로 이어진다. 즉, 지식(앎)과 행동(실천)은 분리될 수 없다는 것이다. 왕수인은 ( ) 의미가 없다고 주장했다. 앎과 행동은 별개의 과정이 아니라 하나의 통합된 과정으로, 참된 지식은 행동 속에서만 완성된다.
>
> 기존의 성리학에서는 이론적 앎과 실천적 앎을 구분하여, 지식(이치의 이해)을 우선적으로 강조한 경향이 있었다. 왕수인은 이러한 분리를 비판하며, '앎'이 행동 없이 존재할 수 없고, '행동'이 없는 앎은 참된 앎이 아니라고 보았다. 지행합일은 단순히 지식을 습득하는 데 그치지 않고, 이를 즉각적으로 행동에 옮기는 실천적 태도를 요구한다. 예를 들어, 선(善)을 아는 사람이라면 그것을 실천하지 않을 이유가 없다는 것이다. 만약 선을 알면서도 실천하지 않는다면 그것은 진정한 앎이 아니라고 본다.

① 진정한 앎은 행동을 동반하지 않으면
② 이론적 앎이 결여된 행동은
③ 심을 깨닫는 것에 치중하여 경전을 도외시해서는
④ 습득한 양지를 실천했으나 알지 못했다면

문 13. 다음은 높임 표현에 대한 탐구 학습지이다. (가)에 들어갈 내용으로 적절하지 않은 것은?

> 높임 표현의 종류와 실현 방식에 대해 이해하고 <보기> 문장에 나타난 높임 표현을 설명해 보자.

종류	실현 방식
상대 높임	ㅇ 대화의 상대, 즉 듣는 이를 높이거나 낮춤 ㅇ 종결 어미 '-습니다', '-다', '-(으)십시오', '-(아/어)라' 등을 사용
주체 높임	ㅇ 서술의 주체, 즉 문장의 주어를 높임 ㅇ 선어말 어미 '-(으)시-' 결합 ㅇ 주격 조사 '께서' 사용 ㅇ 특수 어휘 '계시다', '주무시다' 사용
객체 높임	ㅇ 서술의 객체, 즉 문장의 목적어나 부사어를 높임 ㅇ 부사격 조사 '께' 사용 ㅇ 특수 어휘 '드리다', '뵙다' 등 사용

<보기>

> ㉠ 창민아, 선생님께 물 좀 갖다 드려라.
> ㉡ 어머니, 어제 아버지께서 할머니를 모시고 여행을 가자고 말씀을 하셨습니다.

(가) ______

① ㉠은 종결 어미 '-어라'를 사용하여 대화 상대인 '창민'을 낮추고 있다.
② ㉠은 부사격 조사 '께'를 사용하여 서술의 객체인 '선생님'을 높이고 있다.
③ ㉡은 특수 어휘 '말씀'을 사용하여 서술의 객체인 '할머니'를 높이고 있다.
④ ㉡은 주격 조사 '께서'와 선어말 어미 '-시-'를 사용하여 서술의 주체인 '아버지'를 높이고 있다.

문 14. 새 학기 동아리 변경 기간이다. 이에 대하여 새힘·새찬·새강·새별·새봄 다섯 사람이 가입, 탈퇴 둘 중 하나를 선택했다. 다음 정보가 모두 참일 때 옳은 것은?

> ㅇ 새봄이 탈퇴하면, 새찬도 탈퇴한다.
> ㅇ 새찬이 탈퇴하면, 새힘은 가입하고 새별은 탈퇴한다.
> ㅇ 새별이는 탈퇴한다.
> ㅇ 새힘 또는 새별 둘 중 적어도 한 사람이 가입하면, 새강은 가입하고 새봄은 탈퇴한다.
> ㅇ 새별이 탈퇴하면, 새강도 탈퇴한다.

① 새찬과 새강은 탈퇴한다.
② 새강은 탈퇴하고 새별은 가입한다.
③ 새힘은 탈퇴하고 새찬은 가입한다.
④ 새강과 새봄은 가입한다.

문 15. 다음 글에 나타난 인물들에 대한 설명으로 옳은 것은?

기원전 323년 사망한 마케도니아의 왕 알렉산드로스는 역사상 유례없을 정도의 짧은 기간에 대제국을 건설하였다. 그의 과감함과 용맹 그리고 요절은 이미 고대에 그에 대한 여러 전설을 만들어 놓았다. 하지만 그에 대한 자료를 제공하는 고대 저술가들이 모두 그에게 호의적이었던 것은 아니다. 이는 1~2세기에 활동한 세 역사가들의 저술에서 확인할 수 있다.

그 세 역사가인 아리아노스, 플루타르코스, 쿠르티우스 중에서 아리아노스와 플루타르코스는 그를 호의적으로 평가한 편이고, 쿠르티우스는 비판적이었다. 그러나 아리아노스와 플루타르코스 사이에도 약간의 차이는 있다. 아리아노스는 알렉산드로스가 명백하게 잘못한 경우에도 상대방 역시 잘못이 있다고 하여 책임 소재를 분산시킬 만큼 그에 대해 호의적이었다. 하지만 플루타르코스는 알렉산드로스를 영웅으로 그리고 있음에도 불구하고, 비판적인 묘사를 조금씩 삽입하여 반감을 약간씩 내비친다. 한편 쿠르티우스는 알렉산드로스의 천품은 좋으나, 페르시아를 정복하고 나서는 자만과 포악이 겸양을 능가하게 되었다고 비판한다.

이런 세 작가들의 입장 차이는 그들이 속한 역사적 환경과 밀접한 관계가 있다. 이 중 아리아노스와 플루타르코스는 당시 로마의 속주였던 그리스 출신이다. 그러나 전자는 로마 제국의 고위직에 올랐던 반면, 후자는 고향에서 신관으로 일했기에 정치와는 무관했다. 그들은 모두 알렉산드로스가 마케도니아·그리스 연합군을 이끌고, 과거 그리스를 침공했던 페르시아를 정복했다는 면을 중시하였다. 그러나 플루타르코스가 태어난 지역이 과거 마케도니아에 반기를 들었다가 진압당했던 곳이라는 점을 감안하면 그의 평가에 내재하는 반감을 이해할 수 있다.

한편, 쿠르티우스는 로마의 귀족이고 원로원 의원이었다. 그가 알렉산드로스에 대해 아리아노스와 대조적인 평가를 한 데에는 시대적 배경이 있다. 쿠르티우스가 활동한 1세기는 로마 제정이 막 시작되었을 때였고, 황제는 '제1시민'이라는 호칭을 그대로 사용하며 공화정을 가장하고 있었다. 공화정을 주도했던 원로원이 유명무실해져 가는 상황에서 쿠르티우스는 알렉산드로스가 절대 권력을 행사한 데 대해 비판적 입장을 가질 수밖에 없었다. 그러나 한 세기가 더 지나 아리아노스가 활동할 때가 되면 제정은 확립되었고, 그는 속주 출신이라는 한계 때문에라도 지배자에 대해 충성의 자세를 보여야 했다. 그가 쓴 작품은 결국 황제에게 바치는 충성의 맹세였던 것이다.

① 플루타르코스는 태생의 한계를 극복하려는 정치적 의도에서 책을 썼다.
② 아리아노스와 쿠르티우스는 로마 제정 시대에 활동했다는 공통점이 있다.
③ 아리아노스는 로마의 공직자였기에 알렉산드로스의 정복에 대해 위협을 느꼈다.
④ 알렉산드로스는 고대에서 현대에 이르기까지 전설의 소재이자 찬미의 대상이었다.

[16~17] 다음 글을 읽고 물음에 답하시오.

양계초는 청나라 말기의 사상가, 개혁가로서 중국 사회의 변화와 발전을 위해 새로운 사상을 주장한 인물이다. 그는 특히 신민설(新民說)을 통해 당시 중국 사회가 안고 있던 문제점을 분석하고, 이를 해결하기 위한 ㉠ 혁신적 방안을 제시했다. 신민설은 문자 그대로 '새로운 민중을 만들자'는 뜻으로, 중국 사회의 근대적 개혁과 민중 의식의 변화를 촉구하는 이론이다. 양계초는 서구의 근대적 사상을 받아들이며, 전통적인 중국 사회의 수동적이고 ㉡ 폐쇄적인 태도를 극복할 필요가 있다고 주장했다.

양계초의 신민설에 따르면, 중국이 강력한 국가로 거듭나기 위해서는 국민 스스로 자주적이고 능동적인 시민이 되어야 한다. 그는 이를 위해 교육과 정치 개혁이 필수적이라고 보았다. 즉, 민중이 교육을 통해 자신의 권리를 ㉢ 자각하고, 이를 바탕으로 정치적 참여 의식을 함양해야만 중국이 서구 열강과 맞설 수 있다고 주장했다. 양계초는 개인의 자질 향상을 통해 집단 전체가 성장할 수 있으며, 이를 바탕으로 강력한 국가를 만들 수 있다고 강조했다.

신민설은 또한 전통적인 군주 중심의 통치 체제에서 벗어나 민중이 중심이 되는 체제를 지향했다. 양계초는 서구의 민주주의 체제와 자주적 시민 의식을 모델로 삼아, 중국이 더 이상 황제의 권위에 의존하지 않고 국민이 주체가 되는 국가로 발전해야 한다고 보았다. 이와 같은 민중 개혁론은 당시 지식인들 사이에서 많은 공감을 얻었으나, 전통적인 가치관과 충돌하면서 상당한 ㉣ 저항을 받기도 했다.

결국, 양계초의 신민설은 근대적 시민의식과 민주적 정치 체제를 향한 중국의 변혁을 촉진하는 중요한 이론으로 평가된다. 그는 중국이 단순히 경제와 군사적 힘을 강화하는 것만으로는 한계가 있다고 보았으며, 국가의 발전을 위해서는 시민의 자질과 의식의 성장이 무엇보다도 중요하다고 주장했다. 이후 그의 사상은 20세기 초 중국의 혁명운동과 개혁 사상에 큰 영향을 미쳤으며, 현대 중국 사회에서 자주 언급되는 근대화의 기초 개념으로 남아 있다.

문 16. 윗글의 내용으로 적절한 것은?

① 양계초는 전통적인 군주 체제를 강화해야 한다고 주장했다.
② 양계초는 중국의 근대화와 발전을 위해 서구의 민주주의와 자주적 시민 의식을 모델로 삼았다.
③ 신민설은 양계초의 사망 이후에 큰 반향을 일으킨 사상이다.
④ 신민설은 민중이 아닌 군주의 권위를 중심으로 한 정치 체제를 지향한다.

문 17. 윗글의 ㉠~㉣을 바꾸어 쓸 때 적절하지 않은 것은?

① ㉠: 쇄신　② ㉡: 단절
③ ㉢: 자성　④ ㉣: 원만

문 18. 다음 글의 맥락을 고려할 때 빈칸에 들어갈 말로 가장 적절한 것은?

> 식민지 통치자들은 피지배 국가를 효율적으로 통제하기 위해 민간 사회나 행정 체계보다는 군부에 더 많은 자원을 투입했다. 이러한 군부의 구조와 기능은 독립 후 신생 국가에서 군부 쿠데타*가 빈번하게 일어나는 밑거름이 되었다. 군부는 민족 저항 운동이나 봉기와 같은 위협을 억누르고, 치안을 유지하며, 통치자의 지배를 보장하는 주된 역할을 맡았다. 식민 정부는 군부의 충성심을 확보하고 유지하기 위해 비교적 높은 급여와 특혜를 제공했으며, 이것은 군부가 특권 계층으로 남게 되는 계기가 되었다. 또한, 민간 사회와는 다르게 군부는 통치자의 강력한 지휘 아래 조직적이고 체계적으로 통제되었으며, 그들은 통치 체계 내에서 독보적인 권력을 갖춘 주체로 성장할 수 있었다.
>
> 군부는 식민지 내에서 유일하게 제대로 훈련받고 조직화된 기관이었다. 통치자들은 군부를 통해 일사불란한 명령 체계를 구축했으며, 계급과 명령 구조를 엄격히 통제하여 군사 조직이 빠르게 명령을 수행할 수 있도록 했다. 이는 군부 내에서 강력한 내부 결속력을 키우는 데 중요한 역할을 했고, 식민 정부는 이를 통해 군부를 체계적으로 훈련하고 강화했다. 이 과정에서 군부는 스스로의 조직력과 결속을 자부하게 되었고, 독립 이후에도 이를 바탕으로 혼란스러운 국가 통치 구조에서 상대적으로 안정적인 기관으로 남게 되었다.
>
> 식민지 시절 군부가 받은 조직적 훈련과 자원은 독립 후 군부가 자신들을 국가를 지킬 최후의 보루로 인식하게 만들었다. 독립 후 민간 정치가 혼란스럽고 경험이 부족할 때, 군부는 자신들이 가장 체계적인 조직이며, 국가의 안정을 유지할 자격이 있다고 믿는 경향이 커졌다. 이러한 자부심은 [　　　　　　] 제공했고, 이는 이후 쿠데타로 연결되는 중요한 계기가 되었다.
>
> * 쿠데타: 합법적인 민간 정부를 전복하여 정권을 탈취하는 행위

① 군부가 정치적 권력을 잡으려는 동기를
② 민족 저항 운동을 탄압할 명분을
③ 민간 정치 체계를 지키면서도 이를 안정화할 동기를
④ 독립 이후 와해된 군 내부 안정성을 회복할 동기를

문 19. (가)~(라)를 맥락에 맞추어 가장 적절하게 나열한 것은?

> 석유는 현대 사회에서 필수적인 에너지 자원으로, 다양한 제품으로 정제되어 사용된다.
>
> (가) 석유 정제 과정은 원유를 다양하고 유용한 제품으로 분리하는 복잡한 절차를 포함한다. 먼저 원유를 가열하여 각 성분의 끓는점 차이를 이용하는 증류 과정을 거친다.
>
> (나) 이렇게 분리된 제품들은 바로 사용할 수 있는 것이 아니라, 추가적인 처리 과정을 통해 품질을 향상시켜야 한다. 이를 위해 개질, 탈황 등의 공정이 이루어진다.
>
> (다) 휘발유는 옥탄가를 높이기 위해 개질 과정을 거치며, 디젤유는 황 함량을 줄이기 위해 탈황 처리를 받는다. 이러한 과정을 통해 연료의 효율성과 친환경성이 개선된다.
>
> (라) 석유 정제 과정은 원유의 물리적 분리뿐만 아니라, 화학적 변환을 통해 다양한 고부가가치 제품을 생산하는 중요한 산업이다.

① (가) - (나) - (다) - (라)
② (가) - (다) - (나) - (라)
③ (나) - (가) - (다) - (라)
④ (다) - (가) - (라) - (나)

문 20. 다음 전제들이 참이라고 할 때 반드시 참인 것은?

> ㅇ 사랑이가 뮤지컬을 보면 나은이도 뮤지컬을 본다.
> ㅇ 정현이가 뮤지컬을 보지 않으면 성우가 뮤지컬을 본다.
> ㅇ 나은이가 뮤지컬을 보면 성우도 뮤지컬을 본다.
> ㅇ 사랑이나 정현이가 뮤지컬을 본다는 말은 사실이 아니다.

① 나은이가 뮤지컬을 본다.
② 성우가 뮤지컬을 본다.
③ 나은이와 성우, 도영이는 뮤지컬을 보지 않는다.
④ 정현이와 성우는 뮤지컬을 본다.

약점 보완 해설집 p.44

제13회 모의고사

문 1. 다음은 판소리를 소개하기 위한 글의 초고이다. 고쳐 쓰기 위한 의견으로 적절하지 않은 것은?

'창(唱)', '아니리', '발림'은 흔히 판소리의 3요소로 불린다. ㉠ 창을 소리꾼이 가락에 맞추어 부르는 노랫소리이며, 아니리는 창을 하는 중간 중간에 소리꾼이 가락을 붙이지 않고 이야기하듯 엮어 나가는 사설을 일컫는다. ㉡ 그러나 발림은 소리의 극적인 전개를 돕기 위하여 소리꾼이 몸짓이나 손짓으로 하는 동작을 의미한다.

고수(鼓手)는 북으로 장단을 맞추어 줄 뿐만 아니라 '얼쑤', '좋구나'와 같은 추임새를 넣어 흥을 돋우는 중요한 역할을 하기 때문이다. ㉢ 판소리 공연에는 소리꾼뿐만 아니라 북을 치는 사람인 고수가 있어야 한다. 구경꾼도 소리꾼의 소리를 들으며 얻는 감동을 추임새로 표현한다. 추임새를 함으로써 구경꾼도 판소리 공연에 동참하게 된다. 이처럼 판소리는 소리꾼, 고수, 구경꾼이 한데 어울려 ㉣ 벌리는 놀이판이다.

① ㉠은 문장 성분 간의 호응이 어색하므로 '창은'으로 고쳐야겠어.
② ㉡은 문장의 연결 관계를 고려하여 '따라서'로 바꿔야겠어.
③ ㉢은 글의 흐름을 고려하여 앞 문장과 위치를 바꿔야겠어.
④ ㉣은 어휘가 잘못 사용되었으므로 '벌이는'으로 바꿔야겠어.

문 2. 다음 A, B 학파에 대한 판단으로 적절하지 않은 것은?

비정규 노동은 파트타임, 기간제, 파견, 용역, 호출 등의 근로 형태를 의미한다. IMF 외환위기 이후 정규직과 비정규직 사이의 차별이 사회문제로 대두되었는데 그중 가장 심각한 문제가 임금차별이다. 정규직과 비정규직 사이의 임금수준 격차는 점차 커져 비정규직 임금이 2001년에는 정규직의 63% 수준이었다가 2016년에는 53.5% 수준으로 떨어졌다. 이 문제를 어떻게 해결할 것인가를 놓고 크게 두 가지 시각이 대립한다.

A 학파는 차별적 관행을 고수하는 기업들은 비차별적 기업들과의 경쟁에서 자연적으로 도태되기 때문에 기업 간 경쟁이 임금차별 완화의 핵심이라고 이야기한다. 기업이 노동자 개인의 능력 이외에 다른 잣대를 바탕으로 차별하는 행위는 비합리적이기 때문에, 기업들 사이의 경쟁이 강화될수록 임금차별은 자연스럽게 줄어들 수밖에 없다는 것이다. 예를 들어 정규직과 비정규직 가릴 것 없이 오직 능력에 비례하여 임금을 결정하는 회사는 정규직 또는 비정규직이라는 이유만으로 무능한 직원들을 임금 면에서 우대하고 유능한 직원들을 홀대하는 회사보다 경쟁에서 앞서나갈 것이다.

B 학파는 실제로는 고용주들이 비정규직을 차별한다고 해서 기업 간 경쟁에서 불리해지지는 않는 현실을 근거로 A 학파를 비판한다. B 학파에 따르면 고용주들은 오직 사회적 비용이라는 추가적 장애물의 위협에 직면했을 때에만 정규직과 비정규직 사이의 임금차별 관행을 근본적으로 재고한다. 여기서 말하는 사회적 비용이란, 국가가 제정한 법과 제도를 수용하지 않음으로써 조직의 정당성이 낮아짐을 뜻한다. 기업의 경우엔 조직의 정당성이 낮아지게 되면 조직의 생존 가능성 역시 낮아지게 된다. 그래서 기업은 임금차별을 줄이는 강제적 제도를 수용함으로써 사회적 비용을 낮추는 선택을 하게 된다는 것이다. 따라서 B 학파는 법과 제도에 의한 규제를 통해 임금차별이 줄어들 것이라고 본다.

① A 학파에 따르면 경쟁이 치열한 산업군일수록 근로 형태에 따른 임금 격차는 더 적어진다.
② A 학파는 시장에서 기업 간 경쟁이 약화되는 것을 방지하기 위한 보완 정책이 수립되어야 한다고 본다.
③ A 학파는 정규직과 비정규직 사이의 임금차별이 어떻게 줄어드는가에 대해 B 학파와 견해를 달리한다.
④ B 학파에 따르면 다른 조건이 동일할 때 기업의 비정규직에 대한 임금 차별은 주로 강제적 규제에 의해 시정될 수 있다.

문 3. 다음 글을 이해한 내용으로 가장 적절한 것은?

> 이해인의 「살아 있는 날은」은 삶을 연필에 비유하여 경건하고 정직한 자세로 살아가고자 하는 화자의 의지를 담은 시이다.
> 1연에서는 '마른 향내 나는 갈색 연필을 깎아 글을 쓰겠습니다'라는 구절을 통해 화자가 삶을 살아가는 방식을 연필에 빗대어 표현한다. 화자는 연필을 깎아 글을 쓰는 과정을 삶을 다듬고 성찰하는 태도로 연결하며, 경건하게 살아가고자 하는 의지를 드러낸다. 이 과정에서 화자는 자신의 실수를 연필 글씨처럼 부드럽게 지우고 다시 고쳐 쓰겠다는 태도를 강조한다.
> 2연에서는 '예리한 칼끝으로 몸을 깎이어도 단정하고 꼿꼿한 한 자루의 연필처럼 정직하게 살고 싶습니다'라는 구절이 등장하며, 화자는 고통 속에서도 삶의 정직함과 단정함을 유지하려는 다짐을 나타낸다. 이 과정은 화자가 외부의 고난과 역경을 받아들이며, 그 속에서 내면적 성숙을 추구하는 삶의 태도를 반영한다.
> 3연에서는 '나는 당신의 살아 있는 연필, 어둠 속에도 빛나는 말로 당신이 원하시는 글을 쓰겠습니다'라는 구절이 나오며, 화자는 자신의 삶을 절대자의 뜻에 맡기고자 하는 경건한 태도를 보인다. 화자는 연필로서 어둠 속에서도 빛을 발하는 말을 쓰겠다는 다짐을 통해, 자신의 존재와 삶의 가치를 절대자와의 관계 속에서 찾으려는 모습을 보여준다.

① 「살아 있는 날은」의 '마른 향내 나는 갈색 연필'에는 화자가 외부의 고난과 역경에서 겪는 자기희생의 자세가 함의되어 있다.
② 「살아 있는 날은」에서 '연필'은 단순한 사용자와 도구의 관계뿐만 아니라 화자 자신과 완전히 동일시하면서 화자가 지향하는 바를 드러내고 있다.
③ 「살아 있는 날은」에서 화자는 절대자의 의지를 그대로 따르기보다는 스스로 삶의 가치를 찾아나가는 모습을 보여준다.
④ 「살아 있는 날은」의 2연에서 '예리한 칼끝'은 화자가 외부로부터의 고난을 거부하며 자신의 삶을 방어적으로 살아가고자 하는 태도를 드러낸다.

문 4. 다음 글을 이해한 내용으로 적절하지 않은 것은?

> 파레토 최적성은 어떤 상태에서 한 사람의 처지를 개선하기 위해서는 다른 사람의 처지를 악화시켜야 하는 경우를 제외하고는 더 이상 개선할 수 없는 상태를 의미한다. 즉, 모든 사람의 처지를 더 이상 개선할 수 없을 정도로 효율적인 상태이다. 이 개념은 이탈리아 경제학자인 파레토에서 유래되었으며, 그는 경제적 효율성과 소득 분배에서 이 개념을 사용했다.
> 파레토 최적 상태는 다음과 같은 특징을 가지고 있다. 첫째, 모든 자원이 가장 효율적인 방식으로 사용되고 있다. 즉, 어떤 자원을 다른 용도로 재배분하면 전체적인 효율성이 감소하게 된다. 둘째, 무결성이다. 어떤 사람의 처지를 개선하기 위해서는 다른 사람의 처지를 악화시켜야만 한다. 즉, 모든 사람이 모두 더 나아지는 상황은 존재하지 않는다. 셋째, 비교 가능성이다. 파레토 최적 상태 여부를 판단하기 위해서는 서로 다른 사람의 처지를 비교하고 평가할 수 있는 기준이 있어야 한다. 즉, 개인의 선호도를 수치화할 수 있는 방법이 필요하다.
> 그러나 정보 비대칭에 의해 서로 다른 사람들의 선호도와 처지를 정확하게 파악하기 어려워진다. 이는 파레토 최적 상태를 찾는 것을 어렵게 만든다. 뿐만 아니라 파레토 최적 상태를 실현하기 위한 정책 결정 과정에서 정치적 이해관계가 개입될 수 있다. 즉, 특정 집단에게 이익이 되는 방향으로 정책이 결정될 수 있음을 의미한다.

① 파레토 최적 상태에서 청소 당번이 결정되었다면, 누군가의 불만은 무시될 수밖에 없다.
② 기초수급자의 최저생계비를 지원하기 위해서, 공무원 수당을 삭감하는 것은 '무결성'에 해당한다.
③ 파레토 최적 상태에서 자원의 용도를 바꾸어 다시 배분하더라도 전체적 효율성은 유지된다.
④ 어떤 상품에 대한 선호도를 상, 중, 하로 나누는 것은 파레토 최적 상태의 평가를 위한 전제 조건이다.

문 5. 다음 글에 대한 독자의 반응으로 적절하지 않은 것은?

보호책임 원칙은 1990년대 후반부터 등장한 국제법상 개념으로, 국가가 국민을 보호할 의무를 다하지 못하여 대규모 인명 손실이 발생하거나 예상될 때 국제 사회가 개입하여 국민을 보호할 수 있도록 하는 원칙이다. 100만 명 이상의 사람들이 잔인하게 살해된 르완다 집단학살은 국제 사회의 무관심과 개입 실패를 보여주는 대표적인 사례이며, 이러한 사례를 통해 국제 사회는 국가가 국민을 보호하는 데 실패할 경우, 심각한 인권 침해를 막기 위해 개입해야 한다는 인식을 갖게 되었다.

보호책임 원칙은 다음과 같은 세 가지 핵심 요소로 구성된다. 첫째, 국가의 보호 책임이다. 이는 국민의 생명, 자유, 안전을 보호하고, 인권 침해로부터 국민을 보호하는 것을 의미한다. 둘째, 국제사회의 개입 책임이다. 국가가 국민을 보호하는 데 실패하고 대규모 인명 손실이 발생하거나 예상될 때 국제 사회는 개입하여 국민을 보호할 수 있다. 이는 군사 개입뿐만 아니라, 경제 제재, 외교적 압박, 인도주의적 지원 등 다양한 형태의 개입을 포함한다. 셋째, 개입의 정당성이다. 개입은 평화적 수단을 우선적으로 고려해야 하며, 최후의 수단으로서 무력 사용을 허용한다. 또한, 개입은 15개국으로 구성된 유엔 안전보장이사회의 결의에 따라 이루어져야 하며, 명확한 목표와 책임 있는 실행 계획을 수반해야 한다.

① 국제 사회가 보호책임 원칙에 따라 특정 국가에 개입할 경우, 그 국가는 유엔 안전보장이사회를 구성하여 자신들의 의사를 표현하겠군.
② 국가는 국민의 인권을 지킬 책임이 있으며, 만약 그렇지 못하면 국제 사회가 개입할 수 있겠군.
③ 임박한 대규모 인명 손실을 방지하기 위해 국제 사회가 개입한다면, 그 형태는 군사적 개입에 국한되지만은 않겠군.
④ 르완다 집단학살은 국가가 국민을 보호해야 할 의무를 저버린 결과 중대한 인권 침해가 발생한 경우이겠군.

문 6. 다음 글에서 추론할 수 없는 것은?

생애 주기 이론에 따르면 개인은 평생 소득을 고려하여 일정한 소비 수준을 유지하려 한다. 생애 주기 이론은 개인의 경제 활동을 4단계로 구분한다. 유년기 및 청소년기에는 미래 소득 증진을 위한 교육과 자본 형성에 투자하며 소득은 낮고 저축은 거의 하지 않는다. 청년기에는 소득이 증가하면서 저축을 시작하고 결혼, 주택 구입 등 소비가 증가한다. 미래 소득 증가와 자산 가치 상승을 기대한 것이다. 중년기에는 소득이 최고조에 달하며 저축률도 높아진다. 또한 노후를 위한 준비를 본격화한다. 노년기에는 소득이 감소하고 은퇴 후 생활을 위해 저축한 것을 사용한다.

한편, 소비 행동을 설명하는 주요 이론 중 하나로 계획 소비 가설이 있다. 이것은 미래 소득과 소비를 미리 계획하여 소비 결정을 한다는 가설이다. 소비자는 일정한 소비 수준을 유지하려고 노력하며, 미래 소득이 높아질 것으로 예상하면 현재 소비를 늘리고, 미래 소득이 감소할 것으로 예상하면 현재 소비를 줄인다. 영구 소득 가설과 유사하지만, 계획 소비 가설은 주관적인 기대에 기반하여 소비 결정을 한다는 점에서 차별화된다. 영구 소득 가설은 소비가 현재 소득만이 아니라 평생 동안 기대되는 소득에 의존한다는 경제학 이론이다. 이에 따르면 복권 당첨과 같은 일시적인 소득 증가는 저축으로 돌아가고, 승진 등 영구적인 소득 증가만이 소비 증가로 이어진다.

① 생애 주기 이론에 따르면, 청소년은 현재 소득이 낮지만, 대학 진학이라는 현재 비용을 지불한다.
② 생애 주기 이론에 따르면, 청년기에는 소득이 최고점은 아니지만, 주택 구입을 통해 미래 소득 증가와 주택 가치 상승을 꾀한다.
③ 영구 소득 가설에 따르면, 도박을 통해 한 번에 많은 돈을 딴 사람은 소비가 증가한다.
④ 계획 소비 가설에 따르면, 젊은 시절부터 적극적으로 저축하는 것은 은퇴 후 소득 감소를 예상하여 현재 소비를 줄이는 행위이다.

문 7. (가)~(라)를 맥락에 맞추어 가장 적절하게 나열한 것은?

(가) 아테네에서는 점차적으로 시민들의 정치 참여를 확대하기 위한 개혁이 추진되었다. 특히, 모든 시민으로 구성된 민회가 중요한 의사 결정 기구로서 기능하게 되면서, 직접 민주주의의 토대가 마련되었다. 이를 통해 법률 제정, 정책 결정, 외교 등 국가의 주요 사안에 시민들이 직접 참여할 수 있게 되었다.

(나) 민회의 역할이 강화되면서, 아테네 민주정은 전성기를 맞이하게 된다. 추첨을 통해 선출된 500인 위원회가 행정 업무를 담당하고, 시민 배심원 제도를 통해 사법 정의를 실현하는 등, 시민 중심의 정치 시스템이 확립되었다. 이를 통해 시민들의 정치적 권리와 책임이 크게 확대되었다.

(다) 하지만 아테네 민주정은 시간이 흐르면서 여러 가지 문제점에 직면하게 된다. 잦은 전쟁과 내부 갈등으로 인해 민회의 기능이 약화되고, 포퓰리즘 경향이 나타나면서 정치적 혼란이 가중되기도 하였다. 결국 아테네 민주정은 쇠퇴의 길을 걷게 된다.

(라) 아테네 민주정의 초기에는 귀족 중심의 정치 형태가 강했다. 소수의 귀족들이 정치권력을 독점하고 중요한 결정을 내렸으며, 일반 시민들의 정치 참여는 제한적이었다. 이 시기에는 사회적 불평등이 심화되는 경향을 보였다.

① (가) - (나) - (다) - (라)
② (나) - (가) - (라) - (다)
③ (라) - (가) - (나) - (다)
④ (라) - (나) - (가) - (다)

문 8. 다음 글의 진술 방식에 대한 설명으로 적절하지 않은 것은?

대동맥 박리는 대동맥 내벽이 찢어져 혈액이 대동맥 벽층 사이로 스며들어 형성되는 통로를 따라 흐르는 질환이다. 이로 인해 대동맥 벽이 약해져 파열 위험이 증가한다. 대동맥은 심장에서 혈액을 전신으로 운반하는 주요 혈관이다.

대동맥 박리는 갑작스럽고 심한 흉통, 등 통증, 호흡곤란, 메스꺼움, 구토, 어지러움 등의 증상을 유발할 수 있다. 대동맥 박리의 정확한 원인은 알려져 있지 않으나, 동맥 내벽 지방 침전물의 축적과 마르판 증후군과 같은 특정 결합 조직 질환이 그 원인으로 지적되고 있다.

드베키 분류에 따르면 대동맥 박리는 세 가지 유형으로 나뉜다. 1형은 상행 대동맥 전벽의 내막에서 박리가 시작되어 좌쇄골하동맥 부위까지 이어진다. 2형은 상행 대동맥에서만 박리가 발생하고 무명동맥 근위부에서 멈추는 경우이다. 3형은 하행 흉부 대동맥에만 국한된 박리이다. 스탠포드 분류는 박리의 시작 위치가 상행 대동맥인지 하행 대동맥인지를 기준으로 A형과 B형으로 분류한다.

흉부 CT 스캔 또는 MRI는 대동맥 내벽의 상태를 확인하는 데 가장 정확한 방법이다. 흉부 X선은 대동맥 박리의 징후를 보여 줄 수 있지만 CT 스캔이나 MRI만큼 정확하지는 않다. 심장의 전기적 활동을 기록하는 심전도는 대동맥 박리로 인해 심장에 영향을 미쳤는지 확인하는 데 도움이 될 수 있으며, 심초음파는 심장과 대동맥의 기능을 평가하는 데 사용된다.

① 대동맥 박리의 주요 위험 요소를 제시하였다.
② 대동맥 박리의 두 가지 분류법을 제시하였다.
③ 주제 및 관련 개념에 대한 정의를 통해 이해를 도왔다.
④ 흉부 CT 스캔, MRI, 심전도 검사만을 대동맥 박리의 진단법으로 제시하였다.

문 9. 다음 진술이 모두 참일 때 반드시 참인 것은?

○ 갑이 학교에 가면 을은 학교에 간다.
○ 갑이 학교에 가야만 정이 학교에 갈 수 있다.
○ 병이 학교에 가지 않아야만 을이 학교에 갈 수 있다.

① 갑이 학교에 가지 않으면 을이 학교에 갈 수 있다.
② 을이 학교에 가면 병은 학교에 갈 수 있다.
③ 병이 학교에 가지 않으면 정이 학교에 간다.
④ 정이 학교에 가면 병이 학교에 가지 않는다.

문 10. 다음 글을 읽고 추론할 수 있는 것은?

2022년 아시안 게임은 중국이 1990년 베이징과 2010년 광저우에 이어 3번째로 개최한 하계 아시안 게임이었다. "아시아의 올림픽"이라 부르는 아시안 게임은 4년마다 열리는 종합 스포츠 행사일 뿐만 아니라 문화적 다양성과 단결의 정신을 보여 주는 상징적 무대이다. 1951년 처음 시작된 이래로 아시안 게임은 다양한 문화와 전통이 어우러지는 모습을 보여주었다. 아시아라는 하나의 대륙 안에서도 각 국가의 언어, 종교, 음식, 그리고 관습은 크게 다르다. 때문에 아시아는 마치 모자이크처럼 다양한 모습을 가진 공간이라 할 수 있다. 40개 이상의 각 국가에서 온 선수들은 특별한 운동 능력뿐만 아니라 고유한 문화적 정체성도 함께 드러낸다. 이를 상징적으로 보여 주는 행사가 바로 개막식이다. 개최국은 이 자리에서 자국의 역사와 전통을 대대적으로 선보이면서 세계에 독창적인 문화적 메시지를 전달한다. 이러한 행사는 참가국들 간의 문화적 이해를 증진하며 서로에 대한 존중과 연대를 굳건하게 한다.

지정학적 긴장이 존재하는 아시아 지역에서 아시안 게임은 국가 간의 갈등을 잠시나마 넘어서게 하는 장을 제공한다. 경쟁이라는 본질 속에서도 스포츠맨십과 상호 존중의 정신은 두드러진다. 운동선수들은 경기에서 격렬히 맞붙는 동안에도 상대를 존중하며 경기가 끝나면 국경을 초월한 우정을 나눈다. 인간의 도전과 극복의 감동적인 순간과 더불어 스포츠를 통해 국경과 갈등을 초월한 연대감을 조성한다.

① 70년 이상의 역사를 지닌 아시안 게임의 차기 대회는 2027년에 열린다.
② 개막식은 국가 간 경제적 협력의 중요성을 상징적으로 나타낸다.
③ 아시안 게임은 스포츠를 통해 국가 간 갈등을 해소하고 정치적 동맹을 형성하도록 돕는다.
④ 중국은 2022년 아시안 게임의 개막식에서 자신들의 역사와 전통을 대대적으로 선보였을 것이다.

문 11. 다음 글을 읽고 추론한 것으로 가장 옳지 않은 것은?

경제학에서 가격거품(bubble)은 주식, 상품, 부동산 등 자산의 가격이 투기적 거래와 투자자의 기대로 인해 자산의 내재가치보다 높게 형성되는 현상, 즉, 자산의 가격이 지속 가능하지 않을 정도로 급격히 상승한 후 급격한 가격 붕괴나 조정이 이뤄지기 전의 상황을 의미한다. 가격거품이 형성되는 시기에는 추가적인 가격 상승에 대한 낙관적이고 열광적인 투자자의 기대가 지속된다. '가격의 상승 → 투자자의 기대 → 해당 자산의 수요 증가 → 가격 상승'이라는 일종의 자기 강화가 발생하여 자산 가격은 계속 높아진다. 계속해서 더 많은 투자자들이 동참하면서 거품은 계속 커진다. 그러나 이러한 비정상적인 가격 상승이 언제까지고 지속 가능할 수는 없다. 결국 시장의 기대 심리가 바뀌고 투자자들이 보유한 자산을 앞다퉈 팔기 시작하면서 가격이 갑작스럽게 크게 하락한다. 즉, 거품이 터지는 것이다. 이는 부정적인 뉴스나 시장 상황의 변화, 자산의 가격이 기초 펀더멘털과 단절되었다는 것을 경제주체들이 비로소 깨달은 경우 등 다양한 요인에 의해 촉발될 수 있다.

역사적으로도 여러 차례 거품이 형성되었다가 터지기를 반복했다. 16세기 남해 거품, 1990년대 후반의 닷컴 버블(Dot-com Bubble)이 특히 유명하다. 남해 거품은 남해 회사(South Sea Company)가 남아메리카와의 영국 무역에 대한 독점권을 얻은 후 영국 금융시장에서 발생한 거품이다. 이 회사의 주식은 남미 무역에서 얻은 이익에 대한 비현실적인 기대에 기반하여 가격이 천정부지로 치솟았다. 1720년 거품이 터지자, 주가는 급락하고 광범위한 재정적 파멸이 발생했다. 닷컴 버블은 1990년대 후반 인터넷 관련 기업들의 급속한 성장에 힘입었다. 많은 투자자들이 수익성이 전혀 없거나 거의 없지만 시장 가치는 높은 스타트업에 비이성적이고 열광적으로 투자했다. 인터넷 산업의 무한한 성장에 대한 기대가 스타트업에 대한 과대평가로 이어졌던 것이다. 그러나 2000년 버블이 꺼지면서 수많은 닷컴 기업들이 붕괴되었고 투자자들은 상당한 손실을 입었다.

물론 가격거품을 통해 투자자와 기업들이 적극적인 투자와 기술개발에 나설 수 있다. 재분배 측면에서도 거품이 꺼지면 기존에 투자한 사람들은 손실을 볼 수 있지만 다른 사람은 혜택을 누릴 수도 있다. 예컨대 주택 거품이 꺼지면 주택 가격이 하락하면서 실수요자들이 이점을 누릴 수 있을 것이다. 그러나 일반적으로 경제학자들은 가격 거품을 부정적 현상으로 본다. 앞서 본 사례들에서처럼 가격 거품은 경제에 광범위한 결과를 가져올 수 있다. 거품이 터지면 투자자들의 막대한 재정적 손실과 위기감에 따른 소비자 지출의 감소, 이로 인한 전반적인 경제 활동의 둔화가 일어날 수 있다.

① 닷컴 버블의 원인 중 하나는 독점을 통한 향후 이익에 대한 투자자들의 비이성적 기대였다.
② 가격 거품은 자기 강화적 메커니즘 때문에 계속 팽창하는 경향이 있다.
③ 가격거품의 형성과 붕괴가 항상 부정적인 것만은 아니다.
④ 남해 거품 당시, 남해 회사 주식의 가격은 내재 가치에 비해 비이성적으로 높은 수준이었다.

문 12. 밑줄 친 ㉠~㉣ 중 <보기>의 '표준 발음법'에 따라 발음하지 않은 것은?

<보기>

제30항 사이시옷이 붙은 단어는 다음과 같이 발음한다.
1. 'ㄱ, ㄷ, ㅂ, ㅅ, ㅈ'으로 시작하는 단어 앞에 사이시옷이 올 때는 이들 자음만을 된소리로 발음하는 것을 원칙으로 하되, 사이시옷을 [ㄷ]으로 발음하는 것도 허용한다.
2. 사이시옷 뒤에 'ㄴ, ㅁ'이 결합되는 경우에는 [ㄴ]으로 발음한다.
3. 사이시옷 뒤에 '이' 소리가 결합되는 경우에는 [ㄴㄴ]으로 발음한다.

어렸을 때 외삼촌네 놀러 갔던 생각이 납니다. 외삼촌 댁은 ㉠ 툇마루[퇸마루]가 있는 집으로 마당에는 ㉡ 나뭇잎[나묻닙]이 무성한 아카시아 나무가 있었습니다. 집 뒤편에는 ㉢ 냇가[낻까]가 나오는데 거기에는 평평한 ㉣ 빨랫돌[빨래똘]과 징검다리가 있었습니다.

① ㉠　② ㉡
③ ㉢　④ ㉣

문 13. 다음 글에 대한 분석으로 적절한 것을 <보기>에서 모두 고른 것은?

갑: 실재는 존재의 본질적 속성에 의해 정의된다. 이는 실재의 본질을 탐구하고자 하는 철학적 전통에 뿌리를 둔 것이다. 실재는 우리의 경험과 상관없이 독립적으로 존재한다.
을: 실재에 대한 지식은 경험적 증거에 기초해야 하며, 경험이 실재를 이해하는 유일한 수단이다. 만일 경험이 변하면 실재에 대한 지식도 바뀐다.
병: 실재는 논리적 분석과 구조적 원리에 의해 정의된다. 철학적 논증과 논리적 분석을 통해 개념을 명확히 하고 문제를 해결할 수 있다. 세계의 구조는 언어의 논리적 구조와 일치한다.

<보기>

ㄱ. 철학에서 실재를 결정하는 것은 형상이며, 그 형상은 선험적으로 존재하는 본질이라는 주장은 갑의 견해를 강화한다.
ㄴ. 한동안 세계에 대한 기초 지식으로 받아들여지던 뉴턴의 고전 역학이 경험적 데이터에 입각한 아인슈타인의 상대성 이론에 의해 대체된 사례는 을의 견해를 강화한다.
ㄷ. 동일한 단어가 문맥에 따라 상이한 의미를 가져 논리적 분석을 시행하더라도 실재를 밝힐 수 없는 사례는 병의 견해를 약화한다.

① ㄱ　② ㄱ, ㄷ
③ ㄴ, ㄷ　④ ㄱ, ㄴ, ㄷ

문 14. 다음 글의 전개 방식으로 옳은 것은?

21세기에 접어들면서 기술의 발전과 함께 우리의 라이프스타일은 급격한 변화를 겪고 있다. 과거에는 전통적인 방식의 삶의 패턴이 주를 이루었으나, 디지털 기술의 확산, 스마트 기기의 보급, 그리고 인터넷의 발전으로 현대인의 생활 방식은 크게 변화하고 있다. 이러한 변화는 개인의 생활뿐만 아니라 사회 전반에 걸쳐 광범위하게 영향을 미치고 있다.

첫째, 통신 기술의 발전은 인간의 소통 방식을 근본적으로 바꾸었다. 예전에는 주로 전화나 편지와 같은 방식으로 의사소통이 이루어졌다면, 이제는 스마트폰과 소셜 미디어를 통해 언제 어디서나 즉각적으로 다른 사람과 연결될 수 있다. 이는 물리적 거리를 넘어서는 소통을 가능하게 만들었고, 지구 반대편에 있는 사람과도 실시간으로 소통하는 것이 일상이 되었다.

둘째, 근무 형태에서도 큰 변화가 일어났다. 과거에는 대부분의 직장이 정해진 시간과 장소에서 업무를 수행하는 구조였으나, 오늘날에는 원격 근무와 유연 근무제가 보편화되었다. 특히 코로나19 팬데믹 이후, 원격 근무는 단순한 선택 사항이 아니라 새로운 표준으로 자리 잡았다. 이로 인해 일과 개인 생활의 경계가 흐려지면서, 직장인들은 업무 시간에 대한 재조정이 필요해졌다.

셋째, 소비 방식 역시 크게 변화하였다. 온라인 쇼핑의 급성장은 전통적인 오프라인 매장을 점점 대체하고 있으며, 사람들은 이제 집에서 편리하게 물건을 구입할 수 있다. 더불어, 구독 경제의 부상으로 소비자들은 더 이상 소유에 집착하지 않고 필요한 만큼만 사용하고자 하는 경향을 보이고 있다. 이는 물리적 제품뿐만 아니라 서비스, 콘텐츠와 같은 무형의 자원에도 동일하게 적용된다.

넷째, 건강에 대한 인식도 변화하고 있다. 현대인들은 더 이상 단순히 질병을 예방하는 것에 그치지 않고, 웰빙과 전반적인 삶의 질 향상에 초점을 맞추고 있다. 이는 건강 식단, 피트니스, 명상과 같은 활동에 대한 관심 증가로 이어졌으며, 이러한 변화는 개인의 건강뿐만 아니라 사회 전반의 건강 문화를 재정립하는 데 큰 역할을 하고 있다.

마지막으로, 이러한 라이프스타일 변화는 인간관계와 사회 구조에도 변화를 가져왔다. 이전에는 이웃이나 지역 사회 중심으로 관계망이 형성되었으나, 오늘날에는 디지털 플랫폼을 통한 가상 공동체가 새로운 인간관계의 중심이 되고 있다. 이는 전통적인 가족 구조나 지역 사회의 결속력이 약화되는 반면, 새로운 형태의 사회적 연결망이 등장하게 된 배경이다.

이처럼 기술 발전과 사회 변화는 라이프스타일에 막대한 영향을 미쳤으며, 이러한 변화는 앞으로도 더욱 가속화될 것으로 예상된다. 우리는 이 변화에 적응해야 하며, 동시에 변화가 가져오는 긍정적인 측면과 부정적인 측면을 모두 고려해야 한다.

① 라이프스타일 변화의 다양한 측면을 제시하고, 그로 인한 사회적 영향을 분석한다.
② 라이프스타일 변화의 주요 원인을 설명하고, 그 변화를 시간 순으로 나열한다.
③ 라이프스타일 변화의 구체적인 사례를 들어 각 변화의 배경과 결과를 비교한다.
④ 라이프스타일 변화의 긍정적 측면과 부정적 측면을 제시하고, 그 해결책을 제시한다.

문 15. 다음 글의 내용으로 적절하지 않은 것은?

세계 4대 문명은 역사적으로 중요한 영향을 미친 네 개의 고대 문명을 지칭한다. 이 문명들은 각각 다양한 분야에서 발전하며 인류의 문화와 기술을 크게 형성하고 영향을 미쳤다.

메소포타미아 문명은 인간 역사상 가장 고대의 문명 중 하나로, 현대 이라크와 이란의 일부 지역에 위치했다. 강들의 유역에 형성되었으며, 처음으로 도시 문명이 형성된 지역으로 알려져 있다. 창조신화인 에두(Enki)와 에누마(Enlil)의 신화가 이어지며 진화한 이슈타르, 바빌론 등의 도시국가들이 발전하였다. 기록된 최초의 법률법전인 '햄무라비 법전'을 가지고 있으며, 기록과 수학, 천문학, 건축 등에서 높은 발전을 이룬 문명이었다.

인더스 문명은 인도 서부 지역에서 형성되었으며 베드로문츠의 인도 문명, 하라파의 하라파 문명 등이 있다. 이 문명은 베드로문츠와 하라파에서 발견된 도시 유적을 통해 역사적인 흔적을 남겼다. 성인문이나 동상, 인도 전통의 종교 체계 등이 발전하였으며, 베드로문츠에서는 긴 시간 동안 상업과 특유의 도시 구조를 통해 번성한 문명이다.

황허 문명은 중국 지역에서 형성된 고대 문명으로, 한족의 기원이며 하나의 통일된 제국으로 발전하였다. 중국의 역사적인 기록과 철학, 문학, 예술, 과학 등 다양한 분야에서 높은 발전을 이룬 문명으로, 유네스코 세계 유산으로 등재된 만리장성 등이 남아 있다. 또한, 종교적 요소로는 유교, 불교, 도교 등이 발전했다.

그리스-로마 문명은 지중해 지역에서 형성된 문명으로, 고대 그리스와 로마 제국을 포함한다. 그리스는 철학, 과학, 민주주의 등의 개념을 발전시키며 인류 역사에 큰 영향을 끼쳤다. 로마 제국은 법, 정치, 공학 등의 분야에서 발전하였으며, 황제 체제를 통해 민주주의의 한계와 중앙집권적인 통치를 보여주었다. 이후 로마 문화는 그리스 문화와 결합하여 서구 문명의 기반이 되었다.

① 가장 오래된 문명인 메소포타미아 문명은 이슈타르, 바빌론 등의 도시국가가 존재했다.
② 인더스 문명의 베드르문츠는 상업이 번성한 문명이었다.
③ 황허 문명은 황제 체제를 통해 민주주의의 한계와 중앙집권적 통치를 보여주었다.
④ 그리스-로마 문명은 서구 문명의 기반인 고대 그리스와 로마 제국을 포함한다.

문 16. 다음 글의 내용으로 가장 적절한 것은?

부동산투자신탁(Real Estate Investment Trust, REIT)은 부동산 관련 자산에 투자하는 금융 상품으로, 투자자들이 부동산 시장에서 수익을 얻을 수 있도록 하는 투자 도구이다. 리츠는 주로 상업용 부동산, 주거용 부동산, 호텔, 빌딩 등 다양한 부동산 형태에 투자하고, 부동산 임대료와 임대료 수익의 일부를 투자자들에게 분배하여 수익을 제공한다.

수익형 리츠는 주로 임대료 수익을 목적으로 하는 리츠로, 상업용 빌딩이나 주거용 부동산에 투자한다. 이러한 리츠는 임대료 수익을 주로 분배하며 안정적인 현금 흐름을 제공한다. 성장형 리츠는 부동산 자체의 가치 상승에 주력하는 리츠로, 부동산 개발 및 재개발 프로젝트에 투자한다. 이러한 리츠는 부동산 시장의 성장을 통해 주식 가치 상승을 목표로 한다. 하이브리드 리츠는 수익과 성장을 모두 목표로 하는 리츠로, 여러 부동산 유형에 다양하게 투자한다. 이로 인해 수익과 가치 상승을 모두 추구할 수 있다.

리츠는 관련 법령에 따라 운영되며, 대부분의 국가에서는 특정 요건과 규제를 충족하는 리츠에 대해 세제 혜택을 부여한다. 예를 들어, 미국에서는 1960년대 REITs를 위한 법률이 제정되어, 특정 규정을 준수하는 REITs는 법인세를 면제받으며, 적어도 90%의 순이익을 배당해야 한다.

리츠는 임대료나 임대료 수익의 일부를 투자자들에게 배당해 줌으로써 안정적인 고배당 수익을 제공한다. 또 주식과 유사한 형태로 거래되므로, 부동산에 직접 투자하지 않고도 부동산 시장에 투자할 수 있는 유동성을 제공한다. 투자자들에게 리츠는 다양한 부동산 유형에 투자할 수 있는 기회이며, 투자자는 이를 이용해 다양한 포트폴리오를 구성할 수 있다. 그러나 주식과 마찬가지로 가격 변동성과 시장 리스크를 가지고 있으므로 투자 전 신중한 검토가 필요하다.

① 리츠는 주로 상업용, 주거용, 빌딩 등의 부동산에 투자하여 시세 차익만을 노리는 상품이다.
② 수익형 리츠는 부동산 자체의 가치 상승에 주력하고 성장형 리츠는 임대료 수익의 상승에 주력한다.
③ 미국에서는 리츠 관련 법령에 따라 세제 혜택이 주어지기 위해서는 영업이익의 90%를 배당해야 한다.
④ 리츠는 부동산 시장에 간접 투자하는 방법으로 가격 변동성과 시장 리스크를 가지고 있다.

문 17. 다음 글의 주제로 가장 적절한 것은?

> 낙수효과는 경제적인 결정이나 변화가 다른 경제주체에게 파급되어 영향을 미치는 현상을 의미한다. 이는 경제 시스템에서 하나의 선택이나 변화가 여러 분야나 주체에게 영향을 미치는 것을 설명하기 위해 사용되는 개념이다. 낙수효과는 주로 외부효과와 관련하여 논의되며, 한 경제 주체의 선택이 다른 경제 주체의 복잡한 상호 작용에 영향을 미치는 경우에 나타난다.
>
> 예를 들어, 한 기업이 새로운 기술을 도입하면 이는 해당 기업의 생산성 향상과 관련되지만, 이로 인해 해당 업종 전반의 생산성이 향상되어 경쟁 업체에도 긍정적인 영향을 미치는 것이 낙수효과의 일종이다.
>
> 실제로 낙수효과는 다양한 분야에서 관찰된다. 예를 들어, 환경보호를 위한 정책이 특정 산업에 부담을 줄 수 있지만, 이로 인해 해당 산업에서는 더욱 친환경적인 기술과 생산 방법을 도입하게 되어 전체적인 환경 개선에 도움을 줄 수 있다.
>
> 그러나 낙수효과가 모두 긍정적인 영향만을 미치는 것은 아니다. 때로는 부정적인 영향도 나타날 수 있다. 예를 들어, 금융 시장에서의 경제 위기가 일어나면 이는 주식시장뿐만 아니라 실물 경제에까지 영향을 미치며, 경제 전반에 부정적인 영향을 미칠 수 있다.
>
> 경제 및 사회 현상을 이해하고 예측하는 데 있어 낙수효과는 중요한 개념이지만, 그 복잡성과 다양성 때문에 정확한 예측과 평가가 어려운 경우가 많다. 따라서 특정 선택이나 사건이 어떤 주체에게 어떤 영향을 미칠지 파악하는 것이 쉽지 않을 수 있다. 또한, 양의 낙수효과와 음의 낙수효과가 혼합되어 나타날 수 있기 때문에 평가하기에 상당한 어려움이 따른다.

① 낙수효과의 정책적 적용 방법
② 경제 주체에 따른 외부효과의 예시
③ 낙수효과와 그 영향력의 이해
④ 경제 시스템에서 경제 주체의 상호작용

문 18. 다음 글에서 추론할 수 있는 것은?

> 돌궐 유목민의 세계관은 그들의 생활 방식과 밀접하게 연관되어 있다. 유목 생활은 끊임없는 이동과 자연과의 상호작용을 요구하며, 이는 돌궐인들이 자연을 숭배하고 조화롭게 살아가야 한다는 신념을 낳았다. 그들은 하늘과 땅, 그리고 자연 현상을 신성하게 여겼으며, 이를 통해 세상의 이치를 이해하려 했다.
>
> 돌궐 유목민은 자연을 단순히 생존을 위한 자원으로 보지 않았다. 그들은 자연을 신성한 존재로 여겼고, 자신들의 삶이 자연의 흐름에 따라야 한다고 믿었다. 예를 들어, 계절의 변화와 날씨의 변동은 그들에게 단순한 기후 현상이 아니라, 신의 뜻과 연결된 중요한 신호였다. 이러한 신념은 그들의 의식과 의례, 그리고 일상생활 전반에 걸쳐 깊이 반영되었다.
>
> 또한, 돌궐 유목민의 세계관은 공동체 의식과 강한 유대감을 강조했다. 유목 생활은 개인의 생존보다는 공동체의 협력이 중요했기 때문이다. 돌궐인들은 부족 사회에서 서로 돕고 지지하며 살아갔다. 이러한 사회 구조는 그들이 외부의 위협에 효과적으로 대응할 수 있게 했고, 내부의 결속력을 강화하는 데 중요한 역할을 했다.

① 돌궐 유목민은 자연 현상에 대한 이해를 통해 농업을 발전시켰다.
② 돌궐 유목민의 사회 구조는 개인의 자립을 강조했다.
③ 돌궐 유목민은 자연을 통제하려는 시도를 자주 했다.
④ 돌궐 유목민은 공동체의 생존을 위해 서로 협력해야 한다고 믿었다.

문 19. 다음 글의 맥락을 고려할 때 (가)와 (나)에 들어갈 내용으로 가장 적절한 것은?

야스퍼스는 실존주의 철학의 대표적 사상가로, 인간 존재의 본질을 이해하기 위해 철학적 성찰과 존재적 책임을 강조했다. 그는 인간을 단순히 외부 환경에 의존하는 수동적 존재가 아니라, 자신의 존재와 삶의 의미를 주체적으로 탐구하는 능동적 존재로 보았다.

야스퍼스의 철학에서 핵심적인 개념 중 하나는 한계 상황이다. 인간은 죽음, 고통, 절망과 같은 극단적 상황에 직면했을 때, 일상적인 사고와 행동을 넘어 실존적 깨달음에 도달할 가능성을 갖는다. 이러한 깨달음은 인간이 자신의 한계를 인식함으로써, 초월자와 대면하는 기회를 제공한다. 초월자는 특정한 신이나 종교적 실체가 아니라, 인간의 존재와 의미를 초월하는 궁극적 차원을 상징한다. 야스퍼스는 초월자에 대한 통찰이 삶의 방향을 제시한다고 보았다.

한편, 야스퍼스는 실존적 성숙이 개인의 내적 탐구만으로 이루어지지 않는다고 주장했다. 그는 인간의 실존적 깊이는 타인과의 커뮤니케이션을 통해 더욱 확장된다고 보았다. 커뮤니케이션은 단순한 대화나 정보 교환이 아니라, 서로의 존재를 있는 그대로 받아들이고 이해하려는 과정이다. 이는 개인이 자신의 실존적 위치를 타인과의 관계 속에서 발견하도록 돕는 중요한 매개체로 작용한다. 이를 통해 인간은 독립적 존재로서만이 아니라 공동체의 일원으로서 자신의 위치를 재정립할 수 있다.

야스퍼스는 자유를 단순히 억압으로부터의 해방이 아닌, 존재적 책임의 완수로 이해했다. 그는 인간이 자신의 선택이 타인과 세계에 미치는 영향을 자각하고, 이를 고려한 책임 있는 결단을 내리는 것이 진정한 자유라고 보았다. 특히, 진정한 자유는 [(가)]이라고 주장했다. 이러한 자유는 타인과의 관계에서 더욱 풍부해지며, 인간의 실존은 고립이 아니라 상호작용 속에서 완성된다. 궁극적으로 야스퍼스는 자유와 책임을 통합하는 과정이 실존적 성숙의 정점이며, 인간 존재의 본질을 실현하는 길이라고 보았다. 이 과정에서 그는 [(나)](을)를 강조하며, 실존적 깊이와 공동체적 연대를 동시에 추구할 것을 역설했다.

① (가): 자신의 선택이 타인과 세계에 미치는 영향을 고려하여 책임감 있게 행동하는 과정
  (나): 자신의 실존적 위치를 타인과의 상호작용 속에서 발견하려는 노력

② (가): 자신의 선택이 초월자의 지시와 일치하는지 판단하는 과정
  (나): 인간 존재의 필연적 고독을 받아들이는 태도

③ (가): 자신의 선택이 초월자의 지시와 일치하는지 판단하는 과정
  (나): 자신의 실존적 위치를 타인과의 상호작용 속에서 발견하려는 노력

④ (가): 자신의 선택이 타인과 세계에 미치는 영향을 고려하여 책임감 있게 행동하는 과정
  (나): 인간 존재의 필연적 고독을 받아들이는 태도

문 20. 다음 결론을 도출하기 위해 추가해야 할 전제는?

o 오후가 되면, 음식을 하거나 그림을 감상한다.
o 할머니가 오실 때만이 그림을 감상한다.
o [   ]
따라서 오후가 되면, 할머니가 오신다.

① 오후가 된다.
② 그림을 감상한다.
③ 음식을 하지 않는다.
④ 할머니가 오신다.

약점 보완 해설집 p.48

제14회 모의고사

문 1. '진로 선택'에 대한 글의 초고를 다듬으려고 한다. 고쳐쓰기 계획으로 적절하지 않은 것은?

> 한 언론사가 사회 각 방면에서 성공한 인물 100명을 대상으로 그들의 성공 요인을 조사해 보았는데, ㉠ 예상되어진 것과는 다른 결과가 나왔습니다. 그들은 '지능, 학력, 가정 환경' 대신 성공의 요인을 자신이 좋아하는 일을 했다는 데서 찾았습니다.
> 사람은 자신이 좋아하는 일을 할 때 즐거움을 느낍니다. ㉡ 하지만 즐거움을 느낄 때, ㉢ 일의 능률과 창의성이 발휘될 것입니다. 마지못해서 또는 남에게 보이기 위한 ㉣ 체면치례로 일을 하면 성공과 행복을 얻을 수 없습니다.
> 여러분은 어떤 일을 좋아합니까? 그리고 그렇게 좋아하는 일을 하기 위해서 무엇을 준비하고 있습니까?

① ㉠에 사용한 피동 표현이 어색하므로 '예상된' 또는 '예상한'으로 고쳐야겠어.
② ㉡은 앞뒤 문장의 연결에 어울리지 않으므로 '그렇기 때문에'로 바꿔야겠어.
③ ㉢은 '능률'과 '창의성' 둘 다 '발휘될'의 주어가 되어 어색하므로 '일의 능률이 오르고, 창의성도 발휘될'로 고쳐야겠어.
④ ㉣은 맞춤법에 어긋나므로 '체면치레'로 고쳐야겠어.

문 2. 다음 글을 이해한 내용으로 적절하지 않은 것은?

> 제1차 세계대전 이후, 해양 강국들 사이의 군비 경쟁이 심화되었고, 이를 해결하기 위해 워싱턴과 런던에서 각각 해군 군축 조약이 체결되었다. 워싱턴 해군 군축 조약에 대해 먼저 알아보자. 1921년 11월부터 1922년 2월까지 워싱턴 D.C.에서 열린 국제 해양 군축 회의에서 다양한 해군 군축 조약이 체결되었다. 워싱턴 해군 군축 조약의 핵심 내용은 군함의 톤수를 제한하는 것이었다. 이 조약에 따르면, 주요 해양 강국들은 자신들의 전함과 항공모함의 톤수를 제한하고, 새로운 군함의 건조를 억제하기로 합의하였다. 또한 조약은 주요 해양 강국들의 군함 총톤수를 미국과 영국은 525,000톤, 일본은 315,000톤으로 제한하였다. 또한 각 국가가 보유할 수 있는 전함의 수와 순양함의 톤수에도 제한을 두었다. 그러나 워싱턴 해군 군축 조약에서는 주로 전함과 순양전함, 항공모함을 규제하였기 때문에, 보조함선(잠수함 등)에 대해서는 톤수의 제한이 없었다.
> 워싱턴 해군 군축 조약의 이행 상황과 국제 정세의 변화를 반영하여, 1930년 런던에서 체결된 런던 해군 군축 조약은 기존의 군축 노력을 계속해서 확장하고 강화하려는 목표를 가지고 있었다. 항공모함의 톤수를 더 엄격히 제한하고, 잠수함의 톤수를 제한하는 규정을 추가하였다. 한편, 순양함에 대해서 미국, 영국, 일본의 총톤수에 대한 조항이 신설되었다. 두 조약은 일본과 다른 국가들이 군비 조약을 위반하면서 중도에 파기되었다.

① 워싱턴 해군 군축 조약에서는 런던 해군 군축 조약과 달리 잠수함의 톤수를 제한하지 않았다.
② 워싱턴 해군 군축 조약과 런던 해군 군축 조약 모두 항공모함에 대한 규제 조항이 있었다.
③ 워싱턴 해군 군축 조약과 런던 해군 군축 조약 모두 완수되지 못하였다.
④ 런던 해군 군축 조약은 워싱턴 해군 군축 조약과 달리 순양함에 대한 조항이 포함되었다.

문 3. 다음 글에 대한 설명으로 가장 적절한 것은?

중국 역사에서 전국 시대는 전쟁으로 점철된 시대였다. 여러 사상가들이 혼란한 정국을 수습하고 백성들을 고통에서 벗어나게 하기 위한 대안을 마련하였는데, 이 과정에서 그들의 이론을 뒷받침할 형이상학적 체계로서의 인성론이 대두되었다. 인성론은, 인간의 본성은 선하다는 성선설, 인간의 본성이 악하다는 성악설, 인간의 본성에는 애초에 선과 악이라는 구분이 전혀 없다는 성무선악설 등으로 분류될 수 있다. 맹자와 순자를 비롯한 사상가들은 인간 본성에 대한 이론적 탐구에서 더 나아가 사회적·정치적 관점으로 인성론을 구성하고 변형시켜 왔다.

맹자의 성선설이 국가 공권력에 저항하기 위해 호족들 및 지주들이 선한 본성을 갖춘 자신들을 간섭하지 말라는 이념적 논거로 사용되었다면, 순자나 법가의 성악설은 군주가 국가 공권력을 정당화할 때 그 논거로서 사용되었다. 즉 선악이란 윤리적 개념이 정치적 개념과 불가분의 관계에 놓여 있다는 사실을 확인할 수 있다. 성선설에서는 개체가 외부의 강제적인 간섭 없이도 '정치적 질서'를 낳고 유지할 수 있다고 본 반면, 성악설에서는 외부의 간섭이 없을 경우 개체는 '정치적 무질서'를 초래할 뿐인 존재라고 본 것이다.

한편 고자는 성무선악설을 통해 인간이 가지고 있는 식욕과 같은 자연적인 욕구가 본성이므로 이를 정치적이면서 동시에 윤리적인 범주로서의 선과 악의 개념으로 다룰 수 없다고 주장했다. 그는 인간의 본성을 '소용돌이치는 물'로 비유했는데, 이러한 관점은 소용돌이처럼 역동적인 삶의 의지를 지닌 인간을 규격화함으로써 그 역동성을 마비시키려는 일체의 외적 간섭에 저항하는 입장을 취하도록 하였다.

맹자는, 인간의 본성을 역동적인 것으로 간주한 고자의 인성론을 비판하였다. 맹자는 살아있는 버드나무와 그것으로 만들어진 나무 술잔의 비유를 통해, 나무 술잔으로 쓰일 수 있는 본성이 이미 버드나무 안에 있다고 보았다. 맹자는 인간이 선천적으로 지닌 이러한 본성을 인의예지 네 가지로 규정하였다. 고통에 빠진 타인을 측은히 여기는 동정심, 즉 측은지심은 인간이라면 누구나 갖고 있다고 보고, 측은한 마음은 인간의 의식적 노력에서 나온 것이 아니라 불쌍한 타인을 목격할 때 저절로 내면 깊은 곳에서 흘러나온다고 본 것이 맹자의 관점이었다. 다시 말해 인간은 스스로의 노력으로 본성을 실현할 수 있는 존재, 즉 타인의 힘이 아닌 자력으로 수양할 수 있는 존재라고 보았다. 이것이 바로 맹자 수양론의 기본 전제이다.

모든 인간은 선한 본성을 지니고 있고, 이 선한 본성의 실현은 주체 자신의 노력에 의해서만 가능하다는 맹자의 성선설을 순자는 사변적이고 낙관적이며 현실 감각이 결여된 주장으로 보았다. 선한 인간이 되기 위해서 인간은 국가 질서, 학문, 관습 등과 같은 외적인 것에 의존할 필요가 없다고 본 맹자의 논리는 현실 사회에서 국가 공권력과 사회 규범의 역할을 전적으로 부정하는 논거로도 사용될 수 있었기 때문이다. 순자의 견해처럼 인간의 본성이 악하다고 전제할 때 그것을 교정하고 순치할 수 있는 외적인 강제력, 다시 말해 국가 권력이나 전통적인 제도들이 부각될 수 있다. 국가 질서와 사회 규범을 정당화하기 위한 순자의 견해는 성악설뿐만 아니라 현실주의적 인간관에서 비롯되었다.

순자는 인간의 욕망이 무한하지만 그것을 충족시켜 줄 재화는 매우 한정되어 있다고 보고 이런 모순을 해결하기 위해서 국가에 의해 예(禮)가 만들어졌다는 입장을 견지하였다. 만약 인간에게 외적인 공권력과 사회 규범이 없는 경우를 가정한다면 인간들은 자신의 욕망 충족에 있어 턱없이 부족한 재화를 놓고 일종의 전쟁 상태에 빠지게 될 것이고, 그 결과 사회는 걷잡을 수 없는 무질서 상태로 전락하게 될 것이다. 맹자의 성선설이 비현실적일 뿐만 아니라 정치적 질서를 해칠 가능성이 있다고 본 순자의 비판은, 바로 인간과 사회에 대한 이와 같은 견해로부터 나온 것이다.

① 인성에 대한 세 견해의 장단점을 비교하고 있다.
② 인성론의 등장 배경과 다양한 견해를 소개하고 있다.
③ 인성론의 역사적 의의와 한계에 대해 분석하고 있다.
④ 인성에 대한 두 견해를 제시하며 이를 절충한 이론을 소개하고 있다.

문 4. 다음 글의 내용과 부합하지 않는 것은?

미국 ETF 주식은 다양한 종목으로 구성된 포트폴리오를 단일한 주식으로 거래할 수 있는 상품이다. 이는 투자자들에게 포트폴리오 다변화의 이점과 주식 거래의 편의성을 제공한다. 미국 ETF 주식은 시장 지수를 따라가는 지수 ETF와 특정 섹터에 집중하여 같은 분야의 여러 종목으로 구성된 섹터 ETF로 나뉜다. 미국 ETF 주식의 시장은 계속 성장하고 있으며, 이는 투자자들이 다양한 시장에 대한 노출을 원하고 ETF의 운용 수수료가 낮아지면서 투자 욕구가 높아지고 있기 때문이다. 향후에도 미국 ETF 주식 시장은 확대될 것으로 전망된다. 기술 혁신과 금융 기술의 발전은 투자 제품의 다양성과 접근성을 높일 것이며, 이는 미국 ETF 주식에도 긍정적인 영향을 미칠 것으로 예상된다. 미국 ETF 주식은 투자자들에게 안정적이고 효율적인 투자 수단으로 남을 것으로 보이며, 글로벌 시장에서도 계속해서 성장할 전망이다.

① 섹터 ETF 주식은 여러 분야의 주식을 동시에 거래할 수 있게 해주는 상품이다.
② 주식의 수수료가 감소할수록 투자자에게 이득이 된다.
③ 새로운 기술의 발전은 ETF 주식 시장의 다양성을 확대시킨다.
④ 미국 EFT 주식은 미국뿐만 아니라 전 세계에서 거래 가능하다.

문 5. 다음 글에서 추론할 수 없는 것은?

상관관계 분석은 두 변수 간의 관계를 이해하고 그 관계의 강도와 방향을 파악하는 데 중요한 통계적 기법이다. 변수란 연구나 데이터 분석에서 관찰되거나 측정되는 속성을 의미한다. 변수는 값이 두 가지 범주(남/여 등) 중 하나로 나타나는 이진 범주형 변수와, 수치적으로 나타나며 무한히 많은 값 사이에서 세분화가 가능한 연속형 변수(신장, 소득 등)으로 나뉜다.

대표적인 상관관계 분석 방법론으로는 피어슨 상관계수, 스피어만의 순위 상관계수, 켄달의 타우 상관계수, 그리고 점-비율 상관계수가 있다.

피어슨 상관계수는 두 연속형 변수 간의 선형 관계를 측정하는 방법이다. 이 방법은 변수들 간의 관계가 선형적일 때 적합하며, 상관계수 값은 -1에서 1까지의 범위를 가진다. 값이 1이면 두 변수 간에 완전한 양의 선형 관계가 있음을 의미하고, -1이면 완전한 음의 선형 관계가 있음을 나타낸다. 0에 가까울수록 선형 관계가 없는 것으로 해석된다. 피어슨 상관계수는 연속형 변수 간의 관계를 분석하는 데 주로 사용된다.

스피어만의 순위 상관계수는 변수 간의 순위 기반 관계를 측정하는 방법이다. 이 방법은 비선형 관계나 순서형 변수에 적합하다. 스피어만의 순위 상관계수는 각 변수의 값을 순위로 변환한 후, 순위 간의 관계를 분석하여 계산된다. 이는 순위형 데이터 또는 비선형 관계를 가진 연속형 데이터의 상관관계를 평가할 때 유용하다. 그러나 이상치에 민감하여, 만약 이상치가 계산에 포함된다면 전체 상관계수의 값은 크게 왜곡된다.

켄달의 타우 상관계수는 순위 기반 관계를 측정하되, 데이터의 순위가 얼마나 일치하는지를 평가하는 방법이다. 이 방법은 데이터의 이상치에 덜 민감하며, 순위 일관성을 평가한다. 작은 샘플 사이즈나 순위형 데이터에서 유용하게 사용된다.

점-비율 상관계수는 이분법적 변수와 연속형 변수 간의 관계를 측정하는 방법이다. 이 방법은 이분법적 변수(성별 등)와 연속형 변수(소득 등) 간의 상관관계를 분석할 때 사용된다. 점-비율 상관계수는 피어슨 상관계수와 유사한 방식으로 계산되지만, 이진 변수의 경우 특별한 조정이 필요하다.

① 성인의 키와 몸무게 간의 관계를 분석할 때에는 피어슨 상관계수를 사용할 수 있다.
② 직원들의 직무 만족도 순위와 직무 성과 순위 간의 관계를 이상치를 포함시켜 분석할 때에는 스피어만의 순위 상관계수를 사용할 수 있다.
③ 소규모 수업에서 학생들의 출석률 순위와 학기 성적 순위 간의 관계를 분석할 때 켄달의 타우 상관계수를 사용할 수 있다.
④ 흡연 여부와 폐활량 간의 관계를 분석할 때 점-비율 상관계수를 사용할 수 있다.

문 6. 다음 글의 맥락을 고려할 때 빈칸에 들어갈 말로 가장 적절한 것은?

조약에 관한 국가승계 협약(Vienna Convention on Succession of States in respect of Treaties)은 국가가 변화할 때, 특히 국가의 분할, 합병, 독립 또는 다른 형태의 국가 변동이 있을 때 (   ) 명문화하기 위해 제정된 국제 협약이다. 이 협약은 1978년 비엔나에서 채택되었으며, 1996년에 발효되었다.

이 협약은 조약의 국가승계와 관련된 규칙을 설정하지만, 조약의 본질적 내용에 대한 사항은 포함하지 않는다. 즉, 조약의 당사국이 변동되었을 때 조약의 효력과 승계 여부에 대해서만 규명한다. 국가승계란 한 국가가 다른 국가로 대체되거나, 새로운 국가가 생기는 경우, 기존의 조약의 적용에 대한 문제를 다룬다. 이는 국가의 분할, 통합, 또는 새롭게 독립하는 경우를 포함한다.

협약에 따르면, 새로 생긴 국가가 이전 국가의 조약을 자동으로 승계하는 것은 아니다. 새로운 국가가 조약을 승계할 것인지 여부는 주로 해당 국가의 의사와 관련 조약 당사국 간의 협의에 따라 결정된다. 협약은 조약의 승계와 관련하여 특정 원칙을 설정한다. 예를 들어, 일반적으로 조약의 적용은 새로운 국가의 동의가 있어야 하며, 기존 국가가 동의하지 않는 조약은 자동으로 승계되지 않는다.

① 인권 관련 조약에 대해서는 승계를 거부할 수 없음을
② 조약의 본질적 내용을 어떻게 수정할 것인지를
③ 기존의 조약들이 어떻게 적용될 것인지를
④ 기존국의 동의 없는 조약 자동승계 절차를

문 7. 부동산 정책, 청년실업 정책, 내수 경기 활성화 정책, 수출 산업 다변화 정책 네 개의 국책 추진 여부를 두고, 정부가 다음과 같은 기본 방침을 정했다고 하자. 다음 빈칸에 들어갈 말로 가장 적절한 것은?

- 부동산 정책을 추진한다면, 청년실업 정책도 추진한다.
- 내수 경기 활성화 정책을 추진한다면, 수출 산업 다변화 정책도 추진한다.
- 부동산 정책이나 내수 경기 활성화 정책 가운데 적어도 한 사업은 추진한다.
- 부동산 정책은 추진하지 않는다.

따라서 (   )

① 내수 경기 활성화 정책, 수출 산업 다변화 정책만 추진한다.
② 청년실업 정책을 추진한다.
③ 청년실업 정책을 추진하는지 알 수 없다.
④ 수출 산업 다변화 정책은 추진하지 않는다.

문 8. 다음 글의 내용으로 적절하지 않은 것은?

김소월의 시 「초혼」은 이별 후 남은 사람의 슬픔과 상실을 노래한 작품이다. 시인은 '이름'이라는 상징적 이미지를 사용하여 떠나간 사람을 그리워하는 화자의 절절한 감정을 표현한다. 화자는 사랑하는 이를 떠나보내며 그를 향한 그리움과 슬픔을 노래하지만, 그 슬픔은 한없이 절제되어 있다.

1연에서 화자는 '산산이 부서진 이름이여!'라며 떠나간 이를 더 이상 부를 수 없는 상실의 상황을 묘사한다. '부르다가 내가 죽을 이름이여'라는 표현은 화자의 그리움이 극한에 이르렀음을 암시한다.

2연 '심중에 남아 있는 말 한마디는 / 끝끝내 하지 못하였구나'의 구절은 떠난 이에게 마지막으로 전하지 못한 말을 후회하며, 그 사람이 얼마나 소중했는지를 강조한다. 여기서 반복되는 '사랑하던 그 사람이여!'라는 시구는 화자의 깊은 그리움을 드러낸다.

3연에서는 '사슴이 슬피 운다'는 자신의 슬픔을 다른 대상이 느끼는 것처럼 빗대어 표현함으로, 자연도 함께 이별의 슬픔을 느끼는 듯한 애절한 분위기를 자아낸다. 또한 화자는 멀리 떨어진 산 위에서 떠나간 이를 애타게 부르고 있지만, 그 목소리는 공허하게 메아리칠 뿐이다.

4연 '하늘과 땅의 거리가 너무 넓구나'는 임과 이별의 먼 거리를 표현하는 것으로 그 슬픔의 크기를 짐작할 수 있게 한다.

5연에서는 '선 채로 이 자리에 돌이 되어도'라는 표현을 통해, 화자는 끝내 사랑하는 이를 잊지 못하겠다는 결심을 보여준다. 이는 죽어서도 계속 그를 기억하고 부를 것이라는 화자의 다짐을 의미한다.

김소월은 이 시에서 이별의 슬픔을 겸허히 받아들이면서도 떠나간 이를 영원히 기억하고자 하는 화자의 마음을 서정적으로 표현하고 있다.

① 화자는 떠나간 이를 향한 그리움을 절제된 언어로 표현하고 있다.
② 1연에서 반복되는 '이름'은 화자가 잊지 못하는 사랑하는 이를 상징적으로 나타낸다.
③ 반복법과 영탄법, 연쇄법이 사용된 구절이 있다.
④ 화자의 감정을 다른 대상에 이입하는 감정이입이 사용되었다.

문 9. 다음 글에 대한 이해로 가장 적절한 것은?

아리스타르코스의 계산은 고대 그리스 수학자 아리스타르코스가 발견한 방법으로, 원주율의 근삿값을 계산하는 방법이다. 이 방법은 고대 그리스에서 중요한 수학적 발견 중 하나로 평가되며, 원주율의 값을 정확하게 계산하는 데 기여하였다. 아리스타르코스의 계산은 원이나 구의 둘레나 면적 등을 계산할 때 사용되며, 원주율의 값을 근사적으로 알아내는 데 유용하게 활용된다.

아리스타르코스의 계산은 단순하면서도 효과적인 방법으로, 정확한 값에 근접하게 원주율을 구할 수 있다. 이 방법은 원의 내접하는 정사각형의 둘레를 구하고, 이를 점점 더 많은 변의 개수로 나누어가며 원의 둘레에 접근하는 것이다. 이를 통해 원주율의 값을 근사적으로 계산할 수 있다.

아리스타르코스의 계산은 고대 그리스에서 수학의 발전에 큰 영향을 미쳤다. 이 방법은 그리스 수학의 발전을 이끈 중요한 요소 중 하나로 평가되며, 이후의 수학적 연구와 발전에도 영향을 미쳤다. 또한, 이 방법은 원주율과 같은 중요한 수학적 상수를 이해하고 계산하는 데 있어서 현대에도 활용되고 있다.

① 원에 내접하는 정사각형의 둘레는 원의 둘레와 동일하다.
② 고대에는 오늘날과 달리 원의 둘레의 값은 정확하게 구할 수 없었다.
③ 아리스타르코스는 고대 그리스의 첫 번째 수학자이다.
④ 현대에는 고대 그리스와는 전혀 다른 방식으로 원주율 값을 구하고 있다.

문 10. <보기>에서 선생님의 질문에 대한 학생의 대답으로 가장 적절한 것은?

〈보기〉

선생님: 형태소는 뜻을 가진 가장 작은 말의 단위를 뜻하는 말입니다. 더 이상 쪼갤 수 없는 가장 작은 말의 단위이며 우선, 실질형태소와 문법형태소로 구분됩니다. 실질형태소는 단어의 실질적인 의미를 나타내는 형태소입니다. 명사, 동사, 형용사 등이 이에 해당하며, 문장에서 주로 실질적인 정보를 전달합니다. 반면, 문법 형태소는 문장의 구조와 관련된 기능을 수행하는 형태소로 조사, 어미, 접사 등이 여기에 해당하며, 이들은 문장의 문법적인 정확성을 유지하고 문장 간의 관계를 나타냅니다. 형태소의 또 다른 분류로는 자립형태소와 의존형태소가 있습니다. 자립형태소는 앞뒤에 다른 형태소가 직접 연결되지 않아도 문장에서 혼자 쓰일 수 있으며, 의존 형태소는 앞이나 뒤에 적어도 하나의 형태소가 연결되어야만 문장에서 쓰일 수 있는 형태소를 말합니다. 형태소는 다음의 두 기준에 따라 자립형태소와 의존형태소, 실질 형태소와 문법형태소로 나눌 수 있습니다.

○ 홀로 쓰일 수 있는가? - 예(yes): 자립형태소 - 아니요(no): 의존형태소	○ 실질적 의미가 있는가? - 예(yes): 실질형태소 - 아니요(no): 문법형태소

다음은 아래 '예문'을 형태소 단위로 나누고, 위 기준에 따라 분석한 결과입니다.

○ 예문: 경찰이 도둑을 잡았다.
○ 형태소 분석 결과

구분 기준 \ 형태소	경찰	이	도둑	을	잡-	-았-	-다
홀로 쓰일 수 있는가?	예	아니요	예	㉡	아니요	아니요	아니요
실질적 의미가 있는가?	㉠	아니요	예	아니요	㉢	아니요	아니요

㉠~㉢에 들어갈 대답을 모두 바르게 짝지어 볼까요?

	㉠	㉡	㉢
①	예	예	예
②	예	아니요	예
③	아니요	예	예
④	아니요	아니요	아니요

문 11. 다음 글을 토대로 할 때, ㉠에 해당하는 문장을 포함하지 않은 것은?

홑문장과 겹문장을 구분할 때 보통 '서술어'의 개수에 따라 구분하는 것이 일반적이다. '서술어'의 개수가 한 개이면 홑문장, 두 개 이상이면 겹문장으로 구분한다.

그런데 '서술어'의 개수가 한 개인데도 겹문장이 되는 경우가 있다. 겹문장 중에서 ㉠서술절로 안긴 문장이 바로 그러하다. 서술절로 안긴 문장은 홑문장과 형태가 유사하지만 문장의 짜임새는 다르다. 즉, 홑문장은 주어와 서술어가 각각 한 개씩 있는 경우이고, 서술절로 안긴 문장은 서술어는 한 개이지만 주어가 2개인 경우를 말한다. 아래의 문장을 통해 그 예를 살펴보자.

(예 1) 다람쥐는 귀엽다.
(주어) (서술어)
(예 2) 다람쥐는 꼬리가 짧다.
(주어) (주어)(서술어) → 서술절로 안긴 문장

위의 예 1은 주어와 서술어가 한 개인 형태로 홑문장에 해당하고 예 2는 주어, 주어, 서술어의 형태로 서술절로 안긴 문장 즉 겹문장에 속한다.

참고로, '아니다'와 '되다'는 '주어, 보어'를 필요로 하는 두 자리 서술어로 서술절을 안은 문장과 형태가 유사하지만 주어를 한 개 가지고 있는 홑문장이므로 유의해야 한다.

① 철수는 성격이 좋다.
② 우리 고양이는 머리가 좋다.
③ 어릴 적 동무가 경쟁자가 되다.
④ 그는 눈이 크다.

문 12. 다음 글에 대한 분석으로 적절한 것을 <보기>에서 모두 고른 것은?

갑: 현대에 들어 문장의 의미와 지식은 어떤 양상을 보이는지 알아보자. 근대 사회는 대서사(거대 담론)에 의존하여 지식을 구성했다. 대서사는 역사적 사건을 통해 지식을 정당화하고, 인간 경험을 통합하는 경향이 있다. 그러나 현대 사회에서는 이러한 대서사가 더 이상 믿을 수 없는 것으로 여겨져 해체되며, 사람들이 소규모 이야기(소서사)로 나누어져 각자의 경험을 중심으로 세상을 이해하게 된다.

을: 권력은 특정한 사람이나 기관에 집중되지 않고, 사회의 여러 곳에서 다양한 형태로 작용한다. 권력은 사람들이 행동하고 사고하는 방식을 형성하는 방식으로 존재한다. 지식은 권력에 의해 생성되고 강화되는 동시에, 지식은 권력을 유지하는 도구가 된다는 것이다.

병: 텍스트와 진리의 고정성은 존재하지 않는다. 모든 진리는 끊임없이 변동하며, 맥락에 따라 다르게 해석될 수 있음을 강조한다. '차이'라는 개념을 통해 진리가 고정되지 않고, 끊임없이 생성되며 변형된다는 점을 강조할 수 있다. 언어가 뜻을 전달하는 데 불완전하며, 독자가 각기 다른 해석을 할 수 있다. 이로 인해 진리는 단순히 하나로 규정될 수 없고, 텍스트의 해석은 독자 개인의 경험과 배경에 따라 달라진다.

〈보기〉

ㄱ. 개인의 이야기를 다룬 블로그가 세상을 이해하는 수단으로 거대 담론보다 더 큰 영향력을 발휘한다면 갑의 견해는 강화된다.

ㄴ. 정부의 권위가 절대적인 전체주의 사회에서 정부가 개인정보 수집을 통해 사람들을 통제하려 한다면 을의 견해는 약화된다.

ㄷ. 법전의 문장이 독자 개인의 경험이 아니라 법문 자체의 해석과 대법원의 판례에 의해 일관되게 해석된다면 병의 견해는 강화된다.

① ㄱ ② ㄱ, ㄷ

③ ㄴ, ㄷ ④ ㄱ, ㄴ, ㄷ

문 13. 다음 글의 내용으로 적절한 것은?

비디오 스컬프처는 전통적인 조각과 영상 예술을 결합한 현대 예술의 한 형태로, 시각적 공간에서 시간과 움직임을 활용하여 작품을 구성한다. 이 예술 형식은 1960년대 후반부터 등장하기 시작했으며, 기술의 발전과 함께 더욱 다양해지고 복잡해졌다. 비디오 스컬프처는 정적인 조각품과 달리, 움직이는 이미지나 영상을 통해 관객과의 상호작용을 강조한다. 이러한 특징은 관객이 작품을 다양한 각도에서 관찰하고, 시간이 지남에 따라 변하는 모습을 경험할 수 있게 한다.

비디오 스컬프처는 주로 설치 예술의 일환으로 전시되며, 공간을 적극적으로 활용하여 작품의 일부로 통합된다. 예술가는 빛, 소리, 움직임 등을 조합하여 작품에 다층적인 의미를 부여하고, 관객이 작품과 직접적으로 교감할 수 있는 환경을 조성한다. 이러한 접근 방식은 예술이 단순히 관람하는 대상이 아니라, 경험하고 참여하는 과정임을 강조한다. 또한, 비디오 스컬프처는 사회적, 정치적 메시지를 전달하는 수단으로도 활용되며, 현대 사회의 다양한 이슈를 반영하는 작품들이 많이 제작되고 있다.

비디오 스컬프처의 발전에는 기술의 진보가 큰 영향을 미쳤다. 디지털카메라, 컴퓨터 그래픽, 프로젝션 매핑 등의 기술은 예술가들이 더욱 정교하고 창의적인 작품을 제작할 수 있게 해주었다. 예를 들어, 입체적인 영상 효과나 인터랙티브한 요소를 통해 관객의 참여를 유도하는 작품들이 등장하였다. 이러한 기술적 혁신은 비디오 스컬프처의 경계를 확장시키며, 예술의 새로운 가능성을 열어주고 있다.

대표적인 비디오 스컬프처 작가로는 크리스토퍼 와일리와 나탈리 호프만 등이 있다. 이들은 각각 독특한 스타일과 주제를 통해 비디오 스컬프처의 다채로운 면모를 보여주고 있으며, 국제적인 전시회에서 그들의 작품이 주목받고 있다. 특히, 와일리의 작품은 기술과 자연의 조화를 탐구하며, 호프만의 작품은 인간의 감정과 기억을 시각적으로 표현하는 데 중점을 두고 있다. 이들의 작품은 비디오 스컬프처가 단순한 시각적 예술을 넘어, 깊은 철학적 사유와 사회적 메시지를 전달할 수 있음을 보여준다.

비디오 스컬프처는 현대 예술에서 중요한 위치를 차지하고 있으며, 앞으로도 기술과 예술의 융합을 통해 더욱 발전할 것으로 기대된다. 예술가들은 새로운 기술을 활용하여 창의적인 표현 방식을 모색하고 있으며, 관객과의 상호작용을 강화하는 방향으로 작품을 발전시키고 있다. 이러한 흐름은 비디오 스컬프처가 지속적으로 변화하고 진화하는 예술 형식임을 시사하며, 미래의 예술적 가능성을 넓히는 데 기여할 것이다.

① 비디오 스컬프처는 전통적인 조각과는 달리 정적인 작품을 주로 전시한다.

② 기술의 발전은 비디오 스컬프처의 다양성과 창의성을 제한하는 요인이 되었다.

③ 비디오 스컬프처는 관객과의 상호작용을 통해 예술적 경험을 강화한다.

④ 대표적인 비디오 스컬프처 작가는 크리스토퍼 와일리 외에는 많지 않다.

문 14. 다음 글의 주제로 가장 올바른 것은?

> 인간은 이야기하는 동물이다. 끊임없이 이야기를 지어내고 듣고 퍼뜨리고 전해 주는 능력만큼 인간을 인간답게 하는 능력도 없다. 신화(myth)라는 말의 기원이 된 그리스어 뮈토스(muthos)는 이야기를 의미한다. 신화는 민담, 설화, 전설 등과 함께 이야기를 지어내려는 인간 욕망의 산물이며, 서사 문화의 초기 양식들 가운데 하나이다. 그러나 무엇보다도 신화는 인간이 세계와 관계 맺는 양식이라는 점에서 다른 서사 양식들과 구분된다.
>
> 신화는 상상적 이야기의 방식으로 세계를 해석한다. 창조 신화는 세계(우주)가 어떻게 만들어졌는가를 이야기하고, 기원 신화는 인간, 부족, 죽음 등의 기원을 이야기한다. 신들의 이야기로서의 신화는 자연 현상의 뒤에 초자연적 조종 세력들을 설정하고 이 세력들에 갖가지 신의 이름을 갖다 붙임으로써 자연을 이해 가능한 공간으로 바꾼다. 즉 인간은 신화를 통하여 해는 어째서 매일 동쪽에서 뜨고, 파도는 왜 치며, 여름과 겨울은 왜 있는가와 같은 질문의 해답을 얻게 되는 것이다. 인간은 이야기의 그물로 세계를 낚아 올림으로써 그 세계에 동기, 목적, 의미를 부여하고 생존의 조건들과 화해한다. 인간은 이야기로 세계를 인간화한다.
>
> 상상에 의해 인간과 세계를 연결한다는 점 때문에 신화는 고전 철학 시대에는 세계에 대한 합리적, 이성적 설명인 로고스(logos)와 충돌하고 근대에 들어와서는 과학에 밀려난다. 근대는 신화가 빛을 잃었던 시대다. 그러나 인간의 생각하는 방식이 근원적으로 신화적이라는 점, 세계에 대한 인간의 관계 짓기가 근본적으로 상상적이라는 점, 역사 자체가 신화의 범주에 속한다는 점 등이 인식되면서 신화는 현대에 들어와 관심을 끌게 되었다.
>
> 이렇게 볼 때 신화는 결코 황당한 이야기가 아니며 과학 이전 시대의 순진한 세계 이해 방식으로 그치는 것도 아니다. 그것은 인간 세계의 제도, 풍속, 관행, 가치, 사회적 위계 구조, 현상, 질서 등을 정당화하고 현실의 모순을 상상적으로 해소하는 강력한 사고방식이다. 또한 신화는 그 상상의 배후에 고도의 논리적, 합리적 문법을 갖추고 있는 위장의 언어인 것이다.
>
> 세계의 주요 종족, 부족, 민족치고 자체 신화를 갖지 않은 집단이 없지만, 오랜 기간에 걸쳐 계속해서 예술 창조의 바탕이 되고 있는가, 아닌가라는 기준으로 볼 때 그리스 신화, 힌두 신화, 중앙아프리카 신화 등이 주요 신화 체계로 인정되고 있다. 시, 소설, 영화 등의 서사 문화의 현대적 양식들은 여전히 이러한 신화적 전통의 연장선상에 있다.

① 신화의 허구성과 그 비판
② 신화의 끈질긴 생명력
③ 신화의 기능에 관한 고찰
④ 세계와 신화의 관계

문 15. <보기 1>을 참고하여 <보기 2>를 이해한 내용으로 적절하지 않은 것은?

〈보기 1〉

> 언어의 의미는 끊임없이 변화한다. 원래 '주책'은 '일정하게 자리 잡힌 주장이나 판단력'이라는 의미였다. 그런데 '주책없다'처럼 '주책'이 주로 '없다'와 함께 쓰이다 보니 부정적인 의미도 갖게 되었다. 즉, '주책'은 '일정한 줏대가 없이 되는 대로 하는 짓'이란 의미도 갖게 되어 '주책없다'와 '주책이다'가 같은 의미로 쓰이게 되었다. 한편 '에누리'는 상인과 소비자가 물건값을 흥정하는 상황에서 자주 쓰이다 보니 '값을 올리는 일'이라는 의미뿐만 아니라 '값을 내리는 일'이라는 의미로도 쓰이게 되었다.

〈보기 2〉

> ㄱ. 다른 사람의 말에 쉽게 흔들리는 것을 보니 그는 <u>주책</u>이 없구나.
> ㄴ. 뜬금없이 그런 말을 하다니 그도 참 <u>주책</u>이다.
> ㄷ. <u>에누리</u>를 해 주셔야 다음에 또 오지요.
> ㄹ. 그 가게는 <u>에누리</u> 없이 장사를 해서 적게 팔고도 많은 이윤을 남긴다.

① ㄱ의 '주책'은 '일정하게 자리 잡힌 주장이나 판단력'의 의미로 쓰였군.
② ㄴ의 '주책이다'는 '주책없다'로도 바꿔 쓸 수 있겠군.
③ ㄷ의 '에누리'는 '값을 올리는 일'의 의미로 쓰였군.
④ ㄹ의 '에누리'는 '값을 내리는 일'의 의미로 볼 수 있겠군.

문 16. 다음 글에 대한 독자의 반응으로 적절하지 않은 것은?

> 미사일의 추력편향노즐은 공중전에서 높은 기동성을 제공하는 중요한 기술 요소이다. 이 미사일의 추력편향노즐은 미사일의 추진력을 방향적으로 조절하여 비행경로를 변경하거나 조정할 수 있게 만든다.
>
> 노즐 본체는 미사일 엔진의 배기가스가 배출되는 구역으로, 가스가 나오는 통로를 형성한다. 노즐의 본체는 강력한 열과 압력에 견딜 수 있는 내열 합금으로 제작된다. 액추에이터는 추력편향노즐의 방향을 조절하는 기계적 장치이다. 액추에이터는 노즐 본체의 일부만을 움직이게 하여 배출 가스의 방향을 변경한다. 미사일의 비행 및 방향 조정을 위한 전자 시스템은 편향 장치에 신호를 보내어 노즐의 각도를 조정한다. 구동 기구는 액추에이터를 움직이며, 편향 장치를 실시간으로 조정하여 미사일의 비행을 제어한다.
>
> 추력편향노즐은 가스 배출 경로를 조절할 수 있는 능력을 갖추고 있다. 노즐 본체의 일부가 이동하면서 배출 가스의 방향을 변화시킨다. 이 방향 변화는 미사일이 받는 힘의 방향을 조절하게 된다. 가스의 방향이 바뀌면, 노즐에서 발생하는 추력의 방향도 바뀐다. 이로 인해 미사일의 비행경로가 수정된다. 예를 들어, 다른 외부 힘이 작용하지 않을 때, 노즐이 위로 기울어지면, 또 그럴 때에만 미사일이 상승하게 된다.

① 미사일 엔진의 배기가스가 배출되는 구역은 강력한 열과 압력에 견딜 수 있겠군.
② 노즐 본체 일부만 움직이면 높은 기동성을 달성할 수 없겠군.
③ 편향 장치는 실시간으로 조정되며 미사일의 비행을 제어하겠군.
④ 여타 외부 힘이 작용하지 않을 때 미사일을 상승시키려면 노즐을 위로 기울여야 하겠군.

문 17. 다음 전제들이 참이라고 할 때 반드시 참인 것은?

> ㅇ 주연이가 상품을 받으면 하영이도 상품을 받는다.
> ㅇ 현지가 상품을 받으면 주연이도 상품을 받는다.
> ㅇ 원준이가 상품을 받지 않으면 하영이가 상품을 받는다.
> ㅇ 현지나 원준이가 상품을 받았다는 말은 사실이 아니다.

① 주연이와 하영이는 상품을 받는다.
② 하영이는 상품을 받는다.
③ 원준이와 현지는 상품을 받는다.
④ 원준이와 하영이는 상품을 받는다.

문 18. 다음 글을 문맥에 맞게 배열한 것으로 가장 적절한 것은?

> (가) 이러한 배경에서 우크라이나에서는 인위적으로 식량을 조달할 수 없는 환경이 조성되었고, 이로 인해 수백만 명이 기아로 목숨을 잃게 되었다. 홀로도모르는 단순한 기근이 아니라, 정치적 목적을 가지고 체계적으로 발생한 인위적 재앙이었다는 점에서 인류사에 끔찍한 비극으로 기록되고 있다.
>
> (나) 1920년대 후반, 스탈린은 농업 생산성을 높이고 공업화를 위한 자금을 확보하기 위해 급진적인 집단농장화를 시행하였다. 농민들이 개인적으로 경작하던 토지를 몰수하여 국가 소유의 집단농장으로 통합하고, 그 수익을 강제로 징수하였다. 이 과정에서 우크라이나를 포함한 소련의 주요 농업 지대에서는 전통적인 농업 방식을 거부하고, 강압적인 노동이 요구되었으며, 농민들이 소유하던 곡식과 농기구까지 모두 몰수당하였다.
>
> (다) 강압적 농업 정책은 농업 생산성 저하와 농민들의 대규모 반발을 불러일으켰다. 우크라이나는 소련 내에서도 중요한 곡창 지대였고, 스탈린은 이 지역에서 대량의 곡물을 징수하여 도시와 산업 지대에 공급하고자 했다. 그러나 스탈린 정부는 우크라이나의 곡물 생산량을 과도하게 할당하며 극심한 식량 부족 상황을 만들고, 반란을 방지하기 위해 국경을 봉쇄하여 외부로부터의 식량 반입을 차단하였다.
>
> (라) 1932~1933년에 우크라이나에서 발생한 대기근, 일명 홀로도모르(Holodomor)는 소비에트 연방의 강압적인 농업 정책과 관련하여 일어난 참혹한 사건이다. 이 대기근의 배경을 이해하려면, 당시 소련의 지도자였던 이오시프 스탈린이 추진한 강력한 집단농장화 정책과 이에 따른 정치적, 사회적 맥락을 살펴볼 필요가 있다.

① (나) - (가) - (라) - (다)
② (나) - (다) - (가) - (라)
③ (라) - (나) - (다) - (가)
④ (라) - (나) - (가) - (다)

문 19. 다음 글의 내용으로 적절하지 않은 것은?

> 진화 윤리학은 다윈의 진화론을 바탕으로 인간의 도덕성 기원을 탐구하는 학문 분야이다. 전통적인 윤리학이 주로 추상적인 철학적 논변에 의존하는 반면, 진화 윤리학은 생물학, 심리학, 인류학 등의 연구 결과를 통합하여 도덕적 행동의 진화적 기원을 설명하려 한다. 핵심적인 전제는 인간의 도덕적 감정, 예를 들어 이타심, 공감, 죄책감 등이 생존과 번식에 유리한 방향으로 진화했다는 것이다.
>
> 혈연 선택 이론은 이타적 행동의 진화적 근거를 설명하는 중요한 이론 중 하나이다. 유전적으로 가까운 개체에게 이타적으로 행동함으로써 자신의 유전자를 후대에 전달할 확률을 높일 수 있다는 논리이다. 즉, 자신의 목숨을 희생하여 형제를 구하는 행동은 자신의 유전자를 공유하는 개체의 생존을 보장함으로써 유전적 이익을 가져온다.
>
> 상호 이타주의 이론은 혈연관계가 아닌 개체 간의 이타적 행동을 설명한다. 이 이론에 따르면, 도움을 받은 개체가 미래에 도움을 되갚을 가능성이 있을 때 이타적 행동이 진화할 수 있다. "눈에는 눈, 이에는 이"라는 보복 전략은 상호 이타주의의 한 형태로 볼 수 있다. 이러한 상호 작용은 집단 내 협력을 증진시키고 집단의 생존 가능성을 높이는 데 기여한다.
>
> 하지만, 진화 윤리학은 모든 도덕적 행위를 유전적 이익으로만 설명하려는 환원주의적 오류에 빠질 수 있다는 비판을 받기도 한다. 인간의 문화, 교육, 사회적 환경 등은 도덕적 행동에 큰 영향을 미치며, 이러한 요인들을 간과해서는 안 된다는 것이다. 또한, 자연 선택이 항상 '도덕적인' 결과를 낳는 것은 아니라는 점을 인식해야 한다. 자연 선택은 단순히 생존과 번식에 유리한 형질을 선택할 뿐, 인간의 관점에서 '선'하거나 '악'한 것을 선택하지 않는다. 따라서, 진화 윤리학은 도덕성의 기원에 대한 하나의 중요한 시각을 제공하지만, 도덕의 모든 측면을 완전히 설명하는 것은 아니라는 점을 명심해야 한다.

① 진화 윤리학은 전통 윤리학과 달리 생물학, 심리학, 인류학 등의 연구 결과를 통합하여 도덕성의 기원을 설명하려 한다.
② 상호 이타주의 이론은 도움을 받은 개체가 도움을 되갚을 가능성이 없을 경우에도 이타적 행동이 진화할 수 있다고 주장한다.
③ 혈연 선택 이론은 이타적 행동이 유전적 이익을 가져올 수 있음을 설명하며, 이는 유전자를 공유하는 개체의 생존과 관련된다.
④ 진화 윤리학은 자연 선택이 항상 인간의 관점에서 '선'한 결과를 낳는다고 단정하지 않으며, 문화와 사회적 환경의 영향 또한 고려해야 함을 강조한다.

문 20. 다음 발표자의 말하기 방식에 대한 설명으로 적절하지 않은 것은?

> 안녕하세요. 여러분의 필통에는 어떤 필기구가 가장 많은가요? (청중의 답을 듣고) 네, 제 생각대로 볼펜이 많군요. 그럼 사람들은 왜 볼펜을 애용할까요? 값이 싸고 휴대하기 편해서이기도 하지만 또 다른 장점이 있습니다. 그래서 오늘은 볼펜이 사람들에게 널리 사용되는 이유를 말씀드리겠습니다.
>
> 먼저 볼펜은 글씨를 쓸 때 종이가 찢어지거나 볼펜 끝부분이 망가지는 일이 적습니다. 이게 왜 장점일까요? (자료 1을 가리키며) 보시는 것처럼 볼펜이 사용되기 이전부터 쓰이던 만년필은 모세관 현상에 의해 힘들이지 않고 글씨를 쓸 수 있습니다. 하지만 펜촉이 날카로워 종이가 찢어지기도 하고, 거친 표면에 글씨를 쓰면 펜촉이 망가지기도 쉽습니다.
>
> 아, 질문이 있으시네요. (청중의 질문을 듣고) 겉으로는 잘 보이지 않지만 종이의 섬유소가 가는 대롱의 역할을 하기 때문에 펜촉에 있던 잉크가 모세관 현상에 의해 종이로 흘러가서 쉽게 필기할 수 있는 겁니다. 이해되셨나요? (청중이 고개를 끄덕이는 것을 보고) 네, 그럼 발표를 이어 가겠습니다.
>
> (자료 2를 가리키며) 보시는 것처럼 볼펜은 글씨를 쓸 때 볼과 종이의 마찰에 의해 볼이 구르지요. 이 과정에서 볼의 잉크가 종이에 묻으며 글씨가 써집니다. 그런데 볼펜의 볼이 빠진 경험이 한 번쯤 있으시죠? (자료 3을 가리키며) 보시는 것처럼 볼펜은 잉크가 들어갈 대롱의 끝에 볼을 넣은 후 밑부분을 오므려 볼이 빠지지 않도록 하는데요, 볼이 빠지는 문제를 정밀한 기술로 보완하고 있습니다.
>
> 또한 볼펜은 종류가 다양하여 사람들이 필요에 따라 고를 수 있어서 좋습니다. 글자가 물에 잘 번지지 않는 유성 볼펜, 필기감이 부드러운 수성 볼펜, 여러 색을 하나에 담은 다색 볼펜, 글씨를 쓰고 지울 수 있는 볼펜, 우주에서 사용할 수 있는 가압 볼펜 등 선택의 폭이 넓습니다.

① 시각적인 자료를 사용하여 집중력을 높이고 있다.
② 청중의 말을 재진술하여 주제를 환기시키고 있다.
③ 청중에게 질문을 던지고 그에 대한 대답을 유도하고 있다.
④ 경험했을 법한 일을 제시하며 청중들의 공감을 야기한다.

약점 보완 해설집 p.52

제15회 모의고사

문 1. <보기>의 글을 고쳐 쓰기 위해 검토한 내용으로 적절하지 않은 것은?

〈보기〉

제목: 시간을 유용하게 보내자

한 번 흘러간 시냇물이 다시 오지 않고, 시위를 떠난 화살이 되돌아오지 않는 것처럼, 한 번 보내 버린 시간을 다시 돌려놓을 수는 없다.

㉠ 따라서 우리는 헛되이 시간을 보내고, 뒤늦게 후회의 눈물을 흘리는 사람을 가끔 보게 된다. 그러면 우리가 시간을 유용하게 보내는 방법을 생각해 보자. 먼저, 평소에 계획을 세워서 규칙적으로 생활하는 습관을 길러야 한다. 짧게는 하루의 계획, 길게는 일 년의 계획을 차질 없이 실천해 간다면 늘 보람되고 알찬 시간을 보내게 될 것이다. 다음으로, ㉡ 짜투리 시간을 허비하지 말아야 한다. 그러나 ㉢ 도대체 시간 계획을 치밀하게 세운다고 해도 낭비하는 시간이 생기게 마련이다. 따라서 그 시간을 ㉣ 적절히 이용해야 유익한 나날을 보낼 수 있다.

우리에게 시간은 매우 중요하다. 그러나 시간은 우리가 알차게 이용할 때만 가치 있는 것이 된다. 우리 모두 더 나은 내일을 위해 자신에게 주어진 시간을 유용하게 보내도록 하자.

① ㉠은 '그런데'로 바꿔 앞뒤 문장이 자연스럽게 연결되도록 한다.
② ㉡은 맞춤법에 맞게 '자투리'로 한다.
③ ㉢은 '아무리'로 바꿔 문장 성분의 호응을 적절하게 한다.
④ ㉣은 '적절이'로 바꿔 잘못 쓰인 어휘를 바로잡는다.

문 2. 다음 글에 대한 독자의 반응으로 적절하지 않은 것은?

투자 결정, M&A, 기업 재무 관리 등 다양한 목적으로 활용되는 기업 가치 평가에는 다양한 이론과 모형들이 존재하며, 각각 장단점을 가지고 있다.

재평가가치 평가법은 기업의 자산을 시장 가치로 재평가하여 기업 가치를 평가하는 방법이다. 이 방법은 기업의 장부 가치가 시장 가치를 반영하지 못하는 경우에 유용하게 활용된다. 재평가가치 평가법은 자산을 시장 가치로 평가하기 때문에 기업의 실제 가치를 더 정확하게 반영할 수 있으나, 재평가가치 평가를 통해 자산 가치가 증가하면 이는 기업의 법인세 및 재산세 부담 증가로 이어질 수 있다는 단점이 있다.

기업의 미래 수익을 기반으로 기업 가치를 평가하는 방법으로는 배당할인모형이 있다. 이 모형에는 다음 연도 예상 배당금, 기업의 자본 비용, 배당금 성장률이 영향을 미친다. 기업의 자본 비용은 투자자들이 기업에 투자할 때 요구하는 수익률이다. WACC(가중평균 자본비용)을 사용하는 것이 일반적이다. 기업의 배당금 성장률은 기업의 성장 잠재력을 반영하며, 과거 배당금 성장률, 미래 수익 성장 전망, 경쟁 환경 등을 고려해야 한다. 낮은 사업 위험을 가진 기업은 자본 비용이 낮아 기업 가치가 높게 평가되며, 신기술의 영향을 많이 받는 신생 기업은 기업 가치가 낮게 평가된다.

① A 기업의 장부 가치에 시장 가치가 반영되지 않았다면, A 기업에 재평가가치 평가법을 적용할 경우 실제 가치는 더 정확히 반영되겠군.
② B 기업에 재평가가치 평가법을 적용한 결과 자산 가치가 증가했다면, B 기업의 세금 부담 역시 증가할 수 있겠군.
③ 정부가 적극적으로 재정을 지원하는 국영 철도 기업을 배당할인모형으로 분석할 경우, 기업 가치는 높게 평가되겠군.
④ 바이러스 벡터 방식의 최신 바이오 백신을 개발하는 제약 스타트업을 배당할인모형으로 분석할 경우, 기업 가치는 높게 평가되겠군.

문 3. ㉠~㉣에 대한 설명으로 적절한 것은?

기술이라는 용어는 고대 그리스에서 사용된 '테크네'에서 유래하였다. ㉠ 플라톤은 소크라테스의 영향을 받아 사물의 본질을 밝혀내는 정신적인 활동을 에피스테메, 삶의 가치를 달성하는 데 필요한 도구를 생산해 내는 실용적인 활동을 테크네로 구분하였다. ㉡ 아리스토텔레스도 이에 동의하였지만, 플라톤과 달리 정치, 법률 등은 어떤 이론을 지니고 있지 않은 실제적인 활동이라는 측면에서 테크네에 속한다고 보았다. 이러한 고대 그리스의 철학자들은 삶의 정신적 가치보다는 물질적인 가치를 더 중시한다는 이유로 기술을 부정적으로 간주하였다.

그러나 기술에 대한 이러한 관점은 근대 초기의 마키아벨리, 베이컨, 데카르트 등에 의해 강한 비판을 받았다. 예컨대 16세기 영국 철학자인 ㉢ 베이컨은 인쇄술이나 화약 발명 등의 기술이 정치적인 정복이나 철학적인 논쟁보다 훨씬 이롭다고 주장하였다. 또한 독일의 철학자 피히테는 기술이 인간을 자연의 강압으로부터 해방시켜 줄 것이라는 믿음에서, 기술을 통한 자연의 정복을 선(善)으로 규정하였다.

하지만 기술의 발전에 따라 기술이 인류의 생존 자체를 위협할 수도 있다는 점에서 기술을 바라보는 새로운 철학적 관점이 등장하였다. 20세기에 이르러 독일의 철학자 하이데거를 필두로 기술의 진정한 본질은 무엇인지, 기술은 인간에게 어떤 존재적 의미와 가치를 지니는지 등에 대한 진지한 철학적 고민이 시작된 것이다. ㉣ 하이데거는 기술을 도구로 파악하였지만, 그 기술은 인간이 세계의 사물들과 교섭하는 창구로서 사물들의 존재 의미를 구성하는 능력을 지닌 비중립적 존재임을 강조한다. 하이데거에 따르면 거대한 우주를 관측할 때 우리는 전파 망원경 같은 도구를 통해 세계에 대한 정보를 얻게 되는데, 이때 도구가 세계와 어떻게 관계를 맺는가에 따라 우리가 갖는 세계에 대한 존재론적 의미가 달라진다는 것이다.

가령 맨눈으로 황금빛 보름달을 관찰하는 경우, 천체 망원경으로 달의 운동을 관측하는 경우, 그리고 특수 기능의 전파 망원경으로 달을 구성하는 물질들의 성분을 관측하는 경우, 이때 각각의 도구를 통해 드러나는 달의 존재 의미는 달라진다. 첫 번째 달은 시적인 존재로서의 의미를, 두 번째 달은 지구 주위를 도는 위성으로서의 존재 의미를 갖게 된다. 하지만 세 번째 달은 특정한 광물질의 보고(寶庫)로서의 존재 의미를 갖게 된다. 이렇게 기술은 세계의 존재론적 의미를 새롭게 구성하는 능력을 가지고 있다고 하이데거는 주장한다.

이처럼 하이데거는, 기술은 더 이상 인간과 세계에 중립적으로 작용하는 단순한 도구가 아니며, 인간과 세계의 관계를 왜곡시키거나 변형시킬 수 있는 힘을 가지고 있다고 보았다. 그는 기술이 더 이상 인간을 위한 도구가 아니라, 인간으로 하여금 세계를 특정한 방식으로 보도록 압박하는 존재일 수 있음을 경고하고 있다.

① ㉠과 ㉡은 법률을 테크네로 구분한 점에서 공통적이다.
② ㉠과 ㉢은 기술을 통한 자연 정복을 선으로 규정한 점에서 공통적이다.
③ ㉠과 ㉣은 기술을 부정적으로 파악한 점에서 공통적이다.
④ ㉡과 ㉢은 정신을 기술보다 우위에 둔 점에서 공통적이다.

문 4. 다음 글에서 대한 이해로 적절하지 않은 것은?

2020년 7월, 중국 고속철도에서 용접 작업 과정의 문제로 인해 레일 용접 부분에 결함이 발생하여 운행이 중단되었다. 이 사고 이후 중국철도총공사는 선로 상태 감시 시스템을 도입하여 레일 용접 상태를 실시간으로 모니터링하고 용접 불량 발생 가능성을 사전에 파악하여 예방 조치에 나섰다.

선로 상태 감시 시스템은 센서, 통신 시스템, 데이터 분석 시스템 등을 이용하여 선로 상태를 실시간으로 모니터링하고 분석하여 결함을 조기에 발견하고 예방 조치를 취할 수 있도록 하는 시스템이다.

이 체계에서는 레일의 움직임을 측정하여 레일 침하, 궤도 불균등, 횡압 등을 감지하는 레일 변위 센서, 지반의 침하를 측정하여 선로 안정성을 평가하는 침하 센서, 열차의 위치를 측정하여 열차 운행 상황을 파악하는 위치 센서가 사용된다. 통신 시스템은 센서 데이터를 수집하고 중앙 시스템으로 전송하며, 데이터 분석 시스템은 센서 데이터를 분석하여 선로 상태를 진단하고 결함을 감지한다. 선로 상태가 기준값을 초과할 때, 결함이 감지될 때, 예상 수명이 다가올 때, 유지보수 필요성이 높을 때에 시스템은 알람을 발생시키고 운영자에게 알린다. 운영자는 필요한 조치를 취하여 결함을 해결한다.

① 선로 상태 감시 시스템을 통해 선로의 불량한 용접 상태를 지적해 낼 수 있다.
② 위치 센서는 레일의 움직임을 통해 열차의 위치를 파악한다.
③ 선로 상태가 기준값을 넘지 않은 경우 알람은 울리지 않을 수 있다.
④ 지반 침하와 레일 침하는 별개의 센서를 통해 측정한다.

문 5. 다음 글을 이해한 내용으로 적절하지 않은 것은?

아세틸콜린에스터레이즈(AChE)는 신경전달물질인 아세틸콜린을 분해하는 효소이다. AChE는 콜린에스터레이즈의 일종이며, 신경 세포막, 적혈구, 혈장, 뇌척수액 등 다양한 조직에서 발견된다. AChE의 작용 기전에 대해 알아보자.

첫째, 아세틸콜린과 AChE의 결합이 일어난다. AChE는 아세틸콜린의 양성자화된 아민 기와 음전하를 띠는 부위 사이에 이온 결합을 형성하여 결합한다. 그 뒤 AChE의 활성 부위에 있는 세린 잔기의 하이드록실기가 아세틸콜린의 에스터 결합을 공격하여 가수분해한다. 이 과정에서 아세틸콜린은 콜린과 아세트산으로 분해된다. 분해된 콜린과 아세트산은 AChE로부터 방출되고, AChE는 다시 새로운 아세틸콜린과 결합하여 작용할 수 있게 된다.

AChE의 작용은 신경계에서 중요한 역할을 한다. AChE는 시냅스에서 방출된 아세틸콜린을 빠르게 분해하여 신경 전달을 종료시키고, 다음 신경 전달을 위해 준비한다. AChE의 활성이 저하되면 아세틸콜린이 축적되어 신경 전달이 과도하게 활성화되고, 이는 근육 경련, 발작, 치매 등의 증상을 유발할 수 있다.

① AChE는 아세틸콜린의 아민 기와 음전하 부위 사이에 이온 결합을 형성하여 결합한다.
② 세린 잔기의 하이드록실기는 에스터 결합을 해체한다.
③ AChE의 작용으로 아세틸콜린이 분해되면 그 AChE는 아세틸콜린과 다시 결합할 수 없다.
④ 시냅스에서 방출된 아세틸콜린은 신경 전달 역할을 수행하지만, AChE의 작용으로 신경 전달이 종료된다.

문 6. 갑~병의 주장을 읽고 추론할 수 있는 내용으로 옳은 것은?

갑: 한 나라의 시민이라면 그 나라의 어떤 법이 불공정하거나 악법이라 할지언정 마땅히 그것을 준수해야 한다. 그 나라의 시민으로 살아간다는 것은 법을 준수하겠다는 암묵적인 합의를 포함하고 있기 때문이다. 우리에게는 약속을 지켜야 할 의무가 있다. 자신에게 주어진 법이 마음에 들지 않았다면 그곳을 떠나 이웃 나라로 이주할 수 있는 자유가 처음부터 있었던 것이다. 이 나라에서 시민으로 일정 기간 이상 살았다면 공정 여부와 무관하게 법은 마땅히 지켜야만 하며, 그것이 우리 시민의 의무이다.

을: 법을 지키겠다는 암묵적 합의는 그 법이 공정한 것일 때에만 유효할 수 있다. 공정하지 않은 법을 지키는 것은 오히려 타인의 인권을 침해할 소지가 있고, 따라서 그런 법의 준수를 암묵적 합의의 일부로 간주해서는 안 될 것이다. 그러므로 법을 준수하는 의무는 공정한 법에 한에서만 선별적으로 부과되는 것이 타당하다.

병: 법은 어떤 개별 법 조항도 다른 법과 무관하게 독자적으로 존재할 수 없는 정합적인 체계로 구성되어 있다. 모든 법은 상호 의존적이어서 어느 한 법의 준수를 거부하면 반드시 다른 법의 준수 여부에도 영향을 미칠 수밖에 없다. 예를 들어, 조세법이 빈자에게는 불리하고 부자에게만 유리한 불공정한 법이라고 해서 그것 하나만 따로 떼어내어 선별적으로 거부한다는 것은 불가능하다. 이는 결국 아무 문제가 없는 다른 공정한 법의 준수 여부에까지 영향을 미치게 될 것이다. 따라서 법체계 전체의 유지에 큰 혼란을 야기할 우려가 있는 법의 선별적 준수는 받아들여질 수 없다.

① 경우에 따라 약속을 지키지 않아도 된다면 갑의 주장은 강화된다.
② 법의 공정성을 판단하는 명확한 기준이 존재하지 않는다면 을의 주장은 약화된다.
③ 이민자를 차별하는 법이 존재한다면 병의 주장은 약화된다.
④ 다른 법 조항에 아무런 영향을 미치지 않고 독립적으로 존재하는 어떤 법 조항이 있다면 병의 주장은 강화된다.

문 7. 다음 글의 진술 방식에 대한 설명으로 적절하지 않은 것은?

> 시장 메커니즘은 효율성을 높이는 데 효과적이지만, 도덕적 관점에서 문제가 될 수 있다. 특히, 인간의 존엄성과 관련된 문제나 공동체적 가치를 추구하는 영역에서는 시장 논리가 적절하지 않다는 주장이 있다. 예를 들어, 대기 오염 배출권 거래는 시장 메커니즘을 활용하여 대기 오염을 줄이는 정책이다. 기업들에게 배출 허용량을 할당하고, 기업들은 시장에서 배출권을 사고팔 수 있다. 이 정책은 기업들이 오염 감소 비용을 최소화하도록 유도하여 효율성을 높일 수 있다.
>
> 그러나, 대기 오염 배출권 거래는 다음과 같은 도덕적 문제점을 가지고 있다. 환경 정의의 문제가 그 첫째이다. 오염 배출권을 더 많이 가진 기업은 더 많이 오염할 수 있는 권리를 얻게 되는데, 이는 환경 오염의 피해가 불평등하게 분배될 수 있다는 문제를 야기한다.
>
> 더군다나 기업들은 배출권 거래를 통해 오염 감소 비용을 줄이려 들 수 있는데, 이는 환경 오염 감소 목표 달성을 방해하고, 인간의 건강과 안전을 위협할 수 있다.

① 도덕적 측면에 초점을 두어 효율성의 이면을 설명하고 있다.
② 배출권 거래를 통해 기업들이 겨냥하는 효과를 소개하고 있다.
③ 구체적인 예를 활용하여 시장 메커니즘의 도덕적 문제를 보였다.
④ 시장 메커니즘의 이점을 거론하지 않음으로써 그것의 문제점에 화제를 집중시켰다.

문 8. (가)의 한글 맞춤법 규정을 바탕으로 (나)의 밑줄 친 부분을 평가한 것 중 적절하지 않은 것은?

> (가) 한글 맞춤법 규정
> 제2항 문장의 각 단어는 띄어 씀을 원칙으로 한다.
> 제41항 조사는 그 앞말에 붙여 쓴다.
> 제42항 의존 명사는 띄어 쓴다.
> 제43항 단위를 나타내는 명사는 띄어 쓴다.
> 제47항 보조 용언은 띄어 씀을 원칙으로 하되, 경우에 따라 붙여 씀도 허용한다.
>
> (나) ㉠ 민구는 키가 <u>큰형</u>이 있다.
> ㉡ 지혜는 연필 <u>한자루</u>를 샀을<u>뿐</u>이다.
> ㉢ 약을 대신 <u>먹어 줄</u> 사람은 너<u>뿐</u>이다.

① ㉠의 '큰'과 '형'은 제2항에 따라 띄어 써야겠군.
② ㉡의 '자루'는 제43항에 따라 '한'과 띄어 써야겠군.
③ ㉡의 '뿐'은 제42항에 따라 ㉢의 '뿐'과 달리 붙여 써야겠군.
④ ㉢의 '먹어'와 '줄'은 띄어 쓰는 것이 원칙이지만 제47항에 따라 붙여 쓰는 것도 허용되겠군.

문 9. (가)~(라)를 맥락에 맞추어 가장 적절하게 나열한 것은?

> (가) 문학작품에서 자연의 질서 체계로 들어가 흥겨움을 느끼며 자연과 하나 되는 모습을 그리는 이유는 인간의 내적 욕망과 외부 세계 간의 조화를 통해 심리적 안정과 깊은 통찰력을 찾기 위함이다. 이러한 표현은 작품 구성에서의 안정감을 부여하며 더 나아가 깊은 사색과 깨달음을 표현하는 데 중요한 역할을 한다.
>
> (나) 이러한 체험은 인간의 존재에 대한 깊은 통찰력을 제공하는 시작점이다. 자연의 풍경과 고요한 순간들은 주로 인간의 내면세계와 연결되며, 이를 통해 문학 작품은 존재의 의미와 가치, 인간 감정의 본질 등에 대한 깊은 사색을 제시한다. 자연 속에서 발견되는 숨은 아름다움과 신비로움은 독자를 감동시키고 깨닫게 하여, 문학은 자연을 통해 인간의 정서적이고 영적인 측면을 탐구하는 도구로 사용된다.
>
> (다) 형식적인 측면에서 자연의 질서 체계는 작품에 안정을 제공한다. 인간은 일상에서 자주 겪는 혼란과 불안에 대한 해소를 찾기 위해 자연을 통해 안정된 질서를 탐색하곤 한다. 문학은 이러한 욕망을 충족시키기 위해 자연의 조화로운 풍경, 계절의 변화, 동물과 식물의 조화 등을 통해 자연의 질서를 아름답게 표현한다. 이는 독자에게 안정적이고 평온한 감정을 전달하여, 자연과의 조화를 통해 심리적인 휴식을 제공한다.
>
> (라) 또한, 자연의 표현은 인간이 환경과 조화를 이루며 존경하는 태도를 강조한다. 자연과 하나 되는 경험은 환경 보존과 지속 가능한 삶에 대한 중요성을 강조하며, 문학은 독자에게 환경과의 조화로운 관계의 필요성을 일깨운다. 이를 통해 문학은 독자들에게 자연과의 상호 의존성을 강조하고 지속 가능한 삶의 중요성을 알리는 역할을 수행한다.

① (가) - (나) - (다) - (라)
② (가) - (다) - (나) - (라)
③ (다) - (나) - (다) - (가)
④ (다) - (가) - (나) - (라)

문 10. 다음 글을 읽고 추론한 내용으로 적절하지 않은 것은?

> 산업혁명은 18세기 후반 영국에서 시작되어 전 세계로 확산된 대규모 사회적, 경제적 변화를 일컫는다. 증기 기관의 발명과 기계의 도입은 생산 방식을 혁신적으로 바꾸어 놓았으며, 농업 중심의 사회에서 공업 중심의 사회로 전환하는 계기가 되었다. 그 결과 대량 생산이 가능해졌고, 상품의 가격은 하락했으며, 생활 수준도 향상되었다. 그러나 산업혁명이 가져온 변화가 모두 긍정적이었던 것은 아니다.
> 산업화가 진행됨에 따라 대도시로의 이주가 가속화되었고, 이는 도시의 과밀화를 초래했다. 빠른 속도로 팽창한 도시에서는 위생 문제, 주택 부족, 열악한 노동 환경과 같은 문제들이 발생했다. 특히 노동자 계층은 긴 노동 시간과 낮은 임금, 그리고 위험한 작업 환경 속에서 살아가야 했다. 이러한 문제는 노동 운동과 같은 사회적 갈등을 야기하였고, 결국 노동자 권리 향상을 위한 법적 제도들이 도입되기 시작했다.
> 산업혁명은 또한 사회 구조에도 변화를 일으켰다. 농업 사회에서는 대지주가 중요한 역할을 했지만, 산업화 이후 자본가와 노동자의 계급 분화가 뚜렷해졌다. 자본을 소유한 산업 자본가 계층은 사회적 영향력을 확대해 나갔고, 노동 계층은 자신들의 권리를 찾기 위해 투쟁하기 시작했다. 이러한 변화는 사회적 불평등 문제를 심화시키기도 했으나, 동시에 민주주의와 시민권 확대를 위한 기반을 마련하는 역할도 했다.

① 산업혁명은 농업 중심 사회에서 공업 중심 사회로의 전환을 촉진하였다.
② 산업화로 인해 도시로의 인구 이동이 증가하면서 여러 사회 문제가 발생하였다.
③ 산업혁명 이후 노동 계층의 생활 수준은 즉각적으로 향상되었다.
④ 산업화는 자본가 계층과 노동자 계층 간의 사회적 분화를 심화시켰다.

문 11. '페더럴리스트 페이퍼'를 이해한 내용으로 적절하지 않은 것은?

> 독립 전쟁 이후 미국의 연방 정부는 매우 약한 반면, 각 주의 권력이 강했다. '페더럴리스트 페이퍼'에서는 이러한 약한 연방 정부 체제는 국가를 위협할 수 있다고 주장했다. 페더럴리스트 페이퍼는 국가 위협을 크게 외부 위협과 내부 위협으로 나누어 설명한다.
> 외부 위협은 다른 국가의 공격이나 침략을 의미한다. 연방 공화국은 여러 주로 구성되어 있으며, 각 주의 이익 대립이 외부 공격에 대한 대응 능력을 저하시킬 수 있다. 내부 위협은 다음과 같은 다양한 형태로 나타날 수 있다. 먼저 파벌이다. 공동의 이익보다 특정 집단의 이익을 추구하는 집단이 야기하는 갈등은 연방 공화국의 안정을 위협할 수 있다. 강력한 지도자의 등장 역시 문제가 된다. 카리스마 넘치는 지도자가 권력을 남용하여 독재 체제를 구축할 위험 역시 존재한다.
> 페더럴리스트 페이퍼는 이러한 위협에 대응하기 위한 해결책들을 내놓았다. 먼저, 강력한 연방 정부의 필요성을 제시하였다. 외부 공격에 대응하고, 내부 분쟁을 해결하기 위해 강력한 연방 정부가 필요하다고 본 것이다. 대표 민주주의 역시 주장하였는데, 이는 국민이 직접 선거를 통해 대표자를 선출하고, 대표자가 국민을 대신하여 정치 참여를 하는 방식이다.

① 페더럴리스트 페이퍼에서는 주 정부의 권력이 강하고 연방 정부의 권력이 약한 것을 국가를 위협하는 요소로 보았다.
② 여러 주로 구성된 연방 공화국은 각 주의 이익 상충으로 인해 외부의 침략에 대응하기 어렵다.
③ 독재 체제의 구축은 내부 위협이며, 강력한 연방 정부를 통해 이를 방지할 수 있다.
④ 직접 선거를 통한 대표 민주주의에서는 국민이 직접 정치에 참여함으로써 위협에 대응할 수 있다.

문 12. (가)와 (나)를 전제로 할 때 빈칸에 들어갈 결론으로 가장 적절한 것은?

> (가) 운동을 좋아하는 사람은 모두 건강한 식단을 유지하는 사람이다.
> (나) 건강한 식단을 유지하지 않는 사람 중 일부는 채식주의자가 아니다.
> 따라서 (   )

① 채식주의자는 모두 운동을 좋아하는 사람이다.
② 운동을 좋아하지 않는 사람 중 일부는 채식주의자가 아니다.
③ 건강한 식단을 유지하는 사람은 모두 운동을 좋아하는 사람이다.
④ 운동을 좋아하는 어떤 사람은 채식주의자이다.

문 13. 다음 글을 이해한 내용으로 가장 적절하지 않은 것은?

> 유치환 시의 중요한 특징 중 하나는 자연과의 교감이다. 그는 자연을 생명의 근원이며 인간과 하나 된 존재로 바라보았다. 그의 시에는 자연에 대한 깊은 관찰과 애정이 담겨 있으며, 자연물을 통해 화자의 신념을 표현하고자 한다. 가령, <바위>에서는 '내 죽으면 한 개 바위가 되리라'를 통해 '바위'의 굳건한 이미지와 자신의 신념을 연결하여 표현하고 있다.
>
> 유치환은 또한 자연과의 교감을 통해 생명의 의미를 탐구했다. 그는 자연 속에서 인간의 삶의 근원을 발견하고, 이를 통해 얻은 삶의 지혜와 감동이 담겨 있다. 예를 들어, <생명의 서>는 삶의 본질에 대한 의문을 해결해 줄 것으로 알았던 '지식'에 대한 실망, 버거운 삶의 '애증' 등으로 현실 속에서 자신의 생명이 부대낀다고 생각하고, 생명이 부대끼지 않는 '아라비아의 사막'으로 떠나려고 한다. 그는 '아라비아의 사막'에서 본질적인 '나'와 대면하고 원시의 본연한 자태를 찾으려고 한다.
>
> 한편 유치환은 자연과 인간의 조화로운 공존을 중시하기도 하였다. 그는 자연을 단순한 배경이나 장식으로 보는 것이라 인간의 살아가야 하는 삶의 방향을 제시하는 상징적 의미로 표현했으며 인간이 자연과 공존하는 삶의 방식을 모색했다. 그의 시에는 자연과 인간의 조화로운 관계를 위한 메시지가 담겨 있다. "산유화"에는 설악산의 아름다운 자연이 묘사되었으며, 자연의 위대함과 신비로움 역시 드러나 있다. "울릉도"는 울릉도의 거친 자연을 통해 인간의 삶의 강인함을 노래한 작품이다. "청령일기"는 강원도의 청령포에서 보낸 여름을 기록하며, 자연과의 교감을 통해 얻은 삶의 기쁨을 표현한 작품이다.

① 유치환의 <바위>에서 '바위'는 화자가 살아가고자 하는 삶의 모습을 상징하고 있다.
② 유치환의 <생명의 서>에서 '아라비아의 사막'은 생명의 본질을 찾기 위해 대면하는 극한 공간을 말한다.
③ 유치환의 <산유화>는 인간은 자연 없이 살 수 없음을 강조한다.
④ 유치환의 <청령일기>는 청령포를 다른 시와는 달리 화자가 살아가는 공간적 배경으로 설정하고 있다.

문 14. 다음 글을 읽고 이해한 것으로 가장 옳은 것은?

> 엔테로바이러스 D68(Enterovirus D68, 이하 EV-D68)은 호흡기 감염을 일으키는 바이러스 중 하나로서 최근 어린이를 대상으로 급격히 확산하고 있다. EV-D68은 일반적으로 경증의 호흡기 감염을 유발하지만 심각하게는 천식 악화나 마비성 증상과 같은 중증 합병증을 일으킬 수 있다. 1962년 미국에서 처음 발견되었던 이 바이러스는 이미 미국 내에서 2014년과 2018년에 대규모 유행을 일으켰던 바 있어 미국의 보건 당국이 예의 주시하고 있다. EV-D68의 주요 전파 경로는 호흡기 비말을 통한 감염이다. 예를 들면, 감염자가 기침이나 재채기를 하면서 비말을 퍼뜨리는 경우와 비감염자가 바이러스가 묻은 곳을 만진 후 자신의 눈, 코, 입을 만지는 경우를 들 수 있다. 따라서, 전형적인 전염병 예방 수칙인 손 씻기와 위생 관리가 중요하다. 특히 천식을 앓고 있는 환자나 면역력이 약한 사람들은 EV-D68에 더 취약할 수 있어 더 주의해야 한다. 일부 연구에 따르면, 천식을 앓는 어린이들은 EV-D68 감염 시 호흡기와 관련된 문제가 더 심각하게 나타나는 경향이 있다.
>
> EV-D68의 임상 증상은 다양하다. 대부분의 환자는 경미한 증상인 발열, 콧물, 기침, 근육통을 경험하지만, 중증 환자에서는 폐렴과 같은 하기도 감염이 발생할 수 있다. 일부 환자들은 급성 이완성 마비(acute flaccid paralysis, AFP)라는 신경학적 합병증을 겪는데, 증상이 소아마비와 유사하며 회복되지 않는 마비가 남을수도 있다. 2014년과 2016년에 보고된 여러 사례에서 EV-D68과 AFP 사이의 연관성이 확인되었다. EV-D68에 감염되었는지 여부를 판단하는 데에는 주로 PCR(Polymerase Chain Reaction) 검사를 통해 바이러스 RNA를 탐지하는 방법을 사용한다. 현재까지 EV-D68에 대한 특정 항바이러스제나 백신이 없기 때문에 치료는 증상을 완화하는 데 초점을 맞추며 중증 환자는 산소 치료를 추가하는 방식으로 이뤄진다. EV-D68은 유행이 발생하는 패턴도 예측하기 어려워 보건 당국에게 만만치 않은 과제다. 바이러스가 특정 계절에 더 빈번하게 발생하는 경향이 있는지, 전염력이나 중증도는 바이러스의 변이에 따라 달라지는지에 대해서도 아직 연구 중이다.

① EV-D68의 숫자 부분은 이 바이러스가 최초로 발견된 연도에서 따왔다.
② EV-D68에 특화된 치료제가 없기 때문에 증상을 완화하는 방향으로 치료가 이뤄진다.
③ EV-D68의 주된 전파 경로는 감염된 이의 피와 직접적으로 접촉하는 것이다.
④ EV-D68에 감염되면 소아마비로 인해 회복되지 않는 마비를 겪을 수 있다.

문 15. 다음 글에서 추론할 수 없는 것은?

산업화에 따라 나방의 색이 바뀌는 현상은 자연선택의 한 예로 설명될 수 있다. 자연선택은 다윈의 진화론 핵심 개념으로, 환경에 잘 적응한 개체가 더 많은 자손을 남기게 되어 시간이 지남에 따라 그 특성이 전체 집단에 퍼지는 현상을 말한다.

자작나무 가지나방의 사례를 통해 이를 자세히 설명하겠다. 산업혁명 이전 영국에서는 밝은색을 띠는 자작나무 가지나방이 많았다. 이 나방은 자작나무의 밝은 나무껍질에 잘 위장되어 포식자로부터 보호받을 수 있었다. 하지만 산업혁명 이후 공장 매연과 대기오염으로 인해 자작나무의 나무껍질이 검게 변하게 되었다. 환경이 변함에 따라 나방의 생존 환경도 변하였다. 밝은색을 띠는 나방은 검게 변한 나무껍질 위에서 쉽게 눈에 띄었고, 이는 포식자에게 쉽게 잡히는 결과로 이어졌다. 반면에 돌연변이로 인해 검은색을 띠는 나방은 어두운 나무껍질에 잘 위장될 수 있었고, 포식자로부터 더 잘 숨을 수 있었다.

이로 인해 검은색 나방이 더 많은 자손을 남기게 되었고, 시간이 지남에 따라 검은색 나방의 비율이 증가하게 되었다. 이 현상은 '공업암화'라 불리며, 산업화로 인한 환경 변화가 생물의 진화에 미치는 영향을 잘 보여준다. 현대에 들어 대기오염이 줄어들면서 자작나무의 나무껍질도 다시 밝아지고 있다. 이에 따라 다시 밝은색 나방의 비율이 증가하고 있는 것도 관찰되고 있다. 이는 환경 변화에 따른 자연선택이 생물 집단의 특성을 어떻게 변화시키는지를 보여주는 좋은 예이다.

① 환경에 잘 적응한 개체의 특성이 시간이 지나며 전체 집단에 퍼진다.
② 나무껍질과 자작나무 가지나방의 색깔이 흡사하다면, 그렇지 않을 때보다 더 많은 자손을 남길 수 있다.
③ 인간의 활동에 의한 환경 변화는 자연환경 변화와 달리 자연선택을 유발할 수 없다.
④ 산업혁명에 의한 공장 매연은 나방보다 자작나무 껍질을 먼저 검게 만들었다.

문 16. 다음 글을 읽고 추론한 것으로 적절하지 않은 것은?

핼러윈은 매년 10월 31일에 유령, 괴물, 마법사 등의 복장을 하고 사탕을 받거나 파티를 즐기는 날이다. 본래 켈트족의 전통에서 기원한 이 축제는 죽은 이들의 영혼이 현세로 돌아온다고 믿는 신념에서 비롯되었다. 죽음과 영혼을 주제로 하고 망자가 현세를 방문할 수 있다고 믿는 것은 동양도 마찬가지다. 다만, 상업성이 짙은 핼러윈과 달리 가족 위주로 행사를 치르거나 조상을 기리는 성격이 크다. 대표적인 예로 한·중·일의 백중, 중원절, 오본을 들 수 있다. 백중(百中)은 음력 7월 15일에 해당하며 불교에서는 '우란분절'(盂蘭盆節)이라고도 부른다. 각 가정에서는 그해 거둔 곡식과 과일을 조상을 모신 사당에 올려 차례를 지내고 사찰에서는 돌아가신 부모와 조상을 위로하는 기도를 올린다. 농촌에서는 공동으로 음식을 나누는 잔치를 연다.

중국의 중원절(中元節)은 도교의 3대 명절 중 하나로서 음력 7월 15일에 치른다. 이날은 죽은 조상을 포함해 모든 혼령이 현세로 내려오는 시기인 동시에 지옥에서 고통받는 혼들을 구제하는 때이다. 사람들은 제사 음식을 마련해 조상을 기리고 지옥에서 고통받는 영혼을 위해 종이로 만든 돈을 태운다. 일본의 오본(お盆)은 일반적으로 양력 8월 15일에 치르는 행사로서 조상들의 영혼이 이 시기에 현세로 돌아온다고 믿는다. 사람들은 조상의 묘를 돌보고 제사를 지내며 영혼을 기리는 춤을 춘다. 이 춤을 본오도리라고 하는데 망자의 극락왕생을 기원하는 데에서 비롯했다. 보통 오본 이틀 전인 13일에 연기를 피워 조상의 영혼을 모시고 15일 저녁에 다시 연기를 피워 조상의 영혼을 떠나보낸다. 13일에는 오이로 말 모양의 장식을, 15일에는 가지로 소 모양의 장식을 만든다. 이는 올 때는 빨리 오시고 갈 때는 천천히 가시라는 의미를 담은 것이다. 이 시기에는 채식만 하고 제사상에도 고기는 올리지 않는다.

① 중원절, 백중, 오본은 핼러윈에 비해 조상이나 영혼을 경건하게 기리는 의미가 상대적으로 강하다.
② 오본의 날짜는 백중이나 중원절과 달리 양력으로 정한다.
③ 중원절과 백중은 시기는 물론 관련된 종교도 동일하다.
④ 오본 시기에는 육식을 하지 않는다.

문 17. 다음 글에 대한 분석으로 적절한 것을 <보기>에서 모두 고른 것은?

갑: 암의 원인은 콜타르(coal tar)*이다. 산업 혁명기 런던의 굴뚝 청소부들은 다른 직업군에 비해 높은 암 발병률을 보인다. 이는 굴뚝 청소 과정에서 발생하는 콜타르가 암 발생의 주요 원인으로 작용하기 때문이다.
을: 암 환자의 조직에서 기생충이 발견된 것으로 보아, 암은 기생충에 의해 유발된다. 기생충이 세포 분열을 촉진하고 유전 물질에 손상을 입혀 염증을 유도한다. 만성 염증은 DNA 손상을 축적시키고, 세포 분열을 촉진하는 물질들을 생성하여 암 발생 위험을 높인다.
병: 만성 염증이야말로 암 발생의 중요한 원인이다. 만성 염증이 세포 손상을 유발하고, 이로 인해 암이 발생한다. 염증은 침입자를 제거하고 손상된 조직을 치유하는 데 중요한 역할을 하지만, 세포 분열을 촉진하는 물질을 생성하고, DNA 손상을 유발하는 활성산소를 증가시키는 것으로 알려져 있다.

* 콜타르: 석탄이나 코크스를 가열하여 증류할 때 나오는 검은색의 끈적끈적한 액체

〈보기〉

ㄱ. 원시 시대의 생활 양식을 간직한 채로 핵폭탄 실험장 옆의 황무지에 살던 원주민들이 암에 걸려 사망했다면, 갑의 주장은 약화된다.
ㄴ. H. pylori 균에 감염되어 만성 위염이 발생하고, 위 점막의 상처가 지속되어 위암에 걸린 환자의 사례는 을의 주장을 강화한다.
ㄷ. 항생제 남용으로 인한 장내 미생물 변화가 만성 궤양성 대장염을 일으켜 결국 대장암으로 사망한 환자의 사례는 병의 주장을 약화하는 것은 아니다.

① ㄱ, ㄷ
② ㄱ, ㄴ
③ ㄴ, ㄷ
④ ㄱ, ㄴ, ㄷ

문 18. 다음을 읽고 추론한 것으로 가장 옳은 것은?

예술은 시대의 아픔이나 문제를 다뤄야 한다는 주장과 순수한 아름다움만을 추구해야 한다는 주장의 대립은 끊임없이 재해석되며 다양한 담론을 이끌어왔다. 전자의 기원은 고대 그리스의 미메시스(mimesis) 개념까지 거슬러 올라간다. 아리스토텔레스는 예술은 현실을 단순히 모방하는 것이 아니라 인간의 경험을 정화(카타르시스)하고 사회적 통찰을 제공한다고 주장했다. 이는 예술이 사회적 변화를 이끌어낼 수 있다는 관점으로 이어졌다. 이러한 맥락은 19세기와 20세기 초반의 사회적 리얼리즘과 다다이즘에서도 찾을 수 있다. 사회적 리얼리즘은 특히 러시아 혁명 이후 소비에트 예술에서 두드러졌다. 소비에트 예술은 정치적 메시지를 직접적으로 전달하면서 대중에게 변혁의 가능성과 당위성을 드러내는 수단으로 기능했다. 한편 1920년대 초반 다다이스트들은 제1차 세계대전의 참혹함과 그로 인한 인간성의 파괴를 비판하였다. 이들은 전통적 예술 형식을 파괴함으로써 기존의 관습과 제도에 도전하고 사회적 부조리를 고발한다는 메시지를 효과적으로 전달했다. 이러한 예술적 실천은 예술이 사회적·정치적 변화를 촉구하거나 대중에게 중요한 메시지를 전달하는 강력한 도구가 될 수 있음을 보여준다.

반면, 예술의 자율성과 미적 경험 자체를 강조하는 입장도 있다. 예술은 사회적·정치적 기능으로부터 독립하여 오로지 미적 감각의 충족과 형식적 완전성에 집중해야 한다고 본다. 이러한 생각은 19세기 낭만주의와 근대 모더니즘에서 강하게 나타났다. 오스카 와일드(Oscar Wilde)의 "예술을 위한 예술(Art for Art's Sake)"이라는 구호가 이를 상징적으로 보여준다. 이러한 시각은 잭슨 폴록(Jackson Pollock)이나 바넷 뉴먼(Barnett Newman)과 같은 예술가들의 작업에서도 확인할 수 있다. 이들은 작품의 내용보다 형식과 매체의 실험적 가능성에 중점을 두었고, 관객에게 순수한 미적 경험을 제공하려 했다.

이 두 입장은 상반되어 보이지만 현대 예술에서는 그 경계가 명확하지 않다. 정치적 메시지를 담고 있으면서도 높은 형식적 완성도를 추구하는 작품들이 있으며, 순수한 미적 경험을 제공하면서도 사회적 함의를 내포한 작품들도 있다. 예를 들어, 게르하르트 리히터(Gerhard Richter)의 작품은 정치적 사건을 다루면서도 추상적이고 형식적으로 정교한 미학을 보여준다. 이는 현대 예술이 이분법적 틀에 갇히지 않고 보다 복합적인 방식으로 발전하고 있음을 시사한다.

① 사회적 리얼리즘은 사회적 메시지의 전달보다 예술적 자율성을 우선시한다.
② 잭슨 폴록의 작품을 감상한다면 작품에서 어떠한 메시지를 찾기보다는 작품 자체의 아름다움을 느끼는 것이 바람직하다.
③ 오스카 와일드는 "예술은 아리스토텔레스의 주장과 같은 역할에 충실해야 한다."는 말에 동의할 것이다.
④ 현대 예술은 낭만주의와 근대 모더니즘보다는 다다이즘의 입장에 더 가깝다.

문 19. 다음 글을 이해한 내용으로 적절하지 않은 것은?

바이마르 공화국(1919-1933) 시대 독일에서 일어난 보수혁명은 기존 사회 질서와 가치관에 대한 반발과 새로운 국가 체제에 대한 갈망에서 비롯된 운동이다.

보수혁명에서는 자본주의 시장 경제에 대한 비판과 사회 정의 추구가 나타났다. 과도한 자본주의는 개인의 자유와 사회 공동체를 해칠 수 있다는 주장이 있었으며, 국가의 개입을 통한 시장 규제와 사회 정의 구현을 강조했다. 강력한 국가 권력의 필요성 또한 중시되었다. 그들이 중시한 민족 공동체의 통합과 사회 질서 유지를 위해서는 국가 권력의 강화가 필요했기 때문이다. 국가는 개인의 이익보다 공동체의 이익을 우선시해야 한다는 주장 역시 제기되었으며, 의회 민주주의에 대한 무책임하고 비효율적이라는 회의와 새로운 정치 체제 모색에 대한 갈망이 드러났다. 새 정치 체제는 바로 카리스마적인 지도자 중심의 새로운 정치 체제였으며, 이는 나치즘의 등장으로 이어졌다.

뤽데만 버크는 '보수주의의 아버지'일 뿐만 아니라 '고전적 자유주의(classical liberalism)'의 아버지 중 한 명이기도 하다. 그는 이론보다는 전통, 관습, 관례의 중요성을 강조했으며 사회를 유지하기 위해서는 귀족도 필요하고 교회도 필요하다고 봤다. 버크는 비관론에 가까웠다. 어느 정도의 고통과 불평등은 없앨 수 없다고 판단했다.

독일 국민당(DNVP)는 보수주의 및 공화제가 아닌 군주제를 찬성했다. 공화국은 주권이 국민에게 있는 체제로, 보통 군주가 없는 국가 체제를 가리키는데, 이 말은 '공공의 것'을 뜻하는 라틴어 'Res publica'를 어원으로 하는 것으로 키케로는 이 표현을 '국민의 것'을 일컫는 '레스 포퓰리'(res populi)로 풀이하고 있으며 오늘날에는 이를 국민주권주의를 의미한다. 독일 국민당(DNVP)은 국민주권주의를 부정했으며, 강력한 국가 권력과 전통 가치 회복 추구를 목표로 삼았다.

① 보수혁명주의자들은 기존 자본주의 시장 경제 체제를 비판하며, 국가의 적극적 개입을 요구하였다.
② 보수혁명주의자들에게 국가는 민족 공동체의 통합을 추구해야 하며, 개인보다는 공동체의 이익을 중시해야 하는 존재였다.
③ 보수혁명주의자들의 효율성에 입각한 의회 민주주의 비판은 나치즘의 등장으로 이어졌다.
④ 뤽데만과 DNVP 모두 국민주권주의를 지지하지 않으며 공화제하에서의 정치체계 개선을 추구했다.

문 20. 태룡이가 여행할 나라를 모두 고른 것은?

태룡이는 이란, 이스라엘, 파키스탄, 이라크 중에서 다음 전제에 따라 여행을 갈 예정이다.
- 태룡이는 이란을 간다.
- 태룡이는 이스라엘을 가지 않으면 이란과 이라크도 가지 않는다.
- 태룡이는 파키스탄을 가면 이란을 가지 않는다.
- 태룡이는 이라크를 가면 파키스탄을 간다.

① 이란, 이스라엘
② 이란, 이라크, 이스라엘
③ 이란, 파키스탄, 이스라엘
④ 이란, 이라크

약점 보완 해설집 p.55

제16회 모의고사

문 1. <보기>에 제시된 선생님의 설명에 따라 ㄱ~ㄹ을 고치는 방안으로 적절하지 않은 것은?

〈보기〉

선생님: 아래 제시된 문장들은 모두 둘 이상의 의미로 해석됩니다. [ ] 안의 뜻이 명확히 드러나도록 문장을 고쳐 볼까요?

ㄱ. 민수는 영이와 철수를 만났다. [민수가 두 사람을 만남.]
ㄴ. 나는 그에게서 김 교수의 책을 건네받았다. [저자가 김 교수인 책]
ㄷ. 신철수와 김지영이 결혼하였다. [둘이 부부가 되었음.]
ㄹ. 남편은 나보다 축구를 더 좋아한다. [나를 좋아하는 것보다 축구하는 것을 더 좋아함.]

① ㄱ의 '민수는' 뒤에 쉼표(,)를 첨가한다.
② ㄴ의 '김 교수의'를 '김 교수가 지은'으로 바꾼다.
③ ㄷ의 '신철수와 김지영이'를 '신철수가 김지영과'로 바꾼다.
④ ㄹ의 '축구를' 뒤에 '하는 것을'을 첨가한다.

문 2. 다음 글을 이해한 내용으로 적절하지 않은 것은?

키르히호프와 분젠은 분광 실험을 통해 모든 뜨거운 물체는 연속 스펙트럼을 방출하며, 기체는 특정 파장의 빛을 흡수하여 흡수 스펙트럼을 형성하는 것을 밝혀냈다. 그 과정을 알아보자. 먼저, 염소가스를 담은 분자 펌프를 분젠 버너에 연결하고, 석탄가스를 사용하는 분젠 버너를 통해 염소가스를 태워 고온의 불꽃을 만든다. 이 불꽃에서 나오는 빛을 분광기로 통과시키고, 분광기 스크린에 표현된 염소의 흡수 스펙트럼을 관찰한다.

연속 스펙트럼은 빛이 물질과 상호작용하지 않고 무지개처럼 빛의 모든 파장이 균일하게 나타나는 스펙트럼이다. 태양 빛, 백열전구 빛 등이 대표적인 예시이며, 끊임없이 이어지는 곡선의 그래프를 나타낸다.

반면 흡수 스펙트럼은 연속 스펙트럼에서 특정 파장의 빛이 흡수되어 나타나는 스펙트럼이며, 흡수된 파장은 물질의 특성에 따라 다르다. 특정 파장에서 강도가 떨어지는 곡선의 그래프가 나타나며, 주로 저온의 기체에서 나타나는 경향을 보인다.

① 키르히호프와 분젠의 실험에서는 염소가스를 이용하여 석탄가스를 태워 고온의 불꽃을 형성하였다.
② 기체는 특정 파장의 빛을 흡수하여 스펙트럼을 나타낸다.
③ 연속 스펙트럼은 빛이 물질과 상호작용하지 않는 것으로 무한하게 연속되는 곡선의 그래프를 보인다.
④ 흡수 스펙트럼에서는 특정 파장에서 강도가 하락하는 곡선의 그래프가 관측된다.

문 3. ㉠과 ㉡에 대한 설명으로 적절하지 않은 것은?

고려 말 중앙 집권 체제의 약화와 왕권의 쇠퇴 속에서 조선 왕조를 세운 신흥 사대부들은 지주층이었기 때문에 노비 노동력이 필요했다. 그러나 이들은 강력한 중앙 집권 체제의 확립을 위해 국역(國役)* 대상인 양인 계층의 폭을 넓히려 하였다. 따라서 노비가 꼭 있어야 하더라도 되도록 양인을 더 많이 확보하려는 것이 새 왕조가 추구한 국역 정책의 기본 방향이었다.

이처럼 국역 대상의 확보를 새 왕조 통치 체제의 발판으로 추구하면서, 법제적으로 모든 사회 구성원을 일단 ㉠ <u>양인</u>과 ㉡ <u>천인</u>으로 나누었다. 이들 사이에는 의무와 권리에서 차등이 있었는데 먼저 의무 면에서 양인 남자는 국역인 군역(軍役)과 요역(搖役)*의 의무가 있었다. 이에 비해 천인은 군역에서 철저히 배제되었다.

권리 면에서 양인과 천인은 신체와 생명의 보호와 같은 인간의 기본권을 공권력으로 보장받을 수 있는지에서 뚜렷이 차이가 났다. 천인인 노비는 재산으로 보아 매매·상속·양도·증여의 대상이 되었으며, 사는 곳을 옮길 자유가 없었다. 노비와 양인이 싸우면 노비가 한 등급 더 무거운 벌을 받는 것은 양천 사이의 법적 지위의 차이를 잘 보여준다. 그보다 권리 면에서 양천의 가장 분명한 차이는 관직 진출권이 있느냐는 것이었다. 양인 중에도 관직 진출권이 제한된 사람이 적지 않았으나 양인은 일단 관직 진출권이 있었다. 더러 노비가 국가에 큰 공로를 세워 정규 관직인 유품직(流品職)을 받기도 하였으나 이때는 반드시 양인이 되는 종량(從良) 절차를 먼저 밟아야 했다.

그러나 이러한 양천 구분은 국가의 법적 구분이었지, 실제 사회 구성은 좀 더 복잡했다. 양·천이라는 법적 구분 아래 사회 구성원은 상급 신분층인 양반 계층, 의관 역관과 같은 기술관이나 서얼 등의 중인 계층, 양인 중 수가 가장 많았던 평민 계층, 노비가 주류인 천민 계층으로 나뉘었다.

조선을 양반 관료 사회라고 규정하듯이 양반은 정치·사회·경제 면에서 갖가지 특권과 명예를 독점적으로 누리면서 그 아래인 중인·평민·천민과는 격을 달리했다. 이를 반상(班常)이라는 말로 표현한다. 반상은 곧 신분을 지배자와 피지배자로 나눈 것으로서, 반상의 반(班)에는 중인이 들어가지 않았지만 상(常)에는 평민부터 노비까지 포함되었다. 이러한 구분은 법적 구분과는 달리 사회 통념상으로 최고 신분인 양반의 지배자적 위치를 돋보이게 하려는 의식에서 생겼다고 하겠다.

이처럼 국가 차원의 법적 규범인 양천제와 당시 실제 계급 관계를 반영한 사회 통념상 구분인 반상제가 서로 섞여 중세의 신분 구조를 이루었다. 중세 사회가 발전하면서 신분 구조는 양천제라는 법제적 틀에서 차츰 사회 통념상의 신분 규범이 규정 요소로 확고히 자리 잡는 방향으로 변화했다. 이는 지주제의 확대와 발전, 그리고 조선 사회의 안정과 변동을 나타내는 것이기도 하였다.

* 국역: 나라에서 백성들에게 지우던 부역
* 요역: 나라에서 16세 이상 60세 미만의 남자에게 관아의 임무 대신 시키던 노동

① ㉠과 ㉡ 모두 군역의 의무를 이행해야 했다.
② ㉡은 ㉠과 달리 관직 진출권이 원칙적으로 없었다.
③ ㉡이 국가에 큰 공을 세울 경우 ㉠이 될 수 있었다.
④ ㉠은 법적 지위 면에서 ㉡보다 우월한 위치에 있었다.

[4~5] 다음 글을 읽고 물음에 답하시오.

정약용은 조선 후기의 실학자로, 인간의 본성에 대한 탐구를 통해 인간의 선한 행위를 설명하고자 하였다. 그는 이전까지 절대적 권위를 가지고 있던 주희(朱熹)의 주자학을 비판하며 인간의 본성에 대한 자신의 이론을 정립했다는 점에서 주희와는 다른 관점을 보여 주었다.

주희는 인간의 본성을 '본연지성(本然之性)'과 '기질지성(氣質之性)'으로 설명하였다. '본연지성'은 인간이 하늘로부터 부여받은 순수하고 선한 본성이고, '기질지성'은 본연지성에 사람마다 다른 기질이 더해진 것으로 사람에 따라 다양하게 나타난다. 그래서 주희는 인간의 기질이 맑으면 선한 행위를 하고 탁하면 악한 행위를 할 수 있다고 보았다. 그러나 정약용은 선한 행위와 악한 행위의 원인을 기질이라는 선천적 요인으로 본다면 행위에 인간의 의지가 개입되지 않으므로 악한 행위를 한 사람에게 윤리적 책임을 물을 수 없다고 주희의 관점을 비판하였다.

정약용은 인간의 본성을 '기호(嗜好)'라고 보았다. 기호란 즐기고 좋아한다는 뜻으로, 생명이 있는 모든 존재는 각각의 기호를 본성으로 갖는다고 보았다. 꿩은 산을 좋아하는 경향성을 갖고 벼는 물을 좋아하는 경향성을 갖는 것처럼, 인간도 어떤 경향성을 갖는다는 것이다. 정약용은 인간에게 ㉠ '감각적 욕구에서 비롯된 기호'와 ㉡ '도덕적 욕구에서 비롯된 기호'가 있다고 보았다. 먼저, 감각적 욕구에서 비롯된 기호는 생명이 있는 모든 존재가 지니는 육체의 경향성으로, 맛있는 것을 좋아하고 맛없는 것을 싫어하는 것을 예로 들 수 있다. 다음으로, 도덕적 욕구에서 비롯된 기호는 인간만이 지니는 영혼의 경향성으로, 선을 좋아하거나 악을 싫어하는 것을 예로 들 수 있다. 정약용은 감각적 욕구가 생존에 필요하고 삶의 원동력이 된다는 점에서 일부 긍정했으나, 감각적 욕구에서 비롯된 기호를 제어하지 못할 경우 악한 행위가 나타날 수 있고, 도덕적 욕구에서 비롯된 기호를 따를 경우 선한 행위가 나타난다고 보았다. 정약용은 선한 행위를 하거나 악한 행위를 하는 것이 온전히 인간의 자유 의지에 달려 있으므로, 악한 행위를 한 사람에게 윤리적 책임을 물을 수 있다고 보았다.

그래서 정약용은 자유 의지로 선한 행위를 선택하고 이를 실천하는 것이 중요하다고 보았는데, 구체적인 실천 원리로 '서(恕)'를 강조하였다. 그는 '서'를 용서(容恕)와 추서(推恕)로 구분하고, 추서를 특히 강조하였다. 용서는 타인을 다스리는 것과 관련되어 '타인의 악을 너그럽게 보아줌'을 의미하고, 추서는 자신을 다스리는 것과 관련되어 '내가 대접받고 싶은 대로 타인을 대우함'을 의미한다. 친구가 거짓말을 했을 때 잘못을 덮어 주는 행위는 용서이고, 내가 아우의 존중을 받고 싶을 때 내가 먼저 형을 존중하는 모습을 보여 주는 행위는 추서인 것이다. 그런데 용서는 타인의 악한 행위를 용인해 주는 문제가 발생할 수 있지만, 추서는 자신의 마음을 미루어 타인의 마음을 이해할 수 있으므로, 정약용은 추서에 따라 선한 행위를 실천해야 한다고 보았다.

문 4. 윗글의 내용과 일치하지 않는 것은?

① 주희는 인간에게 하늘로부터 부여받은 본연지성이 있다고 보았다.
② 주희는 기질의 맑고 탁함에 따라 선하거나 악한 행위가 나타날 수 있다고 보았다.
③ 정약용은 추서에 따라 선한 행위를 실천하는 것이 중요하다고 보았다.
④ 정약용은 감각적 욕구가 악한 행위를 유도하므로 제거해야 한다고 보았다.

문 5. ㉠과 ㉡에 대한 이해로 가장 적절한 것은?

① ㉠은 인간이 제어할 수 없는 기호이다.
② ㉡은 생존에 필요한 욕구에서 비롯된 것이다.
③ ㉠은 ㉡과 달리 생명이 있는 모든 존재가 지닌다.
④ ㉡은 ㉠과 달리 욕구를 즐기고 좋아하는 경향성이다.

문 6. 다음 글에 대한 독자의 반응으로 적절하지 않은 것은?

16세기에서 18세기, 유럽에서는 중상주의가 유행했다. 이는 상업을 중시하고 초기 산업자본 확보를 위해 국내 경제 요소를 보호하는 한편, 자원 확보를 위해 해외 식민지를 설립하는 경제 체제이다. 중상주의자들은 국가 중심주의를 내세웠다. 국가는 경제 활동의 주체이며, 정부는 경제 활동을 규제하고 통제해야 한다고 주장했다. 또한 중상주의자들은 금과 같은 귀금속을 국가의 부의 척도로 여겨 수출을 늘리고 수입을 줄여 국가의 금을 축적하는 것을 목표로 삼았다. 이를 위해 정부에 무역 규제, 보호 관세, 해외 식민지 확보 등의 경제 개입을 제시했다.

자국 산업의 경쟁력 제고 역시 중시되었다. 정부는 보조금, 독점권 부여, 숙련 노동자 양성 등의 정책을 통해 자국 산업을 육성할 것을 주장했으며, 농업보다 제조업을 더 중요하게 생각했다. 해외 무역을 보호하고 해외 식민지를 확보하기 위한 강력한 해군력 역시 필수적이었다. 중상주의는 애덤 스미스의 비판에 의해 막을 내리게 된다. 그는 중상주의로 국가가 비축한 금·은은 소수 계층에게만 돌아갈 뿐이라고 비판하며, 중상주의를 철폐하고 국부를 위한 분업 체제를 도입할 것을 주장하였다.

① 중상주의 체제하에서는 무역 규제를 통해 국가에 더 많은 금을 쌓는 것이 목표였겠군.
② 중상주의자들은 정부가 보호 관세를 시행하는 등 경제 활동에 적극적으로 개입할 것을 주장했겠군.
③ 애덤 스미스는 국가의 부를 사회에 재분배하여 중상주의를 유지해야 한다고 보았겠군.
④ 중상주의자들에 따르면 국가는 해군력을 통해 해외 무역을 보호하고 식민지를 확보하는 경제 주체이겠군.

문 7. 다음 글에서 추론할 수 없는 것은?

> 고혈압 치료제의 종류로는 이뇨제, 베타 차단제, ARB, 칼슘 채널 차단제, 직접 혈관 확장제 등이 존재한다. 각각의 특성에 대해 알아보자. 이뇨제는 신장에서 나트륨과 수분 배출을 촉진하여 혈압을 낮춘다. 그러나 장기간 사용할 시 저칼륨혈증, 저나트륨혈증이 발생할 수 있으며, 신장 기능의 저하 또한 우려된다.
>
> 베타 차단제는 심장의 베타 수용체에 작용하는데, 구체적으로는 베타 1 수용체의 차단에 의한 심장박출량 감소 및 베타 2 수용체 차단을 통한 혈관 확장 억제의 방법을 사용한다. 주로 심장에 분포하는 베타 1 수용체와 달리, 베타 2 수용체는 심장뿐 아니라 폐에도 존재하며 기관지 확장의 역할을 수행하므로, 호흡기 질환자에게는 주의하여 투약하여야 한다.
>
> ARB는 안지오텐신 II에 대한 수용체를 차단하여 혈관 평활근의 수축을 억제하고 혈관을 확장한다. 안지오텐신 II는 소변량을 줄여 혈압을 높이는 호르몬이다. 그러나 임신 중 여성에게는 사용할 수 없다. 칼슘 차단제는 혈관 평활근의 칼슘 유입을 막아 혈관을 확장하고 혈압을 낮춘다. 타 약물군에 비해 부작용이 적고 혈관을 직접 확장시키나, 다른 약물 그룹에 비해 혈압 감소 효과가 느려 급성 고혈압에는 사용할 수 없다.

① 염분 재흡수를 차단하여 콩팥소체에서 나트륨과 수분 배출을 촉진하는 티아자이드는 이뇨제이다.

② 만성 폐쇄성 폐 질환 환자에게 베타 차단제를 투여할 시, 베타 1 수용체가 차단되어 기관지가 폐색될 수 있다.

③ 임신 20주 이후에 새로 고혈압과 단백뇨가 발생한 전자간증 산모에게는 ARB를 투약할 수 없다.

④ 도파민과 노르에피네프린 체계를 교란하는 암페타민 중독자가 급성 고혈압 증세를 보인다면 칼슘 차단제를 사용할 수 없다.

문 8. 다음 글의 주된 설명 방식이 적용된 것으로 가장 적절한 것은?

> 허블 망원경은 가시광선과 근적외선을 관측하여 우리에게 친숙한 우주의 모습을 보여주었다. 반면 제임스 웹 망원경은 더 긴 파장의 적외선을 관측하여 허블 망원경이 볼 수 없었던 먼지 뒤에 가려진 천체나 우주 초기의 은하를 관찰할 수 있다. 제임스 웹 망원경은 허블 망원경보다 2.7배 큰 주경을 가지고 있어 7.3배 더 많은 빛을 모을 수 있다. 이는 더 어둡고 먼 천체를 관찰할 수 있다는 것을 의미한다.

① 프톨레마이오스 천동설은 지구가 우주의 중심에 있고, 태양, 달, 행성들이 지구를 중심으로 회전한다는 이론이다. 천체들은 완벽한 원을 그리며 움직인다고 가정하였다. 그러나 브라헤는 지구는 우주의 중심이지만, 태양과 달은 지구를, 다른 행성들은 태양을 중심으로 회전한다는 이론을 제시하여 이에 반박하였다.

② 맥박 산소 측정기는 광학적 방법을 사용하여 혈액 내 산소 포화도(SpO2)를 측정한다. 그 원리에 대해 알아보자. 산소와 결합된 헤모글로빈은 660nm 파장의 붉은색 빛을, 산소와 결합되지 않은 헤모글로빈은 940nm 파장의 적외선 빛을 더 많이 흡수한다. 맥박 산소 측정기는 두 개의 LED를 사용하여 빛을 조사하고, 센서를 사용하여 반사된 빛을 측정함으로써 SpO2를 계산한다.

③ 가장 일반적인 제트 엔진인 터보팬 엔진은 외부로부터 공기를 빨아들이는 팬, 공기를 압축하는 압축기, 고압 압축된 공기와 연료가 혼합되어 연소되는 연소실, 압축기 및 팬을 구동하는 터빈, 터빈에서 나온 가스를 고속으로 배출하여 추력을 발생시키는 노즐로 구성되어 있다.

④ 브라흐마 사마디 운동은 19세기 인도 벵골에서 일어난 종교 개혁 운동이다. 라마크리슈나 파라마한사와 그의 제자인 스와미 비베카난다가 주도했다. 브라흐만, 즉 우주의 근본 원리에 대한 묵상을 강조하면서 힌두교의 다신교적 요소를 비판하고 일신론을 주장했다.

문 9. 다음 글의 내용이 참일 때, 반드시 참이라고 할 수 있는 것은?

> ㅇ 영철, 경수, 지우 중 적어도 한 명은 중국어를 할 줄 안다.
> ㅇ 영철, 경수, 지우는 중국어, 스페인어 중 반드시 한 언어만 할 줄 안다.
> ㅇ 영철과 경수는 스페인어를 할 줄 안다.

① 영철과 지우는 중국어를 할 줄 안다.
② 경수와 지우가 중국어를 할 줄 안다.
③ 영철이만 중국어를 할 줄 안다.
④ 지우만 중국어를 할 줄 안다.

문 10. 다음 글에 대한 분석으로 적절한 것을 <보기>에서 모두 고른 것은?

> 갑: 과학적 이론은 절대적으로 증명될 수 없다. 과학적 이론은 경험적 관찰과 실험을 통해 반증될 수 있다. 과학적 진보는 더 나은 반증 가능성을 가진 새로운 이론으로 기존 이론을 대체하는 과정이다. 과학적 이론은 끊임없이 검증 및 반증될 수 있으며, 이를 통해 과학적 지식이 발전한다.
> 을: 과학적 이론은 검증 가능성과 증명을 통해 과학적 지식으로 인정될 수 있다. 즉, 과학적 이론이 경험적 관찰과 실험을 통해 증명될 수 있다. 과학적 진보는 기존 이론을 더욱 확실하게 증명하는 과정이며, 과학적 이론은 증거를 통해 축적되고 확실성을 확보하는 과정을 통해 과학적 지식의 발전이 일어난다.
> 병: 과학적 이론은 확률 분포로 표현되며, 새로운 관찰 결과를 통해 이론의 확률을 업데이트한다. 즉, 과학적 진보는 더 높은 확률을 가진 이론으로 기존 이론을 대체하는 과정이다. 과학적 이론은 새로운 증거를 통해 확률이 변화하며, 이 과정을 통해 과학적 지식이 발전한다.

〈보기〉

> ㄱ. 뉴턴의 법칙에 입각한 수성 궤도 예측이 실제 관측값과 일치하지 않아 뉴턴의 법칙이 반증된 사례는 갑의 입장을 강화한다.
> ㄴ. 멸균된 우유에 세균을 접종하면 발효가 일어나고, 세균이 없는 우유는 발효되지 않는다는 실험을 통해 세균 이론을 과학적 지식으로 포섭시킨 파스퇴르의 사례는 을의 입장을 강화한다.
> ㄷ. 특정 문제에 대한 해결 알고리즘의 존재 여부를 묻는 컴퓨터 과학에서의 P vs NP 문제를 확률 분포로 표현할 수 없다는 사례는 병의 입장을 약화한다.

① ㄱ　　② ㄱ, ㄷ
③ ㄴ, ㄷ　　④ ㄱ, ㄴ, ㄷ

문 11. 다음 글을 이해한 내용으로 가장 적절하지 않은 것은?

> 박완서의 소설 '해산 바가지*'는 작가의 따뜻한 시선과 생명의 소중함을 담은 작품으로, 특히 시대적 배경 속에서 여성의 삶과 가족의 의미를 깊이 있게 다루고 있다. '나'는 딸을 낳은 며느리로, 시대적 배경 속에서 아들을 낳지 못한 것에 대한 죄책감과 불안을 느꼈다. 하지만 시어머니의 따뜻한 보살핌을 통해 죄책감과 불안감에서 벗어나게 되고, 생명의 소중함을 깨닫는다. '남편'은 외아들로, 아내의 출산을 걱정하고 격려하지만, 시대적 가치관에 갇혀 아들에 대한 기대를 갖기도 한다. '시어머니'는 며느리가 해산을 할 때마다 해산 바가지를 준비해서 손주들을 정성껏 돌보고, 며느리에게 따뜻한 위로를 건넨다.
> 세월이 흘러 '나'가 나이가 들어 손주들을 보게 되었을 때, '나'의 친구가 아들을 낳지 못한 며느리를 구박하는 모습을 보게 되고, '나'는 과거 시어머니의 모습을 떠올린다. '나'는 치매에 걸린 시어머니를 더 이상 모실 수 없다는 판단으로 요양소에 보내려 하나, 가는 도중 가게에서 박을 보고 해산 바가지를 연상한 '나'는 시어머니의 마음을 다시 떠올리고, 시어머니를 집에서 모시게 된다.
>
> * 해산 바가지: 아기를 출산할 때 준비하는 바가지

① '나'와 남편은 모두 아들을 원하는 보수적인 세대를 대표하는 인물이다.
② '나'의 친구는 '나'의 시어머니와 달리 아들을 낳지 못한 며느리를 구박한다.
③ '해산 바가지'는 성별로 사람을 차별하지 않는 생명 존중의 상징을 나타내는 소재이다.
④ '나'의 친구는 '나'와 달리 치매에 걸린 시어머니를 요양소에 보낸다.

문 12. 다음 글을 읽고 이해한 것으로 가장 옳은 것은?

사라 알고에(Sara B. Algoe)와 조너선 하이트(Jonathan Haidt)는 영화가 학습을 위한 긍정적인 매개 역할, 특히 영화 예술의 미메시스적 기능이 긍정심리학의 행복 교육을 위한 중요한 역할을 할 수 있다고 했고, 그중 '고양감(elevation)'이라는 개념을 더욱 심화하고 확장하였다. 이것은 어려운 역경 속에서 용기를 가지고 행동하는 성격강점이나 다른 사람을 희생적으로 도울 때, 또 덕 있는 행동을 하는 사람을 관찰할 때 사람이 느끼는, 정신이 고양되는 감정(uplifting motion)을 말한다. 좋은 영화, 좋은 긍정심리학 영화는 행복과 덕성과 성격강점을 내적으로 깊이 있게 재현하며, 예술의 미메시스적 효과와 교육적 효과를 잘 보여줄 수 있는 영화이다. 예컨대 캐릭터에 대한 깊은 차원의 미메시스적 재현은, 좋은 서사와 어우러져 도덕적 정서로서의 고양감을 불러일으키고 이러한 정서적인 반응들은 공감을 불러일으키며 캐릭터의 경험을 살아 있는 것으로 보면서 자신의 성격강점을 구축할 수 있는 계기와 동기를 촉발시킨다. 우리는 좋은 긍정심리학 영화, 즉 덕과 선 또는 성격강점들이 드러나는 작품들을 매개로 자신과 다른 사람의 행복을 위하여 행동을 수행하고자 한다. 누군가 영화에서 캐릭터의 탁월함이나 감동을 주는 삶을 관찰할 때, 결과적으로 자아를 개선하거나 목표를 추구하고 싶은 동기가 야기된다고 할 수 있다.

라이언 니미엑(R.M. Niemiec)은 긍정심리학 영화로 조건을 갖추려면 4가지 요소가 구비되어야 함을 제시한다. 다시 말해 긍정심리학을 잘 드러내는 영화가 되기 위하여 적어도 4가지 요소를 갖추고 있어야 한다는 것이다. 첫째로 창의성 · 활력 · 공정성 · 겸손 그리고 희망 등 피터슨(C. Peterson)과 셀리그만(M. Seligman)이 제시한 24가지 강점들 중 적어도 한 가지는 보여주는 캐릭터가 있어야 한다. 둘째로는 역경 및 장애의 서사와 함께 성격강점에 도달하거나 극대화하는 캐릭터의 투쟁 혹은 갈등을 보여주어야 한다. 셋째는 유혹과 장애를 이기며 덕을 구축하고 유지하는지에 대한 예증을 잘 보여주는 캐릭터여야 한다. 넷째는 영화 속의 톤이나 무드가 고양과 감탄을 주는 것이어야 한다.

- 송영림, 영화 <룸바>의 긍정심리학적 고찰 -

① 예술의 미메시스적 효과와 교육적 효과를 잘 보여주지 못하는 영화라면, 좋은 긍정심리학 영화가 아니다.
② 사라 알고에는 긍정심리학이 영화에 교육적 기능을 부여한다고 보았다.
③ 창의성 · 활력 · 공정성 · 겸손 그리고 희망과 같은 강점을 보여주는 캐릭터가 있으면 긍정심리학 영화이다.
④ 긍정심리학 영화는 악역을 타산지석으로 삼아 자아를 개선하려는 동기를 부여한다.

문 13. 다음 글을 바탕으로 <보기>를 탐구한 내용으로 적절하지 않은 것은?

현대 국어의 시간 표현 중 하나는 선어말 어미를 활용하는 것이다. 동사는 어간에 선어말 어미 '-는-/-ㄴ-'을 결합하여 현재 시제를 표현하는데, 동사의 어간 말음이 자음인 경우에는 '-는-'이, 모음인 경우에는 '-ㄴ-'이 결합한다. 이와 달리 형용사와 '이다'는 어간에 선어말 어미가 결합하지 않고 현재 시제를 표현할 수 있다. 동사와 형용사, 그리고 '이다'는 어간에 선어말 어미 '-았-/-었-'을 결합하여 과거 시제를 표현하는데, 어간 '하-' 다음에는 선어말 어미 '-였-'을 결합하여 과거 시제를 표현한다. 동사와 형용사, 그리고 '이다'는 어간에 선어말 어미 '-겠-'을 결합하여 미래 시제를 표현하는데, 추측이나 의지 등의 의미를 나타내기도 한다. 중세 국어의 시간 표현은 용언의 어간에 선어말 어미를 결합하여 나타내는 경우와 용언의 어간에 선어말 어미를 결합하지 않고 나타내는 경우가 있었다. 이를 살펴보면, 동사는 어간에 선어말 어미 '-ᄂᆞ-'를 결합하여 현재 시제를 표현하였고, 형용사는 어간에 선어말 어미를 결합하지 않고 현재 시제를 표현하였다. 또한 동사는 어간에 선어말 어미를 결합하지 않고 과거 시제를 표현하기도 했고, 회상의 의미가 있는 선어말 어미 '-더-'를 결합하여 과거 시제를 표현하기도 했다. 형용사도 선어말 어미 '-더-'를 통해 과거 시제를 표현하였다. 또한 동사와 형용사는 추측의 의미가 있는 선어말 어미 '-리-'를 어간에 결합하여 미래 시제를 표현하였다.

〈보기〉

○ 동생이 지금 밥을 ⓐ 먹는다.
○ 우리 아기가 무럭무럭 ⓑ 자란다.
○ 이곳에 따뜻한 난로가 ⓒ 놓였다.
○ 신랑, 신부가 ⓓ 입장하겠습니다.

① ⓐ는 동사의 어간 다음에 현재 시제 선어말 어미로 '-는-'이 사용된 예에 해당한다.
② ⓑ는 동사의 어간 다음에 현재 시제 선어말 어미로 '-ㄴ-'이 사용된 예에 해당한다.
③ ⓒ는 동사의 어간 다음에 과거 시제 선어말 어미로 '-였-'이 사용된 예에 해당한다.
④ ⓓ는 동사의 어간 다음에 미래 시제 선어말 어미로 '-겠-'이 사용된 예에 해당한다.

문 14. 밑줄 친 부분에 들어갈 문장으로 가장 적절한 것은?

> 몬테카를로 방법은 확률을 사용하여 실제 값을 추정하는 방법으로, 난수를 생성하여 원하는 함수의 계산에 사용한다. 예를 들어, 종이에 그려진 원의 넓이를 구하는 문제를 생각해 보자. 만약 점을 종이 위에 무작위로 찍어서 원 안에 찍힌 점의 개수와 원 밖에 찍힌 점의 개수의 비율을 구한다면, 이 비율은 종이에서 원이 차지하는 면적과 비례할 것이다. 몬테카를로 방법에서의 난수의 역할이 무작위로 찍는 점과 같다.
>
> 몬테카를로 방법으로 얻은 추정값이 실제 값에 더 가깝게 하려면 어떻게 해야 할까? 다시 위의 원의 넓이를 구하는 문제로 돌아가 보자. 종이 위에 무작위로 찍는 점의 개수가 1,000개인 경우보다는 50,000개인 경우가 더 정확할 것이다. 또한, 종이 위에 무작위로 찍는 점의 개수가 1,000개로 똑같더라도 한 번만 시행한 경우와 10번 시행한 경우를 비교하면 후자가 더 실제 값에 가까울 것이다.
>
> 컴퓨터의 계산 속도가 빨라지면서 몬테카를로 방법은 점차 더 많은 분야에서 활용되고 있다. 특히 복잡한 수학, 물리학, 금융 문제 해결에 사용한다. 금융 분야를 예로 들면 옵션 가격 산정이나 위험 관리에 몬테카를로 방법을 활용한다. 그러나 몬테카를로 방법은 근본적으로 실제 값이 아니라 어느 정도의 오차를 감안한 근삿값에 만족한다는 점, 그리고 계산량이 많아질수록 소요 시간도 증가하는 점 등이 단점으로 꼽힌다.
>
> 정리하자면, ______________________

① 몬테카를로 방법은 컴퓨터의 연산 능력이 발전함에 따라 점차 설 자리를 잃을 것이다.

② 몬테카를로 방법은 난수를 활용하여 실제 값을 추정하는 방법으로서 그 한계에도 불구하고 널리 활용된다.

③ 몬테카를로 방법은 근삿값을 구하는 데 불과하므로 수학이나 금융 문제의 해결 방법으로는 적합하지 않다.

④ 몬테카를로 방법의 정확성을 높이려면 생성하는 난수의 수를 줄이거나 시행 횟수를 늘려야 한다.

문 15. 다음 전제가 모두 참일 때, 반드시 참인 결론인 것은?

> ㅇ 우유를 좋아하는 어떤 사람은 차를 좋아하지 않는 것은 아니다.
> ㅇ 홍차를 마시지 못하는 어떤 사람도 차를 좋아하지 않는다.
> 따라서 [　　　　　　　　]

① 우유를 좋아하는 사람은 홍차를 마신다.

② 차를 좋아하지 않은 사람은 반드시 홍차를 마시지 못한다.

③ 차를 좋아하는 사람은 반드시 우유를 좋아한다.

④ 어떤 홍차를 마시는 사람은 우유를 좋아한다.

문 16. 다음을 읽고 이해한 것으로 가장 옳은 것은?

> 일제 강점기하에 국문학 연구는 크게 두 갈래로 이뤄졌다. 하나는 경성제국대학의 법문학부 산하에서 '조선문학' 전공을 통해 이뤄진 방식이다. 이 방식은 담당 교수가 임의로 개설한 교과목을 학생들이 수강하는 식으로 체계적인 국문학 연구가 진행되기에는 한계가 있었다. 이러한 문제점을 극복하기 위해 경성제대에 재학 중이던 학생들은 '조선어문학회'를 결성하였다. 또 하나의 갈래는 '국학파(國學派)'라 칭했던 일군의 학자들이 형성했다. 이들은 자신들의 연구 활동을 일제에 항거하는 운동의 일환으로 여기고, 우리 문학과 문화에 대한 의미를 적극적으로 탐구하였다. 이러한 초창기 학자들의 활동 덕에 국문학 연구의 기초가 다져졌고, 그에 따른 결과물은 국문학 연구사를 서술하는 데 중요한 사료가 되었다.
>
> 해방 직후 대학이 설립되고 국어국문학과도 개설되면서 국문학을 본격적으로 연구할 토대가 마련되었다. 국어국문학과 개설과 함께 교수진은 갖추어졌지만, 체계적인 교육 과정(curriculum)부터 학과 운영에는 여전히 미비한 것도 사실이었다. 교수들은 이러한 난관을 극복하기 위해 적잖은 노력을 쏟아야 했다. 무엇보다도 교과 과정을 확립하고 그에 알맞은 교재를 개발하는 것이 시급한 과제였다. 이를 위해 당시 대학교수로 재직하고 있던 학자들이 결성한 모임이 '우리어문학회'이다.
>
> 일제 강점기와 분단이라는 시대적 상황은 국문학 연구사에서 거대한 장애였다. 특히 1950년 발생한 '한국전쟁'으로 한반도는 적대적 이념의 대결의 장으로 변했고 '우리어문학회'도 여기에서 자유로울 수 없었다. '우리어문학회'의 구성원 중 일부가 북으로 가면서 학회는 사실상 해체 수순을 밟았다. '국어국문학회'가 1952년에 결성되면서 국문학 연구의 주도권은 '우리어문학회'에서 '국어국문학회'로 옮겨졌다.

① 일제 강점기에는 일제의 탄압 때문에 경성제국대학에서 국문학을 연구할 길이 전면 폐쇄되었다.

② 국학파는 조선어문학회를 결성하여 우리 문학의 의미를 탐구하였다.

③ 체계적인 교육 과정을 수립하고 교재를 개발하기 위해 고등학교 교사들이 '우리어문학회'에 참여하였다.

④ 국문학 연구를 위한 모임으로 조선어문학회, 우리어문학회, 국어국문학회 순으로 등장하였다.

문 17. 다음 글의 맥락을 고려할 때 빈칸에 들어갈 말로 가장 적절한 것은?

한나 아렌트는 '행위', '폭력', 그리고 '힘'에 대해 고유한 철학적 개념을 구축했으며, 이 세 개념을 상호 관계 속에서 이해해야 한다고 보았다. 아렌트의 '행위'는 인간이 자신의 자유를 발휘하며 타인과 함께 새로운 현실을 창출하는 공적 영역에서의 활동이다. 이는 인간이 말과 행위를 통해 자신을 드러내고, 타인과 관계를 맺으며, 새로운 의미를 창출하는 창조적이고 자발적인 행위로서 인간의 자유와 고유성을 실현하는 핵심적 방식이다.

아렌트에게 '힘'은 집단적이고 관계적인 개념으로, 사람들 간의 평화적인 동의와 협력에서 발생한다. 즉, '힘'은 [ ] 공동체 내의 구성원들이 자발적으로 합의할 때 발휘된다. 아렌트는 이러한 '힘'이 공적인 영역을 유지하는 데 필수적이라고 보았으며, 개인들이 공공의 영역에서 함께 말하고 행동함으로써 생겨나는 실체로 보았다.

반면 '폭력'은 아렌트에게 '힘'과 대립되는 개념이다. 폭력은 물리적인 강제를 통해 즉각적인 결과를 추구하는 수단적 활동으로, 외부의 강제력을 가하여 상대방의 행동을 통제하거나 억제하는 데 사용된다. 아렌트는 폭력이 본질적으로 비자발적이며, 폭력이 개입하는 순간 행위는 강제적으로 통제되어 자유가 사라지게 된다고 보았다. 폭력은 힘을 상실하거나 힘이 부족한 상황에서만 나타나 힘의 자리를 대체하려는 일종의 응급조치처럼 나타나는 것에 지나지 않으므로, 폭력이 강해질수록 힘은 오히려 약해진다.

이처럼 아렌트는 '행위'를 통해 형성되는 '힘'과, '힘'에 기반을 둔 '권력', 그리고 이를 파괴할 수 있는 '폭력'의 관계를 강조하면서, '행위'를 통해 자유와 공적인 삶이 가능해진다고 보았다. 폭력은 언제나 일시적이며 외부의 강제를 통한 억압일 뿐이다. 따라서 인간의 자유와 공동체의 힘을 보존하기 위해서는 폭력이 아닌 행위와 협력을 통해 힘을 유지하고 강화해야 한다는 것이 아렌트의 주장이다.

① 공적 영역에서 기존에 없던 현실을 창출하며
② 권력의 근원이자, 폭력을 필요로 하지 않으며
③ 자유에 의해 언제든지 대체될 수 있으며
④ 외부의 강제를 통한 억압에 지나지 않으며

문 18. 다음 ㉠을 약화하는 진술로 가장 적절한 것은?

침팬지와 오랑우탄, 피그미 침팬지 등 유인원도 자신이 상대의 입장이 됐을 때 어떤 생각을 할지 미루어 짐작해 보는 역지사지 능력이 있다는 연구 결과가 나왔다. 연구팀은 침팬지와 오랑우탄, 피그미 침팬지 등 유인원 40마리에게 심리테스트를 위해 제작한 영상을 보여주고 이들의 시선이 어디에 주목하는지 '아이 트래킹'이라는 특수장치를 이용해 분석했다. 영상은 인간과 유인원의 의상을 뒤집어쓴 동물이 싸우는 내용이다. 인간과 의상을 뒤집어쓴 동물이 싸움을 잠시 중단하자 의상을 뒤집어쓴 동물은 건초더미 그늘로 숨는다. 이걸 보고 화가 난 인간이 몽둥이를 찾으러 문 쪽으로 움직이자 의상을 뒤집어쓴 동물은 이 틈을 이용해 다른 곳으로 숨는다. 연구팀은 몽둥이를 찾은 인간이 이전 있던 자리로 돌아오는 장면에서 이 영상을 본 유인원의 시선이 어디로 향하는지를 분석했다. 분석 결과 영상을 본 유인원 40마리 중 20마리는 의상을 뒤집어쓴 동물이 처음 숨었던 건초더미 쪽에 주목했다. 의상을 뒤집어쓴 동물이 옮겨 숨은 다른 건초더미를 주목한 유인원은 10마리였다. 이 결과를 토대로 연구팀은 유인원들이 가짜 유인원이 다른 곳으로 숨었다는 사실을 모르는 인간의 입장이 돼 추측한 것으로 보인다는 ㉠ 해석을 제시하였다. 현실과 다른 상황을 믿는 '오(誤)신념'이라고 불리는 인간의 사고를 이해한다는 사실을 보여준다는 것이다. 예를 들어 방 안에 있는 펜을 주인이 없는 사이에 누군가가 가지고 갔을 경우 돌아온 주인이 없어진 펜을 방 안에서 찾는 식이다. 연구를 진행했던 교수는 "이런 능력은 인간에게만 있는 것으로 생각돼 왔으나 유인원도 이런 능력이 있는 것으로 보인다."면서 "인간과 유인원의 심리 진화 과정을 밝히는 실마리가 될 것"이라고 말했다. 이 실험으로 오랑우탄에게도 다른 개체의 생각을 미루어 짐작하는 능력이 있는 것으로 볼 수 있으며, 이러한 점은 사람과 유인원의 심리 진화 과정을 밝히는 실마리가 될 것으로 보인다.

① 건초더미와 상자 중 어느 쪽도 주목하지 않은 나머지 오랑우탄 10마리는 영상 속의 유인원이 가짜라는 것을 알고 있었다.
② 새로운 오랑우탄 40마리를 피험자로 삼고 같은 실험을 하였더니 A의 등장 장면에서 21마리가 처음 숨었던 건초더미를 주목하였다.
③ 사람 40명을 피험자로 삼아 같은 실험을 하였더니 A의 등장 장면에서 30명이 처음 숨었던 건초더미를 주목하였다.
④ 오랑우탄 20마리는 단지 건초더미가 상자보다 자신들에게 가까운 곳에 있었기 때문에 처음 숨었던 건초더미를 주목한 것임이 밝혀졌다.

문 19. 다음 글의 내용으로 적절하지 않은 것은?

철근은 일반적으로 철강으로 만들어진 막대 형태의 철재로 건축물에 주로 사용된다. 철근에는 다양한 크기와 형태가 있는데 가장 일반적인 형태는 원형 단면을 가지며 직경이 일정한 것이지만, 필요에 따라 사각형, T자 등의 단면 형태로도 사용될 수 있다. 철근의 크기와 형태는 건축물의 설계 및 구조적 요구에 따라 결정된다.

철근은 콘크리트 구조물 내부에 삽입되어 구조물 전체의 강도와 안정성을 향상시키는 데 중요한 역할을 한다. 콘크리트는 압축에 강한 반면 인장에는 비교적 약한 재료이다. 이때 철근은 콘크리트의 인장 강도를 보강하여 구조물이 인력에 의해 파손되는 것을 방지한다. 콘크리트 내부에 일정한 간격으로 배치된 철근은 콘크리트와 협력하여 하중을 분산한다. 이렇게 함께 작용함으로써 구조물은 안정성과 강도를 향상시키고, 큰 응력에도 불구하고 변형을 방지할 수 있다.

또한 철근은 콘크리트의 균열 형성을 방지하는 역할도 한다. 콘크리트는 온도 변화, 수분 흡수, 건조 등으로 인해 수축하거나 팽창할 수 있는데, 철근은 콘크리트의 변형을 제한하고 균열의 발생을 억제하여 구조물의 내구성을 향상시킨다.

이러한 철근이 건축물에 부족하게 쓰일 경우 여러 가지 문제가 발생할 수 있다. 우선 철근이 부족하면 건축물의 전체적인 강도와 안정성이 약화될 수 있다. 이는 건축물이 하중을 올바르게 지탱하지 못하고, 구조적인 결함이 발생하거나 심지어 부분적인 무너짐이 발생할 수 있음을 의미한다. 구조물 내부에서 응력을 균등하게 분산하는 기능 또한 감소한다. 이로 인해 응력이 집중되는 영역이 발생할 수 있으며, 이러한 부분에서 균열이 형성될 가능성이 크다. 균열은 구조적인 불안정성과 노후화를 초래하며, 추가적인 수리나 보강이 필요하다.

① 철근은 직경이 일정한 원형 단면의 형태가 가장 일반적이다.

② 철근은 콘크리트의 압축 강도를 높여 인력으로 인한 구조물의 파손을 막는다.

③ 건축물에 철근이 부족하게 쓰이면 내부에서 응력을 분산하는 기능이 저하된다.

④ 콘크리트는 건조나 수분 흡수로 인해 팽창하거나 수축하는 등의 변형이 발생할 수 있다.

문 20. 다음 글을 이해한 내용으로 적절하지 않은 것은?

시역법은 송나라 개혁가 왕안석(1021-1086)이 추진한 신법 중 하나로, 물가 안정과 국가 재정 확보를 목표로 1069년에 시행되었다. 당시 만연했던 물가 불안과 재정난을 해결하기 위해, 정부가 직접 시장에 개입하여 물가를 조절하고 상업 활동을 관리하는 정책이었다.

각 지방에 상평시역사라는 정부 기관을 설치하여, 저렴한 가격으로 필수 물품을 매장하고, 비싼 가격으로 물건을 사들였다. 상인들에게 저리로 자금을 대출하여 상업 활동을 지원했으며, 시장 상황에 따라 물가를 조절하고, 과도한 물가 상승을 억제했다. 또한 특정 상인이나 상업 집단의 시장 독점을 금지하여 공정한 거래를 장려하고, 부당한 이익을 취하는 행위를 단속했다.

상평시역사에 대해 더 자세히 알아보자. 이는 정부가 직접 운영하는 상점으로, 저렴한 가격으로 필수 물품을 판매하고, 비싼 가격으로 물건을 사들였다. 곡물, 소금, 차, 술, 천 등 필수 물품들을 주로 취급했으며, 정부가 시세를 조사하여 적정 가격을 책정했다. 시세가 낮을 때는 저렴하게 판매하고, 시세가 높을 때는 비싸게 판매했다.

상평시역사는 시장 물가를 조절하여 과도한 물가 상승을 억제하고, 정부 재정 수입을 제공하여 국가 재정을 안정시키는 데 도움이 되었다. 그러나 상평시역사 직원들의 부패가 만연하여 시역법의 효과를 떨어뜨렸다는 지적이 있다.

① 시역법에서는 정부의 직접적 시장 개입이 있었다.

② 공정 거래 장려를 위해 특정 상인의 시장 독점을 금지하였다.

③ 상평시역사는 저렴한 가격으로 필수 물품을 판매하기 위해 싼 가격으로 물건을 매입했다.

④ 어떤 물자의 시세가 높아졌다면 상평시역사에서도 그 물자를 비싸게 판매했다.

약점 보완 해설집 p.58

제17회 모의고사

문 1. <보기>는 지역 신문에 '한옥 마을 조성'에 관한 글을 투고하기 위해 쓴 개요이다. 개요를 수정 및 보완하기 위한 방안으로 적절하지 않은 것은?

> Ⅰ. 서론: 한옥 마을 조성의 필요성 ······ ㉠
> - 한옥 마을은 전통문화 체험의 장이 됨
>
> Ⅱ. 본론
> 1. 한옥 마을 조성이 어려운 이유
> 가. 한옥 마을 조성에 필요한 행정 절차가 복잡하며 한옥 관리 비용이 많이 듦 ······ ㉡
> 나. 한옥의 유지 및 보수에 많은 관리 비용이 소요됨
> 다. 지방자치단체가 재정을 확보하여 지원함 ······ ㉢
> 2. 한옥 마을을 조성하기 위한 방안
> 가. 한옥 마을을 조성하기 위한 행정 절차를 간소화함
> 나. 전통문화 체험 프로그램을 개발함 ······ ㉣
>
> Ⅲ. 결론: 한옥 마을 조성에 대한 지방자치단체의 관심 및 지원 촉구

① ㉠에는 '한옥 마을의 조성을 둘러싼 지역 주민 간의 갈등'을 추가하여 필요성 측면을 강조해야겠어.
② ㉡은 'Ⅱ-1-나'와 중복된 내용을 포함하고 있으므로 '조성에 필요한 행정 절차가 복잡함'으로 고쳐야겠어.
③ ㉢은 관리 비용 측면의 방안에 해당하므로 'Ⅱ-2'의 하위 항목으로 옮겨야겠어.
④ ㉣은 상위 항목에 포함되지 않는 내용이므로 삭제해야겠어.

문 2. 다음 글을 읽고 추론한 것으로 가장 옳은 것은?

> 지역화폐는 대형 유통업체의 진출로부터 소상공인을 보호하고 주민의 소비를 장려하여 지역 경제 활성화를 도모하는 제도적 수단이다. 1996년 화천군과 괴산군에서 시작되어 중소도시와 농어촌 지역을 중심으로 발행되다가 현재는 전국 각지의 지방자치단체에서 지역화폐를 발행하고 있다. 정부의 공식 명칭은 '지역사랑상품권'이지만 여전히 지역화폐라는 명칭이 통용된다. 지역화폐는 특정 지역 내에서만 사용할 수 있으므로 지역 자본의 외부 유출을 막고 지역 내에서 경제적 선순환을 유도하는 점에서 긍정적인 평가를 받는다. 또 다른 장점으로 지역 소상공인들에게 직접적인 경제적 혜택을 제공한다. 소비자들이 대형 유통업체가 아니라 소상공인들의 상점에서 구매하도록 유인하기 때문이다. 소상공인뿐만 아니라 소비자도 지역화폐 구매를 통해 실질적인 혜택을 누릴 수 있다. 소비자는 정부의 보조금이나 세제 혜택을 통해 지역화폐를 할인된 가격으로 구매할 수 있다. 예를 들어, 액면가 100만 원의 지역화폐를 구매할 때 10%의 할인을 제공받는다면, 소비자는 90만 원만 지불하고 100만 원어치의 소비를 할 수 있다. 이는 소비를 촉진하는 효과를 낳아 지역 경제에 활력을 불어넣는다.
>
> 그러나 지역화폐에 대한 반대 의견도 적지 않다. 이들은 지역화폐 찬성론자들이 지역화폐의 발행 및 운영 비용을 간과한다고 지적한다. 지역화폐가 발행, 유통, 관리 과정에서 상당한 행정적 비용을 발생시키기 때문에 지방 정부의 재정 부담이 증가하고 장기적으로는 지역 경제에 오히려 부정적인 영향을 미친다는 것이다. 특히 규모가 작고 재정자립도가 낮은 자치단체일수록 이러한 부담이 더 크게 다가올 수 있다. 실질적인 효과에 대해 회의적인 견해도 있다. 지역화폐가 단기적으로는 소비를 촉진할지 몰라도 그 효과가 장기적으로 지속되기 어렵다는 것인데, 실제로 이를 뒷받침하는 연구 결과들도 있다. 마지막으로 지역 간 불균형이 더 심해질 수 있다는 우려이다. 지역화폐는 특정 지역 내에서만 사용 가능하기 때문에 인접 지역의 경제 활동을 제한할 수 있다. 예를 들어, '갑' 지역에서 지역화폐 사용을 장려한다고 하자. 예전에는 '갑'의 주민들이 인근의 '을', '병' 지역에서도 소비를 했지만, '갑'에서 지역화폐 사용을 장려한 후에는 '갑'의 주민들은 '갑' 내에서 주로 소비를 할 것이다. 이는 장기적으로 지역 간 경제적 격차를 심화시키는 결과를 초래할 수 있다.

① 지역화폐 사용은 물가 상승을 억제하여 경제에 장기적으로 긍정적 효과를 가져온다.
② 소비자는 지역화폐 구매를 통해 실제 구매 금액에 비해 더 큰 구매력을 가질 수 있으며, 이를 대형 유통업체에서 행사할 수 있다.
③ '갑'에 이어 '을'도 지역화폐를 발행한다면 '병'의 소상공인들은 고객층 감소로 인해 매출이 줄어들 것이라 우려할 것이다.
④ 지역화폐는 수도권에서 시범적으로 시행된 후 지방으로 확대 시행되었다.

문 3. ㉠~㉣에 들어갈 말로 적절하지 않은 것은?

> 정부는 공공의 이익을 위해 정책을 기획, 수행하여 유형 또는 무형의 생산물인 공공 서비스를 공급한다. 공공 서비스의 특성은 배제성과 경합성의 개념으로 설명할 수 있다. 배제성은 대가를 지불하여야 사용이 가능한 성질을 말하며, 경합성은 한 사람이 서비스를 사용하면 다른 사람은 사용할 수 없는 성질을 말한다. (㉠) 배제성과 경합성의 정도에 따라 공공 서비스의 특성이 결정된다. (㉡) 국방이나 치안은 사용자가 비용을 직접 지불하지 않고 여러 사람이 한꺼번에 사용할 수 있으므로 배제성과 경합성이 모두 없다. (㉢) 배제성은 없지만, 많은 사람이 한꺼번에 사용하는 것이 불편하여 경합성이 나타나는 경우도 있다. (㉣) 무료로 이용하는 공공 도서관에서는 이용자가 많아 도서 열람이나 대출이 제한되는 것이다.

	㉠	㉡	㉢	㉣
①	이러한	예를 들어	이에 비해	예를 들어
②	하지만	예컨대	그러나	따라서
③	예를 들어	다시 말해	즉	가령
④	다시 말해	즉	따라서	결과적으로

문 4. 다음 글에서 추론할 수 없는 것은?

> 완전 경쟁 시장은 시장에 참여하는 기업들이 매우 많고, 각 기업의 시장 지배력이 미미하다. 기업들은 시장 가격을 받아들이는 가격 결정자이며, 기업들은 동일한 제품을 생산하고 판매하며, 진입 및 탈퇴 장벽이 매우 낮다. 기업은 직접 가격을 결정하지 않고 시장 가격을 따른다.
>
> 독점 시장의 경우, 진입 장벽이 매우 높고 시장에는 단 한 개의 기업만 존재한다. 기업은 시장의 유일한 판매자이며, 가격 책정권을 갖는다.
>
> 옹점 시장에서는 진입 장벽은 완전 경쟁 시장보다는 높지만, 독점 시장보다는 낮고 다수의 기업들이 비슷한 정도의 시장 지배력을 갖는다. 기업들은 서로 경쟁하지만, 완전 경쟁 시장만큼 치열하지는 않다. 기업들은 시장 수요와 경쟁 상대의 행동을 고려하여 생산량을 결정한다. 기업은 생산량에 따라 시장 수요를 예측하고, 경쟁 상대의 가격 전략을 고려하여 최대 이윤을 얻을 수 있는 가격을 책정한다.
>
> 과점 시장에서는 시장에 비교적 많은 기업들이 존재하지만, 소수의 기업들이 시장 지배력을 갖는다.

① 농산물의 종류와 질이 비교적 동일하고 농가의 신규 진입과 탈퇴가 쉬운 농산물 시장에서 농산물 기업들은 가격을 직접 정하지 않는다.
② 넓은 지역에 걸쳐 고정된 시설을 요구하여 정부에서 독점적으로 운영하는 상하수도 사업체의 경우, 해당 기업은 가격 책정권을 지닌다.
③ 소수 기업들이 시장을 지배하는 전자제품 산업의 경우, 이 시장은 독점 시장이므로 경쟁 수준은 완전 경쟁 시장에 미치지 못한다.
④ 여러 기업들이 유사한 수준의 시장 지배력을 갖는 즉석식품 산업의 경우, 이 시장은 옹점 시장이다.

문 5. 다음 글에 대한 분석으로 적절한 것을 <보기>에서 모두 고른 것은?

> 갑: 범죄는 개인이 선천적으로 가지고 태어난 악덕에서 비롯되므로, 선과 악을 구분할 수 있는 덕을 쌓는 것이 중요하다. 범죄는 개인의 잘못된 성향, 즉 습관에서 비롯된 것이므로, 도덕적 탁월함을 기르는 교육과 훈련이 범죄를 줄일 수 있다. 특히 사람들의 성품 형성이 중요하며, 이를 위해서는 사회 전체가 선한 삶을 장려하고 개인이 선을 실천하는 환경을 제공해야 한다.
>
> 을: 인간은 본래 선하지만, 문명과 사유재산 제도가 인간을 타락시켜 범죄를 발생시킨다. 특히 사유재산 제도는 사람들 사이의 불평등을 낳아, 그 결과로 범죄가 일어난다. 자연 상태에서 인간은 평등하고 자유로웠으나 문명이 발전하면서 사회적 차별과 경쟁이 나타난 것이다. 사회의 구조적 불평등을 해결해야 범죄를 줄일 수 있고, 공동체의 유대감과 평등한 사회를 지향해야 한다.
>
> 병: 범죄는 단순한 위법 행위가 아니며, 권력과 통제의 문제로 접근해야 한다. 근대 사회는 인간의 행동을 규율하고 통제하기 위해 '범죄'를 정의하고 '범죄자'를 관리한다. 예를 들어, 감옥과 같은 규율 기관은 개인을 정상과 비정상으로 분류하고, 통제의 방식을 정당화하는 역할을 한다. 이러한 제도는 권력 구조의 일환으로 범죄를 규율하며, 통제 기제가 사회적 순응을 유도한다.

〈보기〉

> ㄱ. 어려서부터 올바른 도덕 교육을 받아 자신의 욕망을 통제할 방법을 배웠으나 기근으로 인해 타인의 곡식을 훔친 사례는 갑의 입장을 약화한다.
> ㄴ. 부의 독점이 지나치게 심각하던 사회가 혁명 이후 모든 사유 재산을 국가에 귀속하자 범죄율이 급락한 사례는 을의 입장을 강화한다.
> ㄷ. 약물 중독자의 범죄가 발생했을 때 그를 일반 규율 기관인 감옥이 아닌 치료소인 재활 감호소로 보내도록 법을 개정하여, 범죄자를 비정상으로 분류해 통제하려는 경향이 약화되었다면 병의 입장을 약화한다.

① ㄱ, ㄴ　② ㄱ, ㄷ
③ ㄴ, ㄷ　④ ㄱ, ㄴ, ㄷ

문 6. 다음 글의 내용으로 적절한 것은?

실천윤리학은 이론적 윤리학에서 제시되는 보편적 원칙을 현실의 문제에 적용하여 도덕적 판단을 내리려는 학문이다. 윤리적 이론이 기본적 원칙을 제공하는 반면, 실천윤리학은 의료, 환경, 생명공학, 비즈니스 등 다양한 영역에서 발생하는 구체적이고 현실적인 도덕적 딜레마를 다룬다. 이는 단순히 이론을 적용하는 것을 넘어 복잡한 상황에 맞게 도덕적 지침을 제시함으로써 개인뿐 아니라 사회 전체에 윤리적 방향성을 제공하는 것이 목표이다.

실천윤리학이 중요하게 다루는 분야 중 하나는 생명윤리학이다. 생명윤리학에서는 낙태, 안락사, 유전자 조작과 같은 복잡한 윤리적 문제를 다루며, 인간 생명에 관한 근본적인 도덕적 기준이 무엇인지 고민한다. 이 과정에서 생명의 가치를 어떻게 이해하고, 존중하며, 보호할 것인지에 대해 개별적인 윤리적 입장들이 충돌하게 되는데, 실천윤리학은 이러한 갈등 속에서 공정하고 이성적인 해결책을 모색한다.

환경윤리 또한 실천윤리학의 핵심 주제 중 하나이다. 기후 변화, 생물 다양성의 감소, 동물 권리와 같은 문제는 특정 개인의 문제가 아닌, 인류 전체가 책임져야 할 사회적 윤리 문제이다. 환경윤리는 인간이 자연과 맺는 관계에서 어떤 도덕적 책임을 지니는지, 자원 사용과 보호에 있어 어떤 원칙이 필요할지를 고민하며, 현세대뿐 아니라 미래 세대의 권리까지 고려하는 포괄적인 윤리적 기준을 제시한다.

결국 실천윤리학은 개인의 도덕적 성찰을 촉진할 뿐만 아니라, 사회와 제도가 책임을 다하도록 돕는 역할을 한다. 다양한 상황 속에서 이론적 윤리를 현실에 구체화함으로써, 실천윤리학은 윤리적 판단을 더욱 합리적이고 객관적인 방향으로 이끌어 간다. 따라서 실천윤리학은 윤리적 문제를 감정에 치우치지 않고 분석하고, 사회적 합의와 도덕적 진전을 이루어가려는 학문적 기반을 제공한다.

① 실천윤리학은 다양한 윤리적 상황에 대한 이론적 탐구에 주로 초점을 둔다.
② 실천윤리학은 윤리적 문제 해결에서 감정보다는 합리적 접근을 중시한다.
③ 생명윤리학에서는 윤리적 문제를 해결하기 위해 개인의 도덕적 입장을 고수한다.
④ 환경윤리에서는 주로 현세대의 자원 보호와 활용에 중점을 두고 있다.

문 7. 글의 흐름이 가장 자연스럽도록 나열한 것은?

(가) 1959년경에 또 한 번의 도약이 있었는데, 필킹턴이라는 유리 제조 업체가 개발한 플로트 공정이 그것이다. 이 공정에서는 탱크가마에서 나온 녹은 유리가 곧바로 주석 욕탕 위를 지나도록 만들었다. 그리고 주석 욕탕 위를 통과하는 녹은 유리는 판유리 모양으로 성형되면서 점점 앞으로 나아가, 서랭 터널 속에서 롤러에 의하여 운반되어 절단되기 전의 상태로 배출된다. 주석 욕탕 덕분에 연마나 광택 과정이 필요 없어진 이 혁신적인 공정에서는 원료 배합 및 용융, 성형, 서랭의 세 단계가 연속적인 하나의 공정이 되었다. 그 결과 생산성이 현저히 증가하면서, 생산 라인의 길이를 절반 이상 줄일 수 있었고, 노동 비용의 80%, 에너지 비용의 50%를 절감할 수 있었다.

(나) 초창기 판유리의 제조 공정은 '원료 배합 → 용융 → 성형 → 서랭* → 연마 → 광택'의 과정을 거쳤다. 이 제조 방법은 각 공정이 서로 분리되어 있었을 뿐 아니라 숙련공 의존도가 매우 높았기 때문에 생산 비용 또한 높을 수밖에 없었다. 그런데 1880년경 탱크가마 기술이 개발됨으로써 판유리 제조 공정에 일대 혁신이 일어났다. 판유리 제조에서 최초의 기술 혁신으로 손꼽히는 이 기술은 한쪽에서 판유리의 원료를 주입하면 다른 쪽으로 액체 유리가 나와 주형(鑄型)으로 가도록 탱크가마를 설계함으로써, 원료 배합과 용융을 하나의 공정으로 묶어 버렸다. 그 결과 생산성은 두 배로 향상되었고, 숙련공의존도도 그만큼 감소하였다.

(다) 기술은 적은 비용으로 더 많은 생산이 가능하도록 제조 공정의 효율을 높이는 방향으로 발전해 왔다. 이러한 기술 발전은 제조 공정의 일부를 서로 결합함으로써 대폭적인 비용 절감을 가능하게 하는 기술 혁신을 통하여 이루어진다. 17세기에는 유럽 귀족들의 사치품이었지만 오늘날에는 온갖 진열장에서 고층 건물의 외장재에 이르기까지 널리 사용되는 판유리의 경우가 그 좋은 예이다.

(라) 하지만 기술 혁신을 통한 생산성 향상 시도가 곧바로 수익성 증가로 이어지는 것은 아니다. 기술 혁신 과정에서 비용이 급격히 증가하거나 생각지도 못한 위험이 수반되는 경우가 종종 있기 때문이다. 만약 필킹턴 사 경영진이 플로트 공정의 총개발비를 사전에 알았더라면 기술혁신을 시도하지 못했을 것이라는 필킹턴 경(卿)의 회고는 이를 잘 보여 준다. 필킹턴 사는 플로트 공정의 즉각적인 활용에도 불구하고 그동안의 엄청난 투자 때문에 무려 12년 동안 손익 분기점에 도달하지 못했다고 한다.

① (나) - (가) - (라) - (다)
② (나) - (가) - (다) - (라)
③ (다) - (나) - (가) - (라)
④ (다) - (나) - (라) - (가)

문 8. 다음을 읽고 이해한 것으로 가장 옳지 않은 것은?

심각한 피부병을 당당히 보여주며 무대에 서는 지오르지아 라누짜(Giorgia Lanuzza), 선천성 청각장애를 딛고 수화 전도자로서의 역할을 위해 열심히 활동하는 나일 디마르코(Nyle Dimarco), 한쪽 팔이 없는 켈리 녹스(Kelly Knox) 등의 모델이 있다. 그리고 가까이에는 우리나라의 뇌병변장애 전문 무용수 최종천과 뇌성마비장애를 가지고도 안무가와 사진작가로서 활발한 작업을 이어가고 있는 이민희, 시각장애인 영화감독 임덕윤 등의 예술인들도 있다. 이들의 공통점은 장애와 비장애, 미와 추, 외형과 내면, 표면과 이면, 강자와 약자 또는 소수자의 경계를 허물며 사람들로부터 새로운 인식으로의 전환을 맞이하게 한다는 점이다.

장애가 없는 사람들을 정상인이 아닌 비장애인이라 일컫는 것은 모두 장애인이 될 수도 있음을 함축하기 때문이다. 그렇다 해도 비장애인으로서 장애인에 대해 느끼는 감정을 당장 자신과 일치시키기는 쉽지 않다. 그런데 그것이 가능했던 사람, 아니 오히려 진정으로 장애인의 마음이 되고자 했던 사람이 있으니 바로 예인(藝人) 공옥진이다. 그의 험난한 인생살이와 가족사, 예인으로서의 삶뿐만 아니라 더 이상 내려갈 곳이 없을 만큼 자신을 낮춘 겸양과 배려의 미덕이 그것을 가능하게 했음이 분명하다. 하지만 공옥진이 지나온 길에 비해 그의 삶과 예술은 인정받지 못했고 오히려 축소되거나 오해를 받아온 측면이 있다. 그러한 이유로 본고에서는 반쪽이 설화를 통해 공옥진을 주목해 보고자 한다.

오랜 구비전승 과정을 거쳐 살아남은 설화는 특유의 생기와 흡인력으로 마음을 잡아끄는 가운데 미적 흥미와 공감을 일으킨다. 설화의 인물 중에서도 특히 반쪽이는 공옥진과 닮은 데가 많다. 그의 신체적 형태와 공옥진의 모방춤은 장애 또는 결핍이나 추(醜)에 대한 경계의 상징성과 함께 인식의 전환을 넘어 보다 진화된 의식 수준을 요한다. 당장 눈앞에 보이는 신체의 모습과 춤의 흉내 행위가 아니라 그 내면을 들여다보아야 하며 그러기 위해서는 그들이 가지고 있는 서사를 통한 연관 관계와 공통적인 주제 그리고 메시지를 읽을 수 있어야 한다.

① 장애를 극복하고 활발히 활동하는 예술가들은 종래의 통념을 깨고 새로운 인식을 불러일으키고 있다.
② 설화에서의 반쪽이와 공옥진의 모방춤을 이해하려면, 그 안에 담긴 서사와 주제를 읽어내는 능력이 필요하다.
③ 필자는 공옥진이 장애인이란 이유로 예술적 가치가 과소평가된 점을 안타까워한다.
④ 오늘날까지 전해지는 설화는 여전히 사람들에게 미적 흥미를 느끼게 하고 공감을 이끌어낸다.

문 9. 다음 밑줄 친 ㉠에 들어갈 내용으로 가장 알맞은 것은?

나는 김 군을 만나면 글 이야기도 하고 잡담도 하며 시간을 보내는 때가 많았다. 어느 날 김 군과 저녁을 같이하면서 반찬으로 올라온 깍두기를 화제로 이야기를 나누었다.

깍두기는 조선 정종 때 홍현주(洪顯周)의 부인이 창안해낸 음식이라고 한다. 궁중의 잔치 때 각 신하들의 집에서 솜씨를 다투어 일품요리(一品料理)를 한 그릇씩 만들어 올리기로 하였다. 이때 홍현주의 부인이 만들어 올린 것이 그 누구도 처음 구경하는, 바로 이 소박한 음식이었다. 먹어 보니 얼근하고 싱싱하여 맛이 매우 뛰어났다. 그래서 임금이 "그 음식의 이름이 무엇이냐?"하고 묻자 "이름이 없습니다. 평소에 우연히 무를 깍둑깍둑 썰어서 버무려 봤더니 맛이 그럴듯하기에 이번에 정성껏 만들어 맛보시도록 올리는 것입니다."라고 하였다.

"그러면 깍두기라 부르면 되겠구나." 그 후 깍두기가 우리 음식의 한 자리를 차지하여 상에 자주 오르내리게 된 것이 그 유래라고 한다. 그 부인이야말로 참으로 우리 음식을 만들 줄 아는 솜씨 있는 부인이었다고 생각한다.

아마 다른 부인들은 산해진미, 희한하고 값진 재료를 구하기에 애쓰고 주방 주위에서 흔히 볼 수 있는 무·파·마늘은 거들떠보지도 아니했을 것이다. 갖은 양념, 갖은 고명을 쓰기에 애쓰고 소금·고춧가루는 무시했을지도 모른다. 그러나 재료는 가까운 데 있고 허름한 데 있었다. 중국 음식을 모방하거나 정통 궁중 음식을 본뜨거나 하여 음식을 만들기에 애썼으나 하나도 새로운 것은 없었을 것이다. 더욱이 궁중에 올릴 음식으로 그렇게 막되게 썬, 규범에 없는 음식을 만들려 들지는 아니했을 것이다. 썩둑썩둑 무를 썰면 곱게 채를 치거나 나박김치처럼 납작납작 예쁘게 썰거나 장아찌처럼 갸름갸름 썰지, 그렇게 꺽둑꺽둑 막 썰 수는 없다. 고춧가루도 적당히 치는 것이지, 그렇게 시뻘겋게 막 버무리는 것을 보면 질색을 했을 것이다. 그 점에 있어서 깍두기는 무법이요, 창의적인 대담한 파격이다.

김 군은 영리한 사람이다. "선생님, 지금 깍두기를 통해 '수필(隨筆)' 이야기를 하시는 것이지요? 결국 ______㉠______"

① 기존 수필이 다루지 않은 것에서 글감을 찾으라는 말씀이지요?
② 가독성이 좋게 쉬운 단어들로 글을 써야 한다는 말씀이지요?
③ 수필은 우리 주변의 평범한 데에서 소재를 구해야 한다는 말씀이지요?
④ 다양한 경험을 쌓아야 좋은 수필을 쓸 수 있다는 말씀이지요?

문 10. 다음 글의 내용으로 적절하지 않은 것은?

> 행복지수는 개인과 사회의 웰빙 수준을 다차원적으로 측정하려는 시도의 결과물로, 단순히 경제적 풍요만을 반영하는 GDP와 같은 지표의 한계를 보완한다. 행복지수는 삶의 만족도, 정서적 경험, 의미 추구, 사회적 관계 등 다양한 주관적 및 객관적 지표를 포괄하며, 국가의 발전 수준과 정책 효과를 평가하는 데 중요한 역할을 한다. OECD의 '더 나은 삶 지수'와 UN의 '세계 행복 보고서'는 대표적인 국제 비교 연구로, 소득, 건강, 교육뿐만 아니라 사회적 지지, 정부 신뢰도, 환경의 질 등 다양한 요소를 종합적으로 분석한다.
>
> 특히, 행복지수의 측정 및 해석에는 방법론적인 논쟁이 존재한다. 개인의 주관적인 응답에 의존하는 설문 조사 방식은 문화적 차이, 응답 편향, 일시적인 감정 변화 등의 영향을 받을 수 있다. 또한, 객관적인 지표 역시 사회경제적 불평등, 환경 오염 등 행복에 부정적인 영향을 미치는 요인을 충분히 반영하지 못할 수 있다는 비판이 제기된다. 더욱이, 평균적인 행복 수준이 높은 국가라 할지라도, 구성원 간의 행복 격차가 클 경우 사회적 불안정과 갈등을 야기할 수 있다는 점에서 '행복 불평등' 지표의 중요성이 강조되고 있다. 행복 불평등은 소득 불평등과 마찬가지로 사회 통합을 저해하는 요인으로 작용할 수 있으며, 특히 취약 계층의 웰빙에 심각한 영향을 미칠 수 있다.
>
> 한국 사회는 고속 성장을 통해 경제적 풍요를 이루었지만, 높은 경쟁 압력, 장시간 노동 문화, 사회적 연결망의 약화 등으로 인해 행복지수는 OECD 평균에 미치지 못하는 경향을 보인다. 특히, 청년층의 경우, 불안정한 고용 시장, 주택 가격 상승, 미래에 대한 불안감 등으로 인해 낮은 행복 수준을 보이는 것으로 나타난다. 이는 단순한 개인의 문제가 아닌, 사회 구조적인 문제와 밀접한 관련이 있음을 시사한다. 따라서, 행복 증진을 위한 정책은 경제 성장 중심의 접근에서 벗어나, 사회 안전망 강화, 일과 삶의 균형 추구, 정신 건강 지원 등 다각적인 접근 방식을 취해야 한다.

① 국가의 평균적인 행복 수준이 높더라도, 사회 구성원 간의 행복 격차가 작다면 사회적 통합에는 부정적이라고 평가할 수 있다.

② 행복지수 측정 방법론은 문화적 맥락, 응답자의 주관적인 편향, 일시적인 감정 변동으로 인한 영향을 완전히 배제할 수 없는 한계를 지닌다.

③ 행복지수는 GDP와 같은 경제 지표의 한계를 보완하기 위해 개발되었으며, 삶의 질을 다각적으로 측정하려는 목적을 가진다.

④ 한국 사회의 행복 수준이 OECD 평균에 미치지 못하는 현상은 개인의 심리적인 문제뿐만 아니라, 사회 구조적인 요인과도 밀접한 관련성을 가진다.

문 11. 다음 글을 토대로 할 때, 밑줄 친 부분의 문장 성분이 나머지 셋과 다른 것은?

> 문장을 구성하는 성분들은 주어, 서술어, 목적어, 보어, 관형어, 부사어, 독립어로 7가지가 있다. 여기서 주어, 서술어, 목적어, 보어는 문장의 필수 성분이며 관형어, 부사어는 부속 성분, 독립어는 독립 성분으로 구분한다.
>
> 주어는 서술어가 나타내는 동작이나 상태의 주체가 되는 말로써 명사, 대명사, 수사가 '이/가' 등과 같이 주격 조사와 결합한 형태로 나타난다.
>
> 서술어는 주어의 상태, 성질 따위를 서술하는 말로써 주로 동사, 형용사, 서술격 조사의 종결형으로 나타난다.
>
> 목적어는 문장에서 동사의 동작의 대상이 되는 문장 성분으로 기본형으로 체언이 목적격 조사와 결합한다.
>
> 보어는 문장의 불완전한 곳을 보충하는 말로써 '되다', '아니다' 앞에 조사 '이', '가'를 취하여 나타나는 문장성분이다.
>
> 관형어는 체언 앞에서 체언만을 꾸며주는 말로써 문장을 구성하는 데에 필수적인 요소는 아니다. 관형사, 용언의 관형사형, 체언과 관형격 조사 '의'의 결합 등을 통해 형성된다.
>
> 부사어는 보통 동사, 형용사, 서술격 조사의 내용을 한정하는 말로 부사, 용언의 부사형, 체언과 부사격 조사 등을 통해 형성된다.
>
> 독립어는 독립적으로 쓰이는 말로 감탄사, 제시어, 대답하는 말 등이 있다.

① 철수만 그 일을 했다.

② 그런 수학은 전문가도 못 푼다.

③ 물이 얼음으로 되었다.

④ 성공하기 위해 모두가 열심히 일한다.

문 12. 다음 글의 맥락을 고려할 때 (가)와 (나)에 들어갈 내용으로 가장 적절한 것은?

> 기준금리는 한 국가의 중앙은행이 금융시장에서 통화 정책의 방향을 조정하기 위해 설정하는 금리이다. 이는 금융기관 간 초단기 자금 대출 시 적용되는 금리를 의미하며, 다른 금리의 기준 역할을 한다. 기준금리는 물가 안정, 경기 부양, 금융 안정과 같은 경제 목표를 달성하기 위해 조정되며, 경제에 미치는 파급 효과가 매우 크다.
>
> 기준금리를 인상하면 대출 금리가 상승하고 소비와 투자가 위축되며, 이는 경제 성장을 둔화시키는 동시에 물가 상승 압력을 줄이는 효과를 낳는다. 반대로 기준금리를 인하하면 대출 금리가 하락하여 소비와 투자가 촉진되고 경제가 활성화되지만, 물가가 상승할 가능성이 높아진다. 따라서 기준금리 조정은 경제 상황에 대한 중앙은행의 판단과 밀접하게 연결되어 있다.
>
> 최근 글로벌 경제 환경 변화에 따라 많은 국가들이 기준금리를 인상하거나 인하하는 결정을 내리고 있다. 기준금리 조정의 효과는 (가) 에 따라 다르게 나타날 수 있다. 예를 들어, 국내외 금융시장 상황, 기업의 자금 조달 구조, 가계의 부채 수준 등이 기준금리의 효과에 영향을 미치는 주요 요인이다. 이러한 이유로 중앙은행은 (나) (을)를 통해 기준금리를 조정할 때, 경제 전반에 미칠 영향을 종합적으로 고려해야 한다.

① (가): 국가의 정치적 안정성과 중앙은행의 신뢰도
(나): 국가의 무역 적자와 정부의 재정 정책
② (가): 국가의 경제 구조와 금융시장 상황
(나): 국내외 경제 지표와 통화 정책 목표
③ (가): 국가의 정치적 안정성과 중앙은행의 신뢰도
(나): 국내외 경제 지표와 통화 정책 목표
④ (가): 국가의 경제 구조와 금융시장 상황
(나): 국가의 무역 적자와 정부의 재정 정책

문 13. 다음 글의 주제로 가장 적절한 것은?

> 대한민국의 간통제 폐지는 여러 가지 법적 이유에 근거한다. 첫째, 성적 자기결정권의 존중이다. 현대 사회에서는 성적 자기결정권이 중요한 가치로 자리 잡고 있다. 개인은 자신의 성적 행위를 스스로 결정할 권리가 있으며, 국가가 이를 형법으로 규제하는 것은 개인의 성적 자기결정권을 침해하는 것으로 볼 수 있다. 간통죄의 폐지는 이러한 권리를 존중하는 방향으로 나아간 결정이다.
>
> 둘째, 형법의 최후 수단성 원칙이다. 형법은 사회 질서 유지와 법익 보호를 위한 최후의 수단으로 사용되어야 한다. 즉, 다른 방법으로 해결할 수 없는 경우에만 형벌을 부과해야 한다. 간통 행위는 민사상 손해배상 등 다른 법적 수단으로 해결할 수 있는 문제로 간주될 수 있다. 따라서 형법으로 처벌할 필요성이 크지 않다는 점에서 간통죄의 폐지는 형법의 최후 수단성 원칙에 부합한다.
>
> 셋째, 시대적 변화와 사회적 인식의 변화이다. 과거에는 간통이 중대한 사회적 문제로 인식되었지만, 현대에 들어서는 결혼과 성에 대한 인식이 크게 변화하였다. 개인의 성적 자유와 다양성을 존중하는 사회적 분위기 속에서 간통죄는 시대에 뒤떨어진 법률로 인식될 수 있다. 따라서 법은 사회적 변화와 인식의 변화를 반영해야 한다는 원칙하에 간통죄의 폐지가 이루어졌다.

① 대한민국의 간통제 폐지 근거에 대한 법리적 분석
② 형법의 최후 수단성 원칙
③ 시대 변화에 따른 인식 변동
④ 법적 판단의 예측 가능성을 위한 법의 일관성

문 14. 다음 글을 이해한 내용으로 가장 적절한 것은?

하종오의 「동승」은 국철을 타는 여정에서 화자가 타인과의 관계에서 느끼는 소외감과 부끄러움을 중심으로, 자기 성찰과 인간 관계에 대한 고민을 담은 시이다.

1~4행에서는 화자가 국철에 앉아 "알아들을 수 없는 말"을 하는 아시안 젊은 남녀를 바라보는 모습이 나타난다. 이들은 화자와 같은 공간에 있지만, 언어의 장벽으로 인해 화자와 단절된 채 독립된 세계를 구성한다. 이는 화자로 하여금 그들과의 소통 부재를 의식하게 하고, 자신이 타인을 단순히 관찰하고 판단하려는 태도를 취하고 있음을 자각하게 한다.

5~12행에서는 "동승하지 못했으니 낯짝 부끄러웠다"라는 구절을 통해, 화자가 타인과 함께하지 못한다는 사실에 대한 자각과 부끄러움이 드러난다. 이 부끄러움은 화자의 자기 중심적 관찰 태도에서 기인하며, '천박한 호기심'이라는 자의식적 비판으로 이어진다. 하지만 화자는 이러한 자각을 통해 자신이 타인을 바라보는 시선이 단절적이고 일방적임을 깨닫는다.

13~20행에서는 "국철은 회사와 공장이 많은 노선을 남겨 두고 있었다"라는 구절로, 젊은 남녀 역시 화자와 마찬가지로 삶의 무게를 짊어진 존재일 것이라는 추론을 드러낸다. 그러나 화자는 여전히 타인과의 '동승'이 불가능하다는 현실 속에 머물며, 이는 타인과의 소통 부재와 스스로의 내적 고립감을 반영한다.

이 시는 '동승'이라는 제목을 통해 함께하는 것에 대한 열망과 이를 실현하지 못하는 고립의 현실을 대비적으로 드러내며, 타인과의 관계에서 화자가 느끼는 심리적 갈등과 부끄러움을 효과적으로 담아낸다.

① 「동승」에서 화자는 타인과의 관계에서 느끼는 고립감으로 인해 관계에 대한 정의를 새롭게 모색하려는 의지를 가진다.
② 「동승」에서 "동승하지 못했으니 낯짝 부끄러웠다"는 구절은 화자가 타인과의 관계에서 소외를 느끼는 동시에, 자신의 천박한 태도에 대해 반성하며 이를 극복하려는 노력을 암시한다.
③ 「동승」에서 "국철은 회사와 공장이 많은 노선을 남겨 두고 있었다"는 구절은 화자가 타인의 삶을 이해하고, 타인과의 관계 회복을 통해 내적 성숙을 이루게 되는 계기를 나타낸다.
④ 「동승」에서 화자는 타인과의 소통 부재 속에서 느낀 소외와 부끄러움을 바탕으로 자신의 내면을 성찰하지만, 결국 고립된 현실을 받아들이는 모습을 보여준다.

문 15. 다음 글을 읽고 이해한 것으로 가장 옳은 것은?

복화술(腹話術, ventriloquism)은 마치 인형이 말하는 것처럼 보이도록 연기하는 기술이다. 실제로 말하는 사람은 거의 입술을 움직이지 않아 말을 하지 않는 것처럼 보이는 반면, 인형의 입은 목소리에 맞춰 움직이기 때문에 관객들은 인형이 말하는 것으로 착각하게 된다. 고대부터 발달되어 온 이 독특한 기예의 명칭은 한자와 영어 모두 배로 말한다는 의미에서 유래했다. 고대에는 복화술이 종교 의식이나 주술적인 행위에서 신의 목소리를 빌려 대중에게 메시지를 전달하는 수단으로 사용되었다. 오늘날 마술이나 인형극 등에서 주로 사용되듯이 복화술이 오락과 유희 수단으로 자리잡은 것은 19세기 이후이다. 19세기 말에서 20세기 초에 걸쳐 서양에서는 복화술을 이용한 공연이 큰 인기를 끌었다. 특히 에드가 버건(Edgar Bergen)과 그의 인형 찰리 맥카시(Charlie McCarthy)는 라디오와 텔레비전 쇼를 통해 많은 사랑을 받았다. 이 덕분에 복화술은 단순한 기교가 아니라 예술의 한 장르로 대중에게 인정받게 되었다.

복화술의 특징은 입술을 거의 움직이지 않은 채 혀를 주로 사용하면서 횡격막 호흡으로 소리를 내는 데 있다. 특히 'B', 'P', 'M' 같은 자음은 입술을 붙였다가 떼야 해서 입술의 움직임이 커질 수밖에 없다. 따라서 이런 자음이 들어간 단어는 같은 뜻을 가졌지만 다른 자음으로 이뤄진 단어로 바꿔 말할 수 있는 순발력이 중요하다. 우리말로 예로 든다면 "배(Bae)가 고프(p)다."를 "시장하다."로 바꿔 말하는 것이다. 또는 비슷한 발음으로 흘려 말함으로써 관객들은 문맥상 본래의 자음으로 착각하게 만드는 방법도 있다. 예를 들어, 'B'는 'D'로, 'M'은 'N'으로 바꿔 말하되 말의 속도를 빠르게 하여 흘려보낸다.

복화술은 기술뿐만 아니라 연기력도 매우 중요하다. 단순히 인형을 움직이고 목소리를 내는 데 그쳐서는 관객들이 몰입하는 데 한계가 있다. 복화술사는 인형이 마치 살아있는 인격체인 것처럼 연기해야 하며 인형이 말할 때는 관객의 시선이 인형에 집중되도록 만들어야 한다. 나아가 복화술사와 인형의 캐릭터를 어떻게 설정할지, 이를 대사를 통해 어떻게 나타낼지, 유머스러운 상황이나 대사를 통해 오락적 기능을 어떻게 극대화할 것인지 등도 매우 중요하다. 이렇듯 복화술은 완성도 높은 대본, 뛰어난 연기력, 기술이 모두 충족되어야 하나의 예술로 승화할 수 있다.

① 복화술은 군중을 통제하기 위한 정치적 수단으로 사용되었다.
② 복화술의 명칭은 입술을 움직이지 않고 말하는 기술이란 의미에서 유래했다.
③ 복화술사는 유머스러운 상황을 연출하기 위해 일부러 자음을 바꿔 발음한다.
④ 복화술이 예술로 인정받으려면 복화술사의 연기력이 뒷받침되어야 한다.

문 16. 다음 글에 대한 분석으로 적절한 것을 <보기>에서 모두 고른 것은?

> 갑: '환경 보호'란 인간의 활동으로 인해 발생하는 모든 형태의 환경 파괴를 예방하고, 이미 파괴된 환경을 복원하는 것을 목표로 하는 활동이다. 그렇다면 어떻게 환경 보호가 가능할까? 그 방법은 인간의 모든 활동에서 발생하는 오염을 완전히 제거하고, 자연의 원래 상태로 복원하는 것이다. 이런 활동은 가능하며, 그렇다면 우리는 자연을 본래의 상태로 되돌릴 수 있을 것이다.
>
> 을: 인간의 모든 활동에서 발생하는 오염을 완전히 제거하는 것은 이상일 뿐 현실화할 수 없다. 산업 혁명 이후의 경제 발전은 지속적으로 환경에 영향을 미쳐 왔다. 따라서 현재의 기술과 경제 구조를 고려할 때, 인간의 모든 활동에서 발생하는 오염을 완전히 제거하는 것은 불가능하다.
>
> 병: 오염을 완전히 제거하지 못한다고 해서 환경 보호가 불가능한 것은 아니다. 환경 보호 활동은 오염을 줄이고, 자연을 더 건강하게 만드는 것이 목표이다. 인간의 활동에서 발생하는 오염을 줄이고, 자연을 보호하는 활동을 지속하면, 우리는 환경을 더 나은 상태로 만들 수 있다. 따라서 오염을 완전히 제거하지 않더라도 환경 보호는 가능하다.

〈보기〉

> ㄱ. 한 연구에서 모든 인간 활동은 환경에 영향을 미칠 수밖에 없다는 것은 갑의 입장을 약화한다.
>
> ㄴ. 한 산업이 오염을 전혀 발생시키지 않고도 성공적으로 운영되었다는 사례는 을의 입장을 약화한다.
>
> ㄷ. 오염을 줄이는 다양한 기술들이 개발되었고, 이를 통해 환경이 개선되었다는 사례는 병의 입장을 강화한다.

① ㄱ　　② ㄱ, ㄷ
③ ㄴ, ㄷ　　④ ㄱ, ㄴ, ㄷ

문 17. 다음 글의 모든 문장이 참일 때, 밑줄 친 결론을 이끌어내기 위해 추가해야 할 것은?

> 무용을 즐겨 보는 모든 사람은 음악회 가는 것을 좋아한다.
> 따라서 음악을 듣지 않는 어떤 사람은 무용을 즐겨 보지 않는다.

① 음악회 가는 것을 좋아하지 않는 어떤 사람은 음악을 듣지 않는다.
② 음악회 가는 것을 좋아하는 어떤 사람은 무용을 즐겨 보지 않는다.
③ 음악회 가는 것을 좋아하지 않는 모든 사람은 음악을 듣는다.
④ 무용을 즐겨 보지 않는 모든 사람은 음악을 듣지 않는다.

문 18. 다음 글을 이해한 내용으로 적절하지 않은 것은?

> 드워킨과 롤스는 모두 사회 구성원의 권리를 조명하고, 사회 구성원 간의 관계를 구축하는 데 큰 관심을 가졌다.
>
> 롤스는 사회 구성원 간의 사회적, 경제적 불평등을 최소화하여 구성원 각각의 삶의 질을 보장하는 국가의 복지적 역할에 주목했다. 모든 사람에게 동등한 기본적 자유를 보장하는 '평등한 자유의 원칙'을 제시하며, 사회 구성원 간의 소득 불평등을 완화하기 위해 '차등의 원칙'을 제안한다. 반면 드워킨은 사회 구성원의 기본적 삶의 질을 보장하기 위해 복지 국가의 역할을 강조하였으나, 개인의 삶의 맥락 속에서 평등을 더 중요시했다. 모든 사람이 자신의 삶에 대한 통제력을 가질 수 있도록 해야 한다는 '생활 수준의 평등' 개념을 제시한다. 즉, 삶의 기본적인 가치를 충족시키기 위해 사회 구성원에게 불평등하게 자원을 배분하는 것을 허용한 것이다.
>
> 한편 드워킨은 정의는 개인의 삶의 맥락에서 실현되어야 한다고 주장하며 개인의 자율성과 책임을 중시하였다. 그러나 롤스는 사회 구성원 간의 협력과 사회적 합의를 통해 정의를 실현해야 한다고 주장하였으며 '사회적 정의' 개념을 사용하여 사회 구성원 간의 공유된 가치를 기반으로 정의의 개념을 세웠다.

① 드워킨은 롤스와 마찬가지로 복지국가를 통해 사회 구성원의 기본적 삶의 질을 보장할 것을 주장하였다.
② 롤스는 불평등의 최소화를 위해, 드워킨은 삶의 기초적 가치 충족을 위해 자원의 차등 분배를 비판하였다.
③ 롤스는 드워킨과 마찬가지로 평등주의자였으며, 사회 구성원 사이의 정의로운 관계를 중시하였다.
④ 롤스는 사회의 공유된 가치에 기반하여, 드워킨은 개인적 맥락 안에서 정의를 실현할 것을 주장하였다.

문 19. 다음 글의 내용으로 적절한 것은?

> 유럽연합(EU)은 글로벌 공급망의 투명성과 책임성을 강화하기 위해 공급망 실사지침을 도입하였다. 이 지침은 EU 내에서 운영되는 기업들이 그들의 공급망 전반에 걸쳐 인권 침해, 환경 파괴, 부패 등의 위험 요소를 사전에 식별하고 관리할 수 있도록 지원하는 것을 목적으로 한다. 특히, 지속 가능한 무역을 촉진하고, 소비자들에게 책임 있는 제품을 제공하기 위해 이러한 실사 과정이 필수적이라고 강조하고 있다.
>
> 공급망 실사지침의 주요 구성 요소는 다음과 같다. 첫째, 기업들은 자사의 공급망에 속한 모든 단계에서 잠재적인 위험을 평가해야 한다. 이를 위해 정기적인 현장 실사와 데이터 분석을 수행하며, 공급업체와의 긴밀한 협력이 요구된다. 둘째, 위험이 확인된 경우, 기업들은 이를 완화하기 위한 구체적인 조치를 마련하고 실행해야 한다. 이는 노동 조건 개선, 환경 보호 조치 강화, 부패 방지 프로그램 도입 등을 포함할 수 있다. 셋째, 기업들은 실사 결과와 개선 조치를 투명하게 공개함으로써 이해관계자들과의 신뢰를 구축해야 한다.
>
> 그러나 공급망 실사지침의 도입에는 여러 도전 과제도 존재한다. 첫째, 글로벌 공급망의 복잡성으로 인해 모든 공급업체를 일일이 실사하는 것은 시간과 비용 면에서 큰 부담이 될 수 있다. 둘째, 일부 공급업체는 실사 과정에서 부정직하게 정보를 제공하거나 실질적인 개선을 저지하는 경우가 발생할 수 있다. 셋째, 실사 기준이 명확하지 않거나 일관되지 않을 경우, 기업들은 이를 효과적으로 준수하기 어려울 수 있다. 이러한 문제들은 지침의 효과를 저해하고, 궁극적으로는 지속 가능한 무역 목표 달성에 장애가 될 수 있다.
>
> EU는 이러한 도전 과제를 극복하기 위해 다양한 지원 방안을 마련하고 있다. 예를 들어, 중소기업을 대상으로 각 회사마다 필요한 실사 비용을 지원하거나, 프로그램 개발에 도움을 준다. 또한 공급망 관리 소프트웨어의 개발을 촉진하고 국제적인 협력을 통해 글로벌 표준을 확립하여, 다양한 이해관계자 간의 소통을 강화함으로써 실사 과정의 효율성과 신뢰성을 높이고자 노력하고 있다.
>
> 결론적으로, EU의 공급망 실사지침은 지속 가능한 무역을 실현하기 위한 중요한 도구로 자리매김하고 있다. 비록 도입 과정에서 여러 도전 과제가 존재하지만, 이를 해결하기 위한 지속적인 노력과 협력이 병행될 때, 글로벌 공급망의 투명성과 책임성이 크게 향상될 것으로 기대된다. 이는 궁극적으로 EU 내외의 경제적, 사회적 지속 가능성을 높이는 데 기여할 것이다.

① EU의 공급망 실사 지침은 모든 기업에게 동일한 비용 부담을 요구한다.
② 공급망 실사 지침 도입으로 인해 기업들은 공급업체와의 협력 강화를 통해 지속 가능한 무역을 촉진할 수 있다.
③ 공급망 실사지침의 효과를 저해하는 주요 요인 중 하나는 기업들이 실사 기준을 명확히 이해하고 있다는 점이다.
④ EU는 공급망 실사지침의 도입을 포기하고 다른 대안을 모색하고 있다.

문 20. (가)와 (나)를 전제로 할 때 빈칸에 들어갈 결론으로 가장 적절한 것은?

> (가) 발해사에 관심이 있는 사람 중 일부는 조선사에 관심이 없다.
> (나) 고려사에 관심이 있는 사람 중 조선사에 무관심한 사람은 없다.
> 따라서 [   ].

① 발해사에 관심이 있는 사람 중 일부는 고려사에 관심이 없다
② 고려사에 관심이 있는 사람 중 일부는 발해사에 무관심하지 않다
③ 고려사에 관심이 있는 사람은 모두 발해사에 관심이 있는 사람이 아니다
④ 조선사에 관심이 있지만 발해사에 관심이 없는 사람은 모두 고려사에 관심이 있는 사람이 아니다

약점 보완 해설집 p.62

제18회 모의고사

문 1. 다음 글을 고쳐 쓰기 위한 방안으로 적절하지 않은 것은?

㉠ 사진전에 다녀와서

수업 시간에 선생님께서 소개해 주신 사진전에 다녀왔다. 그곳에서는 '빛 공해'의 실태를 보여 주고 적절한 조명을 권장하는 취지에 ㉡ 걸맞는 작품들을 전시하고 있었다.

'빛 공해'란 과도하고 불필요한 조명으로 사람과 동식물이 입는 여러 가지 피해를 말한다.

㉢ 어두워야 할 밤에 지나친 조명을 받으면 인체의 호르몬 분비에 이상이 생기고 생체 리듬이 깨지며, 식물의 생장에도 장애가 된다고 한다.

나는 여러 작품 중 특히 도시의 건물 사이에 넘쳐 나는 조명을 용암처럼 표현한 작품을 보고 큰 충격을 받았다. 우리가 무심코 켜 놓은 불빛들이 모여 도시를 끓게 하고 있었다니 ㉣ …….

관람을 마치고 나오니 '빛 공해'를 주제로 한 표어 대회가 진행되고 있었다. 사진전에서 받은 인상이 깊었기 때문에 나도 빛 공해를 줄이기 위한 실천이 필요하다는 내용의 표어를 제시하고 돌아왔다.

① 사진전의 주제가 드러나도록 ㉠은 '빛 공해 사진전에 다녀와서'로 구체화하는 것이 좋겠어.
② 어문 규범에 맞지 않으므로 ㉡은 '걸맞은'으로 바꿔야겠어.
③ 문단 구성을 자연스럽게 하기 위해 ㉢은 앞 문장과 연결하여 한 문단으로 만드는 것이 좋겠어.
④ 글의 흐름을 자연스럽게 하기 위해 ㉣은 '사진작가의 능력이 대단하게 느껴졌다'로 생략된 내용을 채우는 것이 좋겠어.

문 2. 다음 글의 이해로 적절하지 않은 것은?

유신론은 신의 존재를 믿는 입장으로, 종교적 신념에 근거한다. 신의 존재를 믿음으로써 인간은 윤리적 지침과 존엄성을 얻을 수 있다는 주장이 이들의 핵심이다. 구체적으로는 종교적 텍스트나 전통, 신화에 근거하여 신의 존재를 확신하며, 믿음을 통해 인간은 신에 대한 관계를 형성하고 신의 가르침을 따르려고 한다.

무신론은 신의 존재를 부정하는 입장으로, 과학적이고 경험적 증거를 강조한다. 무신론자는 미지의 영역에 대해 가정하기보다는 검증 가능하고 논리적으로 설명 가능한 것만을 받아들이는 경향이 있다. 무신론은 종교적 신념을 비판하며, 인간의 이성과 경험을 토대로 세계를 이해하려고 한다.

불가지론은 신의 존재에 대해 결론을 내릴 수 없다는 입장으로, 신에 대한 존재 또는 부재에 대한 근본적인 질문에 대한 답이 불확실하다고 주장한다. 불가지론자는 신의 존재를 입증할 수 있는 충분한 증거가 부족하다고 판단하는 동시에 이러한 문제를 해결하기에는 인간의 이성이 한계를 가지고 있다고 본다.

하지만 신에 대한 같은 태도를 보이더라도 구체적인 모습은 상이할 수 있다. 예를 들어, 종교에서 유신론은 신의 존재를 믿는다는 공통적인 특징을 가지고 있지만, 신념의 내용과 형태는 각각 다양하다. 무신론은 과학과 경험을 중시하며 신의 부재를 주장하지만, 그중에서도 강경한 무신론과 상대적으로 열린 무신론이 존재한다. 그러나 불가지론은 결정적이거나 명백한 답을 내리지 않으며, 신의 존재에 대한 불확실성을 강조하기에 대부분 유사한 편이다.

① 유신론에서 믿음의 근거는 다양하나 믿음을 통해 신을 따르려는 모습은 동일하구나.
② 무신론은 유신론과 달리 믿음보다는 이성과 논리의 관점을 가지고 있구나.
③ 불가지론은 신의 존재를 증명할 증거를 따진다는 점에서 근본적으로는 무신론과 입장을 같이하는구나.
④ 유신론과 무신론은 그 구체적인 주장이나 특징에 따라 상세히 분류할 수 있구나.

문 3. 다음 글에 대한 설명으로 가장 적절한 것은?

> 황지우의 「새들도 세상을 뜨는구나」는 억압된 현실 속에서 자유를 갈망하는 화자의 소망과 체념을 동시에 담아낸 시이다.
>
> 1~2행 '영화가 시작하기 전에 / 우리는 일제히 일어나 애국가를 경청한다 / 삼천리 화려강산의 / 을숙도에서 일정한 군을 이루며'에서 '일제히 일어나'라는 표현은 강제적이고 획일적인 현실에 순응해야 하는 화자의 억압된 상황을 보여준다. 화자는 사회적 억압에 의해 개인의 의지가 배제된 채 집단행동을 강요받는 자신의 현실을 암묵적으로 비판한다.
>
> 이후 5~7행 '갈대 숲을 이륙하는 흰 새떼들이 자기들끼리 끼룩거리며 자기들끼리 깔깔거리며'라는 구절에서의 흰 새떼는 자유롭고 자신들만의 세상을 향해 날아가는 존재로 묘사된다. 11~13행 '우리들도 우리들끼리 / 낄낄대면서 / 깔쭉대면서 / (중략) ㉠ 이 세상 밖 어디론가 날아갔으면'은 시적 화자 역시 새들과 마찬가지로 자유롭게 세상을 향해 날아가는 듯한 모습을 보여주지만, 19행~20행 '대한 사람 대한으로 / 길이 보전하세로 / 각각 자기 자리에 앉는다, 주저앉는다'고 말하며, 현실로부터 벗어날 수 없는 자신의 한계를 고백한다. 여기서 흰 새떼는 억압된 현실 속에서 벗어나 자유롭게 비상하고자 하는 화자의 열망을 상징하지만, 동시에 자신의 현실과는 대조되는 대상이다.
>
> 마지막 시행 '길이 보전하세로 각각 자기 자리에 앉는다 주저앉는다'는 반복적 표현을 통해 화자가 체념과 좌절을 받아들이고 있음을 암시한다. 이는 사회적 억압 속에서 자기 자리로 돌아갈 수밖에 없는 무력감을 드러낸다. 이 시는 흰 새떼와 화자를 대비시키며 자유와 억압, 희망과 체념이라는 대립적 구조를 통해 독자로 하여금 현실 속 개인의 위치와 한계를 성찰하게 한다. 또한, 화자가 속한 세계와 흰 새떼가 날아가는 세상이 극명히 대비됨으로써 시적 긴장감과 메시지를 강화한다.

① '새들도 세상을 뜨는구나'에서 화자는 개인적 존재가 아닌 공동체적 존재로 표현되고 있다.
② '새들도 세상을 뜨는구나'에서 ㉠은 억압과 강요가 존재하는 현재를 의미하고 ㉠의 밖은 개인의 자유가 있었던 과거를 의미한다.
③ 1~2행과 19~20행을 통해 볼 때, 애국가의 시작과 종결이 시상과 연관되어 있음을 알 수 있다.
④ '새들도 세상을 뜨는구나'에서 화자는 자신이 속한 세계와 '흰 새떼'의 세상을 대비하여 현실에 대한 극복 의지를 다진다.

문 4. 다음 글의 내용으로 적절한 것은?

> 반지성주의는 지성, 이성, 고등 교육, 전문 지식 등을 불신하거나 경시하는 태도 및 사상을 포괄하는 광범위한 개념이다. 이는 단순히 지적 활동에 대한 무관심을 넘어, 때로는 적대감이나 반발심으로 표출되기도 한다. 반지성주의는 역사적으로 다양한 사회적, 문화적 맥락에서 나타났으며, 특정 시대나 계층에 국한된 현상이 아니다. 대중의 일반적인 지식이나 경험을 중시하는 경향은 민주주의 사회에서 긍정적인 측면으로 작용할 수 있지만, 극단적인 반지성주의는 검증되지 않은 정보의 확산, 전문가의 권위 실추, 심지어는 과학적 사실의 부정으로 이어질 수 있다는 점에서 우려를 낳는다.
>
> 반지성주의는 여러 가지 요인에 의해 촉발될 수 있다. 예를 들어, 복잡한 문제에 대한 즉각적이고 단순한 해답을 선호하는 경향, 엘리트주의에 대한 반감, 정보 접근성의 확대에 따른 검증되지 않은 정보의 범람 등이 반지성주의의 확산을 부추길 수 있다. 특히, 현대 사회에서는 소셜 미디어와 같은 플랫폼을 통해 개인의 주관적인 의견이나 음모론이 객관적인 사실보다 더 큰 영향력을 행사하는 현상이 두드러지면서 반지성주의가 더욱 심화되는 경향을 보인다. 또한, 정치적인 목적을 가지고 반지성주의를 활용하는 경우도 있는데, 특정 집단의 지지를 얻기 위해 지식인이나 전문가를 공격하는 전략이 대표적인 사례이다. 이러한 반지성주의의 확산은 사회적 논의의 질적 저하, 합리적인 의사 결정의 어려움, 심지어는 사회 분열까지 초래할 수 있다는 점에서 심각한 문제로 지적된다.

① 반지성주의는 고등 교육을 받은 특정 엘리트 계층에서만 나타나는 특수한 현상으로, 대중의 일반적인 사고 방식과는 괴리되어 있다.
② 소셜 미디어의 확산은 개인의 주관적인 의견이 객관적인 사실보다 더 큰 영향력을 행사하는 상황을 초래하여 반지성주의를 심화시키는 경향을 보인다.
③ 민주주의 사회에서 대중의 경험과 지식을 중시하는 경향은 그 자체로 반지성주의의 부정적인 결과이며, 사회 발전을 저해하는 요인으로 작용한다.
④ 정치적인 목적을 가진 집단은 객관적인 사실에 기반한 논쟁을 통해 대중의 지지를 얻으려 하기 때문에, 반지성주의를 활용하는 사례는 거의 나타나지 않는다.

문 5. 다음 글을 읽고 이해한 것으로 가장 옳은 것은?

옥토버페스트(Oktoberfest)는 독일 바이에른(Bavaria)주 뮌헨(Munich)에서 열리는 맥주 축제다. 10월을 의미하는 옥토버라는 이름에도 불구하고, 대부분 축제 기간은 9월에 집중된다. 옥토버페스트의 역사는 바이에른의 루트비히 왕세자(훗날의 루트비히 1세)가 테레제 공주와 결혼한 1810년으로 거슬러 올라간다. 당시 뮌헨에서는 성문 앞 들판에서 열리는 경마를 포함해 왕실의 결혼을 축하하는 축제가 열렸고, 이것이 옥토버페스트의 시작이 되었다. 오늘날, 옥토버페스트는 세계에서 가장 크고 가장 유명한 맥주 축제 중 하나로, 전 세계로부터 수백만 명의 방문객을 끌어들인다. 뮌헨(Munich)의 큰 공터인 테레지엔비제(The Theresienwiese)는 다양한 양조장에서 설치한 수많은 맥주 텐트로 장관을 이룬다.

독일은 맥주 양조의 역사가 길기로 유명하고 자부심도 대단하다. 1516년 바이에른 공국에서 제정한 맥주 순수령에 따라 독일 맥주는 물, 맥아, 홉, 효모 네 가지 주재료를 사용해 양조한다. 재료가 제한되므로 재료 자체의 품질도 중요할 뿐만 아니라 다른 첨가물로 맛과 향을 속일 수 없는 만큼 양조 기술도 발전할 수밖에 없었다. 이러한 역사와 자부심만큼이나 독일 맥주의 종류도 다양한데, 몇 가지 대표적인 종류로 필스너(Pilsner), 바이젠비어(Weizenbier), 메르젠(Märzen), 쾰시(Kölsch) 등이 있다.

필스너는 깔끔하고 상쾌한 맛이 나는 옅은 황금빛의 라거로, 홉의 쓴맛과 향이 적당하다. 최초의 필스너 방식은 1842년 지금의 체코 필센(Pilsen)시에서 유래했으나 독일 양조장들이 이를 그들만의 방식으로 발전시켰다. 필스너는 흙의 향과 약간의 매운맛을 띠는 사츠(Saaz)라는 홉을 사용해 양조한다. 바이젠비어는 밀맥주라고도 부르는데, 보리 맥아뿐만 아니라 밀을 50% 이상의 비율로 사용한다. 라거인 필스너와 달리 바이젠비어는 에일로서 풍부한 과일 향이 특징이다. 바이에른주를 비롯한 남부 독일에서 주로 양조하며, 중세 시대에 수도원에서 처음 양조를 시작했다고 한다. 바이젠비어의 종류로는 효모 침전물을 포함하는 헤페바이젠(Hefeweizen), 맑은 맥줏빛을 얻기 위해 침전물을 걸러낸 크리스탈바이젠(Kristallweizen), 짙은 빛깔을 띠는 둔켈바이젠(Dunkelweizen) 등이 있다. 메르젠은 풍부한 맥아의 풍미가 살아있는 호박빛의 라거이다. 전통적으로 옥토버페스트 기념행사를 위해 만들어졌으며, 깔끔하고 건조한 뒷맛과 함께 균형 잡힌 단맛을 느낄 수 있다. 메르젠 맥주는 바이에른주에 뿌리를 두고 있으며, 전통적으로 3월에 양조하여 여름철에는 시원한 동굴에 보관한다. 메르젠 맥주의 특징인 호박색은 뮌헨의 맥아를 사용하는 데에서 비롯한다고 한다. 쾰시(Kölsch)는 독일 서부의 쾰른(Köln)에서 유래한 맑은 빛깔의 과일 맛과 은은한 쓴맛이 어우러진 에일이다. 쾰시는 에일 효모로 발효하지만 라거처럼 차가운 온도에서 숙성하는 방식이 특징이다. 청량함을 유지하기 위해 종종 슈탕에(Stange)라고 부르는 가느다란 유리잔으로 제공된다.

① 필스너와 쾰시는 라거 맥주이다.
② 헤페바이젠이 크리스탈바이젠보다 맥줏빛이 맑다.
③ 메르젠 맥주는 옥토버페스트가 열리는 지역의 맥아를 사용한다.
④ 독일 순수령에 따라 독일 맥주의 주재료는 물, 밀, 홉, 효모로 제한된다.

문 6. 다음 글의 이해로 적절한 것은?

언어능력은 선천적인 요소와 환경의 상호작용으로 형성되며, 정적인 한계로 규정되지 않는다. 기본적으로 언어능력은 뇌의 신경 회로망이 복잡한 상호작용을 통해 발달한다. 뇌의 구조와 기능은 선천적인 특성이지만, 이는 유기적인 학습과 경험에 의해 계속해서 발전한다. 언어 능력은 뇌의 다양한 영역과 연결되어 있으며, 학습과 경험을 통해 새로운 연결과 회로가 형성된다.

환경도 언어 능력의 형성에 결정적인 영향을 미친다. 아이들은 언어를 주변에서 듣고 체험함으로써 언어를 습득한다. 언어는 사회적 상호작용의 결과로써 발전하며, 언어 환경이 풍부할수록 언어 능력이 향상된다. 따라서, 언어능력은 선천적인 요소와 함께 환경적 영향을 받아 형성되는 동적인 과정이라 할 수 있다.

다문화 및 다양한 국가에서의 연구 결과에 따르면, 언어습득 능력은 환경적인 다양성에 따라 크게 다름을 보여준다. 복합적인 언어 환경에서 자란 아이들은 여러 언어를 동시에 습득하는 경향이 있다. 이는 인간의 언어적 유연성과 적응력을 보여주며, 선천적 제약을 뛰어넘는 언어능력의 동적인 특성을 강조한다.

따라서, 언어능력은 선천적 한계로 규정되는 것이 아니라, 지속적인 학습과 다양한 경험에 의해 발전되는 동적인 능력이다. 인간의 언어능력은 유기적인 뇌의 발달, 환경적 영향, 다양성에 대한 노출 등 다양한 요인들이 상호작용하여 형성된다. 이는 언어능력은 끊임없이 변화하고 발전할 수 있는 가능성이 있음을 시사한다.

① 후천적인 노력은 뇌의 선천적 구조와 기능을 변화시켜 그 능력을 개선할 수 있다.
② 언어 습득에 있어 언어 환경은 후천적 요소로, 선천적 요소와 상호작용하지 않는다.
③ 복합적인 언어 환경이 마련되지 않는다면 언어능력의 제약을 뛰어넘을 수 없다.
④ 언어능력의 발전 가능성은 시간이 지남에 따라 사라진다.

문 7. 다음 글에서 추론할 수 없는 것은?

> 호펠드(Hohfeld)는 법률관계를 분석하는 데 중요한 기여를 한 법학자이다. 그의 대표적인 견해는 법적 권리와 의무를 정확히 이해하기 위해 이를 여러 가지 유형으로 나누어 설명해야 한다는 것이다. 호펠드는 법적 권리와 의무를 다음과 같이 네 가지 기본 개념으로 구분했다.
> 권리(Claim Right)는 법적 권리자가 다른 사람에게 특정 행동을 하도록 요구할 수 있는 권리이다. 이 권리는 타인이 법적으로 특정 행동을 해야 한다는 것을 의미한다. 권리는 대개 법적 의무와 관련이 있으며, 권리자가 요구하는 특정 행동이 법적으로 강제될 수 있음을 의미한다. 이 권리는 법적 구속력을 가지며, 권리자는 상대에 의해 자신의 권리가 침해될 경우 법적 구제를 받을 수 있다.
> 자유(Privilege)는 개인이 특정 행동을 할 수 있는 권리나 능력이며, 다른 사람이 그 행동을 하지 못하게 할 법적 권한이 없다는 것을 의미한다. 자유는 법적 제약이 없는 상태를 의미한다. 즉, 개인이 어떤 행동을 수행할 수 있는 권리가 있으나, 이는 다른 사람에게 특정 의무를 부과하지 않으며, 법적으로 보장된 '제한되지 않은 상태'를 나타낸다. 자유는 법적 구속이 아닌 자율성의 측면을 강조한다.
> 권한(Power)은 개인이 법적 관계를 변화시킬 수 있는 능력이다. 이는 특정 법적 상황에서 자신의 법적 지위를 변경할 수 있는 능력을 말한다. 권한의 행사로 인해 법적 관계나 법적 상태가 변경될 수 있으며, 이는 법적 시스템의 유연성을 보장한다.
> 면책(Immunity)은 특정 개인이 다른 사람이 자신의 법적 지위를 변경할 수 없는 상태를 말한다. 즉, 면책을 가진 개인은 외부의 법적 영향(형사상 소추 등)에 의한 법적 지위 변동으로부터 보호받는다.

① A가 B에게 자전거를 대여하여 A에게 B로부터 약속한 대로 자전거를 돌려받을 권리가 생겼다면, B는 자신의 권리가 침해될 경우 법적 구제를 받을 수 있다.
② C가 자신의 집 앞 정원에서 꽃을 심을 자유를 가진다면, 다른 이는 C에게 꽃을 심지 말라고 강제할 수 없다.
③ D가 특정 회사를 대표하여 계약을 체결할 권한을 가진다면 D에 의해 회사의 법적 상태가 변할 수 있다.
④ E가 특정 법률에 의해 면책을 가진다면, 자신의 법적 지위를 바꾸려는 외부의 영향으로부터 보호받는다.

문 8. <보기 1>을 바탕으로 <보기 2>와 같이 파생어를 분류하는 활동을 하였다. 이에 대한 설명으로 적절하지 않은 것은?

〈보기 1〉

> 파생어는 어근에 접사가 붙어 이루어진 말이다. 파생어 형성의 결과는 다음과 같이 분류된다.
> ㉠ 품사와 문장 구조에 변화가 없음.
> 예 명사 '형'에 '맏-'이 붙어 명사 '맏형'이 된다.
> ㉡ 파생어가 되어 품사가 달라짐.
> 예 동사 '높다'의 '높-'에 '-음'이 붙어 명사 '높음'이 된다.
> ㉢ 파생어의 사용으로 문장 구조가 달라짐.
> 예 '잡다'에 '-히-'가 붙어 '잡히다'가 되면 '경찰이 도둑을 잡다.'와 같은 문장이 '도둑이 경찰에게 잡히다.'처럼 바뀐다.
> ㉣ 위의 ㉡과 ㉢ 모두에 해당함.
> 예 형용사 '낮다'에 '-추-'가 붙어 동사 '낮추다'가 되면 '방 온도가 낮다.'와 같은 문장이 '내가 방 온도를 낮추다.'처럼 바뀐다.

〈보기 2〉

> 맏형 높음 잡히다 낮추다
> 멋쟁이 새빨갛다 날개 열리다 읽히다
>
> ↙ ↓ ↓ ↘
>
> | ㉠ | ㉡ | ㉢ | ㉣ |
> |---|---|---|---|
> | 맏형 | 높음 | 잡히다 | 낮추다 |
> | … | … | … | … |

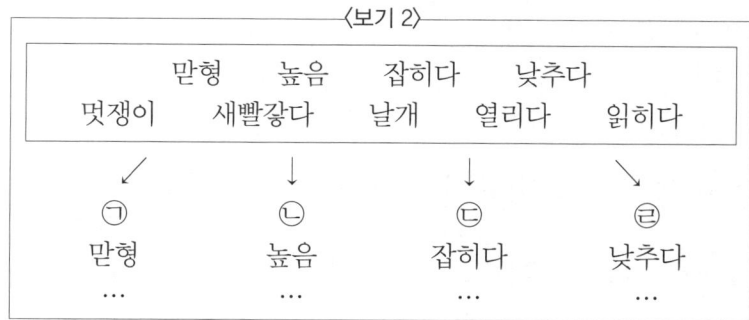

① '빨갛다'에 '새'가 붙은 '새빨갛다'는 ㉠에 들어간다.
② '날다'의 '날'에 '-개'가 붙은 '날개'는 ㉡에 들어간다.
③ '열다'의 '열'에 '-리-'가 붙은 '열리다'는 ㉢에 들어간다.
④ '읽다'의 '읽'에 '-히-'가 붙은 '읽히다'는 ㉣에 들어간다.

문 9. 다음 글을 이해한 내용으로 적절하지 않은 것은?

> 1970년대 초, 아르헨티나는 정치적 혼란과 경제적 어려움에 시달리고 있었다. 1974년에는 페론주의자 이사벨 페론이 대통령직을 맡았지만, 그녀의 정부는 부패와 경제적 불안정으로 인해 민심을 잃었다. 1976년 3월 29일, 군부는 쿠데타를 일으켜 이사벨 페론 정부를 전복시키고 군사 독재 정권을 수립했다. 새로운 군사 정권하에서, '더러운 전쟁'이라고 불리는 폭력의 시기가 시작되었다. 정권은 자신들의 권위를 위협하는 모든 내부적 요소를 제거하기 위해 무차별적인 탄압을 감행했다. 반쿠데타 정치 세력이 주요 타겟이 되었다. 이들은 종종 '테러리스트' 또는 '반역자'로 간주되었고, 심각한 인권 침해를 당했다. 정권은 많은 무고한 시민들을 불법적으로 체포하고, 고문하며, 사라지게 했다. 이들은 대부분 단순히 정치적 신념이 다르거나 사회적 활동을 했다는 이유로 탄압의 대상이 되었다.
>
> 군사 독재 정권은 많은 사람들을 납치하여 비밀 감옥으로 보내거나, 종종 전용 비행기를 이용해 바다에 떨어뜨리기도 했다. 이들의 행방은 전혀 알려지지 않았고, 가족들은 그들의 생사를 알지 못한 채 계속해서 고통받았다.
>
> 이 시기의 폭력과 인권 침해는 국제 사회에서 큰 반향을 일으켰다. 인권 단체들과 국제 기구들은 아르헨티나 정부의 행동을 강력히 비판했다. 특히, 국제 엠네스티(Amnesty International)와 유엔 인권 위원회는 아르헨티나 군사 정권의 인권 침해에 대해 여러 차례 경고했다.
>
> 전쟁이 끝난 후, 아르헨티나는 민주주의로 회복하기 위한 노력을 시작했다. 1983년, 민주적으로 선출된 정부가 군사 독재 정권을 전복하고 권력을 장악했다. 이후, 전임 군사 정권의 범죄에 대해 조사하기 위한 '진실과 화해 위원회'가 설립되었다.

① 이사벨 페론의 정부는 부패와 경제적 불안정으로 민심을 잃어버렸다.

② '진실과 화해 위원회'는 군사 독재 정권을 전복하고 권력을 장악했다.

③ '더러운 전쟁' 시기 군사 정권의 탄압은 반쿠데타 정치 세력 등 주로 내부를 향했다.

④ 군사 정권의 폭력적 행태는 국제 기구로부터 강력한 비판을 받았다.

문 10. 다음 글의 내용으로 적절한 것은?

> 순자는 인간 본성을 악으로 간주하는 성악설(性惡說)을 주장한 유학자로, 그의 철학은 인간의 도덕적 행위와 사회적 규범이 본성에서 비롯되지 않는다고 본다. 순자는 인간이 태어날 때 이기심과 욕망을 본성적으로 지닌다고 보고, 이러한 본성이 방치될 경우 갈등과 혼란을 초래한다고 설명했다. 이에 따라 그는 인간의 본성을 교화하고 욕망을 통제하기 위해 예(禮)와 법(法)의 중요성을 강조하였다.
>
> 순자의 철학에서 예는 단순한 규범이나 형식이 아닌, 인간이 스스로의 욕망을 조정하고 타인과 조화를 이루게 하는 실천적 도구로 간주된다. 그는 인간의 본성에 내재한 욕망이 반드시 나쁜 것만은 아니라고 보았으나, 이를 방치하면 공동체에 해악을 끼칠 가능성이 크다고 보았다. 따라서 예와 법은 본성을 다듬고 사회 질서를 유지하는 데 필수적이라고 주장했다.
>
> 순자의 사상은 맹자의 성선설(性善說)과 대조를 이루며, 인간이 본래 선하다는 관점과 대비된다. 그는 인간의 본성이 선하지 않다는 점을 강조하며, 교육과 사회적 규범이 없이는 도덕적 인간이 될 수 없다고 보았다. 이로 인해 그의 철학은 당시 유교의 다른 흐름과도 차별성을 지니며, 후대의 법가 사상에 영향을 미쳤다.
>
> 결론적으로, 순자의 성악설은 인간 본성의 기초적 특징을 인정하면서도, 사회적 규범과 교육의 중요성을 강조하여 도덕적 삶의 실천 가능성을 제시한다는 점에서 큰 의의를 가진다.

① 인간 본성은 도덕적 규범이 없어도 타인과 조화를 이루는 데 충분하다.

② 예와 법은 인간 본성의 선함을 발현시키기 위한 도구로 활용된다.

③ 인간 본성의 욕망은 교화되지 않으면 사회적 해악을 초래할 가능성이 크다.

④ 교육과 규범은 인간 본성이 선하다는 전제하에서 불필요한 요소로 간주된다.

문 11. 다음 글의 내용으로 적절한 것은?

영국의 소아정신과 의사이자 정신분석학자인 도널드 위니컷은 대상 관계이론의 발전에 기여한 주요 인물 중 하나로 평가받고 있다. 위니컷은 특히 아동과 주 양육자 간의 초기 관계가 아동의 정서적 발달에 미치는 영향을 강조하였다. 그는 이러한 관계를 통해 아동이 자기 자신과 타인을 어떻게 인식하고 상호작용하는지를 이해하려 하였다.

위니컷의 이론에서 가장 중요한 개념 중 하나는 '진정한 자아(True Self)'와 '거짓 자아(False Self)'이다. 진정한 자아는 아동이 자신의 내면적 욕구와 감정을 솔직하게 표현할 수 있는 상태를 의미하며, 이는 주 양육자가 아동의 감정을 수용하고 지지해 줄 때 형성된다. 반면, 거짓 자아는 외부의 기대나 요구에 부응하기 위해 아동이 내면의 진실을 숨기고 형성하는 자아로, 이는 아동이 자신의 감정을 자유롭게 표현하지 못할 때 발생한다.

또 다른 중요한 개념은 '전이적 대상'이다. 전이적 대상은 아동이 어머니나 주 양육자와의 분리 과정을 겪을 때 사용하는 물건으로, 아동이 안정감을 느끼고 자율성을 키우는 데 도움을 준다. 이러한 물건은 아동이 스스로의 세계를 탐색하고 외부 세계와의 관계를 형성하는 데 중요한 역할을 한다. 위니컷은 전이적 대상의 존재가 아동의 정서적 안정과 자아 발달에 긍정적인 영향을 미친다고 보았다.

위니컷의 대상 관계이론은 아동 심리치료와 교육 현장에서 널리 적용되고 있다. 특히, '충분히 좋은 어머니' 개념은 양육자가 아동의 필요를 완벽하게 충족시킬 필요는 없지만, 아동이 자신의 감정을 표현하고 성장할 수 있도록 적절히 지원하는 것이 중요하다고 강조한다. 이러한 접근은 아동의 자아 형성과 정서적 건강을 촉진하는 데 중요한 기여를 한다.

① 위니컷의 이론에 따르면, 아동은 항상 주 양육자의 기대에 부응하기 위해 거짓 자아를 형성한다.
② '전이적 대상'은 아동이 독립적으로 자신의 정체성을 형성하는 데 방해가 된다.
③ '충분히 좋은 어머니'는 아동의 모든 감정을 완벽히 수용해야 한다는 의미를 내포한다.
④ 진정한 자아의 형성은 주 양육자가 아동의 감정을 지지하고 수용할 때 촉진된다.

문 12. 다음 글의 진술 방식에 대한 설명으로 적절하지 않은 것은?

임상시험은 인류의 건강을 증진할 새로운 의약품이나 치료법의 안전성과 유효성을 평가하기 위해 시행되는 중요한 과정이다. 하지만 동시에 인체를 대상으로 하는 연구이기 때문에 윤리적 쟁점이 발생할 수 있다. 이러한 쟁점을 해결하고 피험자의 권익을 보호하기 위해 다양한 윤리적 지침들이 마련되었다.

헬싱키 선언은 1964년 세계의학협회에서 채택된 국제적 윤리 기준으로, 임상시험의 가장 기본적인 윤리적 원칙을 제시하고 있다. 첫째, 임상시험은 과학적, 윤리적 기준에 따라 수행되어야 한다. 둘째, 피험자는 연구의 목적, 방법, 위험, 이점 등에 대해 충분히 설명을 듣고 자발적으로 동의해야 한다. 셋째, 임상시험은 피험자에게 최소한의 위험과 불편만을 초래해야 한다.

벨몬트 보고서는 1978년 미국 국립보건원에서 발간된 보고서이다. 헬싱키 선언을 바탕으로 미국 내 임상시험 윤리에 대한 구체적인 지침을 제시하고 있다. 벨몬트 보고서는 다음 세 가지 윤리적 원칙을 강조한다. 첫째, 피험자의 자율성, 프라이버시, 존엄성을 존중해야 한다. 둘째, 연구의 이점은 피험자의 위험보다 커야 한다. 셋째, 연구의 이점과 부담은 공정하게 분배되어야 한다.

① 임상시험의 장점에만 집중하지 않고, 윤리적 쟁점 역시 조명하였다.
② 임상시험에서 가장 기초적인 윤리 원칙을 제시한 지침을 소개하였다.
③ 기초적 윤리 원칙에 입각하여 전 세계적이며 구체적인 임상시험 윤리 지침을 제시하였다.
④ 각 지침별로 여러 윤리적 원칙을 제시하였다.

문 13. (가)와 (나)를 전제로 할 때 빈칸에 들어갈 결론으로 가장 적절한 것은?

(가) 만년필을 구매한 사람은 스테이플러를 구매한다.
(나) 재봉틀을 구매한 사람은 스테이플러를 구매하지 않는다.
따라서 [　　　　　　　　]

① 만년필을 구매한 사람은 재봉틀을 구매한다.
② 재봉틀을 구매한 사람 중 어떤 사람은 만년필을 구매한다.
③ 재봉틀을 구매한 사람 중 만년필을 구매한 사람은 없다.
④ 만년필을 구매하지 않은 사람은 재봉틀을 구매하지 않는다.

문 14. 다음 글의 맥락을 고려할 때 빈칸에 들어갈 말로 가장 적절한 것은?

중체서용론(中體西用論)은 서구 문물의 발전된 기술과 제도를 받아들이되, 중국의 고유한 전통과 사상을 중심(中體)으로 삼아 서구의 기술(西用)을 도입해야 한다는 주장이었다. 중체서용론이 실패로 돌아가게 된 이유를 살펴보자. 첫째, 서구 문물의 기술적 측면만 받아들인다는 발상 자체가 한계를 가졌다. 서구의 과학기술과 산업 체계는 단순한 도구 이상의 의미를 지니며, 그 기반에는 서구의 철학적, 정치적, 사회적 시스템이 자리 잡고 있었다. 즉, 서구의 기술을 효과적으로 활용하기 위해서는 [　　　　　　　　]. 그러나 중체서용론은 전통을 중심에 두고 서양의 기술만 선택적으로 채택하려 했기 때문에 변화의 폭이 제한적일 수밖에 없었다.

둘째, 중체서용론은 당시 사회적 요구와 동떨어져 있었다. 청나라는 내부적으로 부패와 혼란을 겪고 있었고, 민중들은 점차 정부의 무능과 관료 사회의 비리를 비판하며 새로운 질서를 요구했다. 그러나 중체서용론은 기존의 권위와 질서를 유지하면서 서구 기술을 보완적으로 이용하려는 성격이 강했기에, 민중의 요구를 반영하기 어려웠다. 이는 청나라 내부 개혁에 대한 민심의 요구와 괴리되는 결과를 낳았다.

셋째, 중체서용론을 실행할 수 있는 충분한 시간적 여유와 경제적 자원이 부족했다. 서구 열강의 경제적, 군사적 압박은 빠르게 심화되었으며, 이를 극복할 만한 재정적, 군사적 뒷받침이 미흡했다. 경제적 기반이 약한 상태에서 군사 기술의 도입만으로 서구 열강과 경쟁하는 것은 현실적으로 불가능했고, 중체서용론이 실행될 충분한 시간이 주어지지 않은 채 청나라 사회는 빠르게 혼란에 빠졌다.

① 서구 과학기술을 그저 도구로만 바라보아야 했다
② 서구의 가치관과 제도를 수용해야만 했다
③ 청나라가 쌓아 온 기존의 권위가 필요했다
④ 충분한 시간이 필요했다

문 15. 다음 결론을 도출하기 위해 빈칸에 추가해야 할 전제는?

○ 코딩을 좋아하는 어떤 학생은 캐드를 좋아한다.
○ [　　　　　　　　]
따라서 캐드를 좋아하는 어떤 학생은 장래 희망이 프로그래머이다.

① 코딩을 좋아하는 모든 학생은 장래 희망이 프로그래머이다.
② 코딩을 좋아하는 어떤 학생은 장래 희망이 프로그래머이다.
③ 장래 희망이 프로그래머인 모든 학생은 캐드를 좋아한다.
④ 장래 희망이 프로그래머인 어떤 학생은 캐드를 좋아한다.

문 16. 다음 글을 문맥에 맞게 배열한 것으로 가장 적절한 것은?

(가) 어닐링 단계에서 어닐링 온도는 프라이머와 주형 DNA의 염기 서열 길이와 GC 함량에 따라 결정된다. 그다음은 신장 단계이다. 이 단계는 DNA 중합효소를 이용하여 프라이머를 기점으로 새로운 DNA 가닥을 합성하는 역할을 한다.
(나) PCR 과정은 미량의 DNA를 수백만 배로 증폭시키는 과정을 말한다. PCR 과정은 두 가닥으로 이루어진 DNA를 분리하는 역할에서 시작된다. 튜브 내 온도를 94°C까지 높여 이중가닥 DNA의 수소 결합을 끊어 준다.
(다) DNA 중합효소는 프라이머 3′ 말단에서 시작하여 주형 DNA상의 상보적인 염기와 결합하는 dNTP를 차례대로 연결한다. 이 과정에서 새로운 DNA 가닥이 생성되고, 원하는 DNA 영역이 증폭된다. 신장 온도는 DNA 중합효소의 활성에 따라 결정된다. 일반적으로 70°C가 사용되지만, 일부 DNA 중합효소는 더 높은 온도에서도 활동할 수 있다.
(라) 다시 말해, 수소 결합에 의해 결합된 이중의 DNA 가닥이 풀리고 한 가닥 DNA 형태로 변하게 되는 것이다. 한 가닥 DNA는 다음 단계에서 프라이머와 결합하기 위한 준비 단계 역할을 한다. 그다음은 프라이머가 주형이 될 한 가닥 DNA에 결합하는 어닐링 단계이다.

① (가) - (나) - (라) - (다)
② (나) - (라) - (가) - (다)
③ (다) - (나) - (가) - (라)
④ (다) - (나) - (라) - (가)

문 17. 다음 글에서 추론한 내용으로 가장 옳지 않은 것은?

디젤 연료는 석유에서 중질 탄화수소를 정제하여 얻는 고밀도 연료로, 저휘발성과 높은 점화점이라는 독특한 물리·화학적 특성을 지닌다. 디젤의 주요 성분은 C10~C20 범위의 탄화수소이며, 탄소 함량이 높아 단위 질량당 높은 에너지 밀도를 제공한다. 이로 인해 디젤 연료는 내연기관의 열효율을 극대화하는 데 적합하다.

디젤 엔진은 압축점화 방식을 채택하며, 연료와 공기가 미리 혼합되지 않는 비동등 혼합비를 특징으로 한다. 또한 디젤 엔진의 압축비는 일반적으로 16:122:1로, 가솔린 엔진(8:112:1)보다 훨씬 높다. 높은 압축비는 디젤 엔진의 열효율을 향상시키는 주요 요인으로, 이는 카르노 사이클의 원리에서 설명된다. 높은 압축비는 더 많은 열에너지를 기계적 에너지로 변환하며, 이로 인해 디젤 엔진은 40~45% 이상의 열효율을 달성할 수 있다.

디젤 엔진의 연소 과정은 이론 공기 연료비(Stoichiometric Ratio)보다 공기가 풍부한 희박 연소(Lean Burn) 환경에서 이루어진다. 질소산화물은 연소 과정에서 고온 환경과 공기 중 질소가 결합하여 생성된다. 디젤 엔진은 높은 압축비와 공기 과잉률을 특징으로 하며, 이는 연소실 내부 온도를 크게 상승시켜, 질소산화물이라는 오염 물질을 만들어 낸다. 한편 미세입자는 연료가 산소 부족으로 완전히 연소하지 못했을 때 발생하는 탄소 기반의 입자 물질이다. 디젤 엔진에서는 연료가 연소실 내부에 고압으로 분사되면서 공기와 섞인다. 하지만 이 과정에서 연료가 충분히 혼합되지 않으면, 산소 부족으로 인해 완전 연소가 이루어지지 않을 수 있다.

이러한 환경적 문제를 해결하기 위해 디젤 엔진에는 다음과 같은 후처리 기술이 적용된다. 첫째, SCR(Selective Catalytic Reduction)이다. 이는 암모니아를 이용해 NOx를 무해한 질소와 물로 환원하며, 촉매반응의 효율은 디젤 배기가스의 온도 및 유량과 밀접하게 관련된다. 둘째, DPF(Diesel Particulate Filter)이다. 이는 미세입자를 필터로 모은 뒤, 주기적으로 이를 연소하여 제거하는 기술이다. DPF는 엔진에서 나온 배기가스가 마지막으로 배출되기 전에 위치한다.

① 이론 공기 연료비보다 공기가 풍부한 환경에서는 완전 연소가 잘 일어나 미세입자가 형성되지 않는다.
② 디젤은 탄소 함량이 높아 단위 질량당 높은 에너지 밀도를 제공한다.
③ 디젤 엔진의 열효율을 향상시키는 주요 요인은 질소산화물을 만들어 낸다.
④ DPF의 필터는 배기가스 속 미세입자가 통과하지 못할 정도로 작으면서도 열에 버티는 능력을 가진다.

문 18. 다음 글의 이해로 적절하지 않은 것은?

도파민은 대뇌에서 분비되는 신경전달물질로, 보상과 기쁨을 조절하는 데 중요한 역할을 한다. 그러나 과도한 도파민 분비는 중독의 원인이 된다. 인간의 도파민 중독은 주로 특정 행동이나 물질에 대한 지속적인 욕구와 그로 인한 증가된 사용으로 특징지어진다.

도박은 무엇보다 도파민 분비를 촉진하는 행위이다. 승리 혹은 보상 등 기대하는 순간이 발생하면, 뇌는 도파민을 분비하여 즉각적인 기쁨과 만족감을 느끼게 한다. 이러한 경험이 계속 반복되면서 도박 중독자는 도박에 대한 강한 의존성을 형성한다. 소셜 미디어, 동영상, 게임 등 다양한 디지털 콘텐츠는 새로운 정보나 소통을 통해 도파민 분비를 유도한다. 이로 인해 사용자는 지속적으로 화면을 확인하고 콘텐츠에 빠져들게 되며 인터넷과 스마트폰 사용 중독을 일으킨다. 이는 사회적, 심리적, 생리적인 문제를 초래할 수 있다.

도파민 중독은 뇌의 보상 회로를 계속적으로 자극하여 정상적인 기능을 방해하고, 급격한 도파민 감소로 인해 더 강한 자극을 원하는 상황을 만들어 낸다. 이러한 중독은 운동 부족, 심리적 스트레스, 사회적 고립 등 다양한 원인에 기인하며, 정신건강 문제와 더불어 생활의 질을 떨어뜨릴 수 있다. 이는 생활 전반에 걸친 심각한 영향을 끼치기에 개인이나 가족은 물론, 사회적 차원에서 경고할 필요가 있다. 건강한 생활 방식을 유지하고 도파민 중독에 민감한 특정 활동에 주의를 기울여야 하며, 조절하기 어렵다면 전문가의 도움을 받아야 한다.

① 도파민은 보상이나 기쁨과 관련된 호르몬이다.
② 도박 중독과 인터넷 중독의 공통점은 도파민 분비이다.
③ 도파민 중독은 항상 높은 도파민을 분비하기 때문에 발생한다.
④ 삶의 질을 높이기 위해서는 도파민을 절제할 필요가 있다.

문 19. 다음 글의 맥락을 고려할 때 빈칸에 들어갈 말로 가장 적절한 것은?

> 19세기 유럽에서는 국가의 경계가 재편되고, 민족적 정체성이 강조되면서 '민족'이라는 개념이 형성되었다. 민족은 단순한 혈통이나 지리적 구분을 넘어, 공유하는 언어, 역사, 전통 등을 바탕으로 형성되었다. 이러한 문화적 요소들은 민족적 아이덴티티를 강화하고, 구성원 간의 유대감을 증대시켰다. 민족적 정체성이 강화됨에 따라, 외부 집단에 대한 배타적인 태도가 생겨났다. '우리'와 '그들'의 구분이 뚜렷해지면서, 유대인과 같은 소수 집단은 종종 '타자'로 간주되었다. 유대인들은 자기 민족끼리만 모여 유대감을 바탕으로 한 배타성을 띠고 있었다.
>
> 민족주의는 이러한 민족 개념의 발전과 함께 부상하였다. 민족주의는 동일한 문화와 종교를 공유하는 민족이 자신의 국가를 형성하고, 그 국가의 정치적 권리를 주장하는 이념이다. 이 과정에서 유대인은 종종 민족적 정체성과 충돌하는 존재로 인식되었다. (　　　　　　　　) 때문이다. 민족주의의 확산은 각 민족이 자신의 권리를 주장하게 만들었는데, 유대인들은 자신들의 권리를 주장하기보다는, 종종 배제당하거나 차별받는 상황에 처하게 되었다. 유대인들은 그들만의 문화와 종교에 의해 '비정상적'인 집단으로 여겨지며, 대부분의 민족 국가에서 배제되는 경향이 있었다.

① 유대인 고유의 문화와 종교가 주류 사회와의 갈등을 유발했기
② 유대인들이 고유의 정체성을 버리고 주류 집단에 편입하려 했기
③ 유대인들은 유럽인들과 달리 구성원 간의 유대감이 없었기
④ 유럽의 민족들과 유대인 각각의 민족에 대한 개념이 상이하였기

문 20. 다음 글의 내용이 모두 참일 때 반드시 참인 것은?

> A 기계, B 기계, C 기계, D 기계 중에서 적어도 한 대는 작동시키며, 조건은 다음과 같다.
> ○ D 기계가 작동되지 않는다.
> ○ C 기계가 작동되면, D 기계도 작동된다.
> ○ C 기계가 작동되지 않으면, A 기계가 작동되거나 B 기계가 작동된다.
> ○ B 기계가 작동되지 않는다.

① A 기계와 B 기계 어느 것도 작동되지 않는다.
② C 기계가 작동된다.
③ A 기계가 작동되지 않으면, B 기계가 작동된다.
④ B, C, D 기계가 작동되지 않는다.

약점 보완 해설집 p.66

제19회 모의고사

문 1. ㉠~㉣의 잘못된 문장을 수정할 때 고려한 문법적 기준으로 적절하지 않은 것은?

㉠ 우리가 주장하는 바는 시민 공원 조성으로 주민 생활이 개선될 수 있다.
→ 우리가 주장하는 바는 시민 공원 조성으로 주민 생활이 개선될 수 있다는 것이다.
㉡ 이번 일로 마을 사람들은 불편과 피해를 입었다.
→ 이번 일로 마을 사람들은 불편을 겪고 피해를 입었다.
㉢ 우리 모두 생활 쓰레기 줄이기 운동에 동참합시다.
→ 우리 모두 생활 쓰레기 줄이기 운동을 동참합시다.
㉣ 철수에게 그 일은 여간 슬픈 일이다.
→철수에게 그 일은 여간 슬픈 일이 아니다.

① ㉠: '우리가 주장하는 바는'과 호응하는 서술어가 있어야 한다.
② ㉡: 목적어의 하나인 '불편'과 호응하는 서술어가 있어야 한다.
③ ㉢: 서술어인 '동참합시다'가 요구하는 부사어에 정확한 조사를 사용해야 한다.
④ ㉣: 부사 '여간'은 부정의 의미를 나타내는 말과 호응해야 한다.

문 2. 다음 글을 문맥에 맞게 배열한 것으로 가장 적절한 것은?

(가) 엔진오일은 이러한 문제를 방지하기 위해 열을 흡수하고 분산시키는 역할을 한다. 엔진오일은 엔진 내부를 순환하면서 열을 흡수하여 상대적으로 온도가 낮은 부위로 이동시킨다.
(나) 엔진오일은 자동차 엔진의 중요한 구성 요소 중 하나로, 여러 가지 역할을 수행한다. 그중 하나는 엔진의 냉각을 돕는 것이다. 엔진이 작동하면서 연소 과정에서 열이 발생하는데, 이 열이 제대로 관리되지 않으면 엔진의 성능이 저하되고 심지어 엔진이 손상될 수 있다.
(다) 한편 엔진오일은 윤활 역할도 수행하여 마찰로 인한 열 발생을 줄이는 데 도움을 준다. 마찰이 줄어들면 엔진 부품의 마모도 감소하고, 결과적으로 엔진의 수명이 연장된다.
(라) 엔진오일은 엔진 내부의 뜨거운 부품으로부터 열을 흡수하여 냉각시킨다. 그런 다음 오일은 오일 팬이나 오일 쿨러를 통해 열을 외부로 방출하게 된다. 이로써 엔진의 온도를 효과적으로 조절할 수 있게 된다.

① (나) - (라) - (가) - (다)
② (나) - (가) - (라) - (다)
③ (라) - (가) - (다) - (나)
④ (라) - (나) - (가) - (다)

문 3. 다음 글의 내용으로 적절하지 않은 것은?

계획행동이론은 인간의 행동을 예측하고 설명하기 위한 사회심리학 이론으로, 특히 의도적인 행동에 초점을 맞춘다. 이 이론에 따르면, 행동은 그 행동을 수행하려는 개인의 '의도'에 의해 가장 직접적으로 결정된다. 이러한 의도는 세 가지 주요 요인, 즉 '태도', '주관적 규범', 그리고 '지각된 행동 통제'에 의해 형성된다.

'태도'는 특정 행동에 대한 개인의 전반적인 평가, 즉 호의적이거나 비호의적인 감정을 의미한다. 이는 행동의 결과에 대한 신념과 그 결과에 대한 평가를 포함하는데, 예를 들어 "운동을 하면 건강에 좋을 것이다"라는 신념과 "건강은 중요하다"라는 평가가 긍정적인 태도를 형성하는 데 기여한다. '주관적 규범'은 주변 사람들이 그 행동을 어떻게 생각하는지에 대한 개인의 지각을 의미한다. 즉, 중요한 타인들이 그 행동을 하도록 기대하는지 혹은 기대하지 않는지에 대한 인식이 의도 형성에 영향을 미친다. '지각된 행동 통제'는 개인이 그 행동을 수행할 수 있다고 믿는 정도를 의미하며, 이는 자기 효능감과 유사한 개념이다. 이는 행동을 수행하는 데 필요한 자원과 기회가 충분하다고 인지하는 정도뿐만 아니라, 시간 부족, 경제적 제약 등 실제적인 제약 요인까지 고려하는 개념이다.

하지만, 의도가 행동으로 항상 이어지는 것은 아니며, 상황적 요인이나 예측하지 못한 장애물이 발생할 경우 행동으로 이어지지 않을 수 있다. 또한, 계획행동이론은 습관적인 행동이나 무의식적인 행동을 설명하는 데에는 한계가 있다.

① 계획행동이론은 인간의 의도적인 행동을 예측하고 설명하기 위한 이론으로, 행동은 개인의 '의도'에 의해 가장 직접적으로 결정된다고 본다.
② '태도'는 행동의 결과에 대한 신념과 그 결과에 대한 평가를 포함하며, 이는 행동에 대한 호의적이거나 비호의적인 감정을 형성하는 데 기여한다.
③ '주관적 규범'은 개인이 실제로 경험한 주변 사람들의 행동에 대한 객관적인 기록을 의미하며, 이는 의도 형성에 영향을 미친다.
④ '지각된 행동 통제'는 행동 수행에 필요한 자원과 기회에 대한 인지뿐 아니라, 시간적, 경제적 제약과 같은 실제적 제약 요인까지 포괄하는 개념이다.

[4~5] 다음 글을 읽고 물음에 답하시오.

공공미술 정책은 공공 공간에서 시민들이 자유롭게 접근할 수 있는 예술 작품을 설치하거나 예술 활동을 촉진하는 제도를 말한다. 이러한 정책은 도시 환경을 미적으로 ㉠ 개선하고, 지역사회의 문화적 자산을 풍부하게 하며, 시민들의 문화 ㉡ 영위의 기회를 증진시키는 데 목적이 있다. 공공미술은 공공장소에 설치된 조각, 벽화, 설치미술 등 다양한 형태로 나타날 수 있으며, 이는 도시 경관과 문화적 정체성에 중요한 역할을 한다.

공공미술 정책의 중요한 목적 중 하나는 시민들의 삶의 질을 향상시키는 것이다. 예술은 도시의 ㉢ 경관을 아름답게 할 뿐만 아니라, 시민들에게 새로운 시각적 경험과 영감을 제공한다. 특히 현대 사회에서 빠르게 성장하는 도시 환경은 종종 회색빛으로 가득 차 있고, 이로 인해 사람들이 일상 속에서 예술을 접할 기회가 줄어들고 있다. 공공미술 정책은 이러한 환경에서 예술 작품을 배치함으로써 시민들에게 미적인 경험을 제공하고, 공공 공간을 더욱 활기차고 인간적인 공간으로 ㉣ 변모시킨다. 또한, 지역사회의 정체성을 강화하는 역할도 중요한 요소이다. 공공미술은 특정 지역의 역사, 문화적 전통, 지역적 특성을 반영하는 경우가 많다. 예를 들어, 특정 도시의 랜드마크가 되는 공공미술 작품은 그 지역의 문화적 아이덴티티를 상징하는 역할을 한다. 이를 통해 지역 주민들은 자신이 속한 공동체에 대한 자부심을 느끼며, 외부 방문객에게는 해당 지역의 문화를 알리는 기능을 한다.

참여형 공공미술은 공공미술 정책의 중요한 한 축을 이루며, 시민들이 직접 예술 활동에 참여할 수 있는 기회를 제공하는 방식을 의미한다. 이는 단순히 예술 작품을 감상하는 것을 넘어서, 시민들이 예술 창작 과정에 함께 참여하거나 의견을 제시함으로써 공동체 의식을 강화하는 데 기여한다. 참여형 공공미술 프로젝트는 지역 주민과 예술가가 협력하여 공공장소에 작품을 설치하거나, 주민들이 함께 만드는 예술 행사를 기획하는 등 다양한 형태로 이루어진다.

그러나 공공미술 정책은 여러 도전 과제에 직면해 있다. 우선, 공공미술 작품이 실제로 공공의 이익에 부합하는지를 판단하는 기준이 모호할 수 있다. 어떤 작품이 특정 집단에게는 예술적 가치를 지닌다고 여겨질 수 있지만, 다른 집단에게는 이해하기 어렵거나 불필요하게 느껴질 수 있기 때문이다. 또한, 공공미술 작품의 유지 보수 문제도 큰 도전이다. 외부 환경에 지속적으로 노출된 작품은 시간이 지남에 따라 훼손될 수 있으며, 이를 복원하거나 유지하는 비용이 발생한다.

공공미술 정책이 성공하기 위해서는 지속적인 관리와 대중의 참여가 중요하다. 예술가, 정부, 지역사회가 협력하여 공공미술 작품이 단순히 도시의 장식물이 아니라, 지역사회의 문화적 자산으로 자리 잡을 수 있도록 해야 한다. 이러한 과정에서 시민들이 적극적으로 참여하고, 그들의 의견이 반영될 때 공공미술은 진정한 공공성을 획득할 수 있다.

문 4. 윗글의 내용으로 적절한 것은?

① 공공미술 정책은 예술가의 창의성을 극대화하기 위해 시민의 의견을 최소화해야 한다.

② 공공미술은 도시 환경을 개선하고, 지역 사회의 문화적 정체성을 강화할 수 있다.

③ 공공미술 작품은 설치 후 관리가 필요하지 않다.

④ 공공미술 정책은 시민의 참여가 제한될 때 더 효과적으로 작동한다.

문 5. ㉠~㉣을 바꾸어 쓸 때 적절하지 않은 것은?

① ㉠: 보완　② ㉡: 향유

③ ㉢: 미관　④ ㉣: 원면

문 6. 다음 글을 이해한 내용으로 적절하지 않은 것은?

> 열섬 현상은 도시 지역이 주변의 농촌 지역보다 상대적으로 높은 온도를 유지하는 현상을 말한다. 도시 지역에서는 콘크리트, 아스팔트, 건물 외벽 등의 인공 구조물들이 광범위하게 분포해 있다. 이러한 구조물들은 태양으로부터의 에너지를 흡수하여 열로 변환하는 특성을 가지고 있다. 콘크리트와 아스팔트는 높은 열용량과 낮은 열전도도를 가진 재료로, 태양열을 흡수한 후 천천히 방출하게 된다. 이로 인해 낮 동안 흡수한 열이 밤에도 방출되지 않고 지속적으로 도시의 온도를 상승시키는 효과를 가져온다.
>
> 특히, 도로와 건물의 표면은 일반적으로 높은 반사율을 가지지 않아서, 태양광을 대부분 흡수하게 된다. 또한, 도시의 건물들은 밀집하게 배치되어 건물 사이의 공기 흐름을 차단하고 열이 축적되도록 한다. 이로 인해 도시 지역의 열이 외부로 빠져나가는 것이 어려워지고, 열이 도시 내부에 갇히게 된다.
>
> 게다가, 도시 지역의 건물들은 대개 인공적인 재료와 구조로 만들어져 있으며, 이들 재료는 열을 더 오랜 시간 동안 저장할 수 있는 특성을 가지기도 한다. 이러한 구조물들은 낮 동안 태양열을 흡수하고 밤에는 그 열을 천천히 방출하여, 도시의 공기 온도를 지속적으로 높인다. 결과적으로, 이러한 건물과 도로의 열저장 특성은 도시의 열섬 효과를 강화시키는 중요한 요소로 작용한다.
>
> 따라서, 도시에서 열섬 현상은 구조물들의 열 흡수 및 방출 특성, 열저장 능력 등이 복합적으로 작용하여 발생하는 현상이다. 이러한 이해를 바탕으로 열섬 현상을 완화하기 위한 다양한 도시 설계와 관리 방안이 필요하다.

① 열섬 현상은 대도시가 주변의 소도시 지역보다 상대적으로 높은 온도를 유지하는 현상이다.

② 콘크리트는 높은 열용량과 낮은 열전도도를 가져 태양열을 천천히 방출한다.

③ 건물의 표면은 일반적으로 높은 반사율을 가지지 않으므로 태양광을 대부분 빨아들이게 된다.

④ 도시의 건물들은 밀집하게 배치되어 건물 사이의 공기 흐름을 차단한다.

문 7. <보기>의 밑줄 친 부분에 해당하는 예로 적절하지 않은 것은?

〈보기〉

> 어간의 끝소리가 'ㄹ'인 경우, 관형사형 전성 어미와 결합할 때에는 'ㄹ'을 탈락시키고 '-ㄴ'을 붙여야 한다. 그러나 실생활에서는 'ㄹ'을 탈락시키지 않고 '-은'을 잘못 붙여 사용하는 경우가 많다.
>
> ㅇ 녹슬- + -ㄴ → 녹슨(○)
> → 녹슬은(×)

① 언니는 시들은 꽃다발을 부여잡고 눈물을 흘렸다.

② 자신의 잘못임을 깨달은 형은 누나에게 사과했다.

③ 낯설은 땅에 정착한 주민들은 모든 것이 새로웠다.

④ 석양빛을 받아 붉게 물들은 구름이 꽤 아름다웠다.

문 8. 다음 글의 중심 내용으로 가장 적절한 것은?

> 법과 도덕은 본질적으로 다른 영역이다. 법은 명확하고 구체적인 규칙으로서, 국가나 주권자가 제정한 명령 체계로 작동한다. 법실증주의자들은 법이 도덕적 판단과 독립적으로 자율적으로 기능해야 한다고 주장한다. 법의 타당성은 그 자체의 절차와 형식적 요건을 충족하는지 여부에 따라 판단되며, 법은 이를 통해 질서와 안정을 유지한다. 예를 들어, 교통법규는 도덕적 판단이 아닌 규칙성과 효율성을 목표로 한다. 이러한 법적 시스템은 사회 구성원이 예측 가능한 법적 환경에서 행동하도록 유도하며, 법의 자율성을 통해 법적 안정성을 유지한다.
>
> 그러나 법과 도덕은 서로 완전히 분리될 수 없는 경우가 많다. 법의 타당성을 확보하기 위해서는 최소한의 도덕적 요소가 필요하다. 법이 도덕적 기준을 완전히 무시한다면, 그 법은 사회적 정당성을 상실하여, 시민들의 저항을 초래할 가능성이 높다. 예를 들어, 인권을 침해하는 법률이 도덕적으로 정당성을 인정받지 못하면, 그 법은 준수되지 않거나 폐지의 대상으로 여겨질 수 있다. 또한, 법은 사회의 변화하는 도덕적 기준을 반영하는 경우가 많다. 예를 들어, 인종차별에 대한 법적 규제는 과거에는 없었지만, 사회적 도덕성이 발전하면서 새로운 법률이 제정되었다.

① 사회적 정당성을 상실한 법일지라도 사회적 안정성을 위해 그 법을 지켜야 한다.

② 법의 타당성은 그 자체의 도덕성을 충족하는지 여부에 따라 판단해야 한다.

③ 법과 도덕은 구분되어야 하지만, 동시에 상호작용할 수밖에 없다.

④ 사회의 변화하는 도덕적 기준은 법에 반영되는 데 오랜 시간이 걸린다.

문 9. 다음 글에서 추론할 수 없는 것은?

> 항암제는 암세포의 성장을 억제하거나 죽이기 위해 사용되는 약물로, 그 종류는 다양하다.
> 먼저, '알킬화제'가 있는데 이는 DNA에 알킬기를 부착하여 암세포의 DNA 구조를 변화시키는 약물이다. 이로써 DNA 사슬 간의 교차결합(cross-link)이 발생해, DNA 복제와 전사를 방해하게 된다. 이러한 손상은 세포주기를 멈추게 하거나 세포자멸사를 유도하여 암세포의 성장을 억제한다. '항대사제'는 세포의 대사 과정을 방해하여 암세포의 증식을 억제하는 약물이다. 이들은 보통 정상적인 대사 과정에서 중요한 역할을 하는 효소나 핵산, 또는 그 전구체를 억제함으로써, DNA 합성이나 세포 분열을 방해한다. '표적치료제'는 암세포의 특정 분자 또는 경로를 선택적으로 공격하는 약물이다. 이 약물들은 정상 세포보다 암세포에서 과발현되거나 돌연변이가 있는 특정 단백질이나 수용체에 결합하여 암세포의 성장과 생존을 억제한다. '호르몬제'는 호르몬의 작용 또는 합성을 조절하여 호르몬 의존성 암세포의 성장을 억제하는 약물이다. 예를 들어, 여성 호르몬인 에스트로겐 수용체를 차단하는 타목시펜은 유방암 치료에 사용되며, 암세포가 에스트로겐을 통해 성장하는 것을 방해한다. '면역항암제'는 환자의 면역 시스템을 강화하여 암세포를 공격하게 하는 약물이다. 이들은 면역체계의 세포들이 활성화되어 암세포를 인식하고 이들을 파괴하도록 돕는다. 예를 들어, 면역관문억제제는 면역세포의 활성을 억제하는 신호를 표적으로 삼아 차단하여, 면역세포가 암세포를 더 잘 공격할 수 있게 한다.

① 면역세포 표면에서 면역세포의 활성을 억제하는 PD-1을 표적으로 하여 면역세포가 암세포를 공격하게 유도하는 펨브롤리주맙은 표적치료제에 속한다.
② 암세포 속 디하이드로폴산 환원효소를 억제하여 DNA 합성에 필요한 퓨린과 티미딘의 합성을 막는 메토트렉세이트는 항대사제에 속한다.
③ 암세포의 DNA 염기에 알킬기를 부착함으로써 DNA 복제를 방해하고, 세포자멸사를 유도하는 시클로포스파미드는 알킬화제에 속한다.
④ 남성 호르몬의 합성과 작용을 막아 전립선암의 성장 신호를 방해하고 세포자멸사를 유발하는 플루타미드는 호르몬제에 속한다.

문 10. 다음 글을 읽고 이해한 것으로 가장 적절한 것은?

> 세계 □□ 사이클 대회의 취지는 전 세계적으로 사이클을 활성화하는 데 있습니다. 하지만 그동안 개최된 마흔두 번의 대회 중 사이클 강국인 유럽과 북미가 아닌 곳에서 개최된 적은 단 두 번뿐이었습니다. 우리 A시는 사이클 비인기 지역인 아시아의 도시이고 경쟁 도시는 유럽의 도시입니다. 흔히 사이클 비인기 지역의 도시가 대회를 개최하는 것이 대회의 취지를 실현하는 데 부적합하다고 합니다. 하지만 달리 생각해 보면 대회를 통해 사이클에 대한 A시의 시민들, 나아가 아시아 각국 시민들의 관심을 증폭할 수 있으므로 사이클 활성화에 기여할 수 있습니다.
> 우리는 개최지로서 좋은 여건을 갖췄습니다. 사이클에 대한 시민들의 관심이 높아지고 있고 사이클 인구도 빠르게 늘어나고 있습니다. 경쟁 도시는 시민의 지지가 낮지만 우리는 90퍼센트가 넘는 시민의 합의를 이끌어냈고 정부도 재정 지원을 약속했습니다. 사이클 전용 경기장에 비해 도로 경기장이 노후화됐다는 우려도 있지만, 선수로 출전해 본 제 경험에 비추어 볼 때 A시의 도로 경기장은 천혜의 자연조건을 갖추고 있어 정비만 하면 최적의 경기장이 될 것이라 자신합니다. 이미 많은 분이 인정하신 것처럼 우리는 각종 국제 대회를 성공리에 개최하여 전 세계인의 찬사를 받은 바 있습니다. 이러한 경험은 이번 대회도 충분히 잘 치를 수 있는 능력이 있다는 사실을 뒷받침하는 것입니다.
> 우리는 그동안 사이클 회원국과의 친선을 도모하고 사이클 활성화에 앞장서면서 세계 사이클 협회와의 약속을 지켜 왔습니다. 이전 대회의 유치에는 성공하지 못했지만, 세계 우호 증진에 힘쓰겠다는 당시의 공약대로 사이클 전용 경기장이 없는 해외 도시들의 청소년을 초청하여 지도하는 프로그램을 운영해 왔습니다. 개최지로 확정되면 이러한 신뢰를 바탕으로 대회 준비에 매진하겠습니다. 여러분처럼 저도 사이클을 사랑합니다. 여러분과 마찬가지로 사이클 없는 제 삶은 상상할 수 없습니다. 이제 제 꿈은 A시에서 열리는 대회에 전 세계 젊은이들이 참가하는 모습을 보는 것입니다. 이것은 A시 모든 시민들의 꿈이기도 합니다. 이 꿈이 꼭 실현될 수 있도록 지지를 부탁드립니다. 감사합니다.

① 비록 A시는 세계 □□ 사이클 대회 유치에 처음 도전하지만 각종 국제 대회를 성공적으로 치른 경험이 있다.
② 경쟁 도시에 비해 A시는 세계 □□ 사이클 대회 유치에 찬성하는 시민의 수가 더 많다.
③ A시가 이번에 세계 □□ 사이클 대회를 유치한다면 아시아에서는 세 번째로 개최하게 된다.
④ 화자는 사이클 선수 출신으로서 A시가 43번째 세계 □□ 사이클 대회를 유치할 수 있도록 지지를 호소한다.

문 11. 다음 빈칸에 들어갈 말로 가장 적절한 것은?

> 갑, 을, 병, 정 네 학생의 반려동물과 관련하여 다음과 같은 사실들이 알려졌다.
> ㅇ 갑과 을 중 적어도 한 명은 '강아지'를 키운다.
> ㅇ 을이 '강아지'를 키우면 병은 '고양이'와 '금붕어'를 키운다.
> ㅇ 병이 '고양이'와 '금붕어'를 키우면 정은 '앵무새'를 키운다.
> ㅇ 정은 '앵무새'를 키우지 않는다.
> 이를 통해 갑이 '　　　　'를 키운다는 것을 알 수 있게 되었다.

① 고양이
② 금붕어
③ 앵무새
④ 강아지

문 12. 다음 글을 이해한 내용으로 가장 적절하지 않은 것은?

> 박목월의 시 '윤사월'에 대해 알아보기에 앞서, 윤사월이 무엇인지에 대해 알아보자. 윤사월이란 윤달이 4월에 들어 있다는 뜻으로, 시기적으로 늦봄과 여름 사이에 해당한다. 이는 전통적으로 무탈한 달로 여겨진다.
> 1연의 '송홧가루 날리는 / 외딴 봉우리'에서 '송홧가루'는 봄을 상징하며, 외딴 봉우리와 외딴집은 3연의 '산지기 외딴 집 / 눈먼 처녀'와 연결되어 그녀의 외로운 처지를 나타낸다. 2연에서 '윤사월 해 길다 / 꾀꼬리 울면'에서 꾀꼬리가 윤사월-즉 계절을 알리면, 4연 '문설주에 귀 대이고 / 엿듣고 있다'를 통해 눈먼 처녀가 계절을 엿듣는 행위를 표현하고 있다. 여기서의 처녀는 눈먼 처녀로 표현되었지만 부정적인 대상으로 그려지는 것은 아니다. '외딴집'에 살며 장애로 인해 세상과 동떨어진 삶을 살고 있음에도 불구하고, 문설주에 귀를 대고 꾀꼬리 소리와 윤사월을 엿듣는 모습이 드러나는 모습을 통해 알 수 있다. 즉, 눈이 보이지 않지만 귀를 통해서 계절을 느끼려는 의지적인 태도가 드러나는 것이다.

① '송홧가루'와 '꾀꼬리'는 모두 계절을 알리는 자연물이다.
② 1연과 4연을 통해 볼 때, 위 시는 3음보의 형식을 지니고 있다.
③ 장애로 인해 세상과 동떨어진 '처녀'는 내면적 고독을 가지고 있다.
④ 시각, 촉각 등 감각적 표현이 다양하게 사용되었다.

문 13. 다음 글을 바탕으로 <보기>의 '용언의 활용형과 준말'에 대해 탐구한 내용으로 적절하지 않은 것은?

> 한글맞춤법 40항에 의하면 어간의 끝음절 '하'의 'ㅏ'가 줄고 'ㅎ'이 다음 음절의 첫소리와 어울려 거센소리로 될 적에는 거센소리로 적는다. 다시 말해 '하' 앞말의 받침이 유성음인 'ㄴ, ㄹ, ㅁ, ㅇ'으로 끝나거나, 받침이 없이 모음으로 끝날 경우에는 '하'의 'ㅏ'가 떨어져 나가고 'ㅎ'이 뒷말과 결합하게 된다는 것이다. 예로 '다정하다'의 경우 '하'의 앞말이 유성음 'ㅇ'으로 끝나기 때문에 '다정+ㅎ+다'가 되며 'ㅎ'과 '다'가 만나 거센소리 '타'로 바뀌면서 '다정타'가 된다. 반면 '넉넉하지'처럼 앞말의 받침이 유성음이 아닌 다른 자음이 왔을 경우에는 '하'가 통째로 사라져 '넉넉지'가 된다.
> 또한 한글맞춤법 39항에 의하면 어미 '-지' 뒤에 '않-'이 어울려 '-잖-'이 될 적과 '-하지' 뒤에 '않-'이 어울려 '-찮-'이 될 적에는 준 대로 적는다고 하였다. 예를 들어, '적지 않다'의 경우 '적잖다'로 줄여 사용할 수 있고, '간편하지 않다'의 경우 '간편찮다'로 줄여 사용할 수 있다.

〈보기〉

구분	어간	어미	활용형	준말
ㄱ	흔하-	-지	흔하지	흔치
ㄴ	섭섭하-	-지	섭섭하지	섭섭지
ㄷ	삼가-	-지	삼가지	-

① ㄱ의 준말은 활용형의 어간에서 '하'의 'ㅏ'가 탈락하고 'ㅎ'이 어미의 첫소리와 결합한 경우에 해당하는군.
② ㄴ의 준말은 활용형의 어간에서 '하'가 탈락한 경우에 해당하는군.
③ ㄱ과 ㄴ의 준말에서 차이가 발생하는 것은 어미의 첫소리와 관련이 깊겠군.
④ ㄱ~ㄴ과 달리 ㄷ에 준말이 없는 것은 어간에 '하'가 없기 때문으로 볼 수 있군.

문 14. 다음 글의 전개 방식으로 옳은 것은?

전기차는 미래 자동차 산업의 핵심으로 자리 잡고 있으며, 이는 환경 문제와 기술 발전에 대한 대응으로 빠르게 성장하고 있는 분야이다. 전기차는 내연기관 차량과 달리 배기가스를 배출하지 않으며, 에너지 효율이 높아 전통적인 휘발유나 디젤 차량보다 친환경적이다. 이로 인해 전 세계적으로 정부와 기업은 전기차 개발과 보급에 적극 나서고 있다. 특히, 전기차는 탄소 배출 감축 목표 달성의 중요한 수단으로 주목받고 있다.

전기차의 핵심 기술 중 하나는 배터리다. 배터리는 전기차의 주행 거리를 결정하고, 차량 가격에도 큰 영향을 미친다. 최근 몇 년간 배터리 기술이 빠르게 발전하면서, 전기차의 주행 거리는 점차 길어지고, 충전 시간은 단축되었으며, 배터리의 가격도 꾸준히 하락하고 있다. 이러한 기술 발전은 전기차 대중화의 중요한 요인으로 작용하고 있다. 하지만 여전히 충전 인프라의 부족과 배터리 재료의 공급 문제는 전기차 산업이 해결해야 할 과제로 남아 있다.

전기차의 보급 확대를 위해 각국 정부는 다양한 정책적 지원을 하고 있다. 전기차 구매 보조금, 세금 감면, 충전 인프라 확충 등의 정책은 소비자들이 전기차를 선택하는 데 중요한 역할을 한다. 또한, 일부 국가는 내연기관 차량의 판매를 단계적으로 금지하는 계획을 발표하면서 전기차로의 전환을 가속화하고 있다. 이와 더불어 자동차 제조사들도 전기차 모델을 지속적으로 확대하고, 내연기관 차량 생산을 줄이겠다는 계획을 발표하고 있다.

전기차 산업의 미래는 기술 발전뿐만 아니라 에너지 정책과 환경 규제에도 크게 좌우될 것이다. 재생 에너지를 기반으로 한 전력 공급이 확대될수록 전기차의 친환경성이 더 강화될 수 있다. 반면, 석탄이나 천연가스와 같은 화석 연료를 기반으로 한 전력 생산이 계속된다면 전기차가 완전히 친환경적이라고 보기는 어렵다. 따라서 전기차의 미래는 단순히 자동차 기술의 발전에만 의존하는 것이 아니라, 전력 생산 구조와 에너지 전환 정책에도 큰 영향을 받을 것이다.

결론적으로 전기차는 기술, 정책, 환경적 요인이 결합된 복합적인 문제를 안고 있다. 그러나 배터리 기술의 발전과 정부의 정책적 지원, 그리고 재생 에너지로의 전환이 이루어진다면, 전기차는 미래의 주요 교통수단으로 자리 잡을 것이 확실하다. 앞으로의 과제는 이러한 변화들을 효율적으로 이끌어 나가는 데 있다.

① 전기차의 장점을 설명하고, 그에 따른 산업적 변화를 분석한다.
② 전기차 기술의 발전과 그로 인한 경제적 이익을 설명한 후, 정책적 대응을 제시한다.
③ 전기차 보급 확대를 위한 정부와 기업의 노력에 대해 설명하고, 그 결과를 예측한다.
④ 전기차의 핵심 요소들을 설명하고, 그 기술적, 정책적, 환경적 측면을 비교하며 논의를 전개한다.

문 15. 다음을 읽고 추론한 것으로 가장 옳은 것은?

인도의 유명한 스포츠 행정가였던 구르 두트 손디(Guru Dutt Sondhi)는 아시아 국가들을 위한 스포츠 행사라는 아이디어를 아시안 게임으로 실현시켰다. 그는 1948년 런던 올림픽이 열리는 동안 아시안 게임의 창설을 제안했고, 3년 후 1951년 인도 뉴델리에서 첫 아시안 게임이 열렸다. 당시 참가국은 인도, 파키스탄, 버마(현재 미얀마), 스리랑카(당시 실론), 인도네시아, 필리핀, 그리고 아프가니스탄으로 총 7개국이었다. 종목 역시 육상, 복싱, 수영 등으로 지금에 비하면 그 수가 매우 적었다. 그러나 폭발적인 인기에 힘입어 1962년 인도네시아 자카르타에서 개최된 제4회 아시안 게임에 참가한 국가 수는 첫 대회에 비해 두 배 이상으로 늘었다. 아시안 게임이 계속해서 발전하면서 경기 종목, 참가하는 국가와 선수의 수도 점차 늘어났다. 1970년에는 종목 수가 16개로 확대되었는데, 양궁, 배드민턴, 테니스가 도입된 것도 이 시기였다.

아시안 게임은 단순히 운동선수들의 경쟁의 장이 아니라 아시아 국가들 간의 문화 교류의 장이자 평화를 도모하는 공간이 되었다. 개최국은 그들의 자랑스러운 유산, 예컨대 그들의 역사와 전통 음악, 춤, 예술 등을 선보이며, 각 참가국 또한 등장하면서 그들의 문화적 정체성을 드러낸다. 이 점에서 아시안 게임 개막식은 각기 다른 문화적 정체성이 어우러지는 문화 축전이라고 평가할 수 있다. 아시아는 각기 다른 언어와 정치 체제를 가진 40여 개의 국가들로 구성되어 있으며 과거사와 영토 분쟁을 비롯한 정치적 갈등이 자주 빚어지는 지역이다. 아시안 게임 역시 이러한 정치적 긴장에 따른 다양한 도전에 직면해 왔다. 그러나 그러한 정치적 장벽을 뛰어넘는 스포츠의 힘을 보여주면서 아시안 게임의 정신은 지속되었다. 이를 잘 보여주는 상징적 순간 중 하나는 바로 2002년 부산 아시안 게임에서 남북한이 단일 깃발을 들고 개막식에서 함께 행진한 때일 것이다. 이 상징적인 장면은 흔히 남북 긴장으로 표현되는 지역에서도 평화와 화해를 촉진하는 스포츠의 잠재력을 잘 보여준다.

아시안 게임과 올림픽 게임은 다양한 스포츠 종목에서 경쟁하기 위해 많은 국가의 선수들이 모인다는 점과 짝수 해에 열린다는 점, 그리고 4년마다 열린다는 점이 같다(예외적으로 도쿄 올림픽은 COVID-19 탓에 2020년이 아닌 2021년에 개최되었고, 항저우 아시안 게임 역시 같은 이유로 2022년의 이듬해인 2023년에 개최되었다). 몇 가지 차이점도 있다. 아시안 게임은 그 이름에서도 나타나듯이 참가국들은 아시아 국가들로 제한된다. 반면에, 올림픽 게임은 그 대상이 세계라는 점에서 참여국의 범위가 아시안 게임보다 넓다. 종목 면에서도 아시안 게임에서는 올림픽과 달리 e-sports, 롤러 스케이트가 인정되며 양궁 종목 중에서도 리커브뿐만 아니라 컴파운드 방식도 인정된다. 그러나 올림픽의 경우 양궁 종목 중 컴파운드는 인정되지 않고 오직 리커브만 인정된다.

① 뉴델리에서 열린 제1회 아시안 게임 때 우리나라는 양궁에서 금메달을 따냈다.
② 2021년 도쿄 올림픽의 바로 다음번의 올림픽은 2025년에 개최된다.
③ 우리나라는 2000년대에 아시안 게임을 개최한 적이 있다.
④ 양궁의 경우, 컴파운드 방식은 올림픽과 아시안 게임에서 모두 인정된다.

문 16. ㉠의 주장에 가장 가까운 것은?

> 문화가 발전하려면 저작자의 권리 보호와 저작물의 공정 이용이 균형을 이루어야 한다. 저작물의 공정 이용이란 저작권자의 권리를 일부 제한하여 저작권자의 허락이 없어도 저작물을 자유롭게 이용하는 것을 말한다. 비영리적인 사적 복제를 허용하는 것이 그 예이다. 우리나라의 저작권법에서는 오래전부터 공정 이용으로 볼 수 있는 저작권 제한 규정을 두었다.
>
> 그런데 디지털 환경에서 저작물의 공정 이용은 여러 장애에 부딪혔다. 디지털 환경에서는 저작물을 원본과 동일하게 복제할 수 있고 용이하게 개작할 수 있다. 따라서 저작물이 개작되더라도 그것이 원래 창작물인지 이차적 저작물인지 알기 어렵다. 그 결과 디지털화된 저작물의 이용행위가 공정 이용의 범주에 드는 것인지 가늠하기가 더 어려워졌고 그에 따른 처벌 위험도 커졌다.
>
> 저작물 이용자들이 처벌에 대한 불안감을 여전히 느낀다는 점에서 저작물의 자유 이용 허락 제도와 같은 '저작물의 공유' 캠페인이 주목을 받고 있다. 이 캠페인은 저작권자들이 자신의 저작물에 일정한 이용 허락 조건을 표시해서 이용자들에게 무료로 개방하는 것을 말한다. 누구의 저작물이든 개별적인 저작권을 인정하지 않고 모두가 공동으로 소유하자고 주장하는 사람들과 달리, 이 캠페인을 펼치는 사람들은 기본적으로 자신과 타인의 저작권을 존중한다. 캠페인 참여자들은 저작권자와 이용자들의 자발적인 참여를 통해 자유롭게 활용할 수 있는 저작물의 양과 범위를 확대하려고 노력한다. 이들은 저작물의 공유가 확산되면 디지털 저작물의 이용이 활성화되고 그 결과 인터넷이 더욱 창의적이고 풍성한 정보 교류의 장이 될 것이라고 본다. 그러나 캠페인에 참여한 저작물을 이용할 때 허용된 범위를 벗어난 경우 법적 책임을 질 수 있다.
>
> 한편 ㉠ <u>다른 시각을 가진 사람들</u>도 있다. 이들은 저작물의 공유 캠페인이 확산되면 저작물을 창조하려는 사람들의 동기가 크게 감소할 것이라고 우려한다. 이들은 결과적으로 활용 가능한 저작물이 줄어들게 되어 이용자들도 피해를 입게 된다고 주장한다. 또 디지털 환경에서는 사용료 지불 절차 등이 간단해져서 '저작물의 공정한 이용' 규정을 별도로 신설할 필요가 없었다고 본다. 이들은 저작물의 공유 캠페인과 신설된 공정 이용 규정으로 인해 저작권자들의 정당한 권리가 침해받고 있으므로 이를 시정하는 것이 오히려 공익에 더 도움이 된다고 말했다.

① 이용 허락 조건을 저작물에 표시하면 창작 활동을 더욱 활성화한다.
② 저작권자의 정당한 권리 보호를 위해 저작물의 공유 캠페인이 확산되어야 한다.
③ 비영리적인 경우 저작권자의 동의가 없어도 복제가 허용되는 영역을 확대해야 한다.
④ 저작권자가 자신들의 노력에 상응하는 대가를 정당하게 받을수록 창작 의욕이 더 커진다.

문 17. 다음 글의 밑줄 친 결론을 이끌어내기 위해 추가해야 할 것은?

> 만약 전력 소모가 심각하다면, A국은 에너지 수입을 늘릴 것이다. 그런데 A국이 할 수 있는 선택은 에너지 수입을 늘리지 않거나 절전 정책을 시행하는 것이다. 그러나 A국이 절전 정책을 시행한다면, A국의 경기는 침체될 것이다. 그러므로 <u>A국의 경기는 결국 침체될 것이다.</u>

① 전력 소모가 심각하다.
② A국이 절전 정책을 시행하지 않는다.
③ A국이 절전 정책을 시행한다면, A국은 에너지 수입을 늘릴 것이다.
④ A국이 에너지 수입을 늘린다면, 전력 소모는 심각하지 않을 것이다.

문 18. 다음 전제들이 참이라고 할 때 반드시 참인 것은?

> ○ 수현이가 소설책을 빌리면 영우도 소설책을 빌리지 않는 것은 아니다.
> ○ 성종이가 소설책을 빌리면 수현이는 소설책을 빌리지 않는다.
> ○ 시후가 소설책을 빌리지 않으면 영우가 소설책을 빌린다.
> ○ 성종이나 시후가 소설책을 빌렸다는 것은 사실이 아니다.

① 수현이와 영우는 소설책을 빌리지 않는다.
② 영우는 소설책을 빌린다.
③ 시후는 소설책을 빌린다.
④ 성종이와 영우는 소설책을 빌린다.

문 19. 다음 글을 읽고 추론한 내용으로 적절하지 않은 것은?

레오나르도 다빈치는 르네상스 시대의 상징적인 인물로, 예술, 과학, 공학, 해부학 등 다양한 분야에서 활약하며 현대에까지 영향을 미친 업적을 남겼다. 그의 대표작인 '모나리자'와 '최후의 만찬'은 서양 미술사의 정점으로 평가받으며, 그의 스케치들은 비행기, 헬리콥터, 전차와 같은 당시로서는 상상하기 힘든 발명품의 아이디어를 담고 있다. 이와 같은 다빈치의 다재다능함은 그를 '르네상스적 인간(Renaissance man)' 또는 천재로 칭송하게 만든 핵심 요소로 여겨진다. 특히 그의 발명 스케치는 실현 가능성 여부를 떠나 현대 공학과 과학의 영감으로 남아 있다.

그러나 이러한 다빈치의 업적에 대한 평가는 의견이 분분하다. 비평가 에릭슨은 다빈치가 남긴 발명 스케치들이 당시 기술로 구현될 수 없는 공상에 가까웠으며, 그의 과학적 연구는 동시대 다른 학자들의 연구와 크게 다르지 않았다고 지적한다. 또한, 에릭슨은 '모나리자'와 '최후의 만찬'이 미술사적으로 중요한 작품임에는 동의하면서도, 이 작품들이 그 시대의 다른 예술 작품과 비교했을 때 혁신성 면에서 과대평가되었다고 본다. 그는 다빈치가 다양한 분야에 걸쳐 활약한 것은 사실이나, 각 분야에서의 개별적 성취가 독보적이라기보다는 그의 다재다능함과 상징적 위치가 그의 천재성을 과장한 것이라고 주장한다.

반면에 역사학자 존슨은 에릭슨의 주장을 반박하며, 다빈치의 성취를 과소평가해서는 안 된다고 강조한다. 존슨은 다빈치의 발명이 당대에 현실화되지 못했더라도, 그의 혁신적인 아이디어가 18세기 산업 혁명의 발전에 지대한 영향을 끼쳤다고 본다. 예를 들어, 다빈치의 스케치들은 비행기나 전차와 같은 개념적 설계를 통해 기술적 상상력을 자극했으며, 이는 이후 발명가들에게 큰 영감을 주었다는 것이다. 또한, 존슨은 다빈치의 예술 작품들이 르네상스 시기의 전통적 예술적 관습을 뛰어넘는 독창적이고 혁신적인 기법을 선보였다고 주장한다. 그는 특히 '모나리자'의 미소와 빛의 표현 기법, '최후의 만찬'에서의 생동감 있는 묘사와 인물들의 감정 묘사가 당시 미술계에 혁명적 변화를 가져왔다고 평가한다. 존슨에 따르면, 다빈치는 단순히 동시대 학자나 예술가들과 비교할 수 없는 수준의 독창성과 통찰력을 보여주었으며, 그의 예술적 성취와 발명적 사고는 역사적으로 매우 가치 있는 유산으로 남아 있다.

① 다빈치의 발명 스케치가 실제로 구현되지 않았다는 증거가 발견되면 에릭슨의 주장은 강화될 것이다.
② 다빈치의 스케치를 열람하는 것이 정치적 이유로 금지되어 20세기 후반에서야 세상에 드러났다면 존슨의 주장은 약화될 것이다.
③ 다빈치의 '최후의 만찬'은 이것을 다루었던 종래의 그림과 달리 예수와 12사도가 경건히 앉아 있는 모습을 그리지 않았다면 존슨의 주장은 강화될 것이다.
④ 다빈치의 학문적 행보는 실제로는 예술 분야에 한정되어 있었다는 증거가 발견되면 에릭슨의 주장은 강화될 것이다.

문 20. 다음을 읽고 이해한 것으로 가장 옳은 것은?

한동안 마카롱이 점령하고 있던 디저트 시장에 약과(藥果)가 도전장을 내민 모양새다. 약과(藥果)는 한국의 전통 과자로 밀가루와 꿀이 귀했던 과거에는 주로 명절이나 특별한 날에나 맛볼 수 있는 귀한 간식이었다. 약과를 만드는 데 사용하는 주재료는 꿀, 참기름, 밀가루이며 향신료로서 생강즙이나 계핏가루를 사용하고, 단맛을 내기 위한 재료로 조청이나 꿀을 쓴다. 약과를 만드는 과정은 먼저 체로 거른 밀가루에 참기름을 넣어 반죽한 다음, 향신료를 넣어 다시 반죽한다. 이를 한입 크기로 떼어 꽃 모양으로 만든 후, 노릇노릇한 빛깔을 띠며 바삭한 식감을 가질 때까지 기름에 튀겨낸다. 그다음 단맛을 충분히 머금도록 꿀이나 조청에 담가둔다.

프랑스의 대표적인 디저트 중 하나인 마카롱은 두 개의 아몬드 머랭 쿠키 사이에 다양한 크림이나 과일 등을 채워 넣는다. 아몬드 가루, 설탕, 계란 흰자를 기본 재료로 사용하여 만드는데, 우선 머랭은 계란흰자에 설탕을 넣어 빠른 속도로 상당한 시간을 거품기로 저어준다. 다른 재료들은 체로 거른 후 머랭에 넣고 섞어 반죽을 만든다. 이후 반죽을 짤주머니를 이용해 적당한 크기로 짠 후 오븐에 굽는다.

전통적인 한국 간식거리로 약과만 있는 것이 아니다. 먼저, 화전은 찹쌀가루와 진달래, 국화, 장미와 같이 먹을 수 있는 꽃의 모양을 살려 만드는 떡이다. 떡을 튀기기 전에 꽃을 떡에 눌러내어 꽃의 아름다움과 향이 떡에 베어들게 한다. 다식은 곡물이나 견과류 가루를 꿀에 갠 반죽으로 만드는 작은 과자이다. 반죽을 복잡하고 아름다운 무늬가 새겨진 틀에 눌러 예쁜 모양을 만든다. 경단은 동그란 구슬 모양의 떡 안에 단팥, 참깨 또는 땅콩을 갈아 넣은 소를 채워 넣은 달콤한 떡이다. 약밥은 찹쌀, 꿀, 다양한 말린 과일, 견과류, 계피를 넣어 만든 한국의 전통적인 음식이다. 일반 밥에 비해 달짝지근하고 끈적끈적하다.

① 약과는 과거 한국의 전통 과자 중에서도 비교적 흔하게 접할 수 있는 간식이었다.
② 약과와 화전은 만드는 과정 중 기름에 튀기는 단계를 거친다.
③ 약과와 약밥은 이름은 비슷하지만 사용하는 재료는 겹치지 않는다.
④ 마카롱은 경단과 마찬가지로 설탕으로 단맛을 낸다.

약점 보완 해설집 p.70

제20회 모의고사

문 1. <보기>를 고쳐 쓰기 위한 의견으로 적절하지 않은 것은?

> 오늘 뒷산에 다녀왔다. 오랜만에 가는 산이기에 마음이 무척 ㉠ <u>설레였다</u>. 전에 산에 오를 때에는 약수터에 있는 참나무 아래에서 휴식을 취하며 많은 생각을 하곤 했다. 약수터에 도착해 보니 올여름, (㉡) 무성했던 참나무가 옷을 벗은 채 찬바람을 맞으면서도 의연하게 서 있었다. 하얗게 눈이 쌓인 산의 모습은 언제 보아도 아름답게 느껴진다.
>
> 그러한 모습으로 그 자리에 그대로 서 있는 나무를 보니 많은 ㉢ <u>생각을 했다</u>. 그동안 나는 길을 잃은 사람이 다시 찾아올 수 있도록 변함없이 그 자리를 지킨 적이 있던가. 그렇게 말없이 기다림을 실천한 적이 있던가.
>
> ㉣ <u>그리고</u> 새해에는 나도 한 그루 나무처럼 살아야겠다. 자신의 자리에 굳건히 뿌리내리고 가끔은 누군가 기대고 쉴 수 있는 사람이 되었으면 좋겠다. 어쩔 수 없이 겉모습은 변하더라도 속마음은 변하지 않는 사람이 되어야겠다.

① ㉠은 맞춤법이 잘못되었으므로 '설렜다'로 고쳐야겠어.
② ㉡에는 의미를 분명히 하기 위해 '잎이'를 추가해야겠어.
③ ㉢은 앞부분과 호응이 되도록 '생각이 들었다'로 고쳐야겠어.
④ ㉣은 앞 문단과 자연스럽게 연결하기 위해 '물론'으로 바꿔야겠어.

문 2. ㉠의 내용과 가장 가까운 것은?

> 18~19세기 산업 혁명을 계기로 활동적 삶은 사색적 삶보다 중요성이 더 커지게 되었다. 생산 기술에 과학적 지식이 응용되고 기계의 사용이 본격화되면서 기계의 속도에 기초하여 노동 규율이 확립되었고, 인간의 삶은 시간적 규칙성을 따르도록 재조직되었다. 나아가 시간이 관리의 대상으로 부각되면서 시간 동작 연구를 통해 가장 효율적인 작업 동선(動線)을 모색했던 테일러의 과학적 관리론은 20세기 초부터 생산 활동을 합리적으로 조직하는 중요한 원리로 자리 잡았다. 이로써 두뇌에 의한 노동과 근육에 의한 노동이 분리되어 인간의 육체노동이 기계화되는 결과가 초래되었다. 또한 과학을 기술 개발에 활용하기 위한 시스템이 요구되어 공학, 경영학 등의 실용 학문과 산업체 연구소들이 출현하였다. 이는 전통적으로 사색적 삶의 영역에 속했던 진리 탐구마저 활동적 삶의 영역에 속하는 생산 활동의 논리에 포섭되었음을 단적으로 보여준다.
>
> 이처럼 산업 혁명 이후 기계 문명이 발달하고 그에 힘입어 자본주의 시장 메커니즘이 사회를 전면적으로 지배하게 됨에 따라 근면과 속도가 강조되었다. 활동적 삶이 지나치게 강조된 데 대한 반작용으로, '의미 없는 부지런함'이 만연해진 세태에 대한 ㉠ <u>비판의 목소리</u>가 나타나 성찰에 의한 사색적 삶의 중요성을 역설하기도 하였다.
>
> 이제 20세기 말 정보화와 세계화를 계기로 시간적 · 공간적 거리가 압축되어 세계가 동시적 경험이 가능한 공간으로 인식되면서 인간의 삶은 이전과 크게 달라졌다. 기술의 비약적 발달로 의식주 등 생활의 기본 욕구는 충족되었지만, 현대인들은 더욱 다양해진 욕구와 성취 욕망을 충족하기 위해 스스로를 소진하고 있다. 경쟁이 세계로 확대됨에 따라 사람들이 타인과의 경쟁에서 이기는 동시에 자신의 능력을 극한으로 끌어올리기 위해 스스로를 끝없이 몰아세울 수밖에 없는 내면화된 강박증에 시달리고 있는 것이다. 결국 기술의 발달이 인간의 삶을 여유롭고 의미 있는 것으로 만들어 줄 것이라는 기대와 달리, 사색적 삶은 설 자리를 잃고 활동적인 삶이 폭주하게 된 것이다.

① 기계 기술은 정신 기술처럼 가치 있으며, 산업 현장은 그 자체로 위대하고 만족스럽다.
② 인간은 일하기 위해서 사는 것이며, 더 이상 할 일이 없다면 괴로움과 질곡에 빠지고 말 것이다.
③ 자극에 즉각적으로 반응하지 않고 여유롭게 삶의 의미를 되새기는 사유의 방법을 배워야 한다.
④ 인간은 기계이므로 인간의 행동, 언어, 사고, 감정, 습관, 신념 등은 모두 외적인 자극과 영향으로부터 생겨났다.

문 3. 다음 글을 이해한 내용으로 적절하지 않은 것은?

신고전파 경제학자들은 경제 행위자들이 합리적이며 자기 이익을 추구한다고 가정하며, 이 가정에 기반하여 시장 경제는 효율적으로 작동한다는 견해를 주장한다.

대표적인 신고전파 경제학자 윌리엄 제보스는 경쟁의 중요성을 역설하였다. 그는 경쟁은 기업들에게 효율성을 높이고 혁신을 유도하는 강력한 동기 부여 요소이며, 소비자들에게 더 다양한 선택지와 더 낮은 가격을 제공한다고 보았다.

그는 또한 정부의 개입 없이 자유롭게 작동하는 시장은 "보이지 않는 손"에 의해 효율적인 자원 배분을 이끌어내며, 정부의 지나친 시장 개입은 시장의 자연스러운 작동을 방해하고 오히려 비효율성을 초래할 수 있음을 주장하였다.

그에게 정부는 개인의 자유와 재산권을 보호하는 역할에 집중해야 하는 존재였다. 정부는 시장 실패를 해결하기 위한 최소한의 개입만 해야 하며, 시장 경제를 왜곡하는 규제와 과도한 세금 부과를 피할 것을 주장하였다.

① 제보스는 경쟁은 소비자들에게 더 낮은 가격을 가져온다고 보았다.
② 신고전파 경제학자들은 경제 행위자의 합리성을 전제하였다.
③ 제보스는 정부의 과도한 시장 개입이 효율성을 저해할 수 있다고 보았다.
④ 제보스는 시장은 "보이지 않는 손"에 의해 실패하지 않는 존재라고 보았다.

문 4. 다음 글을 읽고 <보기>의 형태소를 이해한 것으로 가장 옳지 않은 것은?

형태소는 더 이상 쪼갤 수 없는 가장 작은 말의 단위이며 실질적인 의미를 지니고 있는지 여부에 따라 실질 형태소와 문법 형태소로 구분된다. 실질 형태소는 단어의 실질적인 의미를 나타내는 형태소이다. 명사, 동사, 형용사 등이 이에 해당하며, 문장에서 주로 실질적인 정보를 전달한다. 예를 들어, '꽃이 피었다'라는 문장에서 '꽃'과 '피-'는 실질 형태소에 해당한다. 반면, 문법 형태소는 문장의 구조와 관련된 기능을 수행하는 형태소이다. 조사, 어미, 접사 등이 여기에 해당하며, 이들은 문장의 문법적인 정확성을 유지하고 문장 간의 관계를 나타낸다. '꽃이 피었다.'에서 '이'는 주어를 나타내는 조사, '-었-'은 과거를 나타내는 선어말어미, '다'는 문장의 종결을 나타내는 어말어미에 해당한다. 따라서 '꽃이 피었다'는 '꽃', '이', '피-', '-었-', '-다'로 쪼갤 수 있다.

또한 형태소는 자립성 여부에 따라 자립 형태소와 의존 형태소로 나뉘어지는데, 조사와 같은 다른 형태소의 도움이 없이 홀로 쓰일 때는 자립 형태소라 하고, 다른 형태소의 도움 없이는 의미 전달이 되지 않는 형태소를 가리켜 의존 형태소라고 한다. 조사, 동사와 형용사의 어간, 어미, 파생 접사 등이 의존 형태소에 해당한다.

예를 들어, '나는 풋고추를 먹었다'의 경우 자립 형태소는 '나'와 '고추'이고, 의존 형태소는 '-는(조사)', '풋-(접사)', '-를(조사)', '먹-(어간)', '-었-(선어말어미)', '-다(어미)'이다.

〈보기〉

과장님께서 우리들에게 질문을 하신다.

① '과장님께서'의 '께서', '우리들에게'의 '들', '하신다'의 '하-'는 모두 의존 형태소에 해당하는 것들이다.
② '과장님께서'의 '께서', '질문을'의 '을', '하신다'의 '-다'는 모두 문법 형태소에 해당하는 것들이다.
③ '과장님께서'의 '-님', '질문을'의 '질문', '하신다'의 '하-'는 모두 실질 형태소에 해당하는 것들이다.
④ '과장님께서'의 '과장', '우리들에게'의 '우리', '질문을'의 '질문'은 모두 자립 형태소에 해당하는 것들이다.

문 5. 다음 글을 이해한 내용으로 적절하지 않은 것은?

GFR(사구체 여과율)은 신장의 기능을 평가하는 중요한 지표이다. 혈액에서 노폐물을 걸러내는 신장의 여과 능력을 나타내며, GFR 값이 낮을수록 신장 기능이 저하된 것으로 판단한다.

GFR 직접 측정 방식 중 하나인 이눌린 청소율 측정 방식에 대해 알아보자. 이눌린은 인슐린과 구조가 유사한 다당류로, 신장에서 여과되고 재흡수되지 않는다. 이를 통한 GFR 측정 방식은 다음과 같다. 먼저, 이눌린을 환자의 정맥에 주사한다. 그런 다음 24시간 동안 모든 소변을 수집하고, 혈액과 소변에서 이눌린 농도를 측정한 뒤, 공식을 이용하여 GFR을 계산한다.

이 검사는 GFR을 가장 정확하게 측정하는 방법이지만, 24시간 소변을 수집해야 하는 번거로움이 있고, 혈관 접근이 필요하다는 단점 역시 존재한다.

최근에는 혈청 크레아티닌 측정을 통해 GFR을 추정하는 간접 측정 방법이 많이 사용되고 있다. 크레아티닌은 신장에 의해 여과되는 물질이기 때문에 혈액에서 크레아티닌 수치는 신장 기능의 직접적인 지표가 될 수 있으며, 크레아티닌 수치는 일반적으로 일정하게 유지되기 때문이다. 간접 측정 방법은 정확도가 다소 떨어질 수 있지만, 간편하고 저렴하게 GFR을 추정할 수 있다는 장점이 있다.

① GFR 값이 클수록 신장 여과 능력은 높다고 판단할 수 있다.
② 신장에서 이눌린의 여과와 재흡수가 일어난다.
③ 이눌린 청소율 측정법에서는 정맥을 통해 이눌린을 주사한다.
④ 혈청 크레아티닌 측정을 통한 GFR 추정법은 이눌린 청소율 측정 방식과 달리 간접적으로 GFR을 추정한다.

문 6. 다음 중 같은 사람을 나타내는 것끼리 묶인 것은?

그때 기주성을 완전히 점령한 여러 장수들이 달려와 ㉠ 조조에게 성 안으로 들기를 청했다. 조조가 막 성 안으로 들어가는데 창칼을 든 군사들이 ㉡ 한 사람을 에워싸고 끌어왔다. 조조가 보니 바로 ㉢ 진림이었다. 전에 ㉣ 원소 아래에 있으면서 조조를 꾸짖는 유명한 격문을 쓴 적이 있어 그 죄를 크게 본 군사들이 특히 사로잡아 끌고 오는 길이었다. "㉤ 그대는 전에 격문을 쓰면서 ㉥ 나의 죄만을 따질 것이지 어찌하여 내 아버지와 할아버지에게까지 욕이 미치게 했는가?" 조조가 짐짓 매서운 얼굴로 물었다. 진림이 태연하게 대답했다. "㉦ 화살은 ㉧ 시위에 올려진 이상 날아가지 않을 수 없는 법입니다." 진림의 그 같은 대답에 조조를 둘러싸고 있던 장수들이 먼저 술렁거렸다. "저 자는 원소를 위해 ㉨ 승상의 조상까지 욕한 자입니다. 죽여서 본보기를 삼아야 합니다." 장수들이 입을 모아 그렇게 권했다. 그러나 조조는 진림의 글재주가 아까웠다. 잠깐 생각하다 조용히 물었다. "나는 ㉩ 너와 너의 글을 이번에는 내 활시위에 얹으려 한다. 원소를 위해 했던 것처럼 나를 위해서도 날카로운 화살이 되어 주겠느냐?", "승상께서 써 주신다면 재주를 다해 받들 뿐입니다." 그렇게 대답하니 조조는 ㉪ 그를 용서하고 종사로 삼았다.

① ㉠, ㉥, ㉧, ㉨
② ㉡, ㉢, ㉥, ㉦
③ ㉣, ㉧, ㉪
④ ㉢, ㉦, ㉩, ㉪

문 7. 다음 글에서 추론할 수 있는 것은?

나치는 소련을 침공하며, 아르한겔스크와 아스트라한을 연결하는 가상의 선인 A-A선을 최종 목표 지점으로 설정하고, 이를 달성하기 위해 집단군을 중심으로 공격을 진행했다. 이 선은 소련의 유럽 지역에 대한 지리적 영향력을 거의 완전히 박탈하는 데 필요한 전략적 목표로 여겨졌다. A-A선은 마르크스 장군의 보고서를 기반으로 하여 설정되었다. 마르크스는 A-A선을 점령하면 독일은 소련의 우랄산맥 서쪽에 편중된 주요 산업 지역과 인구 중심지를 장악할 수 있으며, 동시에 소련의 핵심 자원 및 교통망을 차단할 수 있었다.

A-A선 달성을 위한 집단군 운영에 대해 보다 자세히 알아보자. 집단군은 북부, 중부, 남부로 구분되었다. 세 개의 집단군은 각각 A-A선의 일부를 점령하는 목표를 가지고 공격을 진행했다. 북부 집단군은 아르한겔스크를 점령하여 A-A선의 북쪽 끝을, 중부 집단군은 모스크바를 점령하여 A-A선의 중앙 부분을, 남부 집단군은 로스토프나도누와 아스트라한을 점령하여 A-A선의 남쪽 끝을 확보하는 임무를 맡았다.

독일군은 초기 공세에서 성공을 거두며 A-A선에 접근했다. 남부 집단군은 스탈린그라드 공격을 시작하며 이를 빠르게 점령할 것이라고 예상했지만, 전투는 지속되었다. 이 전투는 소련의 승리로 끝났다. 그 결과 독일군은 로스토프나도누와 아스트라한을 공격할 충분한 병력과 물자를 확보하지 못했다.

① 소련의 주요 산업 지대와 인구 중심지는 우랄산맥과 A-A선의 동쪽에 위치한다.
② A-A선의 서쪽이 나치의 손에 떨어진다면 유럽에 대한 소련의 지리적 영향력은 크게 약화된다.
③ 나치의 공세는 초기에 성공하여 로스토프나도누를 확보하였으나, 결국 소련은 이를 탈환하였다.
④ 중부 집단군의 임무는 모스크바와 니즈니노브고로드를 점령하여 A-A선의 중앙 부분을 확보하는 것이었다.

문 8. 다음을 읽고 추론한 것으로 가장 옳은 것은?

노벨 문학상, 프랑스 공쿠르상, 부커상은 세계적으로 권위 있는 문학상이다. 이 세 문학상은 모두 작가와 작품의 문학적 성취를 인정하는 데 중점을 두고 있지만 평가 기준과 문화적 배경은 다르다. 노벨 문학상(Nobel Prize in Literature)은 1901년에 스웨덴의 화학자 알프레드 노벨의 유언에 따라 제정되었다. 수상자는 스웨덴 한림원의 문학 위원회가 결정하며 10월에 발표한다. 특정 국가나 언어에 구애받지 않으므로 세계 모든 나라의 작가들이 후보에 오를 수 있다. 그동안의 수상자를 보면 문학적 성취뿐만 아니라 사회적, 정치적 메시지를 담은 작품을 쓴 이를 높이 평가하는 경향이 있다고 여겨진다. 상금은 1949년 이후 2001년까지 꾸준히 증가해 약 140만 달러에 이르렀다가 2012년에 110만 달러 수준으로 줄었다.

프랑스의 공쿠르상(Prix Goncourt)은 1903년에 처음 수여하기 시작한 프랑스 최고의 문학상으로 매년 프랑스어로 쓴 소설 중에서 수상작을 선정한다. 프랑스의 작가 에드몽 공쿠르(Edmond de Goncourt)의 유언에 따라 만들어진 이 상은 프랑스 공쿠르 아카데미(Académie Goncourt)가 주관한다. 노벨 문학상과 달리 그해에 출간된 신작 소설 중에서 후보작을 선정한다. 심사위원들은 한 달에 한 번씩 모여 토론을 갖는다. 이처럼 수개월에 걸친 토론 끝에 수상작을 선정하여 11월에 결과를 발표한다. 상금은 상징적인 의미로 10유로(약 11달러)에 불과하다.

부커상(The Booker Prize)은 영문학계에서 가장 영향력 있는 상 중 하나로 그 명칭은 영국 회사인 부커사가 후원한 것에서 비롯되었다. 1969년 처음 시상하기 시작한 이래, 영국에서 출간된 영문 소설 중에서 뛰어난 작품을 선정하여 수여한다. 처음에는 영연방 국가와 아일랜드 및 짐바브웨 출신 작가만 후보가 될 수 있었지만 2014년부터는 국적에 관계없이 수상할 수 있도록 바뀌었다. 2005년에 부커 인터내셔널상이 신설되면서 부커 본상 부문과 인터내셔널상 부문으로 나뉘는데, 후자는 영문으로 쓰이진 않았지만 영어로 번역되어 영국에서 출간된 작품을 대상으로 한다. 부커 인터내셔널상은 처음에는 격년으로 시상했다가 2016년부터는 본상과 마찬가지로 매년 시상한다. 본상 수상자는 10월에, 인터내셔널상 수상자는 5월에 발표한다. 두 부문 모두 상금이 5만 파운드(약 65,000 달러)이지만 인터내셔널상 부문은 작가와 번역가가 나눠 갖는다. 부커상은 작품의 문학적 가치뿐만 아니라 독창적인 스타일, 주제의 참신성도 중요한 평가 기준이며, 다른 문학상과 달리 수상작 선정에 독자 의견을 반영하는 점이 특징이다.

① 언어의 제약성 측면에서 노벨문학상이 공쿠르상보다 제약성이 더 크다.
② 대중이 그해의 노벨문학상 수상자와 부커 인터내셔널상 수상자는 알지만 공쿠르상 수상자는 알 수 없는 시기가 반드시 있다.
③ 2024년에 세 문학상이 모두 단독 수상자만을 선정했다면, 작가가 갖는 상금은 노벨문학상, 부커 인터내셔널상, 부커 본상, 공쿠르상 순으로 크다.
④ '갑'의 소설이 2006년에 영문으로 번역되어 영국에서 출간되었다면 그해에 부커 인터내셔널상을 수상할 수도 있다.

[9~10] 다음 글을 읽고 물음에 답하시오.

일찍이 경제학자 클라크는 산업을 자연으로부터 원료를 채취하거나 생산하는가, 그 원료를 가공하는가, 가공된 원료를 유통하는가에 따라 1차, 2차, 3차 산업으로 분류했다. 그러나 이 방식으로는 설명할 수 없는 산업이 생겨나고 있다. 가령, 제조업과 서비스업을 모두 포함하는 정보 통신 산업은 어디에 속할까? 이처럼 기술이 진보하고 산업 구조가 변화함에 따라 새로운 분류 기준이 필요해졌고, 실제로 산업을 바라보는 관점과 목적에 따라 다양한 분류 기준이 존재한다.

먼저, 국가에서 제정한 표준산업분류가 있다. 이 분류는 소비자의 관점에서 재화 또는 서비스의 특성이 얼마나 유사한지, 생산자의 관점에서 투입물이나 산출물의 물리적 구성 및 가공 단계가 얼마나 유사한지를 모두 고려하여 작성된 것으로, 이 기준으로 분류된 제품이나 서비스의 집합을 동일한 산업으로 정의한다. 대분류, 중분류 등 모두 다섯 단계로 구성된 이 분류 방법은 주로 통계적 목적을 위하여 사용되고 있다. 그러나 각 산업의 기술 수준을 판단할 정보는 포함하지 않는다.

기술 수준에 따른 분류 체계의 대표적인 것으로 경제협력개발기구(OECD)의 기준이 있는데, 이 기준은 연구 개발 투자가 많은 산업을 첨단 기술 산업으로 본다. 기술 수준을 측정하는 지표로는 기업의 총매출액 대비 연구 개발 투자액의 비율로 정의되는 '연구 개발 집약도'를 사용하며, 그 평균이 4% 이상이면 그 산업을 첨단 기술 산업으로 분류한다. 이 방법은 첨단 기술 산업을 객관적으로 규정해 준다는 점에서 유용하다. 그러나 산업의 평균을 토대로 하기 때문에 산업 전체로는 첨단 기술 산업이지만 그 안에 얼마든지 저급 기술 기업이 있을 수 있다.

한편, 기술이 진보한 결과 새로운 기술 영역이 출현하는 경우도 있다. 이렇게 등장한 기술 영역은 신속한 실용화의 요구 때문에 그대로 새로운 산업으로 형성되는 모습을 보이기도 한다. 예를 들어 정보 기술에서 비롯된 정보 기술 산업은 이미 핵심적인 산업으로 자리 잡았고, 바이오 기술, 나노 기술, 환경 기술 등도 미래의 유망 산업으로 부각되고 있다.

산업의 변화는 기술 이외에 시장 수요의 측면에서도 그 원인을 찾을 수 있다. 가령, 인구 구성과 소비 가치가 변화함에 따라서 과거의 고정관념에 얽매이지 않는 수많은 새로운 산업이 나타나고 있다. 패션 산업, 실버산업, 레저 산업 등은 표준산업분류에 나오지 않지만 현실적으로 이미 중요한 산업으로 인식되고 있다.

이러한 추세를 고려할 때 앞으로 산업을 정의하거나 분류할 때에는 고정된 기준이나 체계보다 신축적이고 실질적인 접근 방식을 많이 사용할 것으로 보인다. 또, 기술 혁신이 가속화되고 구매력을 가진 인구의 구성이 달라지면 새로운 산업이 ⓐ <u>생겨나고</u> 오래된 산업이 ⓑ <u>사라지는</u> 현상도 더 활발히 일어나게 될 것이다. 이제 산업의 정의나 분류도 유연하고 전략적인 관점에서 접근해야 할 시대가 도래한 것이다.

문 9. 윗글에 대한 이해로 가장 옳지 않은 것은?

① OECD의 기준에 따른 분류 체계에 따르면, 연구 개발 집약도의 평균이 5%면 첨단 기술 산업이다.
② 표준산업분류는 소비자의 관점에서 투입물과 산출물을 비교하여 유사한 정도에 따라 산업을 분류한다.
③ 클라크의 산업 분류 체계는 중첩되는 산업의 등장에 따라 분류 기준으로서 한계에 직면하게 되었다.
④ 표준산업분류에 따라 산업을 분류할 경우, 각 산업의 기술 수준을 비교하기는 어렵다.

문 10. 낱말 사이의 의미 관계가 ⓐ : ⓑ와 다른 하나는?

① 태어나다 : 자라다
② 들어가다 : 나오다
③ 올라오다 : 내려가다
④ 떠오르다 : 가라앉다

문 11. 다음 글의 밑줄 친 결론을 이끌어내기 위해 추가해야 할 것은?

○ 파프리카를 구매하는 그 어떤 사람도 감자를 구매하지 않는다.
○ 감자를 구매하지 않는 어떤 사람은 오징어를 구매한다.
따라서, <u>오징어를 구매하는 어떤 사람은 파프리카를 구매한다</u>.

① 감자를 구매하는 어떤 사람은 파프리카를 구매하지 않는 사람이다.
② 감자를 구매하지 않는 모든 사람은 파프리카를 구매한다.
③ 파프리카를 구매하는 어떤 사람은 감자를 구매하지 않는 사람이다.
④ 오징어를 구매하지만 파프리카를 구매하지 않는 모든 사람은 감자를 구매하지 않는다.

문 12. 다음 (가)~(마)를 올바른 순서대로 나열한 것은?

(가) 광고에서 펼쳐지는 이미지는 결코 현재 우리의 삶이 어떠한 지를 말하지 않는다. 그보다는 상품을 구입할 경우, 달라지게 될 세련되고 매력적인 미래의 삶에 대해 이야기한다. 처음에는 이러한 이미지를 자신의 미래 이미지로 받아들이지 않을지라도 반복해서 보게 되면 자신도 모르는 사이에 자연스럽게 광고 이미지 전체를 자신의 미래 이미지로 받아들이게 된다. 이렇게 광고는 초라한 일상의 나에서 벗어나 환상적인 미래의 나로 변신하고 싶다는 욕망을 자극한다.

(나) 영상 매체는 문자가 아닌 이미지의 언어로 이루어져 있다. 오늘날 영상 이미지의 사용은 점점 더 일반화되고 있으며, 우리는 일상적으로 이미지를 사용하고 해독한다. 특히 매체의 영상은 언제 어디서나 흘러넘치는 이미지로서 일상적 삶의 한 부분이 되어 버렸다. 그러나 이미지를 만드는 사람들은, 우리의 순진함을 이용하여 우리를 조롱하고 은밀히 자신의 의도를 주입시킬 수도 있다.

(다) 광고 속의 이미지가 현실을 왜곡하고, 보는 이의 욕망을 자극하듯이 드라마나 영화도 마찬가지다. 드라마나 영화에 제시되는 삶의 모습 또한 현실의 삶을 있는 그대로 반영하기보다는 보는 이의 시선을 끌 만한 상황을 제시하는 경우가 많다. 또한 설정된 인물들의 성격이나 직업 등은 극적인 재미를 극대화하기 위해 현실 생활과는 다르게 왜곡되기 일쑤여서 시청자들로 하여금 편견을 갖게 한다.

(라) 그렇다고 해서 이미지가 사람들로 하여금 환상적인 세계 속에 젖어 들게 하여 현실을 망각하고 자신의 정체성을 위협하는 위험성만 가지고 있는 것은 아니다. 이미지를 제대로 이해하고, 바르게 받아들인다면, 자유로운 상상력을 키워 주는 긍정적인 기능도 있다.

(마) 문제는 이런 이미지들에 길들여지면 이미지의 세계를 현실 세계로 여기게 된다는 점이다. 드라마에서 어떤 배우가 한 머리 모양이 인기를 끌고 광고 카피가 속담이나 격언보다 위력을 떨치며, 영화를 통한 모방 범죄 심리가 생기는 것도 이와 같은 이미지의 영향력 때문이다. 그리하여 이미지 사회에서는 사람들이 논리적이고 합리적인 사고를 통해 주체적인 삶을 살기보다는 이미지에 의해 연출된 삶을 감각적으로 소유하고, 현실과 다른 환상적인 행복을 추구하는 경우도 많이 생기게 된다.

① (나) - (가) - (다) - (마) - (라)
② (나) - (가) - (마) - (다) - (라)
③ (나) - (다) - (마) - (라) - (가)
④ (나) - (마) - (가) - (다) - (라)

문 13. 다음을 읽고 추론한 것으로 가장 옳지 않은 것은?

정부가 임시 공휴일을 지정하는 이유 중 하나는 경제 활성화이다. 공휴일이 추가로 생기는 것은 곧 여가 시간이 늘어난다는 의미다. 이에 따라 국민들이 여행이나 외식, 쇼핑과 같은 서비스업을 이용하면 내수 소비가 증가하면서 경제에 긍정적인 효과가 발생할 것이라는 기대를 갖는 것이다. 2017년 추석 연휴 기간이 최장 10일로 늘어났을 때를 보면, 한국관광공사에 따르면 이 시기에 국내 여행객 수가 2,300만 명을 기록했고 관련 산업에서 수조 원 규모의 매출 증가가 발생했다고 한다. 이처럼 임시 공휴일은 소비 심리를 자극하고 단기적으로 경제에 긍정적인 영향을 미친다는 점에서 정부가 경제 부양책으로 활용할 수 있는 수단이다.

경제적 효과뿐만 아니라 사회적 효과도 상당하다. 현대 사회에서 많은 이들이 과중한 업무로 인한 여가 시간 부족을 호소한다. 이러한 상황에서 임시 공휴일은 재충전의 기회를 제공한다. 일례로 2018년 설문 조사에 따르면 응답자의 약 70%가 임시 공휴일을 긍정적으로 평가하고 가족 및 친구들과의 시간을 보낼 수 있다는 점을 가장 큰 장점으로 꼽았다. 스트레스 해소와 사회적 교류 증가는 개인의 정신 건강에 긍정적인 효과를 미치고 사회 전체의 안정성도 높인다. 이러한 점에서 임시 공휴일은 국민들의 삶의 질 향상에도 기여한다고 볼 수 있다.

임시 공휴일에 대한 우려도 있다. 임시 공휴일은 제조업과 같은 노동 집약적인 산업에서는 부정적인 영향을 미칠 수 있다. 생산 일정에 차질을 빚고 기업에 추가적인 비용을 발생시킬 수 있는데 대기업보다는 중소기업이 더 큰 타격을 받기 쉽다. 예를 들어, 자동차나 전자제품과 같은 제조업은 임시 공휴일 지정에 따라 생산라인이 중단되거나 속도를 늦춰야 하며, 결과적으로 수출 물량 달성에 차질이 빚어지기 쉽다. 장기적으로는 기업경쟁력 저하에 따라 일자리가 감소되어 노동시장에 부정적인 영향을 미칠 것이라 본다. 이는 국가 경제에도 악영향을 끼칠 것이다. 이에 대해 서비스업과 내수 중심의 산업에서는 긍정적인 효과가 더 크다며 다시 반박하는 견해도 있다. 요식업이나 여행업 등에서는 추가적인 인력이 필요하게 되어 고용 증가 효과가 발생할 수 있다고 본다.

① 임시 공휴일이 늘어나면 고용 증가에 따라 실업률이 낮아질 것이다.
② 정부는 임시 공휴일 지정으로 특정 분야에 손익이 편중되지 않도록 경제적 균형 측면도 고려해야 한다.
③ 경기가 좋지 않다면 정부는 대응 방안으로서 임시 공휴일 지정을 모색할 수 있다.
④ 임시 공휴일을 앞으로도 계속 지정하려면 장기적으로 경제적 효과를 분석할 필요가 있다.

문 14. 다음 글을 읽고 이해한 것으로 가장 옳은 것은?

우리는 여기서 '굿(제의)에서 놀이(연희)로의 공식'을 잠깐 생각해 보기로 하자. 춤놀이의 중요한 구성 요소인 연희자 간의 무용, 노래, 재담 등은 원래 원시 시대의 굿에서는 주신(주무)과 배신(소무) 사이, 또는 주신, 배신, 무 사이의 대무(對舞), 대화 속에서 그 기원을 찾을 수 있다. 이러한 제사권이 소수의 사제자들에게 독점되어 있었고 고대 사회에서 그것은 비의로서 신비화되고, 그 주술성의 효과도 널리 집단에 의해 믿어졌기 때문에 굿은 집단 전체에게 있어 언제나 종교적 외포(畏怖)의 대상이 되어 왔다. 그러나 역사의 경과와 더불어 중세적 사회에서는 비교적 다수의 제사권 참여가 이루어져 종래의 제사 독점에서 오는 의례의 신비성도 차차 희박해지고, 생산력의 상승으로 자연의 불규칙성도 어느 정도 극복되어 가면서, 의례가 가지는 주술적 효과에 대한 믿음도 흔들리게 된다. 그리고 집단의 의례 자체를 종교적 외포의 대상으로서가 아니라, 예술적 감상과 오락의 대상으로 바라보는 여유가 생기게 된다. 이 시점에서 종래의 주신, 배신, 무 사이의 대무와 대화는 종교적 의미를 서서히 잃고, 구경거리 혹은 예능, 더 나아가 연극으로 전화(轉化)하기에 이른다.

이리하여 봄과 가을의 마을굿에서 맞이하는 주신을 나타내는 탈을 무당이나 마을 사람들이 쓰고 주신과 배신 간의 대무, 대창을 하게 되고, 별신굿 탈놀이 및 마을의 농악대가 풍작(豐作)을 기원하기 위한 모의 농경을 하고(강릉 농악), 집단의 생명력을 구가하는 성장 의례인 청소년에 의한 씨름이나 줄다리기나 편싸움, 또는 풍년과 자손 번창을 위한 신사 의례(神祀儀禮)가 행해졌으나, 신앙심의 감퇴와 더불어 이들 향연 의례는 주술성을 잃고, 축제성과 예술성이 우세한 것으로 되어 가면서, 신과 무격 사이의 대무나 대창은 축복을 위한 춤이나 놀이가 되고, 씨름 등은 잡기나 희극으로 전화되어 간다.

이와 같은 향연 제의의 희극으로서의 전화뿐만 아니라, 원령(怨靈)의 진혼 제의의 비극으로의 전화도 문제가 된다. 원래, 원시 집단에서는 천수를 다한 사자(死者)의 영(靈)은 저승에서 그 집단의 수호신, 즉 '조상'이 되는데, 역사의 진전과 더불어 역병, 전쟁 등으로 요절(병사, 전사)한 원혼들은 이들 집단에 해를 끼치므로 이를 잘 달래고 위무해야 한다. 이러한 진혼 의례는 무격이나 승려 등 종교 사제자가 전담하여 오래도록 외포의 대상이 되었다. 그러나 이와 같은 진혼 의례마저도 점차 종교성을 잃게 되어 원귀 기복(冤鬼祈福)의 대무와 대창은 유귀(幽鬼)가 비명에 간 이야기를 보여 주고 들려주는 구경거리로서 집단의 감상 대상으로 전화된다. 여기에서 비극이 탄생되게 된다.

우리는 이와 같은 전화의 한 예로 동해안 별신굿에서 노는 거리굿의 장면을 들 수 있다. 각 거리마다 죽은 귀신의 이야기로서 음산한 잡귀 퇴송의 종결부를 희화화, 비속화한 웃음으로 끝맺고 있다. 비극과 희극의 예술로 심화 내지는 승화시키지 못하고, 한낱 민속극으로 머무르고 만 데에 우리 연극사의 문제점 내지는 특수성이 있다고 하겠다.

- 이두현, '한국 축제의 역사' -

① 동해안 별신굿은 비극적 성격을 예술로 승화시켜 무형문화재가 되었다.
② 제사권 참여자의 수와 의례의 신비성은 반비례 관계에 있다.
③ 향연을 베푸는 제의로부터 비극이 유래되었다.
④ 풍작을 기원하는 춤과 놀이는 주술성의 효과를 높이기 위해 굿으로 발전하였다.

문 15. 다음 글에 대한 분석으로 적절한 것을 <보기>에서 모두 고른 것은?

갑: 사회계약론의 기본 개념 중 하나는 인간이 사회를 형성하기 이전의 '자연 상태'를 가정하는 것이다. 사회계약론자들은 자연 상태를 혼란과 폭력이 만연한 상태로 묘사하며, 이를 통해 강력한 정부의 필요성을 주장한다. 이 설명은 정부가 존재하면 사회의 혼란과 폭력이 없어진다고도 주장했는데, 이는 현실을 제대로 반영하지 못했으므로 비판받아 마땅하다.

을: 사회계약론은 개인들이 정부를 형성하기 위해 자유롭게 계약을 체결했다고 주장하지만, 이러한 계약이 실제로 존재하지 않았거나 그 진정성이 결여되어 있다고 주장한다. 개인이 사회 계약에 대해 진정으로 동의했는지의 여부를 확인할 수 없으며, 이 계약은 강제적이거나 사회적 불평등을 반영한다.

병: 사회계약론은 개인의 권리가 사회계약을 통해 생성된다고 주장하지만, 권리는 인간 존재의 본질에 뿌리를 두어야 하며, 계약에 의해 정의되거나 제한될 수 없다. 권리는 태어날 때부터 주어지는 것이며, 정부는 이를 보호해야 하는 존재에 지나지 않는다.

〈보기〉

ㄱ. 쿠데타로 집권한 정부가 권위주의적 통치를 펼치는 과정에서 사회에 혼란과 폭력이 만연하게 된 사례는 갑의 입장을 강화한다.
ㄴ. 현대 민주주의에서 자유로운 시민들이 주체적으로 정부의 정책 결정에 참여하고 그에 따라 행동하는 사례들은 을의 입장을 약화한다.
ㄷ. 개인의 기본권이 천부적이며 불가침적이어야 한다는 주장이 오늘날 전 세계적 통념으로 수용되는 사례는 병의 입장을 강화한다.

① ㄱ
② ㄱ, ㄷ
③ ㄴ, ㄷ
④ ㄱ, ㄴ, ㄷ

문 16. (가)와 (나)를 전제로 할 때 빈칸에 들어갈 결론으로 가장 적절한 것은?

(가) 공부 또는 정리를 잘하는 사람은 모두 꼼꼼한 사람이다.
(나) 공부를 잘하는 사람 중 일부는 정리를 잘하는 사람이 아니다.
따라서 [   ]

① 꼼꼼하지 않은 사람은 공부를 잘하지도 않고 정리를 잘하지도 않는다.
② 꼼꼼한 사람은 정리를 잘한다.
③ 공부를 잘하는 사람이면서 꼼꼼한 사람이 아닐 수 있다.
④ 공부를 잘하는 사람은 반드시 정리를 잘한다.

문 17. 다음 글을 읽고 추론한 내용으로 적절한 것은?

고대 바빌로니아에서는 천체 관측을 기반으로 한 고유한 수학적 체계가 발전하였다. 이들은 기원전 1800년경부터 복잡한 천문 현상을 예측하기 위해 60진법을 사용한 기록을 남겼다. 바빌로니아의 천문학자들은 별의 위치와 행성의 주기를 정확하게 계산하였으며, 이 기록들은 이후 그리스와 로마의 천문학자들에게도 영향을 미쳤다. 이러한 기록을 통해 바빌로니아인들이 수학적 지식을 이용해 복잡한 계산을 수행할 수 있었다는 점이 명확해졌다.

그러나 일부 학자들은 바빌로니아의 천문학적 성취를 과장되게 평가할 필요가 없다고 주장한다. 고고학자 스미스는 그들이 남긴 기록이 실제로는 천문학적 지식보다는 종교적 의식에 더 가깝다고 주장하였다. 스미스는 특히, 천문 현상에 대한 기록이 단순히 제사를 지내기 위한 일정 조정 수단이었을 가능성을 제기했다. 그는 이러한 기록이 과학적인 사고의 산물이라기보다는 사회적, 종교적 필요에 의한 것이라 보았다.

반면, 고대 문명 연구자인 존슨은 바빌로니아인의 기록이 단순한 의식의 일부라고 보기에는 그 내용이 너무나 체계적이고 정밀하다는 점을 강조했다. 존슨은 그들의 계산법이 매우 정교하고 반복적인 관측을 바탕으로 한 것이며, 이는 과학적 사고의 초기 단계라고 주장했다. 그는 이러한 기록들이 후대의 과학적 발전에 중요한 기초 자료가 되었음을 주장하며, 스미스의 의견에 반박했다.

① 바빌로니아의 천문 기록이 종교적 의식에 사용된 것이 밝혀지면 스미스의 주장은 강화될 것이다.
② 바빌로니아의 기록이 천문학적으로 정확한 계산임이 밝혀지면 존슨의 주장은 약화될 것이다.
③ 바빌로니아의 기록이 그리스와 로마에 영향을 미쳤다는 증거가 발견되면 스미스의 주장은 강화될 것이다.
④ 바빌로니아의 기록이 종교적 의식과 관련이 없다는 증거가 발견되면 존슨의 주장은 강화될 것이다.

문 18. 다음 글을 읽고 이해한 것으로 가장 옳지 않은 것은?

A: 공직자 임용 기준으로 최우선으로 고려되어야 하는 것은 개인의 능력·자격·적성이다. 따라서 공개경쟁 시험으로 공무원을 선발하는 것이 바람직하다. 공개와 경쟁의 원칙에 따라 인재를 채용함으로써 정실 개입의 여지가 줄어들고, 기회균등에 따른 채용으로 인사 행정에 대한 국민의 신뢰를 확보할 수 있다. 또한, 우수한 인재를 채용하게 되어 행정의 능률성이 높아질 것이고, 공무원의 정치적 중립을 통해 행정의 공정성도 확보할 수 있다. 그뿐만 아니라, 공무원의 신분이 보장되어 행정의 연속성과 직업적 안정성도 제고될 것이다.

B: 공직자 임용 기준은 정당에 대한 충성도와 공헌도여야 한다. 이는 "전쟁에서 전리품은 승자에게 속한다(To the victor belong the spoils)."에 따라 엽관제(spoils system)로서 정립된 것이다. 즉, 주기적으로 실시되는 대통령 선거에서 승리한 정당이 공직자를 임용하는 권한을 가져야 한다. 그래야 선출된 정치 지도자가 공직 사회에 강한 지배력을 행사하게 되어 공약을 쉽게 이행할 수 있다.

C: 현실적으로 공무원은 가치중립적인 존재가 아니란 점을 고려해야 한다. 공무원은 정책 결정과 정책 집행 과정에서 자신의 가치관과 신념을 반영하기 마련이다. 그런데 인간은 가치관과 신념을 형성하는 과정에서 출신 집단의 영향을 받는다. 특정 출신 집단이 공무원 사회에서 배제 또는 소외되면 정책에서도 그 집단의 영향력은 다른 집단에 비해 현저히 낮아지게 되는 불평등의 문제가 발생한다. 그러므로 사회를 구성하는 모든 지역 및 계층으로부터 인구 비례적으로 공무원을 선발해야 한다. 또한, 정부 조직 내의 각 직급에도 이러한 비례가 반영되어야 한다. 그리하여 정부 조직이 사회의 모든 지역과 계층에 가능한 한 공평하게 대응하도록 구성해야 한다.

① 밀실 인사 문제가 불거지고 공무원 인적 자원의 수준이 낮은 국가에서는 A의 주장이 설득력을 얻는다.
② 정권 교체가 자주 일어나는 국가에서 B의 주장을 받아들인다면, 공무원의 정치적 중립은 지켜지기 어려울 것이다.
③ 국민 구성이 동질적인 국가보다는 다양성이 높은 국가일수록 B의 주장을 고려해 볼 필요가 있다.
④ 공무원이 정책을 결정하고 집행할 때 가치중립적으로 행동한다면 C의 주장은 설득력을 잃는다.

문 19. 다음 글의 중심 내용으로 가장 적절한 것은?

> 폴 바라스는 로베스피에르를 비판하는 글에서 그의 독재적 성향과 공포 정치의 잔혹성을 자세히 묘사하였다. 바라스는 로베스피에르가 자신의 권력을 유지하기 위해 어떤 수단과 방법도 가리지 않았다고 주장하였다.
>
> 바라스는 그의 회고록에서 로베스피에르가 얼마나 무자비하게 권력을 휘둘렀는지 강조하였다. 그는 "로베스피에르는 자신의 목적을 이루기 위해 수천 명의 목숨을 앗아갔다. 그는 의심의 여지 없이 가장 작은 반대 의견조차 용납하지 않았다"고 썼다. 바라스는 로베스피에르가 자신의 권력을 유지하기 위해 반대파들을 모두 단두대로 보내는 등 잔혹 행위를 주저하지 않았음을 강조하였다.
>
> 바라스는 특히 로베스피에르의 잔혹한 행태와 독재적 성향이 결국 테르미도르 반동을 촉발시켰다고 설명하였다. 그는 "로베스피에르의 잔인한 독재와 공포 정치가 없었다면, 테르미도르 반동은 일어나지 않았을 것이다. 그의 폭정은 결국 사람들을 일으켜 세우고, 그의 몰락을 초래했다"고 썼다.
>
> 바라스는 이러한 비판을 통해 로베스피에르의 몰락을 정당화하고, 자신과 다른 테르미도리안들의 행동을 합리화하려 하였다. 그는 "로베스피에르의 행위는 프랑스 혁명을 이상으로부터 멀어지게 했다. 그 결과로 많은 사람들에게 고통과 고난을 안겨 주었다. 우리는 그의 폭정을 끝내기 위해 싸웠다"고 주장하였다.

① 로베스피에르의 학정과 테르미도르 반동의 발생
② 테르미도르 반동에 대한 바라스의 비판
③ 혁명 이후 찾아온 이상적 프랑스의 모습
④ 권력 유지를 위한 바라스의 행보

문 20. 정우는 오랜만에 중국집에 가려고 한다. 다음 진술이 참이라고 할 때, 정우가 먹을 음식을 모두 고르면?

> ㄱ. 정우는 짜장면을 먹지 않는다.
> ㄴ. 정우는 짬뽕을 먹거나 짜장면을 먹는다.
> ㄷ. 정우가 우동을 먹지 않는다면 탕수육을 먹는다.
> ㄹ. 정우가 짬뽕을 먹는다면 우동을 먹지 않는다.
> ㅁ. 정우는 양장피를 먹는다.
> ㅂ. 양장피를 먹는다면 만두는 안 먹지 않는다.

① 양장피, 짬뽕, 탕수육
② 짬뽕, 양장피, 만두
③ 짜장면, 양장피, 만두
④ 짬뽕, 양장피, 만두, 탕수육

약점 보완 해설집 p.74

해커스공무원 신민숙 쉬운국어 20일 완성 모의고사 답안지

컴퓨터용 흑색사인펜만 사용

책 형

[필적감정용 기재]
*아래 예시문을 옮겨 적으시오

본인은 OOO(응시자성명)임을 확인함

기 재 란

성명	
자필성명	본인 성명 기재
응시직렬	
응시지역	
시험장소	

응시번호						
	⓪	⓪	⓪	⓪	⓪	⓪
	①	①	①	①	①	①
	②	②	②	②	②	②
	③	③	③	③	③	③
	④	④	④	④	④	④
	⑤	⑤	⑤	⑤	⑤	⑤
⑥	⑥	⑥	⑥	⑥	⑥	⑥
⑦	⑦	⑦	⑦	⑦	⑦	⑦
	⑧	⑧	⑧	⑧	⑧	⑧
	⑨	⑨	⑨	⑨	⑨	⑨

생년월일					
⓪	⓪	⓪	⓪	⓪	⓪
	①	①	①	①	①
	②		②	②	②
	③		③	③	③
	④		④	④	④
⑤	⑤		⑤	⑤	⑤
⑥	⑥		⑥	⑥	⑥
⑦	⑦		⑦	⑦	⑦
⑧	⑧		⑧	⑧	⑧
⑨	⑨		⑨	⑨	⑨

※ 시험감독관 서명
(서명을 정자로 기재할 것)

적색 볼펜만 사용

문번	회				문번	회				문번	회				문번	회				문번	회			
01	①	②	③	④	01	①	②	③	④	01	①	②	③	④	01	①	②	③	④	01	①	②	③	④
02	①	②	③	④	02	①	②	③	④	02	①	②	③	④	02	①	②	③	④	02	①	②	③	④
03	①	②	③	④	03	①	②	③	④	03	①	②	③	④	03	①	②	③	④	03	①	②	③	④
04	①	②	③	④	04	①	②	③	④	04	①	②	③	④	04	①	②	③	④	04	①	②	③	④
05	①	②	③	④	05	①	②	③	④	05	①	②	③	④	05	①	②	③	④	05	①	②	③	④
06	①	②	③	④	06	①	②	③	④	06	①	②	③	④	06	①	②	③	④	06	①	②	③	④
07	①	②	③	④	07	①	②	③	④	07	①	②	③	④	07	①	②	③	④	07	①	②	③	④
08	①	②	③	④	08	①	②	③	④	08	①	②	③	④	08	①	②	③	④	08	①	②	③	④
09	①	②	③	④	09	①	②	③	④	09	①	②	③	④	09	①	②	③	④	09	①	②	③	④
10	①	②	③	④	10	①	②	③	④	10	①	②	③	④	10	①	②	③	④	10	①	②	③	④
11	①	②	③	④	11	①	②	③	④	11	①	②	③	④	11	①	②	③	④	11	①	②	③	④
12	①	②	③	④	12	①	②	③	④	12	①	②	③	④	12	①	②	③	④	12	①	②	③	④
13	①	②	③	④	13	①	②	③	④	13	①	②	③	④	13	①	②	③	④	13	①	②	③	④
14	①	②	③	④	14	①	②	③	④	14	①	②	③	④	14	①	②	③	④	14	①	②	③	④
15	①	②	③	④	15	①	②	③	④	15	①	②	③	④	15	①	②	③	④	15	①	②	③	④
16	①	②	③	④	16	①	②	③	④	16	①	②	③	④	16	①	②	③	④	16	①	②	③	④
17	①	②	③	④	17	①	②	③	④	17	①	②	③	④	17	①	②	③	④	17	①	②	③	④
18	①	②	③	④	18	①	②	③	④	18	①	②	③	④	18	①	②	③	④	18	①	②	③	④
19	①	②	③	④	19	①	②	③	④	19	①	②	③	④	19	①	②	③	④	19	①	②	③	④
20	①	②	③	④	20	①	②	③	④	20	①	②	③	④	20	①	②	③	④	20	①	②	③	④

해커스공무원 신민숙 쉬운국어 20일 완성 모의고사 답안지

컴퓨터용 흑색사인펜만 사용

책 형

[필적감정용 기재]
*아래 예시문을 옮겨 적으시오

본인은 OOO(응시자성명)임을 확인함

기 재 란

성명	
자필성명	본인 성명 기재
응시직렬	
응시지역	
시험장소	

응시번호						
	⓪	⓪	⓪	⓪	⓪	⓪
	①	①	①	①	①	①
	②	②	②	②	②	②
	③	③	③	③	③	③
	④	④	④	④	④	④
	⑤	⑤	⑤	⑤	⑤	⑤
⑥	⑥	⑥	⑥	⑥	⑥	⑥
⑦	⑦	⑦	⑦	⑦	⑦	⑦
	⑧	⑧	⑧	⑧	⑧	⑧
	⑨	⑨	⑨	⑨	⑨	⑨

생년월일					
⓪	⓪	⓪	⓪	⓪	⓪
	①	①	①	①	①
	②		②	②	②
	③		③	③	③
	④		④	④	④
⑤	⑤		⑤	⑤	⑤
⑥	⑥		⑥	⑥	⑥
⑦	⑦		⑦	⑦	⑦
⑧	⑧		⑧	⑧	⑧
⑨	⑨		⑨	⑨	⑨

※ 시험감독관 서명
(서명을 정자로 기재할 것)

적색 볼펜만 사용

문번	회				문번	회				문번	회				문번	회				문번	회			
01	①	②	③	④	01	①	②	③	④	01	①	②	③	④	01	①	②	③	④	01	①	②	③	④
02	①	②	③	④	02	①	②	③	④	02	①	②	③	④	02	①	②	③	④	02	①	②	③	④
03	①	②	③	④	03	①	②	③	④	03	①	②	③	④	03	①	②	③	④	03	①	②	③	④
04	①	②	③	④	04	①	②	③	④	04	①	②	③	④	04	①	②	③	④	04	①	②	③	④
05	①	②	③	④	05	①	②	③	④	05	①	②	③	④	05	①	②	③	④	05	①	②	③	④
06	①	②	③	④	06	①	②	③	④	06	①	②	③	④	06	①	②	③	④	06	①	②	③	④
07	①	②	③	④	07	①	②	③	④	07	①	②	③	④	07	①	②	③	④	07	①	②	③	④
08	①	②	③	④	08	①	②	③	④	08	①	②	③	④	08	①	②	③	④	08	①	②	③	④
09	①	②	③	④	09	①	②	③	④	09	①	②	③	④	09	①	②	③	④	09	①	②	③	④
10	①	②	③	④	10	①	②	③	④	10	①	②	③	④	10	①	②	③	④	10	①	②	③	④
11	①	②	③	④	11	①	②	③	④	11	①	②	③	④	11	①	②	③	④	11	①	②	③	④
12	①	②	③	④	12	①	②	③	④	12	①	②	③	④	12	①	②	③	④	12	①	②	③	④
13	①	②	③	④	13	①	②	③	④	13	①	②	③	④	13	①	②	③	④	13	①	②	③	④
14	①	②	③	④	14	①	②	③	④	14	①	②	③	④	14	①	②	③	④	14	①	②	③	④
15	①	②	③	④	15	①	②	③	④	15	①	②	③	④	15	①	②	③	④	15	①	②	③	④
16	①	②	③	④	16	①	②	③	④	16	①	②	③	④	16	①	②	③	④	16	①	②	③	④
17	①	②	③	④	17	①	②	③	④	17	①	②	③	④	17	①	②	③	④	17	①	②	③	④
18	①	②	③	④	18	①	②	③	④	18	①	②	③	④	18	①	②	③	④	18	①	②	③	④
19	①	②	③	④	19	①	②	③	④	19	①	②	③	④	19	①	②	③	④	19	①	②	③	④
20	①	②	③	④	20	①	②	③	④	20	①	②	③	④	20	①	②	③	④	20	①	②	③	④

해커스공무원 신민숙 쉬운국어 20일 완성 모의고사 답안지

컴퓨터용 흑색사인펜만 사용

책 형	[필적감정용 기재] *아래 예시문을 옮겨 적으시오 본인은 OOO(응시자성명)임을 확인함 기 재 란

성명	
자필성명	본인 성명 기재
응시직렬	
응시지역	
시험장소	

응시번호							
	⓪	⓪	⓪	⓪	⓪	⓪	⓪
	①	①	①	①	①	①	①
	②	②	②	②	②	②	②
	③	③	③	③	③	③	③
	④	④	④	④	④	④	④
	⑤	⑤	⑤	⑤	⑤	⑤	⑤
⑥	⑥	⑥	⑥	⑥	⑥	⑥	⑥
⑦	⑦	⑦	⑦	⑦	⑦	⑦	⑦
	⑧	⑧	⑧	⑧	⑧	⑧	⑧
	⑨	⑨	⑨	⑨	⑨	⑨	⑨

생년월일					
⓪	⓪	⓪	⓪	⓪	⓪
	①	①	①	①	①
	②		②	②	②
	③		③	③	③
	④		④	④	④
⑤	⑤		⑤	⑤	⑤
⑥	⑥		⑥	⑥	⑥
⑦	⑦		⑦	⑦	⑦
⑧	⑧		⑧	⑧	⑧
⑨	⑨		⑨	⑨	⑨

※ 시험감독관 서명 (서명을 정자로 기재할 것)	적색 볼펜만 사용

문번	회				문번	회				문번	회				문번	회				문번	회			
01	①	②	③	④	01	①	②	③	④	01	①	②	③	④	01	①	②	③	④	01	①	②	③	④
02	①	②	③	④	02	①	②	③	④	02	①	②	③	④	02	①	②	③	④	02	①	②	③	④
03	①	②	③	④	03	①	②	③	④	03	①	②	③	④	03	①	②	③	④	03	①	②	③	④
04	①	②	③	④	04	①	②	③	④	04	①	②	③	④	04	①	②	③	④	04	①	②	③	④
05	①	②	③	④	05	①	②	③	④	05	①	②	③	④	05	①	②	③	④	05	①	②	③	④
06	①	②	③	④	06	①	②	③	④	06	①	②	③	④	06	①	②	③	④	06	①	②	③	④
07	①	②	③	④	07	①	②	③	④	07	①	②	③	④	07	①	②	③	④	07	①	②	③	④
08	①	②	③	④	08	①	②	③	④	08	①	②	③	④	08	①	②	③	④	08	①	②	③	④
09	①	②	③	④	09	①	②	③	④	09	①	②	③	④	09	①	②	③	④	09	①	②	③	④
10	①	②	③	④	10	①	②	③	④	10	①	②	③	④	10	①	②	③	④	10	①	②	③	④
11	①	②	③	④	11	①	②	③	④	11	①	②	③	④	11	①	②	③	④	11	①	②	③	④
12	①	②	③	④	12	①	②	③	④	12	①	②	③	④	12	①	②	③	④	12	①	②	③	④
13	①	②	③	④	13	①	②	③	④	13	①	②	③	④	13	①	②	③	④	13	①	②	③	④
14	①	②	③	④	14	①	②	③	④	14	①	②	③	④	14	①	②	③	④	14	①	②	③	④
15	①	②	③	④	15	①	②	③	④	15	①	②	③	④	15	①	②	③	④	15	①	②	③	④
16	①	②	③	④	16	①	②	③	④	16	①	②	③	④	16	①	②	③	④	16	①	②	③	④
17	①	②	③	④	17	①	②	③	④	17	①	②	③	④	17	①	②	③	④	17	①	②	③	④
18	①	②	③	④	18	①	②	③	④	18	①	②	③	④	18	①	②	③	④	18	①	②	③	④
19	①	②	③	④	19	①	②	③	④	19	①	②	③	④	19	①	②	③	④	19	①	②	③	④
20	①	②	③	④	20	①	②	③	④	20	①	②	③	④	20	①	②	③	④	20	①	②	③	④

해커스공무원 신민숙 쉬운국어 20일 완성 모의고사 답안지

컴퓨터용 흑색사인펜만 사용

책 형	[필적감정용 기재] *아래 예시문을 옮겨 적으시오 본인은 OOO(응시자성명)임을 확인함 기 재 란

성명	
자필성명	본인 성명 기재
응시직렬	
응시지역	
시험장소	

응시번호							
	⓪	⓪	⓪	⓪	⓪	⓪	⓪
	①	①	①	①	①	①	①
	②	②	②	②	②	②	②
	③	③	③	③	③	③	③
	④	④	④	④	④	④	④
	⑤	⑤	⑤	⑤	⑤	⑤	⑤
⑥	⑥	⑥	⑥	⑥	⑥	⑥	⑥
⑦	⑦	⑦	⑦	⑦	⑦	⑦	⑦
	⑧	⑧	⑧	⑧	⑧	⑧	⑧
	⑨	⑨	⑨	⑨	⑨	⑨	⑨

생년월일					
⓪	⓪	⓪	⓪	⓪	⓪
	①	①	①	①	①
	②		②	②	②
	③		③	③	③
	④		④	④	④
⑤	⑤		⑤	⑤	⑤
⑥	⑥		⑥	⑥	⑥
⑦	⑦		⑦	⑦	⑦
⑧	⑧		⑧	⑧	⑧
⑨	⑨		⑨	⑨	⑨

※ 시험감독관 서명 (서명을 정자로 기재할 것)	적색 볼펜만 사용

문번	회				문번	회				문번	회				문번	회				문번	회			
01	①	②	③	④	01	①	②	③	④	01	①	②	③	④	01	①	②	③	④	01	①	②	③	④
02	①	②	③	④	02	①	②	③	④	02	①	②	③	④	02	①	②	③	④	02	①	②	③	④
03	①	②	③	④	03	①	②	③	④	03	①	②	③	④	03	①	②	③	④	03	①	②	③	④
04	①	②	③	④	04	①	②	③	④	04	①	②	③	④	04	①	②	③	④	04	①	②	③	④
05	①	②	③	④	05	①	②	③	④	05	①	②	③	④	05	①	②	③	④	05	①	②	③	④
06	①	②	③	④	06	①	②	③	④	06	①	②	③	④	06	①	②	③	④	06	①	②	③	④
07	①	②	③	④	07	①	②	③	④	07	①	②	③	④	07	①	②	③	④	07	①	②	③	④
08	①	②	③	④	08	①	②	③	④	08	①	②	③	④	08	①	②	③	④	08	①	②	③	④
09	①	②	③	④	09	①	②	③	④	09	①	②	③	④	09	①	②	③	④	09	①	②	③	④
10	①	②	③	④	10	①	②	③	④	10	①	②	③	④	10	①	②	③	④	10	①	②	③	④
11	①	②	③	④	11	①	②	③	④	11	①	②	③	④	11	①	②	③	④	11	①	②	③	④
12	①	②	③	④	12	①	②	③	④	12	①	②	③	④	12	①	②	③	④	12	①	②	③	④
13	①	②	③	④	13	①	②	③	④	13	①	②	③	④	13	①	②	③	④	13	①	②	③	④
14	①	②	③	④	14	①	②	③	④	14	①	②	③	④	14	①	②	③	④	14	①	②	③	④
15	①	②	③	④	15	①	②	③	④	15	①	②	③	④	15	①	②	③	④	15	①	②	③	④
16	①	②	③	④	16	①	②	③	④	16	①	②	③	④	16	①	②	③	④	16	①	②	③	④
17	①	②	③	④	17	①	②	③	④	17	①	②	③	④	17	①	②	③	④	17	①	②	③	④
18	①	②	③	④	18	①	②	③	④	18	①	②	③	④	18	①	②	③	④	18	①	②	③	④
19	①	②	③	④	19	①	②	③	④	19	①	②	③	④	19	①	②	③	④	19	①	②	③	④
20	①	②	③	④	20	①	②	③	④	20	①	②	③	④	20	①	②	③	④	20	①	②	③	④

해커스공무원

신민숙 쉬운국어

20일 완성 모의고사

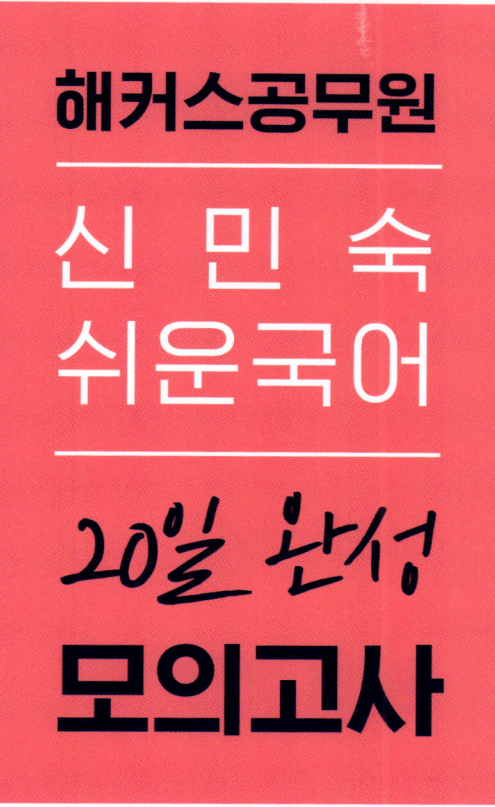

초판 1쇄 발행 2025년 1월 13일

지은이	신민숙
펴낸곳	해커스패스
펴낸이	해커스공무원 출판팀
주소	서울특별시 강남구 강남대로 428 해커스공무원
고객센터	1588-4055
교재 관련 문의	gosi@hackerspass.com 해커스공무원 사이트(gosi.Hackers.com) 교재 Q&A 게시판 카카오톡 플러스 친구 [해커스공무원 노량진캠퍼스]
학원 강의 및 동영상강의	gosi.Hackers.com
ISBN	979-11-7244-722-9 (13710)
Serial Number	01-01-01

해커스공무원

신민숙 쉬운국어

20일 완성 모의고사

약점 보완 해설집

해커스

01	②	06	④	11	①	16	③
02	④	07	③	12	①	17	③
03	①	08	③	13	④	18	①
04	④	09	②	14	④	19	②
05	②	10	①	15	①	20	②

01 독해 정답 ②

정답 설명

② 2문단의 "그들은 자신들의 목표를 극단으로 추구한 나머지 결국 회화에서 대상의 이미지를 제거해 버렸다. 그것이 ~ 대중 매체를 부정하는 길이라고 생각했기 때문", "이것은 대중 매체라는 위압적인 경쟁자에 맞서 ~ 그 결과 회화는 대중 매체와 구별되는 자신을 찾았지만"을 통해 대중 매체에 대한 부정, 대중 매체로부터 구별되는 회화 예술이라는 소기의 목적은 달성했음을 알 수 있다. 그러나 결국 "남은 것은 회화의 빈곤을 보여주는 텅 빈 캔버스뿐이었다."로부터 필자는 근본주의 회화를 따르는 이들이 결과적으로는 잃은 것이 크다고 여기는 것을 알 수 있다.

오답 분석

① 제시된 글이 대중 매체에 부정적인 미술가와 회화 사조를 보여주는 것은 맞지만, 대중 매체에 부정적인 태도가 대중 매체가 돈을 좇는다는 것에서 비롯된 것인지는 알 수 없다.

③ 1문단을 통해 〈자유를 위한 힘찬 일격〉은 대중 매체에 대한 부정적 태도를 노골적으로 드러낸 작품이나, 그저 전면적인 비난과 거부로는 그가 왜 이토록 분개하는지 관객들은 알 수 없었음을 알 수 있다. 따라서 이 작품이 대중 매체에 대한 고발과 비판을 관객에게 효과적으로 전달한다는 설명은 적절하지 않다.

④ 2문단을 통해 근본주의 회화 경향의 미술가들은 대중매체를 부정하기 위해 회화에서 대상의 이미지를 제거하였음을 알 수 있다. 따라서 이미지를 충실히 구현하는 데 힘썼다는 설명은 적절하지 않다.

02 작문 정답 ④

정답 설명

④ ㉣에 '날씨가'를 추가하는 이유는 '목적어'가 아닌 '주어'가 누락되어 있기 때문이다.

오답 분석

① '일절'은 무언가를 부인하거나 금지할 때 사용하는 표현이고, '일체'는 '모든 것'의 의미를 지닌 단어이다. ㉠은 부인하거나 금지하는 내용의 문장이 아니라 서류에 대한 모든 검토를 해달라는 의미이기 때문에 '일체'를 사용하는 것이 올바르다.

② '작동하다'는 '기계 따위가 작용을 받아 움직이다. 또는 기계 따위를 움직이게 하다.'의 의미로, ㉡에서는 두 번째 의미인 '움직이게 하다'로 사용되었다. 단어 자체가 '움직이게 하다'라는 사동의 의미를 내포하고 있기 때문에 '작동시키다'로 표기하는 것은 잘못된 사동 표현이다.

③ '잠겨져'는 '잠그-'에 피동접미사 '-이-'와 '-어지다'가 결합한 이중 피동 표현이므로 '잠겨'로 고쳐 써야 한다.

03 독해 정답 ①

정답 설명

① 1문단을 통해 볼 때, 한 가지를 선택했을 때의 얻게 되는 이득과 그것을 포기했을 것에 대한 기회비용을 고려한 선택은 '최적의 선택 결정'일 가능성이 높을 것임을 추측할 수 있다. 그러므로 기회비용은 어떤 것을 선택하기 전에 고려해야 하는 사항이다.

오답 분석

② 1문단을 통해 볼 때, 기회비용은 포기한 선택에 대한 '비용 비율'이 아니라 포기한 선택에 대한 '비용'을 말한다.

③ 2문단을 통해 볼 때, 매몰비용은 선택이나 결정과는 무관하게 소멸되는 비용이므로 선택에 따라 변하지 않는다.

④ 2문단을 통해 볼 때, 기회비용은 최적의 결정을 내리는 데 도움을 주지만 매몰비용은 이미 발생한 비용이므로 어떤 것에 대한 결정과는 무관하다.

04 논리 정답 ④

정답 설명

④ 제시된 명제를 기호화하면 다음과 같다.

전제 1	등산 ∧ 콘서트
전제 2	운동 → 등산 (= ~등산 → ~운동)
추가	
결론	콘서트 ∧ 운동

이중 부정은 긍정의 표현과 동일한 의미이므로 전제 2는 '운동을 좋아하는 사람은 모두 등산을 좋아한다.'와 동일한 의미임을 알 수 있다. 이를 기호화하면 '운동 → ~(~등산)' 즉, '운동 → 등산'이 된다. 추가해야 하는 전제를 찾기 위해서는 결론의 앞쪽(조건절)이나 뒤쪽(결과절)과 동일하게 전제를 변환해야 한다. 전제 1에 교환법칙을 적용하면 '콘서트 ∧ 등산'이 되기 때문에 결론과 앞쪽 부분이 동일하게 나타난다. 전제 1과 결론을 사용하여 정리하면 다음과 같다.

전제 1	콘서트 ∧ 등산
추가	
결론	콘서트 ∧ 운동

따라서 '콘서트 ∧ 운동'이 되기 위해서는 '등산 → 운동'의 전제가 필요하다. 이를 말로 풀이하면 '등산을 좋아하는 사람은 반드시 운동을 좋아한다.'이므로 답은 ④이다.

05 화법 정답 ②

정답 설명

② 첫 번째 이 교수의 발언을 보면 '도시 효율성을 높이는 데' 도움이 된다는 장점을 말하고 있고, '기술 도입에 따른 안전 문제'를 지적함으로써 단점도 언급하고 있다. 또한 '다음 토의에서는 이를 집중적으로 논의하자'고 제안함으로써 다음 주제를 제시하고 있다.

오답 분석

① 사회자의 발언을 통해 다양한 의견을 종합한다는 것은 알 수 있으나 스마트 시티 발전의 미래 방향성을 말하는 것이 아니라 문제점을 논의하고 있으므로 적절하지 않다.

③ 박 연구원의 발언 중 최신 연구 결과를 바탕으로 견해를 밝힌 부분은 나타나지 않는다.

④ 정 사장의 발언 중 상대방의 의견을 존중하거나 자신의 경험을 설명하는 부분은 나타나지 않는다.

06 독해 정답 ④

정답 설명

④ 1문단에서 '일정 수준의 의사소통 능력'을 갖추기 위해서는 '어휘력'이 필요하고, 이때 '어휘력'은 '양적 측면'을 말하기도 하고 '질적 측면'을 말하기도 한다고 하였다. 따라서 이를 통해 양적 측면의 어휘력만 갖춰도 일정 수준의 의사소통이 가능함을 추론할 수 있다.

오답 분석

① 1문단을 통해 일반적으로 언어 학습 초기에는 질적 측면에서 어휘 능력을 키우고, 그것이 축적되면서 양적 측면에서도 일정 수준의 어휘력을 갖게 됨을 알 수 있다. 따라서 언어를 학습할 때는 질적 측면이 우선임을 추론할 수 있다.

② 1문단 끝부분과 2문단을 통해 질적 어휘 능력과 양적 어휘 능력을 통합하는 단계는 '중급 단계'임을 확인할 수 있다. 따라서 고급 단계라는 설명은 적절하지 않다.

③ 2문단 "복합어, 즉 파생어와 합성어의 형성 규칙을 이해하고"를 통해 복합어에는 파생어와 합성어가 있음을 알 수 있으나, "우리나라의 어휘 중 파생어가 26%, 합성어가 20%를 차지함" 부분을 통해 복합어의 수가 46%를 차지하고 있음을 추론할 수 있다. 따라서 복합어가 절반을 넘는다는 것은 잘못된 해석이다.

07 독해 정답 ③

정답 설명

③ 2문단을 통해 카르길 전쟁에서 파키스탄 군대가 인도의 카르길 지역을 선제 침공했으나, 인도의 군사적 반격으로 인해 파키스탄 군대가 철수하게 되었음을 알 수 있다.

오답 분석

① 1문단 3~4번째 줄에서 인도는 힌두교를 따른다고 하였기 때문에, 인도의 국교는 '힌두교'임을 알 수 있다. 또한 "카슈미르는 무슬림 인구가 대다수를 차지하지만 당시 지배 계층은 인도의 국교를 따르고 있었"다고 설명한 부분을 통해 알 수 있다.

② 1문단을 통해 분할 직후, 전쟁으로 인해 카슈미르는 인도와 파키스탄으로 나뉘게 되었음을 알 수 있다.

④ 어떤 권리나 지위를 없애기 위해서는 그 권리나 지위가 기존에 존재해야만 한다. 2문단에서 2019년 카슈미르의 자치권을 제한하고 특별 지위를 없애는 조치를 취한 것을 통해 볼 때, 2018년까지는 자치권과 특별 지위가 있었던 것으로 추측할 수 있다.

08 문학 정답 ③

정답 설명

③ 2문단에서 <구복여행>의 총각은 가만히 앉아 생각에만 잠겨 있지 않고, 움직여 나아가는 인물인 민담형 인물의 전형이라고 하였다. 3문단에서도 움직이는 것 자체가 복을 낳는다면서 가만히 그 자리에 있으면 부패할 위험이 있다고 지적한다. 즉, 글쓴이는 '사람은 제 자리에 가만히 있기보다는 움직이고 행동에 나서야 한다.'고 보며, 이것이 1문단에서 얘기한 <구복여행>의 숨은 의미라 할 수 있다. 따라서 '움직여 나아가고 그 힘으로 변화를 맞이했기 때문에'가 가장 적절하다.

오답 분석

① ② ④ 제시된 글에서 주변을 살폈다거나, 하나의 목표에만 정진했다거나, 생동감 있는 삶을 살았다는 내용은 찾을 수 없다.

09 독해 정답 ②

정답 설명

② '현금'에 대해 유동성이 높다는 장점과 수익성이 낮다는 단점을 언급하고 있지만 이를 바탕으로 주장을 전개하고 있지는 않다.

오답 분석

① '자산'의 개념을 설명할 때 주식, 부동산, 투자 포트폴리오, 자동차, 기업의 장비와 같은 구체적인 예시를 제시하여 설명하고 있다.

③ '자산, 자본'의 관계에 대해 설명하기 위해서 "자본은 기업의 자산에서 부채를 제외한 나머지를 말한다."와 같이 상관관계를 언급하고 있다.

④ 자산은 경제적인 활동과 거래의 기반을 형성하며, 자본은 기업의 재무 건강 상태를 판단하는 데 중요한 지표로 사용되는 역할을 가지고 있고 마지막으로 현금 또한 시장에서 높은 유동성으로 다양한 형태로 존재함을 설명하고 있다.

10 논리 정답 ①

정답 설명

① 제시된 명제를 기호화하면 다음과 같다.

전제 1	고속버스 → 비행기
전제 2	고속열차 → ~비행기 ∧ 크루즈
전제 3	고속버스 → ~비행기
전제 4	~고속버스 → 고속열차

전제 1과 전제 3은 모순이므로 '고속버스'는 거짓이다. 따라서 '~고속버스'이다. 이를 전제 4와 연결하면 '고속열차'가 확정임을 알 수 있다. '고속열차'가 확정되었으므로 전제 2에 따라 '~비행기 ∧ 크루즈'가 확정임을 알 수 있다. 따라서 확정된 것들을 정리하면 '~고속버스, ~비행기, 고속열차, 크루즈'이므로, 이용할 교통수단은 '고속열차와 크루즈'임을 알 수 있다.

오답 분석

② ③ ④ 전제 1과 전제 3이 모순이므로 고속버스를 타고 가지 않고, 전제 4에 따라 고속열차를 이용한다. 이를 전제 2와 연결하면 비행기는 타고 가지 않고 크루즈는 이용함을 알 수 있다.

11 독해 정답 ①

정답 설명

① (가) 권위주의적 이데올로기(○): 니체의 초인 개념이 "극단적인 엘리트주의나 독재적 이념으로 왜곡되기도 했"다는 부분을 통해 권위주의적 이데올로기로 왜곡되었다는 내용이 들어가야 한다.

(나) 자기 초월과 창조적 가치 창출(○): 초인 사상이 자기 초월과 창조적 가치 창출을 목표로 한다는 점은 니체 철학의 본질을 잘 나타낸다.

오답 분석

(가) 민주주의적 평등주의(×): 엘리트주의나 독재적 이념으로 왜곡된 초인 개념이 민주주의적 평등주의에 사용되었다는 것은 적절하지 않다.

(나) 인간의 약점을 인정하고 보완(×): 기존 가치를 해체하고 새로운 가치를 창조해야 하는 것이 초인 개념의 핵심이다. 인정에 그치기만 하는 것은 적절하지 않다.

12 독해 정답 ①

정답 설명

① 5문단의 "개인이나 가족, 집단의 충성심 등 더 중요한 가치를 우선시했다고 주장함으로써 범죄를 정당화한다."와 관련된 것으로 ㉠에 들어갈 예로 올바르지 않다.

오답 분석

② ㉡: 3문단 "자신의 행동이 외부 요인이나 다른 사람의 영향에 의해 일어난 것이라고 주장한다."와 관련된 올바른 예이다.

③ ㉢: 4문단 "자신의 행위로 인해 피해자가 실제로 해를 입지 않았다고 주장한다."와 관련된 올바른 예이다.

④ ㉣: 5문단 "개인이나 가족, 집단의 충성심 등 더 중요한 가치를 우선시했다고 주장함"과 관련된 올바른 예이다.

13 독해 정답 ④

정답 설명

④ 3문단 "아퀴나스는 감각적 욕구에 의한 추구 행위를 '정념'이라고 칭하며"를 통해 볼 때, 몸에 좋지 않다는 것을 알면서도 라면을 자꾸 먹는 것은 감각적 욕구에 해당하기 때문에 '정념'이라 할 수 있다.

오답 분석

① 3문단 "만약 여러 대상에 대한 감각적 욕구들이 동시에 일어난다면 어떻게 될까? ~ 다른 것보다 더 선이라고 이해된 것을 우선 추구하기 때문이다."를 통해 볼 때, 게임을 하고 싶은 마음과 학업에서 좋은 성적을 받고 싶은 마음이 동시에 생긴다면, 선이라고 이해되는 학업에서 좋은 성적을 받는 것을 선택하게 될 것이고, 이에 공부를 먼저 하게 될 것이라고 추측할 수 있다.

② 2문단 "감각적 인식능력은 대상의 선악 판단에 개입할 수 없지만"을 통해 볼 때 '클래식 음악'은 감각적 인식 능력에 해당하기 때문에 '선'과 '악'으로 판단될 수 없다.

③ 3문단 "사랑을 전제하지 않는 정념은 없으며 선을 향한 사랑에서부터 여러 정념이 비롯된다고 하였다."를 통해볼 때, 인간의 모든 욕구는 사랑에서 비롯된 것이기 때문에 자기 아이의 성공을 바라며 부모가 자식을 위해 빚까지 지면서 지원을 하는 것은 진정한 사랑에서 비롯된 것임을 알 수 있다.

14 독해 정답 ④

정답 설명

④ '(다) – (나) – (가) – (라)'의 순서가 가장 자연스럽다. 제시된 글은 과거 주장과는 달리 아메리카 대륙에는 수많은 원주민이 살고 있었으며, 그들은 유럽인들의 침략과 학살에 의해서가 아닌 전염병의 유행으로 인해 대부분 목숨을 잃게 되었다는 사실을 예를 통해 설명하고 있다. 따라서 먼저 주제인 원주민들의 인구 감소를 제시하는 (다)가 첫 문단으로 오는 것이 적절하다. 이후 인구 감소의 원인을 설명하는 (나)가 오는 것이 자연스럽고, 아스텍의 예시를 통해 (나)에서 제시한 전염병의 예를 보여주는 (가)와 (라)가 오는 것이 적절하다. 또한 (가)의 "1519년에 시작된 이 전쟁은"을 통해 (가)가 첫 문단에 올 수 없음을 추론할 수 있다.

15 독해 정답 ①

정답 설명

① 제시된 글에서는 지구 자장이 시간이 지남에 따라 변할 수 있으며, 자북과 진북의 차이도 고정되지 않고 지역별로 다를 수 있다고 언급하고 있다. 이로 인해 같은 위치에서도 자북의 방향이 약간씩 달라질 수 있다. 따라서 자북과 진북의 차이가 항상 일정하다는 추론은 적절하지 않다.

오답 분석

② 2문단과 3문단을 통해 고위도 지방에서 자북과 진북의 차이가 크며, 자북 편차가 클 시 지도를 참고하여 자북 편차를 보정해야 함을 알 수 있다.

③ 1문단을 통해 금속이나 전자 기기가 있는 환경에서는 나침반이 오작동할 수 있음을 알 수 있다.

④ 3문단을 통해 자북 편차 조정 기능이 있는 나침반은 더 정확한 방향을 제공하므로 고위도 지방에서도 상대적으로 정확한 방향을 제공할 가능성이 있음을 추론할 수 있다.

16 문법 정답 ③

정답 설명

③ 〈보기〉의 설명을 정리하면 다음과 같다.

	종류	의미	예시
단어	단일어	• 하나의 어근으로 이루어진 말 • 어근: 단어에서 실질적 의미를 나타내는 중심 부분	땅, 입다
	파생어	• 어근과 접사의 결합으로 이루어진 말 • 접사: 어근에 붙어 그 뜻을 더하거나 제한하는 부분	풋사과, 달님
	합성어	어근과 어근이 결합한 말	봄비, 오르내리다

〈보기〉에 따라 '굶주리다'는 '굶-', '주리다'로 나눌 수 있으며 어근 '굶-'과 어근 '주리-'가 결합한 것이므로 합성어이다. 그러나 '장사꾼'은 '장사'와 '-꾼'으로 나눌 수 있으며 이때 '장사'는 어근, '-꾼'은 접미사이므로 '장사꾼'은 파생어이다. 따라서 모두 합성어라는 설명은 적절하지 않다.

오답 분석

① '짓밟다'는 '짓-'과 '밟다'의 결합으로 '짓-'이 접두사로 쓰여 어근인 '밟다'에 '세게'의 의미를 더하고 있는 파생어이므로 적절하다.

② '날개'는 '날-'과 '-개'의 결합이다. '날-'은 '날다'의 어근이고, '-개'는 '그러한 행위를 하는 간단한 도구'의 뜻을 더해주는 접미사이다. 따라서 '날개'는 어근과 접사의 결합인 파생어이다. 또한 '고추장'은 어근 '고추'와 어근 '장'이 결합한 합성어이므로 적절하다.

④ '개살구'는 '개-'와 '살구'의 결합이고, '가위질'은 '가위'와 '-질'의 결합이다. 두 단어 모두 접사(접두사 개-, 접미사 -질)가 쓰인 파생어이므로 적절하다.

17 논리 정답 ③

정답 설명

③ 제시된 명제를 기호화하면 다음과 같다.

전제 1	가구 ∧ ~조명
전제 2	인테리어 → 조명 (= ~조명 → ~인테리어)

결론을 찾을 때는 전제 1과 전제 2의 조건절을 동일하게 전제를 만들어야 한다. 따라서 전제 1과 전제 2를 동일하게 만든 것을 정리하면 아래와 같다.

전제 1	~조명 ∧ 가구
전제 2	~조명 → ~인테리어

전제 1과 전제 2의 조건절이 동일한 상태에서 결론을 도출하면 '가구에 관심이 있는 사람 중 일부는 인테리어에 관심이 있는 사람이 아니다(가구 ∧ ~인테리어).'이므로 ③은 빈칸에 들어갈 결론으로 적절하다.

오답 분석

① ② 인테리어에 관심이 있는 사람 중 가구에 관심이 있는 경우도 있을 수 있으므로 결론에 들어갈 말로 적절하지 않다.

④ 기호화하면 '조명 ∧ ~가구 → ~인테리어'이고, 대우는 '인테리어 → ~조명 ∨ 가구'이다. 전제 2에 의해 '인테리어 → 조명'이므로 참이 되려면 '인테리어 → 가구'가 필요하다. 그러나 인테리어에 관심이 있는 사람이 모두 가구에 관심이 있는지는 알 수 없으므로 적절하지 않다.

18 문학 정답 ①

정답 설명

① 종은 울림을 억압하는 존재로, 종소리는 그러한 억압에서 벗어나 자유를 갈망하는 존재이다.

오답 분석

② 2연을 통해 '종소리'를 가두는 것은 결국 '종(청동의 벽)'이라는 것을 알 수 있다. 이를 통해 인간의 자유를 가두는 것은 결국 인간이라는 점을 추측할 수 있다.

③ 먹구름은 자유를 상징하는 긍정적 의지이지만, '종'은 울림을 억압하는 존재로 부정적인 시어의 의미를 지닌다.

④ '가루 가루의 음향이 된다.'는 종소리가 가루 가루의 음향이 된다는 표현으로 종소리의 울림을 '가루 가루'라는 시각으로 표현하고 있기 때문에 '청각의 시각화', 즉 공감각적 심상이 사용된 구절이다.

19 독해 정답 ②

정답 설명

② 2문단에서 중국 범종은 종신의 중앙 부분에 비해 종구가 벌어져 있다고 하였기 때문에 종신의 중앙 부분 지름이 종구의 지름보다 오히려 더 작을 것임을 알 수 있다.

오답 분석

① 1문단에서 볼 수 있듯이 신라 범종만 해도 이미 세 개가 국보로 지정되어 있기 때문에 세 개 이상이 존재함을 추론할 수 있다.

③ 4문단을 통해 땅속으로 저주파 성분을 밀어 넣어 주기 위해 받쳐 주는 뒤판 역할을 종신이 담당함을 알 수 있다.

④ 3문단과 4문단을 종합적으로 고려하면 반구형의 구덩이와 뒤판 역할을 하는 종신이 어우러져 한국 범종만의 독특한 소리가 만들어짐을 알 수 있다.

20 독해 정답 ②

정답 설명

② ㄱ. A는 주변부는 원자재 공급과 같은 저부가가치 활동에 종사하며, 경제적 착취와 종속의 대상이 된다고 보았고, B는 중심부 국가들은 주변부 국가들의 자원을 착취하여 스스로의 경제를 성장시킨다고 보았으므로 A와 B 모두 착취와 피착취 관계가 존재함을 인정하였다.

ㄷ. 2문단 끝에서 A는 구조적 불평등이 불평등한 교환 관계를 유지함으로써 생기는 것으로 자본주의 세계 경제의 필연적 결과라고 보았음을 알 수 있다.

오답 분석

ㄴ. A가 아니라 B가 주변부 국가 내부의 정치 및 사회적 구조도 발전을 저해하므로, 지속적인 빈곤과 저발전 상태에 머물게 된다고 본다. 주변부 국가 내부의 정치 및 사회적 구조에 대한 A의 생각은 제시된 글에서 알 수 없다.

01	④	06	①	11	②	16	③
02	④	07	③	12	④	17	③
03	②	08	④	13	④	18	④
04	④	09	②	14	②	19	③
05	①	10	③	15	③	20	①

01 작문 정답 ④

정답 설명

④ ㉣은 의미의 중복을 피하기 위해 둘 중 하나만 선택하여야 하므로, '신속하게' 또는 '빠르게'로 고치는 것이 옳다.

오답 분석

① ㉠의 '~으로써'는 도구나 수단을 나타내는 조사인데, 문맥을 고려할 때 자격이나 신분을 나타내는 '~으로서'가 들어가는 것이 옳다.

② ㉡에는 목적어인 '실무 경험'과 호응하는 서술어가 들어가야 한다. 문맥상 다양한 실무 경험을 했다는 내용이 들어가야 하므로, '쌓았습니다'로 고쳐야 한다.

③ ㉢은 영어식의 표현으로 흔히 볼 수 있는 문장 형태인데 우리말의 표현으로는 부적절하다. 따라서 '매우 중요하다고 생각합니다'로 고쳐야 한다.

02 문법 정답 ④

정답 설명

④ 합성어는 통사적 합성어와 비통사적 합성어로 나뉘며, 3~4문단에 따라 통사적 합성어는 구를 만드는 방식과 같지만, 비통사적 합성어는 구를 만드는 방식을 따르지 않음을 알 수 있다.

오답 분석

① 1문단에서 '두더지'를 단일어로 여기지만 실은 합성어임을 알 수 있으며, 5문단을 통해 '두더지'는 합성어 중에서도 비통사적 합성어임을 알 수 있다.

② 4문단과 5문단을 통해 '입상'과 '숫돌' 모두 용언의 어간에 체언이 직접 결합한 비통사적 합성어임을 알 수 있다.

③ 주어진 글에서 알 수 없는 내용이다.

03 독해 정답 ②

정답 설명

② 2문단을 통해 동양 회화에서의 여백은 음악에서 침묵이 음악의 흐름을 조절하는 것처럼 그림의 의미를 더욱 풍부하게 만들어 주고, 상상력과 사유의 공간을 제공하는 역할을 함을 알 수 있다.

오답 분석

① '중용'은 화려함과 장식성을 지양한다고 하였으므로 적절하지 않다.

③ 서양 회화의 꽉 채워진 구성이 주제의 명료성을 위한 불가피한 선택이라는 내용은 제시된 글에 언급되어 있지 않았다. 또한, 동양 회화의 여백은 단순히 비어 있는 공간이 아니라 그림의 일부로서 기능한다고 설명되어 있으므로 적절하지 않다.

④ 3문단에서 "한옥은 자연과의 조화를 중요시하여 주변 환경과 어우러지도록 설계되었다."고 하였다. 한옥의 특징은 '낮은 지붕과 자연스러운 곡선, 단순하고 소박한 아름다움'이므로 인위적이고 과도하다는 설명은 적절하지 않다.

04 독해 정답 ④

정답 설명

④ 1문단 "아폴로 신전은 기원전 4세기경에 재건되었으며"를 통해 볼 때, 4세기 이전에 이미 건축되었음을 알 수 있다.

오답 분석

① 2문단 "아폴로 신전의 건축 양식은 도리아식으로, 단순하고도 웅장한 기둥 구조가 특징이다."를 통해 볼 때, 소박한 구조는 그 특징이 아님을 알 수 있다.

② 4문단 "아폴로 신전은 ~ 다양한 신화적 이야기가 새겨져 있었으며"를 통해 신화 이야기는 새겨져 있음을 알 수 있으나 왕들의 업적이 새겨져 있는지는 알 수 없다.

③ '그리스 외부 지역에서 건립된 최초의 신전'이라는 내용은 언급되어 있지 않다.

05 논리 정답 ①

정답 설명

① 제시된 명제를 기호화하면 다음과 같다.

전제 1	~반지 ∧ 목걸이
전제 2	팔찌 ∧ 반지
추가	
결론	목걸이 ∧ 팔찌

이중 부정은 긍정의 표현과 같은 표현이므로 전제 2는 '매일 팔찌를 하는 어떤 사람은 반지를 가진다.'와 동일한 의미이며 이를 기호화하면 '팔찌 ∧ 반지'가 된다. 추가해야 하는 전제를 찾기 위해서는 결론의 앞쪽이나 뒤쪽과 동일하게 명제를 만들어야 한다. 결론을 기준으로 할 때 전제 2의 교환법칙이 결론과 뒷부분을 동일하게 배치할 수 있다. 이를 표로 정리하면 아래와 같다.

전제 2	반지 ∧ 팔찌
추가	
결론	목걸이 ∧ 팔찌

따라서 '목걸이 ∧ 팔찌'가 되기 위해서는 '반지 → 목걸이'의 전제가 필요하다. 이를 말로 풀이하면 '반지를 가진 모든 사람은 목걸이를 한다.'이므로 답은 ①이다.

06 문법 정답 ①

정답 설명

① ㄱ과 ㄷ은 대등하게 이어진 문장이므로 앞 절과 뒤 절의 순서를 바꾸어도 의미에 변화가 생기지 않지만, ㄴ은 종속적으로 이어진 문장이므로 의미에 변화가 생긴다.

오답 분석

② ㄱ, ㄴ, ㄷ은 '암벽 등반은 힘들다.'와 '암벽 등반은 재미있다.'라는 두 홑문장이 이어진 문장으로, 앞 절과 뒤 절 모두 주어가 '암벽 등반은'이므로 뒤 절의 주어가 생략되었다.

③ 앞 절과 뒤 절의 순서를 바꾸어도 의미에 변화가 생기지 않는 것으로 보아 ㄱ과 ㄷ은 두 홑문장이 동등한 자격으로 대등하게 이어진 문장이다. 이때 ㄱ은 연결 어미 '-고'를 통해 나열의 의미를, ㄷ은 연결 어미 '-지만'을 통해 대조의 의미를 지닌다.

④ 앞 절과 뒤 절의 순서를 바꾸었을 때 의미에 변화가 생기는 것으로 보아 ㄴ은 종속적으로 이어진 문장이다. 이때 ㄴ은 연결 어미 '-어서'를 통해 앞 문장이 뒤 문장의 원인이 됨을 나타낸다.

07 독해 정답 ③

정답 설명

③ 2문단과 3문단을 통해 ㉠에서는 연구의 초점을 범죄의 처벌에 두었고, ㉡에서는 연구의 초점을 범죄의 원인에 두었음을 알 수 있다.

오답 분석

① '고전주의 범죄학'은 법적 규정 없이 시행됐던 지배 세력의 불합리한 형벌 제도를 비판하고 있다.

② 3문단을 통해 실증주의 범죄학의 창시자인 롬브로소는 범죄자만의 특성과 행위 원인을 연구하여 범죄자들의 유형을 구분하고 그 유형에 따라 형벌을 달리할 것을 주장하고 있음을 알 수 있다.

④ 2문단과 3문단을 통해 ㉠에서는 범죄를 포함한 인간의 모든 행위는 자유 의지에 입각한 합리적 판단에 따라 이루어지므로 범죄에 비례해 형벌을 부과할 경우 개인의 합리적 선택에 의해 범죄가 억제될 수 있다고 보았으며, ㉡은 범죄의 원인을 개인의 자유 의지로는 통제할 수 없는 생물학적 · 심리학적 · 사회학적 요소에서 찾으려 하였음을 알 수 있다.

08 독해 정답 ④

정답 설명

④ 인도 항공 182편 폭파 사건 이후 비행기에 타지 못한 승객의 수하물을 다시 빼는 절차가 항공 안정 규정집에 신설되었으므로, 이 사건 이전에는 승객이 비행기에 탑승하지 않더라도 수하물을 부칠 수 있었음을 추론할 수 있다.

오답 분석

① 1문단 "국가 기관이나 항공기 폭파와 같은 상징적인 목표를 선택하여 대규모 피해를 입히려 했다."를 통해 볼 때 정치적 상징물 테러뿐만 아니라 항공기와 같은 상징적인 목표를 선택하여 대규모 피해를 입히려 했음을 알 수 있다.

② 1980년대 초, 캐나다에 위치한 '스리 다르바르 사원' 등 시크교 사원에서 테러리스트들과 연계된 무기 등 칼리스탄 운동과 관련된 중요한 조직적 네트워크가 발견되었다고 했으나, 그곳에서 시크교 분리주의자에 의한 테러가 일어났다는 진술은 적절하지 않다.

③ 3문단 "시크교 분리주의 테러리스트들이 인도 항공 182편의 화물칸에 폭발물을 설치"와 "비행기에 타지 못한 승객의 수하물을 다시 빼는 절차가 항공 안정 규정집에 신설되었다."를 통해 캐나다에 위치한 '스리 다르바르 사원' 테러 사건이 아니라 몬트리올발 인도 항공 여객기 폭파로 여행 항공 규정이 강화되었음을 확인할 수 있다. 또한 캐나다에 위치한 '스리 다르바르 사원'에서는 테러리스트들과 연계된 조직적 네트워크가 발견된 것이지 테러가 일어난 것은 아니므로 적절하지 않다.

09 독해 정답 ②

정답 설명

② 2문단과 3문단을 통해 파동원과 관찰자 사이가 멀어지면 파장이 길어져 진동수가 낮아지며, 은하가 우리로부터 멀어지면 적색편이 현상을 보임을 알 수 있다. 따라서 은하가 우리로부터 멀어지면 그 은하에서 나오는 빛의 진동수는 낮아짐을 추론할 수 있다.

오답 분석

① 2문단을 통해 파동원과 관찰자가 서로 멀어질 때는 파장이 길어져 진동수가 낮아짐을 확인할 수 있다. 그 예시로 구급차가 관찰자로부터 멀어질 때는 소리가 더 낮게 들림을 제시되었다. 이로부터 파장이 길어지면 파장이 짧을 때보다 소리가 더 낮게 들림을 추론할 수 있다.

③ 1문단을 통해 도플러 효과는 파동원과 관찰자 사이의 상대적 운동에 의해 파장의 주파수가 변하는 현상임을 확인할 수 있으며, 4문단과 5문단을 통해 이를 이용한 도플러 초음파는 혈전을 진단할 수 있음을 확인할 수 있다. 이로부터 파동원과 관찰자 사이의 상대적 운동에 의해 파장의 진동수가 변하는 원리를 이용하여 혈전을 진단할 수 있음을 추론할 수 있다.

④ 5문단을 통해 도플러 초음파가 태아의 심박수와 혈류를 모니터링하는 데도 사용됨을 확인할 수 있다. 이로부터 도플러 효과를 이용하여 혈액의 속도와 흐름 방향뿐만 아니라 심박수를 측정할 수도 있음을 추론할 수 있다.

10 독해 정답 ③

정답 설명

③ (가)와 (나)에 들어갈 내용으로 가장 적절한 것은 ③이다.

(가) 노동자 계급 내에서 계급적 연대와 국제적 연대의 파괴에 기여한다는(○): (가)의 뒤에서 민족주의는 국가주의적 경계를 고착화시켜 좁은 민족적 공동체에 얽매이게 만들며, 이는 근본적으로 노동자 계급의 보편적 해방을 위한 투쟁을 분열시킨다고 하였다.

(나) 국제적 노동 계급의 혁명적 연대가 이루어져야만(○): (나)의 앞에서 국제 노동자 계급의 연대 없이는 자본주의 구조의 혁파가 불가능하다고 주장했음을 알 수 있다.

오답 분석

(가) 기존의 국가주의 틀을 혁파하고 민족이라는 새로운 이데올로기를 통해 타자를 배척한다는(×): 룩셈부르크는 민족주의가 국가주의적 경계를 고착화시킨다고 보았다.

(나) 민족 자결권의 보장을 통해 노동자 계급의 구조적 모순을 일소해야만(×): 룩셈부르크는 민족 자결권의 요구를 수용하는 것이 결과적으로 노동자 계급의 국제적 단결을 방해한다고 여겼다.

11 논리 정답 ②

정답 설명

② 제시된 명제를 기호화하면 다음과 같다.

전제 1	트윈스 → ~베어스 (= 베어스 → ~트윈스)
전제 2	이글스 → ~랜더스 (= 랜더스 → ~이글스)
전제 3	이글스 ∧ 트윈스

전제 3에 따라 트윈스와 이글스가 진출하는 것은 확정임을 알 수 있다. 전제 1은 트윈스가 진출하면 베어스가 진출하지 않는다는 것인데 전제 3에서 트윈스가 진출하는 것이 확정되었으므로 베어스는 진출하지 않음을 알 수 있다. 전제 2는 이글스가 진출하면 랜더스는 진출하지 않는다는 것인데 전제 3에서 이글스가 진출하는 것이 확정되었으므로 랜더스는 진출하지 않음을 알 수 있다. 따라서 '트윈스, ~베어스, 이글스, ~랜더스'이므로 답은 ②이다.

오답 분석

① ③ ④ 전제 3에 따라 트윈스와 이글스는 진출하지만, 전제 1과 2에 따라 베어스와 랜더스는 진출하지 않음을 알 수 있다.

12 독해 정답 ④

정답 설명

④ 싱어의 철학이 공리주의 윤리학을 기반으로 하는 것은 사실이지만, 실용적 윤리학은 피터 싱어가 선도한 사상이므로 종차별주의보다 먼저 등장하였다는 설명은 적절하지 않다.

오답 분석

① 제시된 글에서 피터 싱어는 "종차별주의"라는 개념을 통해 인간이 다른 동물보다 우월하다고 생각하며 그들의 권리를 무시하는 태도를 강하게 비판한다고 명확히 설명하고 있다.

② 피터 싱어는 비건 식단을 채택하는 등의 윤리적 소비를 통해, 동물의 고통을 줄일 수 있다고 주장하였는데, 이는 곧 그가 주장하는 공리주의의 개념과 일치한다.

③ 피터 싱어는 인간의 이익을 다른 생명체의 희생을 통해 충족시키는 것이 부당하다고 보았는데, '동물 실험을 배제한 제품을 선택하는 등의 윤리적 소비'를 강조하였으므로, 동물 실험이 다른 생명을 희생시키는 일이라고 보았다는 설명은 적절하다.

13 문학 정답 ④

정답 설명

④ 시에서는 죽음을 맞이한 아버지의 상황을 묘사하고 있는 '때늦은 의원이 아모 말없이 돌아간 뒤 / 이웃 늙은이 손으로 / 눈빛 미명은 고요히 낯을 덮었다'와 같은 부분은 있지만, 화자의 모습을 묘사한 부분은 언급되지 않는다.

오답 분석

① 형태적 안정감을 주는 구조는 수미상관으로 첫 연과 마지막 연이 유사한 형태를 지녔으므로 수미상관의 구조를 지닌다.

② 3문단의 "아버지의 죽음에 대해 감정을 절제하며 화자의 슬픔을 더욱 강조하고 있다."를 통해 볼 때, 감정을 절제하여 화자의 슬픔을 강조하고 있음을 알 수 있다.

③ 1연이나 마지막 연에 사용된 청각적인 심상인 '풀벌레 소리'는 시적 화자의 슬픔의 상황을 더욱 강조하는 장치로 사용되었다.

14 독해 정답 ②

정답 설명

② 2문단을 통해 흐루쇼프의 스탈린 격하 운동의 배경은 경제 발전과 사회 재건임을 확인할 수 있다. 따라서 빈칸에 들어갈 말로는 '스탈린식 독재로는 재건을 이룰 수 없다고'가 적절하다.

오답 분석

① 제시된 글에서 찾아볼 수 없는 내용이다.

③ 2문단을 통해 흐루쇼프의 스탈린 격하 운동의 배경은 사회 재건임을 확인할 수 있다.

④ 2문단을 통해 '스탈린 격하 운동의 배경'에서 주장된 것이 흐루쇼프의 주장임을 알 수 있기 때문에 스탈린식 독재를 부흥할 때 재건을 이룰 수 있다는 것은 잘못된 설명임을 알 수 있다.

15 논리 정답 ③

정답 설명

③ ㉠에서 '이율배반적'이라는 것은 '두 개의 명제가 서로 모순되어 양립할 수 없는 상황'을 말한다. 〈보기〉의 설문조사에서 제시된 하나의 내용은 "인명 피해를 최소화하도록 설계된 자율주행 자동차가 상용화되기를 바란다."이기 때문에 이와 모순되는 상황이 되는 것은 자율주행 자동차가 많아지는 것을 좋아하면서 동시에 자신은 자율주행 자동차를 사지 않겠다고 답변하는 경우이다. 그러므로 이러한 경우가 나오는 질문은 ③뿐이다.

오답 분석

① '인명 피해를 최소화하도록 설계된 자율주행 자동차가 상용화되기를 바라는 것'과 '교통 법규를 최우선으로 준수하도록 설계된 자율 주행 자동차를 선호하는 것'은 모순되는 상황이 아니기 때문에 적절하지 않다.

② '인명 피해를 최소화하도록 설계된 자율주행 자동차가 상용화되기를 바라는 것'과 '탑승자의 인명을 최우선으로 지키도록 설계된 자율주행 자동차를 선호하는 것'은 모순되는 상황이 아니기 때문에 적절하지 않다.

④ '인명 피해를 최소화하도록 설계된 자율주행 자동차가 상용화되기를 바라는 것'과 '직접 운전하길 선호하는 것'은 모순되는 상황이 아니기 때문에 적절하지 않다.

16 독해 정답 ③

정답 설명

③ '(다) – (나) – (라) – (가)'의 순서가 가장 자연스럽다. 먼저 독자의 흥미를 끄는 현상에 대해 소개하며, 중심 화제인 'IC'가 언급되고 있는 (다)가 첫 문단으로 오는 것이 적절하다. (다)에 이어 기존 논리처리 방식에 대한 IC의 이점을 설명하고 있는 (나)가 오는 것이 자연스러우며, 신호의 종류 중 첫 번째인 아날로그 신호에 대한 설명이 제시되고 있는 (라)가 (나)에 이어 오는 것이 적절하다. 그다음 신호의 종류 중 두 번째인 디지털 신호의 특징을 아날로그 신호와 비교하며 설명하고 있는 (가)가 마지막으로 제시되는 것이 자연스럽다.

17 독해 정답 ③

정답 설명

③ 제시된 글에서는 부작용 설명이 지나치게 강조될 경우 부작용이 없는 약을 복용해도 부작용을 느끼는 노시보 효과가 나타날 수 있다고 설명한다. 따라서 환자에게 모든 부작용을 과장 없이 자세히 설명하는 것보다는 불필요한 걱정을 줄이는 방법으로 설명하는 것이 더 효과적일 수 있다.

오답 분석

① 환자가 불안감을 유발하는 방식으로 설명을 들으면 부정적인 기대가 형성되어 노시보 효과가 나타날 가능성이 커진다고 볼 수 있으므로 적절한 추론이다.

② 환자가 긍정적인 기대를 가지면 노시보 효과가 아닌 플라시보 효과가 나타날 가능성이 높다는 추론은 제시된 글의 설명과 일치한다.

④ 노시보 효과는 스트레스와 불안이 클수록, 즉 의사와 환자 간 신뢰가 부족할 때 더 자주 나타날 수 있다는 점에서 적절한 추론이다.

18 논리 정답 ④

정답 설명

④ ㄱ. 갑의 주장에 따르면 질소, 즉 공기의 요소는 불을 강화해야 한다. 그러나 ㄱ에서는 질소에 의해 연소가 방지되었으므로 ㄱ은 갑의 주장을 약화한다.

ㄴ. 을은 녹슨 금속에서는 플로지스톤이 빠져나가 질량이 녹슬기 전의 금속보다 가벼워질 것이라고 보았다. ㄴ에서는 그와 반대되는 결과를 내놓았으므로 ㄴ은 을의 주장을 약화한다.

ㄷ. 병은 산소가 모든 화학 반응에 필요하다고 보았지만, ㄷ은 산소 없이도 화학 반응이 일어났으므로, ㄷ은 병의 주장을 약화한다.

19 독해 정답 ③

정답 설명

③ 2문단에서 "경제적으로는 농업 중심의 경제에서 상업과 수공업이 중요한 역할을 담당하게 되었으며, 이는 사회 계층의 분화와 이동을 촉진하였다."라고 하였다. 이는 사회 계층의 다변화를 의미하므로 적절하다.

오답 분석

① 1문단에서 "지중해 무역의 활성화와 더불어 폴리스 간 경쟁은 심화되었지만, 동시에 문화 교류 또한 증진되는 양상을 보였다."라고 하였다. 독립적이지 않고 문화 교류가 늘어나는 모습을 보였으므로 적절하지 않다.

② 2문단에서 아르카익 시대의 정치 체제는 "귀족 중심의 정치에서 점차 시민의 참여가 확대되는 방향으로 나아갔지만, 여성, 노예, 외국인 등은 여전히 정치적 권리에서 배제되어 있었다." 라고 하였다. 따라서 모든 계층에게 평등한 정치 참여가 보장된 것은 아니었음을 알 수 있다.

④ 2문단에서 "예술 분야에서 이집트의 영향을 받은 경직된 형태의 조각에서 벗어나 점차 인체의 자연스러운 아름다움을 표현하려는 시도가 두드러졌다."라고 하였으며, 이집트의 영향을 받은 대표적인 예술품이 코로스와 코레 조각상임을 알 수 있다.

20 논리 정답 ①

정답 설명

① 제시된 명제를 기호화하면 다음과 같다.

전제 1	가방 ∧ ~넥타이
전제 2	지갑 → 넥타이 (= ~넥타이 → ~지갑)

결론을 찾을 때에는 전제 1과 전제 2의 조건절을 동일하게 전제를 만들어야 한다. 따라서 전제 1과 전제 2를 동일하게 만든 것을 정리하면 아래와 같다.

전제 1	~넥타이 ∧ 가방
전제 2	~넥타이 → ~지갑

전제 1과 전제 2의 조건절이 동일한 상태에서 결론을 도출하면 '가방에 관심이 있는 사람 중 일부는 지갑에 관심이 있는 사람이 아니다(가방 ∧ ~지갑).'가 도출되므로 ①은 빈칸에 들어갈 결론으로 적절하다.

오답 분석

② ③ 지갑에 관심이 있는 사람이 가방에 관심이 있는 경우도 있으므로 적절하지 않다.

④ 기호화하면 '넥타이 ∨ ~가방 → ~지갑'이다. 이를 대우하면 '지갑 → ~넥타이 ∧ 가방'인데, 전제 2에 따라 '지갑 → 넥타이'가 확정되었으므로, '지갑 → 가방'의 전제가 필요하다. 그러나 지갑에 관심이 있는 사람이 모두 가방에 관심이 있는지는 알 수 없으므로 적절하지 않다.

01	③	06	③	11	③	16	④
02	①	07	②	12	④	17	②
03	④	08	③	13	④	18	④
04	④	09	③	14	④	19	④
05	④	10	③	15	④	20	①

01 독해 정답 ③

정답 설명

③ 5문단 "그의 작품이 불법적으로 설치되는 경우가 많아 법적 문제를 야기하기도 하며, 일부는 그의 예술이 특정 정치적 입장을 지나치게 반영한다고 비판하기도 한다."를 통해 알 수 있다.

오답 분석

① 3문단 "뱅크시는 예술의 상업화에 대한 비판적인 시각을 가지고 있다. 예술의 본질적 가치와 대중과의 소통을 중시한다."는 설명을 통해 자신의 작품이 높은 금액에 거래되는 것을 지지하지 않을 것임을 추측할 수 있다.

② 1문단 "사회적, 정치적 메시지를 담은 작품을 주로 제작한다."를 통해 볼 때 뱅크시의 예술은 사회적, 정치적 메시지를 전달하는 데 중점을 두고 있으며, 강렬한 사회 비판과 다양한 주제를 다루므로 개인적인 감정을 표현한다는 내용은 적절하지 않다.

④ 2문단 "주로 공공장소에 나타나며"를 통해 볼 때 적절하지 않은 설명이다.

02 작문 정답 ①

정답 설명

① 영화를 추천한 사람이 '영섭'인지, '영섭과 영희'인지 불분명하여 잘못된 문장이다. 따라서 문장의 중의성을 해소하기 위해서는 '민수와 영섭은 영희가 추천한 영화를 보았다.' 또는 '민수는, 영섭과 영희가 추천한 영화를 보았다.'와 같이 고쳐야 한다.

오답 분석

② '예상'은 '미리 추측하다'의 의미로 '미리'와 의미가 중복된다. 따라서 중복된 의미 하나를 삭제해야 한다.

③ '-시키-'는 사동의 뜻을 더하는 접미사이다. 제시된 문장은 주체가 제3의 대상에게 동작이나 행동을 하게 하는 사동 표현이 아니라 주체인 '나'가 스스로 행동한다는 의미를 나타내므로, '소개하다'로 고쳐야 한다.

④ 서술어 '내리겠습니다'는 '비'와만 호응한다. 따라서 '구름'과 호응하는 서술어 '끼다'를 보충해 주어야 한다.

03 독해 정답 ④

정답 설명

④ 제시된 글에서는 도덕 상대주의가 절대적 도덕적 진리를 지지하는 방법에 대해 언급하지 않는다. 도덕 상대주의는 오히려 절대적이고 보편적인 도덕적 진리가 존재하지 않는다고 주장한다. 따라서 ④는 제시된 글을 통해 답을 찾을 수 없다.

오답 분석

① 도덕 상대주의는 모든 도덕적 판단과 가치가 특정 문화나 사회의 관습과 신념에 의존한다고 주장하는 철학적 입장이라는 설명이 제시된 글에 포함되어 있다.

② 도덕 상대주의는 문화적 다양성을 존중하고, 다른 사회의 도덕적 관습을 판단할 때 자신의 문화적 기준을 적용하지 않기 때문에 문화적 이해와 관용을 촉진한다는 설명이 제시된 글에 포함되어 있다.

③ 도덕 상대주의는 인권을 침해하는 관습을 가진 문화도 존중해야 한다는 어려운 문제와 도덕적 비판의 가능성을 제한하는 문제를 안고 있다는 설명이 제시된 글에 포함되어 있다.

04 작문 정답 ④

정답 설명

④ ㉣은 'Ⅱ-1-다'와 연관된 단점이라고 보기 어렵다. '새로운 공급자를 찾는 구매자들로 인한 오랜 기간 유지된 고객관계의 감소'는 '비용의 절감'과 연관이 없으며, 'Ⅱ-1-가'와 연관된 단점에 가깝다.

오답 분석

① ㉠을 구체화하기 위해 그동안 전자조달을 통한 구매가 상승했음을 보여주는 통계나 전자조달 유형과 관련된 자료는 적절하다.

② ㉡은 'Ⅱ-1-나'로 인해 생긴 장점에 관련된 내용으로 'Ⅱ-1-나'의 하위항목으로 넣을 수 있다.

③ 전자조달의 단점으로 '공급자 간 경쟁의 심화'와 같은 내용은 적절하다.

05 독해 정답 ④

정답 설명

④ 제시된 글에서는 메타인지가 효과적인 학습에 필수적이며 메타인지 훈련이 도움이 될 수 있다고 언급하지만, 모든 학습자가 항상 자신의 지식수준을 정확히 평가할 수 있게 된다고 단언하지 않는다. 메타인지 훈련이 도움이 되더라도 개인별 차이가 존재할 수 있으므로, 이는 부적절한 추론이다.

오답 분석

① 3문단을 통해 메타인지를 잘 활용하는 학생은 학습 과정에서 자신의 부족한 부분을 자각하고 이를 보완할 가능성이 높음을 알 수 있다.

② 3문단을 통해 메타인지 능력이 부족한 학습자는 자신의 학습 상태를 잘못 인식하고 과대평가할 수 있음을 알 수 있다.

③ 2문단에서 자기 점검과 자기 평가를 통해 부족한 부분을 파악하고 학습 결과를 평가할 수 있으며, 이를 통해 학습 전략을 조정한다고 하였으므로 자기 점검과 자기 평가가 잘 이루어지면 학습 전략을 수정하여 효율적인 학습이 가능할 것이라는 추론은 적절하다.

06 독해 정답 ③

정답 설명

③ 3문단 "클릭과 조회수를 중심으로 한 비즈니스 모델이 자리 잡으면서, 자극적이고 논란이 되는 보도가 강화되고 있는 것이다."를 통해 볼 때, 비즈니스 모델이 자리 잡으면서, 자극적이고 논란이 되는 보도가 빈발하고 있음을 알 수 있다.

오답 분석

① 황색 언론은 독자의 시선을 끌기 위해 자극적이고 과장된 제목을 사용하는 것이지 큰 글자와 색채가 강한 제목을 사용하는 것은 아니다.

② 황색 언론은 단기적인 광고 수익을 극대화하기 위해 자극적이고 감정적인 콘텐츠를 제작한다. 특히 소셜 미디어 플랫폼에서는 과장된 건강 관련 기사나 음모론을 퍼뜨려 클릭 수와 광고 수익을 올리려고 했다.

④ 선후 관계가 바뀌어 있다. 황색 만화 캐릭터가 등장한 뒤 이 용어가 만들어졌다. 황색 만화 캐릭터는 당시 신문 판매에 크게 기여했으며, 이로 인해 '황색 언론'이라는 표현이 생겨났다.

07 독해 정답 ②

정답 설명

② 빈칸의 바로 앞 문장을 통해 켈빈파는 코리올리 효과의 영향을 받지 않아 휘지 않는다는 것을 알 수 있으며, 뒤 문장을 통해 코리올리는 동쪽으로 움직이는 것을 확인할 수 있다. 따라서 켈빈파는 휘지 않고 동쪽으로 이동할 것임을 추론할 수 있다.

오답 분석

① 3문단을 통해 켈빈파는 코리올리 힘을 받지 않음을 알 수 있다.

③ 4문단을 통해 중위도에서 잘 나타나는 것은 로스비파임을 알 수 있다.

④ 4문단을 통해 북극에 고기압 시스템에 영향을 미치는 것은 로스비파임을 알 수 있다.

08 독해 정답 ③

정답 설명

③ 4문단 "이 작품은 인간의 무한한 열망과 자유의지, 신의 인자함, 선악의 권위에 대한 고찰을 통해 역사적으로 깊은 영향을 미치고 있으며, 오늘날까지도 널리 읽히고 연구되고 있다."를 통해 인간의 인자함과 권위가 아닌 신의 인자함과 선악의 권위가 주제임을 알 수 있다.

오답 분석

① 1문단 "존 밀턴(John Milton)의 '실낙원(Paradise Lost)'은 17세기 영국 문학의 최고 작품 중 하나로 꼽히며, 그의 대표작 중 하나이다.", "이 작품은 총 12권으로 이루어져 있으며, 천지 창조, 루시퍼의 반란, 아담과 이브의 추락, 마지막으로 구원의 희망까지의 이야기를 다룬다."를 통해 17세기 영국 문학 작품으로 천지창조 이야기를 포함함을 알 수 있다.

② 2문단 "루시퍼는 천사 중 가장 빛나는 별이었으나, 하나님의 권위에 반항하고 천국에서 내쫓기게 된다.", "그리고 아담과 이브는 사탄(Satan)의 유혹에 넘어가고, 에덴동산에서 추방당하게 된다."를 통해 루시퍼와 아담, 이브 모두 추방당했음을 알 수 있다.

④ 4문단 "특히, 기독교에서는 이야기에 담긴 밀턴의 종교적, 철학적 고찰에 주목하여 걸작으로 평가한다."와 5문단 "이 작품은 또한 라틴어와 그리스어의 문학적 전통을 혼합하여 새로운 어휘와 어구를 창조하며, 그 결과 문학사적으로 중요한 영향을 미쳤다."를 통해 종교적, 문학적으로 모두 주목받았음을 알 수 있다.

09 논리 정답 ③

정답 설명

③ 측천무후 즉위 이후 중국의 문서에 쓸 수 없었던 글자가 다라니경에 쓰였다는 것은 다라니경이 중국의 인쇄물이 아니라 신라에서 인쇄된 것이라는 주장을 뒷받침하는 증거로 사용될 수 있다. 따라서 ㉠을 약화하는 증거로 가장 적절하다.

오답 분석

① 다라니경의 원전을 처음으로 한역(漢譯)한 사람이 측천무후 시대의 중국의 국사(國師)였던 법장이었다는 사실은 ㉠을 약화하기보다는 오히려 강화하는 증거로 사용될 수 있다. 즉 중국의 국사였던 법장이 한역을 하였다는 것은 다라니경이 중국 인쇄물임을 뒷받침하는 증거인 것이다.

② 측천무후 사후에 나온 신라의 문서들에 측천무후가 발명한 한자가 쓰이지 않았다는 것은 다라니경이 신라의 인쇄물인지 아니면 중국의 인쇄물인지의 논쟁과는 다소 거리가 있는 내용이다. 10~13번째 줄의 "측천무후의 사후에는 그녀가 만든 한자들이 중국에서 사용된 사례는 발견되지 않았다. 그러므로 신라에서도 그녀가 죽은 뒤에는 이 한자들을 사용하지 않았을 것이라는 추정이 가능하다."라는 내용을 강화하는 진술로는 적합하지만 ㉠과는 직접적인 관련이 없다. 이 내용은 다라니경의 연대 확정에 도움이 되는 단서일 뿐이다.

④ 다라니경의 서체가 705년경부터 751년까지 중국에서 유행하였던 것이라는 사실은 ㉠을 강화하는 증거로 사용될 수도 있으므로 적절하지 않다.

10 독해 정답 ③

정답 설명

③ 3문단을 통해 강변의 산 위에 숨어 있다가 적이 나타나면 사격을 가하는 전법을 사용한 것은 변급의 부대임을 알 수 있다.

오답 분석

① 4문단을 통해 신류의 부대가 송화강과 흑룡강이 합류하는 곳에서 전투를 벌였음을 알 수 있으나, 배를 타고 두만강 하구로 나갔다는 사실은 제시된 글에 나타나지 않는다.

② 2문단을 통해 러시아가 알바진을 점령하고 우수리강 하구에 성을 쌓아 송화강 방면으로 진출하였으며, 이를 이유로 변급의 부대가 흑룡강으로 거슬러 올라오는 러시아군과 전투를 벌였음을 알 수 있다. 또한 5문단을 통해 패배한 러시아가 알바진과 우수리강의 하구를 잇는 수로를 포기하고 그 북쪽 외흥안령 산맥까지 물러났으며, 산맥 남쪽을 청의 영토로 인정했음을 알 수 있다. 따라서 변급의 부대가 러시아군과 만나 싸운 장소는 네르친스크 조약에 따라 '청'의 영토에 편입되었음을 알 수 있다.

④ 3문단을 통해 볼 때, 청나라를 정벌하려던 조선의 군대는 아이러니하게 청나라를 도와 러시아군을 공격하는 역할을 하게 됨을 알 수 있다. 따라서 청나라를 공격했다는 설명은 적절하지 않다.

11 독해 정답 ③

정답 설명

③ 3문단을 통해 D층은 일반적인 상황에서는 주로 저주파 라디오파를 흡수하나, 전자 밀도가 증가하면 고주파 라디오파가 흡수되어 신호가 약해짐을 확인할 수 있다. 따라서 전자 밀도가 증가할 때 D층에서 흡수하는 라디오파의 주파수가 내려간다는 설명은 적절하지 않다.

오답 분석

① 1문단을 통해 태양풍은 태양의 대기층인 코로나에서 방출되는 고에너지 플라즈마 입자들의 흐름이며, 태양풍은 주로 전자와 양성자로 구성되어 있음을 알 수 있다.

② 2문단을 통해 전리층은 전파를 반사하거나 굴절시키는 역할을 하며, 이는 전파가 지구 곡률을 따라 장거리 통신을 가능하게 함을 알 수 있다.

④ 4문단을 통해 GICs는 전력망과 통신 케이블에 과전류를 흐르게 하여 손상을 유발할 수 있으며, 자기폭풍은 전리층뿐만 아니라 지상과 우주에 있는 전자기기에도 영향을 미침을 알 수 있다.

12 문학 정답 ④

정답 설명

④ '목마른 뿌리'는 남북 분단이라는 시대적 상황 속에서 가족이 해체되는 것에 대해 어떠한 것도 할 수 없는 개인의 무력함을 드러내고, 가족이라는 혈연의 끈을 통해 상처를 치유하고 화해를 모색하는 과정을 보여주는 작품이다.

오답 분석

① 3문단을 통해 김태섭과 김호영은 같은 핏줄을 이어받은 형제이지만, 남북으로 갈라진 삶으로 인해 서로 다른 가치관과 삶의 방식을 가지게 되었음을 알 수 있다.

② 3문단을 통해 아버지의 행동으로 '나'가 서자 의식을 느낀 것은 맞으나, 북한에서 내려온 형에 대해서는 막연한 불안과 호기심을 느끼고 있음을 알 수 있다. 따라서 형에게 적대감을 느낀다는 설명은 적절하지 않다.

③ 3문단을 통해 태섭은 북한에서 성장하며 체제를 맹신하고 남한에 대한 적대감을 내면화한 인물임을 알 수 있다. 따라서 북한에 대한 적대감을 내면화하였다는 설명은 적절하지 않다.

13 문법 정답 ④

정답 설명

④ '영국의'를 생략한 '날씨는 한국과 다르다.'는 성립하지만, '날씨는'이나 '한국과'를 생략한 '영국의 한국과 다르다.' 혹은 '영국의 날씨는 다르다.'가 성립하지 않으므로 '다르다'는 주어와 필수적 부사어를 요구하는 두 자리 서술어이다. 이때 '날씨는 한국과 다르다.'가 어색하여 '다르다'가 관형어도 필수적으로 요구한다고 볼 수 있으나, '나는 너와 다르다, 몸이 예전과 다르다.'처럼 '다르다'는 기본적으로 관형어가 없어도 문장이 성립하므로 세 자리 서술어라고 볼 수 없다.

오답 분석

① 부사어 '모락모락'을 생략한 '아지랑이가 피어올랐다.'라는 문장이 성립하는 것으로 보아 '모락모락'은 서술어가 꼭 필요로 하는 성분이 아니다. 따라서 '피어올랐다'는 주어만 필요로 하는 한 자리 서술어이다.

② '그 소년이' 혹은 '무지개를'을 생략한 '무지개를 바라보았다.'나 '그 소년이 바라보았다'라는 문장이 성립하지 않는 것으로 보아 '바라보았다'는 주어와 목적어를 요구하는 두 자리 서술어이다.

③ '내 동생은'이나 '거짓말쟁이가'를 생략한 '거짓말쟁이가 아니다.' 혹은 '내 동생은 아니다.'라는 문장이 성립하지 않는 것으로 보아 '아니다'는 주어와 보어를 요구하는 두 자리 서술어이다.

14 독해 정답 ④

정답 설명

④ 5문단 "이를 계기로 국제 사회는 핵무기의 통제와 비확산을 위한 다양한 노력을 기울이게 되었으며, 맨해튼 프로젝트의 영향은 현대 세계정세와 국제 안보에 여전히 큰 영향을 미치고 있다."를 통해 국제 사회에 있어 핵무기의 영향력이 존재함을 확인할 수 있을 뿐, 핵무기 비확산을 위한 구체적인 노력에 대해서는 알 수 없다.

오답 분석

① 1문단 "미국 정부와 과학자들이 협력하여 개발한 원자폭탄인 '원자력 폭탄'을 만드는 프로젝트였다.", 2문단 "미국은 나치 독일이 원자폭탄을 개발하지 못하도록 조치를 취하고자 했다. 이로써 맨해튼 프로젝트는 핵무기 개발을 목표로 하여 시작되었다."를 통해 나치 독일에 대항하기 위해 핵무기 개발을 목표로 하였다고 답할 수 있다.

② 3문단 "이 기간 동안 핵분열 연쇄반응의 원리를 이해하고 원자폭탄을 만드는 기술적인 도전을 극복하기 위해 많은 연구와 실험이 이루어졌다."를 통해 핵분열 연쇄반응의 원리라고 답할 수 있다.

③ 4문단 "이로써 냉전 시대와 원자력 대결의 시대가 시작되었으며, 국제 정세와 국제 안보 구조가 크게 변화하게 되었다."를 통해 냉전 시대와 원자력 대결이라고 답할 수 있다.

15 독해 정답 ④

정답 설명

④ '(라) – (나) – (다) – (가)'의 순서가 가장 자연스럽다. 독자의 흥미를 끄는 현상에 대해 소개하며, 중심 화제인 '벵골 대기근'이 언급되고 있는 (라)가 첫 문단으로 오는 것이 적절하다. (라)에 이어 영국 정부의 군사적 목적을 설명하고 있는 (나)가 오는 것이 자연스러우며, 영국 정부의 무책임한 대처를 설명하는 (다)가 (나)에 이어 오는 것이 적절하다. 그다음 처칠의 행동에 의한 영향을 설명하고 있는 (가)가 마지막으로 제시되는 것이 자연스럽다.

16 독해 정답 ④

정답 설명

④ "멜라토닌을 투여하자 시상하부에 작용하여 생식선자극 호르몬 방출호르몬(LHRH)의 분비를 억제하였다."를 통해 볼 때, 멜라토닌은 생식 기관의 억제를 담당하고 있음을 알 수 있다. 한편 "멜라토닌은 밤에 많이 생성되고 낮에는 덜 생성된다."를 통해 볼 때, 어린 포유동물이 장시간 빛에 노출되면 멜라토닌 생성이 적어지게 되고 멜라토닌 생성이 적어지니 생식 기관이 발달하게 될 것임을 추측할 수 있다.

오답 분석

① 멜라토닌은 어두울 때 더 많이 분비되므로 평균 농도가 낮아진다는 설명은 적절하지 않다.

② 멜라토닌은 생식 기관의 발달과 성장을 억제하므로, 생식 기관의 발달이 비정상적으로 저조한 포유동물 개체들의 멜라토닌 분비량이 높을 것이다.

③ 동이 트면 멜라토닌의 생성이 감소하면서 잠이 깨고 정신을 차리게 되는 것과 마찬가지로, 겨울에 비해 봄이 되면 포유동물의 혈액 속 멜라토닌의 평균 농도가 낮아질 것이다.

17 독해 정답 ②

정답 설명

② 4문단을 통해 1980년대 초에는 노동조합을 지지하는 노동자 20명 중 1명(5%) 이상이 불법적으로 해고되었음을 알 수 있다.

오답 분석

① 1문단을 통해 노동조합의 몰락으로 소득 불균형이 심화되었음을 알 수 있다. 따라서 노동조합 몰락의 원인이 소득 불균형 심화 견제 기능을 수행하지 못한 것이라는 설명은 적절하지 않다.

③ 2문단에 따르면 산업구조가 제조업 중심에서 서비스업 중심으로 재편된 것은 맞으나 이는 노동조합 몰락의 원인이 아니며, 4문단을 통해 그 원인은 정치와 기업의 결속임을 알 수 있다.

④ 3문단 "월마트는 제조업에 비해 노동조합이 생기기에 더 좋은 조건을 갖추고 있었다.", "그런데도 왜 월마트에는 노동조합이 없을까?"에 따라 노동조합이 생기기 좋은 조건이었지만, 노동조합이 창설되지 않았음을 알 수 있다.

18 독해 정답 ④

정답 설명

④ 가야금의 울림통은 '주로 오동나무로 제작되며, 울림을 효과적으로 전달하기 위해 설계되'었다고 하였으므로 적절하다.

오답 분석

① 가야금의 줄은 안족에 걸쳐 있으며, 안족을 이동하여 음정을 조절할 수 있다고 설명하고 있어, 줄의 위치가 고정되어 있지 않음을 알 수 있다.

② 안족은 음정을 고정하는 것이 아니라 이동하면서 음정을 조절할 수 있도록 한다고 언급하였으므로 적절하지 않다.

③ 전통적인 명주실 줄뿐만 아니라, 나일론과 금속 줄도 사용된다고 언급되어 있어, 금속과 나일론만 사용된다는 진술은 적절하지 않다.

19 논리 정답 ④

정답 설명

④ 제시된 명제를 기호화하면 다음과 같다.

전제 1	인사 교류 신청 → ~서울시 발령 (= 서울시 발령 → ~인사 교류 신청)
전제 2	대전시 발령 → 성과급 지급 (= ~성과급 지급 → ~대전시 발령)
전제 3	서울시 발령 ∨ 대전시 발령

'~성과급 지급'이면 전제 2의 대우에 의해 '~대전시 발령'이 확정된다. '~대전시 발령'이 확정이므로 전제 3에 의해 '서울시 발령'이 확정이고, '서울시 발령'이 확정이면 전제 1의 대우에 의해 '~인사 교류 신청'이 확정이므로 갑이 인사 교류를 신청했을 것이라는 ④의 진술은 적절하지 않다.

오답 분석

① '인사 교류 신청'이면 전제 1에 의해 '~서울시 발령'이 확정된다. '~서울시 발령'이면 전제 3에 의해 '대전시 발령'이 확정이므로 반드시 참인 명제이다.

② '서울시 발령'이면 전제 3에 의해 '~대전시 발령'이므로 반드시 참인 명제이다.

③ '서울시 발령'이면 전제 1의 대우에 의해 '~인사 교류 신청'이므로 반드시 참인 명제이다.

20 논리 정답 ①

정답 설명

① (가)와 (나)의 전제를 기호화하면 다음과 같다.

(가)	드라마 → ~영화 (= 영화 → ~드라마)
(나)	~소설 → 드라마 (= ~드라마 → 소설)

이때 (가)의 대우와 (나)의 대우를 조합할 경우 '영화 → 소설'이 도출된다. 따라서 '영화를 즐겨 보는 사람은 모두 소설을 즐겨 본다(영화 → 소설).'가 결론으로 가장 적절하다.

오답 분석

② (가)의 대우와 (나)의 대우를 통해 영화를 즐겨 보는 사람이 모두 소설을 즐겨 봄은 알 수 있으나, 그 역인 소설을 즐겨 보는 사람이 모두 영화를 즐겨 보는지는 알 수 없으므로 적절하지 않다.

③ (나)의 진술을 통해 소설을 즐겨 보지 않는 사람이 모두 드라마를 즐겨 봄은 알 수 있으나, 소설을 즐겨 보는 사람 중 드라마를 즐겨 보는 사람이 있는지는 알 수 없으므로 적절하지 않다.

④ (가)와 (나)의 진술을 통해 소설을 즐겨 보지 않는 사람이 모두 영화를 즐겨 보지 않음을 알 수 있으나, 그 역인 영화를 즐겨 보지 않는 사람이 모두 소설을 즐겨 보지 않는지는 알 수 없으므로 적절하지 않다.

01	③	06	①	11	④	16	③
02	③	07	②	12	①	17	②
03	①	08	③	13	③	18	②
04	①	09	④	14	④	19	④
05	①	10	④	15	④	20	②

01 독해 정답 ③

정답 설명

③ 3문단을 통해 제국 내에 거주하는 서로 다른 문화, 종교 정체성을 가진 신민들을 각자의 종교 공동체가 맡아 자치하는 '밀레트'라는 행정제도가 있었으며, 그 예로 콘스탄티노플의 대주교를 총대주교로 하는 정교회 교구가 있었음을 알 수 있다. 또한 오스만 제국은 타종교의 행정적 자치구를 인정했다는 부분을 통해 콘스탄티노플의 대주교가 종교 자치구의 행정 관리로서 역할을 했음을 추론할 수 있다.

오답 분석

① 1문단에 따르면 오스만 제국의 통치 정책은 제국의 안정적 지배를 위한 것이었다.

② 2문단에 따르면 '타마르'는 중세 유럽의 봉건 영지와 유사한 것으로 잘못 비교되기도 하는데, 영지의 세금을 거둘 권리를 갖는 것은 동일하지만, 사법권을 갖지는 못한다는 점에서 중세 유럽의 봉건 영지와 다르다고 명시되어 있다.

④ 4문단에서 데브쉬르메는 오스만 제국에서 술탄들의 왕권 강화를 위해 사용되었다고 했지만, 정복 지역의 반란을 예방하기 위한 수단이 되었는지는 알 수 없다.

02 작문 정답 ③

정답 설명

③ 〈보기〉의 ⓒ 문장에서 주어는 '유럽의 과학자들은'이므로 '확인되었다'라는 서술어가 주어와 호응하지 않고 있다. 주어와 호응할 수 있는 서술어는 '확인된 것이다'가 아니라 '확인하였다'이다.

오답 분석

① ㉠의 앞뒤 문장은 인디언들이 영문도 모른 채 바이러스에 의해 죽어간다는 것을 말한다. 그런데 ㉠은 인디언들이 믿는 미신과 관련된 이야기를 하고 있기 때문에 글의 통일성을 해치므로 삭제하는 것이 올바르다.

② 인디언들은 죽음은 바이러스가 원인이지만 이를 모르는 인디언들은 누군가가 총을 쏘고 있다고 생각한다는 내용에 원인과 결과의 접속어 '그래서'가 아니라 '그런데'가 삽입되는 것이 ㉡은 앞뒤 문장을 자연스럽게 연결한다.

④ 소설을 새롭게 쓰는 것은 '제작'이 아니므로 ㉣은 '창작'으로 쓰는 것이 올바르다.

03 문법 정답 ①

정답 설명

① ㉠에서 [아니요]는 '아니오'로 표기해야 한다. ⓐ에 명시되어 있듯이 종결형에서 사용되는 어미 '-오'는 [요]로 소리 나는 경우가 있더라도 원형을 밝혀 '오'로 적어야 하기 때문이다. 한편 ㉡은 ⓒ와, ㉢은 ⓑ와 짝지을 수 있다.

04 독해 정답 ①

정답 설명

① 사회적 비용은 외부 효과를 통해 사회적 후생을 저하시키고, 시장 실패의 원인이 될 수 있다고 설명하고 있으므로 적절하다.

오답 분석

② 사회적 비용은 사회적 후생을 저하시키며, 시장 실패의 원인이 될 수 있음을 언급하고 있어 이를 막을 필요가 있음을 시사한다.

③ 3문단을 통해 코즈의 정리는 거래 비용과 정보의 비대칭성 등의 이유로 현실에서 적용이 어려움을 알 수 있다. 따라서 거래 비용이 없을 때 이루어진다는 추론은 적절하지 않다.

④ 공해 문제를 해결하기 위해 '환경세와 같은 정책적 개입'을 언급하고 있으나, 공장에 직접 보조금을 제공한다는 내용은 없다.

05 어휘 정답 ①

정답 설명

① '부역'은 '국가나 공공 단체가 특정한 공익사업을 위하여 보수 없이 국민에게 의무적으로 책임을 지우는 노역.'이라는 뜻을 가졌으므로 바꾸어 쓰기에는 적절하지 않다. 참고로 '짊어진다'는 '어떤 일이나 의무, 책임 따위를 떠맡음. 또는 감수해야 할 일이나 의무, 책임 따위.'라는 의미의 '부담'으로 수정하는 것이 올바르다.

오답 분석

② '사회 전체의 효율성을 낮추고'의 '낮추다'는 '막아서 못 하도록 해침.'이라는 의미의 '저해'로 바꾸어 쓸 수 있다.

③ '유해 물질을 내보내다'의 '내보내다'는 '액체나 기체 따위가 밖으로 새어 나옴. 또는 그렇게 함.'이라는 뜻의 '누출'로 바꾸어 쓸 수 있다.

④ '사회적 효율성 높이는 것'의 '높이다'는 '수준이나 정도 따위를 끌어올림.'이라는 의미의 '제고'로 바꾸어 쓸 수 있다.

06 논리 정답 ①

정답 설명

① 제시된 명제를 기호화하면 다음과 같다.

전제 1	발레 → 공연장 (= ~공연장 → ~발레)
추가	
결론	~교향곡 ∧ ~발레

추가해야 하는 전제를 찾기 위해서는 결론의 앞쪽이나 뒤쪽과 동일하게 명제를 만들어야 한다. 전제와 결론에 공통적으로 제시된 단어는 '발레'이기 때문에 전제 1을 대우에 의해 동일하게 배치한다. 이를 표로 정리하면 아래와 같다.

전제 1	~공연장 → ~발레
추가	
결론	~교향곡 ∧ ~발레

제시된 전제와 결론에서 공통적으로 포함된 '~발레'는 삭제한 이후, '~공연장'과 '~교향곡'의 관계를 전제에 추가하면 된다. 전제와 결론이 '모두'와 '어떤, 일부'로 일치하지 않으므로 '~공연장 → ~교향곡, ~교향곡 → ~공연장, ~공연장 ∧ ~교향곡, ~교향곡 ∧ ~공연장'이 모두 가능하다. 이를 말로 풀이하면 '공연장 가는 것을 좋아하지 않는 모든 사람은 교향곡을 듣지 않는다.', '교향곡을 듣지 않는 모든 사람은 공연장 가는 것을 좋아하지 않는다.', '공연장 가는 것을 좋아하지 않는 어떤 사람은 교향곡을 듣지 않는다.', '교향곡을 듣지 않는 어떤 사람은 공연장 가는 것을 좋아하지 않는다.'이므로 답은 ①이다.

07 독해 정답 ②

정답 설명

② 1문단을 통해 제네바 협약 제4조는 전쟁 포로의 대우에 관한 규정을 세세하게 설명하고 있음을 확인할 수 있다. 이 조항은 특히 무력 충돌 중 전투원이 아닌 상태에서 체포된 군인들과 그 외의 전쟁 포로들이 인도적 대우를 받을 수 있도록 보장하는 것에 의의를 둔다.

오답 분석

① 제시된 글에서 찾아볼 수 없는 내용이다.

③ 1문단을 통해 군인, 군대의 구성원, 그리고 무장 단체의 구성원 등이 포함되며, 적의 지배하에 있을 때 전투 행위와는 별개로 보호받아야 함을 확인할 수 있다. 즉, 민간인이 아니라 군인을 비롯한 전투원에 대한 보호를 서술한 것이다.

④ 3문단을 통해 포로의 식량, 주거 및 생활 조건은 인간의 존엄성을 유지할 수 있는 수준이어야 함을 확인할 수 있다. 군인들에게 식량을 제공하는 것이 아니라 전쟁 포로에게 식량을 제공해야 하는 이유가 나타나 있다.

08 독해 정답 ③

정답 설명

③ 3문단에서 양반가에 입양된 양자는 호적에도 양부가 친부로 기록되며 이는 결코 변경되지 않았다는 내용을 확인할 수 있는데, 변담의 경우 양부인 변해석이 사망한 이후 다시 친부인 변해달의 아들로 기록되었으므로 하층민임을 알 수 있다. 양자를 들인 이유는 크게 두 가지로 나눌 수 있었는데, 양반가는 가계 계승이 그 이유고 하층민은 노동력 확보 혹은 노후 봉양이 그 이유이므로 하층민인 변담은 후자의 이유로 입양되었을 것임을 추론할 수 있다.

오답 분석

① 3문단의 "세대 간 순차적 연결을 위해, 입양하려는 사람은 입양 대상자를 자신의 아들 항렬에서 찾았어야 했다."를 통해 알 수 있다.

② 3문단 "양반가에서는 가문과 동성동본이며 부계 혈통을 나누어 가진 자여야만 했다."를 통해 알 수 있다.

④ 4문단에서 변담의 경우 양부인 변해석이 사망한 이후 다시 친부인 변해달의 아들로 기록되었으므로 하층민임을 알 수 있기 때문에 이를 기록한 경상도 단성현 법물야면 호적에는 하층민에 대한 기록도 남아 있음을 추론할 수 있다.

09 문학 정답 ④

정답 설명

④ '별밭'은 꿈과 희망이 멀리 있음을 상징하며, 이는 어머니의 고단한 삶과 닿을 수 없는 이상을 암시한다. 따라서 어머니의 삶이 밝게 그려진다는 내용은 적절하지 않다.

오답 분석

① 어머니가 생어물전에서 남은 고기 몇 마리의 모습에서 삶의 고단함과 한(恨)을 느낀다는 것은 시의 주요한 이미지 중 하나이므로 적절하다.

② '진주 남강' 등의 구체적 지명과 '생어물전, 골방, 옹기전' 등의 향토적 시어가 사용되고 있다.

③ 2연은 생어물전에서의 어머니의 한을 표현하고 있기 때문에 시적 대상은 어머니이고, 3연에서 골방에서 떨고 있는 대상은 오누이이다. 다시 4연에서는 힘겨운 삶 속에서의 어머니의 눈물을 말하고 있기 때문에 시적 대상은 어머니가 된다.

10 독해 정답 ④

정답 설명

④ 2문단 "대륙에서는 포식자와의 경쟁이 생물의 크기에 많은 영향을 미치지만, 섬에서는 포식자가 없는 경우가 많다. 이로 인해 생물들은 자연스럽게 더 큰 몸집으로 진화하게 된다."를 통해 대륙과 달리 큰 섬에는 포식자가 없기 때문에 생물들이 큰 몸집으로 진화하게 되는 '섬 거대화'가 일어남을 확인할 수 있다. 또한 "반대로, 작은 섬에서는 큰 섬과 달리 자원 부족과 공간의 제약으로 인해 생물들이 작은 몸집을 가지는 경향이 있다."를 토대로 큰 섬은 작은 섬에 비해 자원이 풍부하고 공간의 제약도 없어서 '섬 거대화'가 일어날 것임을 추론할 수 있으나, 이는 작은 섬과의 차이를 확인할 수 있을 뿐, 대륙과 다른 것인지를 확인할 수 없기 때문에 올바르지 않은 설명이다.

오답 분석

① 1문단 "큰 몸집을 가지면 자원에 대한 경쟁에서 우위를 점할 수 있으며, 체온 조절이나 대처 능력이 향상된다."를 통해 체온 조절은 몸집과 상관관계를 지님을 알 수 있다.

② 2문단 "섬에서는 포식자가 없는 경우가 많다. 이로 인해 생물들은 자연스럽게 더 큰 몸집으로 진화하게 된다."를 통해 대륙과 달리 포식자와의 경쟁이 없는 환경에서는 생물의 몸집이 더 커짐을 알 수 있다.

③ 3문단 "반대로, 작은 섬에서는 큰 섬과 달리 자원 부족과 공간의 제약으로 인해 생물들이 작은 몸집을 가지는 경향이 있다. 이 현상은 '섬의 미니어처화'라고도 불리며, 자원이 부족한 환경에서는 작은 몸집이 생존에 유리하다."를 통해 '미니어처화'는 생물의 생존 본능에서 기인한 것임을 알 수 있다.

11 독해 정답 ④

정답 설명

④ 2문단을 통해 상표는 산업 혁명 이후 소비자들이 혼동하지 않도록 돕는 중요한 역할을 하였음을 알 수 있다. 산업 혁명은 20세기 이전이므로 20세기에 들어 그 중요성이 인식되었다는 설명은 적절하지 않다.

오답 분석

① 1문단을 통해 상표는 소비자들이 제품의 출처를 확인하고, 품질을 신뢰할 수 있게 돕는 역할을 하였음을 알 수 있다.

② 2문단과 3문단을 통해 상표는 소비자들에게는 신뢰를 주고, 기업에게는 국제적인 경쟁력을 강화하는 도구임을 알 수 있다.

③ 2문단을 통해 산업 혁명 이후 다양한 제품이 시장에 나오면서 상표가 법적 보호를 받기 시작했음을 알 수 있다.

12 독해 정답 ①

정답 설명

① (가)와 (나)에 들어갈 내용으로 가장 적절한 것은 ①이다.

(가) 혈중 포도당을 세포로 이동시켜 혈당을 떨어뜨리는(○): (가)의 뒤에서 "정상적인 상태에서는 인슐린의 자극에 의해 세포막에 있는 인슐린 수용체가 활성화되어 세포 내부로 신호를 전달하고, 그 결과 혈중의 포도당은 세포 내로 흡수된다."고 했다.

(나) 세포가 인슐린의 자극에도 불구하고 세포 내로 포도당을 가져오지 못하는(○) : (나)의 뒤에서 "지속적인 고혈당 상태나 과도한 인슐린 농도는 세포막의 인슐린 수용체 수를 감소시키거나, 수용체의 민감도를 떨어뜨릴 수 있다. 이는 인슐린의 결합 효율을 낮추고, 결과적으로 포도당 흡수 능력이 감소하게 된다."고 하였다.

오답 분석

(가) 세포 신호전달 경로를 활성화하여 β세포를 자극하는(×): 인슐린은 β세포에서 분비되고, 이는 인슐린 수용체와 결합하여 세포 신호전달 경로를 활성화한다.

(나) 인슐린이 수용체와 결합하지 못해 포도당이 세포 내에 과도하게 존재하는(×): 인슐린이 수용체와 결합하더라도 그 이후의 신호전달 과정에 문제가 생길 수 있다. 게다가 포도당은 세포 내가 아니라 혈액 내에 과도하게 존재하게 된다.

13 논리 정답 ③

정답 설명

③ 제시된 명제를 기호화하면 다음과 같다.

조건	구지가 ∨ 공무도하가 ∨ 훈민가 ∨ 관동별곡
전제 1	~관동별곡
전제 2	훈민가 → 관동별곡 (= ~관동별곡 → ~훈민가)
전제 3	~훈민가 → ~구지가 ∨ ~공무도하가

'에만'의 경우 조건절과 결과절의 순서를 바꿔서 기호화하므로 전제 2는 '훈민가를 공부하면 관동별곡을 공부한다.'가 되고 이를 기호화하면 '훈민가 → 관동별곡'이 된다. 전제 1에 의해 '~관동별곡'이 확정이므로 전제 2의 대우에 의해 '~훈민가'가 확정이다. '~훈민가'가 확정이므로 전제 3에 의해 '~구지가 ∨ ~공무도하가'가 확정이다. '구지가, 공무도하가, 훈민가, 관동별곡' 중 적어도 한 작품은 공부해야 하므로 '구지가, 공무도하가' 중 하나를 공부한다. 즉, '구지가 ∨ 공무도하가'이다. 따라서 '구지가를 공부하지 않으면, 공무도하가를 공부한다.' 또는 '공무도하가를 공부하지 않으면, 구지가를 공부한다.'가 참이므로 답은 ③이다.

오답 분석

① 구지가 또는 공무도하가를 공부해야 하지만 구지가를 공부하는 것을 확정할 수 없다.

② 훈민가는 공부하지 않는다.

④ 관동별곡은 공부하지 않지만, 공무도하가를 공부하는지는 확정할 수 없다.

14 논리 정답 ④

정답 설명

④ 논증의 결론은 M시의 회사원들은 청렴도가 낮다는 것이다. 따라서 M시가 소속되어있는 J국가의 모든 시가 회사 A와 비슷한 통계치가 나왔다는 사실은 논증의 결론을 약화하지도 강화하지도 않는다.

오답 분석

① 회사 A의 직원들이 회사 물품을 사적으로 사용한 정도가 현재 설문에서 응답한 것보다 더 심할 경우, 설문만으로 판단한 청렴도보다 실제 청렴도가 더 낮다고 평가할 수 있으므로 논증의 결론을 강화된다.

② M시에 있는 또 다른 대표적 회사인 B는 표본의 대표성이 확보되었다고 할 수 있고, B의 설문 조사 결과가 A의 설문 조사 결과와 유사하다고 하였으므로 논증의 결론은 강화될 수 있다.

③ M시에 있는 다른 대부분의 회사들보다 회사 A의 직원들만 유독 회사 물품을 사적으로 사용했다는 것은 현재 설문조사를 한 회사 A의 직원들이 대표성이 있는 표본이었다고 보기 힘들며, 일종의 아웃라이어(Outliers)라고 볼 수 있다. 그렇기 때문에 논증의 결론은 약화된다.

15 독해 정답 ④

정답 설명

④ 3문단 "홍익인간과 같은 단군신화를 만들어 우리들만의 유대관계를 형성하고 사회활동을 가능하게 할 수 있었던 이러한 특화가 사피엔스가 세상을 정복할 수 있었던 가능성이다."와 4문단 "그들이 지닌 언어의 이와 같은 특성 때문에 사피엔스는 개인적인 상상을 집단적으로 공유할 수 있게 되었으며 공통의 신화들을 짜낼 수 있었다."를 통해 볼 때 사피엔스가 다른 인간종을 정복할 수 있었던 것은 상상이나 신화와 같은 허구를 공유할 수 있었기 때문임을 추측할 수 있다.

오답 분석

① 2문단에서 사피엔스는 약 7만 년 전부터 3만 년 전 사이에 새로운 사고 방식과 의사소통을 사용하게 되었음을 알 수 있으나 다른 인간종을 몰아내기 시작한 것이 그들이 이주를 시도한 때부터 약 4만 년 후라는 것은 알 수 없다.

② 자기 주변 환경에 대한 정보가 사피엔스에게는 더 중요하였는지는 제시된 글을 통해 확인할 수 없다.

③ 사피엔스의 뇌 크기는 제시된 글을 통해 확인할 수 없다.

16 문학 정답 ③

정답 설명

③ 1문단과 2문단을 통해 인물들은 일상에서의 탈출 시도를 실패하고, 결국 원숭이를 찾지 못한 채 자신들 안에서의 원숭이를 발견하며 이는 인간의 무력감과 소외감을 드러내고 자기 성찰을 촉구함을 알 수 있다. 따라서 스스로를 원숭이라고 느낀 것은 서울을 떠나는 시점이 아니라 서울로 복귀하는 시점임을 추론할 수 있다.

오답 분석

① 두 사람은 서울에서 벗어나 장터와 개펄을 거치며 원숭이를 보려고 노력하지만 결국 실패하며 서로를 원숭이로 보게 된다.

② '원숭이'는 비현실적이고 이국적인 대상으로, 주인공들이 답답한 현실에서 벗어나려는 욕망을 상징한다.

④ "도시 속 무기력한 삶"과 "탈출에 대한 환상"이라는 현대인의 딜레마를 깊이 탐구한다.

17 독해 정답 ②

정답 설명

② 제시된 문장은 서기와 기원전의 체계에 대한 내용으로, 앞에서 설명한 것을 '이 체계'로 이어 설명하고 있기 때문에 (나) 앞에 제시된 서기와 기원전에 대한 설명에 이어져야 하므로, (나)에 들어가는 것이 가장 자연스럽다.

18 독해 정답 ②

정답 설명

② '(나) – (라) – (가) – (다)'의 순서가 가장 자연스럽다. 먼저 독자의 흥미를 끄는 현상에 대해 소개하며, 중심 화제인 '비소와 초록색'이 언급되고 있는 (나)가 첫 문단으로 오는 것이 적절하다. (나)에 이어 비소와 파리스 그린을 설명하는 (라)가 오는 것이 자연스러우며, 비소의 화학적 특성에 대한 설명이 제시되고 있는 (가)가 (라)에 이어 오는 것이 적절하다. 그다음 광학적 특성을 언급하며 글을 끝마치고 있는 (다)가 마지막으로 제시되는 것이 자연스럽다.

19 독해 정답 ④

정답 설명

④ 2문단을 통해 의미 부호는 외부 정보가 갖는 의미에 집중하여 부호화하는 것이므로 음운 부호에 비해 정교화가 잘 일어남을 알 수 있다.

오답 분석

① 음운 부호는 소리에 초점을 둔 부호이다. 외부 정보를 배경지식이나 맥락과 관련시키는 것은 음운 부호가 아니라 '정교화'로 이는 의미 부호와 관련된 설명이다.

② 외부 정보를 그것에서 연상되는 의미로 처리하는 것은 음운 부호가 아니라 의미 부호에 대한 설명이다.

③ 의미 부호는 외부의 정보를 기억의 체계에 맞게 전환하는 데 필요한 부호이지만, 부가 정보는 아니다. 즉, 외부 정보를 기존 기억의 체계와 연결시키기 위해 새로운 외부 정보인 '8255'를 '빨리 오오'와 같이 의미 부호로 변환하면 오랫동안 기억할 수 있다. 그러나 의미 부호가 주된 정보에 덧붙는 배경지식이나 상황 맥락 같은 부가 정보라고 할 수는 없다.

20 논리 정답 ②

정답 설명

② 제시된 전제를 기호화하면 다음과 같다.

전제 1	척추 디스크 → 다리 꼬는 것
전제 2	척추 디스크 ∧ 목 디스크

'다리 꼬는 것을 좋아하지 않는 것은 아니다.'는 이중부정으로 '다리 꼬는 것을 좋아한다.'와 동치이다. 전제 1과 전제 2의 조건절이 동일한 상태에서 결론을 도출하면 '다리 꼬는 것 ∧ 목 디스크'임을 알 수 있다. 이를 문장으로 하면 '다리 꼬는 것을 좋아하는 사람들 중 일부는 목 디스크 환자이다.'이므로 ②는 빈칸에 들어갈 결론으로 적절하다.

오답 분석

① 목 디스크와 척추 디스크 중 한 질환에만 걸린 환자가 존재하는지 여부는 확정할 수 없으므로 결론에 들어갈 말로 적절하지 않다.

③ '다리 꼬는 것'과 '목 디스크'가 결론으로 도출되어야 하기 때문에 다리 꼬는 것을 좋아하지 않는 사람들과 관련된 내용은 결론으로 적절하지 않다.

④ 목 디스크인 사람 중 척추 디스크가 없는 경우도 있으므로 결론에 들어갈 말로 적절하지 않다.

01	④	06	②	11	②	16	③
02	②	07	②	12	②	17	③
03	④	08	③	13	②	18	②
04	②	09	③	14	③	19	③
05	④	10	④	15	①	20	①

01 작문 정답 ④

정답 설명

④ '선별'은 '가려서 따로 나눈다.'는 뜻이기 때문에 사용할 수 없고, '채택' 또한 '작품, 의견, 제도 따위를 골라서 다루거나 뽑아 씀.'의 의미로 문맥적으로 맞지 않는 단어이다. 여기서는 '여러 가운데서 필요한 것을 골라 뽑는다.'는 뜻의 '선택'으로 바꾸는 것이 적절하다.

오답 분석

① '소개하다'는 주어의 능동적 행위를 나타내는 말이므로, '소개해 드리죠'가 적절하다. 이를 '소개시켜'의 형태로 쓰게 되면 '소개하게 하다'의 뜻이 되므로 어법에 맞지 않게 된다.

② ㉡은 '우리는'이라는 주어와 자연스럽게 호응하도록 '훈련 프로그램을 운영하고 있습니다'로 바꿔준다.

③ ㉢이 있는 4문단은 '지역 중, 고교 간 친선 경기'에 대해 소개하는 내용이므로 교내 야구, 농구 동아리 설명은 흐름에서 벗어난다.

02 논리 정답 ②

정답 설명

② (가)는 가을이 되면 나무에 떨켜가 생겨 잎 안의 엽록소가 파괴되며 가려졌던 색소가 드러나기에 단풍이 생긴다고 하였고, (나)는 자신이 얼마나 건강한지 과시하여 해충이 알을 낳지 못하게 하기 위해 단풍이 생긴다고 하였다. 따라서 가을에 인위적으로 단풍색을 진하게 했을 때 알을 낳는 진딧물의 수가 줄었다는 연구 결과는 (나)의 주장을 강화한다.

오답 분석

① 단풍이 드는 나무 중에서 떨켜를 만들지 않는 종이 있다는 것은 떨켜로 인한 물질이동이 엽록소를 파괴한다는 (가)의 주장과 맞지 않으므로 (가)의 주장을 약화한다.

③ (가)는 색소가 이미 나뭇잎에 있지만 가을이 되면 엽록소가 파괴되고, 상대적으로 색소가 잘 보이게 되어 단풍이 생긴다고 하였으므로 식물의 잎에서 주홍빛을 내는 색소가 가을에 새롭게 만들어진다는 연구 결과는 (가)의 주장을 약화한다.

④ (나)에는 수액의 농도에 대한 언급이 없고 제시된 내용만으로는 어떤 수액이 건강한 나무의 지표인지 알 수 없으므로 이는 (나)의 주장을 강화하지도 약화하지도 않는다.

03 문법 정답 ④

정답 설명

④ 할머니께서 손자에게 스스로 색동옷을 입도록 시킨 것으로, '입다'의 주체가 손자인 경우로만 해석된다. 할머니가 직접 옷을 입혀준다는 의미는 드러나지 않으므로 ㉣의 문장은 중의적 의미를 띠지 않는다.

오답 분석

① '읽다'에 사동 접미사 '-히-'를 붙여 선생님이 윤호로 하여금 책을 읽는 동작을 하도록 한다는 사동의 의미를 지닌다.

② '자다'에 사동 접미사 '-이-'와 '-우-' 두 개를 붙여 어머니께서 아기로 하여금 잠을 자도록 한다는 사동의 의미를 지닌다.

③ '깎다'에 '-게 하다'를 붙여 영희가 태호로 하여금 사과를 깎도록 한다는 사동의 의미를 지닌다.

04 논리 정답 ②

정답 설명

② ㄱ. 갑은 사회적, 경제적 불평등이 가장 불리한 위치에 있는 사람들의 처지를 개선하려는 목적을 지닌다면 정당화될 수 있다고 보았다. ㄱ은 가장 불리한 위치에 있는 사람들의 처지를 개선하기 위한 목적으로 정책을 펼쳤으나, 결국 정의가 실현되지 못한 사례이므로 갑의 견해를 약화한다.

ㄷ. 병은 개인의 태어날 때의 우연적 요소들이 미치는 요소를 국가의 개입으로써 최소화해야 한다고 보았다. ㄷ은 정부가 계층의 불평등을 줄이기 위해 소득세를 누진적으로 부과하고, 이를 통해 교육 서비스를 강화하여 빈곤하지만 유능한 자를 도운 사례이므로 병의 견해를 강화한다.

오답 분석

ㄴ. 을은 자발적인 교환이나 자원의 자유로운 이동이 보장되고, 분배의 불평등이 개인의 권리를 침해하지 않는다면 부의 형성은 정당하다고 보았다. 여기서 을의 주장은 반대의 의미도 포함하고 있는데, 즉 자발적인 교환이나 자원의 자유로운 이동이 보장되지 않고, 분배의 불평등이 개인의 권리를 침해한다면 부의 형성은 정당하지 않다고 보는 것이다. ㄴ은 교환이 자발적으로 존재하지 않고, 분배의 불평등이 개인의 권리를 침해하는 상황이므로, 을의 주장을 강화한다.

05 독해 정답 ④

정답 설명

④ 2문단에서 장소 중심의 공공미술은 이미 완성된 작품을 어디에 놓느냐에 주목했기 때문에 대중과의 소통이 단절되었다고 했다. 그리고 3문단에서 장소 중심의 공공미술은 '결과 중심'의 수동적 미술이라고 설정했기 때문에 대중의 참여가 가능한 '과정 중심'의 미술과는 차이가 있다고 보아야 한다. 따라서 이 글과 일치하지 않는 것은 ④이다.

오답 분석

① 장소 중심의 공공미술은 결과 중심의 미술이라고 3문단에 나와 있다.

② 공공 영역에서 이루어지는 예술 행위 및 활동은 공공미술이라고 1문단 마지막 문장에서 정리했다.

③ 2문단을 통해 장소 중심의 공공미술에서 대중과 미술의 소통은 사실상 단절되었음을 알 수 있다. 따라서 장소 중심의 공공미술은 대중과의 소통에 한계가 있었음을 추론할 수 있다.

06 독해 정답 ②

정답 설명

② 유럽의 반유대주의 인식을 드레퓌스 사건의 개요를 통해 보여주고 있으며, 3문단 "이 사건으로 유럽에서는 반유대주의에 대한 심각성을 각성하고 이를 계기로 인종을 이유로 차별적 법리 적용을 하는 것을 강력하게 금지하고 있다."를 통해 이 사건이 가져다준 의의를 설명하고 있다.

오답 분석

① 1문단을 통해 드레퓌스 사건의 판결 내용이 나타나고 있지만 이는 제시된 글을 포괄하기에는 적절하지 않다.

③ 제시된 글에서 확인할 수 없는 내용이다.

④ 2문단을 통해 드레퓌스 사건의 재판은 비공개로 이루어졌음을 확인할 수 있으나 이는 제시된 글을 포괄하기에는 적절하지 않다.

07 독해 정답 ②

정답 설명

② 3문단을 통해 조약에 서명한 핵무기 보유국은 궁극적으로 핵무기의 완전한 폐기를 목표로 해야 함을 알 수 있다.

오답 분석

① 2문단을 통해 조약에서는 핵무기를 보유한 국가와 보유하지 않은 국가를 구분함을 알 수 있다. 따라서 핵무기 미보유국도 가입국에 포함될 수 있음을 추론할 수 있다.

③ 2문단을 통해 핵무기 미보유국은 핵무기를 개발하거나 획득하지 않을 것을 조약을 통해 약속함을 알 수 있다.

④ 4문단을 통해 IAEA의 핵확산 방지 체제는 정기적인 검증 및 감시를 통해 회원국의 핵 프로그램이 군사적 목적이 아닌 평화적 목적에만 사용되도록 감시함을 알 수 있다.

08 독해 정답 ③

정답 설명

③ 3문단을 통해 아리스토텔레스는 덕을 지적 덕과 도덕적 적으로 나누었으며, 그중 도덕적 덕은 반복적인 행동을 통해 습득되는 것임을 알 수 있다.

오답 분석

① 아리스토텔레스는 행복을 "단순한 순간적 쾌락이나 물질적 풍요와 같은 외적 조건이 아닌, '덕'을 통한 완전한 삶의 결과로 정의했"으므로 적절하지 않다.

② 3문단 "지적 덕은 교육과 학문을 통해 개발되는 덕으로, 지혜와 직관 같은 이성적 능력을 포함한다. 반면, 도덕적 덕은 반복적인 행동을 통해 습득되며"를 통해 볼 때 지적 덕은 반복적인 행동을 통해 습득되는 지혜가 아님을 알 수 있다.

④ 3문단에서 "중용은 단순히 평균적인 행동을 뜻하는 것이 아니라, 상황에 맞는 가장 적절한 선택을 의미한다."고 하였다. 따라서 중용을 평균적인 행동으로 설명하는 것은 적절하지 않다.

09 작문 정답 ③

정답 설명

③ '경로효친'이라는 노인을 공경하고 부모에게 효도함을 나타내는 사자성어를 사용하여 조건 1을 만족하였으며, 부모님을 샘에 비유해 조건 2를 만족하였다. 그리고 부모를 공경해야 가정이 행복해진다는 교훈을 담음으로써 조건 3을 만족하였다.

오답 분석

① '스승의 그림자도 밟지 말라'는 속담을 사용하여 조건 1을 만족하였으나, 비유법을 사용하지 않았고 어른을 공경하라는 내용만을 담고 있어 조건 2와 조건 3 역시 만족하지 못했다.

② '어른 말을 잘 들으면 자다가도 떡이 생긴다'는 속담을 사용하고, 어른을 책에 비유해 조건 1과 조건 2를 만족하였으나, 어른의 말을 잘 듣자는 내용만을 담고 있어 조건 3을 만족하지 못한다.

④ 자식이 부모가 길러준 은혜에 보답한다는 '반포보은'이라는 사자성어를 사용하여 조건 1을 만족하였고, 부모를 공경하고 사랑해야 훌륭한 사람이라는 교훈을 담고 있어 조건 3을 만족하였으나 비유법을 사용하지 않아 조건 2는 만족하지 못한다.

10 독해 정답 ④

정답 설명

④ 3문단을 통해 라캉의 대타자는 사회적 구조와 상징적 질서 속에서 개인의 정체성과 무의식을 형성하는 것임을 알 수 있다.

오답 분석

① 2문단 "라캉에 따르면, 대타자는 개인의 욕망을 형성하는 데 중요한 역할을 한다."를 통해 볼 때, 대타자가 개인의 욕망을 형성하는 데 중요한 역할을 한다고 설명하고 있으나, 억제에 대해서는 언급이 없으므로 적절하지 않다.

② 1문단 "대타자는 개인의 무의식과 상호작용하는 상징적 질서"를 통해 볼 때, 대타자는 개인의 지적 의식이 아닌 무의식과 관련이 있음을 알 수 있다.

③ 3문단 "개인이 단순히 독립된 존재가 아니라, 사회적 구조와 상징적 질서 속에서 자신을 인식하고"를 통해 볼 때, 개인은 단순히 독립된 존재가 아니라 사회적 구조와 상징적 질서 속에서 자신을 인식하고 형성해 나감을 알 수 있다.

11 독해 정답 ②

정답 설명

② 2문단을 통해 노동자 계층과 빈곤층의 부모는 경제적 자원이 부족하거나 제한적인 상황에서 자녀를 양육하므로, 교육적 지원보다는 자녀의 자연스러운 성장과 자율성을 중시하며, 자녀가 스스로 경험을 통해 배우고 성장할 수 있도록 함을 알 수 있다.

오답 분석

① 1문단을 통해 직접적인 개입과 지도로 자녀의 성취를 극대화하는 것은 중산층 부모임을 알 수 있다.

③ 1문단과 2문단을 통해 빈곤층 부모가 생존 기술의 습득을 중시함은 맞지만, 교육과 발달에 많은 시간과 노력을 투자하는 것은 중산층 부모임을 알 수 있다.

④ 2문단을 통해 빈곤층 부모는 자생력을 확보하는 교육을 중시함을 알 수 있지만, 부족한 자원을 적극적으로 활용한다는 내용은 확인할 수 없다.

12 독해 정답 ②

정답 설명

② '(나) – (라) – (가) – (다)의 순서가 가장 자연스럽다. 먼저 독자의 흥미를 끄는 현상에 대해 소개하며, 중심 화제인 '포마토'가 언급되고 있는 (나)가 첫 문단으로 오는 것이 적절하다. (나)에 이어 부모 식물을 설명하고 있는 (라)가 오는 것이 자연스러우며, 전통적 교배에 대한 설명이 제시되고 있는 (가)가 (라)에 이어 오는 것이 적절하다. 그다음 현대의 유전자 변형 기술에 대해 계속해서 설명하고 있는 (다)가 마지막으로 제시되는 것이 자연스럽다.

13 독해 정답 ②

정답 설명

② 2문단을 통해 콘스탄티누스의 기독교 건축은 기독교 신앙의 과시와 제국의 통합이라는 정치적 목적도 함께 가지고 있었음을 알 수 있다.

오답 분석

① 2문단을 통해 성 베드로 대성당과 성 소피아 성당이 콘스탄티누스 시대에 건설되었음은 알 수 있으나, 이를 처음 세운 황제가 콘스탄티누스인지는 확인할 수 없다.

③ 3문단을 통해 바실리카 양식은 기독교 건축에 도입된 로마의 기존 공공 건축 양식으로, 기독교 건축을 위해 독립적으로 발전한 것은 아님을 알 수 있다.

④ 4문단을 통해 유럽의 건축에 큰 영향을 미친 것은 비잔티움 건축 양식이 아니라 기독교 건축 양식임을 알 수 있다.

14 어휘 정답 ③

정답 설명

③ 'ⓒ 과시'는 '자랑하여 보임.'이라는 의미이며, '괄시'는 '업신여겨 하찮게 대함.'이라는 뜻을 가졌으므로 바꾸어 쓰기 적절하지 않다.

오답 분석

① '㉠ 칙령'은 '임금 또는 왕이 내린 명령.'이라는 의미이며, '왕명'은 '임금의 명령.'이라는 뜻을 가진 유의어이므로 바꾸어 쓸 수 있다.

② 'ⓛ 후원'은 '뒤에서 도와줌.'이라는 의미이며, '원호'는 '돕고 보살펴 줌.'이라는 뜻을 가진 유의어이므로 바꾸어 쓸 수 있다.

④ 'ⓔ 포함'은 '어떤 사물이나 현상 가운데 함께 들어 있거나 함께 넣음.'의 의미이며 '내포'는 '어떤 성질이나 뜻 따위를 속에 품음.'이라는 의미를 가진 유의어이므로 바꾸어 쓸 수 있다.

15 독해 정답 ①

정답 설명

① 밑줄 친 부분의 앞에서 조선은 유입된 외래 사상(석가, 공자, 주의)을 조선의 것으로 만드는 것이 아니라, 주체가 뒤바뀌어 오히려 그 사상에 종속되고 있다는 점을 언급하고 있다. 따라서 주체성 없이 외래 사상을 받아들인다는 내용이 밑줄 친 부분에 대한 풀이로 가장 적절하다.

16 논리 정답 ③

정답 설명

③ 제시된 명제를 기호화하면 다음과 같다.

전제 1	옷 ∧ ~수영복
추가	
결론	옷 ∧ ~검은색

결론의 앞쪽이 결론과 동일하게 때문에 '옷 ∧ ~검은색'이 되기 위해서는 '~수영복 → ~검은색'의 전제가 필요하므로 답은 ③이다.

17 독해 정답 ③

정답 설명

③ 3문단과 5문단을 통해 특정 고도에서 바람의 방향이 달라지는 현상은 윈드시어이며, 윈드시어가 뚜렷해지면 태풍 형성에 방해가 됨을 알 수 있다. 따라서 태풍의 규모를 키운다는 설명은 적절하지 않다.

오답 분석

① 2문단을 통해 수증기의 응결 과정에서 방출되는 잠열은 공기를 더욱 가열하게 되며, 잠열 방출은 태풍 형성에 필요한 에너지를 공급하는 중요한 요인임을 추론할 수 있다.

② 3문단을 통해 상승 기류가 강해지면, 더 많은 공기가 저기압 중심으로 끌려 들어가게 되며, 이때 코리올리 효과가 작용하여 북반구에서는 공기가 반시계 방향으로 회전함을 알 수 있다.

④ 4문단을 통해 습도가 높을수록, 그리고 대기 불안정성이 클수록 강력한 상승 기류가 형성되기 쉬우며, 상승 기류는 대기의 상층부로 이동하고, 이 과정에서 주변의 공기를 저기압 중심으로 끌어들임을 알 수 있다.

18 독해 정답 ②

정답 설명

② 1문단을 통해 퍼텐셜 이론에서는 물질 '내부'의 전하와 입자의 움직임이 자기적 특성을 만들어 낸다고 설명함을 알 수 있다.

오답 분석

① 1문단을 통해 물질이 가지고 있는 자기적인 특성을 이해하는 학문이 지자기 연구이므로, 자연에 존재하는 물질들이 자기적인 특성을 가지고 있음을 추론할 수 있다.

③ 2문단을 통해 지자기 연구가 자동차, 전자제품, 통신 시스템 등 다양한 분야에 적용되고 있음을 알 수 있다.

④ 1문단을 통해 물질 내부의 전하와 외부 환경의 상호작용으로 인해 지자기 현상이 생기며, 2문단을 통해 이를 이유로 자기 공명 이미징이 가능함을 알 수 있다.

19 문학 정답 ③

정답 설명

③ 4문단을 통해 '어디다 무릎을 꿇어야 하나'는 신을 비롯한 절대자에게 구원을 바라는 기도의 자세임을 알 수 있다. 따라서 현실에 굴복하는 상황을 표현한다는 설명은 적절하지 않다.

오답 분석

① 5문단에서 '겨울은 강철로 된 무지갠가 보다'라는 표현은 표면적으로는 고난은 희망이 된다는 모순적 표현이라고 하였으므로, 이를 통해 역설적 표현이 사용되었음을 알 수 있다.

② 2문단과 3문단을 통해 '북방'과 '고원'은 모두 극한 상황을 나타내며, '고원'은 수직적 공간에서의 극한 상황을 드러내고, '북방'은 수평적 공간에서의 극한 상황을 드러냄을 알 수 있다.

④ 5문단을 통해 '무지개'가 '강철'로 이루어져 있다고 보는 것은, 고난이 절정에 달한 현실은 미래에 대한 소망을 강철처럼 단단하게 만든다는 의미임을 알 수 있다.

20 논리 정답 ①

정답 설명

① 제시된 명제를 기호화하면 다음과 같다.

전제 1	이집트
전제 2	~체코 → ~이집트 ∧ ~영국 (= 이집트 ∨ 영국 → 체코)
전제 3	프랑스 → ~이집트 (= 이집트 → ~프랑스)
전제 4	영국 → 프랑스 (= ~프랑스 → ~영국)

선언문은 하나만 긍정되어도 전체가 긍정되고 전제 1로 인해 '이집트'가 확정되므로 전제 2의 대우에 따라 '체코'가 확정된다. 또한 전제 1과 전제 3의 대우로부터 '~프랑스'가 확정된다. '~프랑스'가 확정되므로 전제 4의 대우에 따라 '~영국'이 확정된다. 따라서 결과를 정리하면 '이집트, 체코, ~프랑스, ~영국'이므로 춘식이는 이집트와 체코만 유학할 것이다.

01	①	06	④	11	④	16	①
02	②	07	②	12	②	17	②
03	④	08	②	13	②	18	②
04	③	09	③	14	①	19	④
05	①	10	①	15	②	20	①

01 작문 정답 ①

정답 설명

① 관형어 '큰'이 '친구'를 꾸미기도 하고 '친구의 동생'을 꾸미기도 하여 중의적으로 해석되었으나, 쉼표를 추가함으로써 꾸밈의 대상을 '친구의 동생'으로 명확히 하였다.

오답 분석

② 배추와 무가 각각 한 개인지, 배추 한 개와 무 두 개인지, 배추와 무가 각각 두 개인지 의미가 불분명한 문장이었으나, 접속 조사 '와'의 앞뒤에 사과와 귤의 수량을 분명히 제시함으로써 문장의 의미를 명확히 하였다.

③ 누나와 동생이 각각 선생님을 찾아간 경우와 함께 찾아간 경우 두 가지로 해석되었으나, '함께'라는 부사를 넣어 문장의 의미를 명확히 하였다.

④ '중간고사 시험에서 답을 몇 개 쓰지 못했다.'는 여러 시험 문제 중 몇 개만 못 쓴 경우와 몇 개밖에 못 쓴 경우 두 가지로 의미가 해석되었으나, 보조사 '밖에'를 추가하여 문장의 의미를 명확히 하였다. 어순을 변경한 것이 아니라 적절한 보조사, 즉 '밖에'를 첨가하여 문장의 의미가 분명하게 드러나도록 고친 것이다.

02 논리 정답 ②

정답 설명

② 제시된 명제를 기호화하면 다음과 같다.

전제 1	갑 ∧ ~정 → 을 (= ~을 → ~갑 ∨ 정)
전제 2	을 ∨ ~병 → 갑 (= ~갑 → ~을 ∧ 병)
전제 3	갑 → ~을
전제 4	갑

전제 4에 따라 '갑'이 확정이므로 전제 3에 따라 '~을'이 확정이다. '~을'이 확정이므로 전제 1의 대우에 따라 '~갑 ∨ 정'이 확정이다. 전제 4에 따라 '갑'이 확정이므로 '~갑 ∨ 정'에서 '정'이 확정이다. 따라서 결과를 종합하면 '갑, ~을, 정'이므로 찬성한 사람을 최소한으로 잡으면 '갑, 정'이 되므로 2명임을 알 수 있다.

03 독해 정답 ④

정답 설명

④ 3문단을 통해 상류층은 소박한 생활을 함으로써 서민들에게 친근함을 줌을 알 수 있다.

오답 분석

① 3문단을 통해 현대의 상류층은 서민들과 본인들을 구별하기 위해 사치품을 소비를 하지 않으며, 4문단을 통해 차별화해야 할 아래 계층이 없거나 다른 상류층이 있을 때는 소비를 통해 과시함을 알 수 있다. 따라서 서민들과 자신을 구별하기 위해서는 사치품을 소비하지 않는 방법만 사용하므로, 사치품 소비를 통해서도 서민들과 구별한다는 설명은 적절하지 않다.

② 1문단에서 위계질서를 드러내는 명품을 소비하면서 과시적으로 소비하는 행태는 이미 베블런의 이론을 통해 등장했음을 확인할 수 있다.

③ 4문단에 따르면 겸손한 태도로 자신을 한층 더 드러내는 소비 행태를 보이는 것은 상류층이다.

04 독해 정답 ③

정답 설명

③ 1문단을 통해 경문 해석의 차이는 글자와 문장의 정확성을 따지는 훈고가 다르기 때문이기도 하지만 해석자의 사상적 관심이 다르기 때문이기도 함을 알 수 있다. 또한 2문단에서 주희와 정약용은 서로 다르게 해석한다고 하였으므로 이를 통해 훈고에 대해서는 언급하지 않음을 알 수 있다.

오답 분석

① 1문단에 따르면, 대학은 교육 기관을 가리키는 말이 맞지만, 공자가 건립했다는 내용은 나오지 않는다.

② 2문단에 따르면, 명덕을 교정하지 못해서 잘못된 행위를 하는 것이 아니라, 명덕이 '기질에 가려져서' 발휘되지 못하기 때문에 잘못된 행위를 하는 것이다. 따라서 잘못된 행동을 하지 않기 위해서는 명덕을 교정하는 것이 아니라, 기질을 교정해야 한다.

④ 2문단에 따르면, 정약용은 마음 수양의 중요성보다 구체적인 덕행의 실천에 관심이 있었다.

05 어휘 정답 ①

정답 설명

① ㉠의 '가르치다'는 '사람의 도리나 바른길을 일깨우다'의 의미이다. ㉠은 '이끌어 지도하다.'의 뜻을 지닌 '인도(引 끌 **인**, 導 이끌 **도**)하다'로 바꿔 쓰는 것이 적절하다.

오답 분석

② ㉡의 '고치다'는 '모양이나 내용 따위를 바꾸다'의 의미이다. 한편 '개편(改 고치다 **개**, 編 엮다 **편**)하다'는 '책이나 과정 따위를 고쳐 다시 엮다'의 의미이다. ㉡을 '개편했다'로 바꿔 쓸 경우 문맥상 의미가 달라지므로, 바꿔 쓰기에 적절하지 않다. ㉡은 '글이나 글자의 잘못된 점을 고치다'의 뜻을 지닌 '수정(修 닦다 **수**, 訂 바로잡다 **정**)하다'로 바꿔 쓰는 것이 적절하다.

③ ㉢의 '이르다'는 '어떤 정도나 범위에 미치다'의 의미이다. 한편 '도착(到 이르다 **도**, 着 붙다 **착**)하다'는 '목적한 곳에 다다르다'의 의미이다. ㉢을 '도착할'로 바꿔 쓸 경우 문맥상 의미가 달라지므로, 바꿔 쓰기에 적절하지 않다. ㉢은 '목적한 곳이나 수준에 다다르다'의 뜻을 지닌 '도달(到 이르다 **도**, 達 통달하다 **달**)하다'로 바꿔 쓰는 것이 적절하다.

④ ㉣의 '바로잡다'는 '그릇된 일을 바르게 만들거나 잘못된 것을 올바르게 고치다'의 의미이다. 한편 '쇄신(刷 인쇄하다 **쇄**, 新 새롭다 **신**)하다'는 '나쁜 폐단이나 묵은 것을 버리고 새롭게 하다'의 의미이다. ㉣을 '쇄신하고자'로 바꿔 쓸 경우 문맥상 의미가 달라지므로, 바꿔 쓰기에 적절하지 않다. ㉣은 '바로잡아 고치다'의 뜻을 지닌 '수정(修 닦다 **수**, 正 바르다 **정**)하다'로 바꿔 쓰는 것이 적절하다.

06 독해 정답 ④

정답 설명

④ '(다) – (나) – (라) – (가)'의 순서가 가장 적절하다. 먼저 노무 제공자의 근로자 여부 판단의 중요성을 설명하는 (다)가 첫 문단으로 오는 것이 적합하다. (다)에 제시된 근로자 여부 판단을 지시 표현 '이'로 이어 근로자 여부 판단을 위한 보수의 지급 방식을 설명하는 (나)가 이어지고, 보수의 지급 방식이 불분명한 경우 근로 제공의 지속성과 독점성을 설명하는 (라)가 (나) 뒤에 오는 것이 자연스럽다. 마지막으로, 이러한 기준들이 근로자의 법적 지위를 판단하는 데 중요하다는 점을 종합적으로 설명하는 (가)가 오는 것이 적절하다.

07 독해　정답 ②

정답 설명

② 2문단을 통해 당시 미국 의회는 콘트라에 대한 자금 지원을 금지하는 법안을 통과시켰음을 확인할 수 있다.

오답 분석

① 1문단을 통해 이란은 이슬람 혁명 이후 반미 국가로 돌아서 미국과의 관계가 악화되었으나 그럼에도 미국은 이란을 소련의 영향력을 견제할 수 있는 중요한 국가로 여겼음을 알 수 있다.

③ 2문단을 통해 레이건 행정부가 이란과의 무기 밀거래로 얻은 자금을 콘트라에 지원했으며, 콘트라는 그 대가로 미국 정보기관에 자신들이 판매하는 마약을 넘겼고, 미국 정부 기관은 이 마약을 미국에서 밀수하여 막대한 비자금을 조성하였음을 알 수 있다. 따라서 미국정보기관이 니카라과 반군인 콘트라에게서 얻은 것은 마약이므로 현금으로 비자금을 조성하였다는 설명은 적절하지 않다.

④ 2문단을 통해 레이건 행정부는 이란에서의 무기 밀거래로 얻은 자금을 콘트라에 비밀리에 지원했음을 알 수 있다. 따라서 콘트라와의 무기 밀거래로 생긴 자금이 이란으로 흘러갔다는 설명은 적절하지 않다.

08 문법　정답 ②

정답 설명

② '군-'은 '쓸데없는'의 뜻을 더하는 접사이고, '살'은 '사람이나 동물의 뼈를 싸서 몸을 이루는 부드러운 부분'을 뜻하는 어근이다. 또한 '맨-'은 '다른 것이 없는'의 뜻을 더하는 접사이고, '손'은 '사람의 팔목 끝에 달린 부분'을 뜻하는 어근이다. 따라서 '군살'과 '맨손'은 모두 접사와 어근이 결합되어 있는 파생어로 ㉡에 해당한다.

오답 분석

① '바다'는 '지구 위에서 육지를 제외한 부분으로 짠물이 괴어 하나로 이어진 넓고 큰 부분'을 의미하는 어근으로, 하나의 어근으로 이루어진 단일어이므로 ㉠에 해당한다. 그러나 '소금쟁이'는 어근인 '소금'과 접사 '쟁이'가 결합되어 있는 파생어이므로 ㉡에 해당한다.

③ '소금쟁이'는 어근 '소금'과 접사 '쟁이'가 결합한 파생어로 ㉡에 해당한다. 그러나 '논'은 '물을 대어 주로 벼를 심어 가꾸는 땅'이라는 의미를 지닌 어근이고, '밭'은 '물을 대지 아니하거나 필요한 때에만 물을 대어서 야채나 곡류를 심어 농사를 짓는 땅'을 의미하는 어근이다. 따라서 '논(어근) +밭(어근)'은 합성어로 ㉢에 해당한다.

④ '논(어근) + 밭(어근)'은 합성어로 ㉢에 해당하나, '군-(접사) + 살(어근)'은 접사가 결합되어 있는 파생어로 ㉡에 해당한다.

09 독해　정답 ③

정답 설명

③ 4문단을 통해 아노미 자살은 사회적 규범이나 가치가 약화되어 혼란스러울 때 발생함을 확인할 수 있다. 따라서 '오랜 기간 직장 생활을 해온 사람이 퇴직 후 삶의 의미를 잃고 자살하는 사례는 아노미 자살이 아니라 개인이 자신이 사회의 일원으로서의 역할이나 의미를 잃었을 때 나타나는 이기적 자살에 속함을 확인할 수 있다.

오답 분석

① 2문단을 통해 이기적 자살은 개인이 자신이 사회의 일원으로서의 역할이나 의미를 잃었을 때 나타남을 확인할 수 있다. 따라서 빈번한 집단 내 따돌림으로 인해 사회적 역할을 잃고 고립감을 느껴 자살한 사례는 이기적 자살에 속함을 추론할 수 있다.

② 3문단을 통해 이타적 자살은 개인이 자신을 사회적 집단이나 집단의 이익을 위해 희생할 때 발생함을 확인할 수 있다. 따라서 군국주의적 이념에 경도되어 조국의 승리에 기여하기 위해 자살 공격을 감행한 군인들의 사례는 이타적 자살에 속함을 추론할 수 있다.

④ 5문단을 통해 법적 자살은 지나치게 엄격하거나 억압적인 법과 규범에 의해 개인이 자신의 삶에 대한 희망을 잃고 자살을 선택할 때 발생함을 확인할 수 있다. 따라서 극단주의 정치 세력에 의해 정치적 탄압을 받으며 자신의 의견을 표현할 수 없고 절망감에 빠진 정치가가 자살한 사례는 법적 자살에 속함을 추론할 수 있다.

10 독해　정답 ①

정답 설명

① 현대 미술에 영향을 미친 지멜의 예술론에서는 규칙과 제약을 벗어나야 함을 강조했음을 알 수 있기 때문에 예술의 규칙을 중요시하였다는 설명은 적절하지 않다.

오답 분석

② 2문단 "그는 창의적이지 않은 사실적 표현에서 벗어나 새로운 시각과 접근법을 통해 세상을 바라보고 표현해야 진정한 예술적 세계가 실현된다고 강조했다."를 통해 볼 때, 지멜은 현실에 대한 모방이 아닌 창의적인 아이디어의 탐구 과정을 예술이라고 생각했음을 알 수 있다. 그러므로 현실에 대한 모방은 예술가의 창의성을 제한하는 부정적인 것으로 추측할 수 있다.

③ 3문단 "지멜의 예술론은 또한 예술이 그 어떤 가치보다 현실 참여적 기능해야 한다는 점을 강조한다."를 통해 어떤 가치보다 예술의 사회 참여적인 성격을 강조한 지델은 미적 가치는 중시하지는 않음을 추론할 수 있다.

④ 3문단 "예술이 인간의 내면을 탐구하고 현실을 파악하고, 갈등을 드러내며, 해결 방법을 찾는 중요한 도구임을 제시한다."를 통해 지멜은 예술의 사회적 역할을 강조하고 있음을 알 수 있다.

11 논리　정답 ④

정답 설명

④ 제시된 명제를 기호화하면 다음과 같다.

전제 1	드라이브 → 신문
전제 2	~신문 → ~드라이브
추가	
결론	신문 ∧ ~외향적

추가해야 하는 전제를 찾기 위해서는 결론의 앞쪽이나 뒤쪽과 동일하게 명제를 만들어야 한다. 전제와 결론에 공통적으로 제시된 단어는 '신문'이기 때문에 결론을 교환법칙에 의해 동일하게 배치한다. 이를 표로 정리하면 아래와 같다.

전제 1	드라이브 → 신문
추가	
결론	~외향적 ∧ 신문

제시된 전제와 결론에서 공통적으로 포함된 '신문'은 삭제한 이후, '드라이브'와 '~외향적'의 관계를 전제에 추가하면 된다. 전제와 결론이 '모두'와 '어떤, 일부'로 일치하지 않으므로 '드라이브 → ~외향적, ~외향적 → 드라이브, 드라이브 ∧ ~외향적, ~외향적 ∧ 드라이브' 모두 가능하다. 이를 말로 풀이하면 '드라이브를 자주 하는 모든 사람은 외향적이지 않다.', '외향적이지 않은 모든 사람은 드라이브를 자주 한다.', '드라이브를 자주 하는 어떤 사람은 외향적이지 않다.', '외향적이지 않은 어떤 사람은 드라이브를 자주 한다.'가 되므로 답은 ④이다.

12 독해　정답 ②

정답 설명

② 4문단에서 마테존은 다장조는 기쁨을, 마장조는 경건함과 웅장함을 유발한다고 보며 음조와 특정 정서를 연결했음을 알 수 있다.

오답 분석

① 1문단에서 기악은 르네상스 말기에 탄생하여 바로크 시대에 비약적인 발전을 이뤘다고 하였다. 따라서 시간적으로 르네상스가 먼저 오고, 그 후 바로크가 와야 함을 알 수 있다.

③ 3문단에서 부어마이스터는 음형론에 착안하여 가락, 휴지, 연주법 등에 관심을 두었음을 알 수 있다. 한 곡에는 하나의 정서만 담겨야 한다는 것은 정서론의 내용이므로 부어마이스터의 주장과는 관련이 없다.

④ 5문단에서 한슬리크가 순수기악으로서의 음악을 언급한 것은 알 수 있으나, 정서론과 음형론을 통합했다는 내용은 찾을 수 없다.

13 독해 정답 ②

정답 설명

② 사회적 경제조직은 자체적인 자원을 활용하여 운영되며, 이는 공공 지원에 의존하지 않고도 자립적인 경영을 가능하게 한다. 따라서 빈칸에는 '사회적 가치를 실현하면서도 타 부문에 공공 지원이 돌아가는'이 적절하다.

오답 분석

① 시장과 국가가 사회적 요구를 완전히 수용할 수 없어, 사회적 경제조직의 필요성이 대두된 것이다.

③ 단기적이지 않고 장기적인 사회적 가치 창출에 초점을 둔다.

④ 사회적 경제조직은 전통적인 시장 경제의 접근 방식과는 다른 시각을 가진다.

14 독해 정답 ①

정답 설명

① 통화 가설은 중앙은행의 통화 정책이 경제 활동에 미치는 영향을 강조하며, 지출 가설은 정부의 재정 정책이 경제에 미치는 영향을 강조한다.

오답 분석

② 지나친 통화 공급은 인플레이션의 위험성을 동반할 수 있기 때문에 통화 공급이 증가할수록 긍정적인 영향을 미친다는 진술은 적절하지 않다.

③ 2문단 "통화 공급이 증가할 경우, 이자율은 하락하게 되고 이는 소비와 투자 확대를 통해 경제 성장을 유도하지만,"을 통해 통화 공급이 증가하면 이자율이 상승하는 것이 아니라 하락하게 됨을 알 수 있다. 또한 통화 공급이 상승할 경우 이자율이 하락하게 되고 이로 인해 부동산 시장의 과열이 일어나게 되는 결과가 나타나는 것이므로 원인과 결과의 측면에서도 적절하지 않다.

④ 일자리 창출과 소득 증가가 정부의 통화 공급을 늘리는 것이 아니라, 정부가 통화 공급을 늘려 경제 성장을 촉진하면 일자리 창출과 소득 증가가 일어나게 되는 것이므로 적절하지 않다.

15 작문 정답 ②

정답 설명

② 자연인 '뿌리'와 '풀'에 비유하여 계약서 작성을 통한 노동과 계약서 작성이 없는 노동을 대조와 대구를 사용하여 표현하고 있다. 또한 근로계약서의 중요성을 노동 안정으로 드러내고 있다.

오답 분석

① 근로계약서의 중요성을 드러내지 않았다.

③ 자연에 비유하여 표현하지 않았으며, 대조와 대구의 표현도 드러나지 않는다.

④ 대조와 대구의 표현이 없다.

16 문학 정답 ①

정답 설명

① "시인은 이러한 군중들이 합리적인 비판 없이 대상을 무비판적으로 수용하는 면모를 꼬집는다."를 통해 볼 때, 시인은 무비판적으로 의견을 수용하는 군중들을 비판하였음을 알 수 있다.

오답 분석

② 시에 등장하는 인물은 '군중들, 그 분, 사회자, 누군가'이고, 끝에서 1~3번째 줄에서 '누군가'를 끌어내라고 한 대상이 '그 분'에 한정되지 않는다고 하였다. 따라서 '군중들'은 권력을 지닌 대상이 아니므로, 여기서 끌어내라고 지시한 인물은 '사회자'임을 추론할 수 있다.

③ '그 분'은 타인을 제지할 수 있는 권력을 가지고 있음을 알 수 있다.

④ "누군가가 자신을 찬양하자 이를 제지하나, 이는 의도적인 이미지를 만들기 위한 기만적 행위이지 실제로 겸손한 것은 아니다."를 통해 겸손한 이미지를 만들기 위한 행동임을 알 수 있다.

17 독해 정답 ②

정답 설명

② '이 지향계'라는 표현을 통해 주어진 문장 앞에 지향계에 대한 설명이 언급되어야 함을 알 수 있다. 이때 ㉡의 뒤 문장에 '또한'이 사용되고 있는데, 이는 데넷이 앞서 주장한 것 외에 또 주장하는 내용에 대해 설명할 것을 드러내는 것이므로, 주어진 문장이 들어갈 적절한 위치는 ㉡임을 알 수 있다.

18 독해 정답 ②

정답 설명

② 채굴 과정을 통해 암호화폐를 생성하기 위해서는 암호 해시 함수를 사용하여 블록을 생성하는 것뿐만 아니라, 네트워크에서 제공하는 특정한 조건을 충족시켜야 한다.

오답 분석

① 암호화폐는 컴퓨터 속의 함수로 이루어지는 화폐로 실물이 존재하지 않는 화폐단위이다.

③ 암호화폐의 생성 과정은 분산된 네트워크에서 진행되므로 중앙 관리기관 없이 안전하게 이루어진다.

④ "암호화폐의 생성 원리는 블록체인 기술을 기반으로 한다. 블록체인은 거래 정보를 연속적으로 연결된 '블록'에 저장하고"와 "채굴은 컴퓨터의 계산 능력을 이용하여 거래를 검증하고 새로운 블록을 생성하는 과정"이라는 점을 볼 때, 블록체인은 거래 정보를 연속적으로 연결된 블록에 저장하므로 새롭게 생성된 암호 화폐도 마찬가지로 연속적인 블록에 저장됨을 추론할 수 있다.

19 논리 정답 ④

정답 설명

④ ㄱ. 갑은 모든 범죄자는 어떤 상황에서도 여전히 도덕적 선택을 할 수 있는 능력을 가지고 있으므로 범죄자에 대한 처벌은 필연적이라고 보았다. ㄱ 역시 법원이 동일한 판단을 내렸으므로, 이는 갑의 견해를 강화한다.

ㄴ. 을은 법의 집행은 범죄자에 한정하여 이루어져야 법의 권위와 도덕적 균형이 확립된다고 말했다. ㄴ에서는 범죄자가 아닌 사람을 처벌하여 법의 권위가 강화되었으므로 이는 을의 주장을 약화한다.

ㄷ. 병은 신속한 처벌이 범죄 억제 효과가 있다고 보았으나, ㄷ의 사례는 그렇지 못하므로 이는 병의 주장을 약화한다.

20 독해 정답 ①

정답 설명

① (가) 환경의 영향에 따라 개체군의 형질이 변화한다는 점(○): 다윈의 자연 선택 이론은 환경과 형질의 변화 관계를 설명하므로, 환경에 따라 개체군의 형질이 변화한다는 내용이 들어가야 한다.

(나) 생물학적 원리와 별개로 사회적 불평등을 강화하려는 시도(○): 사회 진화론의 부적절한 확장을 비판하고 있으므로 생물학에 국한하지 않고 확대 해석한다는 내용이 들어가야 한다.

오답 분석

(가) 유전자가 돌연변이를 통해 새로운 종을 형성한다는 점(×): '생존에 유리한 형질을 가진 개체가 환경에 적응해 번식에 더 성공적'이라고 하였으며, 돌연변이에 관한 내용은 나오지 않았기에 적합하지 않다.

(나) 사회 구성원이 상호 협력하여 평등을 추구할 수 있음을 설명(×): '적자생존'은 '환경에 적응하는 생물만이 살아남고, 그렇지 못한 것은 도태되어 멸망하는 현상'을 의미하며, 강자가 약자를 짓밟는 논리이므로 상호 협력하여 평등을 추구한다는 설명은 적절하지 않다.

01	④	06	②	11	①	16	②
02	①	07	②	12	④	17	④
03	④	08	③	13	③	18	②
04	②	09	①	14	③	19	①
05	④	10	②	15	④	20	③

01 독해 정답 ④

정답 설명

④ 3문단을 통해 정원은 여성들이 주도가 되어 토양과 식물을 이해하고 농경지 경작에 유용한 지식과 경험을 배양할 수 있는 좋은 장소였음을 파악할 수 있다.

오답 분석

① 2문단을 통해 볼 때, 정원에서 물질적 근간을 찾는 것은 여성들임을 확인할 수 있다. 그러므로 결론 역시 '여성들'과 정원의 관계를 설명하는 것이 나와야 한다. 그런데 ①은 여성 제후들에게만 한정시켜 정원에 대한 설명을 하고 있기 때문에 적절하지 않다.

② 경작용 식물들이 서로 잘 지낼 수 있도록 농경지를 구획하는 울타리를 헐어버린다는 설명은 제시된 글에서 확인할 수 없다.

③ 1문단 "가장 흔한 것은 주택 바깥의 뜰이다."를 통해 볼 때, 집안에 들여놓은 자연의 축소판이라는 설명은 적절하지 않다.

02 작문 정답 ①

정답 설명

① ㉠: 한글로 쓰여진 수(數)는 '만(萬)' 단위로 띄어 써야 하므로 '이십만 사천오백 원'으로 고치는 것이 적절하다.

오답 분석

② ㉡: '과반수'는 '절반이 넘는 수'로 이미 '넘는다'의 의미가 포함되어 있다. 따라서 '과반수이다' 혹은 '절반을 넘는다'로 고치는 것이 적절하다.

③ ㉢: '에'는 무정명사에 사용되는 조사로 유정명사에 사용되는 조사 '에게'로 수정하여 '개인에게'로 고치는 것이 적절하다.

④ ㉣: 서술어와 호응이 되지 않으므로 '합리적 소비를 장려하고 경제관념에 대한 교육을'로 고치는 것이 적절하다.

03 독해 정답 ④

정답 설명

④ 1문단에서 언급한 '시장의 수요와 공급을 통한 효율적인 자원 분배'는 '자율성을 존중한 시장 경쟁'에 해당한다. 그러므로 1문단 "시장의 수요와 공급을 통한 효율적인 자원 분배는 존중하면서도, 시장 실패가 발생할 경우 정부가 개입하는 것이 필요하다."는 부분과 2문단 "공공재는 시장에서 적절히 제공되지 않기 때문에 정부가 직접 제공하거나 지원해야 한다."를 통해 시장 실패가 일어나지 않는다면 완전 자유 시장을 존중해야 함을 알 수 있다.

오답 분석

① 2문단 "정부 은행의 금리 조정과 통화 공급을 통해 물가 안정과 경제 성장을 도모해야 한다"를 통해 시중 은행이 아닌 정부 중앙 은행이 금리 조정과 통화 공급의 역할을 해야 함을 알 수 있다.

② 1문단 "완전한 자유 시장이나 과도한 정부 통제 모두가 문제를 일으킬 수 있다고 보았다."는 부분을 통해 완전한 자유 시장을 지지하지는 않을 것임을 추론할 수 있다.

③ 3문단을 통해 공공재는 시장에서 적절히 제공되지 않기 때문에 정부가 직접 제공하거나 지원해야 한다고 보았음을 확인할 수 있으나, 국가 재화와 관련된 언급은 하지 않았기 때문에 알 수 없는 부분이다.

04 독해 정답 ②

정답 설명

② 4문단에 따르면 기분 조정 이론에 따라 흥겨운 음악을 선택했던 집단 2가 일을 하게 될 시간이 다가오자 기분을 가라앉히는 차분한 음악을 선택하는 쪽으로 변하는 경향을 보인 것으로 나타났다. 이는 사람들이 다음에 올 상황에 맞추어 현재의 기분을 조정하는 음악을 선택한다는 것을 보여주는 결과이다.

오답 분석

① 사람들의 현재 기분이 즐거운 경우에만 국한된 것으로 기분 관리 이론에 대한 설명이므로 빈칸에 들어갈 말로 적절하지 않다.

③ 사람들은 현재의 기분을 지속하는 데 도움이 되는 음악이 아니라 상황에 맞추어 기분을 조정하는 음악을 듣기 때문에 적절하지 않다.

④ 기분 조정 이론은 상황에 맞추어 기분을 조정하는 음악을 듣는다는 것이기 때문에 사람들은 현재의 기분과는 상관없이 자신이 평소 선호하는 음악을 선택한다는 내용은 적절하지 않다.

05 독해 정답 ④

정답 설명

④ 관용의 대상이 되는 종교에서 보편적 도덕 원칙에 어긋나는 가르침을 주장하고 있으므로 관용의 첫 번째 요소를 충족한다. 또한 이러한 종교를 용인하는 사람은 관용의 두 번째 요소 역시 충족한다. 따라서 이 사람은 관용적이라 할 것이나 이 경우 관용적일수록 도덕적으로 잘못을 저지르게 될 가능성이 높아지는 역설적인 상황이 발생한다.

오답 분석

① 자신의 종교만이 유일하게 참인 경우 다른 종교적 믿음은 거짓이 된다. 따라서 관용의 첫 번째 요소를 충족한다. 또한 이러한 종교적 믿음을 용인하는 사람은 관용의 두 번째 요소 역시 충족한다. 따라서 이 사람은 관용적이다. 그러나 관용적인 사람일수록 도덕적으로 잘못을 저지르게 될 역설적인 상황은 아니다.

② 관용의 두 번째 요소인 관용의 대상을 용인하는 행동이 결여되어 있다. 이때 자신의 종교가 주는 가르침만이 유일한 진리라고 생각한다면 관용의 대상이 되는 믿음이나 관습을 거짓이거나 잘못된 것으로 여기고 있다고 간주할 수 있다. 그럼에도 불구하고 관용의 대상에 대해 최소한 불간섭을 하고 있다고 한다면, '더' 관용적이라고 평가하게 되는 것이다.

③ 2문단을 보면 관용은 관용의 대상을 용인하거나 최소한 불간섭해야 한다고 했으므로 모든 종교적 믿음이 거짓이라고 생각하고 '배척'하는 사람은 관용의 범주에 들어갈 수 없다.

06 문법 정답 ②

정답 설명

② '쉬는 시간에'를 ㉠으로 옮기면, '은수가 쉬는 시간에 교실 앞에 나와서 춤을 췄다.'가 된다. 바뀌기 전의 문장과 비교해 볼 때 부사어의 위치를 바꾸어도 부사어의 의미가 달라지지 않음을 알 수 있다.

오답 분석

① '바로'는 '은수인데(서술어)'를 꾸미고, '매우'는 '잘(부사어)'을 꾸미고 있으므로 부사어는 다양한 품사와 문장 성분을 꾸민다고 할 수 있다.

③ '매우'는 생략해도 문장이 성립하지만, '가수와'는 생략할 경우 문장이 성립하지 않는다. 따라서 '가수와'는 문장에서 꼭 필요한 '필수적 부사어'에 해당함을 알 수 있다.

④ '무척' 뒤에 보조사 '이나'를 결합한 '무척이나'는 '무척'의 의미를 강조하여 드러낸다. 이를 통해 부사어는 보조사와 결합하여 쓰일 수 있음을 알 수 있다.

07 독해 정답 ②

정답 설명

② 2문단을 통해 '프레온 가스'는 오존층의 오존 농도를 감소시키고, 자외선의 지구 표면에 도달하는 양을 증가시키는 것임을 알 수 있다. 자외선은 다양한 환경적 문제를 야기하고 이를 막기 위해 몬트리올 의정서와 같은 조치를 취한 것이므로, 몬트리올 의정서의 목적은 지구 표면에 도달하는 자외선의 양을 줄이는 것임을 추론할 수 있다.

오답 분석

① 프레온 가스가 염소 원자와 같은 활성화된 화학 물질로 분해되어 오존층을 파괴한다.

③ 일산화 염소(ClO)는 다시 자외선에 의해 분해되면서 염소 원자를 파괴하는 것이 아니라 방출한다.

④ 성층권은 자외선 차단 기능을 담당하는 중요한 지역이라는 진술은 올바르나 프레온 가스는 성층권에 도달한 후, 그곳에 내리쬐는 강한 자외선에 의해 분해되는 것이지 성층권에 의해 분해되는 것은 아니다. '성층권에서' 분해되는 것과, '성층권에 의해' 분해되는 것은 다르다.

08 논리 정답 ③

정답 설명

③ 제시된 명제를 기호화하면 다음과 같다.

전제 1	양배추 → 오이 (= ~오이 → ~양배추)
전제 2	양배추 ∨ 대파
전제 3	대파 → 버섯 (= ~버섯 → ~대파)

전제 1의 역(~양배추 → ~오이)이 참인지는 확정할 수 없다.

오답 분석

① '~대파'면 전제 2에 의해 '양배추'가 확정이므로 반드시 참인 명제이다.

② '~오이'면 전제 1의 대우에 의해 '~오이 → ~양배추'이므로 '~양배추'가 확정이다. 전제 2에 의해 '~양배추'면 '대파'가 확정이다. 따라서 반드시 참인 명제이다.

④ '~버섯'이면 전제 3의 대우에 의해 '~버섯 → ~대파'이므로 '~대파'가 확정이다. 전제 2에 의해 '~대파'면 '양배추'가 확정이다. 전제 1에 의해 '양배추 → 오이'이므로 '오이'가 확정이다. 따라서 반드시 참인 명제이다.

09 작문 정답 ①

정답 설명

① 'Ⅱ-1-가'에 홍수 문제가 이미 있으므로, ㉠을 '침수 문제'로 바꾸는 것은 부적절하다. '인명과 재산 피해' 등으로 수정하는 것이 바람직하다.

오답 분석

② ㉡은 개인이 할 수 있는 대비가 아니기 때문에 'Ⅱ-2-다'의 하위 항목으로 옮기는 것이 올바르다.

③ ㉢을 '긴급 인명구조 체계 마련'과 같이 좀 더 구체화하는 것은 올바른 수정이다.

④ ㉣은 상위 항목인 정부의 대책과 관련이 없고 글의 주제에서 벗어나므로 하위 항목에서 삭제하는 것이 올바르다.

10 독해 정답 ②

정답 설명

② 들뢰즈에 따르면, 개념의 폭력은 개별 대상의 고유한 특성만을 중요시할 때 나타나는 것이 아니라, 개별 대상의 고유한 특성이 무시된 채 개별 대상을 개념에 포섭시키거나, 개념에 맞추어 세상을 파악함으로써 세상을 개념의 틀에 가두는 상황에서 나타날 수 있는 것이다.

오답 분석

① 들뢰즈는 '개념의 폭력'은 개념에 맞추어 세상을 파악함으로써 세상을 오로지 개념의 틀에 가두는 상황에서 발생할 수 있다고 하였다.

③ 들뢰즈는 개념이 개별 대상들을 규정하여 개별 대상을 개념에 포섭시키거나 세상을 오로지 개념의 틀에 가두는 등, 대상에 대한 '개념'만을 강조했을 때 '개념의 폭력'이 발생할 수 있다고 하였다. 이때 '개념'은 여러 관념 속에서 공통 요소를 뽑아내어 종합해 얻어 낸 '보편적인 관념'을 말한다. 따라서 개념의 폭력이 대상에 대한 보편적 관념만을 강조했을 때 발생할 수 있다는 설명은 적절하다.

④ 들뢰즈에 따르면 '개념의 폭력'은 개별 대상이 미리 정해 둔 개념에 부합하는지 여부에 따라 좋거나 나쁜 것으로 그 가치가 규정된다.

11 독해 정답 ①

정답 설명

① 자기통제 이론은 고도의 자기통제 형성에 실패하면 이후 개인의 행동 패턴에 장기적인 영향(범죄 등)을 미친다고 보았으며, 이때 자기통제란 행동의 일반적인 조절 능력을 의미한다고 하였다.

오답 분석

② 갓프레드슨과 허쉬는 자기통제가 유년기에 고정된다고 보았다.

③ 자기통제(행동의 일반적인 조절 능력)는 10세 이전에 형성된다. 따라서 잘못된 자기통제가 범죄를 낳는 것이지, 자기통제가 없어 범죄를 저지르는 것이 아니다.

④ 자기통제가 낮은 개인은 즉각적인 쾌락을 추구하며, 장기적인 결과를 고려하지 않는다.

12 독해 정답 ④

정답 설명

④ (가) 구체적이고 명료한 검증 방법의 개발(○): 진리대응설은 "현실과 일치하지 않는 진술은 거짓으로 간주"되며 "현실과 정확히 대응한다고 보장할 기준이 모호할 수 있"으므로 이를 보완하기 위해서는 구체적이고 명료한 검증 방법의 개발이 필요하다는 것이다.

(나) 실험과 이론의 일치를 통해 과학적 진리를 확인하려는 접근(○): 객관적 진리 탐구의 기본 틀로 작용하기 위해서는 '실험 결과와 이론 간의 일치 여부'가 중요하다.

오답 분석

(가) 주관적 경험과의 조화(×): 주관적 경험과의 조화라는 내용은 진리대응설의 객관적 특성과 모순된다.

(나) 진리대응설의 한계를 극복하려는 시도(×): 진리대응설의 한계를 극복하려는 시도라는 내용은 과학적 진리 탐구와 직접적으로 연결되지 않는다.

13 논리 정답 ③

정답 설명

③ 제시된 명제를 기호화하면 다음과 같다.

전제 1	하늘 → 달 (= ~달 → ~하늘)
전제 2	달 ∧ 책
추가	
결론	책 ∧ 하늘

추가해야 하는 전제를 찾기 위해서는 결론의 앞쪽(조건절)이나 뒤쪽(결과절)과 동일하게 전제를 변환해야 한다. 전제 2에 '책'이라는 공통부분이 있으며, 전제 2를 교환법칙에 적용하면 '책 ∧ 달'이 되기 때문에 결론과 앞쪽 부분이 동일하게 나타난다. 전제 2와 결론을 사용하여 정리하면 다음과 같다.

전제 2	책 ∧ 달
추가	
결론	책 ∧ 하늘

따라서 '책 ∧ 하늘'이라는 결론을 도출하기 위해서는 '달 → 하늘'의 전제가 필요하다. 이를 말로 풀이하면 '달을 좋아하는 사람은 모두 하늘을 좋아하는 사람이다.'이므로 답은 ③이다.

14 문학 정답 ③

정답 설명

③ '비 한 방울 나리잖는 그 땅', '북쪽 툰드라', '찬 새벽', '눈'은 모두 부정적 현실을 상징하지만, '꽃성'은 '희망'을 상징하기 때문에 대조적 의미를 지닌 시어이다.

오답 분석

① 꽃과 제비 모두 희망을 상징한다.

② '꽃은 발갛게 피지 않는가'는 극단적인 상황 속에서도 미래에 대한 희망을 잃지 않겠다는 의미이다. 극단적인 상황에 처해 있음은 앞 부분인 '하늘도 다 끝나고 / 비 한 방울 나리잖는 그 땅에도'에서 알 수 있다.

④ '꽃', '제비', '꽃성' 등의 시어를 통해 미래의 희망을 드러내고 있으며 이를 통해 암울한 현실 세계에 대한 극복 의지를 읽어낼 수 있다. 따라서 현실에 대한 적극적인 극복 의지를 표면적으로 드러낸 것이 아니라 상징적으로 드러내고 있다.

15 독해 정답 ④

정답 설명

④ D국이 독자적 재판소를 운영하지 아니하고 유엔으로부터 D국을 통치하도록 위임받은 S국에 의해 D국의 사법 체계가 설계된 경우, D국은 신탁 통치국이 아닌 신탁 통치령이다.

오답 분석

① 정치적 자유가 없고 특정 국가의 법률을 따르는 상황에 놓였다면 그 국가는 다른 국가의 식민지이다.

② 내정은 독자적으로 처리하지만 국방은 독자적으로 처리하지 못하고 특정국의 보호를 받는 경우 그 국가는 다른 국가의 보호국이다.

③ 자체 정부를 가짐에도 독자적 경제 정책을 펼칠 수 없는 경우 그 국가는 다른 국가의 속령이다.

16 독해 정답 ②

정답 설명

② 제시된 글은 통정거래의 정의와 방식을 설명한 뒤, 그로 인해 발생하는 문제점과 일반 투자자에게 미치는 영향을 서술하고 있으며, 이를 해결하기 위한 금융 당국의 규제와 기술적 대응책을 제시하고 있다.

오답 분석

① 제시된 글에서 통정거래의 방식과 문제점을 설명하고 있지만, 구체적인 사례는 언급되지 않았으며, 사회적 문제에 초점을 맞추기보다는 경제적 영향에 집중하고 있다.

③ 통정거래의 정의와 영향 및 방지책에 집중하고 있으며, 통정거래가 발생하는 구체적 원인에 대한 언급은 없다.

④ 통정거래의 방식과 영향을 설명하며 규제 필요성을 서술하고 있으나, 문제점만을 강조한 후 규제 필요성을 중심으로 다루는 전개 방식은 아니다.

17 논리 정답 ④

정답 설명

④ 제시된 명제를 기호화하면 다음과 같다.

전제 1	어두운 곳에서 화면 보기 → 난시 (= ~난시 → ~어두운 곳에서 화면 보기)
전제 2	백내장 ∧ ~난시

'~만이'의 경우 조건절과 결과절의 위치를 바꿔야 한다. 그러므로 전제 1인 '난시 환자만이 어두운 곳에서 화면 보는 것을 좋아하는 사람들이다.'는 '어두운 곳에서 화면 보는 것을 좋아하는 사람들은 난시 환자들이다.'가 되고, 이를 기호화하면 '어두운 곳에서 화면 보기 → 난시'가 된다. 결론을 찾을 때에는 전제 1과 전제 2의 조건절을 동일하게 전제를 만들어야 한다. 따라서 전제 1과 전제 2를 동일하게 만든 것을 정리하면 아래와 같다.

전제 1	~난시 → ~어두운 곳에서 화면 보기
전제 2	~난시 ∧ 백내장

전제 1과 전제 2의 조건절이 동일한 상태에서 결론을 도출하면 '~어두운 곳에서 화면 보기 ∧ 백내장'이 된다. 이를 문장으로 하면 '어두운 곳에서 화면 보는 것을 좋아하지 않는 사람들 중 일부는 백내장이다.'가 되며, '어두운 곳에서 화면 보는 것을 좋아하지 않는 사람 중 적어도 한 명 이상은 백내장이다.'도 같은 말이기 때문에 ④는 빈칸에 들어갈 결론으로 적절하다.

오답 분석

① 전제 1에 의해 전제 2를 '~어두운 곳에서 화면 보기 ∧ 백내장'으로 기호화할 수 있다. 따라서 백내장인 사람 중 어두운 곳에서 화면 보는 것을 좋아하는 경우도 있을 수 있으므로 결론에 들어갈 말로 적절하지 않다.

② 전제 1에 의해 어두운 곳에서 화면 보는 것을 좋아하는 사람들이 모두 난시 환자임을 알 수 있으나, 어두운 곳에서 화면을 보면 난시에 생기는지는 알 수 없다.

③ 기호화하면 '어두운 곳에서 화면 보기 ∧ 백내장'이다. 전제 2에 의해 '어두운 곳에서 화면 보기 ∧ ~난시'으로 바꿀 수 있다. 전제 1에 의해 어두운 곳에서 화면 보는 것을 좋아하는 사람들은 모두 난시 환자이므로 결론에 들어갈 말로 적절하지 않다.

18 논리 정답 ②

정답 설명

② ㄱ. 갑은 도덕적 신념의 정립을 위해서는 종교가 반드시 필요하다고 보았다. 따라서 종교 없이 도덕적 신념을 세운 사례는 갑의 견해를 약화한다.

ㄷ. 병은 권력 없는 자유가 갈등과 폭력을 초래한다고 보았다. 따라서 권력 구조가 존재하지 않은 작은 부족 사회에서 모든 사람들이 자유롭고 평화롭게 공존하는 사례는 병의 견해를 약화한다.

오답 분석

ㄴ. 을은 인간은 자유 의지에 의해 옳은 판단을 내리도록 훈련될 수 있다고 보았다. 따라서 타인을 속여 자신의 이익을 취하는 것이 합리적이지만 철학과 신에 대한 교육으로 타인을 속이지 않은 사례는 을의 견해를 강화한다.

19 독해 정답 ①

정답 설명

① 1문단에서 침묵하는 다수는 소수 의견이나 여론에 의해 그들의 존재가 간과되거나 무시되기도 하지만, 실제로는 중요한 사회적 영향력을 행사할 수 있다고 하였다. 이는 침묵하는 다수가 실제로는 중요한 영향력을 가지고 있지만, 목소리를 내지 않음으로써 그들의 의지가 충분히 드러나지 않는다는 점을 나타낸다.

오답 분석

② 1문단에서 침묵하는 다수는 특정 사회나 집단 내에서 목소리를 내지 않지만, 실제로는 상당한 수의 사람들이 지지하거나 동의하는 의견이나 입장을 의미한다고 하였다. 따라서 적극적으로 의견을 표명하는 것은 침묵하는 다수의 특성과 상반된다.

③ 5문단에서 침묵하는 다수의 의견은 공개적으로 표출되지 않기 때문에, 정책 결정 과정에서 충분히 고려되지 않을 위험이 있다고 하였다. 따라서 그들의 의견이 항상 정확히 반영된다고 볼 수는 없다.

④ 5문단에서 미디어와 정치인의 집중된 관심은 소수 의견에 치우칠 경우, 침묵하는 다수의 실제 의지는 왜곡되거나 간과될 수 있다고 하였다. 따라서 미디어의 집중된 관심이 침묵하는 다수의 의지를 강화시킨다고 보기는 어렵다.

20 어휘 정답 ③

정답 설명

③ 'ⓒ 표명'은 '의사나 태도를 분명하게 드러냄.'이라는 의미를 가진 단어인데, '자복'은 '저지른 죄를 자백하고 복종함.'이라는 뜻이므로 바꾸어 쓰기 적절하지 않다.

오답 분석

① 'ⓐ 지지'는 '어떤 사람이나 단체 따위의 주의 · 정책 · 의견 따위에 찬동하여 이를 위하여 힘을 씀. 또는 그 원조.'라는 의미이며, '지원'은 '지지하여 도움.'이라는 뜻을 가진 유의어이므로 바꾸어 쓸 수 있다.

② 'ⓑ 간과'는 '큰 관심 없이 대강 보아 넘김.'이라는 의미이며, '홀시'는 '눈여겨보지 아니하고 슬쩍 보아 넘김.'이라는 뜻을 가진 유의어이므로 바꾸어 쓸 수 있다.

④ 'ⓓ 수용'은 '납득하여 따름.'이라는 의미이며, '승복'은 '납득하여 따름.'이라는 뜻을 가진 유의어이므로 바꾸어 쓸 수 있다.

01	④	06	④	11	④	16	④
02	③	07	①	12	③	17	③
03	③	08	③	13	②	18	③
04	④	09	①	14	③	19	③
05	②	10	④	15	②	20	③

01 작문 정답 ④

정답 설명

④ ㉣은 문맥상 주어와 호응하지 않는데, '더해지는 것이다'가 아니라 '더해져야 한다'로 고쳐야 호응이 된다.

오답 분석

① ㉠의 '주목(注目)'은 '눈을 한곳에 쏟음.'을 뜻하여 문맥에 맞지 않으므로, '세태나 남의 세력을 이용하여 자신의 이익을 거둠.'의 의미를 지닌 '편승'으로 고치는 것이 적절하다.

② ㉡의 '으로'는 움직임의 방향을 나타내는 조사이므로, 시간을 나타내는 조사인 '에'로 고치는 것이 적절하다.

③ '증폭되어지는'은 어법에 맞지 않는 이중 피동으로, '증폭되는'으로 고치는 것이 적절하다.

02 독해 정답 ③

정답 설명

③ 3문단을 통해 자연계에서 종들은 서로 경쟁하기도 하고 협력하기도 함을 알 수 있다. 따라서 경쟁보다 협력을 택한다는 설명은 적절하지 않다.

오답 분석

① 2문단을 통해 사회에서 기술 발전은 돌연변이와 같은 역할을 하며, 새로운 기술은 사회 시스템에 변화를 가져오고 새로운 가능성을 열어 줌을 알 수 있다.

② 1문단을 통해 사회에서도 변화하는 환경에 더 잘 적응하는 사회 시스템은 더 오래 지속될 가능성이 높다. 따라서 변화에 잘 적응하지 못하는 사회 시스템은 존속 가능성이 낮음을 추론할 수 있음을 알 수 있다.

④ 4문단을 통해 자연계에서 다양성은 생태계의 안정성을 유지하는 데 중요한 역할을 수행함을 알 수 있다.

03 독해 정답 ③

정답 설명

③ 상식적 실재론에서는 우리가 경험하는 세계는 우리가 감각기관을 통해 인식한 그 자체의 세계라고 설명하고, 표상적 실재론에서는 우리가 경험하는 세계는 실제 세계가 아닌 인식 체계가 만들어낸 구성물이라고 설명한다. 따라서 두 이론 모두 우리가 경험하는 세계가 우리가 인식한 세계임을 내포하고 있다.

오답 분석

① 상식적 실재론에서는 우리가 인식하는 실재는 우리의 믿음과 부합하는 세계로 '표상'은 표상적 실재론에 등장하는 개념이다.

② 표상적 실재론에서 빛의 자극을 통해 눈에서 인식하는 이미지는 우리의 인식 체계가 만들어 낸 구성물로, 실제 세계를 직접적으로 보지는 못한다.

④ 표상적 실재론에서는 우리는 감각 기관과 뇌가 만들어낸 표상을 통해서만 세계를 인식하는데, 우리가 경험하는 세계가 인식 체계가 만들어낸 구성물이라고 주장하므로, 우리가 경험하는 세계가 표상으로 구성되어 있음을 알 수 있다.

04 논리 정답 ④

정답 설명

④ 주관적 기준에 의한 '흥미롭다'와 달리 '찬성'과 '반대'는 객관적 기준이 존재하므로 베켄바흐의 역설을 그대로 적용하기는 어렵다.

오답 분석

① 기준을 명확하게 정할 수 있다면 "과연 흥미롭다는 것은 무엇인가? 흥미롭다는 것을 정확히 정의할 수 있을까?"에 대한 답을 할 수 있으므로 역설은 발생하지 않는다. 따라서 이는 ㉠을 약화시킨다.

② 3문단 "이 과정을 반복하면 어느 순간 '흥미롭지 않은 사람'의 범주에는 마지막의 한 명이 남게 된다.", "이 사람은 유일하게 흥미롭지 않다는 사실 때문에 흥미로운 대상이 되고, '흥미로운 사람'의 범주로 이동한다."를 통해 적절한 이해임을 알 수 있다.

③ 1문단 "베켄바흐의 역설은 복잡한 언어적 현상을 보여주며 우리가 주관적으로 가진 언어의 정의를 생각해 보게 하는 흥미로운 사고 실험이다."를 통해 적절한 이해임을 알 수 있다.

05 독해 정답 ②

정답 설명

② 철학적 역사는 사건의 객관적 기록을 넘어 당시 사람들의 생각과 감정을 이해하고 재구성하려 하지만, 과학적 역사는 사건의 객관적인 기록에 중점을 둔다.

오답 분석

① 과학적 역사는 경험적 방법론에 기초하여 역사적 사실을 발견하고 재구성하며, 철학적 역사는 단순히 과거의 사실을 나열하는 것이 아니라, 당시 사람들의 사유와 동기를 이해하고 재구성하려고 한다.

③ 과학적 역사는 경험적 방법론에 기초하여 역사적 사실을 발견하고 재구성하며, 역사적 사실을 발견하기 위해 고고학적 발굴, 문서 분석, 기록 검토 등의 경험적 방법을 사용한다. 반면 철학적 역사는 단순히 과거의 사실을 나열하는 것이 아니라, 당시 사람들의 사유와 동기를 이해하고 재구성하려고 한다.

④ 과학적 역사는 물리적 증거와 문서에서 얻은 데이터를 바탕으로 과거의 사건들을 재구성하는 반면, 철학적 역사는 당시 사람들의 사유와 동기를 이해하고 재구성하려고 한다.

06 문법 정답 ④

정답 설명

④ 선어말 어미 '-었었-'은 현재와 비교하여 다르거나 단절되어 있는 과거의 사건을 나타내는 어미이다. 따라서 현재까지 지속되는 과거의 상황을 나타낸다는 설명은 적절하지 않다.

오답 분석

① 부사 '어제'는 '오늘의 바로 하루 전에'의 의미이며, ㄱ에서 과거를 나타내는 시간 부사어로 쓰이고 있다.

② 선어말 어미 '-더-'는 과거 어느 때에 직접 경험하여 알게 된 사실을 현재의 말하는 장면에 그대로 옮겨 와서 전달한다는 뜻을 나타내는 어미이며, ㄴ에서 과거의 경험을 회상하는 데 쓰이고 있다.

③ 관형사형 어미 '-(으)ㄴ'은 동사와 결합하면 사건이나 행위가 과거에 일어남을 나타낸다. ㄷ에서는 동사 어간 '보-'에 결합하여 영화를 본 행위가 과거에 일어났음을 나타내고 있다.

07 독해 정답 ①

정답 설명

① 2문단을 통해 자기장은 전자의 궤적을 제어함을 확인할 수 있다. 자기장이 전자를 음극에서 방출시키는 것은 확인할 수 없으므로 적절하지 않다.

오답 분석

② 3문단을 통해 마이크로파는 도파관 안에서 이리저리 충돌하며 여러 번 반사되어 방향을 바꾸고 조리실 전체에 골고루 분포됨을 확인할 수 있다. 따라서 마이크로파는 도파관에 부딪히더라도 도파관에 흡수되지 않고 반사됨을 알 수 있다.

③ 4문단을 통해 비극성 분자는 정재파를 흡수하지 못하기 때문에 직접적으로는 데워지지 않음을 확인할 수 있다. 따라서 비극성 분자에 마이크로파를 조사하면 표면만 데워질 것이다.

④ 2문단을 통해 전자가 음극에서 방출되어 양극으로 이동하는 과정에서 자기장에 의해 나선형 궤도를 따라 움직임을 확인할 수 있다. 이후 3문단을 통해 도파관을 통해 조리 공간(조리실)으로 이동함을 확인할 수 있다. 따라서 전자는 조리실 내부에서 물과 탄수화물로 이루어진 찬밥을 데우기 전 나선형으로 움직였을 것이다.

08 독해 정답 ③

정답 설명

③ (가) 전체 사회의 구조적 변화(○): 2문단을 통해 레마르크는 작품에서 전체 사회가 입는 손실을 부각하였음을 알 수 있다. 따라서 개인을 넘어 사회 전반에 걸친 구조적 변화를 초래한다는 내용이 들어가야 한다.

(나) 인간의 내적 성찰과 존재의 불확실성(○): 2문단을 통해 헤밍웨이의 작품은 개인의 정체성과 삶의 방향에 초점을 맞춤을 알 수 있다. 따라서 전쟁이 인간의 존재 자체에 대한 성찰과 방향성의 혼란을 유발한다는 내용이 들어가야 한다.

오답 분석

(가) 개인의 심리적 트라우마(×): 전쟁의 영향을 묘사하는 한 측면이지만, 레마르크는 사회적 변화에 초점을 맞추었다.

(나) 개인적 고통과 연대의 필요성(×): 반전 문학의 주요 메시지일 수 있으나, 헤밍웨이의 초점은 존재적 성찰에 맞춰져 있다.

09 논리 정답 ①

정답 설명

① 제시된 명제를 기호화하면 다음과 같다.

전제 1	정호 우승 ∨ 유정 우승
전제 2	~칭찬 → ~정호 우승 (= 정호 우승 → 칭찬)
전제 3	유정 우승 → 유정 최다 우승자 (= ~유정 최다 우승자 → ~유정 우승)

전제 1에 의해 '정호 우승'이면 '~유정 우승'이 확정이다. 그러나 전제 3의 역(~유정 우승 → ~최다 우승자)은 확정할 수 없으므로 ①이 참인지 알 수 없다. 참고로, '어떤 ~도'가 나오면 '모든'으로 바꿔서 기호화해야 하므로 전제 2를 기호화하면 '~칭찬 → ~정호 우승'이 된다.

오답 분석

② '~유정 우승'이면 전제 1에 의해 '정호 우승'이 확정이다. 전제 2의 대우에 의해 '정호 우승'이면 '칭찬'이 확정이다. 따라서 반드시 참인 명제이다.

③ '~유정 최다 우승자'이면 전제 3의 대우에 의해 '~유정 우승'이 확정이다. '~유정 우승'이면 전제 1에 의해 '정호 우승'이 확정이므로 전제 2에 의해 '칭찬'이 확정이다. 따라서 반드시 참인 명제이다.

④ '~칭찬'이면 전제 2에 의해 '~정호 우승'이 확정이다. 전제 1에 의해 '~정호 우승'이면 '유정 우승'이 확정이다. 전제 3에 의해 '유정 우승'이면 '유정 최다 우승자'이므로 반드시 참인 명제이다.

10 독해 정답 ④

정답 설명

④ 2문단을 통해 정부가 자금을 차입하려 할 때 자금 조달에 대한 비용이 증가함을 알 수 있다.

오답 분석

① 국채 금리가 상승하는 것은 국채 발행이 계속될 때이다.

② 단기적인 경제 성장을 추동할 수 있는 것은 기준금리의 인하이다.

③ 정부가 더 높은 금리를 지불해야 하는 것은 기존 부채가 아닌 신규 부채이다.

11 독해 정답 ④

정답 설명

④ '(가) – (라) – (다) – (나)'의 순서가 가장 자연스럽다. 먼저 중심 화제인 '정보 사회'를 바라보는 두 가지 대립되는 견해를 제시하고 있는 (가)가 첫 문단으로 오는 것이 적절하다. (가)에 이어 정보사회를 산업 사회, 자본주의와 구별되는 변화로 보는 견해를 소개하는 (라)가 오는 것이 자연스러우며, '한편'을 사용하여 또 다른 견해인 정보사회를 산업 사회, 자본주의의 연속으로 보는 견해를 제시하는 (다)가 (라)에 이어 오는 것이 적절하다. 그다음 (라)와 (다)에 제시된 내용을 정리하며 정보사회의 올바른 분석을 위한 균형 잡힌 분석 틀 개발의 필요성을 제시하는 (나)가 마지막으로 제시되는 것이 적절하다.

12 논리 정답 ③

정답 설명

③ 제시된 명제를 기호화하면 다음과 같다.

전제 1	날벌레들 몰려다님 → 하늘 우중충함
추가	
결론	날벌레들 몰려다님 → 태풍

결론의 앞쪽이 결론과 동일하게 때문에 '날벌레들 몰려다님 → 태풍'이 되기 위해서는 '하늘 우중충함 → 태풍'의 전제가 필요하다. 이를 말로 풀면 '하늘이 우중충하면, 태풍이 온다.'이므로 답은 ③이다.

13 문학 정답 ②

정답 설명

② 2연과 3연은 일제강점기의 상황을, 마지막 연은 일제 강점기 이후 차가운 현실을, 그리고 '꽃덤불'로 표현하는 미래에 대한 희망을 이야기하고 있기 때문에 이 시는 시간의 흐름에 따른 시상의 전개를 지닌다.

오답 분석

① 2연을 통해 '달빛'과 '밤'은 일제강점기를 상징함을 알 수 있고, 마지막 연을 통해 일제 강점기가 끝났음에도 차가운 현실이 계속되고 있음을 '겨울 밤'으로 표현되고 있다. 따라서 모두 동일한 시대를 표현한다는 설명은 적절하지 않다.

③ '가슴을 쥐어뜯으며'라는 표현은 화자가 느끼는 고통과 답답함을 극적으로 강조하는 것으로 화자의 내적 갈등을 표현하고 있는 것이지 외적 갈등을 표현한 것이 아니다.

④ 마지막 연을 통해 볼 때, 일제강점기의 시대는 이미 막을 내려 광복이 도래하였지만, 현실은 여전히 어렵고 차갑다는 것을 알 수 있다. 또한 마지막 구절에서 '오는 봄엔 분수처럼 쏟아지는 태양을 안고 꽃덤불에 안겨보리라'라는 표현을 통해 진정한 이상의 세계가 도래할 것이라는 희망을 품고 있다. 그러므로 '꽃덤불'은 광복 이후의 혼란한 시대를 벗어난 이상적 세계를 의미하는 것이지 광복이 실현되는 날을 말하고 있는 것이 아님을 추론할 수 있다.

14 독해 정답 ③

정답 설명

③ 제시된 글은 국민연금의 문제를 재정적 안정성, 세대 간 형평성, 사회적 신뢰라는 세 가지 축으로 나누어 논의하며, 각 문제에 대한 해결책과 그 한계까지 제시하고 있다.

오답 분석

① 형평성 회복의 중요성은 언급되었지만, 기능적 한계를 중심으로 논의하지 않았으며, 전개 방식과 일부 일치하지 않는다.

② 단기적 해결책보다는 각 대안의 한계를 넘어 장기적 개선 방향을 논의하고 있으므로 적절하지 않다.

④ 개념 설명이나 구조적 개요보다는 문제 분석과 대안 제시가 중심이므로 적절하지 않다.

15 독해 정답 ②

정답 설명

② 3문단을 통해 일부 학자들이 아들러 이론의 한계를 지적하며 생물학적 또는 유전적 요인을 충분히 고려하지 않았다고 비판했음을 알 수 있다. 그러나 이 비판은 이론을 보완하기 위한 대조적인 시각으로 제시된 것이 아니라 단순히 한계점으로 언급된 것이므로 한계를 보완한다는 설명은 적절하지 않다.

오답 분석

① 키가 작아 놀림을 받은 아이가 커서 권력을 추구하는 경향을 보일 수 있음을 사례로 제시하며, 열등 콤플렉스가 인간 행동에 미치는 영향을 설명하고 있다.

③ 아들러가 인간 행동을, 열등감을 극복하려는 심리적 동기로 이해하고 이를 중심으로 이론을 전개했다고 서술했다. 열등 콤플렉스를 인간 행동의 중요한 요소로 명명한 점이 이를 뒷받침한다.

④ 아들러가 '사회적 관심'을 중심으로 사회적 관계 속에서 자아를 실현할 때 진정한 행복을 느낀다고 강조했다. 이는 사회적 관계와 개인적 가치 실현의 중요성을 설명하는 방식으로 이론을 전개하고 있음을 보여준다.

16 논리 정답 ④

정답 설명

④ 제시된 명제를 기호화하면 다음과 같다.

전제 1	A 감자칩 ∨ B 감자칩
전제 2	C 새우칩 ∧ C 두부칩 → D 야채칩 (= ~D 야채칩 → ~C 새우칩 ∨ C 두부칩)
전제 3	B 감자칩 → C 새우칩 ∧ C 두부칩 (= ~C 새우칩 ∨ ~C 두부칩 → ~B 감자칩)
전제 4	~D 야채칩

이중부정은 긍정으로 기호화하므로 전제 1은 'A와 B 적어도 한 명은 감자칩을 만든다.'가 되고, 이를 기호화하면 'A 감자칩 ∨ B 감자칩'이 된다. 전제 4에 의해 '~D 야채칩'이 확정이므로 전제 2의 대우에 따라 '~C 새우칩 ∨ ~C 두부칩'이 성립한다. 이를 전제 3의 대우에 대입하면 '~B 감자칩'이 확정된다. '~B 감자칩'이 확정되므로 전제 1에서 선언지 제거에 의해 'A 감자칩'이 확정되므로 A가 만드는 것은 '감자칩'임을 알 수 있다.

17 독해 정답 ③

정답 설명

③ 〈보기〉의 ㄷ에서는 흉작이 된 고장의 수령이 청렴한 아전에게 풍년이 든 고장에서 면포를 구입해 오게 하여 군포를 바치고, 면포 구입에 쓴 돈을 백성들에게 균등하게 부담하게 한다고 하였다. 이는 대민과 소민을 구분하지 않고 흉작이 든 고장의 백성들이 똑같이 납세를 부담하는 것이므로, 대민과 소인에 따라 납세 부담에 차이가 있어야 한다는 주장을 구현하는 방법이라고 보기는 어렵다.

오답 분석

① 천자가 벼슬을 내리고 녹봉을 나누어 준 것은 신하들을 위해서가 아니라 백성들을 위한 것이고, 2문단을 통해 정도전은 군주나 관료가 백성에 대한 통치권을 지닌 것은 백성을 보살피고 안정시키기 위한 것이라고 보았음을 알 수 있다. 군주나 관료가 지배자가 아니라 백성을 위해 일하는 봉사자일 때 이들의 지위나 녹봉은 그 정당성이 확보된다고 여겼으므로 올바르다.

② 〈보기〉의 ㄴ에서는 군주에게 일상적으로 사용하는 물건을 줄여 백성으로부터 거두는 진상과 공물을 줄이고, 그 혜택이 백성들에게 돌아갈 수 있도록 하라고 조언하고 있다. 이는 애민의 태도로 백성의 삶을 안정시키고 백성을 보살핌의 대상으로 보는 관점을 바탕으로 한 것이다.

④ 〈보기〉의 ㄴ에서는 백성들이 경제적 혜택을 받을 수 있도록 진상 · 공물을 줄이는 것을 제안하고 있다. 또 ㄷ에서는 흉년이 든 고장의 백성들로 하여금 풍년이 들어 면포 값이 매우 싼 고장에서 면포를 구입하여 군포를 납부하게 함으로써 그 백성들에게 경제적으로 큰 혜택을 줄 것을 제안하고 있다. 즉 ㄴ과 ㄷ은 모두 백성의 경제적 안정을 중시하는 관점에서 제안된 방안에 해당한다.

18 어휘 정답 ③

정답 설명

③ ⓒ에서 쓰인 '순조롭다'는 '일 따위가 아무 탈이나 말썽 없이 예정대로 잘되어 가는 상태에 있다.'의 의미이다. 한편 '끊임없이'는 '계속하거나 이어져 있던 것이 끊이지 아니하게'의 의미이다. 따라서 ⓒ를 '끊임없이'로 바꿔 쓰는 것은 문맥상 적절하지 않다.

오답 분석

① ⓐ에서 쓰인 '순응하다'는 '환경이나 변화에 적응하여 익숙해지거나 체계, 명령 따위에 적응하여 따르다.'의 의미이다. 그리고 '따르다'는 '관례, 유행이나 명령, 의견 따위를 그대로 실행하다.'의 의미를 가지고 있다. 따라서 ⓐ의 '순응해야'를 '따라야'로 바꿔 쓰는 것은 문맥상 적절하다.

② ⓑ에서 쓰인 '정비하다'는 '흐트러진 체계를 정리하여 제대로 갖추다.'의 의미이다. 그리고 '가다듬다'는 '흐트러진 조직이나 대열을 바로 다스리고 꾸리다.'의 의미를 가지고 있다. 따라서 ⓑ의 '정비하는'을 '가다듬는'으로 바꿔 쓰는 것은 문맥상 적절하다.

④ ⓓ에서 쓰인 '부합하다'는 '사물이나 현상이 서로 꼭 들어맞다.'의 의미이다. 그리고 '걸맞다'는 '두 편을 견주어 볼 때 서로 어울릴 만큼 비슷하다.'의 의미를 가지고 있다. 따라서 ⓓ의 '부합하는'을 '걸맞은'으로 바꿔 쓰는 것은 문맥상 적절하다.

19 독해 정답 ③

정답 설명

③ 3문단 "집단 기억의 영향으로, 사람들이 서로의 기억을 공유하면서 잘못된 정보가 확산될 수 있다는 것이다. 또한, 확증 편향과 잘못된 정보의 재생산도 만델라 효과의 발생에 기여할 수 있다."를 통해 알 수 있다.

오답 분석

① 만델라 효과는 다수의 사람들이 동일한 잘못된 기억을 공유하는 현상이라고 설명하고 있으며, 이는 개인의 고유한 기억 오류보다는 집단적 요인에 기인한다고 강조한다.

② 4문단에서 "소셜 미디어의 영향으로 더욱 두드러지게 나타나고 있다."고 하였으므로 소셜 미디어의 발달이 만델라 효과를 줄이는 데 기여한다고 보기에는 적절하지 않다.

④ 3문단에서 "대안 현실이나 다중 우주 이론과 같은 비과학적 설명도 제시되기도 하지만, 과학적 증거는 부족하다."고 하고 있으므로 적절하지 않다.

20 독해 정답 ③

정답 설명

③ 3문단에서 약사법 제□□조는 약사 또는 한의사가 약국 또는 의료기관의 조제실에서만 약을 조제하도록 제한하는 법임을 알 수 있다. 따라서 약사법이 약 조제 장소를 제한하는 규정을 둔다는 설명은 적절하다.

오답 분석

① 1문단을 통해 문서로 출력된 의사의 처방전이 있어야만 약사의 처방이 가능함을 주장한 것은 보건복지부임을 알 수 있다.

② 2문단을 통해 전자서명법에 의한 전자인증서명이 있어야 공식 의무기록으로 인정받음을 알 수 있다. 따라서 전자인증서명이 생략된 경우 공식 의무기록으로 인정받지 못함을 추론할 수 있다.

④ 3문단을 통해 부득이한 경우 반드시 약사가 직접 조제약을 배달하고 복약 지도를 해야 함을 알 수 있다. 따라서 대리인이 배달할 수 있다는 것은 적절하지 않다.

01	①	06	④	11	②	16	③
02	②	07	②	12	②	17	④
03	③	08	①	13	④	18	③
04	③	09	③	14	④	19	①
05	①	10	③	15	③	20	①

01 작문 정답 ①

정답 설명

① ㉠은 삼중 피동이므로 '놓인다'로 고쳐야 한다.

오답 분석

② ㉡은 글의 자연스러운 연결을 위해 삭제하는 것이 좋다.

③ ㉢은 문장의 호응 관계를 고려하여 '높이는 것입니다'로 고쳐야 한다.

④ ㉣은 문맥에 어울리지 않으므로 '등장'으로 바꿔야 한다. '발호'는 '권세나 세력을 제멋대로 휘두르며 함부로 날뜀.'을 의미한다.

02 독해 정답 ②

정답 설명

② 1문단과 3문단을 통해 경제적 효율성을 높이기 위해 가장 중요한 것은 자유 시장 경제를 지지하는 것이며, 정부의 과도한 개입은 시장의 자율성을 저해하고 경제적 효율성을 떨어뜨린다고 하였음을 확인할 수 있다.

오답 분석

① 3문단을 통해 중앙 계획 경제를 피해야 한다고 주장했음을 확인할 수 있다.

③ 3문단을 통해 지나친 규제는 피해야 한다고 주장했음을 확인할 수 있다.

④ 제시된 글에서 찾아볼 수 없는 내용이다.

03 화법 정답 ③

정답 설명

③ 보편적 복지 측은 복잡한 자격 심사 절차 없이 모든 국민에게 혜택을 제공하므로 복지 혜택 제공 비용을 줄일 수 있다는 언급을 하였다. 이는 다시 말해, 행정 비용을 절감할 수 있다는 점을 제시한 것이다.

오답 분석

① 선택적 복지 측에서 친숙한 예시를 사용한 부분은 찾을 수 없다.

② 선택적 복지 측의 첫 번째 발화를 볼 때, '2024년 통계 자료'를 통해 자신들의 논지를 보충하고 있다. 그러나 이는 통계 자료이지 논문을 인용한 발표는 아니다.

④ 보편적 복지 측이 책임감 강화와 관련된 반박은 했지만, 연대의 논리를 반박한 부분은 찾을 수 없다.

04 독해 정답 ③

정답 설명

③ 제시된 글은 일과 육아를 병행할 수 없어 아이를 맡길 곳을 찾느라 고생하는 워킹맘에 관한 이야기이다. 아이를 부탁할 곳이 있는 가정은 이에 해당하지 않으므로, 예시로 적절하지 않다.

오답 분석

① 아이를 맡길 곳이 없어 결국 일을 그만두고 경력이 단절된 워킹맘과 관련된 이야기는 제시된 글의 주제와 관련된다.

② 맞벌이를 하시는 부모님 때문에 하루 종일 집에 혼자 있어야 하는 초등학교 2학년 아이는 제도 정착의 어려움으로 인해 고통을 받는 사례를 보여준다.

④ 일과 육아를 병행하기 힘든 워킹맘들의 모습을 보여주는 사례는 제시된 글의 주제와 관련이 된다.

05 독해 정답 ①

정답 설명

① 1문단을 통해 기호는 기표와 기의의 결합으로 형성되며, 그중 기표는 이미지, 문자와 같은 기호의 물리적 형태나 표상을 의미함을 알 수 있다. 따라서 이미지는 '기호'의 물리적 형태이므로, 기표의 이미지와 기의가 결합하여 기호가 된다는 설명은 적절하지 않다. 참고로, ①을 '기호의 이미지와 기의가 가리키는 개념이 합쳐져 기호를 형성한다.'로 바꾸면 옳은 선지가 된다.

오답 분석

② 기호가 단순히 정보를 전달하는 것이 아니라, 사회적 권력과 이데올로기를 반영하고 강화한다고 보았다.

③ 신화를 문화적 코드와 이데올로기의 재현으로 분석한다.

④ 기호가 단순히 고정된 의미를 갖는 것이 아니라, 다양한 사회적, 문화적 맥락 속에서 의미가 변화할 수 있다고 보았다.

06 독해 정답 ④

정답 설명

④ 5문단을 통해 셀레콕시브는 심장 질환의 이력이 있는 사람에게는 투약할 수 없음을 확인할 수 있다. 따라서 류마티스성 심장 근육염 병력이 있는 환자에게는 셀레콕시브를 투약하기 어려울 것임을 추론할 수 있다.

오답 분석

① 2문단을 통해 아스피린은 위장의 출혈, 궤양, 종양이 있는 환자에게는 사용할 수 없음을 확인할 수 있다. 따라서 위궤양 병력이 있는 환자에게는 아스피린을 투약할 수 없음을 추론할 수 있다.

② 3문단을 통해 이부프로펜은 주로 두통, 치통, 생리통, 근육통 등의 일상적인 통증 완화 및 부종에 사용됨을 확인할 수 있다. 따라서 축구를 하다가 발목을 삔 환자가 통증과 부종을 보이는 경우, 다른 건강 문제가 없다면 이부프로펜을 투약할 수 있음을 추론할 수 있다.

③ 4문단을 통해 아세트아미노펜은 간 손상의 위험이 있으므로 간 기능이 저하된 환자에게는 투약할 수 없음을 확인할 수 있다. 따라서 감기로 인해 발열과 두통을 겪고 있는 환자가 만성적인 음주로 인해 간 기능이 저하되어 있다면 아세트아미노펜을 투약하기 어려울 것임을 추론할 수 있다.

07 독해 정답 ②

정답 설명

② 핵확산이 일어나면 국가 사이의 군사적, 정치적 이해관계뿐만 아니라 국가 내부에서의 이해관계 역시 복잡하게 얽히게 되며, 이러한 내부 갈등이 의사결정 과정에 부정적인 영향을 미칠 수 있다고 하였다. 따라서 빈칸에는 '국가 내외의 다양한 이해관계를 둘러싼 갈등과 협상'이 들어가야 한다.

오답 분석

① 핵무기의 확산으로 인해 '비공식적'인 외교적 접근이나 비정상적인 의사결정 경로가 발생할 수 있다고 보았다.

③ 제시된 글에서 확인할 수 없는 내용이다.

④ 상호 억제 효과를 통해 줄어든 전쟁의 가능성은 '핵무기 낙관론'의 입장이다.

08 논리 정답 ①

정답 설명

① 제시된 명제를 기호화하면 다음과 같다.

전제 1	뇌물 → ~회사 (= 회사 → ~뇌물)
전제 2	~독서 → 뇌물 (= ~뇌물 → 독서)
전제 3	독서 → 수동적 (= ~수동적 → ~독서)

따라서 전제 1의 대우와 전제 2의 대우를 잇고, 전제 3과 연결하면 '회사 → 수동적'이 된다.

09 독해 정답 ③

정답 설명

③ 2문단을 통해 글에 제시된 논리적 오류는 '증거의 없음'을 '없음의 증거'로 오인하는 것임을 알 수 있다. 그러나 ③은 '알리바이'라는 증거가 있는 상황을 기반으로 하기에 '증거의 있음'을 '없음의 증거'로 삼고 있는 것이므로, 사례에 해당하지 않는다.

오답 분석

① ② ④ 모두 증거가 없는 것을 '없음의 증거'로 삼고 있다.

10 독해 정답 ③

정답 설명

③ 마이코박테리움은 식물에 서식하면서 식물의 생장과 발육, 저항력에 긍정적인 영향을 미치고, 식물은 마이코박테리움에 서식지를 제공해 주면서 서로에게 이점을 제공하고 있음을 알 수 있다.

오답 분석

① 식물 뿌리 주변에 마이코박테리움이 생성하는 뿌리망은 이들의 생장과 발육에 긍정적인 영향을 미친다.

② 마이코박테리움의 질소고정 작용은 식물이 비료를 사용하는 효율성을 높이며, 토양의 비료 제거와는 관계가 없다.

④ 마이코박테리움이 토양의 생태학적 기능의 강화로 중요한 역할을 하고 있는 것은 맞지만, 이로 인해서 농업 기술이 발달한 것은 아니므로 적절하지 않다.

11 문학 정답 ②

정답 설명

② 마지막 행에는 '짓기 싫어서 짓지 못하는 것이 아니라 짓고 싶어서 다 짓지 않는 것'이라는 역설적 표현이 등장한다. 그런데 자신의 뜻을 강조하기 위해서 실제 표현하고자 하는 뜻과는 반대되는 말을 쓰는 표현 기법은 반어법이므로 적절하지 않다.

오답 분석

① 화자에게 옷에 수를 놓는 행위는 당신, 즉 임을 기다리는 과정이며, 이와 동시에 임에 대한 정성을 표현한다.

③ 주머니를 만들지 않는 것은 임이 돌아오기를 기다리는 행위로 임이 없는 부정적 현실을 인식하고 있는 것으로 해석할 수 있다.

④ '-습니다'와 같은 존댓말인 경어체를 사용하여 임을 기다리는 화자의 간절한 심리를 효과적으로 드러내고 있다.

12 독해 정답 ②

정답 설명

② '(나) – (가) – (라) – (다)'의 순서가 가장 자연스럽다. 먼저 독자의 흥미를 끄는 현상에 대해 소개하며, 중심 화제인 '헨레 고리'가 언급되고 있는 (나)가 첫 문단으로 오는 것이 적절하다. (나)에 이어 하행각을 설명하고 있는 (가)가 오는 것이 자연스러우며, 상승각의 얇은 부분을 설명하고 있는 (라)가 (가)에 이어 오는 것이 적절하다. 그다음 상승각의 두꺼운 부분을 설명하고 있는 (다)가 마지막으로 제시되는 것이 자연스럽다.

13 문법 정답 ④

정답 설명

④ '곶감'은 '꽂다'의 뜻을 가진 동사의 어간 '곶-'이 연결어미 없이 명사 '감'과 결합한 비통사적 합성어이다. 따라서 용언의 관형사형이 명사와 결합했다는 설명은 적절하지 않다.

오답 분석

① '김치찌개'는 명사 '김치'와 명사 '찌개'가 결합한 합성 명사이다.

② '디딤돌'은 용언에서 파생된 명사인 '디딤'과 명사 '돌'이 결합한 합성 명사이다.

③ '먹을거리'는 용언의 관형사형인 '먹을' 뒤에 명사 '거리'가 결합한 통사적 합성어이다.

14 독해 정답 ④

정답 설명

④ 3문단의 "당시 법률 문서도 대부분 라틴어로 작성했기 때문이다. 심지어 대학에서 법학 교육 역시 라틴어로 이뤄졌다."에서 법학 교육을 라틴어로 했음을 알 수 있으므로 중세의 법학도는 일정 수준 이상의 라틴어를 해석할 줄 알았을 것임을 추론할 수 있다.

오답 분석

① 1문단을 통해 세네카의 12편의 에세이는 서양 고전의 표준으로 여겨짐을 알 수 있으나, 이 에세이가 공화주의를 주제로 삼았는지는 언급되지 않았다. 다만, 공화주의를 연구하는 이들이 키케로가 남긴 저술을 재해석하였다는 부분을 통해 키케로는 공화주의를 주제로 책을 썼을 것임을 추론할 수 있다.

② 2문단을 통해 국가 행정 기록이 아니라 교회 행정 기록이 라틴어로 작성되었음을 알 수 있다. 국가 행정 기록에 대해서는 제시된 글에 언급된 바 없다.

③ 4문단을 통해 라틴어는 오늘날 일상에서는 사용되지 않는 사어(死語)임을 알 수 있으므로, 오늘날 일상에서 널리 사용한다는 진술은 적절하지 않다.

15 논리 정답 ③

정답 설명

③ ㄴ. 을은 노예 노동을 통해 생산 비용을 최소화할 수 있다고 보았다. 따라서 노예 사용 비용이 노동자를 부리는 비용보다 비싸다는 연구 결과는 을의 입장을 약화한다.

ㄷ. 병은 X국은 각 주들이 자발적으로 모여 만들어진 연합체이므로, 각 주가 독립적인 권한을 행사하는 것이 헌법의 본래 정신이라고 보았다. 따라서 헌법이 연방 정부에 부여하지 않거나 주 정부에 금지되지 않은 권한은 각 주와 국민에게 남아 있다고 명시한 X국 헌법은 병의 입장을 강화한다.

오답 분석

ㄱ. X국에서 수출된 면화는 세계 면화 공급량의 약 90%에 이를 정도였다는 연구 결과는 갑의 입장을 약화하지도 강화하지도 않는다. 갑은 X국 내부 경제에서 농장보다는 공장과 상업에 의존하는 경제 구조가 자리 잡았다고 하였지, 세계 경제에서 X국의 면화 수출량이 적다고 말하지 않았다.

16 문법 정답 ③

정답 설명

③ ⓒ은 '사과와 귤 두 개씩 주셨다'는 표현으로 사과 2개와 귤 2개를 받았다는 명확한 의미를 지닌다.

오답 분석

① ㉠은 '철수'의 신체 일부인 '손이 크다.'와 '씀씀이가 후하고 크다.'라는 두 가지 의미를 지니는 중의적 문장이다. 의미를 명확하게 하기 위해서는 '철수는 손의 크기가 크다.' 혹은 '철수는 씀씀이가 크다.'로 수정해야 한다.

② ⓛ은 '아름다운'의 수식을 받는 대상이 분명하지 않아서 의미가 모호해진 경우이다. ⓛ의 의미를 명확하게 하기 위해서는 '영희는 아름다운 그녀의, 어머니를 만났다.' 혹은 '영희는 그녀의 아름다운 어머니를 만났다.'로 수정해야 한다.

④ ㉣은 '교장 선생님'이 '호랑이 같은 모습'을 지녔는지 '호랑이처럼 무서운 분'인지가 모호한 경우이다. '교장 선생님은 호랑이같이 무섭게 생기셨다.' 혹은 '교장 선생님의 성격은 호랑이처럼 무섭다.'로 수정해야 한다.

17 논리 정답 ④

정답 설명

④ 제시된 명제를 기호화하면 다음과 같다.

전제 1	~A 검도
전제 2	B 합기도 ∨ C 합기도
전제 3	C 합기도 → D 유도 ∧ D 태권도 (= ~D 유도 ∨ ~D 태권도 → ~C 합기도)
전제 4	D 유도 ∧ D 태권도 → A 검도 (= ~A 검도 → ~D 유도 ∨ ~D 태권도)

전제 1에 의하면 '~A 검도'가 확정이므로 전제 4의 대우에 따라 '~D 유도 ∨ ~D 태권도'가 확정된다. '~D 유도 ∨ ~D 태권도'가 확정되므로 전제 3의 대우에 따라 '~C 합기도'가 확정된다. '~C 합기도'가 확정되므로 전제 2에서 선언지 제거에 의해 'B 합기도'가 성립한다. 따라서 B가 하는 스포츠는 '합기도'임을 알 수 있다.

18 독해 정답 ③

정답 설명

③ (가) 핵무기의 확산과 전 세계적 위기감(○): 2문단을 통해 군비 경쟁이 전 세계적으로 무기 확산과 군사적 긴장을 초래했음을 알 수 있다. 따라서 군비 경쟁이 낳은 결과로는 핵무기 확산과 이를 둘러싼 위기감이 적절하다.

(나) 과학 기술 발전과 사회적 변화(○): 3문단을 통해 군비 경쟁은 자국의 이념적 우월성을 선전하기 위해 우주 개발, 과학 기술 등 다양한 분야에 영향을 미쳤음을 알 수 있다. 따라서 군사적 경쟁이 사회 전반의 변화를 이끌었다는 내용이 들어가야 한다.

오답 분석

(가) 양국 간의 무력 충돌 방지를 위한 균형(×): 군비 경쟁의 결과보다는 냉전의 전반적 특징으로 볼 수 있으나, 제시된 글과 직접적으로 연결되지는 않는다.

(나) 군사적 긴장 해소와 국제 협력 증대(×): 냉전 당시 군비 경쟁은 긴장 해소보다는 경쟁과 갈등이 부각되었으므로 적절하지 않다.

19 독해 정답 ①

정답 설명

① 제시된 글은 '역사'의 의미가 어떻게 변해 왔는지를 헤로도토스의 〈역사〉라는 책을 중심으로 시대적 설명을 하고 있다. 4문단을 통해 헬레니즘과 로마 시대의 역사가들 중 상당수가 수사학적 역사 서술에 몰두하였고, 이 흐름이 중세 시대에도 어느 정도 지속되었음을 알 수 있으나, 5문단에서 15세기 이후 수사학적 역사 서술이 역사 서술의 장에서 퇴출되었다고 말하였으므로 오늘날까지 역사가 수사학의 범위 안에 있다는 설명은 적절하지 않다.

오답 분석

② 1문단을 통해 헤로도토스는 페르시아 전쟁에 대한 책인 〈역사〉를 썼으며, 2문단을 통해 가까운 과거에 일어난 사건의 중요성을 인식하고, 이를 직접 확인 탐구하여 인과적 형식으로 서술하였음을 알 수 있다. 따라서 그는 〈역사〉에서도 페르시아 전쟁의 원인과 결과를 사실적으로 서술하였음을 파악할 수 있다.

③ 1문단에서 'histor'가 원래 '목격자', '증인'을 의미하는 법정 용어라 설명하고 있다.

④ 3문단에서 역사는 사람을 올바르고 지혜롭게 가르치는 삶의 학교로 인식되었으며, 역사가 교훈을 주기 위해서는 정확하고 객관적으로 서술해야 함을 알 수 있다. 따라서 이를 통해 사람들은 역사에서 교훈을 얻고자 하였음을 추론할 수 있다.

20 논리 정답 ①

정답 설명

① 제시된 명제를 기호화하면 다음과 같다.

전제 1	치킨 1마리 주문 → 외식비용 절감 ∨ 포만감 적음
전제 2	포만감 적음 → 추가 주문
추가	
결론	치킨 1마리 주문 → 추가 주문

추가해야 하는 전제를 찾기 위해서는 결론의 앞쪽이나 뒤쪽과 동일하게 명제를 만들어야 한다. 전제 1의 '치킨 1마리 주문 → 외식비용 절감 ∨ 포만감 적음'과 전제 2의 '포만감 적음 → 추가 주문'을 합치면 '치킨 1마리 주문 → 외식비용 절감 ∨ 추가 주문'이 되어, 결론의 앞부분과 동일하게 된다. 전제 1, 2와 결론을 사용하여 정리하면 다음과 같다.

전제 1+2	치킨 1마리 주문 → 외식비용 절감 ∨ 추가 주문
추가	
결론	치킨 1마리 주문 → 추가 주문

전제 1+2에서 도출된 '치킨 1마리 주문 → 외식비용 절감 ∨ 추가 주문'에서 결론인 '치킨 1마리 주문 → 추가 주문'이 도출되기 위해서는 '외식비용 절감 ∨ 추가 주문'을 선언지 제거를 통해 '추가 주문'만 남을 수 있게 해야 한다. 따라서 '~외식비용 절감'이 전제로 포함되어야 하므로 ①이 추가되어야 한다.

01	③	06	②	11	④	16	①
02	④	07	③	12	④	17	①
03	③	08	④	13	④	18	④
04	①	09	①	14	②	19	④
05	②	10	②	15	③	20	①

01 작문 정답 ③

정답 설명

③ ⓒ은 '동물은 사람을 경계하기도 한다.'와 '동물은 사람에게 기대기도 한다.'가 이어진 문장이므로, 서술어 '기대기도 한다'에 호응하는 부사어 '사람에게'가 추가되어야 정확한 문장이 된다.

오답 분석

① ㉠의 주어 '사람들은'과 서술어 '경향이다'가 호응하지 않는 것은 맞지만 서술어를 '경향인 것이다'로 바꾸어도 '사람들은'과 호응하지 않는다.

② ㉡의 '차다'는 목적어 '공을'과만 호응하고 '야구를'과는 호응하지 않으므로 목적어와 서술어의 호응이 맞지 않는다. 그러나 이를 '공이나 야구를 한다.'로 수정하면 반대로 '하다'가 '공을'과 호응하지 않으므로 적절하게 고친 표현이 아니다.

④ ㉣은 '사람을 좋아하는'이 꾸미는 대상이 '친구'일 수도 있고, '고양이'일 수도 있다는 점에서 의미가 중의적이다. '고양이가' 뒤에 쉼표를 찍는다고 해서 이러한 중의성이 해소되지는 않는다.

02 독해 정답 ④

정답 설명

④ '악의 평범성'은 단순히 나치 독일의 대량 학살과 그에 참여한 독일 시민을 기록하는 데 그치지 않고, 왜 평범한 시민들이 도덕적 책임을 망각하면서 악행에 동조했는지를 다룬다. 또한, 독자들에게 도덕적 책임을 상기하면서 그 책임에 상응하는 의무를 행할 것을 강조한다. 따라서 역사적 사건을 넘어 인간의 도덕적 책임에 대한 이해를 확장한다는 내용이 빈칸에 들어갈 말로 가장 적절하다.

오답 분석

① 악의 평범성은 단순히 나치 독일의 만행과 그에 동조한 이들을 기록한 것에 그치지 않았으며, 2~3문단에 제시된 도덕적 책임에 대한 고찰이 핵심 내용이다. 따라서 고발하는 데 의미가 있다는 진술은 빈칸에 들어갈 말로 적절하지 않다.

② 악의 평범성은 나치에 동조한 이들이 사회적 상황에 따라 변화했던 도덕적 책임 의식의 내용을 다루고 있으나, 자신의 행동이 다른 사람들에게 미치는 영향을 항상 염두에 두어야 할 것을 강조하고 있기 때문에 그 과정을 이해하는 것만으로는 글의 내용을 포괄하지 못한다.

③ 책임의 경중을 가릴 기준에 대해 언급한 바 없다.

03 독해 정답 ③

정답 설명

③ 1문단은 식사의 사회학적 구조를 설명하고 있다. 즉, 먹는 행위가 보여주는 배타적이고 이기적인 탐욕이 여럿이 자주 함께 모여 식사하는 습관과 결부됨으로써 생겨난다는 것이다. 또 2문단은 고대 셈족과 아랍인의 예를 들면서 공동 식사가 배타성을 간과하도록 만들며 공동체를 확인시켜 준다는 내용을 담고 있다. 마지막으로 3문단은 기독교의 빵을 예시로 들면서 공동 식사가 원초적이고 불가피하게 보편적인 사건을 사회적 상호 작용의 영역과 초개인적 의미로 연결되기 때문에 여러 사회에서 의미를 부여받는다고 설명하고 있다. 따라서 전체 문단을 모두 포괄하는 내용으로 적절한 것은 ③이다.

오답 분석

① 2문단 끝에서 공동 식사는 같은 것을 먹고 마심으로써 공동의 피와 살이 된다는 원시적인 표상을 만들어낸다고 하였지만, 글 전체를 포괄하지는 못한다.

② 3문단을 통해 기독교의 성찬식으로 먹는 것의 진정한 정체성이 창출되었음을 알 수 있지만, 글 전체를 포괄하지는 못한다.

④ 1문단을 통해 먹는 행위는 배타적이고 이기적인 탐욕을 보여주는 것임을 알 수 있지만, 글 전체를 포괄하지는 못한다.

04 독해 정답 ①

정답 설명

① 영원회귀설은 모든 행동과 경험이 반복된다는 사실을 바탕으로, 인간에 선택에 대한 책임을 느끼게 한다고 설명하고 있다.

오답 분석

② 니체는 영원히 반복될 삶 속에서 후회나 불만이 아닌 삶에 대한 긍정을 추구해야 한다고 강조한다. 따라서 후회는 영원회귀설의 주된 목적에 부합하지 않으므로 적절하지 않다.

③ 초인은 자신의 경험을 온전히 긍정하고 두려움 없이 수용하는 존재로, 반성보다는 자기 긍정과 수용이 핵심이다.

④ 영원회귀설은 현실을 있는 그대로 받아들이고 긍정하는 것이 목적이다.

05 문학 정답 ②

정답 설명

② 소설 속에 '나'가 존재하는 것을 통해 서술자는 작품 속에 있고, 전체 내용을 통해 '나'가 조마이섬 사람들의 이야기를 관찰하며 전달하고 있음을 알 수 있다.

오답 분석

① 2문단 "유력자는 대대로 조상들에게 물려받은 조마이섬을 부당하게 소유하고, 섬사람들을 핍박한다. 오직 자신의 이익만을 추구하며, 권력을 이용하여 부당한 이득을 취하는 것이다."를 통해 볼 때 조마이섬은 부조리한 현실 세계를 상징함을 알 수 있다.

③ 유력자들의 횡포가 조마이섬 사람들을 갈등의 요인이 되고 있으며, 홍수라는 자연재해 또한 조마이섬 사람들을 힘겹게 하는 요인이다.

④ 섬이 점차 모래톱으로 변해가는 모습은 조마이섬 사람들로 상징되는 이들, 즉 민중들이 황폐해져 가는 모습을 간접적으로 보여준다.

06 문법 정답 ②

정답 설명

② 〈보기〉의 '여보게'는 가까이 있는 사람을 부르는 말로 감탄사로 독립어이다. 그러나 '모두'는 서술어 '해라'를 꾸며주는 부사로 문장성분은 부사어이다. 따라서 문장성분이 다른 것은 ②이다.

오답 분석

① '민섭아'는 명사와 호격 조사의 결합으로 독립어가 된 경우이다.

③ '청춘'은 3문단의 '열정'과 같이 문장의 앞에서 제시하는 말로 사용된 형태로 독립어에 속한다.

④ '이크'는 2문단의 '어머나'와 같이 느낌의 말이 독립어가 된 경우이다.

07 독해 정답 ③

정답 설명

③ 2문단을 통해 모래주머니의 강한 근육 수축에 의해 음식물이 물리적으로 갈리고 분쇄됨을 알 수 있으므로 물리적 소화라는 점을 확인할 수 있다.

오답 분석

① 1문단 "부리와 입안에서 음식물은 물리적으로 부서지게 된다."와 2문단 "모래주머니는 강한 근육 벽으로 이루어져 있으며, 음식물이 이곳에서 강한 근육 수축에 의해 물리적으로 갈리고 분쇄된다."를 통해 볼 때, 물리적으로 부서지는 과정은 부리와 입안, 그리고 모래주머니에서 일어남을 알 수 있다.

② 2문단 "모래주머니 내부에 있는 작은 돌이나 모래 같은 물질이 음식물과 함께 갈리며, 이는 음식물을 세밀하게 부수는 데 도움을 준다."를 통해 모래주머니 내부에 있는 이물질, 즉 작은 돌이나 모래 같은 물질은 음식물을 소화하는 데 도움을 줌을 알 수 있다.

④ 3문단 "소장에서 흡수되지 않은 잔여물은 대장으로 이동한다. 여기서 음식물의 남은 수분이 흡수되고"를 통해 대장에서 잔여 수분이 흡수됨을 알 수 있고, "최종적으로 대장에서 형성된 배설물은 총배설강으로 이동하여 배출된다. 닭은 인간과 달리 총배설강이라는 하나의 구멍을 통해 배설, 생식을 수행한다."를 통해 닭은 인간처럼 항문이 따로 존재하지 않으며 대장에서 형성된 배설물은 총배설강으로 이동하여 배출됨을 알 수 있다. 따라서 닭의 소화 과정에 '항문'이라는 단어는 등장할 수 없다.

08 독해 정답 ④

정답 설명

④ 3문단을 통해 제어 격자에 걸리는 전압이 높아지면 전자가 제어 격자에 의해 차단되거나 감소하게 되고, 반대로 전압이 낮아지면 전자의 흐름이 자유로워짐을 확인할 수 있다. 그러나 제어 격자의 전류와 전자의 흐름에 대해서는 제시된 글에서 확인할 수 없다.

오답 분석

① 1문단을 통해 전열선에 의해 음극의 온도가 상승하면, 전자가 방출됨을 확인할 수 있다.

② 2문단을 통해 진공 상태는 전자가 이동하는 동안 공기 중의 분자와 충돌하지 않도록 하여 전자의 이동 경로를 방해받지 않게 함을 확인할 수 있다. 즉 공기 분자는 전자의 이동 경로를 방해할 수 있다.

③ 3문단을 통해 양극에는 양전압이 걸려 있으며, 이는 음극에서 방출된 전자를 양극 쪽으로 끌어당기게 됨을 확인할 수 있다.

09 논리 정답 ①

정답 설명

① 제시된 전제를 기호화하면 다음과 같다.

전제 1	선물 → ~이사 (= 이사 → ~선물)
전제 2	~사치 → 선물 (= ~선물 → 사치)
전제 3	사치 → 내성 (= ~내성 → ~사치)

전제 1의 대우와 전제 2의 대우를 잇고, 전제 3과 연결하면 '이사 → 내성'이 된다.

10 독해 정답 ②

정답 설명

② 2문단을 통해 근본적 귀인 오류에는 사람의 성격, 능력 등 개인적 특성에 책임을 돌리는 '내적 귀인'과 사람의 행동에 영향을 미치는 외적 상황, 환경적 요인 등의 '외적 귀인을 간과'하는 것이 있음을 알 수 있다. 빈칸 뒤에서 "다시 말해 내적 귀인을 범한 것이다."라고 하였으므로, 빈칸에는 개인적 특성에 책임을 돌리는 내용이 들어가야 한다. 따라서 성격에 기반하여 의견을 평가한다는 ②가 가장 적절하다.

오답 분석

① 내적 귀인을 간과한다면 오류가 생기지 않았을 것이며, 외적 귀인에 대한 내용은 빈칸에 들어갈 말로 적절하지 않다.

③ 인지적 비효율성을 감수하고 그들의 성격을 보지 않았다면 귀인을 범하지 않았을 것이다.

④ 실험의 분위기나 환경적 제약을 무시하는 것은 외적 귀인을 간과한 것이다.

11 논리 정답 ④

정답 설명

④ ㄱ. 갑은 시대나 관찰자에 따라 아름다움이 변하지 않는다고 보았으나, ㄱ의 사례는 아름다움이 변했으므로 이는 갑의 입장을 약화한다.

ㄴ. 을은 개인 취향과 감정이 미를 결정하여 공간과 시대를 초월하는 보편적 미는 존재하지 않는다고 보았으나, ㄴ의 사례는 시대를 초월하는 미이다. 따라서 을의 입장을 약화한다.

ㄷ. 병은 예술 작품의 가치가 객관적인 요소와 이를 해석하는 주관적인 경험이 상호작용하면서 결정된다고 보았다. '샘'은 예술가의 주관적 표현과 이를 해석하는 관객의 경험이 결합되어 작품의 가치가 결정된 사례이므로 병의 입장을 강화하기 때문에 약화하지 않는다는 설명은 올바른 설명이다.

12 문법 정답 ④

정답 설명

④ ㉠ 닫는[단는]: 'ㄷ'이 비음 'ㄴ'의 앞에서 비음 'ㄴ'으로 바뀌는 비음화가 일어나므로, ㉠에 해당한다.

㉡ 권리[궐리]: 비음 'ㄴ'이 유음 'ㄹ' 앞에서 'ㄹ'로 바뀌는 유음화가 일어나므로, ㉡에 해당한다.

오답 분석

① ㉠ 먹물[멍물]: 'ㄱ'이 비음 'ㅁ' 앞에서 비음 'ㅇ'으로 바뀌는 비음화가 일어나므로, ㉠에 해당한다.

㉡ 중력[중녁]: 'ㄹ'이 비음 'ㅇ' 뒤에서 비음 'ㄴ'으로 바뀌는 비음화가 일어나므로, ㉡에 해당하지 않는다.

② ㉠ 입는[임는]: 'ㅂ'이 비음 'ㄴ'의 앞에서 비음 'ㅁ'으로 바뀌는 비음화가 일어나므로, ㉠에 해당한다.

㉡ 막내[망내]: 'ㄱ'이 비음 'ㄴ'의 앞에서 비음 'ㅇ'으로 바뀌는 비음화가 일어나므로, ㉡에 해당하지 않는다.

③ ㉠ 솜이불[솜니불]: 원래 없던 'ㄴ'이 첨가되는 'ㄴ' 첨가가 일어나므로, ㉠에 해당하지 않는다.

㉡ 물난리[물랄리]: 비음 'ㄴ'이 유음 'ㄹ' 앞뒤에서 'ㄹ'로 바뀌는 유음화가 일어나므로, ㉡에 해당한다.

13 논리 정답 ④

정답 설명

④ 제시된 명제를 기호화하면 다음과 같다.

전제 1	지방 인력 부족 → 지방 인구 재감소
전제 2	수도권 사람 몰림 → 수도권 포화 ∨ 지방 인력 부족
추가	
결론	수도권 사람 몰림 → 지방 인구 재감소

추가해야 하는 전제를 찾기 위해서는 결론의 앞쪽이나 뒤쪽과 동일하게 명제를 만들어야 한다. 전제 2의 '수도권 사람 몰림 → 수도권 포화 ∨ 지방 인력 부족'과 전제 1의 '지방 인력 부족 → 지방 인구 재감소'를 합치면 '수도권 사람 몰림 → 수도권 포화 ∨ 지방 인구 재감소'가 되어, 결론의 앞부분과 동일하게 된다. 전제 1, 2와 결론을 사용하여 정리하면 다음과 같다.

전제 1+2	수도권 사람 몰림 → 수도권 포화 ∨ 지방 인구 재감소
추가	
결론	수도권 사람 몰림 → 지방 인구 재감소

전제 1+2에서 도출된 '수도권으로 사람 몰림 → 수도권 포화 ∨ 지방 인구 재감소'에서 결론인 '수도권 사람 몰림 → 지방 인구 재감소'가 도출되기 위해서는 '수도권 포화 ∨ 지방 인구 재감소'를 선언지 제거를 통해 '지방 인구 재감소'만 남을 수 있게 해야 한다. 따라서 '~수도권 포화'가 전제로 포함되어야 하므로 ④가 추가되어야 한다.

14 논리 정답 ②

정답 설명

② ㄱ. 갑은 예술가 개인의 경험과 감정 표현이 관객에게 감정적 영향을 미치고, 공감할 수 있는 경험을 제공한다고 보았다. 따라서 뭉크가 '절규'를 통해 자기의 혼란한 감정을 드러냈으나 관객은 이를 공감하지 못한 사례이기 때문에 갑의 입장은 약화된다.

ㄷ. 병은 예술은 특정한 메시지를 전달하거나 사회적 기능을 수행하지 않고 순수한 미적 경험을 제공한다고 보았다. 따라서 피카소의 '게르니카'가 전쟁의 비극과 반전 메시지를 전달하여 예술의 본질에 도달하였다면 병의 입장은 약화된다.

오답 분석

ㄴ. 을은 주제나 내용을 중시하지 않고, 색, 선 등의 요소들이 어떻게 결합되느냐가 예술의 본질에 다다를 수 있는지의 여부를 결정한다고 보았다. 그런데 몬드리안의 '콰드로'는 삶의 단순함을 표현하고자 하는 주제 의식을 가지고, 색과 형태의 기본 요소들로 그림을 그리는 도구로 사용하였기 때문에 이는 을의 입장을 강화하지 않는다.

15 독해 정답 ③

정답 설명

③ 다중 지능 이론은 개인화된 학습의 필요성을 강조하고, 학생 개개인의 지능적 특성을 고려한 맞춤형 교육을 권장한다.

오답 분석

① 2문단 "언어 지능은 언어를 사용하여 생각을 표현하고 소통할 수 있는 능력으로 작가나 언어학자에게서 두드러지며, 논리-수학 지능은 논리적 사고와 문제 해결을 중심으로 하는 능력"을 통해 볼 때 잘못된 설명이다.

② 여러 지능 유형은 독립적이라고 설명하지만, 특정 지능의 발달이 다른 지능의 발달에 영향을 미친다는 내용은 언급되지 않았다.

④ 4문단 "다양한 지능을 균형 있게 발달시키는 것을 목표로 한다."를 통해 볼 때, 특정 지능만을 강조하는 교육을 지향하지는 않는다.

16 독해 정답 ①

정답 설명

① (가) 실용적이고 검소한 의례(○): 묵자는 유가의 사치스러운 장례와 제사 대신 실용적이고 검소한 의례를 주장하며 자원의 효율적 활용을 강조했다.

(나) 겸애와 실질적 윤리(○): 묵자는 혈연 중심주의 대신 보편적 사랑(겸애)과 실질적 윤리를 통해 사회적 평등과 효율성을 추구했다.

오답 분석

(가) 화려하고 웅장한 의례(×): 묵자는 장례와 제사 의식이 "비생산적일 뿐 아니라 사회적 자원의 낭비를 초래한다"고 하였으므로 화려하고 웅장한 의례는 묵자의 의견과 상반된다.

(나) 음악과 예술의 발전(×): 묵자는 음악과 예술이 주는 감정을 인정하지만, 실질적인 이익이 없다면 무익하다고 보였다. 이는 묵자가 비판한 유가의 핵심 요소이며, 묵자의 철학과 배치된다.

17 독해 정답 ①

정답 설명

① 2문단을 통해 붕당 정치는 조선 초기에는 견제와 협력이 이루어졌지만, 시간이 지나며 붕당이 권력을 독점하려고 하였음을 알 수 있다. 따라서 초기와 후기의 당파 간 관계에 차이가 있다는 설명은 적절하다.

오답 분석

② 2문단 "조선 초기에는 상대방을 배제하기보다는 서로의 의견을 조율하고 견제하면서 국정을 운영하는 형태를 보였다. ~ 그러나 시간이 지남에 따라 붕당 정치가 형성되어"를 통해 볼 때 붕당이 조선 초기부터 정치권력을 독점하였다는 설명은 적절하지 않다.

③ 탕평책이 붕당 정치의 폐해를 해결하고자 했지만, 문제를 해결하지는 못했다고 하였으므로 탕평책을 통해 붕당 정치를 해결하려고 노력했으나 실패했음을 추론할 수 있으며, 어느 정도 일조했다는 설명 역시 알 수 없으므로 적절하지 않다.

④ 붕당은 "학문적 견해와 정책적 가치 등 이념적 차이에 따라 형성되었으며, 경제적 이익은 추가적인 갈등 요소로 작용"했다고 하였으므로 적절하지 않다.

18 독해 정답 ④

정답 설명

④ '(다) – (가) – (나) – (라)'의 순서가 가장 자연스럽다. 먼저, 인격 장애에 대한 큰 개념을 설명하고, 인격 장애의 종류를 2가지로 제시하며, '우선 편집성 인격 장애는'이라는 표현을 통해 다른 인격 장애보다 먼저 제시되어야 하는 문단임을 드러내는 (다)가 첫 문단으로 오는 것이 적절하다. (다)에 이어 편집성 인격 장애의 특징을 제시하는 (가)가 오는 것이 자연스럽다. 이후 인격 장애의 다른 종류인 '강박성 인격 장애'의 특징을 설명하는 (나)가 와야 하고, (나)의 강박성 인격 장애를 '이 성격 장애'로 이어 설명하는 (라)가 마지막으로 제시되는 것이 자연스럽다.

19 독해 정답 ④

정답 설명

④ 1문단에서 양측이 불일치하는 지점을 찾아 이를 올바르고 정확하게 분석해야 한다고 하였고, 4문단에서 그 불일치하는 지점이 불평등 해소에 대한 사회경제 이론의 차이이며, 6문단에서 앞으로 나아가야 할 협력하는 첫걸음은 불평등 발생과 해결에 대한 사회경제 이론을 보다 정확히 분석하는 것이라고 하였다. 따라서 사회경제 메커니즘을 보다 정확히 분석해야 한다는 내용이 결론으로 가장 적절하다.

오답 분석

① 정치 갈등을 해결해야 한다는 의지에 대한 논의는 제시되지 않았다.

② 4문단과 5문단에 따르면 이미 사회 정의를 바라보는 기본적인 원칙에는 어느 정도 합의가 이루어졌고, 1문단에서처럼 양측이 불일치하는 지점이 아니므로 앞으로 좌파와 우파가 협력하기 위해 나아가야 할 결론이라고 보기 어렵다.

③ 5문단에 따르면 매우 불리한 형편의 이들에 대한 문제를 해결하는 주체는 국가이고, 이는 좌파와 우파 모두에게 이미 널리 받아들여진 생각이다. 따라서 결론이라고 보기 어렵다.

20 논리 정답 ①

정답 설명

① 제시된 명제를 기호화하면 다음과 같다.

전제 1	~자율학습 ∧ 야채
전제 2	~야채 → 헬스
추가	
결론	헬스 ∧ ~자율학습

추가해야 하는 전제를 찾기 위해서는 결론의 앞쪽이나 뒤쪽과 동일하게 명제를 만들어야 한다. 결론을 기준으로 할 때 전제 1의 교환법칙이 결론과 뒷부분을 동일하게 배치할 수 있다. 이를 표로 정리하면 아래와 같다.

전제 1+2	야채 ∧ ~자율학습
추가	
결론	헬스 ∧ ~자율학습

따라서 '헬스 ∧ ~자율학습'이 되기 위해서는 '야채 → 헬스'의 전제가 필요하다. 이를 말로 풀이하면 '야채를 먹는 모든 사람은 매일 헬스를 한다.'이므로 답은 ①이다.

01	①	06	②	11	①	16	②
02	③	07	③	12	①	17	③
03	②	08	④	13	④	18	④
04	③	09	①	14	③	19	③
05	②	10	④	15	①	20	①

01 독해 정답 ①

정답 설명

① 2문단을 통해 비례대표제는 극단주의 정당들도 의회 진출을 용이하게 했으며, 특히 경제적 어려움 속에서 국민들의 불만과 절망을 흡수한 나치당은 빠르게 세력을 키웠음을 알 수 있다. 따라서 나치당은 비례대표제를 이용하여 의회에 진출한 것이지, 비례대표제가 있음에도 불구하고 의회에 진출한 것은 아님을 추론할 수 있다.

오답 분석

② 1문단을 통해 비례대표제는 작은 정당들도 의회 진출 기회를 얻도록 했음을 알 수 있다.

③ 3문단을 통해 다양한 정당이 난립하고 연립 정부가 불안정하게 운영되면서 어느 정당이 정책 실패에 대한 책임을 져야 하는지 불분명해졌음을 알 수 있다.

④ 4문단을 통해 비례대표제로 인한 정치적 불안정을 빌미로 힌덴부르크 대통령이 비상 권한을 행사했음을 알 수 있다.

02 독해 정답 ③

정답 설명

③ 1문단을 통해 국정감사는 매해 정해진 시기에 진행하며, 2문단을 통해 국정조사는 특별히 정해진 시기 없이 언제든 행할 수 있음을 알 수 있다.

오답 분석

① 1문단을 통해 국정감사의 주요 목적은 예산을 적절하게 사용하고 예산안에 따라 업무를 수행하는지, 정책을 효율적으로 수행하는지 등을 검토하는 것임을 알 수 있다. 또한 2문단을 통해 국정조사는 국회가 특정 사안이나 사건에 대한 조사를 수행하는 절차로, 특별위원회가 대상이 된 특정 이슈나 사안에 대한 조사와 평가를 함을 알 수 있다.

② 1문단과 2문단을 통해 국정감사는 전문위원회가 정부 기관 및 예산 등을 평가하며, 국정조사는 주로 조사 대상과 관련 있는 국회의원들로 구성된 특별위원회를 구성하여 진행함을 알 수 있다.

④ 1문단과 2문단을 통해 국정감사는 주로 예산안과 보고서와 같은 공식 문서를 기반으로 이루어지며, 국정조사는 공식 문서 외에도 필요한 경우 참고인과 증인을 소환하여 진술을 받거나 질문을 할 수 있음을 알 수 있다.

03 작문 정답 ②

정답 설명

② 과장님, 부장님께서 오시라십니다.(○): 오라고 한 주체가 부장님이므로 '부장님'이 높임의 대상이다. 따라서 서술어 '오다'만을 높이는 '~랍니다'의 표현은 적절하지 않다. '오시랍니다'는 '오시라고 합니다'의 준말이기 때문에, '부장님'을 높이기 위해서는 높임 선어말 어미 '-시-'를 넣어 '하십니다'로 정정해야 하며, '과장님' 역시 높임의 대상이 되기 때문에 이와 호응하는 '오라'는 높임 선어말 어미 '-시-'를 넣어 '오시라'로 표현하는 것이 적절하다. 따라서 수정 전 문장이 올바른 문장이다.

오답 분석

① 그는 일을 벌려 놓고서 아무 말 없이 떠났다.(×) → 그는 일을 벌여 놓고서 아무 말 없이 떠났다.(○): '벌리다'는 '둘 사이를 넓히거나 멀게 하다.'는 뜻으로 '벌이다'와 형태가 유사하나, '일을 계획하여 시작하거나 펼쳐 놓다.'의 의미로 사용할 때는 '벌이다'를 써야 한다.

③ 얘들아, 우리 조용하자.(×) → 얘들아, 우리 조용히 하자.(○): '조용하다'는 형용사로, 형용사는 청유형 종결어미와 결합하지 않기 때문에 '조용하자'는 잘못된 표현이다. 따라서 '조용히 하자'와 같이 뒤에 동사를 넣어서 청유형 문장을 사용하는 것이 올바르다.

④ 하늘을 날으는 우리의 공군!(×) → 하늘을 나는 우리의 공군!(○): 어간이 'ㄹ'로 끝나는 말에서는 뒤에 매개모음 '으'가 올 수 없기 때문에 매개모음을 포함하고 있는 '은'이 아니라 '는'과 결합해야 한다. 따라서 '날- + -는'의 형태가 되고 이때 ㄹ 탈락이 일어나서 '나는'으로 표기한다.

04 논리 정답 ③

정답 설명

③ 제시된 명제를 기호화하면 다음과 같다.

전제 1	도자기 ∧ 박물관
전제 2	~휴가 → ~박물관 (= 박물관 → 휴가)

이중 부정은 긍정과 동일한 의미이다. 그러므로 전제 1은 '도자기를 좋아하는 어떤 사람은 박물관을 간다.'와 같은 의미이고 이를 기호화하면 '도자기 ∧ 박물관'이 된다. 결론을 찾을 때에는 전제 1과 전제 2의 조건절을 동일하게 전제를 만들어야 한다. 따라서 전제 1과 전제 2의 조건절을 동일하게 만든 것을 정리하면 아래와 같다.

전제 1	박물관 ∧ 도자기
전제 2	박물관 → 휴가

전제 1과 전제 2의 조건절이 동일한 상태에서 결론을 도출하면 '도자기 ∧ 휴가'가 된다. 이를 문장으로 하면 '도자기를 좋아하는 어떤 사람은 휴가를 낸다.'가 되므로 ③은 빈칸에 들어갈 결론으로 적절하다.

오답 분석

① 도자기를 좋아하는 사람 중 휴가를 내지 못하는 경우도 있으므로 결론에 들어갈 말로 적절하지 않다.

② 전제 2를 기호화하면, '~휴가 → ~박물관'이다. 이의 역('~박물관 → ~휴가')은 참인지 확정할 수 없으므로 결론에 들어갈 말로 적절하지 않다.

④ 전제 1에 의해 박물관을 가는 사람 중 도자기를 좋아하지 않는 경우도 있으므로 결론에 들어갈 말로 적절하지 않다.

05 논리 정답 ②

정답 설명

② ㄷ. 병은 대화 속에서 선입견이 수정되고 확장되면서 다름에 대한 새로운 이해가 형성된다고 보았다. 따라서 미국인과 영국인이 서로의 어휘 차이로 인해 오해와 갈등을 빚었지만 대화를 지속하며 서로에 대한 새로운 이해가 형성된 사례는 병의 입장을 강화한다.

오답 분석

ㄱ. 갑은 진정한 존재란 자신의 실존을 자각하고, 이를 통해 자발적으로 존재 의미를 형성하는 것이고, 타자와의 관계는 인간이 세계와 존재를 이해할 수 있는 여러 방식 중 하나일 뿐이라고 보았다. 따라서 타인과의 소통이 전무하여 타자와의 관계에서 오는 성찰 기회를 놓쳐 안타까워하는 사례는 자발적으로 존재 의미를 형성하지 못하고 한탄만 하는 것이기 때문에 갑의 입장을 약화한다.

ㄴ. 을은 인간 존재는 타자와의 관계에서 책임 의식을 지닌 윤리적 주체가 되며, 이러한 관계가 존재 의미의 근본이 된다고 보았다. 따라서 환자들을 의료 행위의 객체로 보고, 자신은 책임 의식을 지닌 윤리적 주체로 생각하며 무한한 책임 의식을 가지고 치료하는 의사의 사례는 을의 입장을 강화한다.

06 독해 정답 ②

정답 설명

② 2문단을 통해 아방가르드 작가들은 기존의 문학적 형식과 관습을 거부하고 새로운 실험적인 형식을 모색했음을 알 수 있다. 따라서 종래의 문학적 형식을 기반으로 했다는 설명은 적절하지 않다.

오답 분석

① 1문단을 통해 사회주의 리얼리즘 작품은 반드시 소비에트 연방의 공식적인 이데올로기와 일치해야 했으므로 현실이 공산주의적 관점에서 왜곡되어 제시되었음을 알 수 있다.

③ 1문단을 통해 1930년대 이후에는 사회주의 리얼리즘이 유일한 공식적인 문학 방식으로 채택되었으며, 2문단을 통해 1950년대 이후에는 사회주의 리얼리즘의 엄격한 통제가 다소 완화되었음을 알 수 있다.

④ 2문단을 통해 당시의 현실에 대한 긍정적 묘사에 집중한 사회주의 리얼리즘과 달리 '닥터 지바고'는 과거의 역사적 사건인 러시아 혁명과 내전을 배경으로 하였음을 알 수 있다.

07 독해 정답 ③

정답 설명

③ 3문단을 통해 쿠퍼 세포가 세포 괴사 부산물을 탐식하는 것은 알 수 있으나, 쿠퍼 세포가 활성 산소를 탐식하는지는 확인할 수 없다.

오답 분석

① 1문단을 통해 뇌의 시상하부는 CRH를 통해 뇌하수체전엽에 신호를 보내고, 이는 부신의 겉질과 속질에 모두 영향을 줌을 확인할 수 있다.

② 2문단을 통해 교감신경 항진에 의한 간 자극은 사이토카인을 통해 화병을 유발할 수 있으며, 이 경로는 쿠퍼 세포와 무관함을 알 수 있다.

④ 1문단과 4문단을 통해 부신과 장에서 분비하는 노르에피네프린을 분비하며, 이는 모두 간 손상을 유발할 수 있음을 알 수 있다.

08 독해 정답 ④

정답 설명

④ 3문단을 통해 리프트 슬래브는 '건물 전체'를 하나의 거대한 리프트 구조로 만드는 것임을 알 수 있다.

오답 분석

① 1문단을 통해 래프트 기초 방식은 얕은 깊이의 지반에도 적합함을 알 수 있으므로, 기반암까지의 깊이가 평균 30m 정도로 얕다면 래프트 기초 방식을 사용하였을 것임을 추론할 수 있다.

② 1문단을 통해 매트 기초 방식은 건물 전체 아래에 강화 콘크리트 슬래브를 깔아 만드는 방식임을 알 수 있다.

③ 2문단을 통해 저렴하고 공사 기간 단축이 용이한 철골은 고층 건축에 가장 많이 사용되는 골조 재료임을 알 수 있다.

09 독해 정답 ①

정답 설명

① 1문단을 통해 헤겔은 대상과의 적극적 상호작용을 통한 '정립–반정립–종합'을 중시하였음을 알 수 있다.

오답 분석

② 1문단을 통해 사물 자체를 인식할 수 없다고 보고 현상에 대한 인식을 중시한 것은 칸트임을 알 수 있다.

③ 2문단을 통해 현상이 물 자체의 영향을 받는다고 본 것은 칸트의 견해임을 알 수 있다. 헤겔은 이에 대해 정신은 '절대자'로서, 물질세계와 인간 정신을 모두 포괄한다고 주장했으므로 이 문장은 헤겔의 주장으로 적절하지 않다.

④ 1문단을 통해 헤겔은 선험적 관념이 대상과의 상호작용에 의해 깨지는 '반정립'을 중시하였음을 알 수 있다.

10 문법 정답 ④

정답 설명

④ ㉠ '(나뭇잎이) 누르다'는 '러' 불규칙 활용을 하는 용언으로, 어간의 끝음절 '르' 뒤에 오는 어미 '–어'가 '러'로 변하여 '누르러'가 되므로 ㉠에 해당한다.

㉡ '(은행잎이) 노랗다'는 'ㅎ' 불규칙 활용을 하는 용언으로, 모음 어미 '–아'가 오면 어간의 일부인 'ㅎ'이 없어지고 어미 '–아'는 '이'로 변하여 '노래'가 되므로 ㉡에 해당한다.

오답 분석

㉠ • (우물에서 물을) 긷다: 'ㄷ' 불규칙 활용을 하는 용언으로, 어간 받침 'ㄷ'이 모음으로 시작하는 어미와 만나는 경우 어간 받침이 'ㄹ'로 변하여 '길어'가 되므로 어간만이 불규칙적으로 바뀌는 것에 해당한다.

• (컵에 물을) 붓다: 'ㅅ' 불규칙 활용을 하는 용언으로 어간 받침 'ㅅ'이 모음으로 시작하는 어미와 만나는 경우 어간 받침이 탈락하여 '부어'가 되므로 어간만이 불규칙적으로 바뀌는 것에 해당한다.

• (나뭇잎이) 노르다: '러' 불규칙 활용을 하는 용언으로, 어간의 끝음절 '르' 뒤에 오는 어미 '–어'가 '러'로 변하여 '노르러'가 되므로 ㉠에 해당한다.

㉡ • (얼굴빛이) 시퍼렇다: 'ㅎ' 불규칙 활용을 하는 용언으로 어간 받침 'ㅎ'이 모음으로 시작하는 어미와 만나는 경우 어간 받침이 'ㅎ'이 없어지고 어미 '–어'는 '이'로 변하여 '시퍼레'가 되므로 ㉡에 해당한다.

• (강물이) 붇다: 'ㄷ' 불규칙 활용을 하는 용언으로 어간 받침 'ㄷ'이 모음으로 시작하는 어미와 만나는 경우 어간 받침이 'ㄹ'로 바뀌어 '불어'가 되므로 어간만이 불규칙적으로 바뀌는 것에 해당한다.

• (물을) 따르다: '으' 탈락 용언으로, 어간의 끝 '–'가 모음으로 시작하는 어미와 만나는 경우 탈락하여 '따라'가 되므로 규칙 활용에 해당한다.

11 작문 정답 ①

정답 설명

① 코르트코프 혈압계의 원리를 '인과'의 설명 방식을 채택하였으며, ①에서도 ELISA 실험의 절차를 인과의 방식으로 드러내었다.

오답 분석

② 수니파와 시아파의 차이를 비교하여 제시하였다.

③ 자율신경계의 구성을 분석하였다.

④ 봉건 사회의 구성을 분석하고 그들의 상호 관계를 제시하는 분석의 방법을 사용하였다.

12 논리 정답 ①

정답 설명

① 제시된 명제를 기호화하면 다음과 같다.

전제 1	소영 아메리카노 ∧ 영준 아메리카노
전제 2	소영 ∧ 찬수 ∧ 영준 → 한 가지 커피
전제 3	소영 카페라떼 ∨ 찬수 카페라떼 ∨ 영준 카페라떼

전제 3에 따라 소영, 찬수, 영준 중 한 명은 카페라떼를 마시는데, 전제 1에서 소영이와 영준이는 아메리카노를 마심을 알 수 있다. 전제 2에서 소영, 찬수, 영준이는 하나의 커피만 마신다고 하였으므로 소영이와 영준이는 아메리카노, 찬수는 카페라떼를 마심을 알 수 있다. 따라서 답은 ①이다.

오답 분석

② ③ ④ 찬수는 카페라떼를 마시지만 소영이와 영준이는 아메리카노를 마신다.

13 문학 정답 ④

정답 설명

④ 2문단을 통해 한곡리의 농민들은 교육을 받을 기회가 거의 없었음을 알 수 있다.

오답 분석

① 3문단을 통해 박동혁은 농촌 운동을 통해 마을 사람들의 삶을 개선하고자 노력하였으며, 채영신은 농촌 여성들의 삶을 개선하기 위해 노력하였음을 알 수 있다.

② 2문단을 통해 농민들은 땅을 빼앗기고 지주에게 높은 소작료를 납부해야 했으며, 한곡리는 일제의 착취와 지주들의 억압으로 인해 극심한 빈곤에 시달리는 마을임을 알 수 있다.

③ 3문단을 통해 채영신은 농촌 여성들의 삶을 개선하기 위해 노력한 인물이며, 이영춘은 마을의 지도자로, 처음에는 박동혁과 채영신의 농촌 운동에 반대하지만, 결국 그들의 열정에 감동하여 지지하게 됨을 알 수 있다.

14 독해 정답 ③

정답 설명

③ 제시된 글은 디지털 문맹의 문제인 '경제적 · 사회적 불평등'을 논의하고, 해결 방안인 '교육적 접근과 사회적 지원'을 제시하는 방식으로 전개되고 있다.

오답 분석

① 디지털 문맹의 정의와 문제를 제시하는 것은 맞지만, 해결 방안에 대한 언급이 빠져 있으므로 적절하지 않다.

② 해결 방안 중 교육적 접근의 중요성을 강조한다는 점은 맞지만, 경제적 · 사회적 문제에 대한 논의가 생략되었으므로 적절하지 않다.

④ 디지털 문맹의 원인에 대한 분석을 포함하지 않았다.

15 독해 정답 ①

정답 설명

① 3문단에서 더 강한 결정론이 옳다면, 개인은 자신의 행동에 대해 도덕적 책임을 질 수 없게 된다고 하였다. 이는 더 강한 결정론이 자유 의지를 부정하며, 따라서 도덕적 책임의 기초로서의 자유 의지를 인정하지 않는다는 것을 의미한다.

오답 분석

② 4문단에서 개인의 자아는 단순한 관찰자에 불과하게 된다고 설명하고 있으며 개인의 자아가 자유롭게 행동할 수 있는 주체로 간주된다는 것은 더 강한 결정론과 상반되므로 적절하지 않다.

③ 2문단에서 유전적 요인, 뇌의 신경 구조, 과거의 경험, 사회적 환경 등은 모두 개인의 선택을 형성하는 데 중요한 역할을 한다고 하였다. 더 강한 결정론은 이 요소들을 중요시하는 입장이므로, 무시한다는 설명은 적절하지 않다.

④ 3문단에서 더 강한 결정론이 개인이 자신의 행동에 대해 도덕적 책임을 질 수 없게 만든다고 설명하고 있으며, 이는 법적 체계가 개인의 행동에 대한 책임을 물을 때 정당성을 제공하지 않는다는 것을 의미한다.

16 독해 정답 ②

정답 설명

② '(가) – (라) – (나) – (다)'의 순서가 가장 자연스럽다. 먼저 첫 문단에 제시된 '건설 현장에서의 효율성을 극대화하기 위해 사용되는 혁신적인 건축 방식'이라는 내용이 다시 한번 제시되어 모듈러 공법의 장점인 비용 효율성 및 품질 유지에 대해 다루는 (가)가 첫 문단 이후 오는 것이 적절하다. (가)에 이어 대형 건물 건설의 실사례를 제시하는 (라)가 오는 것이 자연스럽고, (라)에 제시된 건축물 조립 후 내외부 마감과 관련되어 내외부 마감 작업 방식을 설명하는 (나)가 (라)에 이어 오는 것이 자연스럽다. 마지막으로, 모듈러 공법이 제공하는 이점과 미래 전망을 다루는 (다)가 오는 것이 적절하다.

17 논리 정답 ③

정답 설명

③ ㄴ. A는 인클로저 운동으로 탈공동체화(울타리)된 농촌에서 쫓겨난 잉여 노동력이 도시로 유입되어 노동력을 공급하였다고 하였으므로, 도시 인구의 증가를 촉진했다고 본다는 설명은 적절하다.

ㄷ. A는 인클로저 운동으로 대규모 농업 방식을 도입하여 곡물 생산량을 증대시켰다고 하였고, B는 인클로저 운동으로 도입된 대규모 농업 방식이 환경 문제를 야기했다고 하였다. 따라서 A와 B 모두 인클로저 운동으로 대규모 농업 방식이 도입되었음을 인정하고 있다.

오답 분석

ㄱ. A는 농촌에서 쫓겨난 잉여 노동력이 공장 노동력으로 유입되었다고 하였고, B는 빈곤한 농민들이 땅을 잃어 도시로 유입되었다고 하였다. 따라서 A와 B 모두 인클로저 운동으로 농민들이 농촌에서 쫓겨났음을 인정하고 있다.

18 독해 정답 ④

정답 설명

④ 3문단 "'포인트캐스트'는 기존의 여러 거대 언론 매체를 하나의 웹 사이트에 모은 후 독자가 자신의 취향과 관심에 맞는 부문만 선택하여 읽을 수 있도록 구성되어 있다."에서 ㉠은 각종 언론의 기사를 통합하여 분류해 놓은 신문임을 추론할 수 있다.

오답 분석

① ② 확인할 수 없는 내용이다.

③ 3문단 "사이드워크는 지역 생활 정보를 맞춤 정보 서비스로 제공"하였다고 한 것에서 지역의 생활 정보를 집중적으로 제공하는 신문은 사이드워크임을 추론할 수 있다.

19 독해 정답 ③

정답 설명

③ 1문단에서 미스티 코플랜드가 2015년에 아메리칸 발레 시어터의 수석 발레리나가 되었는데 흑인으로서 최초라고 하였으므로 그전까지 아메리칸 발레 시어터에서는 흑인 수석 발레리나가 단 한 명도 없었던 사실을 추론할 수 있다.

오답 분석

① 1문단에서 발레 블랑은 백인 발레리나만 역할을 맡는다는 고정관념이 있었고 발레계에 일반적으로 백인 여성의 가냘프고 긴 팔다리라는 미적 기준이 통용되었음을 알 수 있다. 따라서 고정관념이나 편견과 같은 비공식적 요소에 따라 백인 발레리나가 출연한 것이지, 백인 발레리나만 출연할 수 있다는 공식적인 규정이 있었던 것은 아님을 확인할 수 있다.

② 1문단과 2문단에서 발레단에서 인종적 차별이 완화되었고 사회에도 긍정적인 영향을 미쳤다는 것을 알 수 있다. 그러나 3문단에서 볼 수 있듯이 흑인 발레리나들은 여전히 주요 배역을 맡는 데 종종 어려움을 겪거나 여전한 편견에 부딪히기도 함을 알 수 있으므로 발레단에서 인종 차별이 완전히 해소된 것은 아님을 추론할 수 있다.

④ 1문단에서 다양한 체형과 피부색이 수용되고 작품에 대한 새로운 해석과 스타일이 등장한 것을 알 수 있다. 그러나 이는 기존 작품에 대한 해석과 스타일의 변형인 것이지, 새로운 작품이 등장했다는 것은 아니며, 전통적인 작품을 대체하는 새로운 작품에 대한 내용도 언급된 바 없다.

20 논리 정답 ①

정답 설명

① 제시된 명제를 기호화하면 다음과 같다.

전제 1	~텔레비전 ∧ 게임
전제 2	요리 ∧ 텔레비전
추가	
결론	게임 ∧ 요리

이중 부정은 긍정과 같은 의미이므로 전제 2는 '매일 요리를 하는 어떤 사람은 텔레비전을 가진다.'와 동일한 의미이며 이를 기호화하면 '요리 ∧ 텔레비전'이 된다. 추가해야 하는 전제를 찾기 위해서는 결론의 앞쪽이나 뒤쪽과 동일하게 명제를 만들어야 한다. 결론을 기준으로 할 때 전제 2의 교환법칙과 결론의 뒷부분을 동일하게 배치할 수 있다. 이를 표로 정리하면 아래와 같다.

전제 2	텔레비전 ∧ 요리
추가	
결론	게임 ∧ 요리

따라서 '게임 ∧ 요리'가 되기 위해서는 '텔레비전 → 게임'의 전제가 필요하다. 이를 말로 풀이하면 '텔레비전을 가진 모든 사람은 게임을 한다.'이므로 답은 ①이다.

01	④	06	③	11	③	16	②
02	①	07	②	12	①	17	④
03	④	08	③	13	③	18	①
04	②	09	④	14	③	19	①
05	④	10	③	15	②	20	②

01 작문 정답 ④

정답 설명

④ '민우는 나와 윤서를 불렀다.'는 '윤서'를 부른 사람이 '민우와 나'라는 의미와 '나와 윤서'를 부른 사람이 '민우'라는 의미 두 가지로 해석된다. 수정 문장인 '민우는 나와 둘이서 윤서를 불렀다.'는 '둘이서'라는 상황 설명을 추가함으로써 두 가지 의미 중 '윤서'를 부른 사람이 '민우와 나'라는 의미로 한정하였다. 그러나 '나와 윤서'를 부른 사람이 '민우'라는 전달 의도를 반영하지 못하였으므로 적절하지 않다. 전달 의도를 반영하기 위해서는 '민우는 혼자서 나와 윤서를 불렀다.'처럼 '혼자서'라는 상황 설명을 추가해야 한다.

02 독해 정답 ①

정답 설명

① 이탈리아 오페라에서 다루는 소재(신화와 왕, 귀족들의 이야기)와 불리는 언어에 관한 내용은 확인할 수 있으나 '이탈리아 오페라'의 발생 과정은 확인할 수 없다.

오답 분석

② 3문단에서 서푼짜리 오페라에는 당시 사회에 대한 비판이 담겨 있음을 알 수 있다.

③ 4문단에서 존 게이와 브레히트는 종전의 극과는 다른 형식과 내용의 극을 추구했음을 알 수 있다.

④ 4문단에서 작가는 기존의 관점을 뒤집어 보게 하기 위해 거지 오페라로 제목을 붙였음을 알 수 있다.

03 독해 정답 ④

정답 설명

④ 1문단과 2문단을 통해 법과 도덕은 구분되어야 하나, 법체계 내에서 최소한의 도덕적 내용이 필요함을 부정할 수는 없다고 밝혔음을 확인할 수 있다.

오답 분석

① 2문단을 통해 법체계 내에서 최소한의 도덕적 내용이 필요함을 부정할 수는 없음을 확인할 수 있다.

② 3문단을 통해 법이 권위와 정당성을 가지려면 도덕적 정당성이 필요함을 확인할 수 있다.

③ 절차적 정당성의 효과에 대해서는 제시된 글에서 찾아볼 수 없다. 다만, 1문단과 3문단을 통해 법의 타당성은 특정한 절차와 형식을 따랐는지에 달려 있으며, 법과 권위가 정당성을 가지려면 도덕적 정당성이 필요하고, 사람들이 법을 도덕적으로 정당하다고 느낄 때 법을 더 잘 따름을 알 수 있다. 따라서 법이 효과적으로 기능하기 위해서는 도덕적 정당성이 필요함을 추론할 수 있다.

04 문법 정답 ②

정답 설명

② '밝는다'는 '밝- + -는- + -다'로 분석된다. 어간에 현재 시제 선어말 어미 '-는'이 결합하였으므로 ㉡의 '밝다'는 동사에 해당한다. 참고로 '밝다'는 동사와 형용사로 모두 쓸 수 있는데, ㉡의 '밝는다'는 '밤이 지나고 환해지며 새날이 온다.'의 의미로, 시간의 변화에 따라 환해진다는 '작용'을 나타내는 동사이다.

오답 분석

① '던졌다'는 '손에 든 물건을 다른 곳에 떨어지게 팔과 손목을 움직여 공중으로 내보냈다.'의 의미이다. 대상의 동작을 나타내는 단어이므로 동사에 해당한다.

③ '입어라'는 '입- + -어라'로 분석된다. 어간에 명령형 어미 '-어라'가 결합하였으므로 '입다'는 동사가 된다.

④ 어간 '건강하-'에 청유형 어미 '-자'가 붙은 '건강하자'는 비문법적인 문장이다. 청유형 어미가 결합하지 못하면서, '정신적으로나 육체적으로 아무 탈이 없고 튼튼하다.'는 사물의 성질을 나타내므로 '건강하다'는 형용사이다. 참고로 ㉣은 '올해도 우리 모두 건강하게 지내자' 등으로 써야 올바른 문장이 된다.

05 논리 정답 ④

정답 설명

④ ㄱ. 김 교수는 학생들이 자기주도 학습을 통해 더 나은 학업성취를 이룰 수 있다고 주장하였으므로, 자기주도 학습을 받은 학생들이 더 높은 성적을 받았다는 연구는 김 교수의 입장을 강화한다.

ㄴ. 이 교수는 대부분의 학생들이 자기주도 학습 능력을 갖추지 못한다고 주장하였으므로, 많은 학생들이 자기주도 학습을 효과적으로 수행하지 못했다는 데이터는 이 교수의 입장을 강화한다.

ㄷ. 박 교수는 학생들이 적절한 교육과 훈련을 받으면 자기주도 학습 능력을 기를 수 있다고 주장하였으므로, 적절한 교육을 받아 자기주도 학습 능력을 향상시켰다는 사례는 박 교수의 입장을 강화한다.

06 독해 정답 ③

정답 설명

③ 3문단을 통해 ARSA는 로힝야 무장 세력이며, 로힝야족은 정부군의 공격으로 인해 방글라데시로 피난을 떠났음을 알 수 있다. 로힝야족의 피난으로 방글라데시의 쿠투팔롱과 같은 난민 캠프가 심각한 인도적 위기에 처했다는 부분을 통해 로힝야족이 쿠투필롱에 감을 추론할 수 있지만, 모든 로힝야족이 쿠투필롱으로 이주하였다고 단정할 수는 없다.

오답 분석

① 2문단을 통해 다수 민족인 버마족과의 관계는 전통적으로 긴장 상태였으며, 소수인 로힝야족은 버마족에 의해 민족적, 종교적 차별을 지속적으로 겪어왔음을 알 수 있다.

② 2문단을 통해 미얀마가 새로운 시민법을 제정하면서 로힝야족을 국가의 공식 민족 목록에서 제외시켰고, 이로 인해 로힝야족은 법적으로 무국적 상태가 되었음을 알 수 있다.

④ 4문단을 통해 유엔 인권 이사회에서 미얀마 군부의 행동을 '제노사이드(집단 학살)'로 규정했음을 알 수 있다.

07 독해 정답 ②

정답 설명

② 2문단을 통해 Bax와 Bak 단백질이 미토콘드리아 외막에 통합되면 세포자멸사가 일어남을 확인할 수 있다. 따라서 암세포에 의해 특정 세포 X의 Bcl-2 단백질이 발현되어 Bax가 미토콘드리아 외막에서 떨어졌다면, X세포는 사멸하지 않음을 추론할 수 있다.

오답 분석

① 2문단을 통해 면역 세포가 면역 반응 종료 이후에도 존속한다면 우리 몸의 면역 반응이 과잉되어 인체는 손상을 피할 수 없음을 확인할 수 있다. 따라서 면역을 담당하는 T세포는 면역 반응이 끝난 후 자발적으로 사멸하여 면역 체계의 과잉 반응을 방지함을 추론할 수 있다.

③ 3문단을 통해 괴사는 종종 조직의 기능을 손상시키며, 장기적인 건강 문제를 초래할 수 있음을 확인할 수 있다. 따라서 심장 근육이 괴사하는 심근경색에서는 심장 기능이 저하되며, 장기적 건강 문제가 발생함을 추론할 수 있다.

④ 3문단을 통해 괴사는 물리적, 화학적, 또는 생물학적 요인에 의해 유도되며, 이러한 손상은 세포막의 파괴를 동반함을 확인할 수 있다. 따라서 물리적 외상으로 손상된 조직에서 빠르게 증식하며 독소를 생성하여 괴사를 유도하는 Y균에 감염된 세포는 세포막이 파괴됨을 추론할 수 있다.

08 독해 정답 ③

정답 설명

③ 2문단을 통해 베르그송은 시간을 '지속'이라는 질적 경험으로 이해해야 한다고 주장하며, 기계적이고 결정론적인 사고를 비판했음을 알 수 있다. 따라서 ③은 제시된 글의 내용에 부합하지 않는다.

오답 분석

① 2문단을 통해 베르그송은 기계적이고 결정론적인 사고를 비판했음을 알 수 있다.

② 3문단을 통해 들뢰즈는 베르그송의 사상을 발전시켜 자신의 철학 체계에 통합했음을 알 수 있다.

④ 3문단을 통해 들뢰즈는 전통적 철학의 이분법적 사고를 해체하려고 했음을 알 수 있다.

09 독해 정답 ④

정답 설명

④ 3문단을 통해 자아는 외부 세계의 요구와 이드의 욕구 사이에서 균형을 맞추려 노력함을 확인할 수 있다. 이로부터 외부 세계의 요구와 쾌락 원리는 다른 방향으로 움직임을 추론할 수 있다. 만약 같은 방향으로 움직였다면 '자아는 외부 세계의 요구와 이드의 욕구 사이에서 균형을 맞추려 노력한다'고 표현하지 않았을 것이다. 가령, '국회와 행정부는 서로 견제하며 균형을 맞춘다'는 문장에서 권력을 국회와 행정부가 나누어 가짐을 추론할 수 있는 것이다. 이를 추론할 수 없다 하더라도, 다음의 두 논리 중 하나만 알면 이 문제를 풀 수 있다.

- 외부 세계의 요구와 쾌락 원리를 자아가 조절한다.
- 충동은 자아가 아닌 이드에 있다는 점을 통해 '자아의 충동'을 지워낼 수 있다[자아(Ego)는 현실 원리에 따라 작동하며, 이드의 충동을 현실적으로 조절하는 역할을 한다].

오답 분석

① 1문단을 통해 이드, 자아, 초자아는 인간의 마음속에서 서로 상호작용함을 확인할 수 있다.

② 4문단을 통해 초자아는 부모나 사회로부터 내면화된 가치관과 규범을 반영하며, 자아가 이드의 충동을 조절하는 데 있어 도덕적 판단을 제공함을 확인할 수 있다.

③ 4문단을 통해 초자아는 주로 무의식의 영역에 존재하지만, 그 영향력은 의식적인 행동에도 강력하게 나타남을 확인할 수 있다.

10 독해 정답 ③

정답 설명

③ 2문단 끝에서 일반 의지는 공동체 전체의 공공선을 반영함을 알 수 있으며, 이는 사회 구성원 모두의 공통된 이익을 추구하는 것을 의미한다.

오답 분석

① 1문단과 4문단을 통해 사회 계약론은 개인의 권리와 의무를 강조하며, 개인과 국가 간의 관계를 설명하는 과정에서 나타났음을 알 수 있다.

② 2문단을 통해 특수 의지는 개인이나 특정 집단의 사적 이익을 추구하며 공동체 전체의 이익과 항상 일치하지는 않음을 알 수 있다.

④ 3문단을 통해 루소는 특수 의지를 일반 의지에 양도하여 공공선을 추구해야 한다고 보았음을 알 수 있다.

11 문학 정답 ③

정답 설명

③ 2문단을 통해 '결별이 이룩하는 축복'은 '결별'과 '축복'이라는 모순된 표현을 사용했음을 알 수 있다. 이를 통해 역설법임을 추론할 수 있으며, '소리없는 아우성' 역시 역설적 표현을 사용하고 있다.

오답 분석

① 2문단을 통해 '분분한 낙화'는 성숙한 만남을 위한 헤어짐의 순간으로 이별의 고통을 의미하기보다는 성숙해지는 과정을 의미함을 알 수 있다.

② 화자는 이별의 아픔을 슬퍼하는 모습을 보여주며, 이별을 기쁘게 받아들이는 자세는 나타나지 않는다.

④ 2문단을 통해 '결별'과 '축복'이라는 모순된 표현을 사용했음을 알 수 있으나, 3문단 "이별이나 소멸을 성숙을 위한 과정으로 생각하여"를 통해 볼 때, 이별의 아픔을 내적으로 거부하는 것이 아니라 수용하여 성숙한 삶의 추구하고자 했음을 추측할 수 있다.

12 독해 정답 ①

정답 설명

① 앎과 행동은 별개의 과정이 아니라 하나의 통합된 과정으로, 참된 지식은 행동 속에서만 완성된다고 보았다.

오답 분석

② 왕수인은 이론적 앎과 행동을 분리하여 설명하지 않았다.

③ 왕수인은 경전보다 심즉리를 중시하였다. 이는 왕수인에 대한 비판으로 사용될 수 있다.

④ 왕수인은 양지를 내재적인 것으로 보았다.

13 문법 정답 ③

정답 설명

③ '말씀'은 일반 어휘인 '말'을 높이는 특수 어휘이다. 따라서 ㉡은 특수 어휘인 '말씀'을 사용하여 서술의 주체인 '아버지'를 높이고 있다. '말씀'이 서술의 객체인 '할머니'를 높이고 있는 것이 아니다.

오답 분석

① ㉠은 '드려라'에서 종결 어미 '-(아/어)라'를 통해 '해라체'를 사용하였음을 알 수 있으며, '해라체'는 격식체 중 아주 낮춤 표현이므로 대화 상대인 '창민'을 낮추고 있음을 알 수 있다.

② ㉠은 '선생님께'에서 객체 높임을 실현하는 부사격 조사 '께'를 사용하여 서술의 객체인 '선생님'을 높이고 있다.

④ ㉡은 주체 높임을 실현하여 문장의 주어인 '아버지'를 높이기 위해 '아버지께서'에서 주격 조사 '께서'를 사용하였고, '말씀하실'과 '하셨습니다'에서 선어말 어미 '-시-'를 사용하였다.

14 논리 정답 ③

정답 설명

③ 제시된 명제를 기호화하면 다음과 같다.

전제 1	~새봄→ ~새찬 (= 새찬 → 새봄)
전제 2	~새찬 → 새힘 ∧ ~새별 (= ~새힘 ∨ 새별 → 새찬)
전제 3	~새별
전제 4	새힘 ∨ 새별 → 새강 ∧ ~새봄 (= ~새강 ∨ 새봄 → ~새힘 ∧ ~새별)
전제 5	~새별 → ~새강 (= 새강 → 새별)

전제 3에 따라 '~새별'이 확정이므로 전제 5에 의해 '~새강'이 확정이다. '~새강'이 확정이므로 전제 4의 대우에 따라 '~새힘, ~새별'이 확정된다. '~새힘'이 확정되었으므로 전제 2의 대우에 따라 '새찬'이 확정된다. '새찬'이 확정되었으므로 전제 1의 대우에 따라 '새봄'이 확정된다. 따라서 이를 정리하면 '~새별, ~새강, ~새힘, 새찬, 새봄'이 된다.

15 독해 정답 ②

정답 설명

② 4문단을 통해 쿠르티우스는 로마 제정이 막 시작한 1세기에 활동하였고, 아리아노스는 로마 제정이 확립되었던 시기의 사람임을 확인할 수 있다. 따라서 아리아노스와 쿠르이투스가 로마 제정 시대에 활동했다는 공통점을 가지고 있다는 것은 올바른 내용이다.

오답 분석

① 3문단을 통해 플루타르코스가 로마의 속주였던 그리스 출신이었다는 점은 알 수 있지만, 그가 이러한 태생적 한계를 극복하기 위해 책을 썼다는 내용은 나와 있지 않다. 오히려 플루타르코스가 시골의 신관으로 일했기에 알렉산드로스를 호의적으로 평가하되, 약간의 반감을 내재한 저술을 하였음을 알 수 있다.

③ 아리아노스는 로마의 공직자로서 속주 출신이라는 태생의 한계를 극복하고자 지배자에 대한 충성의 자세를 보여 주었다. 그러므로 그가 알렉산드로스의 정복에 위협을 느꼈다는 것은 올바르지 않은 설명이다.

④ 고대에 알렉산드로스의 과감함과 용맹 그리고 요절을 바탕으로 그에 대한 전설이 만들어졌다는 내용은 있지만, 그것이 현대에 이르기까지 진행되었다는 내용은 확인할 수 없다.

16 독해 정답 ②

정답 설명

② 3문단을 통해 양계초는 서구 민주주의와 자주적 시민 의식을 중국의 발전을 위한 모델로 삼았음을 알 수 있다.

오답 분석

① 3문단을 통해 양계초는 전통적인 군주 중심의 체제에서 벗어나 민중 중심의 체제를 지향했음을 알 수 있다. 따라서 군주 체제를 강화해야 한다고 주장했다는 설명은 적절하지 않다.

③ 1문단과 4문단을 통해 양계초는 신민설을 통해 당시 사회의 문제점을 분석하였고, 이러한 그의 사상은 20세기 초 중국의 혁명운동과 개혁 사상에 큰 영향을 주었음을 알 수 있다. 따라서 양계초의 사망 이후에 큰 반향을 일으켰다는 설명은 적절하지 않다.

④ 3문단을 통해 신민설은 민중 중심의 체제를 지향했음을 알 수 있다.

17 어휘 정답 ④

정답 설명

④ '㉣ 저항'은 '어떤 힘이나 조건에 굽히지 아니하고 거역하거나 버팀.'이라는 뜻을 가진 의미이나, '원만'은 '성격이 모난 데가 없이 부드럽고 너그럽다.' 혹은 '일의 진행이 순조롭다.'라는 뜻이므로 바꾸어 쓰기 적절하지 않다.

오답 분석

① '㉠ 혁신'은 '묵은 풍속, 관습, 조직, 방법 따위를 완전히 바꾸어서 새롭게 함.'이라는 의미이며, '쇄신'은 '그릇된 것이나 묵은 것을 버리고 새롭게 함.'이라는 뜻을 가진 유의어이므로 바꾸어 쓸 수 있다.

② '㉡ 폐쇄'는 '외부와의 문화적 · 정신적인 교류를 끊거나 막음.'이라는 의미이며, '단절'은 '유대나 연관 관계를 끊음.'이라는 뜻을 가진 유의어이므로 바꾸어 쓸 수 있다.

③ '㉢ 자각'은 '현실을 판단하여 자기의 입장이나 능력 따위를 스스로 깨달음.'이라는 의미이며, '자성'은 '스스로 깨달아 알게 됨.'이라는 뜻을 가진 유의어이므로 바꾸어 쓸 수 있다.

18 독해 정답 ①

정답 설명

① 3문단을 통해 식민지 시절 군부가 받은 조직적 훈련과 자원은 독립 후 군부가 자신들을 국가를 지킬 최후의 보루로 인식하게 만들었음을 확인할 수 있다. 이로부터 군부 쿠데타가 발생했음을 설명하기 위해서는 빈칸에 '군부가 정치적 권력을 잡으려는 동기를'이 들어가는 것이 적절하다.

오답 분석

② 독립 후의 상황이므로 식민지 시대의 군부의 역할인 '민족 저항 운동 탄압'은 빈칸에 들어갈 수 없다.

③ 1문단을 통해 쿠데타는 민간 정치 체계를 유지하지 않음을 확인할 수 있다.

④ 2문단을 통해 독립 이후에도 군부는 상대적으로 안정적임을 확인할 수 있다.

19 독해 정답 ①

정답 설명

① '(가) - (나) - (다) - (라)'의 순서가 가장 자연스럽다. 먼저 석유 정제 과정의 개요와 첫 번째 단계인 증류 과정을 소개하는 (가)가 오는 것이 적절하다. (가)에 이어 증류 과정을 통해 분리된 제품들이 추가적인 처리 과정을 필요로 함을 설명하는 (나)가 오는 것이 자연스러우며, 구체적인 예시를 들어 추가 처리 과정의 목적과 효과를 설명하는 (다)가 (나)에 이어 오는 것이 적절하다. 그다음 석유 정제 과정의 중요성과 역할을 강조하며 마무리하는 (라)가 마지막으로 제시되는 것이 자연스럽다.

20 논리 정답 ②

정답 설명

② 제시된 명제를 기호화하면 다음과 같다.

전제 1	사랑 → 나은
전제 2	~정현 → 성우
전제 3	나은 → 성우
전제 4	~사랑 ∧ ~정현

전제 4는 '~(사랑 ∨ 정현)'으로 기호화할 수 있고, 이는 드모르간의 법칙에 따라 '~사랑 ∧ ~정현'으로 변환된다. 따라서 '~정현'이 확정되었으므로 전제 2에 따라 '성우'가 확정됨을 알 수 있다. 이를 정리하면 '~사랑, ~정현, 성우'이므로 답은 ②이다.

오답 분석

① 전제 1을 통해 사랑이가 뮤지컬을 보는 경우 나은이도 뮤지컬를 보는 것은 알 수 있으나, 조건이 주어지지 않은 상태에서 나은이가 뮤지컬을 보는지는 알 수 없다.

③ 전제 4에 따라 '정현이'가 뮤지컬을 보지 않으므로 전제 2에 따라 '성우'는 뮤지컬을 보는 것을 알 수 있다. 또한 '나은이'와 '도영이'에 대해서는 확인할 수 없다.

④ 전제 4에 따라 '정현이'는 뮤지컬을 보지 않고 전제 3에 따라 '성우'는 뮤지컬을 봄을 알 수 있다.

01	②	06	③	11	①	16	④
02	②	07	③	12	②	17	③
03	②	08	④	13	④	18	④
04	③	09	④	14	①	19	①
05	①	10	④	15	③	20	③

01 작문 정답 ②

정답 설명

② 판소리의 3요소 중 중창, 아니리에 대한 설명이 앞 문장에, 발림에 대한 설명이 뒤의 문장에 이어지고 있다. 앞 문장과 대등한 내용이 덧붙여 연결되어 있으므로, '그러나'를 '그리고' 혹은 '또한'과 같이 고쳐 써야 한다.

오답 분석

① ㉠을 서술어 '노랫소리이며'와 호응하도록 '창은'으로 수정하는 것은 적절하다.

③ 글의 흐름을 고려할 때, 판소리 공연에서 '고수'가 필요함을 언급한 이후 고수의 역할을 제시하는 것이 알맞기 때문에 적절한 수정이다.

④ '놀이판이나 노름판 따위를 차려 놓다.'의 의미를 지닌 단어는 '벌리다'가 아니라 '벌이다'이므로 올바른 수정이다.

※ 벌리다
1. 둘 사이를 넓히거나 멀게 하다.
2. 껍질 따위를 열어젖혀서 속의 것을 드러내다.
3. 우므러진 것을 펴지거나 열리게 하다.

02 독해 정답 ②

정답 설명

② 법과 제도에 의한 규제 필요성을 주장하는 것은 B 학파이며, A 학파는 경쟁이 자연적으로 임금 차별의 도태를 야기한다고 보고 있으므로 경쟁에 대한 보완 정책의 수립을 주장하고 있지는 않다. 즉, 경쟁은 자연스럽게 발생하며 경쟁을 부추기기 위한 정책이 별도로 필요하다고 주장하고 있지는 않다는 것이다.

오답 분석

① A 학파에 따르면 경쟁이 강화될수록 임금 차별의 관행은 도태되므로 타당하다.

③ 임금차별이 어떻게 줄어드는지에 대해 A 학파는 경쟁, B 학파는 규제를 제시하고 있으므로 서로 견해를 달리한다.

④ B 학파에 따르면 비정규직 임금차별이 주로 강제적 제도를 수용함으로써 이루어진다.

03 문학 정답 ②

정답 설명

② 1연에서의 화자는 '연필'을 단순한 도구로 사용하였으나, 3연에서는 '나는 당신의 살아 있는 연필'이라는 표현을 통해 화자 자신과 완전히 동일시하고 있다.

오답 분석

① 1연의 '마른 향내 나는 갈색 연필'은 화자의 경건하고 성찰적인 삶의 태도를 나타내며, 외부의 고난과 자기희생의 자세를 상징하지는 않는다.

③ 화자는 '나는 당신의 살아 있는 연필'이라는 구절을 통해 자신의 삶을 절대자의 뜻에 맡기고자 하는 자세를 드러내며 삶의 가치를 그 관계 속에서 찾아나가려는 모습을 보여주고 있다.

④ 2연의 '예리한 칼끝'은 화자가 고난을 수용하며 이를 삶의 정직함으로 승화하려는 태도를 나타내며, 방어적 태도를 나타내지는 않는다.

04 독해 정답 ③

정답 설명

③ 2문단을 통해 파레토 최적 상태에서 어떤 자원을 다른 용도로 재배분하면 전체적인 효율성이 감소하게 됨을 알 수 있다.

오답 분석

① 1문단을 통해 파레토 최적성은 모든 사람의 처지를 더 이상 개선할 수 없을 정도로 효율적인 상태임을 알 수 있다. 파레토 최적성에 의해 청소 당번이 결정되었다면 이것은 최적의 효율성을 따져서 결정된 사항이다. 그러므로 누군가 이 결정에 대해 불만을 가지고 있더라도 전체 최적의 효율성에 따라 결정된 내용은 한 사람을 위해 수정될 수 없다.

② 2문단을 통해 볼 때, 무결성은 어떤 사람의 처지를 개선하기 위해서는 다른 사람의 처지를 악화시키는 것을 말한다. 그러므로 최저생계비를 받는 사람들을 위해 공무원 수당을 삭감하는 사례는 무결성에 속한다.

④ 2문단 "파레토 최적 상태 여부를 판단하기 위해서는 ~ 개인의 선호도를 수치화할 수 있는 방법이 필요하다."를 통해 개인의 선호도를 수치화하는 것은 파레토 최적 상태 여부를 판단하기 위한 전제 조건임을 추측할 수 있다.

05 독해 정답 ①

정답 설명

① 2문단 끝에서 유엔 안전보장이사회는 15개국으로 구성되어 있음을 확인할 수 있다. 따라서 개입 대상국인 15개국에 포함되지 않는다면 의사를 표현할 수 없음을 추론할 수 있다. ①에서는 의사를 '표현하겠군'이라고 단정하였는데, 표현하지 못하는 경우도 있으므로 '표현할 수도 있겠군'과 같은 표현을 사용하여 단정하지 않아야 옳은 진술이 된다. 또한 안전보장이사회는 이미 구성되어 있으므로, 개입국이 이를 구성한다는 진술도 옳지 않다.

오답 분석

② 1문단을 통해 보호책임 원칙은 1990년대 후반부터 등장한 국제법상 개념으로, 국가는 국민을 보호할 의무가 있고, 만일 그것을 다하지 못하여 대규모 인명 손실이 발생하거나 예상될 때 국제 사회가 개입하여 국민을 보호할 수 있음을 알 수 있다.

③ 2문단을 통해 대규모 인명 손실이 예상될 때 국제 사회는 개입하여 국민을 보호할 수 있으며, 군사 개입뿐만 아니라, 경제 제재, 외교적 압박, 인도주의적 지원 등 다양한 형태의 개입을 포함함을 알 수 있다.

④ 1문단을 통해 100만 명 이상의 사람들이 잔인하게 살해된 르완다 집단학살은 국제 사회의 무관심과 개입 실패를 보여주는 대표적인 사례임을 알 수 있다.

06 독해 정답 ③

정답 설명

③ 2문단을 통해 영구 소득 가설에서 복권 당첨과 같은 일시적인 소득 증가는 저축으로 돌아감을 알 수 있다. 따라서 도박판에서 돈을 딴 것 역시 일시적인 소득 증가에 해당하므로 소비는 증가하지 않음을 추론할 수 있다.

오답 분석

① 1문단을 통해 유년기 및 청소년기에는 미래 소득 증진을 위한 교육과 자본 형성에 투자함을 알 수 있다. 따라서 대학 진학이 그 예시가 될 수 있다.

② 1문단을 통해 청년기에는 소득이 증가하면서 저축을 시작하고 결혼, 주택 구입 등 소비가 증가하며, 이는 미래 소득 증가와 자산 가치 상승을 기대한 것임을 알 수 있다.

④ 2문단을 통해 계획 소비 가설에서 소비자는 미래 소득이 감소할 것으로 예상하면 현재 소비를 줄임을 알 수 있다.

07 독해 정답 ③

정답 설명

③ '(라) – (가) – (나) – (다)'의 순서가 가장 자연스럽다. 먼저 아테네 민주정의 가장 초기 단계를 설명하며, 민주주의가 발전하기 이전의 상황을 제시하고 있는 (라)가 첫 문단으로 와야 한다. 이후 (라)에 제시된 귀족 중심 정치 이후의 변화에 대해 설명하며, '민회'라는 핵심 기구가 등장하는 (가)가 오는 것이 적절하다. (가)에 이어 '민회'의 역할이 더욱 강화된 민주정의 전성기를 묘사하고 있는 (나)가 오는 것이 자연스럽다. 마지막으로 '하지만', '시간이 흐르면서', '결국' 등의 표현을 통해 앞선 전성기 이후의 상황, 즉 민주정의 마지막 단계를 보여주는 (다)가 오는 것이 자연스럽다.

08 독해 정답 ④

정답 설명

④ 4문단에서 흉부 CT 스캔 또는 MRI는 대동맥 박리를 진단하는 가장 정확한 방법으로 제시하였으며, 심전도 역시 대동맥 박리를 진단하는 방법으로 제시되었다. 또한 흉부 X선은 CT 스캔이나 MRI만큼 정확하지는 않지만 대동맥 박리의 징후를 보여줄 수 있다고 하였기 때문에 정확하지는 않지만 이 역시 대동맥 박리를 진단하는 방법으로 볼 수 있다.

오답 분석

① 2문단에서 지방 침전물의 축적이나 마르판 증후군을 대동맥 박리의 원인으로 밝히고 있기 때문에 이를 주요 위험 요소로 추측할 수 있다.

② 3문단에서 드베키 분류와 스탠포드 분류를 제시하였다.

③ 1문단에서 대동맥과 대동맥 박리의 개념을 제시하였다.

09 논리 정답 ④

정답 설명

④ 제시된 명제를 기호화하면 다음과 같다.

전제 1	갑 → 을
전제 2	정 → 갑
전제 3	을 → ~병

'만'이 있는 경우 전건과 후건의 위치를 바꿔야 하므로, 전제 2와 3은 각각 '정 → 갑', '을 → ~병'으로 기호화할 수 있다. 전제 1~3을 연결하면 '정 → 갑 → 을 → ~병'이 되므로, '정이 학교에 가면 병이 학교에 가지 않는다(정 → ~병).'는 반드시 참인 명제이다.

10 독해 정답 ④

정답 설명

④ 1문단을 통해 2022년 아시안 게임의 개최국은 중국이며, 개최국은 개막식에서 자국의 역사와 전통을 대대적으로 선보임을 알 수 있다.

오답 분석

① 1문단의 1~5번째 줄에서 아시안 게임은 1951년 최초로 개최되었으며 70년 이상의 역사를 지녔고, 4년마다 열림을 알 수 있다. 따라서 2022년에 아시안 게임이 열렸으므로 차기 대회는 2026년에 열릴 것임을 추론할 수 있다.

② 1문단의 9~15번째 줄에서 아시안 게임은 문화적 다양성을 확인하고 서로의 문화에 대한 이해를 증진하는 장이며, 이를 통해 서로에 대한 존중과 연대를 고취하는데 이러한 성격이 잘 나타나는 것이 개막식임을 알 수 있다. 다만, 국가 간 경제적 협력에 대해서는 언급한 바 없으므로 적절하지 않다.

③ 2문단을 통해 아시안 게임은 국가 간 갈등을 '잠시 완화하는' 기회를 제공하고 아시아 국가들 간의 연대감을 조성함을 알 수 있다. 따라서 갈등이 완전히 사라지거나 해소되는 것은 아니며, 정치적 동맹을 맺도록 하는 것도 아님을 추론할 수 있다.

11 독해 정답 ①

정답 설명

① 2문단을 통해 독점을 통한 향후 이익에 대한 투자자들의 비이성적 기대가 원인이 되었던 것은 남해 거품이며, 닷컴 버블은 인터넷 산업에 대한 무한한 성장에 대한 기대와 이로 인한 비이성적이고 열광적인 투자자들의 행태가 원인이었음을 알 수 있다.

오답 분석

② 1문단의 "가격의 상승 → 투자자의 기대 → 해당 자산의 수요 증가 → 가격 상승이라는 일종의 자기 강화"에서 알 수 있다.

③ 3문단에서 가격거품을 통해 투자자와 기업들이 적극적인 투자와 기술개발에 나설 수 있고, 거품이 꺼지면 기존에 투자한 사람들은 손실을 볼 수 있지만 다른 사람은 혜택을 누릴 수도 있음을 알 수 있다. 따라서 가격거품의 형성과 붕괴가 항상 부정적인 것만은 아님을 추론할 수 있다.

④ 1문단과 2문단을 통해 가격거품은 자산의 가격이 투기적 거래와 투자자의 기대로 인해 자산의 내재가치보다 높게 형성되는 현상이며, 남해 회사 주식은 남미 무역에서 얻은 이익에 대한 비현실적인 기대에 기반하여 가격 천정부지로 뛰었음을 알 수 있다. 따라서 남해 회사 주식의 가격은 자산의 내재가치에 비해 비이성적으로 높은 수준이었음을 추론할 수 있다.

12 문법 정답 ②

정답 설명

② '나뭇잎'은 사이시옷 뒤에 '이' 소리가 결합된 경우이므로 제30항 3.에 의해 '나뭇잎[나문닙]'으로 발음해야 한다.

오답 분석

① '툇마루'는 사이시옷 뒤에 'ㅁ'이 결합된 경우이므로 제30항 2.에 따라 '툇마루[퇸마루]'로 발음하는 것이 맞다.

③ ④ '냇가'와 '빨랫돌'은 'ㄱ, ㄷ'으로 시작하는 단어 앞에 사이시옷이 오는 경우이므로 제30항 1.에 의해 '냇가[내까]', '빨랫돌[빨래똘]'로 발음하는 것을 원칙으로 하되 '냇가[낻까]', '빨랫돌[빨랟똘]'로 발음하는 것도 허용한다.

13 논리 정답 ④

정답 설명

④ ㄱ. 갑은 실재는 우리의 경험과 상관없이 독립적으로 존재한다고 보았다. ㄱ에서는 형상이 실재를 결정하고, 그 형상은 선험적으로 존재한다고 보았다. 따라서 이는 갑의 견해를 강화한다.

ㄴ. 경험이 바뀌어 지식이 바뀐 사례이므로 을의 견해를 강화한다.

ㄷ. 논리적 분석을 통해 개념을 명확히 할 수 없는 사례이므로 병의 견해를 약화한다.

14 독해 정답 ①

정답 설명

① 제시된 글은 라이프스타일의 변화를 여러 측면에서 설명하고 있다. 구체적으로 통신 방식, 근무 형태, 소비 방식, 건강 인식, 인간관계 등 다섯 가지 측면에서 변화가 어떻게 일어났는지를 다루며 각 변화가 개인의 생활뿐만 아니라 사회 전반에 미치는 영향을 분석하고 있다. 라이프스타일의 다양한 변화와 그로 인한 사회적 영향을 중점적으로 설명하고 있으므로, ①이 가장 적절하다.

오답 분석

② 제시된 글은 라이프스타일 변화의 주요 원인을 시간 순서대로 나열하지 않고 있다. 변화가 발생한 시점이나 사건의 연속적인 흐름을 중점적으로 다루지 않고, 각 변화의 양상과 그로 인한 영향을 중심으로 서술하고 있다.

③ 제시된 글은 각 변화의 배경과 결과를 비교하는 방식으로 전개되지 않는다. 변화의 구체적인 사례들을 제시하지만, 이들 사례를 서로 비교하거나 대조하는 방식은 아니다.

④ 제시된 글에서는 라이프스타일 변화가 긍정적인 측면과 부정적인 측면을 동시에 가질 수 있다는 내용이 있지만, 이에 대한 구체적인 해결책이나 대안을 제시하지 않는다.

15 독해 정답 ③

정답 설명

③ 5문단의 "로마 제국은 법, 정치, 공학 등의 분야에서 발전하였으며, 황제 체제를 통해 민주주의의 한계와 중앙집권적인 통치를 보여주었다."를 통해 황허 문명이 아닌 로마 제국에 해당하는 설명임을 알 수 있다.

오답 분석

① 2문단을 통해 메소포타미아 문명은 인간 역사상 가장 고대의 문명이며, 이슈타르, 바빌론 등의 도시국가들이 발전하였음을 알 수 있다.

② 3문단을 통해 베드로문츠의 문명은 긴 시간 동안 상업과 특유의 도시 구조를 통해 번성하였음을 알 수 있다.

④ 5문단을 통해 그리스-로마 문명은 지중해 지역에서 형성된 문명으로 고대 그리스와 로마 제국을 포함하며, 이후 서구 문명의 기반이 되었음을 알 수 있다.

16 독해 정답 ④

정답 설명

④ 4문단을 통해 리츠는 주식과 유사한 형태로 거래되므로 부동산에 직접 투자하지 않고도 부동산 시장에 투자할 수 있어 투자자들에게 다양한 포트폴리오를 구성할 수 있다는 장점이 있지만, 주식과 마찬가지로 가격 변동성과 시장 리스크를 가지고 있음을 알 수 있다.

오답 분석

① 1문단을 통해 리츠는 주로 상업용 부동산, 주거용 부동산, 호텔, 빌딩 등 다양한 부동산 형태에 투자하고, 부동산 임대료와 임대료 수익의 일부를 투자자들에게 분배하여 수익을 제공함을 알 수 있으므로, 시세 차익만을 노린다는 설명은 적절하지 않다.

② 2문단을 통해 수익형 리츠는 주로 임대료 수익을 목적으로 하는 리츠로, 상업용 빌딩이나 주거용 부동산에 투자하는 것이며, 성장형 리츠는 부동산 자체의 가치 상승에 주력하는 리츠로, 부동산 개발 및 재개발 프로젝트에 투자하는 것임을 알 수 있다. 따라서 서로 바꾸어 설명하고 있으므로 적절하지 않다.

③ 3문단을 통해 미국에서는 1960년대 REITs를 위한 법률이 제정되어, 특정 규정을 준수하는 REITs는 법인세를 면제받으며, 적어도 90%의 순이익을 배당해야 함을 알 수 있다. 따라서 영업이익의 90%를 배당해야 한다는 설명은 적절하지 않다.

17 독해 정답 ③

정답 설명

③ 1문단에서는 낙수효과의 정의, 2문단에서는 낙수효과의 예시, 3문단에서는 부정적 낙수효과, 4문단에서는 낙수효과 평가 시 유의 사항을 담고 있다. 따라서 글의 주제로 가장 적절한 것은 '낙수효과와 그 영향력의 이해'이다.

18 독해 정답 ④

정답 설명

④ 유목 생활은 개인의 생존보다는 공동체의 협력이 중요했기 때문에 돌궐 유목민의 세계관은 공동체 의식과 강한 유대감을 강조했음을 알 수 있다.

오답 분석

① 돌궐 유목민이 농업을 발전시켰다는 내용은 언급되지 않았다. 그들은 주로 유목 생활을 하며 자연과 상호작용했다.

② 돌궐 유목민의 사회 구조는 개인의 자립보다는 공동체의 협력을 강조했다. 이는 그들이 공동체 의식을 강조하며 서로 돕고 지지했다는 설명에서 알 수 있다.

③ 돌궐 유목민이 자연을 통제하려는 시도를 자주 했다는 내용은 제시된 글에서 찾을 수 없다. 오히려 그들은 자연을 신성하게 여기고 조화롭게 살아가야 한다고 믿었다.

19 독해 정답 ①

정답 설명

① (가) 자신의 선택이 타인과 세계에 미치는 영향을 고려하여 책임감 있게 행동하는 과정(○): 야스퍼스는 자유를 단순히 외부적 억압에서 벗어나는 해방이 아니라, 존재적 책임을 완수하는 것으로 정의했다. 이는 자신이 내린 선택이 단순히 개인적 차원에서 끝나지 않고, 타인과 세계에 영향을 미친다는 사실을 인식하는 것이다. 그는 인간이 자신의 행동과 선택에 대한 책임감을 자각하고 이를 고려한 결단을 내리는 과정에서 진정한 자유가 실현된다고 보았다. 또, 4문단에서 타인과의 관계에서 자유가 더욱 풍부해진다고 언급된다. 이는 인간 존재가 고립이 아닌 상호작용 속에서 완성된다는 맥락과 일치한다.

(나) 자신의 실존적 위치를 타인과의 상호작용 속에서 발견하려는 노력(○): 야스퍼스는 커뮤니케이션을 단순한 대화 이상의 존재적 이해를 위한 과정으로 간주했다. "커뮤니케이션은 ~ 서로의 존재를 있는 그대로 받아들이고 이해하려는 과정"이라고 설명하며, 이를 통해 인간은 자신의 실존적 위치를 재발견할 수 있다고 보았다. "자신의 실존적 위치를 타인과의 관계 속에서 발견하도록 돕는"다고 하였다. 이는 (나)와 연결된다.

오답 분석

(가) 자신의 선택이 초월자의 지시와 일치하는지 판단하는 과정(×): 야스퍼스의 초월자는 "특정 신이나 종교적 실체가 아니"라, 인간이 존재와 의미를 초월하는 궁극적 차원을 상징한다. 따라서 초월자가 인간의 행동을 지시한다고 보는 것은 그의 사상과 어긋난다.

(나) 인간 존재의 필연적 고독을 받아들이는 태도(×): 야스퍼스는 인간이 고독을 완전히 수용하기보다는, 커뮤니케이션을 통해 타인과의 상호작용 속에서 실존적 깊이를 확장해야 한다고 보았다. 단순히 고독을 받아들이는 태도는 야스퍼스의 사상의 본질과 거리가 멀다.

20 논리 정답 ③

정답 설명

③ 제시된 명제를 기호화하면 다음과 같다.

전제 1	오후 → 음식 ∨ 그림 감상
전제 2	그림 감상 → 할머니가 오심
추가	
결론	오후 → 할머니가 오심

'~만'이 있을 경우에는 전건과 후건의 위치를 바꿔서 기호화하므로 전제 2인 '할머니가 오실 때만이 그림을 감상한다.'는 '그림 감상 → 할머니가 오심'이 된다. 추가해야 하는 전제를 찾기 위해서는 결론의 앞쪽이나 뒤쪽과 동일하게 명제를 만들어야 한다. 전제 1의 '오후 → 음식 ∨ 그림 감상'과 전제 2의 '그림 감상 → 할머니가 오심'을 합치면 '오후 → 음식 ∨ 할머니가 오심'이 되어 결론의 앞부분과 동일하게 된다. 전제 1, 2와 결론을 사용하여 정리하면 다음과 같다.

전제 1+2	오후 → 음식 ∨ 할머니가 오심
추가	
결론	오후 → 할머니가 오심

전제 1+2에서 도출된 '오후 → 음식 ∨ 할머니가 오심'에서 결론인 '오후 → 할머니가 오심'이 도출되기 위해서는 '음식 ∨ 할머니가 오심'을 선언지 제거를 통해 '할머니가 오심'만 남을 수 있게 해야 한다. 따라서 '~음식'이 전제로 포함되어야 하므로 ③이 추가되어야 한다.

01	②	06	③	11	③	16	②
02	④	07	③	12	①	17	②
03	②	08	③	13	③	18	③
04	①	09	②	14	③	19	②
05	②	10	②	15	③	20	②

01 작문 정답 ②

정답 설명

② 앞뒤 문장이 인과 관계로 연결되고 있는 것이 아니므로 ㉢을 '그렇기 때문에'로 고치는 것은 적절하지 않다. ㉢을 생략하는 것이 자연스럽다.

02 독해 정답 ④

정답 설명

④ 1문단을 통해 워싱턴 해군 군축 조약에서는 순양함에 톤수에 제한을 두었으며, 2문단을 통해 런던 해군 군축 조약에서 미국, 영국, 일본의 순양함의 톤수에 대한 조항이 신설되었음을 알 수 있다. 따라서 순양함에 대한 조항은 워싱턴 해군 군축 조약에 이미 있으며, 세부적인 조항이 신설된 것이므로, 워싱턴 해군 군축 조약과 달리 런던 해군 군축 조약에 순양함에 대한 조항이 포함되었다는 설명은 적절하지 않다.

오답 분석

① 워싱턴 해군 군축 조약에서는 보조함선(잠수함 등)에 대해서는 톤수의 제한이 없었으며, 런던 해군 군축 조약에서는 잠수함의 톤수를 제한하는 규정을 추가하였다.

② 두 조약 모두 항공모함의 톤수를 제한하였다.

③ 두 조약은 모두 일본과 다른 국가들이 군비 조약을 위반하면서 중도에 파기되었다.

03 독해 정답 ②

정답 설명

② 전쟁으로 점철된 중국 전국 시대의 혼란을 극복할 대안을 마련하는 과정에서 등장한 인성론의 세 견해인 성선설, 성악설, 성무선악설을 소개하고 있다.

오답 분석

① 인성에 대한 세 견해인 성선설, 성악설, 성무선악설을 소개하고 있을 뿐, 각 견해의 장단점을 비교하고 있지는 않다.

③ 인성론의 역사적 의의와 한계는 나타나 있지 않다.

④ 인성에 대한 두 견해가 아니라 세 견해를 소개하고 있으며, 각 이론을 절충한 이론 역시 나타나 있지 않다.

04 독해 정답 ①

정답 설명

① 섹터 ETF 주식은 특정 섹터에 집중하여 같은 분야의 여러가지 주식으로 구성되어있다. 따라서 여러 분야의 주식을 거래할 수 있다는 보기의 설명은 적절하지 않다.

오답 분석

② ETF의 운용 수수료가 낮아지면서 투자 욕구가 높아지고 있다고 설명하였으므로 이는 투자자들이 이득이 되는 것임을 알 수 있다.

③ 기술 혁신과 금융 기술의 발전은 투자 제품의 다양성과 접근성을 높일 수 있기 때문에 이는 곧 주식 시장의 다양성의 확대를 의미한다.

④ 미국 ETF 주식은 투자자들에게 안정적이고 효율적인 투자 수단으로 남을 것으로 보이며, 글로벌 시장에서도 계속해서 성장할 전망이라는 설명을 바탕으로 글로벌 시장에서의 거래가 가능하다는 것을 알 수 있다.

05 독해 정답 ②

정답 설명

② 4문단을 통해 스피어만의 순위 상관계수는 이상치에 민감하여, 만약 이상치가 계산에 포함된다면 전체 상관계수의 값이 크게 왜곡됨을 확인할 수 있다. 따라서 직원들의 직무 만족도 순위와 직무 성과 순위 간의 관계를 분석할 때 이상치를 보정하기 위해 스피어만의 순위 상관계수를 사용할 수 없음을 추론할 수 있다.

오답 분석

① 3문단을 통해 피어슨 상관계수는 연속형 변수 간의 관계를 분석하는 데 주로 사용됨을 확인할 수 있다. 따라서 성인의 키와 몸무게 간의 관계를 분석할 때에는 피어슨 상관계수를 사용할 수 있음을 추론할 수 있다.

③ 5문단을 통해 켄달의 타우 상관계수는 순위 기반 관계를 측정하되, 데이터의 순위가 얼마나 일치하는지를 평가하는 방법이며, 작은 샘플 사이즈나 순위형 데이터에서 유용하게 사용됨을 알 수 있다. 따라서 소규모 수업에서 학생들의 출석률 순위와 학기 성적 순위 간의 관계를 분석할 때 켄달의 타우 상관계수를 사용할 수 있음을 추론할 수 있다.

④ 점-비율 상관계수는 이분법적 변수와 연속형 변수 간의 관계를 측정하는 방법임을 확인할 수 있다. 따라서 흡연 여부는 흡연을 하는지 아닌지에 따른 것으로 이분법적 변수에 속하며, 폐활량은 연속형 변수가 되기 때문에 두 변수 간의 관계를 분석할 때 점-비율 상관계수를 사용할 수 있음을 추론할 수 있다.

06 독해 정답 ③

정답 설명

③ 국가승계 협약은 조약의 국가승계와 관련된 규칙을 설정하며, 한 국가가 다른 국가로 대체되거나 새로운 국가가 생기는 경우 기존 조약의 적용에 대한 문제를 다룬다.

오답 분석

① 제시된 글에서 확인할 수 없는 내용이다.

② 2문단을 통해 볼 때, 조약의 본질적 내용은 협약에 포함되지 않음을 알 수 있다.

④ 기존 국가가 동의하지 않는 조약은 자동으로 승계되지 않는다.

07 논리 정답 ③

정답 설명

③ 제시된 명제를 기호화하면 다음과 같다.

전제 1	부동산 정책 → 청년실업 정책
전제 2	내수 경기 활성화 정책 → 수출 산업 다변화 정책
전제 3	부동산 정책 ∨ 내수 경기 활성화 정책
전제 4	~부동산 정책

전제 4에 따라 '~부동산 정책'은 확정이므로 전제 3인 '부동산 정책 ∨ 내수 경기 활성화 정책'에 따라 '내수 경기 활성화 정책'이 확정이다. '내수 경기 활성화 정책'이 확정이므로 전제 2에 따라 '수출 산업 다변화 정책'도 확정이다. 따라서 확정된 것을 정리해 보면 '~부동산 정책, 내수 경기 활성화 정책, 수출 산업 다변화 정책'이고, '청년실업 정책'의 진위 여부는 판단할 수 없으므로 답은 ③이다.

08 문학 정답 ③

정답 설명

③ 1연 '산산이 부서진 이름이여!', '부르다가 내가 죽을 이름이여'를 통해 볼 때 반복법과 영탄법이 사용되었으나 연쇄법은 드러나지 않는다.

오답 분석

① 화자는 떠나간 이를 부를 수 없는 슬픔을 담담하게 표현하고 있다. 시 전체에서 절제된 언어를 통해 화자의 그리움을 드러내고 있다.

② '이름'은 떠나간 사람을 의미하며, 화자가 그 사람을 계속 기억하려는 상징적인 대상이다. 시 전반에서 '이름'을 반복적으로 사용하여 화자의 그리움과 상실감을 강조하고 있다.

④ '사슴이 슬피 운다'는 구절을 통해 화자의 감정을 '사슴'에 이입하여 표현한 감정이입이 사용되었음을 알 수 있다.

09 독해 정답 ②

정답 설명

② 아리스타르코스의 계산이 원주율의 값을 근사적으로 알아내는 데 사용된다는 것을 보았을 때, 이 값이 정확하게는 구해지지 않는다는 것을 추론할 수 있다.

오답 분석

① 원에 내접하는 정사각형의 둘레를 더 많은 변의 개수로 나눌 경우 원의 둘레에 근접해지는 것이므로 원에 내접하는 정사각형의 둘레와 원의 둘레가 동일하다고는 볼 수 없다.

③ 아리스타르코스는 고대 그리스에서 수학의 발전에 기여하였지만, 그가 첫 번째 수학자인지는 알 수 없다.

④ 원주율과 같은 중요한 수학적 상수를 이해하고 계산하는 데 있어서 현대에도 활용되고 있다고 설명하는 부분을 통해 아리스타르코스의 원주율 구하는 방식이 현대에도 그대로 사용되고 있음을 알 수 있다.

10 문법 정답 ②

정답 설명

② ㉠: '경찰'은 명사이므로 실질적인 의미가 있는 실질 형태소이다.

㉡: '을'은 조사이다. 조사는 앞말에 붙어 다른 말과의 문법적 관계를 나타내거나 앞말에 특별한 의미를 더해주는 단어이므로, 홀로 쓰일 수 없는 의존 형태소이다.

㉢: '잡-'은 용언의 어간이다. 용언의 어간은 반드시 어미와 결합해야만 쓰일 수 있는 의존 형태소이지만, 실질적인 의미가 있으므로 실질 형태소로 분류한다.

11 문법 정답 ③

정답 설명

③ '동무가 경쟁자가 되다.'는 '주어 + 보어 + 서술어'의 구성으로 주어와 서술어의 관계가 한 번인 홑문장이다.

※ '되다', '아니다'는 반드시 보충해주는 말인 '보어'를 필요로 하기 때문에 서술어로 제시되어 자릿수를 묻거나 문장의 짜임새를 물을 때 유의해야 한다.

오답 분석

① '철수는 성격이 좋다.'는 '주어 + 주어 + 서술어'의 구성으로 '성격이 좋다'가 서술절로 안긴 문장이다.

② '우리 고양이는 머리가 좋다.'는 '관형어 + 주어 + 주어 + 서술어'의 구성으로 '머리가 좋다'가 서술절로 안긴 문장이다.

④ '그는 눈이 크다.'는 '주어 + 주어 + 서술어'의 구성으로 '눈이 크다'가 서술절로 안긴 문장이다.

12 논리 정답 ①

정답 설명

① ㄱ. 갑은 소서사를 중심으로 사람들이 세상을 이해한다고 보았다. 따라서 개인의 이야기를 다룬 블로그가 세상을 이해하는 수단으로 거대 담론보다 더 큰 영향력을 발휘한다면 갑의 견해는 강화된다.

오답 분석

ㄴ. 을은 지식은 권력에 의해 생성되고 강화되는 동시에, 지식은 권력을 유지하는 도구가 된다고 보았다. 따라서 정부의 권위가 절대적인 전체주의 사회에서 정부가 개인정보 수집(지식)을 통해 사람들을 통제하려 한다면 을의 견해는 강화된다.

ㄷ. 병은 진리는 단순히 하나로 규정될 수 없고, 텍스트의 해석은 독자 개인의 경험과 배경에 따라 달라진다고 보았다. 따라서 법전의 문장이 독자 개인의 경험이 아니라 법문 자체의 해석과 대법원의 판례에 의해 일관되게 해석된다면 병의 견해는 약화된다.

13 독해 정답 ③

정답 설명

③ 비디오 스컬프처는 관객과의 상호작용을 강조하며, "관객이 작품을 다양한 각도에서 관찰하고 시간이 지남에 따라 변하는 모습을 경험할 수 있게 한다."라고 하였다. 이는 관객 참여를 통해 예술적 경험을 강화하는 것이다.

오답 분석

① 비디오 스컬프처는 "정적인 조각품과 달리, 움직이는 이미지나 영상을 통해 관객과의 상호작용을 강조"하는 것이 특징이다. 따라서 정적이라는 설명은 적절하지 않다.

② 기술의 발전은 비디오 스컬프처의 다양성과 창의성을 증대시키는 역할을 했다고 언급한다. 디지털카메라, 컴퓨터 그래픽 등의 기술이 예술가들에게 새로운 표현 방식을 제공하였다.

④ 크리스토퍼 와일리 외에도 나탈리 호프만 등 다양한 비디오 스컬프처 작가들이 존재하며, 그들의 작품이 국제적인 전시회에서 주목받고 있다고 언급하고 있지만, 비디오 스컬프처 작가의 수에 대해서는 언급하고 있지 않으므로 적절하지 않다.

14 독해 정답 ③

정답 설명

③ 1문단에서는 신화가 인간이 이야기를 지어내려는 욕망을 충족시켜 주고, 세계와 관계 맺는 양식으로서 기능한다고 하였고, 2문단에서는 세계를 해석하고 자연을 이해할 수 있게 한다고 하였다. 또 4문단에서는 인간 세계의 제도, 풍속, 가치 등을 정당화하고 현실의 모순을 상징적으로 해소한다고 하였고, 5문단에서는 예술 창조의 바탕이 된다고 하였다. 따라서 '신화의 기능에 관한 고찰'이 주제로 가장 적절하다.

오답 분석

① 2문단과 3문단에서 신화는 합리적, 이성적 설명(로고스)이나 과학적인 설명과는 거리가 있으며, 상상에 의한 이야기라고 하였으므로 허구성을 띤다고 볼 수 있다. 그러나 신화의 허구성은 글 전체를 관통하는 주제라기보다는 2~3문단에 국한된 신화의 특성에 불과하므로 적절하지 않다.

② 3문단에서 근대에는 빛을 잃었으나 현대에 들어와 다시 관심을 끈다고 하였다. 이를 통해 신화의 끈질긴 생명력을 볼 수는 있으나 글 전체를 관통하는 주제라고 보기에는 부족하다.

④ 세계와 신화의 관계는 2문단에 국한된 내용이다.

15 어휘 정답 ③

정답 설명

③ ㄷ은 문맥상 소비자의 입장에서 말하는 것으로, 값을 깎아주어야 다시 구매를 하러 올 것이라는 의미로 해석된다. 그러므로 ㄷ의 '에누리'는 '값을 내리는 일'의 의미로 쓰였다고 볼 수 있다.

오답 분석

① ㄱ에 '주책' 대신 뜻풀이인 '일정하게 자리 잡힌 주장이나 판단력'을 넣어도 문맥상 자연스럽기 때문에, 올바른 의미임을 알 수 있다.

② '주책없다'와 '주책이다'는 같은 의미로 쓰인다고 하였으므로 적절하다.

④ '적게 팔고도 많은 이윤을 남긴다'고 하였으므로 '에누리 없이 장사'를 한다는 것은 가격을 낮추는 일이 없이 장사를 한다는 것으로 봐야한다. 그러므로 '에누리'는 '값을 내리는 일'의 의미로 쓰인 것으로 볼 수 있다.

16 독해 정답 ②

정답 설명

② 2문단을 통해 추력편향노즐의 구성 요소인 액추에이터는 노즐 본체의 일부만을 움직이게 하는데, 추력편향노즐은 높은 기동성을 제공함을 확인할 수 있다.

오답 분석

① 2문단을 통해 노즐의 본체는 강력한 열과 압력에 견딜 수 있는 내열 합금으로 제작됨을 확인할 수 있다.

③ 2문단을 통해 편향 장치에 신호를 보내어 노즐의 각도를 조정함을 확인할 수 있다. 구동 기구는 액추에이터를 움직이며, 편향 장치를 실시간으로 조정하여 미사일의 비행을 제어한다.

④ 3문단을 통해 기타 외부 힘이 작용하지 않을 때 노즐이 위로 기울어지면, 미사일이 상승하게 됨을 확인할 수 있다.

17 논리 정답 ②

정답 설명

② 제시된 명제를 기호화하면 다음과 같다.

전제 1	주연 → 하영
전제 2	현지 → 주연
전제 3	~원준 → 하영
전제 4	~(현지 ∨ 원준) = ~현지 ∧ ~원준

전제 4인 '~(현지 ∨ 원준)'은 드모르간의 법칙에 따라 '~현지 ∧ ~원준'으로 변환된다. 따라서 '~원준'이 확정되었으므로 전제 3에 따라 '하영'이 확정됨을 알 수 있다. 이를 정리하면 '~현지, ~원준, 하영'이므로 답은 ②이다.

오답 분석

① 전제 4에 따라 '~현지 ∧ ~원준'이므로 전제 3에 따라 '하영'이가 상품을 받음을 알 수 있으며, '주연'에 대해서는 확인할 수 없다.

③ 전제 4에 따라 '~현지 ∧ ~원준'이므로 '원준'이와 '현지' 모두 상품을 받지 않음을 알 수 있다.

④ 전제 4에 따라 '~현지 ∧ ~원준'이므로 '원준'이는 상품을 받지 않고 전제 3에 따라 '하영'이가 상품을 받음을 알 수 있다.

18 독해 정답 ③

정답 설명

③ '(라) – (나) – (다) – (가)'의 순서가 가장 자연스럽다. 먼저 독자의 흥미를 끄는 현상에 대해 소개하며, 중심 화제인 '홀로도모르'가 언급되고 있고, "이 대기근의 배경을 이해하려면 ~ 살펴볼 필요가 있다."라고 하면서 독자들에게 자연스럽게 '홀로도모르'를 설명하고자 하는 (라)가 첫 문단으로 오는 것이 적절하다. (라)에 이어 집단 농장화를 설명하고 있는 (나)가 오는 것이 자연스러우며, 강압적 농업 정책의 결과에 대한 설명이 제시되고 있는 (다)가 (나)에 이어 오는 것이 적절하다. 그 다음 우크라이나의 기근이라는 결과를 설명하고 있는 (가)가 마지막으로 제시되는 것이 자연스럽다.

19 독해 정답 ②

정답 설명

② 상호 이타주의는 "미래에 도움을 되갚을 가능성이 있을 때 이타적 행동이 진화할 수 있다."고 하였다. 따라서 되갚을 가능성이 없는 경우에도 이타적 행동이 진화할 수 있다는 진술은 적절하지 않다.

오답 분석

① 1문단에서 진화 윤리학이 전통 윤리학과 달리 다양한 학문 분야의 연구 결과를 통합한다고 하였다.

③ 혈연 선택 이론은 유전적 근친도에 기반한 이타성을 설명하며, 자신의 유전자를 공유하는 개체의 생존을 통해 유전적 이익을 얻을 수 있다고 하였다.

④ 4문단에서 진화 윤리학이 자연 선택의 결과가 항상 '선'한 것은 아니며, 문화와 사회적 환경의 중요성을 간과해서는 안 된다고 강조하였다.

20 화법 정답 ②

정답 설명

② 청중의 말을 재진술하여 나타내는 부분은 없으므로 적절하지 않다.

오답 분석

① 볼펜의 장점을 설명하며 자료 1을 가리키고 있다. 이는 시각적인 자료를 통해서 보는 사람들이 발표에 집중하게 하고자 하는 말하기 방식이다.

③ 처음 발표를 시작할 때 청중들에게 "여러분의 필통에는 어떤 필기구가 가장 많은가요?"라는 질문을 던지고 그에 대한 대답을 듣고 발표를 진행한다.

④ 자료 2에 대한 설명을 진행할 때 "볼펜의 볼이 빠진 경험이 한 번쯤 있으시죠?"라는 질문을 통해 평소 청중들이 겪었을 법한 일을 바탕으로 발표를 진행하고 있다.

01	④	06	②	11	④	16	③
02	④	07	④	12	②	17	①
03	③	08	③	13	④	18	②
04	②	09	②	14	②	19	④
05	③	10	③	15	③	20	①

01 작문 정답 ④

정답 설명

④ ㉣은 '적절이'가 아니라 '적절히'가 맞다. 따라서 답은 ④이다.

오답 분석

① ㉠은 앞뒤 문장이 인과 관계에 의한 것이 아니기 때문에 '그래서'를 쓸 수 없으므로 '그런데'로 수정하는 것이 올바르다.

② ㉡의 표준어는 '자투리'이다.

③ ㉢은 '~해도 ~하게 된다'와 호응이 되지 않으므로, 호응 관계를 고려하여 '아무리'로 바꾸는 것이 올바르다.

02 독해 정답 ④

정답 설명

④ 최신 기술을 사용하는 신생 기업을 배당할인모형으로 분석할 경우, 기업 가치는 낮게 평가된다.

오답 분석

① 장부 가치가 시장 가치에 반영되지 않은 기업에 재평가가치 평가법을 적용할 경우 실제 가치는 더 정확히 평가된다.

② 재평가가치 평가법을 적용한 결과 자산 가치가 증가했다면 법인세, 재산세 부담이 증가할 수 있다.

③ 배당할인모형에서 낮은 사업 위험을 가진 기업은 자본 비용이 낮아 기업 가치가 높게 평가된다.

03 독해 정답 ③

정답 설명

③ 플라톤은 기술이 삶의 정신적 가치보다 물질적인 가치를 중시한다는 이유로 기술을 부정적으로 파악하였으며, 하이데거는 기술이 더 이상 인간을 위한 도구가 아니라 세계를 특정한 방식으로 보도록 압박하며 인류의 생존 자체를 위협할 수도 있다고 생각하였다.

오답 분석

① 아리스토텔레스는 플라톤과 달리 법률을 테크네로 구분하였다.

② 기술을 통한 자연 정복을 선으로 규정한 철학자는 피히테이다.

④ 아리스토텔레스는 정신적 가치를 기술보다 우위에 두고 기술을 부정적으로 간주하였다. 그러나 베이컨은 기술이 정치적 정복과 철학적 논쟁 등의 정신적인 활동보다 이롭다고 보았으므로 정신을 기술보다 우위에 두었다고 볼 수 없다.

04 독해 정답 ②

정답 설명

② 레일의 움직임을 측정하는 것은 레일 변위 센서이다.

오답 분석

① 중국철도총공사는 선로 상태 감시 시스템을 도입하여 레일 용접 상태를 실시간으로 모니터링하였다.

③ 선로 상태가 기준값을 초과할 때 알람이 울리므로, 선로 상태가 기준값을 넘지 않을 시 알람은 울리지 않을 수 있다. 다만 선로 상태가 기준값을 넘지 않더라도 예상 수명이 다가왔다면 알림은 울린다.

④ 지반 침하는 침하 센서, 레일 침하는 레일 변위 센서를 통해 측정한다.

05 독해 정답 ③

정답 설명

③ AChE의 작용으로 아세틸콜린이 분해되더라도, 그 AChE가 아세틸콜린과 다시 결합할 수 있다.

오답 분석

① AChE는 아세틸콜린의 아민 기와 음전하 부위 사이에 이온 결합을 형성하여 결합한다.

② AChE의 활성 부위에 있는 세린 잔기의 하이드록실기가 아세틸콜린의 에스터 결합을 공격하여 가수분해한다.

④ AChE는 시냅스에서 방출된 아세틸콜린을 빠르게 분해하여 신경 전달을 종료시킨다.

06 논리 정답 ②

정답 설명

② 을은 법의 공정성에 따라 준수 의무가 선별적으로 부과되어야 한다고 주장하고 있다. 그러나 법의 공정성을 판별하는 뚜렷한 기준이 존재하지 않는다면 이러한 주장은 실현되기가 어려우므로 약화된다고 볼 수 있다.

오답 분석

① 갑은 약속은 지켜야 할 의무가 있는 것이며, 한 나라의 시민은 자신이 속한 나라의 법을 준수하겠다는 암묵적인 약속을 하고 있는 것이라고 주장한다. 따라서 경우에 따라 지켜도 되지 않는 약속이 존재한다는 것은 모든 법을 준수해야 한다는 갑의 주장과 상반되므로 갑의 주장을 약화시키는 내용이다.

③ 이민자를 차별하는 법의 존재만으로는 병의 주장을 약화시키거나 강화시킬 수 없다.

④ 병은 법이란 정합적인 체계이므로 한 조항에만 개별적으로 준수 의무를 부여할 수 없다고 주장하고 있다. 따라서 독립적인 법 조항이 존재할 수 있다는 것은 병의 주장을 약화시키는 내용이 된다.

07 독해 정답 ④

정답 설명

④ 시장 메커니즘의 효율성이라는 이점에 대해 언급하면서도, 그것의 문제점을 거론하고 있다.

오답 분석

① 효율적인 것이 꼭 도덕적인 것은 아니라는 주장이 제시되었다.

② 기업은 배출권 거래를 통해 오염 감소 비용을 줄이려 한다는 점이 거론되었다.

③ 오염 배출권의 예시를 사용하여 시장 메커니즘의 도덕적 문제를 설명하였다.

08 문법 정답 ③

정답 설명

③ ⓒ의 '뿐'은 '다만 어떠하거나 어찌할 따름.'이라는 뜻을 나타내는 의존명사이므로, 제42항 '의존 명사는 띄어 쓴다.'라는 규정에 따라 띄어 써야 한다. 반면 ⓔ의 '뿐'은 체언 뒤에 붙는 보조사이므로, 제41항에 따라 그 앞말과 붙여 써야 한다.

오답 분석

① '큰'은 '크다'의 어간에 관형사형 어미 '-ㄴ'이 붙은 단어로, 제2항 '문장의 각 단어는 띄어 씀을 원칙으로 한다.'라는 규정에 따라 '형'과 띄어 써야 한다.

② '자루'는 단위를 나타내는 명사로, 제43항 '단위를 나타내는 명사는 띄어 쓴다.'라는 규정에 따라 '한'과 띄어 써야 한다.

④ '줄'은 보조 용언이므로, 제47항 '보조 용언은 띄어 씀을 원칙으로 하되, 경우에 따라 붙여 씀도 허용한다.'라는 규정에 따라 띄어 쓰거나 붙여 쓸 수 있다.

09 독해 정답 ②

정답 설명

② '(가) - (다) - (나) - (라)'의 순서가 가장 자연스럽다. 먼저 문학 작품에서 자연적 질서를 그리는 이유와 그 효과를 간략하게 보여주는 개요인 (가)가 첫 문단으로 제시되어야 한다. (가)에 이어 형식적 측면에 대해 이야기하는 (다)가 오는 것이 적절하다. (다)의 마지막 문장에서 작품이 독자에게 주는 체험을 이야기하고 있으므로 '이러한 체험은 ~'으로 시작하는 (나)가 (다)에 이어 오는 것이 적절하다. 이후 (라)는 (나)에서 언급하고 있는 깊은 사색을 이어서 언급하고 있으므로 마지막에 제시되는 것이 자연스럽다.

10 독해 정답 ③

정답 설명

③ 2문단에서 노동자 계층은 긴 노동 시간과 낮은 임금, 위험한 작업 환경 속에서 살아가야 했다고 설명하며, 노동 계층이 열악한 환경에 처해 있었다는 점을 강조하고 있다. 즉, 산업혁명 이후 즉각적으로 생활 수준이 향상된 것이 아니라 오히려 많은 어려움을 겪었음을 나타내므로 적절하지 않다.

오답 분석

① 1문단에서 산업혁명은 농업 중심의 사회에서 공업 중심의 사회로 전환하는 계기가 되었다고 하였으므로 적절하다.

② 2문단에서 산업화로 인해 도시로의 이주가 가속화되었고, 그 결과 도시의 과밀화, 위생 문제, 주택 부족, 열악한 노동 환경과 같은 사회 문제가 발생했다고 설명하였으므로 적절하다.

④ 3문단에서 산업화 이후 자본가와 노동자의 계급 분화가 뚜렷해졌다고 하였으므로 자본가 계층과 노동자 계층 간의 사회적 분화를 심화시켰다는 설명은 적절하다.

11 독해 정답 ④

정답 설명

④ 직접 선거를 통한 대표 민주주의에서는 대표자가 국민을 대신하여 정치에 참여한다.

오답 분석

① 연방 정부는 매우 약한 반면, 각 주의 권력이 강했다. 페더럴리스트 페이퍼는 이러한 약한 연방 정부 체제는 국가를 위협할 수 있다고 주장했다.

② 각 주의 이익 충돌이 연방 정부의 통합을 약화시키고, 외부 공격에 대한 대응 능력을 저하시킬 수 있다.

③ 내부 위협에는 파벌과 독재 등이 있으며, 그 해결책으로 강력한 연방 정부와 권력 분립, 대표 민주주의를 제시하였다.

12 논리 정답 ②

정답 설명

② 제시된 명제를 기호화하면 다음과 같다.

전제 1	운동 → 건강한 식단 (= ~건강한 식단 → ~운동)
전제 2	~건강한 식단 ∧ ~채식주의자

결론을 찾을 때에는 전제 1과 전제 2의 조건절을 동일하게 전제를 만들어야 한다. 따라서 전제 1과 전제 2의 조건절을 동일하게 만든 것을 정리하면 아래와 같다.

전제 1	~건강한 식단 → ~운동
전제 2	~건강한 식단 ∧ ~채식주의자

전제 1과 전제 2의 조건절이 동일한 상태에서 결론을 도출하면 '~운동 ∧ ~채식주의자'가 된다. 이때 교환법칙도 성립하기 때문에 '~채식주의자 ∧ ~운동'도 '참'이다. 이를 문장으로 하면 '운동을 좋아하지 않는 사람 중 일부는 채식주의자가 아니다.'이므로 ②는 빈칸에 들어갈 결론으로 적절하다.

13 문학 정답 ④

정답 설명

④ 3문단에서 "청령일기는 강원도의 청령포에서 보낸 여름을 기록하며"를 통해 '청령포'가 배경임을 알 수 있으나, 3문단의 "그는 자연을 단순한 배경이나 장식으로 보는 것이라 인간의 살아가야 하는 삶의 방향을 제시하는 상징적 의미로 표현했으며"를 통해 청령포는 단순한 공간적 배경만을 말하는 것이 아님을 확인할 수 있다.

오답 분석

① 1문단 "'바위'의 굳건한 이미지와 자신의 신념을 연결하여 표현하고 있다."를 통해 알 수 있다.

② 2문단의 "'아라비아의 사막'에서 본질적인 '나'와 대면하고 원시의 본연한 자태를 찾으려고 한다."를 통해 볼 때, 아라비아의 사막은 생명의 본질을 찾기 위해 대면하는 공간임을 알 수 있다.

③ 3문단을 통해 볼 때, 유치환은 자연과 인간의 조화로운 공존을 중시했음을 알 수 있으며 〈산유화〉 역시 유치환의 이 특징 안에 포함되어 있음을 알 수 있다.

14 독해 정답 ②

정답 설명

② 2문단의 "현재까지 EV-D68에 대한 특정 항바이러스제나 백신이 없기 때문에 치료는 증상을 완화하는 데 초점을 맞추며" 부분을 통해 특화된 치료제가 없어 증상을 완화하는 방향으로 치료가 이뤄짐을 알 수 있다.

오답 분석

① 제시된 글에는 '68'이 연도와 관련되었다는 내용이 언급되지 않았으며, 1문단을 통해 EV-D68은 1962년 미국에서 처음 발견하였음을 알 수 있으므로 적절하지 않다.

③ 1문단을 통해 EV-D68의 주된 전파 경로는 호흡기 비말을 통한 감염임을 알 수 있다. 감염된 이의 피에 대해서는 언급하지 않았으므로 적절하지 않다.

④ 2문단을 통해 EV-D68 환자 중 일부가 AFP를 겪는데 그 증상이 소아마비와 유사함을 알 수 있다. 즉, 소아마비에 추가적으로 걸리는 것이 아니고 회복되지 않는 마비가 소아마비로 인해 발생하는 것도 아니다. 회복되지 않는 마비는 EV-D68 감염에 따른 AFP의 결과이다.

15 독해 정답 ③

정답 설명

③ 3문단을 통해 산업화로 인한 환경 변화가 생물의 진화에 영향을 미침을 확인할 수 있다.

오답 분석

① 1문단을 통해 자연선택은 환경에 잘 적응한 개체가 더 많은 자손을 남기게 되어 시간이 지남에 따라 그 특성이 전체 집단에 퍼지는 현상을 말함을 확인할 수 있다.

② 2문단을 통해 포식자로부터 더 잘 숨을 수 있으므로 더 많은 자손을 남길 수 있음을 확인할 수 있다.

④ 2문단을 통해 자작나무 껍질 색깔의 변화가 나방의 색깔 변화에 앞서 일어났음을 확인할 수 있다.

16 독해 정답 ③

정답 설명

③ 1문단 8~9번째 줄과 2문단 1~2번째 줄에서 백중과 중원절은 음력 7월 15일로 시기는 같지만, 백중은 불교와 관련 있고, 중원절은 도교와 관련 있음을 알 수 있다.

오답 분석

① 1문단의 5~8번째 줄에서 중원절, 백중, 오본은 핼러윈에 비해 조상의 영혼을 기리는 성격이 큼을 알 수 있다. 구체적으로는 1문단 9~11번째 줄(백중), 2문단 2~5번째 줄(중원절), 7~8번째 줄(오본)에서 확인할 수 있다.

② 1문단 8번째 줄, 2문단 1~2번째 줄과 6번째 줄에서 중원절과 백중은 음력으로 정하지만 오본은 양력으로 정함을 알 수 있다.

④ 2문단 끝에서 오본 시기에는 채식만 하고 제사상에도 고기를 올리지 않음을 알 수 있다.

17 논리 정답 ①

정답 설명

① ㄱ. 갑은 콜타르가 암을 일으킨다고 하였다. ㄱ에서는 원주민들이 콜타르에 노출되지 않았는데도 암에 걸려 사망하였으므로 ㄱ은 갑의 주장을 약화한다.

ㄷ. 병은 염증이 암을 일으킨다고 주장하였다. ㄷ은 만성 궤양성 대장염에 의해 대장암으로 사망한 사례이므로 ㄷ은 병의 입장을 강화한다.

오답 분석

ㄴ. 을은 기생충이 암을 일으킨다고 하였다. ㄴ에서는 기생충이 아닌 H. pylori 균(세균)에 의해 암이 발생하였으므로 ㄴ은 을의 주장을 약화한다.

18 독해 정답 ②

정답 설명

② 2문단의 1~3번째 줄과 7~10번째 줄에서 알 수 있다. 2문단은 예술은 순수한 아름다움만을 추구해야 한다는 주장을 설명하면서 대표적인 예술가로 잭슨 폴록과 바넷 뉴먼을 예로 든다. 즉, 이들은 1문단에서와 같이 예술이 사회적 · 정치적 문제를 다루고 그러한 메시지가 작품에 담겨야 한다고 보는 사람들과 대립한다. 따라서 잭슨 폴록의 작품을 감상한다면 작품에서 어떠한 메시지를 찾기보다는 형식과 매체의 실험적 가능성에 주목하거나 작품 자체의 아름다움을 느끼는 것이 바람직하다.

오답 분석

① 사회적 리얼리즘은 대중에게 사회적 · 정치적 변화를 촉구하는 메시지를 전달한다. 예술적 자율성을 우선시하는 입장은 2문단의 19세기 낭만주의와 근대 모더니즘이다.

③ 아리스토텔레스는 예술이 시대의 아픔이나 문제를 다뤄야 한다는 주장의 시초로서 언급된다. 반면 이와 대립되는 주장으로서 예술의 자율성과 미적 경험 자체를 강조하는 입장의 인물로 오스카 와일드가 2문단에서 언급된다. 따라서 오스카 와일드는 동의하지 않을 것이다.

④ 현대 예술은 두 입장 중 어느 하나만을 선택하지 않고(이분법적 틀에 갇히지 않고) 둘을 모두 충족한다.

19 독해 정답 ④

정답 설명

④ 4문단을 통해 볼 때, 국민주권주의는 공화제를 뜻한다. 그러므로 3문단의 뤽데만은 귀족도 필요하다고 본 점과 4문단의 독일 국민당(DNVP)은 군주제를 주장하였다는 점을 통해 볼 때 뤽데만과 독일 국민당(DNVP) 모두 국민주권주의(공화제)를 지지하지 않았음을 추론할 수 있다. 그러므로 공화제하에서의 정치체계 개선을 추구했다는 것은 적절하지 않다.

오답 분석

① 과도한 자본주의는 개인의 자유와 사회 공동체를 해칠 수 있다고 보아 국가의 개입을 통한 시장 규제와 사회 정의 구현을 강조했다.

② 보수혁명주의자들은 민족 공동체의 통합과 사회 질서 유지를 위해서는 국가 권력의 강화가 필요하다고 보고, 국가는 개인의 이익보다 공동체의 이익을 우선시해야 한다는 주장 역시 제기하였다.

③ 보수혁명주의자들은 의회 민주주의에 대한 무책임하고 비효율적이라고 비판했으며, 이는 나치즘의 등장으로 이어졌다.

20 논리 정답 ①

정답 설명

① 제시된 명제를 기호화하면 다음과 같다.

전제 1	이란
전제 2	~이스라엘 → (~이란∧~이라크) (= 이란 ∨ 이라크 → 이스라엘)
전제 3	파키스탄 → ~이란 (= 이란 → ~파키스탄)
전제 4	이라크 → 파키스탄 (= ~파키스탄 → ~이라크)

선언문은 하나만 긍정되어도 전체가 긍정되고 전제 1로 인해 '이란'이 확정되므로 전제 2의 대우에 따라 '이스라엘'이 확정된다. 또한 전제 1과 전제 3의 대우로부터 '~파키스탄'이 확정된다. '~파키스탄'이 확정되므로 전제 4의 대우에 따라 '~이라크'가 확정된다. 따라서 결과를 정리하면 '이란, 이스라엘, ~파키스탄, ~이라크'이므로 태룡은 이란과 이스라엘만 여행할 것이다.

01	④	06	③	11	④	16	④
02	①	07	②	12	①	17	②
03	①	08	①	13	③	18	④
04	④	09	④	14	②	19	②
05	③	10	④	15	④	20	③

01 작문 정답 ④

정답 설명

④ ㄹ에서는 '나를 좋아하는 것보다 축구하는 것을 더 좋아함.'이라는 조건에 따라 중의성을 해소하는 방안을 요구하고 있다. 그런데 '축구를' 뒤에 '하는 것을'을 첨가하더라도 문장의 중의성은 해소되지 않는다. ㄹ의 중의성을 해소하기 위해서는 '남편은 나를 좋아하는 것보다 축구하는 것을 더 좋아한다.'라고 고쳐야 한다.

오답 분석

① '민수는 영이와 철수를 만났다.'에서 '민수는' 뒤에 쉼표(,)를 첨가하여 '민수는, 영이와 철수를 만났다.'로 고치면 '민수가 두 사람을 만남.'이라는 의미가 되어 중의성이 해소된다.

② '나는 그에게서 김 교수의 책을 건네받았다.'는 관형격 조사 '의' 때문에 중의성이 발생한 것이다. 따라서 '김 교수의'를 '김 교수가 지은'으로 고치면 '저자가 김 교수인 책'이 되어 중의성이 해소된다.

③ '신철수와 김지영이 결혼하였다.'는 '신철수와 김지영 두 사람이 부부가 되었다.'라는 의미와 '두 사람이 따로따로 결혼을 했다.'라는 두 가지 의미를 지니게 되지만 '신철수와 김지영이'를 '신철수가 김지영과'로 고치면 '둘이 부부가 되었음.'이라는 의미가 되어 중의성이 해소된다.

02 독해 정답 ①

정답 설명

① 분젠 버너는 석탄가스를 연료로 사용하여 염소가스를 태운다. 따라서 염소가스를 이용하여 석탄가스를 태운다는 설명은 적절하지 않다.

오답 분석

② 1문단 1~3번째 줄에서 키르히호프와 분젠은 뜨거운 물체는 연속 스펙트럼을 방출하며, 기체는 특정 파장의 빛을 흡수하여 흡수 스펙트럼을 형성하는 것을 밝혀냈음을 알 수 있다.

③ 2문단에서 연속 스펙트럼은 빛이 물질과 상호작용하지 않고, 끊임없이 이어지는 곡선의 그래프를 나타냄을 알 수 있다.

④ 3문단에서 흡수 스펙트럼은 연속 스펙트럼에서 특정 파장의 빛이 흡수되어 나타나는 스펙트럼으로, 특정 파장에서 강도가 떨어지는 곡선의 그래프가 나타남을 알 수 있다.

03 독해 정답 ①

정답 설명

① 2문단을 통해 양인 남자는 국역인 군역과 요역의 의무가 있었으며, 천인은 군역에서 배제되었음을 알 수 있다.

오답 분석

② 3문단을 통해 양인은 일단 관직 진출권이 있었음을 알 수 있다. 더러 노비가 국가에 큰 공로를 세워 정규 관직인 유품직을 받기도 하였으나 이때는 반드시 양인이 되는 종량 절차를 먼저 밟아야 했으므로 적절하다.

③ 3문단을 통해 천인인 노비가 국가에 큰 공을 세우면 종량 절차를 통해 양인이 된 후 관직에 오를 수 있었음을 알 수 있다.

④ 3문단을 통해 노비와 양인이 싸우면 노비가 한 등급 더 무거운 벌을 받는 것은 양 · 천 사이의 법적 지위의 차이를 잘 보여주는 것임을 알 수 있다.

04 독해 정답 ④

정답 설명

④ 정약용은 감각적 욕구가 악한 행위를 유도하는 것이 아니라, 감각적 욕구에서 비롯된 기호를 제어하지 못할 경우 악한 행위가 나타날 수 있다고 보았다. 또한 정약용은 감각적 욕구가 생존에 필요하고 삶의 원동력이 된다는 점에서 일부 긍정했기 때문에 정약용이 감각적 욕구를 제거해야 한다고 보았다는 설명은 적절하지 않다.

오답 분석

① 주희는 인간의 본성을 '본연지성'과 '기질지성'으로 설명하였다.

② 주희는 인간의 기질이 맑으면 선한 행위를 하고 탁하면 악한 행위를 할 수 있다고 보았다.

③ 정약용은 추서에 따라 선한 행위를 실천해야 한다고 보았다.

05 독해 정답 ③

정답 설명

③ 감각적 욕구에서 비롯된 기호는 생명이 있는 모든 존재가 지니는 육체의 경향성이고, 도덕적 욕구에서 비롯된 기호는 인간만이 지니는 영혼의 경향성이므로 ㉠은 ㉡과 달리 생명이 있는 모든 존재가 지닌다는 설명은 올바르다.

오답 분석

① 감각적 욕구에서 비롯된 기호를 '제어하지 못할 경우' 악한 행위가 나타날 수 있지만, 인간은 자유 의지에 따라 이를 '제어하여' 악한 행위를 하지 않을 수 있다고 하였다. 따라서 감각적 욕구에서 비롯된 기호(㉠)는 인간이 제어할 수 있는 기호임을 추론할 수 있다.

② 생존에 필요한 욕구에서 비롯된 것은 도덕적 요구에서 비롯된 기호(㉡)가 아니라, 감각적 욕구에서 비롯된 기호(㉠)와 관련된다.

④ '감각적 욕구에서 비롯된 기호(㉠)'는 감각적 욕구를 즐기고 좋아하는 경향성을, '도덕적 욕구에서 비롯된 기호(㉡)'는 도덕적 욕구를 즐기고 좋아하는 경향성을 뜻한다. 따라서 둘 다 욕구를 즐기고 좋아하는 경향성이라고 볼 수 있다.

06 독해 정답 ③

정답 설명

③ 2문단 끝에서 애덤 스미스는 중상주의로 국가가 비축한 금 · 은은 소수 계층에게만 돌아갈 뿐이라고 비판하며, 중상주의를 철폐하고 국부를 위한 분업 체제를 도입할 것을 주장하였음을 알 수 있다. 부를 재분배한다는 내용은 제시되지 않았으므로 적절하지 않다.

오답 분석

① 1문단 끝에서 중상주의자들은 금과 같은 귀금속을 국가의 부의 척도로 여겨 무역 규제 등을 통해 국가의 금을 축적하는 것을 목표로 삼았음을 알 수 있다.

② 1문단을 통해 중상주의자들은 정부가 경제 활동을 규제하고 통제해야 한다고 주장했으며, 금 축적을 위해 무역 규제, 보호 관세, 해외 식민지 확보 등의 경제 개입을 제시했음을 알 수 있다.

④ 2문단을 통해 해외 무역을 보호하고 해외 식민지를 확보하기 위한 강력한 해군력이 필요하다고 주장했음을 알 수 있다.

07 독해 정답 ②

정답 설명

② 2문단을 통해 베타 2 수용체는 심장박출량뿐 아니라 폐에도 존재하므로 호흡기 질환자에게는 주의하여 투약해야 함을 알 수 있다. 따라서 만성 폐쇄성 폐질환 환자에게 베타 차단제를 투여할 시, 베타 1이 아닌 베타 2 수용체가 차단되어 기관지가 폐색될 수 있음을 추론할 수 있다.

오답 분석

① 1문단을 통해 이뇨제는 신장, 즉 콩팥에서 나트륨과 수분 배출을 촉진하여 혈압을 낮춤을 알 수 있다. 따라서 염분 재흡수를 차단하여 콩팥소체에서 나트륨과 수분 배출을 촉진하는 티아자이드는 이뇨제임을 추론할 수 있다.

③ 3문단을 통해 산모에게는 ARB를 투약할 수 없음을 알 수 있다.

④ 3문단을 통해 칼슘 차단제는 다른 약물에 비해 혈압 감소 효과가 느려 급성 고혈압 환자에게는 사용할 수 없음을 알 수 있다.

08 작문 정답 ①

정답 설명

① 제시된 글에서는 허블 망원경과 제임스 웹 망원경의 차이점을 부각하여 설명하는 '비교'의 설명 방식을 채택하였다. ①에서도 프톨레마이오스와 브라헤의 천체관 차이를 드러내고 있다.

오답 분석

② 맥박 산소 측정기의 원리를 인과로써 드러내었다.

③ 터보팬 엔진의 구성을 분석하였다.

④ 브라흐마 사마디 운동의 핵심 사상을 제시하는 분석의 방법을 사용하였다.

09 논리 정답 ④

정답 설명

④ 제시된 명제를 기호화하면 다음과 같다.

전제 1	영철 ∨ 경수 ∨ 지우 → 중국어
전제 2	영철 ∧ 경수 ∧ 지우 → 1개 언어
전제 3	영철 ∧ 경수 → 스페인어 (= 영철 ∧ 경수 → ~중국어)

전제 2에 따라 '영철, 경수, 지우'는 한 언어만 할 줄 아는데, 전제 3에서 '영철, 경수'는 이미 '스페인어'를 할 줄 알기 때문에 '중국어'를 할 줄 모른다. 따라서 전제 2와 전제 3을 합치면 전제 3을 '영철 ∧ 경수 → ~중국어'로 변환할 수 있다. 전제 1의 '영철, 경수, 지우 중에서 최소 한 1명은 중국어를 할 줄 안다.'를 만족해야 한다. 그런데 '영철과 경수는 중국어를 할 줄 모른다.'가 확정되었으므로 '지우만 중국어를 할 줄 안다.'가 성립된다.

오답 분석

① 전제 2에 따라 영철, 경수, 지우는 반드시 한 언어만 할 줄 안다. 전제 3에 따라 지우는 중국어를 할 줄 알지만 영철은 스페인어를 할 줄 안다는 것을 알 수 있다.

② 전제 2에 따라 영철, 경수, 지우는 반드시 한 언어만 할 줄 안다. 전제 3에 따라 지우는 중국어를 할 줄 알지만 경수는 스페인어를 할 줄 안다는 것을 알 수 있다.

③ 전제 2에 따라 영철, 경수, 지우는 반드시 한 언어만 할 줄 안다. 전제 3에 따라 영철은 스페인어를 할 줄 안다는 것을 알 수 있다.

10 논리 정답 ④

정답 설명

④ ㄱ. 경험적 관찰을 통해 기존 이론이 반박된 사례이므로 갑의 입장을 강화한다.
ㄴ. 실험을 통해 과학적 이론이 과학적 지식이 된 사례이므로 을의 입장을 강화한다.
ㄷ. 과학적 이론을 확률 분포로 표현할 수 없으므로, 과학적 이론은 확률 분포로 표현된다고 주장한 병의 입장을 약화한다.

11 문학 정답 ④

정답 설명

④ '나'의 친구는 아들을 낳지 못하는 며느리를 구박하는 사람이고, 치매에 걸린 시어머니가 있는 인물은 '나'이다. 또한 '나'는 시어머니를 요양소로 보내려고 했으나 결국 집으로 시어머니를 데리고 왔기 때문에, 이 역시 잘못된 설명이다.

오답 분석

① 1문단에서 '나'는 딸을 낳은 며느리로, 시대적 배경 속에서 아들을 낳지 못한 것에 대한 죄책감과 불안감을 느끼고, '남편'도 아들에 대한 기대를 갖는 인물임을 알 수 있다.

② '나'의 친구는 아들을 낳지 못한 며느리를 구박하는데, 이를 통해 '나'의 시어머니와 대조적인 모습을 보여준다.

③ 시어머니는 '나'가 손자가 아닌 손녀를 낳았을 때에도 해산바가지를 준비해서 '나'와 아이를 보살핀 것을 통해 볼 때, '해산 바가지'는 성별로 사람을 차별하지 않는 생명 존중의 상징임을 알 수 있다.

12 독해 정답 ①

정답 설명

① 1문단 8~11번째 줄의 "좋은 긍정심리학 영화는 행복과 덕성과 성격강점을 내적으로 깊이 있게 재현하며, 예술의 미메시스적 효과와 교육적 효과를 잘 보여줄 수 있는 영화이다."를 정리하면, '좋은 긍정심리학 영화 → (행복 · 덕성 · 성격강점을 내적으로 깊이 있게 재현) ∧ (예술의 미메시스적 효과와 교육적 효과를 잘 보여줌)'이다. 대우를 취하면 '~(행복 · 덕성 · 성격강점을 내적으로 깊이 있게 재현) ∨ ~(예술의 미메시스적 효과와 교육적 효과를 잘 보여줌) → ~좋은 긍정심리학 영화'가 된다.

오답 분석

② 1문단에서 사라 알고에는 영화의 미메시스적 기능이 긍정심리학의 행복 교육에 영향을 미친다고 하였다. 긍정심리학이 영화에 교육적 기능을 부여하는 것은 아니므로 적절하지 않다.

③ 2문단의 "라이언 니미엑(R.M. Niemiec)은 ~ 적어도 4가지 요소를 갖추고 있어야 한다는 것이다."에서 4가지 요소가 모두 갖춰져야 함을 알 수 있다. 따라서 첫 번째 요건을 갖췄더라도 나머지 요소를 갖추지 못했다면 긍정심리학 영화라 할 수 없다.

④ 제시된 글에서는 악역이 아니라 본보기로 삼을 수 있는 캐릭터를 통해 자아를 개선하려는 동기를 부여한다고 하였다.

13 문법 정답 ③

정답 설명

③ '놓였다'는 '놓이다'의 어간 '놓이-'와 과거 시제 선어말 어미 '-었-'과 종결 어미 '-다'가 결합한 것으로 분석할 수 있다.

오답 분석

① '먹는다'에서 선어말 어미 '-는-'은 현재 시제를 나타낸다.
② '자란다'에서 선어말 어미 '-ㄴ-'은 현재 시제를 나타낸다.
④ '입장하겠습니다'에서 선어말 어미 '-겠-'은 미래 시제를 나타낸다.

14 독해 정답 ②

정답 설명

② 1문단에서 몬테카를로 방법이 난수를 활용하여 실제 값을 추정하는 방법임을 제시하고 있고, 3문단에서 몬테카를로 방법의 한계와 활용되는 분야를 설명하고 있다. 따라서 글 전체를 요약한 내용으로 적절하다.

오답 분석

① 3문단에서 컴퓨터의 계산 속도가 빨라지면서 몬테카를로 방법이 더 많은 분야에서 활용되었다고 하였다. 따라서 컴퓨터 연산 능력이 발전함에 따라 몬테카를로 방법이 설 자리는 더 늘어날 것이다.
③ 1~2문단에서 몬테카를로 방법은 실제 값을 직접 구하는 것이 아니라 실제 값에 가까운 값을 구한다는 것을 알 수 있으나, 3문단을 통해 수학이나 금융 문제의 해결 방법으로 사용된다고 하였으므로 적절하지 않다.
④ "종이 위에 무작위로 찍는 점의 개수가 1,000개로 똑같더라도 한 번만 시행한 경우와 10번 시행한 경우를 비교하면 후자가 더 실제 값에 가까울 것이다."를 통해 볼 때 시행횟수를 늘려야 한다는 내용은 올바르다. 그러나 2문단에서 "종이 위에 무작위로 찍는 점의 개수가 1,000개인 경우보다는 50,000개인 경우가 더 정확할 것이다."라고 하였으므로 생성하는 난수의 수가 적을수록이 아니라 많을수록 더 정확할 것임을 추론할 수 있다.

15 논리 정답 ④

정답 설명

④ 제시된 명제를 기호화하면 다음과 같다.

명제 1	우유 ∧ ~(~차)
명제 2	~홍차 → ~차 (= 차 → 홍차)

'어떤 ~것도'가 나오면 '모든'으로 바꿔서 생각하므로 전제 2는 '홍차를 마시지 못하는 모든 사람은 차를 좋아하지 않는다.'가 되고 기호화하면 '~홍차 → ~차'가 된다. 또한 전제 1과 같이 이중부정일 경우에는 긍정으로 기호화하므로 '~(~차) = 차'이다. 결론을 찾을 때에는 전제 1과 전제 2의 조건절을 동일하게 전제를 만들어야 한다. 따라서 전제 1과 전제 2의 조건절을 동일하게 만든 것을 정리하면 아래와 같다.

전제 1	차 ∧ 우유
전제 2	차 → 홍차

전제 1과 전제 2의 조건절이 동일한 상태에서 결론을 도출하면 '우유 ∧ 홍차'가 된다. 이때 교환법칙도 성립하기 때문에 '홍차 ∧ 우유'도 '참'이다. 이를 문장으로 하면 '어떤 홍차를 마시는 사람은 우유를 좋아한다.'이므로 ④는 빈칸에 들어갈 결론으로 적절하다.

오답 분석

① 우유를 좋아하는 사람 중 홍차를 마시지 못하는 경우가 있으므로 결론에 들어갈 말로 적절하지 않다.
② 전제 2를 기호화하면 '~홍차 → ~차'이다. 이의 역('~차 → ~홍차')은 참인지 알 수 없으므로 결론에 들어갈 말로 적절하지 않다.
③ 차를 좋아하는 사람 중 우유를 좋아하지 않는 경우가 있으므로 결론에 들어갈 말로 적절하지 않다.

16 독해 정답 ④

정답 설명

④ 조선어문학회는 일제 강점기에, 우리어문학회는 해방 직후에, 국어국문학회는 한국전쟁 발발 이후인 1952년에 결성되었다.

오답 분석

① 1문단을 통해 일제 강점기하에 경성제국대학에서는 '조선문학' 전공을 통해 국문학 연구가 이뤄질 수 있었음을 알 수 있다. 비록 체계적인 연구가 진행되기에는 한계가 있었지만, 연구할 길이 전면적으로 폐쇄된 것은 아니었다.
② 1문단을 통해 조선어문학회는 체계적인 국문학 연구를 위해 경성제국대학에 재학 중이던 학생들이 결성한 모임임을 알 수 있다. 국학파는 학생들이 아니라 학자들이 형성한 모임이다.
③ 2문단 끝에서 '우리어문학회'는 체계적인 교과 과정을 확립하고 알맞은 교재를 개발하기 위해 '대학교수로 재직' 중인 학자들이 결성한 모임임을 알 수 있다.

17 독해 정답 ②

정답 설명

② 2문단과 4문단을 통해 '힘'은 집단적이고 관계적인 개념으로 사람들 간의 평화적인 동의와 협력에서 발생하며, 권력은 힘에 기반을 둠을 확인할 수 있다.

오답 분석

① 1문단을 통해 공적 영역에서 기존에 존재하지 않았던 현실을 창출하는 것은 '행위'임을 확인할 수 있다.
③ 4문단을 통해 '힘'은 자유를 촉진하는 것이지, '자유'가 힘을 억압하거나 그 반대인 것은 아님을 확인할 수 있다.
④ 4문단을 통해 외부의 강제를 통한 억압에 지나지 않는 것은 '폭력'임을 확인할 수 있다.

18 논리 정답 ④

정답 설명

④ 제시된 글의 해석은 유인원에게도 역지사지의 감정이 있기 때문에 인간의 입장에서 유인원을 찾기 위해 처음 숨었던 건초더미를 본다는 것이었다. 반면 ④는 단순히 거리상 가깝기 때문에 본 것이라고 했으므로 ㉠을 약화시키는 내용이다.

오답 분석

① 제시된 글의 강화 또는 약화와는 관련이 없는 내용이다.
② 다른 실험 대상으로 같은 실험을 반복했는데 비슷한 결과가 나온다면 실험의 신뢰를 높여주므로 제시된 글을 강화한다.
③ 오랑우탄이 사람처럼 생각할 줄 안다는 내용이므로 사람과 오랑우탄의 실험결과가 비슷하다면 제시된 글을 강화한다.

19 독해 정답 ②

정답 설명

② 2문단 3~5번째 줄에서 철근이 콘크리트의 인장 강도를 보강한다는 사실만 확인할 수 있을 뿐, 콘크리트의 압축 강도를 높인다는 내용은 확인할 수 없다. 따라서 답은 ②이다.

오답 분석

① 1문단 2~3번째 줄에서 철근의 가장 일반적인 형태는 원형 단면을 가지며 직경이 일정한 형태임을 확인할 수 있다.

③ 4문단 끝에서 4~5번째 줄에서 철근이 건축물에 부족하게 쓰일 경우 발생할 수 있는 문제로 응력을 균등하게 분산하는 기능이 감소함을 들고 있다.

④ 3문단 2~3번째 줄에서 콘크리트는 온도 변화, 수분 흡수, 건조 등으로 인해 수축하거나 팽창할 수 있음을 확인할 수 있다.

20 독해 정답 ③

정답 설명

③ 상평시역사는 저렴한 가격으로 필수 물품을 판매하고, '비싼 가격'으로 물건을 사들였으므로 싼 가격에 물건을 매입했다는 설명은 적절하지 않다.

오답 분석

① 시역법은 정부가 직접 시장에 개입하여 물가를 조절하고 상업 활동을 관리하는 정책이었다.

② 특정 상인이나 상업 집단의 시장 독점을 금지하여 공정한 거래를 장려하였다.

④ 상평시역사에서는 물자의 시세가 낮을 때는 저렴하게 판매하고, 시세가 높을 때는 비싸게 판매했다.

01	①	06	②	11	③	16	④
02	③	07	③	12	②	17	①
03	①	08	③	13	①	18	②
04	③	09	③	14	④	19	②
05	④	10	①	15	④	20	①

01 작문 정답 ①

정답 설명

① '한옥 마을의 조성을 둘러싼 지역 주민 간의 갈등'은 한옥 마을을 조성하는 과정에서 발생할 수 있는 일이다. 따라서 '한옥 마을의 조성을 둘러싼 지역 주민 간의 갈등'을 '한옥 마을의 조성의 필요성'을 강조하기 위한 하위 항목으로 추가하는 것은 바람직하지 않다.

02 독해 정답 ③

정답 설명

③ 2문단에서 지역화폐는 해당 지역 내에서만 사용 가능하기 때문에, 주민들은 해당 지역 내에서의 소비를 늘리고 인근 지역에서의 소비는 줄인다고 하였다. '갑'에 이어 '을'도 지역화폐를 발행한다면 '갑' 주민뿐만 아니라 '을' 주민도 '병'에서 소비를 줄일 것이기 때문에 '병'의 소상공인들은 고객층에서 '갑'과 '을' 주민이 빠져나감으로써 매출이 줄어들 것이라 우려할 것을 추론할 수 있다.

오답 분석

① 물가 상승 억제에 대해 언급한 바가 없으며 추론할 만한 근거도 없다.

② 1문단에서 소비자는 지역화폐를 할인된 가격으로 구매할 수 있으므로 실제 구매 금액에 비해 더 큰 구매력을 갖는다고 하였다. 그러나 지역화폐는 대형 유통업체가 아니라 소상공인 점포에서만 사용할 수 있으므로 옳지 않다.

④ 1문단을 통해 화천군과 괴산군에서 시작되어 중소도시와 농어촌 지역을 중심으로 발행되었음을 알 수 있다. 따라서 수도권에서 시범적으로 시행된 것이 아니라, 지방에서 먼저 시행되고 전국적으로 확대 시행되었다고 추론할 수 있다.

03 독해 정답 ①

정답 설명

① ㉠ ㉠ 앞의 문장은 배제성과 경합성의 성질에 대해 설명하고 있으며, ㉠ 뒤의 문장은 배제성과 경합성으로 인해 공공 시스템의 특성이 결정된다는 내용이다. 앞에서 설명한 개념의 내용을 활용하여 뒤의 내용을 설명하고 있으므로 '이러한'이라는 말이 들어가는 것은 적절하다.

㉡ ㉡ 앞의 문장은 배제성과 경합성으로 인해 공공 시스템의 특성이 결정된다는 내용이고, ㉡ 뒤의 문장은 배제성과 경합성의 정도에 따라 특성이 결정된 공공 서비스에 해당하는 국방, 치안을 언급하고 있다. 뒤의 내용이 앞 내용의 사례가 되므로 '예를 들어', '예컨대'라는 말이 들어가는 것은 적절하다.

㉢ ㉢ 앞의 문장은 배제성과 경합성이 모두 없는 경우의 사례를 설명하고 있고, ㉢ 뒤의 문장은 배제성은 없지만 경합성이 나타나는 경우도 있다고 말하고 있으므로, '이에 비해', '그러나'라는 말이 들어가는 것은 적절하다.

㉣ ㉣ 앞의 문장은 배제성은 없으나 경합성이 있는 경우를 말하고 있으며 ㉣ 뒤의 문장은 무료로 이용하는 공공 도서관에서는 이용자가 많아 도서 열람이나 대출이 제한되는 사례를 말하고 있으므로 '예를 들어', '가령'과 같은 말이 들어가야 한다.

04 독해 정답 ③

정답 설명

③ 소수 기업들이 시장을 지배하는 전자제품 산업의 경우, 이 시장은 소수이긴 하지만 복수의 기업이 존재하므로 '독점 시장'이 아니다.

오답 분석

① 농산물 시장은 완전 경쟁 시장이므로 기업은 직접 가격을 결정하지 않고 시장 가격을 따른다.

② 정부 소속 상하수도 기업 외에는 다른 사업체가 없으므로, 그 기업은 가격 책정권이 있다.

④ 즉석식품 시장은 여러 기업들이 유사한 수준의 시장 지배력을 가지므로 옹점 시장이다.

05 논리 정답 ④

정답 설명

④ ㄱ. 갑은 개인이 선천적으로 갖고 태어난 악덕이 범죄를 유발하며, 교육으로써 이를 줄일 수 있다고 보았다. 따라서 교육을 받았음에도 범죄를 저지른 사례는 갑의 견해를 약화한다.

ㄴ. 을은 사유재산 제도가 범죄를 유발한다고 보았다. 따라서 사유재산이 없어지자 범죄율이 떨어졌다면 을의 견해는 강화된다.

ㄷ. 병은 범죄를 규정짓는 것 역시 통제의 일환이라고 보았다. 그런데 ㄷ에서는 약물 중독 범죄자를 일반 감옥에 보내지 않아 범죄자를 비정상으로 분류해 통제하려는 경향이 약화되었다. 따라서 병의 견해는 약화된다.

06 독해 정답 ②

정답 설명

② 2문단 끝에서 실천윤리학의 목적은 갈등 속에서 공정하고 이성적인 해결책을 모색하는 것임을 알 수 있다. 따라서 실천윤리학이 감정보다는 이성적이고 공정한 해결책을 추구한다는 설명은 적절하다.

오답 분석

① 1문단에서 실천윤리학은 단순히 이론을 적용하는 것을 넘어 복잡한 상황에 맞게 도덕적 지침을 제시함으로써 개인뿐 아니라 사회 전체에 윤리적 방향성을 제공하는 것이 목표임을 알 수 있다. 즉, 이론보다는 실제적인 문제 해결을 목표로 하므로 적절하지 않다.

③ 2문단을 통해 생명 윤리학은 실천 윤리학에 속함을 알 수 있다. 또한 1문단에서 실천윤리학은 개인뿐 아니라 사회 전체에 윤리적 방향성을 제공하는 것을 목표로 함을 알 수 있다. 따라서 특정 개인의 입장보다는 다양한 윤리적 관점을 조정하려는 노력이 강조되므로 적절하지 않다.

④ 3문단에서 환경윤리는 현세대뿐만 아니라 미래 세대의 권리까지 고려하여, 인류 전체가 책임져야 할 윤리적 문제를 포괄적으로 다룸을 알 수 있다. 따라서 현세대에 국한되지 않는 것이 중요한 특징이므로 적절하지 않다.

07 독해 정답 ③

정답 설명

③ '(다) – (나) – (가) – (라)'의 순서가 가장 자연스럽다. 먼저 기술의 발전은 비용 절감을 가능하게 하는 혁신을 통해 이루어짐을 이야기하며 그 예로 '판유리'를 소개한 (다)가 첫 문단으로 오는 것이 적절하다. (다)에 이어 '판유리'의 제조 공정의 혁신인 '탱크가마 기술'을 소개하는 (나)가 오는 것이 자연스러우며, '탱크가마 기술'에 이어 또 한 번의 혁신인 '플로트 공정'을 소개하는 (가)가 (나)에 이어 오는 것이 적절하다. 그다음 기술 혁신 과정의 문제점을 이야기하며 '플로트 공정'의 사례를 들어 설명한 (라)가 마지막으로 제시되는 것이 자연스럽다.

08 독해 정답 ③

정답 설명

③ 2문단에서 비장애인으로서 장애인에 대해 느끼는 감정을 자신과 일치시키는 것이 쉽지 않지만, 공옥진은 그것이 가능하고 진정으로 장애인의 마음이 되고자 했다는 것을 알 수 있다. 이를 통해 공옥진은 비장애인이었음을 추론할 수 있다.

오답 분석

① 1문단에서 소개한 인물들은 장애를 갖고 활발히 예술 활동을 펼치는 인물로, 종래의 통념을 깨고 새로운 인식으로의 전환을 맞이하게 함을 알 수 있다.

② 3문단에서 반쪽이와 공옥진의 모방춤을 이해하려면 눈앞에 보이는 모습 그 너머의 내면을 들여다보아야 하며, 그러려면 그들이 가지고 있는 서사를 통한 연관 관계와 주제, 메시지를 읽을 수 있어야 한다고 하였다.

④ 3문단에서 오랜 구비전승 과정을 거쳐 살아남은 설화는 특유의 생기와 흡인력으로 마음을 잡아끄는 가운데 미적 흥미와 공감을 일으킴을 알 수 있다.

09 문학 정답 ③

정답 설명

③ 깍두기는 주위에서 흔히 볼 수 있는 재료로 만들되, 창의적이고 대담한 방식으로 만든 것이다. 수필에 빗댄다면 주변의 평범한 데에서 소재를 구하되, 창의적인 시선에서 써야 한다고 볼 수 있다.

오답 분석

① 4문단 "다른 부인들은 산해진미, 희한하고 값진 재료를 구하기에 애쓰고 주방 주위에서 흔히 볼 수 있는 무 · 파 · 마늘은 거들떠보지도 아니했을 것이다.", "그러나 재료는 가까운 데 있고"를 볼 때 수필에서 글감이 꼭 새로워야 하는 것은 아니다. 새로워야 하는 것은 기존 수필이 갖지 못한 참신한 시각, 접근 방식이다.

② 가독성은 본문의 내용과 무관하다.

④ 홍현주의 부인이 다양한 요리를 해 보았기 때문에 깍두기를 내놓을 수 있었던 것은 아니다.

10 독해 정답 ①

정답 설명

① 제시된 글에서 "평균적인 행복 수준이 높은 국가라 할지라도, 구성원 간의 행복 격차가 클 경우 사회적 불안정과 갈등을 야기할 수 있"다고 하였다. 따라서 행복 격차가 작을 경우 사회적 통합에 긍정적일 것임을 추론할 수 있다.

오답 분석

② 행복지수 측정 방법론의 한계점으로는 '문화적 차이, 응답 편향, 일시적인 감정 변화' 등의 영향을 받을 수 있다고 지적하였다. "완전히 배제할 수 없는"이라는 표현은 이러한 한계를 정확하게 반영한다.

③ 행복지수가 GDP의 한계를 보완하고 삶의 질을 다각적으로 측정하려는 목적을 가진다고 하였다.

④ 한국 사회의 행복 수준이 OECD 평균에 미치지 못하는 현상은 "단순한 개인의 문제가 아닌, 사회 구조적인 문제와 밀접한 관련이 있"다고 하였으므로 적절하다.

11 문법 정답 ③

정답 설명

③ '물이 얼음으로 되었다'의 문장 성분은 '주어(물이), 부사어(얼음으로), 서술어(되었다)'이다. '되다, 아니다' 앞에 오는 체언에 보격 조사 '이/가'가 붙으면 보어이지만 체언에 부사격 조사 '으로'가 붙으면 부사어가 된다. 참고로 보조사는 다른 격조사로 바꿔서 문장성분을 확인해야 하지만, 격조사는 다른 격조사로 바꿀 수 없다.

※ '(으)로'는 변화의 방향을 나타내는 부사격 조사이다.

오답 분석

① '철수만'을 '철수가'로 바꾸어 쓸 수 있으므로 '철수만'은 주어이다.

② '전문가도 그런 수학은 못 푼다'로 바꾸어 쓸 수 있으므로 '전문가도'는 주어이다.

④ '모두가'는 '모두'라는 대명사에 주격 조사 '가'가 붙은 주어이다.

12 독해 정답 ②

정답 설명

② (가) 국가의 경제 구조와 금융시장 상황(○): 기준금리의 효과는 경제 구조와 금융시장 상황에 따라 다르게 나타날 수 있다. 제시된 글에서 언급된 '국내외 금융시장 상황, 기업의 자금 조달 구조, 가계의 부채 수준' 등이 이에 해당한다.

(나) 국내외 경제 지표와 통화 정책 목표(○): 중앙은행은 기준금리를 조정할 때 경제 지표와 통화 정책 목표를 종합적으로 고려한다고 언급하고 있다.

오답 분석

(가) 국가의 정치적 안정성과 중앙은행의 신뢰도(×): 해당 내용은 기준 금리와 간접적으로 관련될 수 있으나, 기준 금리 효과의 직접적 요인으로 언급되지는 않았다.

(나) 국가의 무역 적자와 정부의 재정 정책(×): 해당 내용은 무역 정책과 재정 정책의 영역이므로, 통화 정책과 구분된다.

13 독해 정답 ①

정답 설명

① 1문단을 통해 대한민국의 간통죄 폐지는 여러 가지 법리적 이유에 근거한다고 밝혔음을 확인할 수 있다.

오답 분석

② 2문단을 통해 대한민국의 간통죄 폐지의 이유로 형법의 최후 수단성이 제시되었음은 확인할 수 있다. 그러나 전체 내용을 포괄하지 못한다.

③ 3문단을 통해 시대 변화에 따른 인식 변동이 있었음은 확인할 수 있다. 그러나 전체 내용을 포괄하지 못한다.

④ 제시된 글에서 찾아볼 수 없는 내용이다.

14 문학 정답 ④

정답 설명

④ 화자는 타인과의 소통 부재 속에서 느낀 소외감과 부끄러움을 바탕으로 자신의 내면을 깊이 성찰하는 과정에 있다. 그러나 화자는 이 성찰을 통해 타인과의 관계를 개선하지는 못하며, 결국 소통 부재와 고립된 현실을 받아들이는 모습으로 시를 마무리한다.

오답 분석

① 화자가 국철에 앉아 "알아들을 수 없는 말"을 하는 아시안 젊은 남녀를 바라보는 모습에서 화자가 타인과의 단절을 느끼는 것은 맞으나, 이를 통해 관계를 모색하려는 의지는 나타나지 않는다.

② "낯짝 부끄러웠다"는 화자가 자신이 타인을 바라보는 시선이 단절적이고 일방적임을 깨닫고 반성하는 모습을 드러내지만, 이를 극복하려는 노력은 나타나지 않는다.

③ "국철은 회사와 공장이 많은 노선을 남겨 두고 있었다"에서 타인 역시 화자와 마찬가지로 삶의 무게를 짊어진 존재라는 추론을 나타내지만, 여전히 화자는 타인과의 '동승'은 불가능하다는 현실 속에 머문다.

15 독해 정답 ④

정답 설명

④ 3문단에서 복화술이 하나의 예술로 승화하려면 대본과 기술 외에 뛰어난 연기력도 필요함을 알 수 있다.

오답 분석

① 1문단에서 복화술은 대중에게 메시지를 전달하거나 오락과 유희 수단으로 사용되었음을 알 수 있다.

② 1문단에서 복화술은 '입술을 움직이지 않고 말하는 기술'이라는 의미가 아니라 '배로 말한다'는 의미에서 유래했음을 알 수 있다.

③ 2문단에서 자음을 바꿔 발음하는 이유는 유머스러운 상황을 연출하기 위한 목적이 아니라 입술의 움직임이 커지는 것을 피하기 위해서임을 알 수 있다.

16 논리 정답 ④

정답 설명

④ ㄱ. 모든 인간 활동이 환경에 영향을 미친다는 연구는 인간의 활동에서 발생하는 오염을 완전히 제거하고 자연의 원래 상태로 복원해야 한다는 갑의 입장을 약화한다. 이는 인간 활동이 계속해서 환경에 영향을 미치고, 인간 활동이 환경에 영향을 미치지 않는 사례는 존재할 수 없다는 점에서 갑의 주장을 반박한다.

ㄴ. 한 산업이 오염을 전혀 발생시키지 않고도 성공적으로 운영되었다는 사례는 현재의 기술과 경제 구조에서 인간의 모든 활동에서 발생하는 오염을 완전히 제거하는 것이 불가능하다는 을의 입장을 약화한다. 이는 오염을 제거하는 것이 가능하다는 것을 보여주기 때문이다.

ㄷ. 오염을 줄이는 다양한 기술들이 개발되어 환경이 개선되었다는 사례는 오염을 완전히 제거하지 않더라도 환경 보호가 가능하다는 병의 입장을 강화한다. 이는 환경 보호 활동이 효과적일 수 있음을 보여준다.

17 논리 정답 ①

정답 설명

① 제시된 명제를 기호화하면 다음과 같다.

전제 1	무용 → 음악회
추가	
결론	~음악 ∧ ~무용

추가해야 하는 전제를 찾기 위해서는 결론의 앞쪽이나 뒤쪽과 동일하게 명제를 만들어야 한다. 전제와 결론에 공통적으로 제시된 단어는 '무용'이기 때문에 전제 1을 대우에 의해 동일하게 배치한다. 이를 표로 정리하면 아래와 같다.

전제 1	~음악회 → ~무용
추가	
결론	~음악 ∧ ~무용

제시된 전제와 결론에서 공통적으로 포함된 '~무용'은 삭제한 이후, '~음악회'와 '~음악'의 관계를 전제에 추가하면 되는데, 전제와 결론이 '모두'와 '어떤, 일부'로 일치하지 않는 경우, 전제가 되는 것은 모두 4가지 경우이다. '모두'를 포함한 전제, '어떤, 일부'를 포함한 전제가 모두 가능하며, 그 배치 순서도 '~음악회 다음에 ~음악' '~음악 다음에 ~음악회' 모두 가능하다. 즉, '~음악회 → ~음악, ~음악 → ~음악회, ~음악회 ∧ ~음악, ~음악 ∧ ~음악회' 모두 가능하다. 이를 말로 풀이하면 '음악회 가는 것을 좋아하지 않는 모든 사람은 음악을 듣지 않는다.', '음악을 듣지 않는 모든 사람은 음악회 가는 것을 좋아하지 않는다.', '음악회 가는 것을 좋아하지 않는 어떤 사람은 음악을 듣지 않는다.', '음악을 듣지 않는 어떤 사람은 음악회 가는 것을 좋아하지 않는다.'가 된다. 따라서 답은 ①이다.

18 독해 정답 ②

정답 설명

② 2문단을 통해 롤스는 불평등의 최소화를 위해, 드워킨은 삶의 기초적 가치 충족을 위해 자원 배분의 차등을 둘 수 있다고 보았음을 알 수 있다.

오답 분석

① 2문단에서 드워킨과 롤스는 사회 구성원의 불평등을 완화하고 기본적인 삶의 질을 보장하기 위해 복지 국가의 역할을 인정함을 알 수 있다.

③ 2문단에서 드워킨과 롤스는 모두 사회 구성원의 평등한 자유와 권리를 중시하는 평등주의적 자유주의자이며, 사회 구성원 간의 정의로운 관계를 구축하는 데 큰 관심을 가졌음을 알 수 있다.

④ 3문단에서 롤스는 사회 구성원 간의 공유된 가치를 기반으로 정의의 개념을 세웠으나, 드워킨은 정의는 개인의 삶의 맥락에서 실현되어야 한다고 주장하였음을 알 수 있다.

19 독해 정답 ②

정답 설명

② 제시된 글에서는 "공급업체와의 긴밀한 협력이 요구된다."고 언급하며, 이를 통해 지속 가능한 무역을 촉진할 수 있음을 암시하고 있다.

오답 분석

① "중소기업을 대상으로 각 회사마다 필요한 실사 비용을 지원"하고 있다고 언급하며, 모든 기업이 동일한 비용 부담을 지지 않는다는 점을 알 수 있다.

③ "실사 기준이 명확하지 않거나 일관되지 않을 경우, 기업들은 이를 효과적으로 준수하기 어려울 수 있다."고 하였다. 실사 기준을 명확히 이해하고 있다는 것은 적절하지 않다.

④ EU가 도입을 포기하지 않고, "도전 과제를 극복하기 위해 다양한 지원 방안을 마련하고 있다."고 하였으므로 적절하지 않다.

20 논리 정답 ①

정답 설명

① 제시된 명제를 기호화하면 다음과 같다.

(가)	발해사 관심 ∧ ~조선사 관심
(나)	고려사 관심 → 조선사 관심 (= ~조선사 관심 → ~고려사 관심)

결론을 찾을 때에는 (가)와 (나)의 조건절을 동일하게 전제를 만들어야 한다. 따라서 (가)와 (나)를 동일하게 만든 것을 정리하면 아래와 같다.

(가)	~조선사 관심 ∧ 발해사 관심
(나)	~조선사 관심 → ~고려사 관심

(가)와 (나)의 조건절이 동일한 상태에서 결론을 도출하면 '발해사에 관심이 있는 사람 중 일부는 고려사에 관심이 없다'가 결론이 된다.

오답 분석

② (나)에 의해 고려사에 관심이 있는 사람은 조선사에 관심이 있는 사람으로 바꿀 수 있지만, 조선사에 관심이 있는 사람 중 발해사에 관심이 있는 사람이 있는지는 알 수 없다.

③ (나)에 의해 고려사에 관심이 있는 사람은 조선사에 관심이 있는 사람으로 바꿀 수 있지만 조선사에 관심이 있는 사람이 모두 발해사에 관심이 있는지는 알 수 없다.

④ 기호화하면, '(조선사 ∧ ~발해사) → ~고려사'이다. 대우는 '고려사 → (~조선사 ∨ 발해사)'이다. (나)에 의해 '고려사 → 조선사'이므로 참이 되려면 '고려사 → 발해사'가 필요하지만 이는 알 수 없으므로 결론에 들어갈 말로 적절하지 않다.

01	④	06	①	11	④	16	②
02	③	07	①	12	③	17	①
03	③	08	④	13	③	18	③
04	②	09	②	14	②	19	①
05	③	10	③	15	①	20	④

01 작문 정답 ④

정답 설명

④ ㉣의 말줄임표 자리에 글의 흐름을 고려하여 생략된 내용을 넣는다면, 빛 공해의 심각성을 절실히 느낀다는 내용이 들어가는 것이 적절하다. 따라서 '사진작가의 능력이 대단하게 느껴졌다'는 내용을 말줄임표 자리에 넣는 것은 적절하지 않다.

오답 분석

① 사진전을 다녀온 의도와 감상 내용을 고려한다면 '사진전'을 '빛 공해 사진전'으로 구체화하자는 것은 적절한 방안이다.

② '걸맞다'는 '두 편이 잘 어울리다'를 뜻하는 형용사이며, 형용사는 동사와 달리 현재의 뜻을 담고 있는 '-는'을 결합시킬 수 없다. 따라서 '걸맞은'으로 바꾸어 쓰는 것은 적절하다.

③ ㉢의 앞 문장에서는 빛 공해를 정의하고 ㉢에서는 빛 공해의 사례를 들고 있으므로, ㉢의 앞 문장과 ㉢은 연결하여 한 문단으로 구성하는 것이 적절하다.

02 독해 정답 ③

정답 설명

③ 3문단 "불가지론은 신의 존재에 대해 결론을 내릴 수 없다는 입장으로, 신에 대한 존재 또는 부재에 대한 근본적인 질문에 대한 답이 불확실하다고 주장한다."를 통해 무신론과 입장을 같이한다는 이해는 적절하지 않음을 알 수 있다.

오답 분석

① 1문단 "구체적으로는 종교적 텍스트나 전통, 신화에 근거하여 신의 존재를 확신하며, 믿음을 통해 인간은 신에 대한 관계를 형성하고 신의 가르침을 따르려고 한다."를 통해 적절한 이해임을 알 수 있다.

② 2문단 "무신론은 종교적 신념을 비판하며, 인간의 이성과 경험을 토대로 세계를 이해하려고 한다."를 통해 적절한 이해임을 알 수 있다.

④ 4문단 "종교에서 유신론은 신의 존재를 믿는다는 공통적인 특징을 가지고 있지만, 신념의 내용과 형태는 각각 다양하다.", "무신론은 과학과 경험을 중시하며 신의 부재를 주장하지만, 그 중에서도 강경한 무신론과 상대적으로 열린 무신론이 존재한다."를 통해 적절한 이해임을 알 수 있다.

03 문학 정답 ③

정답 설명

③ 1~2행의 '우리는 일제히 일어나 애국가를 경청한다 / 삼천리 화려강산의'와 19~20행의 '길이 보전하세'의 구절을 통해 애국가의 시작과 종결이 나타남을 알 수 있으며, 이를 통해 사회적 억압 속에서 자기 자리로 돌아갈 수밖에 없는 무력감을 드러낸다.

오답 분석

① 1연의 '우리는 일제히 일어나 애국가를 경청한다'에서 '나'가 아닌 '우리'로 지칭함으로써 화자의 상황이 개인이 아닌 공동체적 존재임을 나타내고 있다.

② '㉠ 이 세상'은 억압과 강요로 자유가 없는 곳을 의미하고, ㉠의 밖은 흰 새떼들이 날아가는 곳으로 자유가 있는 곳을 의미한다. 따라서 두 장소는 서로 대조되지만 현재와 과거를 의미하지는 않는다.

④ 마지막 시행을 통해 볼 때, 화자는 체념과 좌절을 받아들이고 있으며 사회적 억압 속에서 자기 자기로 돌아갈 수밖에 없는 무력감을 드러내고 있음을 확인할 수 있기 때문에 극복 의지는 나타나지 않는다.

04 독해 정답 ②

정답 설명

② "현대 사회에서는 소셜 미디어와 같은 플랫폼을 통해 개인의 주관적인 의견이나 음모론이 객관적인 사실보다 더 큰 영향력을 행사하는 현상이 두드러지면서 반지성주의가 더욱 심화되는 경향을 보인다."고 하였으므로 적절하다.

오답 분석

① 반지성주의는 "역사적으로 다양한 사회적, 문화적 맥락에서 나타났으며, 특정 시대나 계층에 국한된 현상이 아니"라고 하였다. 따라서 특정 엘리트 계층에서만 나타나는 현상이라는 설명은 적절하지 않다.

③ 대중의 일반적인 지식이나 경험을 중시하는 경향은 "민주주의 사회에서 긍정적인 측면으로 작용할 수 있"다고 하였다. 즉, 대중의 경험과 지식을 중시하는 경향 자체가 부정적인 것은 아니며, 극단적인 형태로 나타날 때 문제가 되는 것이다.

④ 정치적인 목적을 가진 집단이 "특정 집단의 지지를 얻기 위해 지식인이나 전문가를 공격하는 전략"을 사용하기도 함을 알 수 있다. 따라서 객관적인 사실에 기반한 논쟁만을 통해 지지를 얻으려 한다는 설명은 적절하지 않다.

05 독해 정답 ③

정답 설명

③ 1문단과 3문단을 통해 메르첸 맥주는 뮌헨의 맥아를 사용하며, 옥토버페스트가 열리는 곳은 독일 바이에른주의 뮌헨임을 알 수 있다.

오답 분석

① 3문단을 통해 필스너와 메르첸은 라거, 바이젠비어와 쾰시는 에일임을 알 수 있다. 따라서 쾰시는 에일이므로 라거라는 설명은 적절하지 않다.

② 3문단을 통해 바이젠비어의 종류에는 헤페바이젠, 크리스탈바이젠, 둔켈바이젠이 있으며, 헤페바이젠은 효모 침전물을 포함하고, 크리스탈바이젠은 맑은 맥줏빛을 위해 침전물을 걸러냄을 알 수 있다. 따라서 크리스탈바이젠이 헤페바이젠보다 맥줏빛이 맑음을 추론할 수 있다.

④ 2문단을 통해 독일 맥주는 '물, 맥아, 홉, 효모'의 네 가지 주재료를 사용해야 함을 알 수 있다. 따라서 주재료 중 맥아를 밀로 잘못 설명하고 있으므로 적절하지 않다.

06 독해 정답 ①

정답 설명

① 1문단 "뇌의 구조와 기능은 선천적인 특성이지만, 이는 유기적인 학습과 경험에 의해 계속해서 발전한다."를 통해 적절한 이해임을 알 수 있다.

오답 분석

② 2문단 "따라서, 언어능력은 선천적인 요소와 함께 환경적 영향을 받아 형성되는 동적인 과정이라 할 수 있다."를 통해 상호작용하지 않는다는 이해는 적절하지 않음을 알 수 있다.

③ 3문단 "이는 인간의 언어적 유연성과 적응력을 보여주며, 선천적 제약을 뛰어넘는 언어능력의 동적인 특성을 강조한다."를 통해 복합적인 언어 환경의 사례는 언어능력의 동적인 특징을 보여주기 위한 한 가지 예시일 뿐이므로 적절하지 않음을 알 수 있다.

④ 4문단 "이는 언어능력은 끊임없이 변화하고 발전할 수 있는 가능성이 있음을 시사한다."를 통해 발전 가능성이 사라진다는 이해는 적절하지 않음을 알 수 있다.

07 독해 정답 ①

정답 설명

① 2문단을 통해 권리자는 상대에 의해 자신의 권리가 침해될 경우 법적 구제를 받을 수 있음을 확인할 수 있다. 따라서 A가 B에게 자전거를 대여하여 A에게 B로부터 약속한 대로 자전거를 돌려받을 권리가 생겼다면, B가 아닌 A의 권리가 침해될 경우 법적 구제를 받을 수 있음을 추론할 수 있다.

오답 분석

② 3문단을 통해 자유(Privilege)는 개인이 특정 행동을 할 수 있는 권리나 능력이며, 다른 사람이 그 행동을 하지 못하게 할 법적 권한이 없다는 것을 의미함을 확인할 수 있다. 이로부터 C가 자신의 집 앞 정원에서 꽃을 심을 자유를 가진다면, 다른 이는 C에게 꽃을 심지 말라고 강제할 수 없음을 추론할 수 있다.

③ 4문단을 통해 권한(Power)은 개인이 법적 관계를 변화시킬 수 있는 능력임을 확인할 수 있다. 따라서 D가 특정 회사를 대표하여 계약을 체결할 권한을 가진다면 D에 의해 회사의 법적 상태가 변할 수 있음을 추론할 수 있다.

④ 5문단을 통해 면책(Immunity)은 외부의 법적 영향에 의한 법적 지위 변동으로부터 보호받음을 확인할 수 있다. 따라서 E가 특정 법률에 의해 면책을 가진다면, 자신의 법적 지위를 바꾸려는 외부의 영향으로부터 보호받음을 추론할 수 있다.

08 문법 정답 ④

정답 설명

④ '읽다'는 주체가 스스로 직접 읽음을 나타내는 동사이며, '읽히다'는 주체가 대상에게 어떤 것을 읽도록 요구하는 동사이다. 품사는 바뀌지 않았으나 문장 구조가 달라졌으므로 ㉢에 해당한다.

오답 분석

① 형용사 '빨갛다'에 접사 '새-'가 붙어 형용사 '새빨갛다'가 되었다. 따라서 품사와 문장 구조에 변화가 없으므로 ㉠에 해당한다.

② 동사 '날다'의 어근 '날-'에 접사 '-개'가 붙어 명사 '날개'가 된다. 따라서 품사는 달라졌지만 문장 구조는 달라지지 않았으므로 ㉡에 해당한다.

③ 동사 '열다'의 어근 '열-'에 접사 '-리-'가 붙어 동사 '열리다'가 되었다. 능동사인 '열다'는 주어와 목적어를 필요로 하는 타동사인 반면, 피동사인 '열리다'는 목적어 없이 주어만을 요구하는 자동사이므로, 파생어의 사용으로 문장 구조가 달라지는 ㉢에 해당한다.
- 바람이 문을 열다. (능동)
- 바람에 문이 열리다.(피동)

09 독해 정답 ②

정답 설명

② 민주적으로 선출된 정부가 군사 독재 정권을 전복하고 권력을 장악했다. 그 이후에 전임 군사 정권의 범죄에 대해 조사하기 위한 '진실과 화해 위원회'가 설립되었다. 따라서 위원회가 권력을 장악했다는 설명은 적절하지 않다.

오답 분석

① 1문단을 통해 이사벨 페론 정부는 부패와 경제적 불안정으로 인해 민심을 잃었음을 알 수 있다.

③ 1문단을 통해 정권은 자신들의 권위를 위협하는 모든 내부적 요소를 제거하기 위해 무차별적인 탄압을 감행했으며, 반쿠데타 정치 세력이 주요 타겟이 되었음을 알 수 있다.

④ 3문단을 통해 '더러운 전쟁' 시기의 폭력과 인권 침해는 국제 사회에서 큰 반향을 일으켰으며, 인권 단체들과 국제 기구들은 아르헨티나 정부의 행동을 강력히 비판했음을 알 수 있다.

10 독해 정답 ③

정답 설명

③ 순자는 "인간의 본성에 내재한 욕망이 반드시 나쁜 것만은 아니라고 보았으나, 이를 방치하면 공동체에 해악을 끼칠 가능성이 크다고 보았"으므로 욕망을 교화하지 않으면 사회적 해악을 초래할 가능성이 크다는 진술은 적절하다.

오답 분석

① 순자는 인간 본성이 욕망과 이기심으로 인해 방치되면 갈등을 초래한다고 보았으므로, 도덕적 규범이 없어도 타인과 조화를 이룬다는 진술은 적절하지 않다.

② 순자는 인간 본성이 악하다고 보았으므로, 예와 법은 본성의 선함을 발현시키기 위한 것이 아니라 교화하고 욕망을 통제하기 위한 것임을 알 수 있다.

④ 순자의 성악설에서는 교육과 규범이 도덕적 인간을 형성하는 데 필수적이라고 보았지만, 인간의 본성이 선하다는 맹자의 성선설에서 교육과 규범이 불필요하다는 내용은 언급되지 않았다.

11 독해 정답 ④

정답 설명

④ 2문단에서 진정한 자아는 내면적 욕구와 감정을 솔직하게 표현할 수 있는 상태를 의미한다고 하였다. 또한 이는 주 양육자가 아동의 감정을 수용하고 지지할 때 이루어진다고 하였으므로 적절하다.

오답 분석

① 2문단에서 거짓 자아는 아동이 자신의 감정을 자유롭게 표현하지 못할 때 발생한다고 하였지만, 항상 형성된다고 주장하지 않았으므로 적절하지 않다.

② 3문단에서 전이적 대상은 안정감을 느끼고 자율성을 키우는 데 도움을 준다고 하였다. 따라서 전이적 대상이 정체성 형성에 방해가 된다는 설명은 적절하지 않다.

③ 4문단에서 '충분히 좋은 어머니'는 아동의 모든 감정을 완벽히 수용할 필요는 없지만, 아동이 자신의 감정을 표현하고 성장할 수 있도록 적절히 지원하는 것을 의미한다고 하였으므로 적절하지 않다.

12 독해 정답 ③

정답 설명

③ 3문단을 통해 벨몬트 보고서에서는 헬싱키 선언이라는 기초적 윤리 원칙에 입각하여 '미국 내' 구체적인 임상시험 윤리 지침을 제시하였음을 알 수 있다.

오답 분석

① 임상시험의 장점에만 집중하지 않고, 윤리적 쟁점 역시 조명하여 헬싱키 선언과 벨몬트 보고서를 소개하였다.

② 임상시험에서 가장 기초적인 윤리 원칙을 제시한 지침인 헬싱키 선언을 소개하였다.

④ 헬싱키 선언과 벨몬트 보고서에서 제시한 여러 윤리적 원칙을 소개하였다.

13 논리 정답 ③

정답 설명

③ 제시된 명제를 기호화하면 다음과 같다.

(가)	만년필 구매 → 스테이플러 구매 (= ~스테이플러 구매 → ~만년필 구매)
(나)	재봉틀 구매 → ~스테이플러 구매 (= 스테이플러 구매 → ~재봉틀 구매)

이때 (나)와 (가)의 대우를 차례로 결합하면 '재봉틀 구매 → ~스테이플러 구매 → ~만년필 구매'와 같이 정리할 수 있다. 따라서 반드시 참인 것은 '재봉틀을 구매한 사람 중 만년필을 구매한 사람은 없다(재봉틀 구매 → ~만년필 구매).'이다.

오답 분석

① (나)의 대우를 (가)와 연결하면 '만년필 구매 → 스테이플러 구매→ ~재봉틀 구매'이므로 만년필을 구매한 사람은 재봉틀을 구매하지 않음을 알 수 있다.

② (나)와 (가)의 대우를 통해 재봉틀을 구매한 사람은 모두 만년필을 구매하지 않음을 알 수 있으므로, 재봉틀을 구매한 사람 중 어떤 사람이 만년필을 구매한다는 결론은 적절하지 않다.

④ 만년필을 구매하지 않은 사람 중에 재봉틀을 구매한 사람이 있을 수 있으므로 적절하지 않다.

14 독해 정답 ②

정답 설명

② 1문단을 통해 중체서용론은 전통을 중심에 두고 서양의 기술만 선택적으로 채택하려 했기 때문에 변화의 폭이 제한적일 수밖에 없었음을 확인할 수 있다. 즉, 전통을 중심에 두지 않고 서양의 가치까지 채택해야 그들의 기술을 온전히 사용할 수 있었던 것이다.

오답 분석

① 1문단을 통해 서구의 과학기술과 산업 체계는 단순한 도구 이상의 의미를 지님을 확인할 수 있다.

③ 2문단을 통해 중체서용론은 기존의 권위와 질서를 유지하면서 서구 기술을 보완적으로 이용하려는 성격이 강했기에, 민중의 요구를 반영하기 어려웠음을 확인할 수 있다. 즉, 기존의 권위를 버렸어야 서구 기술을 온전히 쓸 수 있었다.

④ 3문단을 통해 중체서용론을 실행할 수 있는 충분한 시간적 여유와 경제적 자원이 부족했음을 확인할 수 있다. 그러나 이는 서구 문물의 기술적 측면만 받아들인다는 발상 자체가 한계를 가졌다는 1문단의 내용과 부합하지 않는다.

15 논리 정답 ①

정답 설명

① 제시된 명제를 기호화하면 다음과 같다.

전제 1	코딩 ∧ 캐드
추가	
결론	캐드 ∧ 장래 희망 프로그래머

추가해야 하는 전제를 찾기 위해서는 결론의 앞쪽(조건절)이나 뒤쪽(결과절)과 동일하게 제시된 전제를 변환해야 한다. 전제 1과 전제 2의 조건절을 동일하게 만든 것을 정리하면 아래와 같다.

전제 1	캐드 ∧ 코딩
추가	
결론	캐드 ∧ 장래 희망 프로그래머

전제 1과 전제 2의 조건절이 동일한 상태에서 결론을 도출하면 '코딩 → 장래 희망 프로그래머'가 된다. 이를 말로 풀이하면 '코딩을 좋아하는 모든 학생은 장래 희망이 프로그래머이다.' 이므로 답은 ①이다.

16 독해 정답 ②

정답 설명

② '(나) – (라) – (가) – (다)'의 순서가 가장 자연스럽다. 먼저 독자의 흥미를 끄는 현상에 대해 소개하며, 중심 화제인 'PCR'이 언급되고 있는 (나)가 첫 문단으로 오는 것이 적절하다. (나)에 이어 PCR의 과정을 설명하고 있는 (라)가 오는 것이 자연스러우며, 어닐링 온도에 대한 설명이 제시되고 있는 (가)가 (라)에 이어 오는 것이 적절하다. 그다음 DNA 중합효소의 특징을 설명하고 있는 (다)가 마지막으로 제시되는 것이 자연스럽다.

17 독해 정답 ①

정답 설명

① 3문단을 통해 이론 공기 연료비보다 공기가 풍부한 디젤 엔진의 연소 과정에서 연료가 충분히 혼합되지 않으면, 산소 부족으로 인해 완전 연소가 이루어지지 않을 수 있음을 알 수 있다. 따라서 공기가 풍부한 환경에서 완전 연소가 잘 일어난다는 설명은 적절하지 않다.

오답 분석

② 1문단을 통해 탄소 함량이 높으면 단위 질량당 제공할 수 있는 에너지 밀도가 높음을 확인할 수 있다.

③ 2문단을 통해 높은 압축비는 디젤 엔진의 열효율을 향상시키는 주요 요인임을 확인할 수 있으며, 3문단을 통해 디젤 엔진은 높은 압축비와 공기 과잉률을 특징으로 하며, 이는 질소산화물이라는 오염 물질을 만들어 냄을 확인할 수 있다.

④ 4문단을 통해 DPF는 미세입자를 필터로 모은 뒤, 주기적으로 이를 연소하여 제거하는 기술이며, DPF는 엔진에서 나온 배기가스가 마지막으로 배출되기 전에 위치함을 알 수 있다. 따라서 미세입자를 필터로 모으려면 필터가 미세입자보다 작아야 하고, 미세입자를 제거하는 방법은 불로 태우는 것이므로, 내열성을 가질 것임을 추론할 수 있다.

18 독해 정답 ③

정답 설명

③ 3문단 "도파민 중독은 뇌의 보상 회로를 계속적으로 자극하여 정상적인 기능을 방해하고, 급격한 도파민 감소로 인해 더 강한 자극을 원하는 상황을 만들어 낸다."를 통해 도파민 중독은 급격한 도파민 감소로 인한 강한 자극을 요구하므로 항상 높은 도파민을 분비하기 때문에 발생한다는 설명은 적절하지 않다.

오답 분석

① 1문단 "도파민은 대뇌에서 분비되는 신경전달물질로, 보상과 기쁨을 조절하는 데 중요한 역할을 한다."를 통해 적절한 설명임을 알 수 있다.

② 2문단 "도박은 무엇보다 도파민 분비를 촉진하는 행위이다.", "소셜 미디어, 동영상, 게임 등 다양한 디지털 콘텐츠는 새로운 정보나 소통을 통해 도파민 분비를 유도한다."를 통해 적절한 이해임을 알 수 있다.

④ 3문단 "건강한 생활 방식을 유지하고 도파민 중독에 민감한 특정 활동에 주의를 기울여야 하며, 조절하기 어렵다면 전문가의 도움을 받아야 한다."를 통해 적절한 설명임을 알 수 있다.

19 독해 정답 ①

정답 설명

① 2문단을 통해 유대인들은 그들만의 문화와 종교에 의해 '비정상적'인 집단으로 여겨지며, 대부분의 민족 국가에서 배제되는 경향이 있었음을 확인할 수 있다. 따라서 유대인 고유의 문화와 종교가 주류 사회와의 갈등을 유발했다는 내용이 빈칸에 들어갈 말로 가장 적절하다.

오답 분석

② 2문단을 통해 유대인들은 자신만의 정체성이 있었음을 확인할 수 있으므로, 유대인들이 고유의 정체성을 버리고 주류 집단에 편입하려 했다는 내용은 빈칸에 들어갈 말로 적절하지 않다.

③ 1문단을 통해 유대인들은 자기 민족끼리만 모여 유대감을 바탕으로 한 배타성을 띠고 있었음을 확인할 수 있기 때문에 구성원 간의 유대감이 없었다는 내용은 빈칸에 들어갈 말로 적절하지 않다.

④ 1문단을 통해 민족이란 공유하는 언어, 역사, 전통 등을 바탕으로 형성된 개념임을 확인할 수 있다. 또한 유대인들은 자기 민족끼리만 모여 유대감을 바탕으로 한 배타성을 띠고 있었음을 확인할 수 있다. 따라서 유럽과 유대인들의 민족 개념은 동일하므로 민족에 대한 개념이 상이하다는 내용은 빈칸에 들어갈 말로 적절하지 않다.

20 논리 정답 ④

정답 설명

④ 제시된 명제를 기호화하면 다음과 같다.

조건	A 기계 ∨ B 기계 ∨ C 기계 ∨ D 기계
전제 1	~D 기계
전제 2	C 기계 → D 기계 (= ~D 기계 → ~C 기계)
전제 3	~C 기계 → A 기계 ∨ B 기계
전제 4	~B 기계

전제 1에 의해 '~D 기계'가 확정이므로 전제 2의 대우에 의해 '~C 기계'가 확정이다. '~C 기계'가 확정이므로 전제 3에 의해 'A 기계 ∨ B 기계'가 확정이다. 'A 기계, B 기계, C 기계, D 기계' 중 적어도 한 대는 작동해야 하므로 A 기계, B 기계 중 한 대가 작동되어야 한다. 전제 4에서 '~B 기계'가 확정이므로 A 기계가 작동되어야 한다. 따라서 결과를 종합해 보면 'A 기계, ~B 기계, ~C 기계, ~D 기계'이므로 답은 ④이다.

오답 분석

① ② ③ A 기계는 작동되며, B, C, D 기계는 작동되지 않는다.

01	③	06	①	11	④	16	④
02	②	07	②	12	④	17	①
03	③	08	③	13	③	18	②
04	②	09	①	14	④	19	④
05	④	10	④	15	③	20	②

01 작문 정답 ③

정답 설명

③ ⓒ의 서술어 '동참합시다'에 호응하는 부사어의 조사는 '을/를'이 아니라 '에'이다. 그러므로 '우리 모두 생활 쓰레기 줄이기 운동에 동참합시다'로 기존 표기가 올바르다.

오답 분석

① ㉠의 '우리가 주장하는 바는'과 서술어가 호응하게 하기 위해서는 '개선될 수 있다'를 '개선될 수 있다는 것이다'로 수정하는 것이 올바르다.

② ㉡의 '불편을'에 호응하는 서술어가 없기 때문에 '불편을'과 호응하는 서술어 '겪고'를 추가하여 '불편을 겪고 피해를 입었다'로 수정하는 것이 올바르다.

④ ㉣의 '여간'은 '그 상태가 보통으로 보아 넘길 만한 것임.'을 뜻하는 부사로 부정의 의미를 나타내는 말과 호응하기 때문에, '일이다'를 '일이 아니다'로 수정한 것이 올바르다.

02 독해 정답 ②

정답 설명

② '(나) – (가) – (라) – (다)의 순서가 가장 자연스럽다. 먼저 독자의 흥미를 끄는 현상에 대해 소개하며, 중심 화제인 '엔진오일의 냉각 기능'이 언급되고 있는 (나)가 첫 문단으로 오는 것이 적절하다. (나)에 이어 엔진오일의 열 관리 기능을 설명하고 있는 (가)가 오는 것이 자연스러우며, 엔진오일의 냉각 기전을 설명하고 있는 (라)가 (가)에 이어 오는 것이 적절하다. 그다음 엔진오일의 윤활을 설명하고 있는 (다)가 마지막으로 제시되는 것이 자연스럽다.

03 독해 정답 ③

정답 설명

③ 2문단에서 '주관적 규범'은 주변 사람들이 그 행동을 어떻게 생각하는지에 대한 개인의 지각이라고 하였다. 즉, 객관적인 기록이 아닌 주관적인 인식이므로 '객관적인 기록'이라는 서술은 적절하지 않다.

오답 분석

① 1문단에서 계획행동이론은 인간의 행동을 예측하고 설명하기 위한 사회심리학 이론임을 제시하고 있다.

② 2문단에서 '태도'는 행동의 결과에 대한 신념과 그 결과에 대한 평가를 포함하며, 이는 호의적이거나 비호의적인 감정을 형성한다고 하였다.

④ 2문단에서 '지각된 행동 통제'는 자원과 기회뿐 아니라 시간적, 경제적 제약과 같은 실제적인 제약 요인을 고려한다고 하였다.

04 독해 정답 ②

정답 설명

② 1문단을 통해 공공미술은 도시 환경을 미적으로 개선하고, 지역사회의 문화적 자산을 풍부하게 하며, 시민들의 문화 향유 기회를 증진시키는 데 목적이 있음을 알 수 있다.

오답 분석

① 공공미술 정책은 시민 참여를 중시하며, 시민들의 의견과 참여가 중요한 요소로 강조되고 있다. 따라서 시민의 의견을 최소화해야 한다는 주장은 적절하지 않다.

③ 공공미술 작품이 시간이 지남에 따라 훼손될 수 있으며, 이를 유지 보수하는 것이 중요한 문제라고 설명하고 있다. 따라서 관리가 필요하지 않다는 주장은 적절하지 않다.

④ 공공미술 정책이 성공하려면 지속적인 관리와 대중의 참여가 중요하다고 하였다. 따라서 시민의 참여가 제한될 때 더 효과적이라는 주장은 적절하지 않다.

05 어휘 정답 ④

정답 설명

④ '㉣ 변모'는 '모양이나 모습이 달라지거나 바뀜. 또는 그 모양이나 모습.'이라는 뜻을 가진 의미이며, '원면'은 '감추어 두었거나 위장하였던 것에서 벗어난 본디의 모습.'이라는 의미이므로 바꾸어 쓰기 적절하지 않다.

오답 분석

① '㉠ 개선'은 '잘못된 것이나 부족한 것, 나쁜 것 따위를 고쳐 더 좋게 만듦.'이라는 의미이며, '보완'은 '모자라거나 부족한 것을 보충하여 완전하게 함.'이라는 뜻을 가진 유의어이므로 바꾸어 쓸 수 있다.

② '㉡ 영위'는 '일을 꾸려 나감' 혹은 '일을 누림'의 의미이며, '향유'는 '누리어 가짐.'이라는 뜻을 가진 유의어이므로 바꾸어 쓸 수 있다.

③ '㉢ 경관'은 '산이나 들, 강, 바다 따위의 자연이나 지역의 풍경.'이라는 의미이며, '미관'은 '아름답고 훌륭한 풍경.'이라는 뜻을 가진 유의어이므로 바꾸어 쓸 수 있다.

06 독해 정답 ①

정답 설명

① 1문단을 통해 열섬 현상은 도시 지역이 주변의 농촌 지역보다 상대적으로 높은 온도를 유지하는 현상을 말함을 확인할 수 있다. 따라서 '대도시'의 온도가 '소도시'보다 높다는 설명은 적절하지 않다.

오답 분석

② 1문단을 통해 콘크리트와 아스팔트는 높은 열용량과 낮은 열전도도를 가진 재료로, 태양열을 흡수한 후 천천히 방출하게 됨을 확인할 수 있다.

③ 2문단을 통해 도로와 건물의 표면은 일반적으로 높은 반사율을 가지지 않아서, 태양광을 대부분 흡수하게 됨을 확인할 수 있다.

④ 2문단을 통해 도시의 건물들은 밀집하게 배치되어 건물 사이의 공기 흐름을 차단하고 열이 축적되도록 함을 확인할 수 있다. 이로 인해 도시 지역의 열이 외부로 빠져나가는 것이 어려워지고, 열이 도시 내부에 갇히게 된다.

07 문법 정답 ②

정답 설명

② '깨달은'의 어간을 '깨닫-'이 아닌 '깨달-'로 잘못 파악하면 '-은'을 잘못 붙인 것으로 오해할 수 있다. 하지만 '깨달은'은 어간 '깨닫-'에 관형사형 어미 '-은'이 붙어 형성된 단어로, 어간의 끝소리가 'ㄹ'인 경우에 해당하지 않는다. 어간의 끝소리 'ㄷ'이 'ㄹ'로 바뀐 것은 ㄷ불규칙에 의한 것으로, '깨달은'은 옳은 표기에 해당한다.

08 독해 정답 ③

정답 설명

③ 1문단을 통해 법과 도덕이 별개임을, 2문단을 통해 그 둘의 완전한 분리는 불가능함을 확인할 수 있다.

오답 분석

① 2문단을 통해 사회적 정당성을 상실한 법은 시민들의 저항을 초래할 가능성이 높음을 확인할 수 있다.

② 1문단을 통해 법의 타당성은 그 자체의 절차와 형식적 요건을 충족하는지 여부에 따라 판단해야 함을 확인할 수 있다.

④ 2문단을 통해 법은 사회의 변화하는 도덕적 기준을 반영하는 경우가 많음을 확인할 수 있으나, 반영하는 데 시간이 오래 걸리는지 여부는 글을 통해 확인할 수 없다.

09 독해 정답 ①

정답 설명

① 2문단 끝에서 면역관문억제제는 면역세포의 활성을 억제하는 신호를 표적으로 삼아 차단하여, 면역세포가 암세포를 더 잘 공격할 수 있게 함을 확인할 수 있다. 펨브롤리주맙은 면역세포 활성을 억제하는 PD-1을 표적으로 하므로, 면역항암제 중 면역관문억제제에 속함을 추론할 수 있다.

오답 분석

② 2문단에서 항대사제는 정상적인 대사 과정에서 중요한 역할을 하는 효소나 핵산, 또는 그 전구체를 억제함으로써, DNA 합성이나 세포 분열을 방해함을 확인할 수 있다. 메토트렉세이트는 암세포 속 디하이드로폴산 환원효소를 억제하여 DNA 합성에 필요한 퓨린과 티미딘의 합성을 막으므로 항대사제에 속함을 추론할 수 있다.

③ 2문단에서 알킬화제는 DNA에 알킬기를 부착하여 암세포의 DNA 구조를 변화시켜 세포주기를 멈추게 하거나 세포자멸사를 유도함을 확인할 수 있다. 시클로포스파미드는 DNA 염기에 알킬기를 부착함으로써 DNA 복제를 방해하고, 세포자멸사를 유도하므로 알킬화제에 속함을 추론할 수 있다.

④ 2문단에서 호르몬제는 호르몬의 작용 또는 합성을 조절하여 호르몬 의존성 암세포의 성장을 억제함을 확인할 수 있다. 플루타미드는 남성 호르몬의 합성과 작용을 막아 전립선암의 성장 신호를 방해하고 세포자멸사를 유발하므로 호르몬제에 속함을 추론할 수 있다.

10 독해 정답 ④

정답 설명

④ 2문단 "선수로 출전해 본 제 경험에 비추어 볼 때"로부터 화자가 사이클 선수 출신이라는 것을 알 수 있고, 1문단 "그동안 개최된 마흔두 번의 대회"로부터 이번에 A시가 43번째 대회의 유치에 도전한다는 것을 알 수 있다.

오답 분석

① 2문단에서 A시가 각종 국제 대회를 성공리에 개최했다는 것을 알 수 있다. 다만, 3문단 "이전 대회의 유치에는 성공하지 못했지만"에서 A시는 이미 세계 ㅁㅁ 사이클 대회 유치에 도전했다가 실패한 바 있음을 알 수 있다.

② 2문단에서 경쟁 도시는 시민의 지지가 낮지만 A시는 90%가 넘는 시민의 찬성이 있음을 알 수 있다. 다만, 이는 비율이기 때문에 찬성하는 시민의 수를 직접 비교할 수는 없다. 예컨대, A시의 인구는 100만 명이라 하고 경쟁 도시의 인구는 1,000만 명에 찬성율이 10%라 한다면, 찬성하는 시민의 비율은 경쟁 도시가 매우 낮더라도 찬성하는 시민의 수는 경쟁 도시의 경우가 더 많을 수 있다.

③ 1문단에서 유럽과 북미가 아닌 곳에서는 단 두 번 개최되었음을 알 수 있다. 그러나 두 번 개최된 곳이 모두 아시아인지는 알 수 없으므로 적절하지 않다.

11 논리 정답 ④

정답 설명

④ 제시된 명제를 기호화하면 다음과 같다.

구분	명제	대우
전제 1	갑 강아지 ∨ 을 강아지	-
전제 2	을 강아지 → 병 고양이 ∧ 병 금붕어	~병 고양이 ∨ ~병 금붕어 → ~을 강아지
전제 3	병 고양이 ∧ 병 금붕어 → 정 앵무새	~정 앵무새 → ~병 고양이 ∨~병 금붕어
전제 4	~정 앵무새	-

전제 4에 의하면 '~정 앵무새'가 확정이므로 전제 3의 대우에 따라 '~병 고양이 ∨ ~병 금붕어'가 성립한다. 이를 전제 2의 대우에 대입하면 '~을 강아지'가 확정된다. '~을 강아지'가 확정되므로 전제 1에서 선언지 제거에 의해 '갑 강아지'가 확정된다. 따라서 갑이 키우는 것은 '강아지'임을 알 수 있다.

12 문학 정답 ④

정답 설명

④ '송홧가루 날리는'(시각), '꾀꼬리 울면'(청각) 등의 다양한 감각적 표현이 사용되었지만, 촉각적 심상이 사용된 구절은 없다.

오답 분석

① 2문단에서 '송홧가루'는 봄을 상징하는 것이며, '꾀꼬리'는 봄이라는 계절을 알리는 계절적 시어임을 알 수 있다.

② 1연의 '송홧가루 날리는 / 외딴 봉우리'와 4연의 '문설주에 귀 대이고 / 엿듣고 있다'는 모두 4, 3, 5 / 4, 4, 5의 음수율을 사용한 3음보의 작품임을 확인할 수 있다.

③ 장애로 인해 세상과 동떨어진 '처녀'는 내면적 고독을 가지고 있다.

13 문법 정답 ③

정답 설명

③ ㄱ과 ㄴ의 활용형의 준말이 다른 것은 ㄱ은 '흔하지'의 어간에서 '하'의 'ㅏ'가 탈락하고, 'ㅎ'과 어미 '-지'가 결합하여 '치'가 되기 때문이고, ㄴ은 '섭섭하지'의 어간에서 '하'가 탈락하기 때문이다. 이는 뒤에 오는 어미의 첫소리와 관련이 있는 것이 아니라 어간에서 '하'의 앞 음절과 관련이 있다.

오답 분석

① ㄱ의 경우 '흔하지'가 '흔치'로 주는 것은 '흔하지'의 어간에서 '하'의 'ㅏ'가 탈락하고, 'ㅎ'과 어미 '-지'가 결합하여 '치'가 되기 때문이다.

② ㄴ의 경우 '섭섭하지'가 '섭섭지'로 주는 것은 어간의 '하'가 탈락하기 때문이다.

④ ㄷ의 경우 '삼가지'의 준말이 없는 것은 원형이 '삼가다'로 어간에 원래부터 '하'가 없었기 때문이다.

14 독해 정답 ④

정답 설명

④ 제시된 글은 전기차의 기술적 발전, 정책적 지원, 그리고 환경적 영향이라는 세 가지 주요 측면을 중심으로 내용을 전개하며 각 요소가 전기차의 미래에 어떻게 영향을 미치는지 비교하며 설명한다.

오답 분석

① 제시된 글은 전기차의 장점뿐만 아니라 배터리 기술의 한계, 충전 인프라 부족, 전력 생산 방식의 문제 등 다양한 측면을 다룬다. 장점에만 초점을 맞추지 않기 때문에 적절하지 않다.

② 제시된 글에서는 경제적 이익보다는 기술적 발전, 환경적 측면, 정책적 지원이 중심 주제이다. 경제적 이익을 구체적으로 설명하지 않기 때문에 적절하지 않다.

③ 제시된 글은 전기차 보급을 위한 정부와 기업의 노력뿐만 아니라, 기술적 발전과 환경적 요인도 함께 다룬다. 보급에만 초점을 맞추지 않기 때문에 적절하지 않다.

15 독해 정답 ③

정답 설명

③ 2문단의 '2002년 부산 아시안 게임에서 남북한이 단일 깃발을 들고'에서 우리나라는 2002년에 아시안 게임을 개최하였음을 알 수 있으므로 적절하다.

오답 분석

① 1문단을 통해 제1회 아시안 게임이 뉴델리에서 열렸으며 당시 7개의 참가국 중 우리나라는 포함되지 않았음을 알 수 있다. 또한 1문단 끝에서 양궁은 제1회 아시안 게임 이후에 도입되었음을 확인할 수 있다.

② 3문단에서 아시안 게임은 짝수 해에 열리며, 4년마다 열린다는 것을 확인할 수 있다. 도쿄 올림픽은 예외적으로 2021년에 개최한 것이므로 도쿄 올림픽의 다음 올림픽은 짝수 해인 2024년에 열릴 것임을 추론할 수 있다.

④ 3문단 끝에서 아시안 게임에서는 리커브와 컴파운드 방식을 모두 인정하지만 올림픽에서는 컴파운드 방식이 인정되지 않음을 확인할 수 있다.

16 독해 정답 ④

정답 설명

④ "저작물의 공유 캠페인이 확산되면 저작물을 창조하려는 사람들의 동기가 크게 감소할 것이라고 우려한다."고 했으므로 저작권자가 자신들의 노력에 상응하는 대가를 정당하게 받을수록 창작 의욕은 더 커진다고 생각했음을 추론할 수 있다.

오답 분석

① 이용 허락 조건을 저작물에 표시하는 것은 저작물 공유 캠페인의 방법이다.

② ㉠은 저작물의 공유 캠페인의 확산을 반대하는 사람들이지, 확산되어야 한다고 주장하는 사람들이 아니다.

③ ㉠은 저작물의 공유 캠페인으로 저작권자의 정당한 권리가 침해된다고 주장하고 있으므로 당연히 공정 이용의 확대를 반대할 것이다.

17 논리 정답 ①

정답 설명

① 제시된 명제를 기호화하면 다음과 같다.

전제 1	전력 소모 심각 → 에너지 수입
전제 2	~에너지 수입 ∨ 절전 정책
전제 3	절전 정책 → 경기 침체
결론	경기 침체

이때 '경기 침체'라는 결론이 도출되려면 전제 3에서 이용할 '절전 정책'이라는 정보가 필요하다. '절전 정책'을 이끌어내기 위해서는 전제 2에서 선언지 제거를 하면 된다. 따라서 전제 2에서 이용할 '에너지 수입'이라는 정보가 필요하다. '에너지 수입'을 이끌어내기 위해서는 전제 1에서 이용할 '전력 소모 심각'이라는 정보가 필요하다. 따라서 추가해야 할 것은 '전력 소모가 심각하다'이다.

오답 분석

② ③ ④ '경기 침체'라는 결론이 도출되려면 'A국이 절전 정책을 시행한다, A국이 에너지 수입을 늘린다, 전력 소모가 심각하다'와 같은 정보가 필요하다. 이때 ②, ③, ④와 같은 전제를 추가한다고 해도 이러한 정보를 도출할 수 없다.

18 논리 정답 ②

정답 설명

② 제시된 명제를 기호화하면 다음과 같다.

전제 1	수현 → 영우
전제 2	성종 → ~수현
전제 3	~시후 → 영우
전제 4	~성종 ∧ ~시후

전제 4인 '~(성종 ∨ 시후)'는 드모르간의 법칙에 따라 '~성종 ∧ ~시후'로 변환된다. 따라서 '~시후'가 확정되었으므로 전제 3에 따라 '영우'가 확정됨을 알 수 있다. 이를 정리하면 '~성종, ~시후, 영우'이므로 답은 ②이다. 참고로, 이중 부정은 긍정으로 기호화하면 되기 때문에 전제 1에서 '수현이가 소설책을 빌리면 영우도 소설책을 빌리지 않는 것은 아니다.'는 '수현이가 소설책을 빌리면 영우도 소설책을 빌린다.'가 된다. 이를 기호화하면 '수현 소설책 빌림 → 영우 소설책 빌림'이 되며, 더 간단히 하면 '수현 → 영우'가 된다.

오답 분석

① 전제 4와 전제 3에 따라 '영우'는 소설책을 빌림을 알 수 있다. 또한 '수현이'에 대해서는 확인할 수 없다.

③ 전제 4에 따라 '시후'는 소설책을 빌리지 않음을 알 수 있다.

④ 전제 4에 따라 '성종이'는 소설책을 빌리지 않음을 알 수 있으며, 영우는 전제 3에 의해서 소설책을 빌린다는 것을 알 수 있다.

19 논리 정답 ④

정답 설명

④ 에릭슨은 다빈치가 다양한 분야에 걸쳐 활약한 것은 사실이라고 보았다. 따라서 다빈치의 학문적 행보는 실제로는 예술 분야에 한정되어 있었다는 증거가 발견되면 에릭슨의 주장은 약화될 것이다.

오답 분석

① 에릭슨은 다빈치의 발명 스케치가 단지 아이디어에 불과했다고 주장했다. 만약 다빈치의 발명 스케치가 실제로 현실화되지 않았다는 증거가 발견되면, 에릭슨의 주장은 더욱 강해질 것이다.

② 존슨은 그의 혁신적인 아이디어가 18세기 산업 혁명의 발전에 지대한 영향을 끼쳤다고 본다. 따라서 다빈치의 스케치가 20세기 후반에서야 세상에 드러났다면 존슨의 주장은 약화될 것이다.

③ 존슨은 '최후의 만찬'에서의 생동감 있는 묘사를 독창적이라고 강조하였다. 따라서 다빈치의 '최후의 만찬'은 이것을 다루었던 종래의 그림과 달리 예수와 12사도가 경건히 앉아 있는 모습을 그리지 않았다면 존슨의 주장은 강화될 것이다.

20 독해 정답 ②

정답 설명

② 1문단의 "노릇노릇한 빛깔을 띠며 바삭한 식감을 가질 때까지 기름에 튀겨낸다."와 3문단의 "떡을 튀기기 전에 꽃을 떡에 눌러내어"에서 약과와 화전 모두 기름에 튀기는 단계를 거침을 알 수 있다.

오답 분석

① 1문단을 통해 약과는 밀가루와 꿀이 귀했던 과거에 명절이나 특별한 날에나 맛볼 수 있는 귀한 간식이었음을 알 수 있다.

③ 1문단과 3문단을 통해 약과는 '꿀, 참기름, 밀가루, 생강즙이나 계핏가루'를 사용하고, 약밥은 '찹쌀, 꿀, 말린 과일, 견과류, 계피'를 사용함을 알 수 있다. 따라서 '꿀, 계피'가 겹치게 된다.

④ 3문단을 통해 경단은 '단팥, 참깨 또는 땅콩을 갈아 넣은 소를 채워 넣은 달콤한 떡'임을 알 수 있으나, 설탕을 이용해 단맛을 냈다는 설명은 찾을 수 없으므로 적절하지 않다.

01	④	06	④	11	②	16	①
02	③	07	②	12	①	17	①
03	④	08	②	13	①	18	③
04	③	09	②	14	②	19	①
05	②	10	①	15	④	20	④

01 작문 정답 ④

정답 설명

④ 참나무를 보고 자신을 반성한 후 앞으로의 삶에 대해 다짐하는 내용이므로 접속어를 삭제해야 한다.

오답 분석

① '설레이다'는 '설레다'의 잘못된 표현이므로 '설렜다'로 고쳐야 한다.

② '무성했던 참나무'에는 여러 그루로 우거져 있다는 의미와 한 그루에 잎이나 가지가 무성하다는 중의적 의미가 있으므로 글의 흐름에 맞게 '잎이'를 추가하면 의미가 분명해진다.

③ '나무를 보니'에 자연스럽게 호응이 되기 위해서는 '생각이 들었다'로 고쳐야 한다.

02 독해 정답 ③

정답 설명

③ 여유롭게 삶의 의미를 생각하는 방법을 배우는 것에 대해 이야기하고 있으므로 사색적 삶을 중요시하는 입장이다.

오답 분석

① 기계와 기술, 산업을 긍정적으로 생각하고 있으므로 활동적 삶을 중시하는 입장이다.

② '일하기 위한 삶'을 강조하고 있으므로, 활동적 삶을 중시하는 입장이다.

④ 인간을 기계라고 보아 인간의 사색적 활동을 부정하고 있으므로, 활동적 삶을 중시하는 입장이다.

03 독해 정답 ④

정답 설명

④ 제보스는 시장은 "보이지 않는 손"에 의해 효율적인 자원 분배를 이끌어내지만, 시장 실패에 대한 정부의 최소한의 개입을 주장하였기 때문에, 시장 실패의 가능성을 어느 정도 염두에 두고 있다고 볼 수 있다.

오답 분석

① 제보스는 소비자들에게 더 다양한 선택지와 더 낮은 가격을 제공한다고 보았다.

② 신고전파 경제학자들은 경제 행위자들이 합리적이며 자기 이익을 추구한다고 가정하였다.

③ 정부의 지나친 시장 개입은 시장의 자연스러운 작동을 방해하고 오히려 비효율성을 초래할 수 있음을 주장하였다.

04 문법 정답 ③

정답 설명

③ '질문을'의 '질문', '하신다'의 '하-'는 어근이므로 실질 형태소에 해당하지만, '과장님께서'의 '-님'은 접미사이므로 문법 형태소에 해당한다.

오답 분석

① '과장님께서'의 '께서'는 조사, '우리들에게'의 '-들'은 접미사, '하신다'의 '하-'는 어간이므로 모두 의존 형태소이다.

② '과장님께서'의 '께서'와 '질문을'의 '을'은 조사이고, 하신다'의 '-다'는 어미이므로 모두 문법 형태소이다.

④ '과장님께서'의 '과장', '우리들에게'의 '우리', '질문을'의 '질문'은 체언이므로 모두 자립 형태소이다.

05 독해 정답 ②

정답 설명

② 2문단 2~3번째 줄을 통해 이눌린은 신장에서 여과되고 재흡수되지 않음을 알 수 있다.

오답 분석

① 1문단 끝에서 GFR 값이 낮을수록 신장 기능이 저하된 것으로 판단함을 확인할 수 있다.

③ 2문단에서 이눌린 청소율 측정법에서는 이눌린을 환자의 정맥에 주사함을 확인할 수 있다.

④ 2문단과 4문단을 통해 이눌린 청소율 측정 방식은 직접 측정 방식이며, 혈청 크레아티닌 측정 방식은 간접 측정 방식임을 알 수 있다.

06 독해 정답 ④

정답 설명

④ '㉠, ㉥, ㉧'은 '조조', '㉡, ㉢, ㉤, ㉦, ㉩, ㉪'은 '진림', '㉣, ㉨'은 '원소'를 지칭하므로, 같은 사람을 나타내는 것끼리 묶인 것은 ④이다.

07 독해 정답 ②

정답 설명

② 1문단을 통해 A-A선은 소련의 유럽 지역에 대한 지리적 영향력을 거의 완전히 박탈하는 데 필요한 전략적 목표이며, 이를 점령한다면 우랄산맥의 서쪽에 편중된 주요 산업 지역과 인구 중심지를 장악할 수 있음을 알 수 있다. 따라서 A-A선의 서쪽이 나치의 손에 떨어진다면 유럽에 대한 소련의 지리적 영향력은 약화될 것임을 추론할 수 있다.

오답 분석

① 1문단 끝에서 주요 산업 지역과 인구 중심지는 소련의 우랄산맥 서쪽에 편중되어 있음을 확인할 수 있다.

③ 3문단에서 스탈린그라드 전투의 패배로 독일군은 로스토프나도누와 아스트라한을 공격할 충분한 병력과 전력을 확보하지 못했음을 확인할 수 있다.

④ 2문단 5번째 줄에서 중부 집단군은 모스크바를 점령하여 A-A 선의 중앙 부분을 확보하는 임무를 맡았음을 알 수 있으나, 니즈니노보고로드를 점령해야 하는지는 제시된 글을 통해 확인할 수 없다.

08 독해 정답 ②

정답 설명

② 제시된 글을 통해 노벨문학상은 10월, 공쿠르상은 11월, 부커 인터내셔널상은 5월에 발표함을 알 수 있다. 따라서 노벨문학상을 발표하는 10월이 되면 5월에 발표하는 부커 인터내셔널상 수상자는 알 수 있지만, 11월에 발표하는 공쿠르상 수상자는 알 수 없다.

오답 분석

① 1문단 7번째 줄과 2문단의 2~3번째 줄을 통해 노벨문학상은 특정 국가나 언어에 구애받지 않지만, 공쿠르상은 프랑스어로 쓴 소설만을 심사 대상으로 함을 알 수 있다. 따라서 언어의 제약성 측면에서 노벨문학상보다 공쿠르상이 제약성이 더 큼을 추론할 수 있다.

③ 노벨문학상 상금은 약 110만 달러, 공쿠르상은 약 11달러, 부커 본상은 약 65,000달러를 작가가 독식하고, 부커 인터내셔널상은 작가와 번역가가 나눠 갖는 것을 알 수 있다. 따라서 상금 크기를 비교하면 '노벨문학상>부커 본상>부커 인터내셔널상>공쿠르상' 순임을 추론할 수 있다.

④ 3문단을 통해 영문으로 번역되어 영국에서 출간한 작품을 대상으로 하는 상은 '부커 인터내셔널상'이며, 이 상은 2005년에 신설되어 격년으로 시상하다가 2016년부터 매년 시상함을 알 수 있다. 따라서 격년으로 시상하는 '2005년~2015년'에 포함된 2006년에는 인터내셔널상 자체를 시상하지 않았으므로, '갑'의 소설이 2006년에 수상할 수 있다는 추론은 적절하지 않다.

09 독해 정답 ②

정답 설명

② 2문단을 통해 '표준산업분류'는 소비자의 관점에서는 재화 또는 서비스의 특성이 얼마나 유사한가, 생산자의 관점에서는 투입물과 산출물을 비교하여 분류한 것임을 알 수 있다. 따라서 투입물과 산출물을 비교하는 것은 '생산자'의 관점이므로 적절하지 않다.

오답 분석

① 3문단을 통해 OECD의 기준에서는 '연구 개발 집약도'의 평균이 4% 이상이면 첨단 기술 산업으로 분류함을 알 수 있다. 따라서 평균이 5%이면 첨단 기술 산업으로 분류함을 추론할 수 있다.

③ 1문단에서 제조업과 서비스업을 모두 포함하는 정보 통신 산업의 예를 통해 클라크의 산업 분류 체계로는 설명할 수 없는 산업이 생겨났으며, 이에 따라 새로운 분류 기준이 필요해졌다고 설명한다.

④ 2문단 끝에서 표준산업분류는 각 산업의 기술 수준을 판단할 정보는 포함하지 않는다고 하였으므로, 이를 통해 기술 수준을 비교하기는 어려움을 추론할 수 있다.

10 어휘 정답 ①

정답 설명

① 'ⓐ 생겨나다'와 'ⓑ 사라지다'는 반의 관계를 지니고 있는 단어이다. 그런데 '태어나다'와 '자라다'는 반의 관계를 지닌 단어가 아니기 때문에 같은 의미가 아닌 것은 ①이다.

오답 분석

② ③ ④ 반의 관계를 지닌 단어이다.

11 논리 정답 ②

정답 설명

② 제시된 명제를 기호화하면 다음과 같다.

전제 1	파프리카 → ~감자
전제 2	~감자 ∧ 오징어
추가	
결론	오징어 ∧ 파프리카

'어떤 A도 B이다'는 '모든 A는 B이다'와 같은 의미이므로 전제 1을 기호화하면 '파프리카 → ~감자'가 된다. 추가해야 하는 전제를 찾기 위해서는 결론의 앞쪽(조건절)이나 뒤쪽(결과절)과 동일하게 전제를 변환해야 한다. 전제 1은 결론과 동일한 조건을 만들 수 있는 명제가 없다. 전제 2는 '오징어'라는 공통부분이 있으며, 전제 2를 교환법칙에 적용하면 '오징어 ∧ ~감자'가 되기 때문에 결론과 앞쪽 부분이 동일하게 나타난다. 전제 2와 결론을 사용하여 정리하면 다음과 같다.

전제 2	오징어 ∧ ~감자
추가	
결론	오징어 ∧ 파프리카

따라서 '오징어 ∧ 파프리카'가 되기 위해서는 '~감자 → 파프리카'의 전제가 필요하다. 이를 말로 풀이하면 '감자를 구매하지 않는 사람은 모든 사람은 파프리카를 구매한다'이므로 ③은 추가해야 할 전제로 적절하다.

12 독해 정답 ①

정답 설명

① '(나) – (가) – (다) – (마) – (라)'의 순서가 가장 자연스럽다. 먼저, 핵심 화제인 영상매체에서의 이미지를 제시하고 있고, 모든 선지의 시작이 (나)로 고정되어 있으므로 (나)가 첫 문단으로 오는 것이 적절하다. 그리고 광고 이미지, 즉 현실과 괴리가 있는 이미지가 욕망을 자극하고 광고 이미지를 받아들인다는 (가)가 오는 것이 자연스러우며, (가)에 제시된 광고 속 이미지를 제시하며 이에 더해 드라마나 영화의 이미지도 제시하고 있는 (다)가 (가)에 이어 오는 것이 자연스럽다. 이후 이미지에 길들여졌을 때의 문제를 설명하고 있는 (마)가 오는 것이 적절하고, 앞에서 지적해 온 이미지의 부정적 기능과 달리 긍정적 기능도 있음을 드러내며 이야기를 전환하고 있는 (라)가 마지막으로 오는 것이 자연스럽다.

13 독해 정답 ①

정답 설명

① 3문단에서 제조업과 요식업 · 여행업에서 고용 효과가 상반됨을 알 수 있다. 제조업에서는 일자리 감소 효과가, 요식업 · 여행업에서는 일자리 증가 효과가 나타날 수 있는데 둘 중 어느 것이 더 큰지는 이 글만으로는 알 수 없다.

오답 분석

② 3문단에서 임시 공휴일 지정으로 서비스업과 내수 중심 산업은 편익을 누리지만 제조업은 비용을 부담해야 하며, 제조업 내에서도 대기업보다는 중소기업에 비용이 집중됨을 알 수 있다. 따라서 정부는 특정 분야에 손익이 편중되지 않도록 경제적 균형 측면도 고려할 필요가 있음을 추론할 수 있다.

③ 1문단에서 임시 공휴일은 내수 소비 증가를 통해 경제를 경제를 부양하는 효과를 기대할 수 있음을 알 수 있다. 따라서 경기가 좋지 않은 상황이라면 정부는 임시 공휴일 지정을 모색할 수 있음을 추론할 수 있다.

④ 1문단은 임시 공휴일의 경제적 효과를 단기적 관점에서 설명하고, 3문단은 임시 공휴일이 장기적으로는 제조업에 부정적인 영향을 미쳐 국가 경제에도 악재가 될 위험성을 지적한다. 따라서 임시 공휴일을 앞으로도 지속적으로 지정하려면, 장기적으로 경제적 효과를 분석해 장기적인 관점에서도 편익이 크다는 것을 보여야 할 것이다.

14 독해 정답 ②

정답 설명

② 1문단을 통해 제사권이 소수의 사제자들에게 독점되었던 것이 비의로서 신비화되었으며, 비교적 다수의 제사권 참여가 이루어지면서는 신비성도 희박해졌음을 알 수 있다. 따라서 제사권 참여자 수와 신비성은 반비례 관계임을 추론할 수 있다.

오답 분석

① 3문단과 4문단을 통해 비극의 한 예로 동해안 별신굿에서 노는 거리굿이 있으며 이는 비극과 희극의 예술로 승화시키지 못하고 비속화한 웃음으로 끝맺어 민속극에 머무르고 말았음을 알 수 있다. 또한 무형문화재가 되었는지 여부도 찾을 수 없다.

③ 3문단을 통해 향연을 베푸는 제의에서는 희극이, 진혼 제의에서는 비극이 유래되었음을 알 수 있다.

④ 1문단을 통해 굿에서 주술성과 신비성이 희박해지면서 춤놀이만 남는 것으로 이해할 수 있다. 즉, 춤놀이에서 굿으로 발전하는 것이 아니라 굿에서 춤놀이로 전화하는 것이다.

15 논리 정답 ④

정답 설명

④ ㄱ. 갑은 사회계약론에서 정부가 존재하면 사회 혼란이 없어진다고 말한 점을 비판하고 있다. 따라서 쿠데타로 집권한 정부가 권위주의적 통치를 펼치는 과정에서 사회에 혼란과 폭력이 만연하게 된 사례는 갑의 입장을 강화한다.

ㄴ. 을은 사회계약론에서의 계약은 존재하지 않거나 진정성이 없다고 주장하고 있다. 따라서 현대 민주주의에서 자유로운 시민들이 주체적으로 정부의 정책 결정에 참여하고 그에 따라 행동하는 사례들은 을의 입장을 약화한다.

ㄷ. 병은 인간의 권리는 인간 존재의 본질에 뿌리를 두어야 하며, 계약에 의해 정의되거나 제한될 수 없다고 보고 있다. 따라서 개인의 기본권이 천부적이며 불가침적이어야 한다는 주장이 오늘날 전 세계적 통념으로 수용되는 사례는 병의 입장을 강화한다.

16 논리 정답 ①

정답 설명

① 제시된 명제를 기호화하면 다음과 같다.

(가)	공부 ∨ 정리 → 꼼꼼함 (= ~꼼꼼함 → ~공부 ∧ ~정리)
(나)	공부 ∧ ~정리

(가)를 대우하면 '꼼꼼하지 않은 사람은 모두 공부를 잘하지도 않고 정리도 잘하지도 않는다.'이므로, 빈칸에 들어갈 결론으로 적절한 것은 ①이다.

오답 분석

② (가)에 의해 정리를 잘하는 사람은 모두 꼼꼼함을 알 수 있으나, 그 역이 참인지는 알 수 없다.

③ (가)에 의하면 공부 또는 정리를 잘하는 사람은 반드시 꼼꼼한 사람이다.

④ (나)에 의하면 공부를 잘하는 사람 중 일부는 정리를 잘하는 사람이 아닐 수 있다.

17 논리 정답 ①

정답 설명

① 2문단에서 스미스는 바빌로니아 기록이 천문학적 목적보다는 종교적 의식에 가까웠다고 주장했음을 알 수 있다. 따라서 만약 천문 기록이 실제로 종교적 의식에 사용된 것이 증명된다면, 스미스의 주장이 강화될 것이다.

오답 분석

② 3문단에서 존슨은 바빌로니아 기록이 과학적이고 체계적인 계산의 결과라고 주장했음을 알 수 있다. 만약 바빌로니아 기록이 천문학적으로 정확한 계산임이 증명된다면, 존슨의 주장은 강화될 것이다.

③ 2문단에서 스미스는 바빌로니아 기록이 과학적 목적이 아니라 종교적 의식에 사용되었을 가능성을 주장했음을 알 수 있다. 그리스와 로마에 영향을 미쳤다는 증거가 발견된다고 해서 스미스의 주장이 강화될 이유는 없다. 오히려 그들이 과학적 지식을 후대에 전달했다는 증거가 발견된다면, 스미스의 주장은 약화될 수도 있다.

④ 3문단에서 존슨은 바빌로니아 기록이 과학적 사고의 초기 형태라고 주장했음을 알 수 있다. 따라서 종교적 의식과 관련이 없다는 증거가 발견되더라도 이는 존슨의 주장을 직접적으로 강화하지는 않는다. 존슨의 주장은 기록이 과학적 사고의 초기 형태임을 강조하기 때문에, 종교적 의식과 무관한 것이 아니라 그 기록의 체계성과 정확성에 대한 증거가 그의 주장을 강화시킬 것이다.

18 논리 정답 ③

정답 설명

③ 국민 구성이 동질적인 국가보다는 다양성이 높은 국가의 경우, C의 주장을 고려해 볼 필요가 있다. B의 주장은 국민 구성과는 무관하다.

오답 분석

① A의 주장 중 "정실 개입의 여지가 줄어들고", "인사 행정에 대한 국민의 신뢰를 확보", "우수한 인재를 채용" 등에 따라 옳은 내용이다.

② B의 주장을 정리하면, 선거에서 승리한 정당이 정당에 대한 충성도와 공헌도를 기준으로 공무원을 임용해야 한다는 것이다. 그런데 정권이 자주 교체되면 그때마다 승리한 정당에 충성도와 공헌도가 높은 이들이 공무원으로 임용된다. 따라서 공무원의 정치적 중립이 지켜지기 어려워질 것이다.

④ C의 주장의 근거는 공무원이 가치중립적이지 않고, 정책 결정과 집행 과정에서 자신의 가치관과 신념을 반영한다는 것이다. 그런데 그 근거가 부정된다면 주장 역시 설득력을 잃게 된다.

19 독해 정답 ①

정답 설명

① 1문단을 통해 바라스는 로베스피에르를 비판하는 글에서 그의 독재적 성향과 공포 정치의 잔혹성을 자세히 묘사하였으며, 3문단을 통해 로베스피에르의 잔혹한 행태와 독재적 성향이 테르미도르 반동을 일으켰다고 보았음을 확인할 수 있다.

오답 분석

② 4문단을 통해 이 글은 바라스가 테르미도르 반동을 정당화하는 내용임을 확인할 수 있다.

③ 4문단을 통해 프랑스 혁명 이후에도 이상적 사회는 찾아오지 않았음을 추론할 수 있다.

④ 2문단을 통해 권력 유지를 위한 바라스가 아닌, 로베스피에르의 잔혹한 행보가 포함되어 있다. 그러나 중심 내용은 아니다.

20 논리 정답 ④

정답 설명

④ 제시된 명제를 기호화하면 다음과 같다.

ㄱ	~짜장면
ㄴ	짬뽕 ∨ 짜장면
ㄷ	~우동 → 탕수육
ㄹ	짬뽕 → ~우동
ㅁ	양장피
ㅂ	양장피 → 만두

ㄱ을 통해 '~짜장면'이 확정되었으므로 이를 ㄴ에 대입하면 정우가 '짬뽕'을 먹을 것임을 확정할 수 있다. '짬뽕'이 확정되었으므로, ㄹ에서 '~우동'이 확정된다. '~우동'이 확정되었으므로, ㄷ에서 '탕수육'이 확정된다. 또한 ㅁ을 통해 '양장피'가 확정되었으므로 ㅂ에서 '만두'가 확정된다. 따라서 정리하면 '짬뽕, 탕수육, ~짜장면, ~우동, 양장피, 만두'이므로 정우가 먹을 음식은 '짬뽕, 탕수육, 양장피, 만두'이다.